ACCESO GRATIS *a la Lectura en la Nube*

Para visualizar el libro electrónico en la nube de lectura envíe junto a su nombre y apellidos una fotografía del código de barras situado en la contraportada del libro y otra del ticket de compra a la dirección:

ebooktirant@tirant.com

En un máximo de 72 horas laborables le enviaremos el código de acceso con sus instrucciones.

La visualización del libro en **NUBE DE LECTURA** excluye los usos bibliotecarios y públicos que puedan poner el archivo electrónico a disposición de una comunidad de lectores. Se permite tan solo un uso individual y privado

INICIATIVAS NORMATIVAS PARA AVANZAR EN LA TRANSICIÓN ECOLÓGICA

COMITÉ CIENTÍFICO DE LA EDITORIAL TIRANT LO BLANCH

María José Añón Roig
Catedrática de Filosofía del Derecho de la Universidad de Valencia

Ana Cañizares Laso
Catedrática de Derecho Civil de la Universidad de Málaga

Jorge A. Cerdio Herrán
Catedrático de Teoría y Filosofía del Derecho Instituto Tecnológico Autónomo de México

José Ramón Cossío Díaz
Ministro en retiro de la Suprema Corte de Justicia de la Nación y miembro de El Colegio Nacional

María Luisa Cuerda Arnau
Catedrática de Derecho Penal de la Universidad Jaume I de Castellón

Manuel Díaz Martínez
Catedrático de Derecho Procesal de la UNED

Carmen Domínguez Hidalgo
Catedrática de Derecho Civil de la Pontificia Universidad Católica de Chile

Eduardo Ferrer Mac-Gregor Poisot
Juez de la Corte Interamericana de Derechos Humanos Investigador del Instituto de Investigaciones Jurídicas de la UNAM

Owen Fiss
Catedrático emérito de Teoría del Derecho de la Universidad de Yale (EEUU)

José Antonio García-Cruces González
Catedrático de Derecho Mercantil de la UNED

José Luis González Cussac
Catedrático de Derecho Penal de la Universidad de Valencia

Luis López Guerra
Catedrático de Derecho Constitucional de la Universidad Carlos III de Madrid

Ángel M. López y López
Catedrático de Derecho Civil de la Universidad de Sevilla

Marta Lorente Sariñena
Catedrática de Historia del Derecho de la Universidad Autónoma de Madrid

Javier de Lucas Martín
Catedrático de Filosofía del Derecho y Filosofía Política de la Universidad de Valencia

Víctor Moreno Catena
Catedrático de Derecho Procesal de la Universidad Carlos III de Madrid

Francisco Muñoz Conde
Catedrático de Derecho Penal de la Universidad Pablo de Olavide de Sevilla

Angelika Nussberger
Catedrática de Derecho Constitucional e Internacional en la Universidad de Colonia (Alemania). Miembro de la Comisión de Venecia

Héctor Olasolo Alonso
Catedrático de Derecho Internacional de la Universidad del Rosario (Colombia) y Presidente del Instituto Ibero-Americano de La Haya (Holanda)

Luciano Parejo Alfonso
Catedrático de Derecho Administrativo de la Universidad Carlos III de Madrid

Consuelo Ramón Chornet
Catedrática de Derecho Internacional Público y Relaciones Internacionales de la Universidad de Valencia

Tomás Sala Franco
Catedrático de Derecho del Trabajo y de la Seguridad Social de la Universidad de Valencia

Ignacio Sancho Gargallo
Magistrado de la Sala Primera (Civil) del Tribunal Supremo de España

Elisa Speckman Guerra
Directora del Instituto de Investigaciones Históricas de la UNAM

Ruth Zimmerling
Catedrática de Ciencia Política de la Universidad de Mainz (Alemania)

Fueron miembros de este Comité:
Emilio Beltrán Sánchez, Rosario Valpuesta Fernández y Tomás S. Vives Antón

Procedimiento de selección de originales, ver página web:
www.tirant.net/index.php/editorial/procedimiento-de-seleccion-de-originales

INICIATIVAS NORMATIVAS PARA AVANZAR EN LA TRANSICIÓN ECOLÓGICA

Coordinador
Sergio Salinas Alcega

tirant lo blanch
Valencia, 2024

Copyright ® 2024

Todos los derechos reservados. Ni la totalidad ni parte de este libro puede reproducirse o transmitirse por ningún procedimiento electrónico o mecánico, incluyendo fotocopia, grabación magnética, o cualquier almacenamiento de información y sistema de recuperación sin permiso escrito de los autores y del editor.

En caso de erratas y actualizaciones, la Editorial Tirant lo Blanch publicará la pertinente corrección en la página web www.tirant.com

La presente obra ha sido sometida a la revisión de pares ciegos según el protocolo de publicación de la editorial a efectos de ofrecer el rigor y calidad correspondiente tanto en su contenido como en su forma, aplicándose los criterios específicos aprobados por la Comisión Nacional E 016 (BOE num. 286, de 26 de noviembre de 2016).

Director de la colección
Enrique J. Martínez Pérez
Profesor Titular
Universidad de Valladolid

Proyecto de I+D+i TED2021-130264B-I00, financiado por: logotipo MCIN, logotipo “NextGeneration. Plan de Recuperación, Transformación y Resiliencia, logotipo AEI.

© Varios autores

© TIRANT LO BLANCH
EDITA: TIRANT LO BLANCH
C/ Artes Gráficas, 14 - 46010 - Valencia
TELFS.: 96/361 00 48 - 50
FAX: 96/369 41 51
Email: tlb@tirant.com
www.tirant.com
Librería virtual: https://editorial.tirant.com
Depósito Legal: V-4563-2024
ISBN: 978-84-1095-444-1
MAQUETA: Innovatext

Si tiene alguna queja o sugerencia, envíenos un mail a: *atencioncliente@tirant.com*. En caso de no ser atendida su sugerencia, por favor, lea en *www.tirant.net/index.php/empresa/politicas-de-empresa* nuestro procedimiento de quejas.

Responsabilidad Social Corporativa: *http://www.tirant.net/Docs/RSCTirant.pdf*

Didac Amat i Puigsech
Darío Badules Iglesias
Elena Cisneros Cabrerizo
Eloy Colom Piazuelo
Antonio Embid Irujo
Teresa Fajardo del Castillo
Xavier Farré Fabregat
Adrián Gavín Lalaguna
Ismael Jiménez Compaired
Guillermo Juan Gómez
Raquel Lacambra Orgillés
Jaime Magallón Salegui
Liber Martin
Mario Martín García
Lucía María Molinos Rubio
Ángel M. Moreno Molina
Ángel J. Rodrigo Hernández
Mariana Rugoso
Sergio Salinas Alcega
Iñigo Sanz Rubiales
Beatriz Setuáin Mendía
Rui Tavares Lanceiro

Índice

Capítulo 2

Las obligaciones de diligencia debida y la soberanía responsable en materia de cambio climático

ÁNGEL J. RODRIGO HERNÁNDEZ

Capítulo 3

El papel de la Unión Europea como potencia normativa ante la desglobalización

TERESA FAJARDO DEL CASTILLO

Capítulo 4

El Pacto Verde Europeo, la *legislación europea sobre el clima* y el programa *Objetivo 55*: instrumentos para un nuevo intento de la Unión Europea de asumir el liderazgo climático

Sergio Salinas Alcega

Capítulo 5

Modificaciones y desarrollo del comercio de derechos de emisión tras el Pacto Verde: en especial, el mecanismo de ajuste carbónico en frontera

Ángel M. Moreno Molina

Capítulo 6

El nuevo mercado de derechos de emisión (ETS 2): los sujetos afectados

Iñigo Sanz Rubiales

Capítulo 7

Las redes transeuropeas de transporte de energía eléctrica

Eloy Colom Piazuelo

Capítulo 8

Política verde, regulación gris. La deriva del régimen de energías renovables en la UE

LIBER MARTIN

MARIANA RUGOSO

Capítulo 9

La seguridad hídrica como revulsivo del derecho de aguas de la Unión Europea. El Pacto Verde, oportunidad perdida

ADRIÁN GAVÍN LALAGUNA

Capítulo 10

Contexto jurídico y efectividad de la integración del cambio climático en los planes hidrológicos de tercer ciclo. Consideraciones singulares de la demarcación del Ebro

BEATRIZ SETUÁIN MENDÍA

Capítulo 12

El derecho penal como instrumento de protección ambiental: últimos desarrollos en el ámbito de la Unión Europea a la luz de la Directiva (UE) 2024/1203

GUILLERMO JUAN GÓMEZ

Capítulo 13

La movilidad sostenible como motor de la transición verde: el papel de una futura legislación española

Darío Badules Iglesias

Capítulo 14

Similarities and differences between the portuguese climate framework law and the eu climate law

Rui Tavares Lanceiro

Capítulo 15

Movilidad sostenible y fiscalidad: estado de la cuestión

Ismael Jiménez Compaired

Capítulo 16

La actualización de la directiva sobre fiscalidad de la energía: contribución al cambio climático

Lucía María Molinos Rubio

Capítulo 17

El control comunitario de ayudas de estado ante la fiscalidad de la energía

Raquel Lacambra Orgillés

Capítulo 18

El cambio climático como un interés público global: efectos sobre el *ius standi*

Didac Amat i Puigsech

Capítulo 19

La litigación climática y sus límites: estado de la cuestión

Xavier Farré Fabregat

Capítulo 20

Las compensaciones voluntarias de carbono, ¿un olvido del legislador comunitario?: Los casos de España y Portugal

Mario Martín García

Capítulo 21

Impacto material de la inteligencia artificial desde la perspectiva de la lucha contra el cambio climático con especial atención a los recursos hídricos

Elena Cisneros Cabrerizo

Presentación

El propósito del Pacto Verde Europeo trasciende la acción en los planos ambiental y climático para configurarse como una hoja de ruta para transformar la Unión Europea y convertirla en *una sociedad equitativa y próspera, con una economía moderna, eficiente en el uso de los recursos y competitiva.* No obstante, es indiscutible que esos planos ambiental y climático se configuran como uno de sus ejes vertebradores, lo que se plasma de forma expresa no solo en la propia calificación del Pacto como *Verde,* sino en ese objetivo de la transición ecológica, que se entrecruza con el de la transición digital para servir de infraestructura de apoyo a la transformación profunda que la Unión pretende con ese Pacto.

Y como no podía ser de otra manera a la vista de la dimensión del cambio al que se aspira, nada menos que convertir a Europa en el primer continente climatológicamente neutro para 2050, el camino hasta alcanzar el propósito final se presenta como extraordinariamente complejo y necesitado de una actuación de naturaleza evidentemente multidimensional. Acometer una completa transformación económica exige atender a una pluralidad de aspectos que deben enfocarse desde aproximaciones muy diversas, obviamente la económica, pero también la política, la sociológica ... y desde luego la jurídica. El Derecho está llamado, como es habitual, a desempeñar la función de instrumento a través del que se materialicen, mediante la adopción de las disposiciones concretas, los cambios imprescindibles para hacer realidad esa transformación.

Sin embargo, el propio Pacto Verde Europeo no es en sí mismo, *stricto sensu,* Derecho de la Unión Europea, al carecer de obligatoriedad jurídica directa, como corresponde a su naturaleza de Comunicación de la Comisión a las demás Instituciones de la

Unión. Por lo que esa hoja de ruta se concreta a través de un amplio abanico de disposiciones relativas a sectores muy distintos y que deben enfocarse desde diferentes perspectivas. Y ese desarrollo normativo tiene lugar tanto a nivel de Derecho de la Unión Europea como de Derecho nacional. En el primer caso destaca desde luego el Reglamento (UE) 2021/1119, conocido, o incluso de forma más propia habría que decir que autodenominado en su título, *Legislación europea sobre el clima*, lo que de por sí tiene ya un significado. Pero a esta disposición se añaden muchas otras, que conforman las piezas del rompecabezas que supone el Programa *Objetivo 55*. Y a ello como ya se ha dicho se añaden el conjunto de desarrollos normativos realizados o por realizar a nivel nacional.

Pues bien, el propósito de este volumen, como se deduce de su propio título, es el estudio de ese conjunto de desarrollos normativos que deben permitir hacer realidad la transformación que el Pacto Verde Europeo plantea. Y ese propósito se aborda con la plena conciencia de los autores de que abarcar de forma completa el abanico de cuestiones y sectores concernidos se presenta como irreal, o cuando menos exigiría no un solo volumen sino muchos más, así como una legión de investigadores involucrados. En cualquier caso, pese a esa dificultad este volumen pretende ofrecer un análisis que permita aprehender de manera adecuada el esfuerzo normativo que supone avanzar en el camino de la transición ecológica, para lo que responde a las exigencias ya señaladas de un carácter multidisciplinar y la inclusión de un abanico de aspectos que se presentan como referencias imprescindibles.

La realización de este estudio se incardina en el Proyecto de I+D+i TED2021-130264B-I00, obtenido en el marco de la Convocatoria 2021–Proyectos de Transición Ecológica y Transición Digital, y del que forman parte un equipo de investigadores, en su mayoría miembros del Grupo Consolidado de Investigación. Agua, Derecho y Medio Ambiente (AGUDEMA) y del Instituto Universitario de Ciencias Ambientales (IUCA) de la Universidad de Zaragoza, pero que también cuenta con profesores de otras Universidades, tanto españolas (Universidad de Valladolid) como extranjeras (Universidades de Mendoza y Nacional de Cuyo en Argentina y de Lisboa). Y a ellos se incorporan, tanto en el Congreso que sirvió de base para el intercambio de puntos de vista como en esta publicación, especialistas procedentes de otras Universidades como las de Granada, Carlos III de Madrid y Pompeu Fabra.

Ese elenco de investigadores se caracteriza, como ya se ha dicho y no podía ser de otra forma, por su multidisciplinariedad, aunque manteniendo el enfoque jurídico como corresponde al intento de estudiar un proceso de desarrollo normativo. Así ese equipo lo integran especialistas en Derecho internacional y europeo, pero también Administrativo, Ambiental o Financiero, que abordan, siempre con espíritu crítico, los desarrollos normativos ya realizados, y lo que queda por desarrollar, con los que se pretende materializar esa transformación global tanto económica como social que implica el Pacto Verde Europeo. En ese sentido se presta atención a enfoque más generales tanto de la normativa española, con referencias a la de otros países vecinos como Francia y Portugal, como de la de la Unión Europea. En este segundo caso se aborda lo que ese Pacto Verde Europeo y su concreción legislativa implican tanto hacia el interior como hacia el exterior, con la pretensión de la Unión de jugar un papel de líder climático que acelere el imprescindible reforzamiento del esfuerzo global de mitigación, hasta el momento con un éxito relativo a la vista de los resultados que arrojan los distintos Informes internacionales y en particular el *Primer balance mundial* presentado en la COP 28 en diciembre pasado. Pero también se pone el foco como ya se ha dicho en ciertos instrumentos y sectores estratégicos en relación con la acción necesaria para alcanzar el objetivo propuesto en el Pacto Verde Europeo. A ese respecto debe subrayarse que este estudio incluye aproximaciones desde distintos enfoques a instrumentos centrales como el Régimen Europeo de Comercio de Derechos de Emisión, objeto de una profunda transformación en el contexto del Pacto Verde Europeo, pero también pone el foco en distintos aspectos relativos a sectores como la energía, el agua, el transporte y la movilidad.

Para concluir esta presentación solo resta apuntar que este estudio pretende aportar una contribución al debate sobre lo hasta ahora conseguido y lo que queda por hacer, desde la perspectiva del desarrollo normativo, para intentar alcanzar el ambicioso objetivo buscado por la Unión Europea con el Pacto Verde Europeo. La materialización de ese proceso de transición ecológica supondría no solo un salto adelante significativo para la propia Unión y sus Estados miembros sino para la Humanidad en su conjunto en su intento de afrontar la mayor crisis existencial que en este momento se plantea y que amenaza su futuro, como es el cambio climático.

Zaragoza, 25 de octubre de 2024

SERGIO SALINAS ALCEGA
Catedrático de Derecho Internacional Público
de la Universidad de Zaragoza
IP del Proyecto Iniciativas normativas para avanzar
en la transición ecológica: análisis y valoración
(INNATE) (TED2021-130264B-I00)

Siglas y abreviaturas

AAPP	Administraciones Públicas
ACER	Agencia de la Unión Europea para la Cooperación de los Reguladores de la Energía
AGE	Administración General del Estado
AP	Acuerdo de Paris sobre el cambio climático
Art.	Artículo
CAI	Acuerdo Integral de Inversión entre la UE y China (*Comprehensive Agreement on Investment EU-China*)
CCAA	Comunidades Autónomas
CDFUE	Carta de los Derechos Fundamentales de la Unión Europea
CDI	Comisión de Derecho Internacional
CDN/ NDCs	Contribuciones Determinadas a nivel Nacional/*Nationally determined contributions*
CE	Comunidad Europea
CdE	*Conseil d'État*
CECA	Comunidad Económica del Carbón y del Acero
CEEA	Comunidad Europea de la Energía Atómica
CHIPS	Ley de Ciencia y Chips (CHIPS [*Creating Helpful Incentives to Produce Semiconductors] and Science Act*)
CIADI	Centro Internacional de Arreglo de Diferencias relativas a Inversiones
CIJ	Corte Internacional de Justicia
CMNUCC/ UNFCCC	Convención Marco de las Naciones Unidas sobre el cambio climático/*United Nations Framework Convention on Climate Change*
CNUDMI	Comisión de las Naciones Unidas para el Derecho Mercantil Internacional
COM	Comunicación

COP	Conferencia de las Partes
DEGEI	Derechos de Emisión de Gases de Efecto Invernadero
DMA	Directiva 2000/60/CE del Parlamento Europeo y del Consejo, de 23 de octubre de 2000, por la que se establece un marco comunitario de actuación en el ámbito de la política de aguas
DOCE/ DOUE	Diario Oficial de la(s) Comunidades Europeas/ Unión Europea
EAE	Evaluación Ambiental Estratégica
EEMM	Estado Miembro o Estados Miembros
EIA	Evaluación de Impacto Ambiental
ELP	Estrategia de descarbonización a largo plazo
ELSJ	Espacio de libertad, seguridad y justicia de la Unión Europea
ER	Energías Renovables
ERESEE	Estrategia a largo plazo para la rehabilitación energética en el sector de la edificación en España
ETS	*European Trading System*
Euratom	Comunidad Europea de Energía Atómica
FES-CO2	Fondo de Carbono para una Economía Sostenible.
GATT	*General Agreement on Tariffs and Trade*
GEI/ GHG	Gases de Efecto Invernadero/ *Greenhouse Gases*
GW	*Gigavatio*
IA/AI	Inteligencia Artificial
IAE	Impuesto sobre Actividades Económicas
IBI	Impuesto sobre Bienes Inmuebles
ICIO	Impuesto sobre Construcciones, Instalaciones y Obras
IEDMT	Impuesto Especial sobre Determinados Medios de Transporte
IGIC	Impuesto General Indirecto Canario

IPCC	Grupo Intergubernamental de Expertos sobre el Cambio Climático (*Intergovernmental Panel on Climate Change*)
IPH	Orden ARM/2656/2008, de 10 de septiembre, por la que se aprueba la instrucción de planificación hidrológica.
IRA	Ley de Reducción de la Inflación (*Inflation Reduction Act*)
IRPF	Impuesto sobre la Renta de las Personas Físicas
IS	Impuesto sobre Sociedades
IUCA	Instituto Universitario de Ciencias Ambientales. Universidad de Zaragoza
IVA	Impuesto sobre el Valor Añadido
IVTM	Impuesto sobre Vehículos de Tracción Mecánica
IVPEE	Impuesto sobre el Valor a la Producción de Energía Eléctrica
KT	Kilotonelada
LCCTE	Ley 7/2021, de 20 de mayo, de Cambio Climático y Transición Energética.
LES	Ley 2/2011, de 4 de marzo de Economía Sostenible
LULUCF	Reglamento (UE) 2018/841 del Parlamento Europeo y del Consejo, de 30 de mayo de 2018, sobre la inclusión de las emisiones y absorciones de gases de efecto invernadero resultantes del uso de la tierra, el cambio de uso de la tierra y la silvicultura en el marco de actuación en materia de clima y energía hasta 2030
MAFC	Mecanismo de Ajuste en Frontera por Carbono
MITECO/MITERD	Ministerio para la Transición Ecológica y el Reto Demográfico
MVC	Mercados Voluntarios de Carbono.
MW	Megavatio
OCDE	Organización para la Cooperación y el Desarrollo Económico
ODS	Objetivos de Desarrollo Sostenible

OEACC	Orientaciones Estratégicas sobre Agua y Cambio Climático, aprobadas por el Consejo de Ministros con fecha 19 de julio de 2022.
OMC	Organización Mundial de Comercio
ONU	Organización de las Naciones Unidas
OPA	Observatorio de Políticas Ambientales
OSACT	Órgano Subsidiario de Asesoramiento Científico y Tecnológico
P	Página
PE	Parlamento Europeo
PES	Planes Especiales de Sequía
PGRI	Planes de Gestión de Riesgos de Inundación
PIB	Producto Interior Bruto
PK	Protocolo de Kioto sobre el cambio climático
PMUS	Planes de Movilidad Urbana Sostenible
PNACC	Plan Nacional de Adaptación al Cambio Climático (2021-2030)
PNIEC	Plan Nacional Integrado de Energía y Clima
PNUMA	Programa de las Naciones Unidas para el Medio Ambiente
PP	Páginas
PPHHCC	Planes Hidrológicos de Cuenca
PYME	Pequeña y Mediana Empresa
RADA	Revista Aranzadi de Derecho Ambiental
RAE	Real Academia de la Lengua
RAPA	Real Decreto 927/1988, de 29 de julio, por el que se aprueba el Reglamento de la Administración Pública del Agua y de la Planificación Hidrológica, en desarrollo de los títulos II y III de la Ley de Aguas.
RCDE	Régimen europeo de Comercio de Derechos de Emisión
RD	Real Decreto
RDPH	Real Decreto 849/1986, de 11 de abril, por el que se aprueba el Reglamento del Dominio Público Hi-

	dráulico, que desarrolla los títulos preliminar I, IV, V, VI y VII de la Ley 29/1985, de 2 de agosto, de Aguas
REDA	Revista Española de Derecho Administrativo
REGRT de electricidad	Red Europea de Gestores de Redes de Transporte de Electricidad
RGEC	Reglamento (UE) 651/2014, de 17 de junio de 2014, por el que se declaran determinadas categorías de ayudas compatibles con el mercado interior en aplicación de los artículos 107 y 108 del Tratado. (Reglamento General de Exención por Categorías).
RHC	Registro de Huella de Carbono, Compensación y Proyectos de Absorción de Dióxido de Carbono.
RIA	Reglamento (UE) 2024/1689 del Parlamento Europeo y del Consejo, de 13 de junio de 2024, por el que se establecen normas armonizadas en materia de inteligencia artificial y por el que se modifican los Reglamentos (CE) nº 300/2008, (UE) nº 167/2013, (UE) nº 168/2013, (UE)
RPH	Real Decreto 907/2007, de 6 de julio, por el que se aprueba el Reglamento de la Planificación Hidrológica
RRE	Reglamento (UE) 2018/842, del Parlamento Europeo y del Consejo, de 30 de mayo de 2018, sobre reducciones anuales vinculantes de las emisiones de gases de efecto invernadero por parte de los Estados miembros entre 2021 y 2030 que contribuyan a la acción por el clima, con objeto de cumplir los compromisos contraídos en el marco del Acuerdo de París (Reglamento de esfuerzo).
S	Sentencia
SCIE	Solución de Controversias entre Inversionistas y Estados
SH	Seguridad hídrica
s.s.	Siguientes
STC	Sentencia del Tribunal Constitucional
STJUE	Sentencia del Tribunal de Justicia de la Unión Europea

STS o SsTS	Sentencia o Sentencias del Tribunal Supremo
TC	Tribunal Constitucional
TCE	Tratado de la Comunidad Europea
TCEE	Tratado constitutivo de la Comunidad Económica Europea (Tratado de Roma)
TEDH	Tribunal Europeo de Derechos Humanos
TFUE	Tratado de Funcionamiento de la Unión Europea
TJUE	Tribunal de Justicia de la Unión Europea
TRLA	Real Decreto Legislativo 1/2001, de 20 de julio, por el que se aprueba el Texto Refundido de la Ley de Aguas
TRLHL	Decreto Legislativo 2/2004, de 5 de marzo, por el que se aprueba el Texto Refundido de la Ley reguladora de las Haciendas Locales
TUE	Tratado de la Unión Europea
UE/ EU	Unión Europea/ European Union
UNESCO	Organización de las Naciones Unidas para la Educación, la Ciencia y la Cultura
VV.AA.	Varios autores
ZBE	Zona de Bajas Emisiones
ZIFMO	Zona

Capítulo 1

Los instrumentos para la aplicación de la ley de cambio climático y transición energética. Algunas características generales

ANTONIO EMBID IRUJO*

SUMARIO: I. INTRODUCCIÓN GENERAL. II. DOS CONSTATACIONES NECESARIAS: LAS INCERTIDUMBRES DEL CAMBIO CLIMÁTICO Y LA REALIDAD DE LA PRODUCCIÓN Y CONSUMO ACTUAL DE ENERGÍA EN EL MUNDO. III. ENUMERACIÓN DE INSTRUMENTOS PARA LA APLICACIÓN DE LA LCCTE. INFLUENCIA SOBRE INSTRUMENTOS NO REGULADOS EN ELLA. PAPEL DEL DERECHO DE LA UE. MANDATOS AL SECTOR PRIVADO. 1. Instrumentos calificados en la LCCTE como planes. 2. Las "estrategias" en la LCCTE. Su gran variedad. 3. El desarrollo de algunos instrumentos está regulado en la LCCTE. 4. Referencias a instrumentos ajenos a la LCCTE pero nombrados por ella en los que se deben insertar menciones al cambio climático y/o a la transición energética. 5. Instrumento de evidente importancia energética no mencionado en la LCCTE. Otro de trascendencia internacional tampoco mencionado en ella. 6. Instrumentos con origen en el derecho europeo. 7. ENCARGOS DE ACTUACIÓN AL SECTOR PRIVADO O A DETERMINADAS ORGANIZACIONES PÚBLICAS. IV. ELABORACIÓN Y APROBACIÓN DE LOS INSTRUMENTOS PARA LA APLICACIÓN DE LA LEY DE CAMBIO CLIMÁTICO Y DE TRANSICIÓN ENERGÉTI-

---

* Catedrático Emérito de Derecho Administrativo de la Universidad de Zaragoza Este trabajo se enmarca en los Proyectos "Iniciativas normativas para avanzar en la transición ecológica: Análisis y Valoración (INNATE)", número TED2021-130264B-I00 (IP Sergio Salinas Alcega) y PID2021-124296NB-I00: "Retos jurídicos de la política hídrica en el marco de la economía circular y de la nueva legislación del cambio climático" (IP Beatriz Setuáin Mendía). También forma parte de las actuaciones del Grupo de Investigación AGUDEMA (Agua, Derecho y Medio Ambiente), Grupo de referencia S21_23R, BOA 80, de 28 de abril de 2023 (IP Beatriz Setuáin Mendía) y de las desarrolladas en el IUCA.

CA. PARTICIPACIÓN DE COMUNIDADES AUTÓNOMAS Y CIUDADANOS. 1. Las formas de intervención del gobierno. 2. Participación de las CCAA. Distintas formas. 3. Participación de los ciudadanos. V. LA NATURALEZA JURÍDICA DE LOS INSTRUMENTOS PARA LA APLICACIÓN DE LA LCCTE Y CONCLUSIONES GENERALES. VI. BIBLIOGRAFÍA.

I. INTRODUCCIÓN GENERAL.

En algunos de los trabajos que he dedicado al cambio climático (EMBID IRUJO 2020 y 2021) noté el carácter incompleto del entonces proyecto de LCCTE que se extendió, porque hubo escasas variaciones en su tramitación parlamentaria, a la misma LCCTE. Se trata de una característica compartida con Leyes de otros Estados en esta materia, pues lo que se indica es nota común a este tipo de normativa con independencia de las fronteras nacionales.

Esa afirmación se basaba, entre otras cosas, en las continuas remisiones de la Ley a reglamentos[1], leyes[2], otros documentos[3] o —lo que interesa a efectos del trabajo— a instrumentos para la aplicación de la Ley con el nombre de planes o estrategias y, también, en la mención repetida a documentos con origen en otra normativa pero que la Ley quería que fueran adaptados (modificados, revisados) para incluir en ellos consideraciones sobre

---

1 Son numerosas estas remisiones. Eso puede explicar que no haya una remisión concreta a un Reglamento general de desarrollo de la Ley aun cuando la disposición final sexta habilita al Gobierno para que "apruebe cuantas disposiciones sean necesarias para la aplicación, ejecución y desarrollo de lo establecido en esta ley", lo que podría permitir dictar un Reglamento de tipo general.

2 Por ejemplo, la mención a un futuro Proyecto de Ley de movilidad sostenible y financiación del transporte (disposición final octava).

3 Las referencias son variadas. Así, el art. 11 encarga al MITECO la elaboración de una "propuesta de calendario para la revisión de las ayudas y medidas que favorezcan el uso de los productos energéticos de origen fósil". Esa propuesta debe tener en cuenta los informes emitidos por el Ministerio de Hacienda y dictarse previa consulta a los ministerios sectoriales afectados. El calendario se aprueba por Acuerdo del Consejo de Ministros.

cambio climático, transición energética o descarbonización de la economía, entre otras menciones[4]. Y todo ello acompañado de las escasas decisiones vinculantes de la Ley.

Esas continuas remisiones están encuadradas en un marco jurídico parcial, orientado a variados objetivos y finalidades, no totalizador. Como no existe un Reglamento de desarrollo general de la Ley (vid. nota 1) no se ha podido intentar corregir de ese modo las características negativas de esa dispersión.

Me parece necesario, por tanto, que desde el ámbito doctrinal se lleven a cabo estudios sobre esta línea de remisiones y su significado[5] y este trabajo se inserta en esta pequeña saga. No tiene pretensiones de exhaustividad dada la materia tan enorme a estudiar y, además, se va a mover con planteamientos casi solo formales. Su humilde objetivo es el de contribuir a hacer de más fácil comprensión un conjunto abigarrado, extraordinario —en el sentido de no habitual en las leyes— de remisiones a distintos instrumentos de aplicación de la LCCTE.

Nótese que hasta ahora no he hablado de instrumentos de "planificación" porque no en todos los casos la naturaleza jurídica que se entrevé de tales instrumentos conduce a que se puedan calificar así, al menos con el carácter usual que la técnica de la planificación tiene. Y ello aunque se use por la Ley el término de "Plan" (no siempre, ni mucho menos).

---

4 Y desde una perspectiva "externa" a la Ley es evidente también que se trata de un texto que habrá de ser completado (modificado, revisado, adaptado, escójase el participio que se prefiera) con las decisiones que puedan provenir de las futuras COP conforme a la Convención de Cambio Climático de 1992, o de la política —tan intensa y variada— seguida por la UE en esta materia, y que probablemente continuará, aunque seguro de otras formas "menos intensas", tras las pasadas elecciones al Parlamento Europeo (junio de 2024).

5 Ya han aparecido algunos tratamientos parciales. El más completo, y también de más calidad, de los que conozco es el de ROSA (2021, pp. 96 y ss.).

Por eso incorporo al título del trabajo la expresión genérica de "instrumentos para la aplicación" de la LCCTE que responde mejor a la realidad de lo que se está tratando[6] aunque, debo confesarlo, el título resulta algo equívoco, porque se encontrarán también en ella documentos anteriores (el PNIEC o la Estrategia a 2050) aunque a partir de la Ley exista un marco jurídico y se prevean actualizaciones de tales documentos de acuerdo con él.

Con esas precisiones debo advertir que la planificación es una categoría integrada en los derechos occidentales[7]. Surge de aportes de la planificación económica (olvidada ahora, aunque la Constitución Española se refiera a ella en su art. 131) y de la planificación urbanística y territorial (que ha tenido gran auge, aunque hoy sea resaltable la dificultad de aprobar planes de urbanismo que no arriesguen su anulación tras una impugnación judicial[8]). La consecuencia es que no puede observarse ningún sector de actividad de las AAPP en el que no haya menciones a la planificación como técnica de actuación. Igual sucede en el ámbito del cambio climático.

Dicho esto conviene indicar que la planificación administrativa plantea siempre los siguientes y básicos problemas jurídicos:

---

6 La Ley catalana de cambio climático de 2017 habla de instrumentos de "planificación y programación" como muestra de que hay distintos objetivos en los variados instrumentos que recoge el texto.

7 Hago distintas referencias a ella en EMBID IRUJO (1991) desde la perspectiva del estudio realizado allí de la naturaleza jurídica de los Planes Hidrológicos de Cuenca regulados en la Ley 29/1985, de 2 de agosto, de Aguas. Concluí en su naturaleza jurídica normativa (reglamentaria), conclusión aceptada en la doctrina, en la jurisprudencia y, desde luego, en la práctica. La planificación del socialismo propio de los países del este en una época lejana, está fuera de toda consideración aquí y en el resto de mi obra.

8 A lo que cooperan con entusiasmo los endiablados procedimientos administrativos de elaboración y aprobación de tales planes, que convierten el trámite, además de en casi eterno, en una auténtica prueba diabólica para demostrar que no se ha cometido algún error con trascendencia sobre su posible anulación.

a) La determinación de la naturaleza jurídica de los planes. Y, más en concreto, si pueden considerarse reglamentos o si alguna de sus partes puede tener esa naturaleza.

b) El control de la planificación administrativa por los jueces y tribunales. Lo que incluye la extensión de los poderes de control a través de la capacidad de sustitución —muy rara o inexistente— por el competente órgano judicial de sus decisiones.

c) La vinculación por la planificación administrativa del comportamiento de las AAPP y la actividad de los sujetos privados.

d) Y una cuestión que, en principio, es solo nominal: si bajo alguna denominación distinta a la de Plan, el instrumento puede tener naturaleza planificatoria.

Todos estos problemas (o cuestiones) se plantearán en relación a los instrumentos para la aplicación de la LCCTE. En este lugar y por limitaciones de espacio dada la actuación conjunta en la que se enmarca el trabajo, solo podrán tratarse algunos y desde puntos de vista, reducción temática obligada, formales[9]. La razón de esa limitación reside en que considerar todas las cuestiones *supra* enumeradas exigiría entrar en temas de contenido, de fondo, planteamiento imposible de realizar en virtud del gran número de instrumentos a examinar[10].

Parece evidente, en todo caso, que en función de la aparición sucesiva de todos estos instrumentos y de los avatares jurídicos —y

---

9 Entrar en cuestiones de contenido para un jurista tiene claros inconvenientes, pues se trata de determinaciones en su mayor parte técnicas y, además, provenientes de diferentes saberes. La limitación a lo formal tiene a su favor, por tanto y además de lo que se indica en el texto, razones muy importantes.

10 Esa incursión en cuestiones de contenido permitiría incidir en la posible superposición de objetos en distintos instrumentos y cómo, en ese caso, se podrían resolver las hipotéticas contradicciones existentes.

de otro estilo— que sufran, dentro de un tiempo habrá mejor posibilidad de juicio sobre estas cuestiones. Ahora hay que razonar para, entre otras cosas, prever formas de encarar la solución de los inevitables conflictos que surgirán[11].

Se puede predecir —entrando en cuestiones de importancia— que uno de los temas de permanente consideración será el de la discrecionalidad en la formación de estos instrumentos y su extensión[12]. Y, desde otro ángulo, el papel reductor de la discrecionalidad que ha tenido, y debería seguir teniendo, cualquier tipo de planificación. El haz y el envés de la misma moneda.

Debo advertir, finalmente, que no voy a tratar las leyes autonómicas de cambio climático que también tienen instrumentos para su aplicación, con menor profusión, eso sí, que la LCCTE. Entrar en esa problemática abocaría a una monografía con ínfulas, incluso, de tesis doctoral (de las de antes) pues exigiría un amplio estudio competencial y de relación (incluyendo el conflicto) entre instrumentos "estatales" (algunos de ellos con origen en la UE) y los autonómicos. Quede esa tarea para otra ocasión[13].

---

11 Algunos ya han surgido como se mostrará citando las Sentencias aparecidas.

12 Las decisiones sobre el contenido vinculatorio de estos instrumentos son nimias en la LCCTE. El contenido de algunas SsTS (de 2023, sobre la inactividad administrativa o sobre el PNIEC) permite observar en ellas —con un riguroso razonamiento jurídico, desde luego— un gran ámbito de deferencia al Gobierno.

13 Comienzan a aparecer estudios sobre esas leyes autonómicas (no todas las CCAA, ni mucho menos, poseen esas leyes). Vid., por ejemplo, el de DOMÍNGUEZ VILA (2021) sobre la ley canaria 6/2022 modificada por Decreto-ley 5/2024, de 24 de junio (dictado por razones competenciales). Un trabajo de orden general es el del Instituto Internacional de derecho y medio ambiente (2022). Algunas CCAA han procedido a elaborar (que no aprobar) documentos informales, como es el caso de Aragón con la llamada "Estrategia Aragonesa de Cambio Climático. Horizonte 2030", debiendo advertir que Aragón no tiene Ley de cambio climático. También es provechosa la consulta a la jurisprudencia. Vid., así, la STC 87/2019, de 20 de junio sobre la Ley catalana 16/2017, de 1

II. DOS CONSTATACIONES NECESARIAS: LAS INCERTIDUMBRES DEL CAMBIO CLIMÁTICO Y LA REALIDAD DE LA PRODUCCIÓN Y CONSUMO ACTUAL DE ENERGÍA EN EL MUNDO.

Los instrumentos para la aplicación de la LCCTE tienen el objetivo general de contribuir —en línea con la Ley pero también con otras normas, como el Acuerdo de París de 2015— a la reducción de la emisión de GEI (en general) para mantener en el futuro las temperaturas por debajo de los 1'5 grados de elevación como recomienda dicho Tratado. Ello aconseja realizar una breve parada para consignar algunos datos imprescindibles de aproximación a la situación que sobre el cambio climático existe en el tiempo en que se concluyen estas páginas (julio de 2024). Esa referencia ayudará a entender los problemas, límites y oportunidades a que deberán enfrentarse estos instrumentos, lo que significa hablar de la aplicación de la LCCTE, pues son documentos orientados a ello[14].

La mayor parte de los instrumentos que aquí se consideran miran hacia la descarbonización de la atmósfera hasta llegar al objetivo de alcanzar la llamada "neutralidad climática" del país (y de la UE)[15] en el no tan lejano año 2050.

Pero eso no significa que por la mera aplicación de estos instrumentos vaya realmente a disminuir la concentración de partículas de carbono (o, hablando más propiamente, de GEI) en la atmósfera de nuestro país —o de cualquier país de la UE— o

---

de agosto, del cambio climático. La Sentencia no menciona lo que en la Ley se llaman "instrumentos de planificación y programación" que son los que trato en este trabajo.

14 Con estas referencias se podrá contribuir a formar el juicio acerca de la nada fácil tarea que cabe a estos instrumentos (y a la LCCTE) para conseguir los objetivos de reducción de GEI y, en general, de descarbonización de la actividad económica.

15 Y del mismo planeta, porque la neutralidad climática fue un objetivo lanzado por la ONU en 2015.

que esta disminución sea apreciable. Y ello por una simple razón: nadie puede saber cuál es el origen "nacional" de cada partícula de carbono (o de GEI) que se halle en la atmósfera. Como con gran lucidez se ha escrito, el cambio climático es la verdadera globalización[16].

Es evidente que si la aplicación de estos instrumentos es efectiva y va acompañada de acciones semejantes del resto de los países —y, sobre todo, de los grandes contaminadores-el efecto previsible será la disminución de la concentración de partículas de carbono (y de GEI en general) en el conjunto de la atmósfera. Pero el efecto que ello pueda tener en un país concreto, no guarda relación exacta con el esfuerzo de ese país para la reducción de emisiones. Es claro que la disminución de partículas de carbono (o de GEI) no está en relación de dependencia con lo que haga un país (o una serie de países) sino con lo que puedan hacer muchos de ellos —o todos— y, desde luego, los grandes contaminadores.

Lo que de forma tan simple señalo en el párrafo anterior está mostrando el amplio grado de incertidumbre con el que nos hemos movido y seguimos haciéndolo en la concepción y ejecución de las políticas de mitigación y de adaptación al cambio climático. Decisiones que hace solo unos pocos años pasaban por indiscutibles, hoy se sabe que estaban equivocadas[17]. El tiempo nos adver-

---

16 Cfr. FOLCH (2011, pp. 98-99): "El cambio climático evidencia la verdadera globalidad de la biosfera. Es imposible saber quien ha emitido cada gramo de CO2 diluído en la atmósfera que todos compartimos, que es única. La atmósfera está globalizada, los océanos están globalizados y también está globalizado el código genético. Todos los seres vivos participamos del mismo sistema genético y por eso precisamente es posible practicar la ingeniería genética. La globalización es una característica intrínseca de la biosfera. Somos los humanos quienes, durante milenios, hemos funcionado desglobulizadamente".

17 Por ejemplo las políticas sobre almacenamiento geológico del dióxido de carbono. Me refiero con extensión a ese error compartido universalmente hasta hace unos años en EMBID IRUJO 2020, pp. 22 y ss.

tirá cuáles de las que ahora aceptamos como válidas son erróneas o, quizá, inanes en relación a los objetivos perseguidos.

A esos efectos es conveniente una ojeada a lo que en la actualidad, a más de 30 años de la Convención de la ONU sobre cambio climático (1992), es la realidad de la producción de energía (o consumo, cuestiones dependientes una de otra). Para ello se cuenta con la reciente publicación (finales de junio de 2024) de un documento de gran valía como es el titulado "Statistical Review of World Energy" (autoría del "Energy Institute" y colaboración de las consultoras KPMG y Kearney). Del mismo voy a mencionar algunas cifras solamente que, creo, proporcionan una adecuada visión de la situación actual.

El resumen de lo esencial del documento se podría hacer con pocas frases: en la actualidad se está consumiendo más carbón que nunca, hasta el punto de que el 81% de la demanda energética mundial se basa en combustibles fósiles. Ello hace que el carbón siga siendo el segundo combustible más demandado, tras el petróleo. En 2023 el aumento de consumo de carbón fue siete veces superior al promedio de los diez años anteriores.

La consecuencia es clara: en el año 2023 las emisiones de CO2 alcanzaron el record histórico de 40 millones de Gigatoneladas. Todo ello, repito, se basa en el incremento del consumo de carbón que se ha debido, sobre todo, a dos países: China e India, Estados que poseen más de ¼ de las reservas mundiales de carbón[18]. Si se tiene en cuenta, además, que es el recurso energético más

---

[18] Y Rusia es el siguiente país en volumen de reservas de carbón. Las centrales térmicas carboníferas han desaparecido en España y en otros países. (Sobre este proceso en España vid. EMBID IRUJO 2020, pp. 33 y ss, donde señalo su causa basada en cuestiones de política empresarial, no de acción pública contra el cambio climático). Pero no en todos los de la UE. El informe que cito señala el gran aumento de consumo de carbón en Alemania tras el comienzo de la guerra de Ucrania por la disminución de la llegada del gas ruso y la supresión de la energía nuclear en el país.

barato[19], se comprende no sólo el sentido de la situación actual, sino que es fácil predecir cuál va a ser la evolución futura dado que se sigue aprobando la construcción de múltiples plantas de energía térmica carbonífera[20] y continúan las inversiones empresariales en combustibles fósiles[21].

Quizás lo que estoy señalando aquí explica las escasas decisiones vinculantes en la LCCTE así como el amplio número de remisiones que contiene. Porque la revisión de los instrumentos remitidos es más fácil que la modificación de una Ley. Creo que por ello se incrementan sobremanera las remisiones, más allá de lo que sería, en teoría, aceptable.

Y lo que sigue siendo cierto en este ámbito —como en general en toda la planificación administrativa— es el amplio campo para la discrecionalidad que acompaña a estas políticas relativas al cambio climático como lo muestra la peculiar forma de prohibir el fracking[22].

En el marco de ello suenan inocentes los esfuerzos de litigación que organizaciones de buena voluntad persiguen consiguiendo resultados —mundialmente inapreciables— en Holanda o Suiza, por poner ejemplos conocidos. Es de desear que esa

---

19 El precio del carbón bajó en 2023 más del 60% en relación a los precios del año anterior. Llegó a 130 dólares por tonelada. Con anterioridad se alcanzaron hasta 400 dólares por tonelada.

20 Para lo que basta con seguir los datos que proporciona el informe: China ha aprobado en el primer semestre de 2023 plantas de producción de energía térmica carbonífera por valor de más de 50 GW de potencia.

21 Las principales empresas energéticas llevaron a cabo en 2023 inversiones muchas veces milmillonarias en sectores relacionados con los combustibles fósiles. Parece claro que éstas esperan un retorno en beneficios basado en la actividad de tales sectores, pues otra cosa sería económicamente incomprensible.

22 Que se extiende a la misma discrecionalidad en la aplicación de las medidas aparentemente vinculantes de la propia LCCTE. Obsérvese el art. 9.1 de la Ley que prohíbe la la utilización de la fracturación hidráulica "de alto volumen". ¿Qué límite marca el "alto volumen"?

"justicia climática" se extienda al ámbito de los grandes Estados contaminadores: China, India y Rusia. Conseguir en esos países sentencias favorables a los intereses de los demandantes y, además, lograr que tales sentencias se ejecutaran sería un apreciable cambio de perspectiva mundial. Mientras tanto el escepticismo (acompañado de la voluntad de cambio) es la más aconsejable de las posiciones ante el estado mundial de las cosas, muy resumido en este apartado del trabajo[23].

III. ENUMERACIÓN DE INSTRUMENTOS PARA LA APLICACIÓN DE LA LCCTE. INFLUENCIA SOBRE INSTRUMENTOS NO REGULADOS EN ELLA. PAPEL DEL DERECHO DE LA UE. MANDATOS AL SECTOR PRIVADO

El número de instrumentos a que remite o que son mencionados, directa o indirectamente, en la LCCTE es impresionante[24]. Su finalidad general —con particularidades— es la de cooperar a la consecución de los objetivos de la LCCTE[25]. A continuación y por medio de unas divisiones sistemáticas en las que seguiré el orden de los preceptos de la LCCTE, se ofrecen una serie de características formales de dichos instrumentos[26].

---

23 Sobre el tema últimamente y en general vid. SETUÁIN MENDÍA (2024).

24 Algunos se aprobaron antes de la publicación de la LCCTE.

25 Sobre esas finalidades vid. ROSA (2021) pp. 78 y ss. Habla de objetivos "cuantificados" en relación a la reducción de GEI, penetración de renovables y eficiencia energética. Es valiosa la vinculación que establece entre estos objetivos y el principio de no regresión (vid. pp. 82-83). Y sobre la relevancia jurídica de los mismos vid. pp. 88 y ss. Igualmente de mucho interés MORENO MOLINA (2022, pp. 187 y ss.).

26 El objetivo de esta parte del trabajo es sistematizar un ordenamiento poco ordenado que se refiere a una realidad esencial en la LCCTE. Con algunas menciones vid. LOZANO CUTANDA (2022) que aplica la misma rúbrica de "instrumentos de planificación" a muy distintas reali-

1. *Instrumentos calificados en la LCCTE como planes*

— Plan Nacional Integrado de Energía y Clima (art. 4) (PNIEC). Es el instrumento clave de la Ley y que conecta con normativa europea que lo prevé. Se aprueba por RD, pero el texto existente, anterior a la LCCTE[27], se aprobó por acuerdo del Consejo de Ministros[28].

— Plan de Rehabilitación de Viviendas y Renovación Urbana que elaborará el Gobierno (art. 8.4)[29].

— Planes de movilidad urbana sostenible (art. 14.3). Se encarga a los Municipios de más de 50.000 habitantes y a los territorios insulares[30] que adopten antes de 2023 Planes de movilidad urbana sostenible que introduzcan medidas de mitigación para reducir las emisiones derivadas de la movilidad[31]. No son textos que deba aprobar la AGE pero los

---

dades. También SARASÍBAR IRIARTE (2022), pp. 853 y ss, con meras referencias.

27 Vid. la Resolución de 25-3-2021, conjunta de la Dirección General de Política Energética y Minas y de la Oficina Española de Cambio Climático, por la que se publica el Acuerdo del Consejo de Ministros de 16-3-2021, por el que se adopta la versión final del Plan Nacional Integrado de Energía y Clima 2021-2030 (BOE núm. 77 de 31-3-2021).

28 A esta situación, que no es solo la del PNIEC, corresponde la Disposición Transitoria primera de la LCCTE que indica que los planes y programas que haya aprobado el Gobierno antes de su entrada en vigor y cuyo objeto y contenido sea el previsto en sus artículos 4 o 5, seguirán siendo de aplicación, sin perjuicio de que sus modificaciones o revisiones se tramiten y aprueben conforme a lo establecido en esos preceptos.

29 Su finalidad es contribuir a los objetivos de alta eficiencia energética y descarbonización a 2050. Está vinculado al PNIEC.

30 Y los municipios de más de 20.000 habitantes cuando se superen los valores límite de los contaminantes regulados en el RD 102/2011, de 28 de enero, relativo a la mejora de la calidad del aire.

31 El plazo ya ha transcurrido. Creo que no son demasiados los municipios que han adoptado tales Planes, pero no conozco la forma de comprobar tal dato y espero que en el futuro cumplan todos los obligados.

incluyo aquí por la utilización en la Ley del concepto de "plan".

— Plan Nacional de Adaptación al Cambio Climático (art. 17). Se trata de un instrumento orientado al desarrollo del PNIEC. El segundo Plan 2021-2030 fue aprobado por acuerdo del Consejo de Ministros de 22-9-2020, antes de la aprobación de la LCCTE[32].

— Plan (innominado) que se deberá presentar (¿por quién?, ¿quién lo aprueba?) en el plazo de un año para que los centros consumidores de energía de la AGE reduzcan su consumo en el año 2030, en consonancia con la "Estrategia a largo plazo para la rehabilitación energética en el sector de la edificación en España" y el "Plan Nacional Integrado de Energía y Clima 2021-2030"[33] mediante medidas de ahorro y eficiencia energética. No parece, salvo error, que se haya dictado. (Disposición adicional novena).

2. *Las "estrategias" en la LCCTE. Su gran variedad*

La mayor parte de los instrumentos mencionados en la LCCTE son denominados "Estrategias", siguiendo un rastro nominativo que puede detectarse en el derecho europeo y en otros documentos del ordenamiento español. La segunda y tercera acepción de la palabra en el diccionario de la RAE ayuda a la comprensión del significado de estos instrumentos, pues son tanto "arte, traza para dirigir un asunto" como "proceso regulable, conjunto de las reglas que buscan una decisión óptima en cada momento". Desde la perspectiva propia de la LCCTE (y de otras partes del ordenamiento) está claro que en ningún caso estos instrumentos vincularían la actuación de las AAPP (y de los privados) y que,

---

32 El art. 17 de la LCCTE contiene un régimen jurídico pormenorizado de este Plan que deberá presidir su futura actualización.

33 Los dos documentos mencionados aparecen en distintos puntos de este apartado del trabajo.

además, su posible modificación en cualquier momento que el órgano competente considere oportuno, no tropezaría con obstáculos jurídicos. Y puede establecerse, incluso, que si el Gobierno desconoce lo que indiquen tales Estrategias, aun sin modificarlas o adecuarlas, no habría vicio jurídico que reprochar con presunción de éxito en tal reproche. Y, finalmente, si lo que como objetivo trazan esas Estrategias no se cumple, no es posible deducir tampoco consecuencias jurídicas de ello[34].

Existen en la LCCTE las siguientes Estrategias:

— Estrategia de descarbonización a 2050 (art. 5). Es la que en el derecho europeo se llama "Estrategia de descarbonización a largo plazo" (ELP)[35].

— Estrategia a largo plazo para la rehabilitación energética en el sector de la edificación en España (art. 8.4)[36], documento de difícil distinción con la llamada Estrategia a largo plazo para la rehabilitación de edificios de la que trata el mismo precepto (art. 8.6.).

— Estrategia del Agua para la Transición Hidrológica (art. 19.2)[37].

---

[34] Sobre esta cuestión del incumplimiento vid. GARCÍA URETA (2022, p. 15).

[35] Reglamento de gobernanza europeo, art. 15. En la doctrina PEREA CRESPILLO (2021, p. 153).

[36] La ERESEE es mencionada en la LCCTE pero se aprobó con anterioridad a la formulación del Proyecto de Ley. Procede de la acción del denominado Ministerio de Vivienda y Agencia Urbana y obedece al cumplimiento del art. 2 bis de la Directiva 2010/31/UE, de 19-5-2010, relativa a la eficiencia energética de los edificios modificada por la Directiva 2018/844/UE, de 30-5-2018. La LCCTE dice que el Plan mencionado en el art. 8.4 (vid. punto 1) seguirá los criterios de esta Estrategia. Vid. PEREA CRESPILLO (2021, pp. 155-156).

[37] Se ha utilizado otro nombre al publicar este instrumento: "Orientaciones Estratégicas sobre Agua y Cambio Climático". Fueron aprobadas por Acuerdo del Consejo de Ministros de 19-7-2022. También procede del MITECO la "Estrategia Internacional en materia de agua", (diciem-

— Estrategia Estatal de Infraestructura Verde y de la Conectividad y Restauración ecológicas (art. 24.1)[38].

— Estrategia específica de conservación y restauración de ecosistemas y especies especialmente sensibles a los efectos del cambio climático (art. 24.2)[39].

— Estrategia de Transición Justa (art. 27)[40]. Es dudoso que esta Estrategia haya sido aprobada, aunque sí ha habido un proceso de elaboración[41].

— Estrategia de Financiación Climática Internacional. (Disposición adicional tercera)[42].

---

bre de 2023) no formalmente aprobada. No está mencionada en la LCCTE, por lo que solo podría aventurarse quién debería aprobarla.

38 Aprobada por la Orden PCM/735/2021, de 9 de julio (BOE núm. 166, de 13-7-2021).

39 La restauración de ecosistemas enlaza con una política europea de amplia traza que ha visto la aprobación del correspondiente Reglamento al final de la pasada legislatura (el Consejo de Ministros lo aprobó el 17-6-2024, aunque no está publicado todavía). Es modélico el libro colectivo dir. por GARCÍA URETA y SORO MATEO (2023). La conexión con la Estrategia de Biodiversidad de la Unión Europea 2030 es clara. Cfr. GARCÍA URETA (2022).

40 Es difícil deducir la voluntad de la LCCTE sobre si debe haber una Estrategia o *Estrategias* de Transición Justa. La racionalidad haría pensar que solo una, pero el art. 27.1 indica que "el Gobierno aprobará cada cinco años, mediante Acuerdo de Consejo de Ministros, *Estrategias* de Transición Justa...". Aunque el comienzo del apartado 2 (como la rúbrica del art. 27) vuelve al singular. Los resaltes tipográficos son míos.

41 El Consejo de Ministros de 22-2-2019 dio luz verde a la Estrategia de Transición Justa acordando su sometimiento a información pública. No tengo conocimiento de que se haya procedido a su aprobación. Esto es importante por su carácter fundamentador de los "convenios de transición justa" que deberían seguirle y que tendrían que estar orientados por ella (convenios con importancia, fundamentalmente, para las antiguas zonas mineras o de influencia de las centrales térmicas de carbón cerradas) tal y como se verá en el punto 3.

42 Esta Estrategia ha sido aprobada por Acuerdo del Consejo de Ministros de 18-7-2023.

— Estrategia de impulso del transporte de mercancías por ferrocarril, en el marco de su planificación estratégica. (Disposición adicional sexta. 2)[43].

3. *El desarrollo de algunos instrumentos está regulado en la LCCTE*

La regulación en la LCCTE de algunos de los instrumentos mencionados contiene referencias a su desarrollo. Son las siguientes:

— Plan Nacional de Adaptación al Cambio Climático: La norma indica que este Plan se desarrollará mediante Programas de trabajo de cinco años de duración y que son adoptados mediante Orden de la persona titular del MITECO (art. 17.5)[44]. También habrá Planes Sectoriales de Adaptación que serán impulsados y elaborados por los Departamentos Ministeriales competentes (art. 17.7) pero el precepto no dice quién los aprueba[45].

— Estrategia de transición justa[46]: Debe ser desarrollada por los llamados "convenios de transición justa" (art. 28) de los que ya se han aprobado quince[47].

---

[43] El precepto no cita plazo para la elaboración. Salvo error, no se encuentra aprobada.

[44] Vid. la Orden TED/132/2022, de 21 de febrero, por la que se adopta el Primer Programa de Trabajo del Plan Nacional de Adaptación al Cambio Climático 2021-2030 (BOE núm. 50 de 28-2-2022).

[45] No tengo conocimiento de la existencia de ninguno de estos Planes Sectoriales de Adaptación.

[46] Vid. el estudio y los convenios que deberán seguirla (VALENCIA MARTÍN, 2021, pp. 313-345).

[47] La Ley dedica un artículo a estos convenios, lo que da idea de su importancia. Define su objeto en relación al fomento "de la actividad económica y su modernización, así como la empleabilidad de trabajadores vulnerables y colectivos en riesgo de exclusión en la transición hacia una economía baja en emisiones de carbono, en particular, en casos de cierre o reconversión de instalaciones" (apartado 1 del art. 28). La pá-

4. Referencias a instrumentos ajenos a la LCCTE pero nombrados por ella en los que se deben insertar menciones al cambio climático y/o a la transición energética

la presente división nos lleva a un planteamiento de influencia "horizontal" de las decisiones sobre cambio climático. La LCCTE nombra instrumentos de planificación —o de otro tipo— provenientes de distintas fuentes del ordenamiento, para que se incluyan en ellos referencias sobre cambio climático y transición energética. Son las siguientes:

— Estrategia España Digital 2025 (art. 6). Se deben insertar los objetivos de descarbonización en esta Estrategia de texto desconocido. Se presentó en julio de 2020 por el Presidente del Gobierno una llamada "Agenda España Digital 2025" que se ignora si es equivalente a lo que la LCCTE denomina "Estrategia"[48]. No hay rastro en el BOE de ningún texto con estos nombres ni tampoco de la adaptación ordenada por la LCCTE.

— Estrategia de Adaptación de la Costa a los Efectos del Cambio Climático (art. 20.2). Estaba prevista en la disposición adicional 8 de la Ley 2/2013, de 29 de mayo, de protección y uso sostenible del litoral y de modificación de la Ley 22/1988, de 28 de julio, de Costas y se aprobó en 2017[49]. El documento guarda relación con la ordenación del litoral y del espacio marítimo y no es ocioso prever que su aplicación será sometida a las tensiones que presiden hace

---

gina web del Instituto de Transición Justa (acceso el 30-6-2024) refiere 15 convenios hasta el momento.

48 Ha habido otros cambios de denominación en relación a lo que indica la LCCTE como ha sucedido con la Estrategia del Agua para la Transición Ecológica, publicada, finalmente, con otro nombre. Vid. punto 2.

49 Vid. la Resolución de 24-7-2017, de la Dirección General de Sostenibilidad de la Costa y del Mar, por la que se aprueba la Estrategia de Adaptación al Cambio Climático de la Costa Española (BOE núm. 193, de 14-8-2017).

años este tipo de regulaciones[50]. Esas tensiones se mueven en terreno cercano al ámbito de este trabajo, como es la ubicación en el mar de instalaciones de energía eólica[51].

— Inventario español del Patrimonio Natural y de la Biodiversidad y Plan Estratégico del Patrimonio Natural y de la Biodiversidad (art. 24.1). Son documentos vinculados a la Ley 42/2007, de 13 de diciembre, del Patrimonio Natural y de la Biodiversidad (con modificaciones posteriores) y a algún documento europeo (vid. punto sexto de este apartado del trabajo). Son Instrumentos donde se debe consignar "la mejora del conocimiento sobre la vulnerabilidad y resiliencia de las especies silvestres y los hábitats frente al cambio climático, así como la capacidad de los ecosistemas para absorber emisiones".

— Estrategias Españolas de Ciencia y Tecnología y Planes Estatales de Investigación Científica y Técnica y de Innovación (art. 36.1)[52].

---

[50] Como muestra de lo que indico vid. la STC 68/2024, de 23 de abril que ratifica la constitucionalidad de la mayor parte del contenido de la Ley 4/2023, de 6 de julio, de ordenación y gestión integrada del litoral de Galicia. Un resumen de la misma en REDA 234, 2024.

[51] Por ello es aconsejable mencionar, por su relación con la estrategia mencionada en el texto, el RD 150/2023, de 28 de febrero, por el que se aprueban los planes de ordenación del espacio marítimo. Sobre el mismo vid. el trabajo de SANZ LARRUGA y LOBO RODRIGO (2023).

[52] Estos documentos se vinculan al sistema normativo de ciencia, investigación y universitario. La Estrategia Española de Ciencia, Tecnología e Innovación 2021-2027 se aprobó por acuerdo del Consejo de Ministros de 8-9-2020. El vigente Plan Estatal de Investigación Científica, Técnica y de Innovación 2024-2027 fue aprobado por acuerdo del Consejo de Ministros de 7-5-2024. Por la fecha del Plan, su aprobación ya debería haber incorporado tal adecuación. Igualmente y en este ámbito debe tenerse en cuenta la Estrategia de Biodiversidad y Ciencia (2023-2027). (Vid. sobre ella la Orden PCM/1341/2002, de 29 de diciembre, por la que se publica el Acuerdo del Consejo de Ministros de 20-12-2022 por el que se aprueba).

— Estrategia Española de Economía Circular, España Circular 2030 (Disposición adicional quinta)[53]. La Estrategia se aprobó por Acuerdo del Consejo de Ministros de 2-6-2020. El primer Plan trienal es del 2021-2023. Desconozco si se ha aprobado el segundo.

5. *Instrumento de evidente importancia energética no mencionado en la LCCTE. Otro de trascendencia internacional tampoco mencionado en ella*

Un documento de gran importancia teórica se aprobó con anterioridad a la LCCTE sin que haya referencia a él en la posterior Ley, lo que resulta curioso. Por su trascendencia en relación al cambio climático, es conveniente proporcionar algunos datos del mismo:

— Estrategia de Almacenamiento Energético (aprobada por el Gobierno el 9-2-2021)[54]. Esta Estrategia no aparece en el artículo 7 de la LCCTE que sería el lugar apropiado. Su apartado 2 remite al reglamento para regular "las condiciones técnicas para llevar a cabo el bombeo, *almacenamiento* y turbinado para maximizar la integración de energías renovables" pero tal reglamento no ha aparecido. (El resalte tipográfico es mío)[55].

---

[53] El precepto indica que en su desarrollo el Gobierno aprobará Planes de Acción trienales que incluirán medidas y planes de acción sectorial alineados con los objetivos climáticos acordados por el Acuerdo de París, las líneas de actuación del Green New Deal, los objetivos de la Estrategia de la Comisión Europea sobre economía circular y los objetivos de la propia Estrategia Española.

[54] Vid. el texto en la publicación de la entonces Vicepresidencia cuarta del Gobierno, MITERD, 2021, 116 pp. El PNIEC pretende fomentar el almacenamiento energético con hasta 3'5 GW de incremento de potencia para 2030 procedente de bombeo hidráulico (son esenciales las centrales hidroeléctricas reversibles).

[55] Al no aparecer en la Ley, tampoco se dispone nada sobre su adaptación. Vuelvo luego sobre este texto en el último apartado del trabajo. Vid. PEREA CRESPILLO (2021, pp. 154-155) y 158-167).

Y también conviene mencionar la Estrategia Internacional en materia de agua. El MITECO, a través de la Dirección General del Agua, la hace pública en diciembre de 2023 pero, salvo error, no ha sido objeto de aprobación por Acuerdo del Consejo de Ministros, como sí que sucede en la mayor parte de las Estrategias consideradas en este trabajo[56].

6. *Instrumentos con origen en el derecho europeo*

Dos instrumentos de los que se consideran ahora tienen su origen en el derecho europeo como ya se ha indicado y ahora se sistematizará[57]. Son los siguientes[58]:

— Plan Nacional Integrado de Energía y Clima. Su existencia está prevista en el art. 3 del Reglamento europeo sobre gobernanza[59].

— Estrategia de descarbonización a 2050. (El Reglamento de gobernanza, arts. 15–16, habla de la Estrategia a largo plazo)[60].

---

56 Guarda relación temática con el documento "Orientaciones Estratégicas sobre Agua y Cambio Climático" (de 2022) que cambia el nombre con el que figura la correspondiente Estrategia en la LCCTE.

57 Sobre el proceso normativo europeo (y de otra índole) con atención al Pacto Verde europeo y a la legislación europea sobre el clima, vid. FERNÁNDEZ DE GATTA SÁNCHEZ (2022, pp. 45 y ss).

58 Los que siguen son los dos instrumentos clave en la LCCTE (arts. 4 y 5). (Vid. lo que luego indico en nota sobre el art. 15.1 del Reglamento europeo sobre gobernanza). Las referencias que aquí aparecen deben ser completadas con lo que se indica en los puntos 1 y 2 de este apartado.

59 Y también deben verse sus arts. 13 y 14 sobre evaluación y actualización de tales planes. Vid. Reglamento (UE) 2018/1999, del Parlamento Europeo y del Consejo, de 11 de diciembre de 2018 (es un título simplificado). (DOUE L. 328/1, de 21-12-2018).

60 Es curioso que el apartado 2 del art. 13 comienza hablando de esta Estrategia con nombre y apellidos, pero antes su apartado 1 ha mencionado las Estrategias de los Estados miembros sin apellidar, como si tal apartado fuera una regulación general de políticas estratégicas no solo aplicables a esta concreta.

Y también hay documentos mencionados en textos europeos que no tienen plasmación directa en la LCCTE, pero sí indirecta. Eso sucede con los dos siguientes:

— Estrategia de Biodiversidad de la Unión Europea 2030. Aparece en una Comunicación de la UE de 2020 y debe relacionarse con el Inventario español del Patrimonio Natural y de la Biodiversidad y Plan Estratégico del Patrimonio Natural y de la Biodiversidad a los que se refiere el art. 24.1 LCCTE[61]. La Estrategia de Biodiversidad y Ciencia 2023-2027[62], cita a la Estrategia de Biodiversidad europea como su antecedente.

— Estrategia sobre la oleada de renovación para mejorar la eficiencia energética de los edificios. Se contiene en una comunicación de la Comisión Europea de 14-10-2020. Está en el origen del instrumento llamado Plan Nacional de Renovación de Edificios, que ordena la Directiva (UE) 2024/1275 del Parlamento Europeo y del Consejo de 24-4-2024 relativa a la eficiencia energética de los edificios (refundición). (DOUE Serie L, de 8-5-2024), que debe formar cada Estado (vid. arts. 3 y ss.), está relacionado con el PNIEC[63] y tiene una evidente subordinación con el texto europeo[64].

---

61 Vid. la Comunicación sobre el particular de la Comisión Europea, Brussels 20-5-2020, COM (2020) 380 final. Remito a lo que se indica en el punto 2 de este apartado sobre los documentos españoles.

62 Vid. referencia a ella en el punto 4 de este apartado, en nota.

63 El art. 3.3 Directiva 2024/1275 indica que el Plan de cada Estado (que debe presentarse cada cinco años) será parte de su "proyecto de plan nacional integrado de energía y clima", y cuando lo actualicen lo harán también como parte del Proyecto de Actualización del PNIEC. La Directiva que cito copia el apartado 3 ya mencionado en su apartado 7, lo que muestra un apresuramiento (criticable) en su redacción (y no ha sido objeto, que yo sepa, de una elemental corrección de errores). Esta Estrategia así nombrada se relaciona, indirectamente, con el Plan y la Estrategia mencionada en el art. 8.4 y 6 LCCTE.

64 Hay una expresión indirecta de vinculación de ese Plan por el derecho europeo. Así, el art. 3.6 de la Directiva 2024/1275 dice que "si el Estado miembro de que se trate no toma en consideración una recomenda-

7. ENCARGOS DE ACTUACIÓN AL SECTOR PRIVADO O A DETERMINADAS ORGANIZACIONES PÚBLICAS.

Y, finalmente, hay mandatos dirigidos al sector privado o a ciertas organizaciones públicas para elaborar documentos a dirigir a autoridades públicas. Son los siguientes:

— Informes *anuales* de evaluación del impacto financiero sobre la sociedad de los riesgos asociados al cambio climático generados por la exposición a éste de su actividad, incluyendo los riesgos de la transición hacia una economía sostenible y las medidas que se adopten para hacer frente a dichos riesgos. Distintas sociedades mercantiles deben formular tales informes (art. 32)[65].

— Informes que el Banco de España, Comisión Nacional del Mercado de Valores y la Dirección General de Seguros y Fondos de pensiones, elaborarán "conjuntamente", cada *dos años*, sobre el grado de alineamiento con las metas climáticas del Acuerdo de París y de la normativa de la Unión Europea basado en escenarios futuros y sobre la evaluación del riesgo para el sistema financiero español derivado del cambio climático y de las políticas para combatirlo, que se coordinará en el ámbito de la Autoridad Macroprudencial Consejo de Estabilidad Financiera (AMCESFI). El informe recogerá las propuestas que, en su caso, considere necesarias para mitigar el riesgo y será públicado y remitido al Congreso de los Diputados y al Senado (art. 33.1).

— Informes que el Operador del sistema eléctrico, el Gestor técnico del sistema gasista y la Compañía Logística de Hidrocarburos (CLH) deben remitir al Ministerio para la

---

ción o una parte sustancial de ésta, deberá dar sus motivos a la Comisión y hacerlos públicos".

65 La carga que se establece sobre estas sociedades no es baladí. No tengo conocimiento de informes concretos formulados en cumplimiento de este precepto pero igual existen.

Transición Ecológica y el Reto Demográfico, *cada dos años* y en el ámbito de sus respectivas competencias, (no se dice que estos informes serán conjuntos como sí sucede en el caso anterior) en el que se haga una evaluación de los riesgos y oportunidades asociados a un sistema energético descarbonizado sobre las actividades de la entidad, su estrategia y su planificación financiera. Y esas tres organizaciones deben informar al MITECO sobre el grado de alineación de sus actividades con el Reglamento (UE) 2020/852 relativo al establecimiento de un marco para facilitar las inversiones sostenibles y por el que se modifica el Reglamento (UE) 2019/2088 (art. 33.2)[66].

— El operador del mercado, el operador del sistema, los transportistas y los distribuidores (definidos en el art. 6 de la Ley 24/2013, de 26 de diciembre, del Sector Eléctrico) pueden ser requeridos por el Gobierno, de acuerdo con la Estrategia de Descarbonización a 2050, para que elaboren y presenten una estrategia de descarbonización en lo referente a su ámbito de actuación[67]. Se hace una remisión reglamentaria para establecer las condiciones y criterios mínimos que deberán incluir dichas estrategias (art. 34)[68].

— Planes estratégicos de sostenibilidad ambiental que deben formular las compañías aéreas, los entes gestores de los aeropuertos de interés general y las empresas proveedoras de servicios de tránsito aéreo sujetos a la supervisión de la Agencia Estatal de Seguridad Aérea. Objetivo de ellos es la

---

66 Han transcurrido dos años sin que se hayan hecho públicos. La causa no es la inexistencia de un reglamento que facilitara su contenido, pues no hay en la LCCTE remisión reglamentaria alguna.

67 Se desconoce si ha existido requerimiento del Gobierno. Tampoco se puede saber, ante la falta de reglamento, si se pretende que esas Estrategias estarían sometidas a autorización gubernamental (o ministerial).

68 Se trata de una Estrategia de descarbonización propia de estas organizaciones no, en modo alguno, parte de la Estrategia de Descarbonización referida en el art. 5 de la LCCTE. (ELP en la normativa europea).

reducción de emisiones e implementar su contribución a los objetivos en materia de energía y clima. (Disposición adicional cuarta.).

Se supone que todos estos informes, estrategias y planes[69] servirán para adecuar los instrumentos de aplicación de la LCCTE (originalmente o sus revisiones). Hay menciones tanto al Gobierno, al MITECO y al Parlamento como destinatarios de esos documentos.

IV. ELABORACIÓN Y APROBACIÓN DE LOS INSTRUMENTOS PARA LA APLICACIÓN DE LA LEY DE CAMBIO CLIMÁTICO Y DE TRANSICIÓN ENERGÉTICA. PARTICIPACIÓN DE COMUNIDADES AUTÓNOMAS Y CIUDADANOS

Aun cuando en el apartado anterior se han hecho menciones (parciales) a formas de aprobación de algunos instrumentos, en éste se va a contemplar la situación de forma sistemática añadiendo la intervención, cuando así se dispone, de CCAA y ciudadanos.

1. Las formas de intervención del gobierno

En dos ocasiones la LCCTE dispone la intervención del Gobierno por RD. Ello para la aprobación del PNIEC y de la Estrategia de Descarbonización a 2050. No es posible, por ello, sentar el axioma de que los Planes se aprueban por RD y el resto de instrumentos por Acuerdo del propio Gobierno o por las autoridades responsables de cada uno de ellos (el propio MITECO o Municipios y otros entes públicos y privados como ya se ha ido viendo en

---

69 Debe notarse la diferente naturaleza que los preceptos que se han comentado contienen sobre las obligaciones que fijan para el sector privado y para distintas entidades públicas.

el apartado III) porque no es cierto, aunque tendría cierta lógica que sí lo fuera.

El PNIEC, el instrumento más importante en relación a las políticas de cambio climático, se aprueba por RD (art. 4 LCCTE) y el régimen jurídico del mismo permite, sentar su carácter reglamentario (como algunas SsTS ya han afirmado).

Ese papel básico se fundamenta en su previsión y características fundamentales en el derecho europeo así como en el control que sobre su contenido ejerce la Comisión Europea[70].

Tras el proceso de elaboración y control de la Comisión, el Consejo de Ministros lo aprobó (acuerdo de 16-3-2021, antes de la LCCTE por tanto)[71]. Como he indicado, la LCCTE dispone en su art. 4 su aprobación mediante RD lo que es posible que suceda cuando se actualice en 2030 el citado Plan. Porque su vigencia temporal se extiende desde su aprobación hasta 2030, lo que quiere decir que está cerca de recorrer la mitad de su tiempo de vigencia. Otros instrumentos están orientados a él, como indican distintos preceptos de la LCCTE (remito al apartado III) por lo que existe una vinculación sobre ellos cuando deban ser aprobados por la correspondiente autoridad[72].

También se aprueba por RD la Estrategia de Descarbonización a 2050 (art. 5) cooperando a ello su importante contenido y su

---

70 Vid. las previsiones en el Reglamento de gobernanza. Se disponía en él que tales Planes se enviaran para su evaluación a la Comisión Europea (art. 3). Se daba de plazo hasta el 31-12-2019. La primera evaluación de la Comisión tuvo lugar con fecha 18-6-2019, la segunda ya durante la pandemia.

71 En el proceso español hubo una evaluación ambiental estratégica (aprobada por Resolución de 30-12-2020) lo que da idea de la importancia que se concede a este documento. PASCUAL NÚÑEZ (2020 y 2021).

72 Y esa cierta relación jerárquica también ayudaría a defender la necesidad de adaptación de los instrumentos anteriores al PNIEC que tuvieran contenidos distintos a éste.

anclaje en el Reglamento de gobernanza. Como sucede con el PNIEC, la Estrategia se aprobó antes de la LCCTE por acuerdo del Consejo de Ministros de 3-11-2020[73]. Cuando se actualice la actual Estrategia, el art. 5.2 LCCTE dispone que de la misma "se dará cuenta" al Congreso y al Senado[74].

El resto de documentos mencionados en la LCCTE se aprueban por Acuerdo del Consejo de Ministros y normalmente a iniciativa del MITECO. En algunos casos, como en el supuesto del PNACC (art. 17) se dice que habrá una previa "puesta en común" con las CCAA a través de la Comisión de Coordinación de Políticas de Cambio Climático. Esa mención a las CCAA, bien imprecisa, es ocasión para una división específica.

2. *Participación de las CCAA. Distintas formas*

La participación de las CCAA en la elaboración de algunos instrumentos aparece en ciertos preceptos de la LCCTE siendo curiosa la diversidad de expresiones que se usan.

Así, en relación al PNACC, la LCCTE indica que su existencia lo será "sin perjuicio" de las competencias de otras AAPP (art. 17.1), bien que no parece que haya competencias sustantivas sobre la materia fuera de las que puedan tener las CCAA[75]. De la

---

73 El nombre que entonces se le dio también es diferente al que aparece en el texto, pues se denominó "Estrategia a Largo Plazo para una Economía Española Moderna, Competitiva y Climáticamente Neutra en 2050". Sobre ella vid. ROSA (2021) pp. 104 y ss.

74 Se supone que ello podría dar lugar a debates específicos sobre la misma. En modo alguno podría interpretarse que la Estrategia debiera ser objeto de ratificación por las Cámaras. Los debates sobre la misma solo podrían tener contenido político pero serían muy necesarios dado que, hasta el momento, la discusión pública sobre estos instrumentos de la LCCTE ha sido mínima (apartado V del trabajo).

75 En general y aunque no es cuestión de profundizar aquí en el tema, parece claro que la LCCTE ha realizado una sustantiva centralización en el Estado de esta materia, lo que me parece correcto, sobre todo

misma forma, la Estrategia del Agua para la Transición Ecológica, lo será "sin perjuicio de las competencias que correspondan a las CCAA" (art. 19.2), lo que probablemente se ha escrito pensando en la gestión de las cuencas intracomunitarias por las CCAA que las posean[76]. No hay que desconocer, por otra parte, el papel poco descriptivo de estas fórmulas "sin perjuicio" que están pensadas para orillar problemas jurídicos sin conseguirlo normalmente[77].

Además de ese problema básico, en algunos preceptos se prevé la intervención de las CCAA en el proceso de elaboración de determinados instrumentos. Así, y en relación a la Estrategia específica de conservación y restauración de ecosistemas y especies especialmente sensibles a los efectos del cambio climático, se dispone la "necesaria participación de las CCAA" para su presentación en el plazo de tres años desde la aprobación de la Ley a la Conferencia Sectorial de Medio Ambiente (art. 24.2). Es claro que ya han transcurrido tres años y no se tiene conocimiento de esta presentación y, por tanto, a qué daría lugar esa participación que es "necesaria".

En el caso de la Estrategia de Transición Justa, se dispone que su aprobación tendrá lugar "con la participación de las CCAA" (art. 27.1). La fórmula es igualmente oscura y tampoco se ha podido observar en qué consiste, puesto que como ya he indicado, esta Estrategia se presentó (y ha dado lugar a la aprobación de 15 convenios de transición justa hasta ahora), pero no se tiene conocimiento de su aprobación por el Consejo de Ministros.

---

pensando más que en las competencias medioambientales, en la fuerte posición de la competencia estatal de planificación económica (ex art. 149.1.13 Constitución Española) en este tema. (EMBID IRUJO, 2020 y 2021). Creo que así hay que ver el significado de la STC 87/2019, de 20 de junio. Sobre la cuestión vuelvo en el apartado V.

76 Sobre la cuestión últimamente EMBID IRUJO (2024).

77 Por ello y si las CCAA con Leyes de cambio climático se lanzan a aprobar sus propios instrumentos de desarrollo, no es descartable, en absoluto, el surgimiento de conflictos sobre su contenido. De poco servirán, entonces, esas fórmulas "sin perjuicio".

Finalmente, y en relación al PNACC se indica que su aprobación por acuerdo del Consejo de Ministros deberá tener lugar "previa puesta en común con las CCAA a través de la Comisión de Coordinación de Políticas de Cambio Climático" (art. 17.4). De nuevo la "puesta en común" es fórmula inane de la que no puede deducirse nada jurídicamente serio.

3. Participación de los ciudadanos

En relación a la participación ciudadana conviene partir del art. 39 de la LCCTE que se refiere a la participación pública en todos los procesos de elaboración de "planes, programas, estrategias, instrumentos y disposiciones de carácter general" que se adopten en la lucha contra el cambio climático y la transición energética hacia una economía baja en carbono. El precepto, tras este amplio y pormenorizado punto de partida, indica que esa participación se llevará a cabo mediante "fórmulas abiertas y canales accesibles que garanticen la participación de los agentes sociales y económicos interesados y del público, en general, mediante los canales de comunicación, información y difusión, en los términos previstos por la Ley 27/2006, de 18 de julio, por la que se regulan los derechos de acceso a la información, de participación pública y de acceso a la justicia en materia de medio ambiente" (art. 39.1)[78]. Remisión, por tanto, a fórmulas conocidas de información y consulta pública, talleres informativos etc...

En general parece importante en este proceso de elaboración, de formulación de recomendaciones (y de evaluación) de políticas de cambio climático, el papel del Comité de Personas Expertas de Cambio Climático y Transición Energética, "órgano res-

---

[78] Y el apartado segundo del precepto indica que el MITECO "en colaboración con los demás departamentos ministeriales, desarrollará y mantendrá actualizada una página web específica que facilite el acceso de la ciudadanía a la información relacionada con el cambio climático y la transición energética".

ponsable de evaluar y hacer recomendaciones sobre las políticas y medidas de energía y cambio climático, incluidas las normativas" que debe crearse y hacer un informe anual sobre el tema. Es tarea pendiente (art. 37) que viene influenciada por directrices de derecho europeo[79].

V. LA NATURALEZA JURÍDICA DE LOS INSTRUMENTOS PARA LA APLICACIÓN DE LA LCCTE Y CONCLUSIONES GENERALES

Debo concluir con referencias a la naturaleza jurídica de los muy diversos instrumentos de aplicación de la LCCTE que se han contemplado aquí. En la mayor parte de los casos estamos ante meras formas de establecimiento de objetivos, de programación de actividades de la AGE (con no mucha precisión temporal), de dar publicidad a "hojas de ruta" puramente internas de la AGE y sin ninguna pretensión vinculatoria[80].

Solo el caso del PNIEC y en función de su trascendencia para el derecho europeo y de lo que ha dicho el TS[81] puede hablarse de un instrumento de carácter reglamentario, normativo, dirigido a vincular, sobre todo, a otros instrumentos de aplicación de la LCCTE. Pero, en todo caso, de muy difícil control judicial en cuanto a la anulación (y no digamos sustitución) de medidas

---

79 Vid. arts. 10-12 del Reglamento de gobernanza.

80 La expresión "hoja de ruta" ha hecho fortuna en diversos ámbitos, europeos y españoles. En España vid. la "hoja de ruta para la gestión sustentable de las materias primas minerales" (acuerdo del Consejo de Ministros de 30-8-2022). Una organización ecologista interpuso un recurso contencioso-administrativo contra él y el TS lo resolvió por Sentencia de 20-12-2023 (rec. 875/2022) determinando que no puede ser incluida en el concepto de planes y programas (a efectos de Evaluación Ambiental Estratégica), no crea objetivos vinculantes y se trata de meras orientaciones o declaraciones de intenciones que no serían impugnables.

81 Cfr. STS de 24-7-2023 rec. 162/2021. Con el mismo contenido en relación a esa naturaleza, la STS de 18-7-2024, rec.265/2020.

adoptadas por el Gobierno. El TS español, con muy buen sentido y dada la complejidad de la materia y el respeto a un básico principio de separación de poderes, se ha apartado de la jurisprudencia (escasa) de otros países (Holanda, por ejemplo), donde se han anulado planes gubernamentales de reducción de emisiones por la escasez —según el Tribunal— de los porcentajes de reducción previstos.

Pero fuera de ese caso[82] resulta imposible afirmar naturalezas jurídicas normativas pese a afirmaciones, algunas de ellas ciertamente confusas, contenidas en la misma LCCTE como sucede, por ejemplo, con algunas notas respecto a determinadas Estrategias. Así, y en algunos casos se insinúa que son instrumentos de planificación (la de descarbonización, art. 5, que establecería una "senda" de reducción de emisiones de gases de efecto invernadero y de incremento de las absorciones por los sumideros) o de planificación y programación (Estrategia de transición hidrológica, art. 19.2). Otras, y con gran despliegue literario, se indica que son un "instrumento de ámbito estatal dirigido a la optimización de las oportunidades en la actividad y el empleo de la transición hacia una economía baja en emisiones de gases de efecto invernadero y a la identificación y adopción que garanticen un tratamiento equitativo y solidario a trabajadores y territorios en dicha transición" (art. 27.1 relativo a la Estrategia de Transición Justa). Resulta, de ese modo, difícil predicar naturalezas semejantes a instrumentos que reciben el mismo nombre[83].

En realidad, nos encontramos con multitud de instrumentos (presentes y futuros), de difícil cualificación uniforme pero caracterizados todos ellos por una nota común: ser muestra de una

---

82 Y de la naturaleza evidentemente reglamentaria que de por sí tienen otros de los instrumentos mencionados en la LCCTE como los planes urbanísticos o los hidrológicos.

83 Sobre el papel de las Estrategias remito a lo que ya he indicado en el apartado III. 2.

evidente discrecionalidad en su concepción, elaboración y, por supuesto, en su futura modificación, adaptación o revisión.

La discrecionalidad en su formación es lo que mejor define la amplia panoplia de instrumentos y que se complementa perfectamente con la escasez de las decisiones vinculantes en la LCCTE y con la idéntica discrecionalidad con la que, incluso, algunas de ellas aparecen, como ya he hecho notar con la prohibición del fracking "de alto volumen" (art. 9.1 segundo párrafo[84]). Es una característica que acompaña, en general, a la legislación de cambio climático como con lucidez ha hecho notar MORENO MOLINA[85].

Lo que debe evitarse por principio es pensar que las decisiones que en el plano legislativo o gubernamental se adopten, van a estar necesariamente influenciadas por el contenido de los instrumentos que en cada caso puedan ser aplicables. La experiencia enseña que no siempre va a suceder así y un ejemplo relativamente reciente es la prueba del nueve, por si hacía falta, de tal afirmación.

Obsérvese, así, que ha surgido en el ámbito de la legislación del agua (TRLA) un nuevo uso del agua (art. 60.2) y que consiste en el "almacenamiento hidráulico de energía" que se coloca en tercer lugar, tras los "regadíos y usos agrarios" e inmediatamente antes de los "usos industriales para producción de energía eléctrica". Es claro que esto es una forma de perseguir los objetivos de almacenamiento energético a que se refiere el art. 7 de la LCCTE pero resulta necesario observar que tal uso no estaba previsto ni en dicha Ley, ni en la Estrategia de Almacenamiento Energético (de 2021) ni en la Estrategia para la Transición Hidrológica (de 2022). Ha surgido sin previsión legal previa específica ni tampoco con huella en las dos Estrategias de "planificación y programa-

---

84 ¿Y dónde comienza ese alto volumen? ¿Es factible un control por el poder judicial de decisiones administrativas que se fundamentaran en ese precepto?

85 Cfr. MORENO MOLINA (2022, pp. 187 y ss.).

ción" donde debiera haber tenido acomodo. Y lo ha hecho, además, mediante el Real Decreto-ley 8/2023, de 27 de diciembre, por el que se adoptan medidas para afrontar las consecuencias económicas y sociales derivadas de los conflictos en Ucrania y Oriente Próximo, así como paliar los efectos de la sequía (vid. su art. 61). Con lo que se ha alterado una previsión normativa que arrancaba —con variaciones terminológicas, pero no de fondo— desde la misma Ley de Aguas de 1866[86].

Y lo ha hecho sin previsión en ningún instrumento de aplicación de la LCCTE.

Y sin que la importante novedad normativa haya tenido ocasión de discutirse en las Cortes Generales dada la utilización de la tan frecuente fórmula en los últimos años del Real Decreto-ley (este último vinculado a la problemática de Ucrania y de Gaza).

Con lo que directamente se enlaza con lo que vengo repetidamente indicando en este trabajo acerca del papel fundamental de la discrecionalidad y deferencia al Gobierno que preside la legislación y, sobre todo, la práctica sobre el cambio climático. Muy probablemente el hecho de que la política de cambio climático sea, sustancialmente, parte de la política económica del país coopera a la explicación de cuanto viene sucediendo por la discrecionalidad real y práctica con la que el ejercicio de esa política económica se viene recubriendo de antaño[87].

---

86 Un valioso estudio sobre esta novedad normativa es el de COLOM PIAZUELO (2024, in totum). Ni que decir tiene que la aparición de este nuevo uso y en un lugar "privilegiado" puede tener una gran trascendencia en casos concretos de conflictos entre aspirantes a usuarios.

87 Cfr. TORRE-SCHAUB (2019). En la STS de 24-7-2023 se contienen en su fundamento de derecho sexto consideraciones muy razonables sobre el papel de lo económico en la política de cambio climático. Destaco solo esta de las muchas frases que aquí podrían traerse a colación: "En suma, afectar a las políticas en materia energética es remodelar toda la política económica y social del Estado…la pretensión que se examina, pese a pretender quedar reducida a la simple, aunque considerable, ampliación de los porcentajes de reducciones de emisiones de GEI, es

Por lo que es de desear que, si el control judicial de los instrumentos examinados en este trabajo tropezaría con obstáculos difícilmente superables, debe operarse en un ámbito de máxima transparencia previa a la aprobación de tales instrumentos y con un debate político (en el seno de los correspondientes Parlamentos) franco, sereno y con todos los datos científicos disponibles —que irán variando a lo largo del tiempo— para dar utilidad a tal debate.

VI. BIBLIOGRAFÍA

COLOM PIAZUELO E. (2024): "Las energías renovables y los aprovechamientos de aguas: el fomento de las centrales hidroeléctricas de producción de energía y las centrales hidroeléctricas reversibles", en las pp. 117 y ss. de B. SETUÁIN MENDÍA (dir.) y S.SALINAS ALCEGA (co-dir) *Perspectivas jurídicas sobre clima, agua y energía,* ed. Aranzadi, Las Rozas, 356 pp.

DOMINGUEZ VILA A. (2021): "La Ley 6/2022, de 27 de diciembre, de cambio climático y transición energética de Canarias", Revista Española de la Función Consultiva, 36, pp. 17-35

EMBID IRUJO A. (1991): *La planificación hidrológica: régimen jurídico,* Tecnos, Madrid, 241 pp.

EMBID IRUJO A. (2020): "El Derecho del cambio climático. Reflexiones generales", en las pp. 15-36 de SALINAS ALCEGA (dir.).

EMBID IRUJO A. (2021): "Legislar sobre cambio climático", RADA 48.

EMBID IRUJO A. (2024): "La gestión del agua en el Estado de las Autonomías", en *Informe de las Comunidades Autónomas 2023,* de próxima publicación.

---

lo cierto que la decisión que ello comporta afecta a los más amplios sectores de la política nacional, pudiendo decirse que no quedaría materia alguna de la política que debe aprobar la Administración (artículo 97 de la Constitución) que no quedara afectada. O si se quiere, que nuestra decisión supondría imponerle al Gobierno la revisión de todas las decisiones políticas ya adoptadas con perspectiva de futuro y condicionar esas políticas de manera intensa para los ejercicios económicos de varias anualidades".

ENERGY INSTITUTE (2024): *Statistical Review of World Energy*, 72 pp.

FERNÁNDEZ DE GATTA SÁNCHEZ D. (2022): "Unión Europea: la legislación europea sobre el clima", OPA 2022.

FOLCH R. (2011): *La quimera del crecimiento. La sostenibilidad en la era postindustrial*, RBA, Barcelona, 2011, 269 pp.

GARCÍA URETA A. (2022): "La Estrategia de Biodiversidad de la Unión Europea 2030: entre la ambición y la realidad", en las pp. 13 y ss. de A. GARCIA URETA (dir.) *La Estrategia de biodiversidad de la Unión Europea 2030. Aspectos jurídicos*, Marcial Pons, Madrid, 181 pp.

GARCÍA URETA A. y SORO MATEO B. (dirs.) (2023): *Restauración y compensación ecológica: la perspectiva jurídica*, Iustel, Madrid, 321 pp.

INSTITUTO INTERNACIONAL DE DERECHO Y MEDIO AMBIENTE (2022): *El rol de las Comunidades Autónomas en la lucha contra el cambio climático. Planes autonómicos de energía y clima*, Madrid, 2 edición, 64 pp.

LOZANO CUTANDA B. (2022): "Legislación básica: la esperada (y decepcionante) Ley de cambio climático y la adaptación del Código Civil a la concepción de los animales como seres sensibles", OPA 2022.

MORENO MOLINA A.M. (2022): *El Derecho del Cambio Climático: Retos, instrumentos y litigios*, Tirant lo Blanch, Valencia, 594 pp.

PALOMAR OLMEDA A. y TEROL GÓMEZ R. (dirs) (2021): *Comentarios a la Ley 7/2021, de 20 de mayo, de cambio climático y transición energética*, Thomson-Reuters Aranzadi, Cizur Menor, 443 pp.

PASCUAL NÚÑEZ M. (2020): "La evaluación de los PNIEC definitivos: La planificación sobre clima y energía como base de la recuperación económica", Actualidad Jurídica Ambiental n. 106.

PASCUAL NÚÑEZ M. (2021): "La Evaluación Ambiental Estrategica del Plan Nacional Integrado de Energía y Clima 2021-2030 y la integración de los aspectos ambientales en la planificación pública para la próxima década", Actualidad Jurídica Ambiental n. 109.

PEREA CRESPILLO G.M. (2021): "Energías renovables y eficiencia energética", en las pp. 125 y ss. de PALOMAR OLMEDA y TEROL GÓMEZ op. cit.

ROSA J, (2021): "Objetivos y planificación de la transición energética y adaptación climática", en las pp. 73 y ss. de PALOMAR OLMEDA y TEROL GÓMEZ op. cit.

SANZ LARRUGA F.J. y LOBO RODRIGO A. (2023): "El Real Decreto 150/2023, por el que se aprueban los planes de ordenación del espacio marítimo. Luces y sombras", OPA 2023.

SALINAS ALCEGA S. (2020): *La lucha contra el cambio climático. Una aproximación desde la perspectiva del derecho,* Tirant lo Blanch, Valencia, 444 pp.

SARASIBAR IRIARTE M. (2022): "Reflexiones sobre la nueva Ley española de cambio climático", OPA 2022.

SETUÁIN MENDÍA B. (2024): "El actual alcance de la litigación climática en España a la vista de la reciente jurisprudencia del Tribunal Supremo", en las pp. 81 y ss. de B. SETUÁIN MENDÍA (dir.) *Perspectivas jurídicas sobre clima, agua y energía,* ed. Aranzadi, Las Rozas, 356 pp.

TORRE-SCHAUB M. (2019): "La construcción del régimen jurídico del clima entre Ciencia, Derecho y Política económica", Revista Catalana de Dret Ambiental, vol. 10, pp. 1-35.

VALENCIA MARTÍN G. (2021): "Medidas de transición justa", en las pp. 291 y ss. de PALOMAR OLMEDA y TEROL GÓMEZ, op. cit.

Capítulo 2

Las obligaciones de diligencia debida y la soberanía responsable en materia de cambio climático

ÁNGEL J. RODRIGO HERNÁNDEZ*

---

* Profesor Titular de Derecho internacional público y Relaciones Internacionales en la Universitat Pompeu Fabra.
Este trabajo ha sido elaborado en el marco del Proyecto de investigación financiado por el Ministerio de Ciencia e Innovación sobre *Las normas de interés público en el siglo XXI* (Ref. PID2022-141536NB-100) en el que son Investigadores principales Caterina García y el autor del mismo.

I. INTRODUCCIÓN

El mantenimiento del actual sistema climático puede ser considerado un *bien público global*. Por ello, su alteración debida a causas antropógenas, el cambio climático, ha sido calificado como una preocupación común de la humanidad. Este estatuto no general nuevas obligaciones jurídicas para los Estados pero, como ha señalado D. Amat, tiene consecuencias sobre los compromisos ya existentes: las obligaciones internacionales que tienen por objeto la lucha contra el cambio climático son de estructura integral; tienen aplicación preferente; amplían la legitimación activa a terceros Estados para reclamar en materia de responsabilidad internacional; y refuerzan y determinan la obligación de cooperar.[1] La lucha contra este 'mal público global', como en términos coloquiales, se podría denominar a este problema, exigen importantes transformaciones económicas, tecnológicas, políticas y también jurídicas.[2]

Este trabajo tiene por objeto las obligaciones de diligencia debida, en particular en materia de cambio climático, como una técnica regulatoria a través de la cual se ejerce la soberanía responsable de los Estados. Para ello, la argumentación se ha estructurado en tres partes. En la primera parte se examinan las transformaciones de la soberanía en la comunidad internacional y en el Derecho internacional público, en particular, la denominada *soberanía responsable*. En la segunda parte se analizan las obligaciones de diligencia debida en el Derecho internacional público, en particular, su concepto, características, naturaleza, contenido, funciones y ventajas e inconvenientes. Y, en la tercera parte, se examina el rendimiento que dicha técnica regulatoria puede tener el régimen internacional sobre el cambio climático. Para ello, se identifican algunos ejemplos de obligaciones de diligencia debida y se enumeran algunos factores que pueden ayudar a delimitar su contenido.

---

1 AMAT-I-PUIGSECH, "Common Concern of Humankind and Its Legal Consequences for Climate Stability", *Climate Law*, 2024, Vol. 14, pp. 135-164.

2 MAI, L., "Navigating transformations: Climate change and international law », *Leiden Journal of International Law*, 2024, pp. 1-22.

Las idas fundamentales que se defienden son que el mantenimiento del sistema climático es un bien público global que exige a los Estados adoptar medidas internas e internacionales en ejercicio de su soberanía responsable. Uno de los instrumentos jurídicos a los que se recurre para ello son las obligaciones de diligencia debida. Este tipo de obligaciones son una manifestación y un instrumento jurídico de y para la aplicación práctica de la soberanía responsable. Uno de los efectos que puede tener la soberanía responsable es que, más allá de las consecuencias jurídicas que se derivan de las obligaciones de diligencia debida concretas en cada caso, los Estados *son conscientes o deberían ser conscientes* de los riesgos que generan sus conductas y de la necesidad de adoptar todas las medidas a su alcance con la mayor ambición posible para hacer frente al cambio climático. La noción y contenido de soberanía responsable puede estimular la ambición de los Estados en el cumplimiento de las obligaciones climáticas de diligencia debida tanto dentro del régimen del cambio climático como en sus relaciones con otros regímenes. Las obligaciones de diligencia debida, en cuanto técnica regulatoria, permite a los Estados parte del régimen internacional sobre el cambio climático flexibilizar los compromisos adquiridos y retener cierto margen de discrecionalidad a la vez que contribuyen al esfuerzo colectivo de gestión de los problemas derivados del cambio climático. Estas obligaciones permiten a los Estados una mayor capacidad de adaptación a las consecuencias de la incertidumbre y a la evolución de los riesgos, a los nuevos desarrollos tecnológicos y al reforzamiento de la voluntad política de los Estados de hacer frente al cambio climático.

II. LA EVOLUCIÓN DE LA SOBERANÍA: LA SOBERANÍA RESPONSABLE

La soberanía es uno de los conceptos más importantes, elusivos, poliédricos y debatidos en ciencias sociales como la Filosofía Política, la Ciencia Política, el Derecho constitucional, el Derecho internacional público o la Teoría de las Relaciones Internacionales.[3] La noción de soberanía, desde su formulación en la obra de Jean Bodin en 1576,[4] ha sido objeto de un permanente debate en los ámbitos políticos y jurídicos. Se podría afirmar que existe todo un género científico que son los estudios sobre la soberanía. En la actualidad, es posible identificar todo un amplio abanico de posiciones respecto a la soberanía. En un extremo están los autores que rechazan la soberanía o proponen su 'entierro' por tratarse de un concepto "obsoleto, confuso y pernicioso".[5] En el otro extremo, autores que se pueden situar bien entre el positivismo voluntarista o bien en la denominada escuela de Reims, como J. Salmon, defienden la soberanía como algo imprescindible para la permanencia del Estado, para la estructura del sistema internacional y para adoptar decisiones más cercanas a los intereses de la población.[6] También Estados como Rusia y China reivindican una concepción de la soberanía que parece proponer un cierto retorno a Westfalia.[7] En medio de este abanico encontramos que la soberanía, a la que M. Koskenniemi calificó con amarga ironía como 'un regalo de la civilización,[8] tiene una gran cantidad de

---

3 BESSON, S., "Sovereignty", *Max Planck Encyclopedia of Public International Law,* 2011 (vid. https://opil.ouplaw.com/display/10.1093/law:epil/9780199231690/law-9780199231690-e1472).

4 BODIN, J., *Los seis libros de la República,* trad. P. Bravo Gala, Madrid, Tecnos, 2006.

5 HERZOG, D., *Sovereignty, RIP,* New Haven, Yale University Press, 2020.

6 SALMON, J., « Le droit international à l'épreuve au tournant du XXIe siècle », *Cursos Euromediterráneos Bancaja de Derecho Internacional,* Vol. VI (2002), pp. 35-361, en particular, pp. 325-356.

7 Este es el caso de la *Declaración conjunta para la promoción del Derecho internacional,* adoptada por Rusia y China el 25 de junio de 2016 (https://www.asil.org/blogs/russia-and-china-issue-joint-declaration-promotion-and-principles-international-law-june-25-2016); también en el mismo sentido la *Joint Statement by Foreign Ministers of China and Russia on Certain Aspects of Global Governance in Modern Conditions,* March 23, 2021 (vid. https://www.mid.ru/tv/?id=1418041&lang=en).

8 KOSKENNIEMI, M., *The Gentle Civilizer of Nations: The Rise and Fall of International Law 1870-1960,* Cambridge, Cambridge University Press, 2001, pp. 98-178.

calificativos: formal, material, vertical, horizontal, política, jurídica, suspendida,[9] etc. En todo caso, la soberanía es hoy *una ida en transformación* que "tiene un enorme poder transformador que puede ser a la vez progresista y retrógrado, virtuoso o peligroso".[10]

En este epígrafe se van a examinar la concepción tradicional de la soberanía y sus límites, algunas modalidades de esa soberanía transformada y, en especial, la soberanía responsable.

1. La concepción clásica de la soberanía: el mito de la soberanía

Pensadores políticos y juristas como Bodin, Hobbes, Rousseau, Grocio o Vattel defendieron que la soberanía consistía en un poder absoluto, independiente e indivisible que constituye lo que hoy se puede denominar el *mito de la soberanía.*[11] En el plano internacional, desde el punto de vista político, la soberanía era

---

9 RODRIGO, A.J., "La administración de territorios: del protectorado a la administración territorial internacional", *Revista Académica de Relaciones Internacionales,* 2009, núm 10, pp. 1-31. En la comunidad internacional actual integrada por Estados soberanos, el concepto de *soberanía suspendida* "tiene un carácter descriptivo ya que proporciona una explicación jurídica a una situación de hecho, la imposibilidad o la incapacidad de ejercer los poderes jurídicos que constituyen la soberanía; describe el carácter temporal o transitorio de esa ausencia de poder para administrar el propio territorio hasta que se alcance una solución definitiva; permite explicar un aspecto muy importante de la administración de territorios, que la suspensión no tiene como consecuencia necesaria la pérdida de la soberanía, de forma que, finalizada la situación excepcional, podrá volver a ser ejercida por su titular; y, además, puede contribuir a incrementar la transparencia y responsabilidad de la administración transitoria del territorio en cuestión" (pp. 8-9).

10 BOSSACOMA, P., *Sovereignty in Europe. An idea in transformation,* Girona, Cátedra Ferrater Mora/Universitat de Girona, 2018, pp. 41-42.

11 HENKIN, L., "The Mythology of Sovereignty", en MACDONALD, R. St.J. (ed.), *Essays in Honour of Wang Tieya,* Dordrecht, Martinus Nijhoff, 1994, pp. 351-358 hablaba de 'mitología' más que de 'mito'.

independencia de todo poder exterior;[12] desde el punto de vista sistémico, la soberanía y la existencia del Estados soberanos es el presupuesto básico del sistema internacional, de la ONU (art. 2.1) y de la actual comunidad internacional; y, desde el punto de vista jurídico, la soberanía es un conjunto de poderes jurídicos del Estado para alcanzar sus objetivos y defender sus intereses. Una modalidad de estos poderes jurídicos son las competencias del Estado que se caracterizan por ser plenas, exclusivas e inmediatas.[13]

Ahora bien, la práctica interna e internacional ha erosionado fuertemente el mito de la soberanía. Si en el plano interno la soberanía era ilimitada, indivisible e irresponsable, la práctica ha desmentido en gran medida estos rasgos. El constitucionalismo ha limitado la autoridad del Estado; el federalismo la ha dividido; y la *rule of law* la ha hecho responsable.[14] En el plano internacional, las limitaciones han sido tan frecuentes que S. Krasner se ha referido a la soberanía como un ejercicio de 'hipocresía organizada'.[15] Tales limitaciones son de varios tipos. Las primeras son las voluntarias como consecuencia de la propia decisión de los Estados de ser parte de tratados internacionales a los que han dado su consentimiento. Las segundas son las limitaciones impuestas por normas jurídicas a las que no se ha dado el consentimiento y pueden ser el resultado de normas imperativas, de un tratado de neutralidad (las impuestas a Austria en el Tratado de las cuatro

---

12 Opinión individual del juez Dionisio Anzilotti en la Opinión consultiva sobre la *Unión aduanera entre Alemania y Austria* del Tribunal Permanente de Justica Internacional de 1931, *CPJI série A/B, nº 41*, pp. 24-25 y 57-58; también el árbitro suizo Max Huber en el laudo arbitral en el asunto *Isla de Palmas* en 1928 (*Nations Unies, Recueil des Sentences Arbitrals*, Vol. II, pp. 829 y ss.

13 CARRILLO SALCEDO, J.A., *Soberanía del Estado y Derecho internacional*, 2ª ed., Madrid, Tecnos, 1976.

14 HERZOG, D., *op. cit.*, 2020, pp. xi-xii.

15 KRASNER, S., *Soberanía, hipocresía organizada*, trad. I. Hierro, Barcelona, Paidós, 2001.

potencias de 1955) o de resoluciones del Consejo de Seguridad. Y el tercer tipo son las limitaciones fácticas que se derivan de las condiciones materiales de los Estados: los Estados sin litoral no pueden ejercer competencias en el mar territorial o en la zona contigua porque, como es evidente, no tienen espacios marinos. Además, se pueden apuntar una serie de factores que han contribuido a dichas limitaciones. Por un lado, la propia evolución de la comunidad internacional en la que se han incorporado nuevos miembros no sólo de naturaleza estatal o interestatal sino también actores no estatales. Por otro lado, la globalización económica, financiera y de las comunicaciones ha incrementado la interdependencia entre los Estados lo que supone de hecho importantes limitaciones en el ejercicio de la soberanía estatal. Y, por último, también ha contribuido a dichas limitaciones la desterritorialización de un número creciente de actividades, como es el caso de muchas de las que se realizan en el ciberespacio que escapan, al menos parcialmente, a la soberanía de los Estados.

No obstante, la desmitificación de la soberanía no impide identificar en la actualidad una curiosa paradoja del Estado soberano. Mientras algunos Estados reivindican una concepción clásica de la soberanía, como es el caso de Rusia o de China, el éxito de la mayoría de los Estados depende de su nivel de cooperación económica o financiera, de su interacción en el sistema internacional y de la interdependencia con el resto de miembros de la comunidad internacional.

2. La soberanía: una noción en transformación

se ha apuntado que la soberanía es una noción en transformación que puede tener una gran capacidad transformadora. Entre las diferentes manifestaciones de dicha evolución identificadas en las últimas décadas en este subepígrafe se van a examinar la soberanía humanizada, la soberanía cooperativa, la soberanía desterritorializada y la soberanía digital; y en el subepígrafe siguiente es analizará la soberanía responsable.

2.1. La soberanía humanizada

El contenido de la soberanía ha evolucionado para incluir también obligaciones, límites y responsabilidad. En este sentido, podría decirse que la soberanía se ha humanizado. La humanización de la soberanía ha cambiado la tradicional relación entre Estado y ciudadanos con las consiguientes consecuencias. Por un lado, el fundamento último de la soberanía ha pasado a ser la protección de los derechos humanos, los intereses, necesidades y seguridad de las personas. Y, por otro lado, la posición relativa del principio de soberanía en el sistema internacional y en el Derecho internacional también se ha modificado ya que ambos están en un proceso de evolución hacia un sistema más basado en el individuo.[16] La protección de las personas ha dejado de ser una cuestión que pertenezca exclusivamente a la jurisdicción interna de los Estados y ha pasado a ser una preocupación de la humanidad. Uno de los rasgos más importantes de la evolución del Derecho internacional ha sido su humanización.[17] De la soberanía humanizada se derivan dos tipos de obligaciones. Por un lado, los Estados tienen obligaciones positivas de garantizar y adoptar medidas para satisfacer las necesidades básicas de los ciudadanos y para proteger y garantizar sus derechos fundamentales. Y, por otro lado, se derivan también obligaciones negativas que algunas de ellas derivan del derecho de los individuos a invocar derechos como un límite a la soberanía de los Estados. El TEDH ha reconocido que este derecho

---

16 PETERS, A., "Humanity as the A and Ω of Sovereignty", *European Journal of International Law,* 2009, vol. 20, Nº 3, pp. 513-544; también HELD, D., "Law of States, Law of Peoples: Three Models of Sovereignty", *Legal Theory,* 2002, vol. 8, pp. 1-44.

17 MERON, Th., *The Humanization of International Law,* Leiden, Nijhoff, 2006; KAMMINGA, M.T. y SCHEININ, M. (eds.), *The Impact of Human Rights Law on General International Law,* Oxford, Oxford University Press, 2009; y TZEVELEKOS, V.P., "Revisiting the Humanization of International Law: Limits and Potential-Obligations *Erga omnes,* Hierarchy of Rules and the Principle of Due Diligence as the Basis for Further Humanization", *Erasmus Law Review,* 2013, June, Nº 1, pp. 62-76.

a invocar derechos, que tiene naturaleza procedimental, supone un límite a la soberanía en tres ámbitos diferentes vinculados a la seguridad pública: en el de las medidas generales adoptadas para la seguridad pública; en el de los estados de emergencia; y en el de la implementación de los regímenes de sanciones adoptadas por el Consejo de Seguridad.[18]

2.2. La soberanía cooperativa

La soberanía es autoridad para participar en la comunidad internacional e incluye ahora también la responsabilidad de cooperar.[19] El deber de cooperar deriva de una norma de Derecho internacional general y, además, está determinado y especificado en numerosos tratados internacionales e instrumentos de *soft law*. Este deber de cooperar, de acuerdo con la Resolución 2625 (XXV), incluye no sólo la exigencia para los Estados de cooperar entre sí, sino también para la protección, regulación y gestión de los intereses generales de la comunidad internacional como son el mantenimiento de la paz, la promoción de los derechos humanos, el desarrollo sostenible, en medio ambiente, etc.[20] Dicha obliga-

---

18 KADELBACH, S. y ROTH-ISIGKEIT, D., "The Right to Invoke Rights as a Limit to Sovereignty: Security Interest, State of Emergency and review of UN Sanctions by Domestic Courts under the European Convention of Human Rights", *Nordic Journal of International Law*, 2017, vol. 86, Nº 3, pp. 275-301.

19 PERREZ, F.X., *Cooperative Sovereignty. From Independence to Interdependence in the Structure of International Environmental Law*, The Hague, Kluwer, 2000, pp. 243-345 ofrece buenos argumentos para defender esta transformación de la soberanía en responsabilidad de cooperar (incremento de eficacia, economías de escala, evitar la tragedia de los bines comunes, reducir externalidades físicas y no físicas, mejorar o salvaguardar la posición y la estabilidad internacional).

20 Resolución 2625 (XXV), de la AGNU de 24 de octubre de 1970 que contiene la *Declaración sobre los principios de Derecho internacional referentes a las relaciones de amistad y a la cooperación entre los Estados de conformidad con la Carta de las Naciones Unidas.*

ción de cooperar sería el motor de la evolución hacia una soberanía cooperativa. Aún más, algunos autores defienden la existencia de un multilateralismo obligatorio (*mandatory multilateralism*) que implicaría exigencias sustantivas y obligaciones procedimentales en, al menos, cinco ámbitos: en las disputas sobre reclamaciones de jurisdicción territorial; en las de títulos jurídicos en conflicto; en la administración de recursos comunes; en las amenazas a la paz y seguridad internacionales; y en las violaciones graves de derechos humanos y en el Derecho penal internacional.[21]

2.3. La soberanía desterritorializada

Aunque aún no tenemos el vocabulario adecuado para nombrar y describir las nuevas formas de espacialidad, su existencia es percibida ya con una creciente consciencia de que algo nuevo está ocurriendo en este ámbito. Estas nuevas formas de espacialidad pueden suponer nuevas modalidades de ejercicio de las competencias (*jurisdiction*) que no estén basadas en el territorio sino que tengan otras bases como las comunidades de usuarios, las actividades que se realizan, etc. como, por ejemplo, el espacio ultraterrestre y, sobre todo, el ciberespacio. Es la denominada soberanía desterritorializada.

Para explicar las transformaciones contemporáneas de la relación entre territorio, Estado y Derecho internacional se han propuesto diferentes nociones. Por un lado, se ha propuesto la expresión de *territorialidad desagregada* (*unbundled territoriality*) para describir la respuesta institucional articulada por la colectividad de Estados que han buscado compensar los límites derivados del principio de jurisdicción territorial en la gobernanza del espacio político internacional[22]. Por otro lado, se ha apuntado que el es-

---

[21] CRIDDLE, E.J. y FOX-DECENT, E., "Mandatory Multilateralism", *American Journal of International Law*, 2019, Vol. 113, pp. 272-325.

[22] RUGGIE, J.G., «Territoriality and beyond: problematizing modernity in international relations». *International Organization*, 1993, vol. 47, n.º 1, pp. 139-174 en particular, pp. 171-174 (trad. propia).

pacio puede tener carácter desterritorializado, que pueden existir otras formas de espacialidad que no son tan claramente identificables o delimitables como los territorios o lugares. Se habla en estos casos de *espacialidad post-territorial* para hacer referencia a espacios no territoriales en los que las dimensiones espacio-temporales han cambiado. Serían espacios jurídicos que no necesitan una superficie geográfica terrestre sino que suponen una nueva forma de vincular las dimensiones física y normativa. A diferencia del territorio, que supone «una inmediatización del espacio que permite al Estado regulador una amplia gama de actividades humanas dentro de las fronteras territoriales, los espacios no territoriales postmodernos no tienen un carácter monopolístico o absoluto», ya que son funcionalmente diferenciados unos de otros, regulan y gobiernan aspectos concretos del comportamiento humano y coexisten entre ellos[23].

Estas nuevas formas de espacialidad y de ejercicio de competencias soberanas no suponen el fin de la geografía, ni del territorio ni del principio de jurisdicción territorial sino que son modalidades de una nueva geografía post-territorial[24]. En todo caso, están transformado también la soberanía en una soberanía desterritorializada.

2.4. La soberanía digital

La soberanía digital es otra de las manifestaciones de la evolución de la soberanía. Consistiría en el conjunto de podres jurídicos que con distintas bases jurídicas y finalidades un Estado puede ejercer en el ciberespacio. El ciberespacio ha sido descrito de diversas maneras, como un "dominio global" o un "quinto dominio" que carece de condición física y que tiene naturaleza

---

23 RYNGAERT, C., *Unilateral Jurisdiction and Global Values*, The Hague, Eleven, 2015, pp. 74-87.

24 BETHLEHEM, D., «The End of Geography: The Changing Nature of the International System and the Challenge to International Law», *EJIL*, 2014, vol. 25, pp. 9-24.

virtual»[25]. La regulación del ciberespacio plantea importantes desafíos al Derecho internacional en aspectos fundamentales como la competencia territorial, la ciberseguridad y los ciberataques, la participación de los actores no estatales que, en ocasiones, tienen más capacidades que muchos Estados o en materia de atribución y consecuencias de la responsabilidad internacional[26]. En todo caso, el ciberespacio no es ni debe ser nunca un espacio fuera del Derecho internacional (*a lawless world*)[27].

El ejercicio de la soberanía digital puede tener como finalidad la defensa de los intereses particulares de los Estados o incluso la existencia del propio Estado. Así, Estonia, ante una eventual invasión terrestre rusa, ha creado un 'Estado gemelo digital' que le permitiría seguir desempeñando las funciones básicas estatales. Una propuesta similar es la de algunos pequeños Estados insulares del Pacífico como Tuvalu[28] o Maldivas. Ante el riesgo de desaparición de su territorio por la subida del nivel del mar debido al cambio climático, han propuesto la progresiva creación de un Estado digital que les diera una continuidad desterritorializada y digital.[29]

---

25 SCHMITT, M.N. (gral. ed.), *Tallin Manual 2.0. on the International Law Applicable to Cyber Operations*, Cambridge, Cambridge University Press, 2017, Rule 1.5, p. 12.

26 FINNEMORE, M. y HOLLIS, D.H., "Constructing Norms for Global Cyber Security", *AJIL*, 2016, vol. 11, n.º 3, pp. 425-479; y SCHMITT, M.N. (gral. ed.) *Tallin Manual 2.0 on the International Law Applicable... op. cit.*, 2017, *passim.*

27 WIRGHT, J., QCMP Attorney General of UK, «Cyber and International Law in 21st Century», 23 May 2108, en http://www.gov.uk/government/speeches/cyber-and international-law.

28 El art. 2.1. de la Constitución de Tuvalu, modificada a estos efectos en 2023, establece la continuidad a perpetuidad del estado de Tuvalu aunque se pueda producir la pérdida del territorio físico como consecuencia del cambio climático (vid. https://tuvalu-legislation.tv/cms/images/LEGISLATION/PRINCIPAL/1986/1986-0001/1986-0001_2.pdf)

29 Hasta la fecha, al menos 26 países han reconocido la soberanía digital de Tuvalu. Cfr. AZNAR GÓMEZ, M., "El Estado sin territorio: La desa-

3. La soberanía responsable

la transformación de la soberanía que interesa especialmente en este trabajo es la aparición en las dos últimas décadas de la soberanía responsable. Esta transformación fue propuesta por vez primera en 1998 por el entonces Representante del Secretario General de las Naciones Unidas sobre los desplazados internos Francis Deng, con otros términos, en diversas disposiciones contenidas en los *Principios rectores de los desplazamientos internos.*[30] Esta idea fue acogida y reformulada por la Comisión Internacional sobre Intervención y Soberanía de los Estados creada por el gobierno canadiense en el año 2000. En su informe titulado *La responsabilidad de proteger,* presentado en el año 2001, propuso redefinir la soberanía estatal y pasar de la soberanía *como control* a la soberanía *como responsabilidad.* En él se constataba que las condiciones en las que se ejerce la soberanía han cambiado desde 1945 y que nadie defendía ya que "un Estado tenga poder ilimitado para hacer con su pueblo lo que le venga en gana". La soberanía, afirmaba, "conlleva una doble responsabilidad: el deber externo de respetar la soberanía de otros Estados y el deber interno de respetar la dignidad y los derechos básicos de toda la población del Estado".[31] El hecho de formar parte de la comunidad internacional y de la

---

parición del territorio debido al cambio climático", *Revista Electrónica de Estudios Internacionales,* 2013, núm. 26, pp. 1-23; también los documentos presentados por los Copresidentes del Grupo de Estudio sobre *la elevación del nivel del mar en relación con el Derecho internacional* Patricia Galvao Teles y Juan José Ruda Santolaria en 2022 (doc. A/CN.4/752 de 19 de abril de 2022) y en 2024 (A/CN.4/774, de 19 de febrero de 2024).

30 Informe del Representante del Secretario General Francis M. Deng que contiene tales Principios rectores, en especial, Principios 3, 5, 18, 20, 23 y 25 entre otros (doc. E/CN.4/1998/53/Add.2, de 11 de febrero de 1998); también su trabajo de reelaboración posterior "From 'Sovereignty as Responsibility' to the 'Responsibility to Protect'", *Global Responsibility to Protect,* 2010, Vol. 2, N° 4, January 1, pp. 353-370.

31 Informe de la Comisión Internacional sobre Intervención y Soberanía de los Estados, *La responsabilidad de proteger,* diciembre de 2001, pár. 1.35 en *http://www.iciss.ca/pdf/Spanish-report.pdf*

ONU implica aceptar las obligaciones que ello conlleva. Como afirma la mencionada Comisión:

> "No se transfiere ni se diluye la soberanía estatal pero necesariamente se redefine: se pasa de la *soberanía como control* a la *soberanía como responsabilidad,* tanto en las funciones internas como en las obligaciones externas."[32]

La soberanía implica, por tanto, un conjunto de derechos que los Estados pueden ejercer en el marco de la comunidad internacional y del Derecho internacional pero también un conjunto de obligaciones.

La soberanía responsable es importante por tres motivos:

> "en primer lugar, implica que las autoridades estatales son responsables *de* proteger la seguridad y la vida de los ciudadanos y promover su bienestar; en segundo lugar, sugiere que las autoridades políticas nacionales son responsables *ante* los ciudadanos a nivel interno y ante la comunidad internacional a través de las Naciones Unidas; y, en tercer lugar, significa que los agentes del Estado son responsables de sus actos, es decir, que han de *rendir cuentas* de sus actos u omisiones."[33]

Como destaca el juez D. Tladi en su declaración individual formulada en el asunto sobre las *Alegaciones de violaciones de ciertas obligaciones internacionales en relación al territorio palestino ocupado (Nicaragua c. Alemania),* el llamamiento a practicar la soberanía responsable mediante obligaciones de diligencia debida "no es un enunciado vacío sino un enunciado con auténtico significado jurídico".[34]

---

[32] Informe de la Comisión…, *op. cit.*, pár. 2.14.

[33] *Ibid*, pár. 2.15.

[34] Asunto sobre las *Alegaciones de violaciones de ciertas obligaciones internacionales en relación al territorio palestino ocupado (Nicaragua c. Alemania),* Ordenanza de 30 de abril de 2024, pár. 13. En el ámbito material del caso, la entrega de armas a Israel que pudieran ser utilizadas para la comisión de actos de genocidio o violaciones de Derecho internacional humanitario, el juez Tladi señala que el significado jurídico del llamamiento a ejercer la diligencia debida sería que, en el caso de no tomar

La soberanía responsable tiene dos dimensiones: una interna para respetar la dignidad, los derechos básicos y las necesidades básicas de toda la población; y otra externa para la protección, regulación y gobernanza del interés público global.

3.1. La dimensión interna de la soberanía responsable

Las autoridades de los Estados tienen la responsabilidad primera de respetar la dignidad y los derechos humanos básicos y de suministrar los bienes públicos que permitan satisfacer las necesidades básicas de toda la población del Estado. Esta responsabilidad primera en materia de derechos humanos implica, como es bien sabido, dos tipos de obligaciones. El primero son las obligaciones negativas que exigen limitaciones en la conducta de las autoridades de los Estados para respetar los derechos individuales de los ciudadanos. El segundo tipo son las obligaciones positivas de adoptar medidas para proteger y garantizar tales derechos frente a posibles violaciones derivadas de la conducta de otros particulares.[35]

La responsabilidad primera para la satisfacción de las necesidades básicas y para suministrar bienes públicos se puede ejemplificar con las obligaciones en materia de desplazados internos y de respuestas a las pandemias. En el primer caso, como ya se ha apuntado, los *Principios rectores de los desplazamientos internos* de 1998 identifican un buen número de ejemplos de esta responsabilidad primera en materia de asistencia humanitaria.[36] La Con-

---

las medidas apropiadas para hacer frente al riesgo de tales violaciones, "el efecto de esta ordenanza sería remover cualquier negación plausible del conocimiento del riesgo" (pár. 13, *in fine*, trad. propia).

35 STOYANOVA, V., *Positive obligations under the European Convention on Human Rights. Within and Beyond Boundaries*, Oxford, Oxford University Press, 2023.

36 Doc. E/CN.4/1998/53/Add.2, de 11 de febrero de 1998; también ADEOLA, R. y ORCHARD, PH., "The Role of Law and Policy in Fostering Responsibility and Accountability of Governments Towards Inter-

vención de la Unión Africana para la protección y asistencia de los desplazados internos en África, adopta en 2009 en Kampala, transforma dicha responsabilidad en diferentes obligaciones para los Estados africanos.[37] En el caso de las pandemias, el preámbulo del proyecto de tratado sobre pandemias de la OMS, aún en negociación, reconoce que "los Estados tienen la responsabilidad primera para reforzar la salud y el bienestar de sus pueblos y tales Estados son fundamentales para fortalecer la prevención, preparación y respuesta a las pandemias".[38]

La soberanía responsable implica una especial responsabilidad para evitar que toda o una parte de la población pueda ser objeto de los crímenes más graves. Es la denominada *responsabilidad de proteger*. Líneas atrás se ha explicado el origen doctrinal de la noción. Unos años después los Estados hicieron suya dicha noción y en el Documento Final de la Cumbre Mundial de 2005 afirmaron que:

> "138. Cada Estado es responsable de proteger a su población del genocidio, los crímenes de guerra, la depuración étnica y los crímenes de lesa humanidad. Esa responsabilidad conlleva a la prevención de dichos crímenes, incluida la incitación a su comisión, mediante la adopción de las medidas apropiadas y necesarias. Aceptamos esa responsabilidad y convenimos en obrar en consecuencia. La comunidad internacional debe, según proceda, alentar y ayudar a los Estados a ejercer esa responsabilidad y ayudar a las Naciones Unidas a establecer una capacidad de alerta temprana.
>
> 139. La comunidad internacional, por medio de las Naciones Unidas, tiene también la responsabilidad de utilizar los medios diplomáticos, humanitarios y otros medios pacíficos apropiados, de conformidad con los Capítulos VI y VIII de la Carta, para ayudar a proteger a las poblaciones del genocidio, los crímenes de guerra, la depuración étnica y los crímenes de lesa humanidad. En este

---

nally Displaced Persons", *Refugee Survey Quarterly*, 2021, Vol. 39, Nº 4, pp. 412-424.

37 La Convención de Kampala de 2009 puede verse en: https://au.int/en/treaties/african-union-convention-protection-and-assistance-internally-displaced-persons-africa

38 Doc. A/INB/9/3, Rev.1 de 22 de abril de 2024, pár 1 del preámbulo.

> contexto, estamos dispuestos a adoptar medidas colectivas, de manera oportuna y decisiva, por medio del Consejo de Seguridad, de conformidad con la Carta, incluido su Capítulo VII, en cada caso concreto y en colaboración con las organizaciones regionales pertinentes cuando proceda, si los medios pacíficos resultan inadecuados y es evidente que las autoridades nacionales no protegen a su población del genocidio, los crímenes de guerra, la depuración étnica y los crímenes de lesa humanidad[...]".[39]

El Secretario General de las NNUU, en su informe *Hacer efectiva la Responsabilidad de proteger*, fue aún más allá y defendió que las disposiciones anteriores "están sólidamente fundadas en principios bien establecidos de derecho internacional. Tanto en el derecho internacional convencional como en el consuetudinario los Estados tienen la obligación de prevenir y sancionar el genocidio, los crímenes de guerra y los crímenes de lesa humanidad."[40] Asimismo, el art. 4.h/ de la Carta de la Unión Africana atribuye a la Unión el derecho a intervenir en un Estado miembro en los supuestos mencionados.

La aplicación práctica de la responsabilidad de proteger, ya sea por acción o incluso por omisión, ha sido selectiva y polémica y ha generado enormes problemas que están erosionando su legitimidad.[41] La intervención armada en Libia en el año 2011, amparada parcialmente en la resolución 1973 (2011) del Consejo de Seguridad, no resolvió la situación existente y contribuyó al desmoronamiento institucional, a una posterior guerra civil y, en definitiva, a

---

39 La Asamblea General aprobó el Documento Final de la Cumbre de 2005 por medio de su resolución 60/1, de 24 de octubre de 2005.

40 Doc. A/63/677, de 12 de mayo de 2009, pár. 3.

41 GUTIERREZ ESPADA, C. y CERVELL HORTAL, M.J., *Nacimiento, auge y decadencia de la responsabilidad de proteger*, Granada, Ed. Comares, 2014; también GARCÍA SEGURA, C. y PAREJA ALCARAZ, P., "La inspiración cosmopolita de la Responsabilidad de proteger: Construcción normativa y disensos", en GARCÍA SEGURA, C. (ed.), *La tensión cosmopolita. Avances y límites en la institucionalización del cosmopolitismo*, Madrid, Tecnos, 2016, pp. 64-116.

lo que es hoy Libia, un Estado fallido.[42] En otros casos, los problemas se derivan de la inacción cuando se daban en la práctica los supuestos de la responsabilidad de proteger como fue el caso de los rohingyas en Myanmar y el del uso de armas químicas en Siria contra la población civil.

3.2. La dimensión externa de la soberanía responsable: El Estado como agente de la comunidad internacional

Los Estados tienen también responsabilidad para cooperar en la protección, regulación y gobernanza de los intereses generales de la comunidad internacional, del interés público global. Los Estados son actores que, además de proteger sus intereses particulares, tienen una misión pública en la comunidad internacional, deben desempeñar también una tarea de interés público para la defensa de los intereses generales.[43] Esta dimensión externa de la soberanía responsable puede operar a través de diversos tipos de obligaciones, principios o instituciones existentes en el Derecho internacional público actual: la obligación general de cooperar, el principio de precaución, las contramedidas en interés general o colectivo, las medidas adoptadas por el Estado de puerto o las obligaciones de diligencia debida.

---

42 S/RES/1973 (2011), de 17 de marzo de 2011, pár. 4. Cfr. GUTIÉRREZ ESPADA, C., "Sobre el 'núcleo duro' de la resolución 1973 (2011) del Consejo de Seguridad y acerca de su aplicación en la práctica", *Anuario Español de Derecho Internacional*, 2011, Nº 27, pp. 57-75; también RODRIGO, A.J., "The Disruptive Effects of Failed States over the Legal Order of Seas and Oceans", en OANTA, G.A. (ed.), *Law of the Sea and Vulnerable Persons and Groups*, Napoli, Editoriale Scientifica, 2019, pp. 151-169.

43 TOMUSCAHT, Ch., "International Law: Ensuring the Survival of Mankind on the Eve of a New Century. General Course on Public International Law", *R. des C.*, 1999, T.281, pp. 9-438, en particular, pp. 94-95; también en su "Obligations Arising for States without or against their Will", *R. des C.*, vol. 241 (1993-V), pp. 194-374, en especial, p. 300: "It is clear now that States are just instrumentalities that have to discharge a mandate for the benefit of the human beings under their jurisdiction".

Las obligaciones de diligencia debida son un buen instrumento jurídico a través de las que se pone en práctica la soberanía responsable de los Estados para la protección del interés público global en diferentes ámbitos del actual ordenamiento jurídico internacional. Un primer ejemplo es en materia de derechos humanos. Los Estados tienen obligaciones de diligencia debida en relación con las actividades extraterritoriales que desempeñen tanto las empresas públicas como las empresas transnacionales de su nacionalidad. Un segundo ejemplo proviene del derecho del mar, en particular, de las actividades de exploración y explotación que las empresas pueden realizar en la ZIFMO. Como afirmó la Sala de los Fondos Marinos del Tribunal del Derecho del Mar, "el papel del Estado patrocinador consiste en contribuir al interés común que tienen todos los Estados en aplicar efectivamente el principio de patrimonio común de la humanidad ayudando a la Autoridad y actuando por propia iniciativa, para velar que los contratistas que operan dentro de su jurisdicción cumplan con los reglamentos relativos a las actividades mineras en los fondos marinos."[44] El tercer ejemplo es el de la seguridad de la aviación civil frente a actos terroristas. Como afirma el Consejo de Seguridad en la resolución 2309 (2016), "todos los Estados tienen la responsabilidad de proteger la seguridad de los ciudadanos y nacionales de todas las naciones de atentados terroristas contra los servicios aéreos que operan dentro de su territorio, de manera acorde con las obligaciones vigentes en virtud del derecho internacional humanitario".[45] La implementación concreta de dicha soberanía responsable se detalla en diferentes tratados internacionales que contienen una serie de obligaciones de distinto tipo incluidas las de diligencia debida; entre otras, las de "tomar todas las medidas que sean factibles para impedir la comisión de los delitos" y las de prestar "la mayor ayuda posible por lo que respecta a todo proce-

---

44 *Responsibilities and obligations of States with respect to activities in the Area, Advisory Opinion, 1 February 2011, ITLOS Reports 2011,* pár. 226 (trad. propia).

45 S/RES/2039 (2016), de 22 de septiembre de 2016, pár. 1.

so penal relativo a los delitos".[46] Un cuarto ejemplo, que es el que interesa especialmente en este trabajo, son las obligaciones de diligencia debida en materia de protección del medio ambiente, en particular, para la lucha contra el cambio climático.

En suma, la soberanía responsable permite y, en ocasiones, exige a los Estados la adopción de distintas medidas para la protección, regulación y gobernanza de los intereses público globales en el desempeño de la misión pública que también tienen en la actual comunicad internacional. En definitiva, la soberanía responsable ha transformado ahora al Estado también en un agente de la comunidad internacional. El cumplimiento de esta función plantea importantes desafío en el ámbito del cambio climático por medio de las obligaciones de diligencia debida.

III. LAS OBLIGACIONES DE DILIGENCIA DEBIDA EN EL DERECHO INTERNACIONAL

La gobernanza en la comunidad internacional que ahora ya es verdaderamente global y heterogénea en la que coexisten y conviven en una relación a la vez dinámica pero tensa el cosmopolitismo *soft* y el resurgir de Westfalia se ha vuelto más difícil.[47] Como afirma el Secretario General de las Naciones Unidas en *Nuestra Agenda Común*, en ella "hay una mayor sensación de injusticia y un aumento del populismo y de las agendas nacionalistas centradas en lo local que preconizan remedios simplistas, falsas soluciones y teorías conspiratorias. Hay una desconexión cada vez mayor entre el pueblo y las instituciones que están a su servicio: son muchos quienes sienten que los han dejado atrás y ya no confían en que el

---

46 Entre otros, el Convenio para la represión de actos ilícitos contra la seguridad de la aviación civil internacional, de 23 de septiembre de 1971, arts. 10.1 y 11.1.

47 GARCÍA, C., PAREJA, P. y RODRIGO, A.J., "La creación de normas globales: entre el cosmopolitismo *soft* y el resurgir de Westfalia", *ORBIS Working Papers*, 2019/08, 29 pp.

sistema vele por sus intereses, han aumentado las manifestaciones y los movimientos sociales y se está agravando cada vez más la crisis de confianza por la pérdida de la verdad y las concepciones compartidas".[48] Una de las consecuencias es la dificultad para adoptar normas globales, en especial, tratados multilaterales que regulen y protejan los intereses colectivos en los bienes comunes globales, que suministren bienes públicos globales o que intenten dar respuesta a los riesgos globales. Una de herramientas jurídicas, una técnica regulatoria, utilizada cada vez con más frecuencia en la práctica internacional para facilitar el acuerdo que permita adoptar tratados internacionales de protección de intereses generales son las obligaciones de diligencia debida. Este epígrafe tiene por objeto examinar el concepto y características de las obligaciones de diligencia debida en el Derecho internacional, su naturaleza jurídica, su contenido, las funciones que pueden desempeñar y una primera valoración de sus ventajas e inconvenientes.

1. Concepto y características de las obligaciones de diligencia debida

El concepto de diligencia debida es un concepto elusivo, amplio, con contornos poco definidos y con una gran *vis* expansiva. La noción de diligencia debida tiene su origen en la palabra latina *dis-ligentia* que significaba cuidado, celo y buen desempeño. El *Diccionario panhispánico del español jurídico* define la diligencia debida en una primera acepción como "un conjunto de precauciones que la ley o el buen sentido aconsejan adoptar en el desarrollo de una actividad para evitar daños previsibles": La segunda acepción, más vinculada al Derecho internacional público, la entiende como el "nivel de cuidado objetivo que, atendidas todas las circunstancias del caso, un Estado tiene el deber de desplegar en su territorio o bajo su jurisdicción y control a fin de salvaguardar un bien o interés protegido por una obligación internacional frente

---

48 Doc. UN/A/75/982, 5 de Agosto de 2021, par. 16.

a conductas que pueden llevar a cabo".[49] Si la diligencia es un calificador del comportamiento (*qualifier of behavior*) de un determinado actor, la diligencia debida no está exenta de obligaciones ya que es una *modalidad* vinculada a un *deber de cuidado* hacia alguien o algo.[50] Por ello, se puede defender que la diligencia debida es un *calificador* para algunas obligaciones internacionales que "comparten elementos comunes en términos de naturaleza, contenido y ámbito de aplicación".[51]

S. Besson ha definido la *due diligence* en el Derecho internacional como un estándar de evaluación del comportamiento de los sujetos internacionales, que habitualmente está incorporado en una norma primaria de comportamiento (generalmente una obligación positiva de prevención, protección o reparación), de la que deriva una obligación de comportamiento que obliga a adoptar medidas razonables adecuadas para proteger los intereses o derechos de otros sujetos o individuos nacionales o extranjeros contra perjuicios causados por terceros situados en su territorio o, al menos, bajo su jurisdicción o control.[52] Ahora bien, en la actualidad la diligencia debida es una de las técnicas regulatorias a través de las cuales los Estados ejercen la soberanía responsable

---

49 Cfr. https://dpej.rae.es/lema/diligencia-debida

50 PETERS, A., KRIEGER, H. y KREUZER, L., "Due diligence in the International Legal Order. Dissecting the Leitmotif of Current Accountability Debates", in KRIEGER, H., PETERS, A. y KREUZER, L. (eds.), *Due Diligence in the International Legal Order*, Oxford, Oxford University Press, 2020a, p. 2.

51 OLLINO, A., *Due Diligence Obligations in International Law*, Oxfor, Oxford Unirvesity Press, 2022, p. 58. Esta autora distingue dos significados vinculados a la diligencia debida en el ordenamiento jurídico internacional. El primero es el apuntado en el texto citado y compartido con dicha autora. El segundo significado es el tomado prestado del sector de los negocios privados y consiste en un *proceso*, en un procedimiento de gestión de riesgos en el ámbito de la decisión política, el denominado *due diligence audit* (pp. 58-61).

52 BESSON, S., "La *due diligence* en droit international », *R. des C.*, Vol. 409 (2020), pp. 153-398, en particular, p. 171 y 206-207.

para cooperar en la protección, regulación y gobernanza de los intereses colectivos, del interés público global.

La diligencia debida, aunque bien conocida por los autores clásicos del Derecho internacional, no llamó la atención de los juristas hasta las últimas décadas como concepto autónomo.[53] Durante el siglo XIX y buena parte del siglo XX, la diligencia debida estaba vinculada a ciertas constricciones en la conducta de los Estados y al papel que la culpa o la atribución de hechos ilícitos por actividades individuos u otros actores no estatales tenían en la atribución de la responsabilidad internacional del Estado.[54] En la actualidad, las obligaciones de diligencia debida se han convertido en una técnica regulatoria de uso frecuente en todos los ámbitos del Derecho internacional. La diligencia debida, en cuanto obligación internacional, es una obligación de comportamiento y no una obligación de resultado. Este renacimiento de las obligaciones de diligencia debida, como se analizará más adelante, se explica por las ventajas que ofrecen pero, como ha advertido también algún autor, tienen sus inconvenientes y quizá se haya sobrevalorado (*overrated*) sus posibilidades.[55]

---

53 La historiografía y la genealogía de la diligencia debida puede verse en BESSON, S., *op. cit.*, 2020, pp. 179-196; también OLLINO, A., *op. cit.*, 2022, pp. 18-37.

54 BARTOLINI, G., "The Historical Roots of the Due Diligence Standard", in KRIEGER, H., PETERS, A. y KREUZER, L. (eds.), *op. cit.*, 2020a, pp. 23-41, en particular, pp. 23-24; PISILLO MAZZESCHI, R., "The Due Diligence Rule and the Nature of the International Responsibility of States", *German Yearbook of International law*, 35 (1992), pp. 9-51; también ILA Study Group on *Due Diligence in International Law* First Report 7 March 2014.

55 PISILLO MAZZESCHI, R., "Le chemin étrange de la *due diligence* : d'un concept mystérieux à un concept surévalué », en SFDI/CASSELLA, S. (eds.), *Le Standard de due diligence et la responsabilité International*, Paris, Pedone, 2018, pp. 323-338.

2. *Naturaleza jurídica*

Tanto la doctrina como la jurisprudencia han reconocido que las obligaciones de diligencia debida tienen una naturaleza elusiva, ambigua y poliédrica que es objeto de un debate aún abierto. En este trabajo interesan dos aspectos clave relacionados con dicha naturaleza jurídica: su estatuto jurídico en el Derecho internacional público y el tipo de norma (primaria o secundaria) en el sistema jurídico internacional.

2.1. Su estatuto jurídico en el Derecho internacional público

Las obligaciones de diligencia debida están formuladas en unos casos e interpretadas en otros en la doctrina, en la jurisprudencia y en el derecho positivo como un estándar de conducta que puede operar en diversos ámbitos materiales del Derecho internacional,[56] incorporado en una norma primaria sea ésta una norma convencional o como una norma de Derecho internacional general. El debate fundamental se centra en si la obligación de diligencia debida tiene el carácter general y el alcance universal suficiente para ser reconocida como una norma de Derecho internacional general. Alguna doctrina[57] y la Corte Internacional

---

56 ILA Study Group on *Due Diligence in International Law,* Second Report, July 2016, pp. 2-5; de forma específica en la Resolution Nº 8/2016, adopted by the International Law Association in the 77th Conference held in Johannesburg, 7-11 August 2016 se reconoce "the importance of due diligence as a relevant standard of conduct in many areas of international law".

57 BARNIDGE, R.P., "The Due Diligence Principle under International Law", *International Community Law Review,* 8 (2006), pp. 81-121; BESSON, S., *op. cit.,*2020, pp. 218-226 defiende que conviven en una relación *lex generalis/lex specialis* una régimen general de diligancia debida basado en el carácter de Derecho internacional general del estándar con los regímenes especiales del mismo en los que se encuentran obligaciones especiales de diligencia.

de Justicia en el asunto *Plantas de celulosa en el río Uruguay*[58] han calificado la obligación de diligencia debida como una norma de Derecho internacional general ya sea mediante su consideración como una norma consuetudinaria o bien como un principio general de Derecho.

Por contra, otros autores rechazan esta calificación jurídica como principio de Derecho internacional general porque su papel y funciones varía en cada uno de los regímenes en los que opera (derechos humanos, medio ambiente, derecho de los extranjeros, inversiones, derecho del mar, etc.); porque siempre es necesario vincular dicha obligación a las obligaciones sustantivas de referencia; y porque el estándar de diligencia debida no es adecuado como *fallback rule* porque no es un estándar más deseable que otros posibles estándares que se pudieran aplicar. A. Peters, H. Krieger y L. Kreuzer consideran que la "diligencia debida debe ser vista como una emanación o muy cercana a otros principios estructurales, tales como la buena vecindad y la buena fe".[59] A. Ollino, por su parte, arguye que no es un principio de Derecho internacional porque "la diligencia debida no es una obligación independiente que sea, por sí misma, una fuente de derechos y obligaciones para los Estados. Es una noción que está necesariamente vinculada a normas primarias, sean consuetudinarias o convencionales, y que depende de estas normas para ser claramente definida".[60] Por tanto, se puede defender que el estatuto

---

58 *ICJ, Reports, 2010*, par. 101: "The Court points out that the principle of prevention, as a customary rule, has its origins in the due diligence that is required of a State in its territory. It is "every State's obligation not to allow knowingly its territory to be used for acts contrary to the rights of other States" [...] This Court has established that this obligation "is now part of the corpus of international law relating to the environment."

59 PETERS, A., KRIEGER, H. AND KREUZER, L., "Due diligence: the risky risk management tool in International law", *Cambridge International Law Journal*, Vol. 9 (2), 2020b, pp. 132-134 (trad. propia).

60 OLLINO, A., *op. cit.*, 2022, pp. 52-58 y 63 (trad. propia). Esta autora advierte que sólo se le puede calificar como un principio en un sentido

jurídico de las obligaciones de diligencia debida depende y está en función del estatuto jurídico de las normas primarias de las cuales derivan.

Más radical, en cambio, es la tesis expuesta por N. McDonald. Según este autor, la exigencia de obrar con diligencia debida puede derivar de una norma primaria de Derecho internacional pero no existe un principio general o una obligación general para los Estados de ejercer la diligencia debida dentro del Derecho internacional. Cuando los Estados realizan una actividad con diligencia debida, dicha conducta puede ser el resultado de "un deber jurídico y de algunos que pueden no serlo, es decir, la misma actividad implica tanto 'actuar con debida diligencia' como 'hacerlo de forma diligente'. La falta de una distinción entre los elementos 'jurídicos' y 'no jurídicos' de la conducta en un área determinada da a los Estados flexibilidad para actuar sin verse indebidamente limitados por el Derecho internacional, pero al mismo tiempo promueve en realidad el cumplimiento del Derecho internacional y puede ayudar a su desarrollo a lo largo del tiempo". Las actividades de los Estados pueden incluir a la vez el ejercicio de diligencia debida por razones jurídicas y por motivos derivados de política pública y no por exigencia jurídica. Por ello, calificar la obligación de diligencia debida como un principio general de Derecho internacional es innecesario e indeseable porque no todas las actividades de diligencia debida que realizan los Estados son el resultado de obligaciones jurídicas y podría tener un efecto ralentizador (*chilling effect*) de tales comportamientos que no son el resultado de un sentimiento de esta obligatoriedad jurídica.[61]

---

muy particular. Es decir, si se entiende por principio "a 'cohesive force' for the convergence of a set of international obligations that acquire a specific meaning and rationale when read through the due diligence lens" (p. 47).

61 MCDONALD, N., "The Role of Due Diligence in International Law", *International Comparative Law Quarterly*, 68 (2019), pp. 1041-1054, en particular, p. 1042 (trad. propia).

2.2. Tipo de norma en el sistema jurídico internacional

La consideración de la naturaleza jurídica de las normas de las que derivan las obligaciones de diligencia debida en el sistema jurídico internacional es también objeto de debate en la doctrina iusinternacionalista actual. Por un lado, y como consecuencia de los trabajos de codificación de la responsabilidad internacional del Estado por hecho internacionalmente ilícito, alguna doctrina defiende que las normas de las que se derivan las obligaciones de diligencia debida son *normas primarias*. El relator especial J. Crawford defendió que la diligencia debida no pertenecía al ámbito de las reglas secundarias y la CDI excluyo que la responsabilidad internacional fuera 'objetiva' o 'subjetiva' con carácter general. El que tenga un carácter u otro depende de las circunstancias, incluido el contenido de la norma primaria. Por ello, la atribución de una conducta ilícita en el supuesto de "otras normas que entrañan cierto grado de falta, culpabilidad, negligencia o ausencia de diligencia debida" dependerá de la interpretación y aplicación de las normas primarias.[62] También A. Ollino ha defendido que la diligencia debida es un calificador de un tipo de obligaciones internacionales que derivan de normas primarias. Por ello, de conformidad con la CDI, rechaza construir la diligencia debida como una base para la atribución de la conducta en materia de responsabilidad internacional.[63]

Este desplazamiento de las obligaciones de diligencia debida hacia las normas primarias se ha producido también en diversos tratados incluidos internacionales, incluidos los del cambio climático, y en algunos otros trabajos de la CDI como el art. 3 del *Proyecto de artículos sobre prevención del daño transfronterizo resultante de actividades peligrosas* de 2001 de la CDI.[64] También en la Directriz 3

---

62 Doc. UN/A/56/10, Supl.10, Comentario al Art. 2, para. 3.

63 OLLINO, A., *op. cit.*, 2022, pp. 8-10, 62-63 y 187.

64 El art. 3 (*Prevención*) dice así: "El Estado de origen adoptará todas las medidas apropiadas para prevenir un daño transfronterizo sensible

del *Proyecto de directrices sobre la protección de la atmósfera*, de 2021.[65] Asimismo, el Grupo Internacional de Expertos que elaboró el Manual de Tallin sobre el ciberespacio, como antes había hecho la CDI, también considera que las obligaciones de diligencia debida derivan de una norma primaria de Derecho internacional.[66]

Las razones que pueden explicar este desplazamiento desde las reglas secundarias a las normas primarias son que la diligencia debida proporciona ambigüedad constructiva que ayuda a los Estados en el proceso de adopción de tratados; y, en segundo lugar, el estándar de diligencia debida proporciona flexibilidad y un mayor grado de diferenciación en el momento del cumplimiento de tales tratados.

Por otro lado, la diligencia debida que siempre había sido analizada en el marco de las reglas secundarias de responsabilidad internacional del Estado, [67] sigue orbitando alrededor de determinadas disposiciones de los artículos de la CDI sobre dicha responsabilidad, en especial, los arts. 4 y 8 y, en particular, en el caso de la complicidad (art. 16).[68] Además, algunos autores como R. Mac-

---

o, en todo caso, minimizar el riesgo de causarlo" (doc. UN/A/56/10, Supl. 10, para. 98).

65 La Directriz 3 (*Obligación de proteger la atmósfera*) dice así: "Los Estados tienen la obligación de proteger la atmósfera ejerciendo la debida diligencia en la adopción de medidas apropiadas, de conformidad con las normas de derecho internacional aplicables, para prevenir, reducir o controlar la contaminación atmosférica y la degradación atmosférica." (doc. UN/A/76/10, Supl. 10, pára. 39).

66 SCHMITT, M.N. (ed.), *Tallinn Manual 2.0 on the International Law Applicable to Cyber Operations*, Cambridge, Cambridge University Press, 2017, pp. 87-104 (Rules 15a 18).

67 F.V. García Amador examinó cómo la diligencia debida podía ser útil para atribuir la responsabilidad de los Estados por actos de actores no estatales. Vid. GARCÍA AMADOR, F.V., *First Report, International Responsibility*, doc. UN/A/CN.4/96, 20 January 1956.

68 SEIBERT-FOHR, A., "From Complicity to Due Diligence: When do States Incur Responsability for Their Involvement in Serious Wrongdoing?", *German Yearbook of International Law*, vol. 60 (2017), pp. 667-708.

kenzie-Gray Scott defienden la diligencia debida como una regla secundaria de Derecho internacional general por cuatro razones. La primera es que, en el proceso de codificación de la responsabilidad internacional de los Estados, la CDI intentó crear una regla secundaria que contuviera el estándar de diligencia debida; la segunda que la CDI adoptó la metodología de la extrapolación para identificar las normas secundarias codificadas; el tercero es que este método puede ser utilizado para formular una regla secundaria sobre la diligencia debida por extrapolación de las reglas primarias del Derecho internacional y de los derechos estatales; y, por último, porque dicha regla tiene potencial para desarrollar el Derecho internacional aplicable para determinar la responsabilidad del Estado por la conducta de actores no estatales.[69] También L. Chircop considera que la diligencia debida opera como una regla secundaria de Derecho internacional en el ciberespacio. Para este autor, "el fracaso de la diligencia debida ocurre cuando un Estado tiene conocimiento de que una ciberoperación está siendo llevada a cabo desde dentro de su territorio, es contraria a los derechos de otro Estado y fracasa en tomar medidas razonables

---

69 MACKENZIE-GRAY SCOTT, R., "Due diligence as a secondary rule of general International law", *Leiden Journal of International Law,* (2021), pp. 1-30. Este autor, además, propone el test para determinar la responsabilidad internacional del Estado en virtud de la regla secundaria de diligencia debida: "In the event that conduct of a person or entity is not attributable to a state, but there was a nexus between the state and the person or entity to the extent that the state could have prevented, suppressed or addressed the conduct in question, the state is internationally responsible for failing to exercise due diligence in connection with the conduct of that person or entity if:
(a) Considered reasonable, which should take into account (i) the power and authority of the state relative to its nexus with the person or entity; and (ii) the foreseeability of the conduct of the person or entity in the applicable circumstances; and
(b) The state had an international obligation corresponding to the rule of international law that the conduct of the person or entity would have breached if that person or entity bore the same international obligation as the state with respect to the applicable rule" (p. 30).

para prevenirla. En tales casos, la ciberoperación ilícita debería ser atribuible al Estado, que incurría entonces en responsabilidad por cualquier violación resultante de Derecho internacional. El propósito de formular la diligencia debida como una regla secundaria de esta manera es la promoción de la paz y seguridad en el sistema internacional".[70]

Y, por último, hay quienes consideran que la diligencia debida "escapa a las categorías de reglas primarias y secundarias de Derecho internacional"[71] porque es a la vez un estándar incorporado sobre una norma primaria de Derecho internacional y una dimensión de la responsabilidad internacional por la violación de dicha norma.[72] En especial, H. Aust y P. Feihle cuestionan esta explicación ortodoxa de la evolución de la diligencia debida y, a partir de una relectura de los trabajos de F.V. García Amador en la CDI, defienden que la diligencia debida "es una noción que se sitúa entre (*in-between*) el nivel de las normas primarias y las normas secundarias del Derecho internacional".[73] Estos autores proponen que la diligencia debida, como una condición subjetiva de la responsabilidad del Estado, podría reentrar en el derecho de la responsabilidad internacional del Estado a través de la regulación de la complicidad que hace el art. 16 ARIE. En casos

---

70 CHIRCOP, L., "A Due Diligence Standard of Attribution in Cyberspace", *International Comparative Law Quarterly*, 2018, vol. 67, pp. 643-668, en particular, p. 645 (trad. propia).

71 PETERS, A., KRIEGER, H. y KREUZER, L., *op. cit.*, 2020a, p. 6 (trad. propia).

72 BESSON, S.,*op. cit.*, 2020, p. 281 ; también D'ARGENT, P., "Les obligations Internationales », *R. des C.*, Vol. 417 (2021), pp. 9-210, en especial, p. 172.

73 AUST, H.PH. y FEIHLE, P., "Due Diligence in the History of the Codification of the Law of State Responsibility", in Krieger, H., Peters, A., and Kreuzer, L. (eds.), *op. cit.*, 2020a, pp. 42-58, en particular, p. 43 (trad. propia); también CASSELLA, S., "Les travaux de la Commission du Droit International sur la responsabilité internationale et le standar de due diligence", in SFDI/CASSELLA, S. (eds.), *op. cit.*, 2018, pp. 1-26, en particular, pp. 14-18.

específicos de determinadas normas primarias, "una referencia a consideraciones de debida diligencia puede ser útil para determinar el elemento subjetivo requerido para que un Estado llegue a ser responsable por su ayuda o asistencia".[74] Las conexiones entre el art. 16 y la diligencia debida estarían justificadas porque existe un paralelismo estructural entre complicidad y diligencia debida ya que ambos conceptos se sitúan en las capas normativas intermedias existentes entre las reglas primarias y las reglas secundarias; y porque ambas normas conciernen a situaciones en las que la responsabilidad estatal no reside sobre la atribución de actos de otros Estados sino sobre fundamentos específicos de conducta vinculados a la prevención que son difícilmente calificables de forma estricta como normas secundarias.[75]

Una buena parte de la doctrina admite la posible superposición de la responsabilidad internacional por violación de las obligaciones de diligencia debida con la complicidad y rechaza las posibles diferencias estructurales que han defendido otros autores e incluso la CIJ en el asunto del *Genocidio Bosnio.*[76] Ahora bien, como señala A. Ollino, la diferencia entre ambas nociones no está tanto en la naturaleza de las obligaciones de ejercer la diligencia debida o de no ser cómplice en un acto ilícito. En su opinión, la diferencia está en que la complicidad lleva aparejada un mayor 'reproche social' que la responsabilidad por violación de una obligación de diligencia debida.[77] En suma, las obligaciones de

---

74 AUST, H.PH. AND FREIHLE, P., *op. cit.*, 2020, p. 54 (trad. propia).

75 *Ibid*, p. 58.

76 La CIJ distinguió entre complicidad en el genocidio que "siempre requiere alguna acción positiva" y las obligaciones de prevenir el genocidio que "es el resultado del simple fracaso para adoptar e implementar las medidas adecuadas", *Bosnian Genocide, ICJ Reports*, 2007, pár. 432 (trad. propia).

77 OLLINO, A., *op. cit*, 2022, pp. 208-218. Para esta autora, "complicitly would entail a stronger and intensified degree of a state's participation in the international wrongful act, while responsibility for due diligence would not. From this perspective, the choice between accusing a state

diligencia debida se resisten a ser encuadradas exclusivamente en un tipo u otro de normas.

3. Contenido de las obligaciones de diligencia debida

Es difícil identificar *a priori* el contenido de la diligencia debida porque su determinación concreta depende de la norma primaria en la que esté incorporada. Es un estándar de cuidado, de razonabilidad, de 'poner los medios adecuados', de 'hacer todo lo posible' que tiene un contenido variable, que puede evolucionar con el tiempo y que se aplica no sólo a las actividades realizadas por los órganos de los Estados sino también a las actividades que llevan a cabo los operadores privados. Así, en relación con el estándar de razonabilidad, el Tribunal Internacional del Derecho del Mar, en su Opinión Consultiva de 2011, afirmó que su contenido consiste en la

> "obligación de poner los medios adecuados para luchar en la medida posible y hacer todo lo posible para conseguir este resultado. Para usar la terminología actual del Derecho internacional, esta obligación puede ser caracterizada como una obligación de "comportamiento" y no "de resultado", y como una obligación de "diligencia debida".[78]

El mismo tribunal afirmó que este tipo de obligaciones tienen un contenido variable y que su determinación depende del contexto en el que opera y de las normas primarias con las que están vinculadas:

> "Entre los factores que hacen difícil tal descripción está el hecho de que el concepto de diligencia debida tiene un contenido va-

---

of complicity or accusing it of failure to exercise due diligence would not really rest on structural discrepancies between these two forms of responsibility. The choice would be primarily dictated by the more or less 'social disvalue' that a court or the accusing state wishes to attach to the conduct of the responsible state" (p. 218).

78 *Responsibilities and obligations of States sponsoring persons and entities with respect to activities in the Area,* Case: No. 17 The Seabed Disputes Chamber, Advisory Opinion of 1 February 2011, par. 110.

> riable. Puede cambiar a lo largo del tiempo cuando las medidas que se consideran suficientemente diligentes en algún momento dejan de serlo a la luz, por ejemplo, de los nuevos conocimientos científicos o tecnológicos. Este concepto puede cambiar también en función de los riesgos que genera la actividad".[79]

Asimismo, la CDI, en su comentario a la Directriz 3 del *Proyecto de artículos sobre la protección de la atmósfera*, precisó el alcance subjetivo de la diligencia debida que:

> "requiere que los Estados "velen" por que dichas actividades realizadas dentro de su jurisdicción o bajo su control no ocasionen efectos perjudiciales sensibles. Ello no quiere decir, no obstante, que la debida diligencia sea de aplicación únicamente a las actividades privadas, ya que las propias actividades del Estado también están sujetas a la norma de la debida diligencia79. Se trata de una obligación que implica la necesidad no solo de adoptar las normas y medidas apropiadas, sino también de ejercer cierto grado de vigilancia en su aplicación, así como en el control administrativo de los operadores públicos y privados, por ejemplo, asegurando la vigilancia de las actividades realizadas por dichos operadores, con el fin de preservar los derechos de la otra parte. También requiere que se tengan en cuenta el contexto y los estándares cambiantes, tanto en lo que se refiere a la regulación como a la tecnología".[80]

En todo caso, como ha precisado la CIJ en varios asuntos relativos a la obligación de prevención del genocidio, el contenido material y subjetivo de la diligencia debida no es ilimitado ya que "cada Estado puede actuar sólo dentro de los límites permitidos por el Derecho internacional".[81]

---

79 *Responsibilities and obligations... op. cit.* 2011, par. 117; también ILA Study Group on Due Diligence, *Second report*, 2016, pp. 2-4; y BESSON, S., *op. cit.*, 2020, pp. 253-269.

80 Doc. A/76/10, Supl. 10, de 2021, p. 28, pár. 6.

81 *Application of the Convention on the Prevention and Punishement of the Crime of Genocide (Bosnia and Herzegovina v. Serbia and Montenegro), Judgment, ICJ, Reports 2007 (I)*, pár. 430; y en *Allegations of Genocide under the Convention on the Prevention and Punishement of the crime of Genocide (Ukraine v. Russia Federation), Provisional Measures, Order 16 March 2022*, pár. 57.

A partir del análisis de la práctica internacional, H. Krieger et *al.* han identificado dos amplias categorías de exigencias que se derivan de la diligencia debida: obligaciones relacionadas con la capacidad institucional de los Estados y obligaciones procedimentales. Las primeras incluyen la obligación de adoptar medidas legislativas, medidas administrativas de salvaguardia o mecanismos adecuados de seguimiento y supervisión. Las obligaciones procedimentales pueden consistir en notificar, informar, consultar, cooperar, evaluar conductas que implican riesgo, supervisar, advertir, dar explicaciones públicas o adoptar precauciones pertinentes.[82] Otros autores, por su parte, defienden que el contenido de la diligencia debida, al menos en el Derecho internacional del medio ambiente y en el de los derechos humanos, incluye dos elementos fundamentales: la razonabilidad y la buena fe.[83]

4. Una herramienta jurídica multifuncional

A. Peter *et al.* concluyen, tras un amplio análisis de la práctica internacional sobre la materia, que la diligencia debida puede desempeñar las siguientes funciones en el Derecho internacional: la gestión de riesgos, compensar la reducción de la liberta soberana de los estados, reducir la responsabilidad internacional de los estados a la vez que expanden su *accountability* y estabilizar el orden internacional a través de su procedimentalización.

4.1. La gestión de riesgos

Las obligaciones de diligencia debida pueden server para gestionar riesgos que pueden provenir bien de actores privados

---

82 KRIEGER. H., PETERS, A. y KREUZER, L., *op. cit.*2020a, pp. 12-13.

83 MALAIHOLLO, M., "Due Diligence in International Environmental Law3 and International Human Rights Law: A Comparative Legal Study of the Nationally Determined Contributions under the Paris Agreement and Positive Obligations under the European Convention on Human Rights", *Netherlands International Law Review,* 2021, Vol. 68, pp. 121-155.

(piratas, terroristas, actores económicos, etc.) o bien de fenómenos técnicos o naturales que pueden producir desde simples accidentes hasta crímenes. En todos los supuestos, la gestión de tales riesgos es desafiada por un conocimiento limitado sobre la naturaleza, causas, grados y consecuencias. Por ello, en cuanto herramienta para gestionar riesgos en situaciones de gran incertidumbre, la diligencia debida suele aparecer junto al principio de precaución. La diligencia debida facilita hacer frente a la incertidumbre en supuestos en los que una pluralidad de actores diversos altamente conectados intervienen pero en los que no existen una relación causal directa entre la acción y el daño sino que sólo es posible identificar la proximidad de un actor al riesgo.[84] En suma, como afirman estos autores, "el estándar de diligencia debida es lo suficientemente flexible como para permitir una adaptación continua de la evaluación de riesgos. La diligencia debida también tiene en cuenta la distinta situación y capacidades de los actores. Finalmente permite graduar las obligaciones jurídicas y la responsabilidad jurídica concomitante en función de los distintos grados de proximidad al riesgo. En general, la diligencia debida va en contra de una atribución demasiado resumida y formalista de deberes entre actores internacionales que están cada vez más conectados y son muy diversos. Esto añade un elemento de justicia material que puede verse como un componente central del (internacional) *rule of law*."[85]

4.2. Compensar la reducción de libertades soberanas

Las obligaciones de diligencia debida facilitan la adopción de tratados internacionales porque aportan ambigüedad constructiva que ayuda a llegar a acuerdos. A la vez, su apertura normativa, su 'textura abierta', concede a los Estados una mayor margen de maniobra en el ámbito de cumplimiento para tener en cuenta sus prioridades políticas nacionales y sus intereses legítimos. La dili-

---

84 PETERS, A., *et al.*, *op. cit.*, 2020b, p. 125.

85 *Ibid*, p. 126 (trad. propia).

gencia debida reintroduce un espacio para cierta maniobra como compensación por la pérdida de libertad soberana aceptada mediante el tratado. Como afirman A. Peters *et al.* "éste podría ser el precio a pagar por la legalización pero, al mismo tiempo, se corre el riesgo de erosionar los beneficios de tal formalización".[86]

4.3. Reducir la responsabilidad internacional del Estado y expandir la accountability

Estos autores reconocen que una de las funciones tradicionales de la diligencia debida ha sido la de reducir las obligaciones de los Estados y de esta manera restringir su responsabilidad internacional en el ámbito de la *no harm rule.* Dicha regla sólo es violada si la conducta ha sido negligente y el daño se hubiera materializado pero, en todo caso, el daño solo no es suficiente para generar la responsabilidad del Estado. Ahora bien, este *accountability gap* está siendo cubierto en la práctica internacional a través de dos estrategias. La primera consiste en la procedimentalización de las obligaciones de diligencia debida de forma que en la práctica, en ocasiones, generan obligaciones de conducta y obligaciones de garantizar un resultado. La segunda modalidad de expandir la *accountability* es mediante la superposición con la obligación de prevención. Así, en supuestos en los que no se puede atribuir la responsabilidad internacional al Estado por los actos de sus órganos (art. 4 ARIE), de los particulares (art. 8 ARIE) o por complicidad (art. 16 ARIE),[87] la CIJ en el asunto *Genocidio Bosnio* identificó para los Estados a partir del art. 1 de la Convención sobre el genocidio una obligación autónoma de prevención que es una obligación de diligencia debida que deberá recaer únicamente sobre la acción o inacción del Estado en cuestión.[88]

---

86 *Ibid,* p. 126 (trad. propia).

87 *Ibid,* pp. 127-131.

88 *ICJ, Reports,* 2007, pár. 427.

4.4. Estabilizar el orden internacional a través de la procedimentalización

Estos autores resaltan que una tendencia en el Derecho internacional actual es el incremento de la procedimentalización, es decir, de la ampliación y refinamiento de las normas sobre procedimientos. En el caso de la obligación de diligencia debida, aunque puede estar vinculada a obligaciones tanto sustantivas como procedimentales, la principal contribución de esta noción consiste en exigir determinados deberes procedimentales: explicar, participar, dar razones, modalidades de votación, seguimiento, verificación, etc. Esta procedimentalización contribuye a estabilizar los procedimientos internacionales de creación y de aplicación de normas y, en definitiva, del orden internacional porque protegen a los participantes más débiles, ayudan a construir acuerdos, incrementan la *accountability* e incorporan en tales procedimientos los desacuerdos sustantivos entre los miembros de una comunidad internacional cada vez más pluralista.[89]

5. *Entre la flexibilidad y la normatividad* soft

Las obligaciones de diligencia debida, como ya se ha señalado, tienen una importancia creciente en el Derecho internacional actual. Su progresivo protagonismo como técnica regulatoria tiene importantes ventajas pero también algunos inconvenientes.

5.1. Las ventajas de las obligaciones de diligencia debida

El estándar de diligencia debida que se deriva de estas obligaciones proporciona, por un lado, ambigüedad constructiva en las negociaciones internacionales que facilita que los Estados lleguen a acuerdos para la adopción de tratados internacionales. Así, estas obligaciones ayudan a construir acuerdos en una comunidad

---

89 PETERS, A., *et al.*, *op. cit.*, 2020b, pp. 131-132.

internacional tan dividida y heterogénea como la actual en la que existe una pluralidad de intereses no coincidentes.

Por otro lado, las obligaciones de diligencia debida son una de las técnicas regulatorias que existen en el Derecho internacional para la adaptación del sistema jurídico internacional a las necesidades particulares de los Estados.[90] El estándar de diligencia debida "reserva a los Estados un grado significativo de autonomía y flexibilidad en el cumplimiento de sus obligaciones internacionales. Una rígida aplicación de las normas internacionales, exigiendo resultados o imponiendo la responsabilidad en el caso de su violación en cualquier circunstancia recortaría el sentido de las nociones de soberanía estatal y ámbitos de no interferencia".[91] La indeterminación del estándar de diligencia debida permite combinar un contenido mínimo o universal identificable en la jurisprudencia y la práctica de los Estados con el respeto a las culturas jurídicas y políticas de los Estados concretadas en cada situación específica tanto por razón de la materia regulada como de los sujetos internacionales concernidos.[92]

Asimismo, la evolución y dinamismo de las obligaciones de diligencia debida permiten la protección no sólo de los intereses y derechos de los Estados sino también, como ocurre en el caso de los derechos humanos, del cambio climático o de la biodiversidad, la protección de los intereses y derechos de las personas y aun de las generaciones futuras y de la humanidad. Además, las

---

90 Otra de las técnicas utilizadas para la adaptación del sistema jurídico internacional, en particular, en el régimen europeo de protección de los derechos humanos, es la doctrina del *margen de apreciación nacional*. Cfr. SHANY, Y., "Towards a General Margin of Appreciation Doctrine in International Law", *European Journal of International Law*, 16 (2005, pp. 907-940; también MCGOLDRICK, D., "A Defense of a Margin of Appreciation and an Argument for its Application by The Human Rights Committee", *ICLQ*, vol. 65, N° 1 (2016), pp. 21-60.

91 ILA Study Group on *Due Diligence in International Law*, Second Report, July 2016, p. 2 (trad. propia).

92 BESSON, S., *op. cit.*, 2020, p. 374.

obligaciones de diligencia debida son aplicables no sólo frente a las actividades de los Estados sino que, en ocasiones, también respecto a las actividades privadas, como ocurre en el caso de la relativa a la adopción de medidas apropiadas para prevenir, reducir o controlar la contaminación atmosférica y la degradación atmosférica.[93] También en el ámbito de la protección internacional de los derechos humanos el estándar de diligencia debida, incorporado en las obligaciones positivas de los Estados no sólo respecto a sus propios órganos sino también respecto a las actividades de actores no estatales, puede ser "un enfoque más prometedor (y más realista) que crear obligaciones de derechos humanos directas para actores diferentes a los Estados".[94]

Y, por último, las obligaciones de diligencia debida incrementan la *accountability* de los Estados y de las entidades privadas. El estándar de diligencia debida exige en muchas ocasiones dar cuenta, explicar e informar de las actividades o de la conducta desplegada en relación con el ámbito material concreto en el que opera.

5.2. Los inconvenientes de las obligaciones de diligencia debida

Las obligaciones de diligencia debida, en cuanto técnica regulatoria, pueden generar también algunos inconvenientes. R. Pisillo Mazzeschi ha advertido de que se trata de un concepto sobrevalorado (*overrated*).[95] Por un lado, diluyen la prescriptividad de algunas de las normas del régimen internacional en el que operan porque los términos vagos, borrosos y difusos incrementan el margen de maniobra de los que los interpretan y aplican. Por otro lado, a la vez que son aplicables también a los actores privados, su participación y promoción contribuye a la creación de los que se

---

93 Vid. el comentario de la Directriz 3 del *Proyecto de directrices sobre la protección de la atmósfera,* pár. 6 adoptado por la ILC en segunda lectura en el año 2021 (doc. UN/A/76/10, Supl. 10, pár. 39, p. 28).

94 MONNHEIMER, M., *Due Diligence Obligations in International Human Rights Law,* Cambridge, Cambridge University Press, 2021, p. 3 and chap. 1.

95 PISILLO MAZZESCHI, R., *op. cit.*, 2018, pp. 323-338.

ha denominado *informal internacional law,*[96] que se caracteriza por su normatividad *soft.* Y, por último, erosionan el *rule of law,* la eficacia y la legitimidad del Derecho internacional como resultado de la dilusión de las obligaciones sustantivas y del incremento de la tecnocracia y del *managerialism.*[97]

IV. LAS OBLIGACIONES DE DILIGENCIA DEBIDA SOBRE EL CAMBIO CLIMÁTICO COMO UNA MANIFESTACIÓN DE LA SOBERANÍA RESPONSABLE

El Derecho internacional sobre el cambio climático[98] incluye en los diferentes tratados y resoluciones de órganos de gestión varias herramientas jurídicas para el ejercicio de la soberanía responsable en la lucha contra el cambio climático: los principios de precaución y prevención (art. 3.3 CMNUCC); el principio de responsabilidades comunes pero diferenciadas en su versión binaria (PK) o en su versión más refinada y contextualizada (art. 2.2 AP); diferentes tipos de normas (uniformes, diferenciales y contextuales); las denominadas 'contribuciones determinadas a nivel nacional' (art. 4.2 AP); y varios tipos de obligaciones internacionales, unas de resultado (art. 3.1 y 3.1.*bis* PK) y la mayoría de comportamiento, entre otras obligaciones de diligencia debida.[99] Como afirma L. Rajamani, la espectacular variedad de instrumen-

---

96 PAUWELYN, J., WESSEL, R. y WOUTERS, J. (eds.), *Informal International Lawmaking,* Oxford, Oxford University Press, 2012.

97 PETERS, A. *et al.*, *op. cit.*, 2020b, pp. 134-135.

98 Cfr. BODANSKY, D., BRUNNÉE, J. y RAJAMANI, L., *International Climate Change Law,* Oxford, Oxford University Press, 2017; y GILES, R., *El régimen jurídico internacional en materia de cambio climático. Dinámica de avances y limitaciones,* Pamplona, Aranzadi/Thomson Reuters, 2021.

99 RODRIGO, A.J., "El Acuerdo de París sobre el cambio climático: Un nuevo tipo de tratado de protección de intereses generales", en BORRÀS, S. y VILLAVICIENCO, P. (eds.), *El Acuerdo de París sobre el cambio climático: ¿Un acuerdo histórico o una oportunidad perdida?,* Pamplona, Aranzadi/Thomson Reuters, 2018, pp. 69-98, en especial, pp. 84-96.

tos y obligaciones incorporadas en el régimen sobre el cambio climático "es la comprobación del alto grado de sofisticación que el régimen ha conseguido".[100] Esta autora resalta que un análisis detallado de los instrumentos y de las obligaciones del régimen sobre el cambio climático revela algunas curiosidades de interés: la frontera entre "el derecho y el no-derecho, lo obligatorio y no obligatorio, en y de sí mismo" es menos significativa de lo que habitualmente se piensa; que los efectos jurídicos de cualquier instrumento, "incluso cuando es vinculante en su sentido formal, depende fundamentalmente del carácter jurídico de sus disposiciones"; que existe una relación mutuamente *supportive* entre disposiciones de instrumentos jurídicos, de *soft law* and no vinculantes en el régimen del cambio climático que "sugiere que existe un 'continuum' de juridicidad antes que una expresión binaria de ella en el régimen"; el resultado es una gran variedad de grados de normatividad que es reflejo de un sistema jurídico sofisticado que ha demostrado ser un régimen muy fértil para la innovación y la experimentación jurídica".[101]

Las obligaciones de diligencia debida son una de las técnicas regulatorias que, con sus ventajas e inconvenientes, ofrece un gran rendimiento para la aplicación práctica de la soberanía responsable en la lucha contra el cambio climático. No obstante, antes de examinar algunos ejemplos de obligaciones de diligencia debida en diferentes áreas del régimen sobre el cambio climático y de los factores que influyen en la naturaleza y extensión de la diligencia debida exigida a los Estados parte en el régimen conviene advertir de la dificultad previa para identificar tales obligaciones y para determinar la carga normativa y funciones de las mismas. Por un lado, los tratados sobre el cambio climático no utilizan la expresión 'diligencia debida' (*due diligence*) de forma explícita en

---

100 RAJAMANI, L., *Innovation and Experimentation in the International Climate Change Regime*, Brill, Pocketbooks of The Hague Academy of International Law, 2020b, p. 94 (trad. propia).

101 RAJAMANI, L., *op. cit.*, 2020b, pp. 123-129 (trad. propia).

sus disposiciones. En ellos se pueden encontrar expresiones como 'los mejores esfuerzos posibles', 'en la medida de lo posible', 'según corresponda', 'reflejará la mayor ambición posible', 'cuando sea relevante y en la medida de lo posible', 'objetivos a la luz de las diferentes circunstancias nacionales', 'en la medida en la que lo permitan sus capacidades' que integran lo que se ha denominado el *due diligence slang*.[102] Son diferentes locuciones que incorporan el estándar de diligencia debida con independencia de que su contenido deba ser determinado por medio de criterios objetivos o subjetivos. Y, por otro lado, en función del contexto concreto en el que opera cada una de los enunciados normativos mencionados del régimen sobre el cambio climático, puede emerger como una expectativa normativa (art. 4.2 AP), una obligación (art. 3.2 PK) o un estándar de comportamiento.[103]

1. Áreas en las que operan las obligaciones de diligencia debida

Las obligaciones de diligencia debida han sido incorporadas en diversas áreas del régimen sobre el cambio climático: mitigación, adaptación y creación de capacidad.

1.1. Las obligaciones de diligencia debida relativas a la mitigación[104]

La Convención marco contiene algunas obligaciones diligencia debida en al art. 4. Así el art. 4.1 prescribe que:

> "1. Todas las Partes, *teniendo en cuenta sus responsabilidades comunes pero diferenciadas y el carácter específico de sus priorida-*

---

102 BARTOLINI, G, *op. cit.*, p. 29 y 31.

103 RAJAMANI, L., *op. cit.*, 2020b, pp. 143-144.

104 Un examen de la diligencia debida en el cambio climático exclusivamente limitado a la mitigación puede verse en RAJAMANI, L., "Due Diligence in International Climate Change Law", at Krieger, H., *et al.*(eds.), *op. cit.*, 2020a, pp. 163-180, en particular, pp. 163-172.

> *des nacionales y regionales de desarrollo, de sus objetivos y de sus circunstancias,* deberán:
>
> *a)* Elaborar, actualizar periódicamente, publicar y facilitar a la Conferencia de las Partes, de conformidad con el artículo 12, inventarios nacionales de las emisiones antropógenas por las fuentes y de la absorción por los sumideros de todos los gases de efecto invernadero..."(énfasis añadido).

También el art. 4.2, a pesar de su redacción alambicada, contiene una obligación de diligencia debida:

> "Las Partes que son países desarrollados y las demás Partes incluidas en el anexo I se comprometen específicamente a lo que se estipula a continuación:
>
> *a)* Cada una de esas Partes adoptará políticas nacionales y tomará las medidas correspondientes de mitigación del cambio climático, limitando sus emisiones antropógenas de gases de efecto invernadero y protegiendo y mejorando sus sumideros y depósitos de gases de efecto invernadero. [...] y *teniendo en cuenta las diferencias de puntos de partida y enfoques, estructuras económicas y bases de recursos de esas Partes, la necesidad de mantener un crecimiento económico fuerte y sostenible, las tecnologías disponibles y otras circunstancias individuales,* así como la necesidad de que cada una de esas Partes contribuya de manera equitativa y apropiada a la acción mundial para el logro de ese objetivo. Esas Partes podrán aplicar tales políticas y medidas conjuntamente con otras Partes y podrán ayudar a otras Partes a contribuir al objetivo de la Convención y, en particular, al objetivo de este inciso." (énfasis añadido).

El PK contiene también algunas obligaciones de diligencia debida en materia de mitigación. Un buen ejemplo es el art. 10.a/:

> "Todas las Partes, *teniendo en cuenta sus responsabilidades comunes pero diferenciadas y las prioridades, objetivos y circunstancias concretos de su desarrollo nacional y regional,* sin introducir ningún nuevo compromiso para las Partes no incluidas en el anexo I aunque reafirmando los compromisos ya estipulados en el párrafo 1 del artículo 4 de la Convención y llevando adelante el cumplimiento de estos compromisos con miras a lograr el desarrollo sostenible, teniendo en cuenta lo dispuesto en los párrafos 3, 5 y 7 del artículo 4 de la Convención:
>
> *a)* Formularán, *donde corresponda y en la medida de lo posible,* unos programas nacionales y, en su caso, regionales para mejo-

> rar la calidad de los factores de emisión, datos de actividad y/o modelos locales que sean eficaces en relación con el costo y que reflejen las condiciones socioeconómicas de cada Parte para la realización y la actualización periódica de los inventarios nacionales de las emisiones antropógenas por las fuentes y la absorción por los sumideros de todos los gases de efecto invernadero..." (énfasis añadido).

Asimismo, algunas de las obligaciones de comportamiento fundamentales del AP son obligaciones de diligencia debida. Entre otras, varias normas contenidas en el art. 4 del AP contienen obligaciones de este tipo:

> "2. Cada Parte deberá preparar, comunicar y mantener las sucesivas contribuciones determinadas a nivel nacional que tenga previsto efectuar. *Las Partes procurarán adoptar medidas de mitigación internas con el fin de alcanzar los objetivos de esas contribuciones.*
>
> 3. La contribución determinada a nivel nacional sucesiva de cada Parte *representará una progresión* con respecto a la contribución determinada a nivel nacional que esté vigente para esa Parte y *reflejará la mayor ambición posible,* teniendo en cuenta sus responsabilidades comunes pero diferenciadas y sus capacidades respectivas, a la luz de las diferentes circunstancias nacionales.
>
> 4. Las Partes que son países desarrollados deberán seguir encabezando los esfuerzos y adoptando metas absolutas de reducción de las emisiones para el conjunto de la economía. Las Partes que son países en desarrollo deberían seguir aumentando sus esfuerzos de mitigación, y se las alienta a que, con el tiempo, *adopten metas de reducción o limitación de las emisiones para el conjunto de la economía, a la luz de las diferentes circunstancias nacionales.* (énfasis añadido).

También es una obligación de este tipo la contenida en el art. 5.1 del AP sobre los sumideros y reservorios de gases de efecto invernadero:

> "Las Partes deberían adoptar medidas para conservar y aumentar, *según corresponda,* los sumideros y reservorios de gases de efecto invernadero a que se hace referencia en el artículo 4, párrafo 1 d) de la Convención, incluidos los bosques." (énfasis añadido).

1.2. Las obligaciones de diligencia debida relativas a la adaptación

Algunos ejemplos de este tipo de obligaciones en el ámbito de la adaptación al cambio climático se encuentran en el art. 7, párrafos 5 y 10 del Acuerdo de París:

> "5. Las Partes reconocen que la labor de adaptación debería llevarse a cabo mediante un enfoque que deje el control en manos de los países, responda a las cuestiones de género y sea participativo y del todo transparente, *tomando en consideración a los grupos, comunidades y ecosistemas vulnerables, y que dicha labor debería basarse e inspirarse en la mejor información científica disponible y, cuando corresponda, en los conocimientos tradicionales, los conocimientos de los pueblos indígenas y los sistemas de conocimientos locales, con miras a integrar la adaptación en las políticas y medidas socioeconómicas y ambientales pertinentes, cuando sea el caso.* [...]
>
> 10. Cada Parte debería, *cuando proceda*, presentar y actualizar periódicamente una comunicación sobre la adaptación, que podrá incluir sus prioridades, sus necesidades de aplicación y apoyo, sus planes y sus medidas, sin que ello suponga una carga adicional para las Partes que son países en desarrollo." (énfasis añadido).

1.3. Las obligaciones de diligencia debida relativas a la transferencia de tecnología, conocimientos prácticos e información

El régimen sobre el cambio climático incluye también algunas obligaciones de diligencia debida de transferencia de tecnología y conocimientos prácticos ambientalmente sanos y su financiación. Así, el art. 4.5 de la Convención Marco establece que:

> "5. Las Partes que son países desarrollados y las demás Partes desarrolladas que figuran en el Anexo II tomarán *todas las medidas posibles para promover, facilitar y financiar, según proceda, la transferencia de tecnologías y conocimientos prácticos ambientalmente sanos*, o el acceso a ellos, a otras Partes, especialmente las Partes que son países en desarrollo, a fin de que puedan aplicar las disposiciones de la Convención..." (énfasis añadido).

Asimismo, en materia de transmisión de información relacionada con la aplicación, el art. 12.1.a/ de la Convención prescribe que:

"1. De conformidad con el párrafo 1 del artículo 4, cada una de las Partes transmitirá a la Conferencia de las Partes, por conducto de la secretaría, los siguientes elementos de información:

a) Un inventario nacional, *en la medida que lo permitan sus posibilidades,* de las emisiones antropógenas por las fuentes y la absorción por los sumideros de todos los gases de efecto invernadero no controlados por el Protocolo de Montreal, utilizando metodologías comparables que promoverá y aprobará la Conferencia de las Partes..." (énfasis añadido).

2. *Factores que delimitan el contenido de la diligencia debida en el régimen sobre el cambio climático*

La diligencia debida es un concepto de contenido variado que puede ser determinado a partir de las circunstancias existentes en el contexto y de las normas primarias con las que está vinculada. Como ya se ha apuntado, la diligencia debida es un estándar de comportamiento, de cuidado razonable, de razonabilidad por lo que la clave es determinar el contenido de 'lo razonable'.

P. d'Argent ha elaborado un intento de racionalizar lo razonable y ha identificado varios elementos que integrarían una 'teoría de lo impreciso'. El primero es que el criterio de lo razonable indica al deudor de la obligación de comportamiento que se beneficia de un cierto de margen de apreciación en su acción pero que le compele a adoptar un mínimo de medidas que contribuyen al objetivo buscado por la norma y no le exime del deber de actuar. El segundo elemento consiste en que el criterio de razonabilidad protege al deudor en el sentido de que constituye también un límite de lo que puede ser exigido. El tercer elemento es que lo razonable está determinado por referencia a la normalidad descriptiva y normativa en el sentido de media aritmética, de principios, valores o comportamientos en una situación norma. El cuarto elemento para la determinación de lo razonable es la opción alternativa o simultánea de la diligencia debida objetiva (un contenido del estándar ideal y abstracto que sea el mismo para todos los Estados) y la diligencia debida subjetiva (un contenido del estándar teniendo en cuenta las particularidades específicas de los Estados deudores de la obligación) en identificar el *benchmark* normativo respecto al cual se evaluará la conducta de los Estados obligados sea en función de las mejores técnicas disponibles o de las normas técnicas sobre la materia que pudieran existir. Y, por último, se pueden identificar varios criterios que ayuden a determinar el contenido de las obligaciones de diligencia debida. Entre otros, están el factor de riesgo de las actividades que se realizan, la condición de la persona que se debe proteger, el grado de control sobre el territorio y los medios de los que dispone el Estado.[105]

El contenido de las obligaciones de diligencia debida creadas en el marco del régimen internacional sobre el cambio climático está condicionado por diversos factores, unos de carácter objetivo (exigen un mismo estándar de razonabilidad a todos los Estados partes) y otros de carácter subjetivo (tienen en cuenta las diferentes circunstancias, capacidades y contexto de los estados). L. Rajamani ha identificado varios de ellos. El primero es el objetivo, el propósito y las metas del régimen sobre el cambio climático.[106] Los objetivos últimos del régimen, incorporados, entre otros, en los arts. 2 y 4.1 de la CMNUCC o en el art. 2.1. AP, pueden ayudar a determinar el contenido de la diligencia exigida a los Estados en diversas normas de los tratados integrantes del dicho régimen.

El segundo, dado que el régimen sobre el cambio climático ha evolucionado hacia un régimen menos prescriptivo como resultado de la inclusión de diferentes herramientas jurídicas (normas contextuales, principio de responsabilidades comunes pero diferenciadas según el contexto y las capacidades, etc.), es que el contenido de las obligaciones de diligencia debida está determinado también por el margen de discrecionalidad permitido a los Estados parte.[107]

---

105 D'ARGENT, P., *op. cit.*, 2020, pp. 171-195.

106 RAJAMANI, L., *op. cit.*, 2020a, pp. 171-179.

107 VOIGT, CH., "The Paris Agreement: What Is the Standard of Conduct for Parties?", *Questions of International Law*, 26 (2016), pp. 17-28. Esta

En tercer lugar, el contenido de la diligencia debida puede estar condicionado por la diferenciación permitida en el régimen (primero era una diferenciación binaria y, ahora, tras el Acuerdo de París, también una diferenciación contextualizada más refinada).[108] El estándar de diligencia debida en materia de cambio climático está determinado tanto por los recursos y las capacidades que tienen los Estados como por el diferente grado de contribución al problema del cambio climático.[109]

El cuarto factor que condiciona el contenido de la diligencia debida es el grado de riesgo que se deriva de la acción o inacción respecto al problema del cambio climático. Los riesgos de los impactos negativos del cambio climático representan una presión creciente sobre los Estados parte para elevar el estándar de diligencia debida en todos los ámbitos del régimen pero, en especial, en materia de mitigación y de fortalecimiento de la progresividad de las Contribuciones Determinadas a Nivel Nacional de los Estados parte.

Y, por último, un factor que influye en el contenido del estándar de diligencia debida en el régimen sobre el cambio climático es la buena fe. Los objetivos, metas, principios, normas e instituciones del régimen generan expectativas normativas de que los Estados parte participarán y cumplirán sus diferentes obligaciones de buena fe.

---

autora destaca que, aunque las obligacindes de diligencia debida han ampliado la flexibilidad de los Estados, no carecen en absoluto de valor normativo.

108 Sobre la evolución de la diferenciación binaria a una diferenciación más variada y refinada, incluida la contextualizada vid. RODRIGO, A.J., *op. cit.*, 2018, pp. 84-90; también VOIGT, CH. y FERREIRA, F., "'Dynamic Differentiation': The Principles of CBDR-RC, Progression and Highest Possible Ambition in the Paris Agreement", *Transnational Environmental Law,* 2016, Vol. 5, Nº 2, pp. 285-303, en particular, pp. 295-301; también en "Differentiation in the Paris Agreement", *Climate Law,* 2016, Vol. 6, Nº 1-2, pp. 58-74, y RAJAMANI, L., *op. cit.,*2020b, pp. 175-241.

109 RAJAMANI, L., *op. cit.,*2020a, pp. 173-177.

V. CONCLUSIONES

El sistema climático es un bien público global que sólo es posible mantener mediante la cooperación de todos los miembros de la comunidad internacional. Para ello, los Estados (también otros actores) están obligados a cooperar y a adoptar medidas que son una manifestación práctica de su soberanía responsable. Ésta tiene dos dimensiones: una interna, que tiene por objeto proveer de bienes públicos a toda su población para satisfacer las necesidades básicas y proteger sus derechos humanos básicos; y otra externa, que tiene la finalidad de cooperar para la protección, regulación y gobernanza del interés público global. Esta dimensión externa de la soberanía responsable puede ejercerse por medio de diferentes herramientas jurídicas: principios, normas, obligaciones, procedimientos, instituciones, etc.

Las obligaciones de diligencia debida son una de las técnicas regulatorias a las cuales recurren los Estados para ejercer la soberanía responsable. Este tipo de obligaciones ha sido incorporado en numerosos regímenes internacionales y tiene una importancia creciente en Derecho internacional como técnica regulatoria porque proporciona algunas ventajas notables a pesar de los inconvenientes que genera también. Por un lado, en un contexto de incremento de participantes y de diversidad de intereses en la comunidad internacional, proporciona ambigüedad constructiva en las negociaciones internacionales que ayuda a llegar a acuerdos internacionales. Además, estas obligaciones ayudan a adaptar las normas generales a las necesidades particulares de los Estados porque su indeterminación proporciona un margen considerable de autonomía y flexibilidad en su cumplimiento. Asimismo, son aplicables a las actividades de los Estados y también de entidades privadas con el fin de proteger no sólo los derechos o intereses de terceros Estados, sino también de las personas, de las generaciones futuras y de aun de la humanidad.

Pero, por otro lado, las obligaciones de diligencia debida son percibidas como una herramienta arriesgada, que oscila "entre la esperanza hueca y una garante de la paz y de la justicia".[110] En ocasiones, son también una técnica que debilita y erosiona la constitucionalización del Derecho internacional, en especial, cuando operan en relación la protección del interés público global.[111]

La valoración de las obligaciones de diligencia debida en el régimen internacional sobre el cambio climático es también ambivalente. Ahora bien, teniendo en cuanta las características del problema, el cambio climático, la pluralidad de intereses y situaciones contrapuestas y las dificultades que han existido y existen para la adopción de normas en este régimen,[112] las obligaciones de diligencia debida pueden considerarse *the second best option.*

El examen del derecho positivo sobre la materia muestra que las obligaciones de diligencia debida sobre el cambio climático operan como obligaciones colectivas que tienen una estructura integral y que son obligaciones *erga omnes partes* en función del interés protegido (un interés general de la comunidad internacional) y de su inclusión en un tratado internacional.[113]

La indeterminación de las obligaciones de diligencia debida en materia de cambio climático facilita una diferenciación más refinada y contextualizada que puede facilitar su cumplimiento. Son, por tanto, una técnica regulatoria que permite a los Estados parte flexibilizar los compromisos adquiridos y retener un cierto margen de discrecionalidad a la vez que cooperan en el esfuerzo colectivo en la lucha contra el cambio climático. El precio de esta indeterminación es el debilitamiento de su contenido normativo y la reducción de carga prescriptiva.

---

110 PETERS, A., *el at., op., cit.*, 2020b, p. 136 (trad. propia).

111 PETERS, A., *el at., op., cit.*, 2020a, pp. 18-19.

112 Cfr. FAJARDO, T., *La diplomacia del clima de la Unión Europea. La acción exterior sobre cambio climático y el Pacto Verde Mundial,* Madrid, Ed. Reus, 2021.

113 Las obligaciones colectivas pueden ser obligaciones interdependientes y obligaciones de estructura integral. Cfr. CASANOVAS, O. y RODRIGO, A.J., *Compendio de Derecho internacional público,* 12ª ed., Madrid, Tecnos, 2024, pp. 61-63.

Las características de las obligaciones de diligencia debida sobre el cambio climático permiten una gran capacidad de adaptación, por un lado, para hacer frente a nuevos riesgos, a la incertidumbre y la vulnerabilidad que genera el cambio climático y la mayor o menor gravedad que pueda plantear dicho problema ambiental. Y, por otro lado, permiten una rápida adaptación a los nuevos desarrollos tecnológicos, a los acuerdos subsiguientes que se puedan adoptar y al reforzamiento de la voluntad política para hacer frente al problema del cambio climático.

Las implicaciones políticas, jurídicas y reputacionales que son consustanciales a la soberanía responsable pueden contribuir a maximizar el contenido de las obligaciones de diligencia debida en materia de cambio climático para cada Estado. En este ámbito, uno de los efectos que puede tener la soberanía responsable es que, más allá de las consecuencias jurídicas que se derivan de las obligaciones de diligencia debida concretas en cada caso, los Estados *son conscientes o deberían ser conscientes* de los riesgos que generan sus conductas y de la necesidad de adoptar todas las medidas a su alcance con la mayor ambición posible para hacer frente al cambio climático. La noción y contenido de soberanía responsable puede estimular la ambición de los Estados en el cumplimiento de las obligaciones climáticas de diligencia debida tanto dentro del régimen del cambio climático como en sus relaciones con otros regímenes. Este supuesto ha quedado confirmado por las decisiones recientes de tribunales internacionales y de órganos de gestión de tratados. Éste es el caso del asunto *Verein Klimaseniorinnen and others v. Suiza* del Tribunal Europeo de Derechos Humanos;[114] de la opinión consultiva del Tribunal Internacional del Derecho del Mar solicitada por los pequeños Estados insulares sobre cambio climático y Derecho internacional;[115] y de los asun-

---

114 Sentencia de la Gran Sala de 9 de abril de 2024.

115 Opinión consultiva Nº 31, de 21 de Mayo de 2024.

tos *Teitiota*[116] y *Daniel Billy c. Australia (Torres Strait Islanders)*[117]. En estas decisiones, las disposiciones y obligaciones contenidas en el Acuerdo de París sobre el cambio climático, en especial los arts. 2.1 y 4.3, han proporcionado a los tribunales y comité material argumentativo para una interpretación sistémica de las obligaciones contenidas en los tratados de derechos humanos, de derecho del mar y de los refugiados.

VI. BIBLIOGRAFÍA

A DEOLA, R. y ORCHARD, PH., "The Role of Law and Policy in Fostering Responsibility and Accountability of Governments Towards Internally Displaced Persons", *Refugee Survey Quarterly*, 2021, Vol. 39, Nº 4, pp. 412-424.

AMAT-I-PUIGSECH, "Common Concern of Humankind and Its Legal Consequences for Climate Stability", *Climate Law*, 2024, Vol. 14, pp. 135-164.

AUST, H.PH. y FEIHLE, P., "Due Diligence in the History of the Codification of the Law of State Responsibility", in KRIEGER, H., PETERS, A., AND KREUZER, L. (eds.), *op. cit.*, 2020a, pp. 42-58.

AZNAR GÓMEZ, M., "El Estado sin territorio: La desaparición del territorio debido al cambio climático", *Revista Electrónica de Estudios Internacionales*, 2013, núm. 26, pp. 1-23.

BARNIDGE, R.P., "The Due Diligence Principle under International Law", *International Community Law Review*, 8 (2006), pp. 81-121.

BARTOLINI, G., "The Historical Roots of the Due Diligence Standard", in KRIEGER, H., PETERS, A. y KREUZER, L. (eds.), *op. cit.*, 2020a, pp. 23-41.

BESSON, S., "La *due diligence* en droit international », *R. des C.*, Vol. 409 (2020), pp. 153-398.

—, "Sovereignty", *Max Planck Encyclopedia of Public International Law*, 2011 (https://opil.ouplaw.com/display/10.1093/law:epil/9780199231690/law-9780199231690-e1472).

---

116 Decisión de 7 de enero de 2020 del Comité de Derechos Humanos de las Naciones Unidas.

117 Decisión de 22 de septiembre de 2022 del Comité de Derechos Humanos de las Naciones Unidas.

BETHLEHEM, D., «The End of Geography: The Changing Nature of the International System and the Challenge to International Law», *EJIL*, 2014, vol. 25, pp. 9-24.

BODANSKY, D., BRUNNÉE, J. y RAJAMANI, L., *International Climate Change Law*, Oxford, Oxford University Press, 2017.

BODIN, J., *Los seis libros de la República*, trad. P. Bravo Gala, Madrid, Tecnos, 2006.

BOSSACOMA, P., *Sovereignty in Europe. An idea in transformation*, Girona, Cátedra Ferrater Mora/Universitat de Girona, 2018.

CARRILLO SALCEDO, J.A., *Soberanía del Estado y Derecho internacional*, 2ª ed., Madrid, Tecnos, 1976.

CASANOVAS, O. y RODRIGO, A.J., *Compendio de Derecho internacional público*, 12ª ed., Madrid, Tecnos, 2024.

CASSELLA, S., "Les travaux de la Commission du Droit International sur la responsabilité internationale et l'estandar de due diligence", in SFDI/CASSELLA, S. (eds.), *op. cit.*, 2018, pp. 1-26.

CHIRCOP, L., "A Due Diligence Standard of Attribution in Cyberspace", *International Comparative Law Quarterly*, 2018, vol. 67, pp. 643-668.

CRIDDLE, E.J. y FOX-DECENT, E., "Mandatory Multilateralism", *American Journal of International Law*, 2019, Vol. 113, pp. 272-325.

D'ARGENT, P., "Les obligations internationales », *R. des C.*, Vol. 417 (2021), pp. 9-210.

DENG, F.M., "From 'Sovereignty as Responsibility' to the 'Responsibility to Protect'", *Global Responsibility to Protect*, 2010, Vol. 2, Nº 4, January 1, pp. 353-370.

FAJARDO, T., *La diplomacia del clima de la Unión Europea. La acción exterior sobre cambioclimático y el Pacto Verde Mundial*, Madrid, Ed. Reus, 2021.

FINNEMORE, M. y HOLLIS, D.H., "Constructing Norms for Global Cyber Security", *AJIL*, 2016, vol. 11, n.º 3, pp. 425-479.

GARCÍA AMADOR, F.V., *First Report, International Responsibility*, doc. UN/A/CN.4/96, 20 January 1956.

GARCÍA SEGURA, C. y PAREJA ALCARAZ, P., "La inspiración cosmopolita de la Responsabilidad de proteger: Construcción normativa y disensos", en GARCÍA SEGURA, C. (ed.), *La tensión cosmopolita. Avances y límites en la institucionalización del cosmopolitismo*, Madrid, Tecnos, 2016, pp. 64-116.

GARCÍA, C., PAREJA, P. y RODRIGO, A.J., "La creación de normas globales: entre el cosmopolitismo *soft* y el resurgir de Westfalia", *ORBIS Working Papers*, 2019/08, 29 pp.

GILES, R., *El régimen jurídico internacional en materia de cambio climático. Dinámica de avances y limitaciones*, Pamplona, Aranzadi/Thomson Reuters, 2021.

GUTIERREZ ESPADA, C. y CERVELL HORTAL, M.J., *Nacimiento, auge y decadencia de la responsabilidad de proteger*, Granada, Ed. Comares, 2014.

GUTIÉRREZ ESPADA, C., "Sobre el 'núcleo duro' de la resolución 1973 (2011) del Consejo de Seguridad y acerca de su aplicación en la práctica", *Anuario Español de Derecho Internacional*, 2011, Nº 27, pp. 57-75.

HELD, D., "Law of States, Law of Peoples: Three Models of Sovereignty", *Legal Theory*, 2002, vol. 8, pp. 1-44.

HENKIN, L., "The Mythology of Sovereignty", en MACDONALD, R. St.J. (ed.), *Essays in Honour of Wang Tieya*, Dordrecht, Martinus Nijhoff, 1994, pp. 351-358.

HERZOG, D., *Sovereignty, RIP*, New Haven, Yale University Press, 2020.

KADELBACH, S. y ROTH-ISIGKEIT, D., "The Right to Invoke Rights as a Limit to Sovereignty: Security Interest, State of Emergency and review of UN Sanctions by Domestic Courts under the European Convention of Human Rights", *Nordic Journal of International Law*, 2017, vol. 86, Nº 3, pp. 275-301.

KAMMINGA, M.T. y SCHEININ, M. (eds.), *The Impact of Human Rights Law on General International Law*, Oxford, Oxford University Press, 2009.

KOSKENNIEMI, M., *The Gentle Civilizer of Nations: The Rise and Fall of International Law 1870-1960*, Cambridge, Cambridge University Press, 2001.

KRASNER, S., *Soberanía, hipocresía organizada*, trad. I. Hierro, Barcelona, Paidós, 2001.

MACKENZIE-GRAY SCOTT, R., "Due diligence as a secondary rule of general International law", *Leiden Journal of International Law*, (2021), pp. 1-30.

MAI, L., "Navigating transformations: Climate change and international law », *Leiden Journal of International Law*, 2024, pp. 1-22.

MALAIHOLLO, M., "Due Diligence in International Environmental Law3 and International Human Rights Law: A Comparative Legal Study of the Nationally Determined Contributions under the Paris Agreement and Positive Obligations under the European Convention on Human Rights", *Netherlands International Law Review*, 2021, Vol. 68, pp. 121-155.

MCDONALD, N., "The Role of Due Diligence in International Law", *International Comparative Law Quarterly*, 68 (2019), pp. 1041-1054.

MCGOLDRICK, D., "A Defense of a Margin of Appreciation and an Argument for its Application by The Human Rights Committee", *ICLQ*, vol. 65, Nº 1 (2016), pp. 21-60.

MERON, Th., *The Humanization of International Law*, Leiden, Nijhoff, 2006.

MONNHEIMER, M., *Due Diligence Obligations in International Human Rights Law*, Cambridge, Cambridge University Press, 2021.

OLLINO, A., *Due Diligence Obligations in International Law*, Oxford, Oxford University Press, 2022.

PAUWELYN, J., WESSEL, R. y WOUTERS, J. (eds.), *Informal International Lawmaking*, Oxford, Oxford University Press, 2012.

PERREZ, F.X., *Cooperative Sovereignty. From Independence to Interdependence in the Structure of International Environmental Law*, The Hague, Kluwer, 2000.

PETERS, A., "Humanity as the A and Ω of Sovereignty", *European Journal of International Law*, 2009, vol. 20, N° 3, pp. 513-544.

PETERS, A., KRIEGER, H. AND KREUZER, L., "Due diligence: the risky risk management tool in International law", *Cambridge International Law Journal*, Vol. 9 (2), 2020b, pp. 132-134.

—, "Due diligence in the International Legal Order. Dissecting the Leitmotif of Current Accountability Debates", in KRIEGER, H., PETERS, A. y KREUZER, L. (eds.), *Due Diligence in the International Legal Order*, Oxford, Oxford University Press, 2020a.

PISILLO MAZZESCHI, R., "Le chemin étrange de la *due diligence* : d'un concept mystérieux à un concept surévalué », en SFDI/CASSELLA, S. (eds.), *Le Standard de due diligence et la responsabilité International*, Paris, Pedone, 2018, pp. 323-338.

—, "The Due Diligence Rule and the Nature of the International Responsibility of States", *German Yearbook of International law*, 35 (1992), pp. 9-51.

RAJAMANI, L., "Due Diligence in International Climate Change Law", en KRIEGER, H., *et al.*(eds.), *op. cit.*, 2020a, pp. 163-180.

—, *Innovation and Experimentation in the International Climate Change Regime*, Brill, Pocketbooks of The Hague Academy of International Law, 2020b.

RODRIGO, A.J., "El Acuerdo de París sobre el cambio climático: Un nuevo tipo de tratado de protección de intereses generales", en BORRÀS, S. y VILLAVICIENCO, P. (eds.), *El Acuerdo de París sobre el cambio climático: ¿Un acuerdo histórico o una oportunidad perdida?*, Pamplona, Aranzadi/Thomson Reuters, 2018, pp. 69-98.

—, "La administración de territorios: del protectorado a la administración territorial internacional", *Revista Académica de Relaciones Internacionales*, 2009, núm 10, pp. 1-31.

—, "The Disruptive Effects of Failed States over the Legal Order of Seas and Oceans", en OANTA, G.A. (ed.), *Law of the Sea and Vulnerable Persons and Groups*, Napoli, Editoriale Scientifica, 2019, pp. 151-169.

RUGGIE, J.G., «Territoriality and beyond: problematizing modernity in international relations». *International Organization*, 1993, vol. 47, n.º 1, pp. 139-174.

RYNGAERT, C., *Unilateral Jurisdiction and Global Values*, The Hague, Eleven, 2015.

SALMON, J., « Le droit international à l'épreuve au tournant du XXIe siècle », *Cursos Euromediterráneos Bancaja de Derecho Internacional*, Vol. VI (2002), pp. 35-361.

SCHMITT, M.N. (gral. ed.), *Tallin Manual 2.0. on the International Law Applicable to Cyber Operations*, Cambridge, Cambridge University Press, 2017.

SEIBERT-FOHR, A., "From Complicity to Due Diligence: When do States Incur Responsability for Their Involvement in SeriousWrongdoing?", *German Yearbook of International Law*, vol. 60 (2017), pp. 667-708.

SHANY, Y., "Towards a General Margin of Appreciation Doctrine in International Law", *European Journal of International Law*, 16 (2005, pp. 907-940.

STOYANOVA, V., *Positive obligations under the European Convention on Human Rights. Within and Beyond Boundaries*, Oxford, Oxford University Press, 2023

TOMUSCAHT, Ch., "International Law: Ensuring the Survival of Mankind on the Eve of a New Century. General Course on Public International Law", *R. des C.*, 1999, T.281, pp. 9-438.

—, "Obligations Arising for States without or against their Will", *R. des C.*, vol. 241 (1993-V), pp. 194-374.

TZEVELEKOS, V.P., "Revisiting the Humanization of International Law: Limits and Potential-Obligations *Erga omnes*, Hierarchy of Rules and the Principle of Due Diligence as the Basis for Further Humanization", *Erasmus Law Review*, 2013, June, Nº 1, pp. 62-76.

VOIGT, CH. y FERREIRA, F., "'Dynamic Differentiation': The Principles of CBDR-RC, Progression and Highest Possible Ambition in the Paris Agreement", *Transnational Environmental Law*, 2016, Vol. 5, Nº 2, pp. 285-303.

—, "Differentiation in the Paris Agreement", *Climate Law*, 2016, Vol. 6, Nº 1-2, pp. 58-74.

VOIGT, CH., "The Paris Agreement: What Is the Standard of Conduct for Parties?", *Questions of International Law*, 26 (2016), pp. 17-28.

WIRGHT, J., QCMP Attorney General of UK, «Cyber and International Law in 21st Century», 23 May 2108, en http://www.gov.uk/government/speeches/cyber-and international-law.

Capítulo 3

El papel de la Unión Europea como potencia normativa ante la desglobalización

TERESA FAJARDO DEL CASTILLO*

SUMARIO: I. INTRODUCCIÓN. II. LA DESGLOBALIZACIÓN EN LA CARRERA HACIA LA DESCARBONIZACIÓN. III. ESTADOS UNIDOS Y LA DESGLOBALIZACIÓN PROGRAMADA. IV. CHINA Y EL DRAGÓN DESPIERTO. V. DAVID CONTRA GOLIAT: LA UNIÓN EUROPEA Y LA DESGLOBALIZACIÓN. VI. CONCLUSIONES. VII. BIBLIOGRAFÍA.

I. INTRODUCCIÓN

En primer lugar, quisiera expresar mi agradecimiento al profesor Sergio SALINAS ALCEGA[1] por invitarme a participar en esta

---

* Profesora titular de Derecho Internacional Público y Relaciones Internacionales de la Universidad de Granada (fajardo@ugr.es). Este estudio ha sido realizado en el marco de la Cátedra Jean Monnet Diplomacia del Clima, CLIMATE-CONNECTED, de la que es titular, y es parte del proyecto de I+D+i "PID2023-146791NB-I00: Soberanía del Estado sobre los recursos naturales y carrera mundial por los minerales estratégicos para la transición energética: ¿fundamento de un futuro sostenible y justo?", financiado por MICIU/AEI/10.13039/501100011033/FEDER/UE".

1 Agradecimiento que quiero hacer extensivo a su equipo de colaboradores —Adrián Gavín, Guillermo Juan, Jaime Magallón y Elena Cisneros y al grupo de investigación AGUDEMA, dirigido por la profa. Beatriz Setuáin Mendía, que hicieron posible la celebración y el éxito del Congreso INNATE: *Iniciativas normativas para avanzar en la transición ecológica*, celebradas en la Facultad de Derecho de la Universidad de Zaragoza, los días 10 y 11 de Junio de 2024.

monografía *Iniciativas normativas para avanzar en la transición ecológica* que, con su enfoque multidisciplinar, nos ha permitido abordar la complejidad de los retos normativos que presenta el Pacto Verde y la transición ecológica. Mi aportación abordará la dimensión exterior del Pacto Verde que la Comisión Europea propuso en 2019 y que contó con el apoyo del Consejo de Ministros y del Parlamento Europeo[1]. Este Pacto Verde, si bien tenía como función principal establecer la hoja de ruta de la descarbonización de la economía europea, ahora también sirve de respuesta a los retos de la desglobalización. La continuidad de este Pacto Verde, que fue cuestionado durante las pasadas elecciones al Parlamento Europeo, ha quedado ya garantizada en el programa de la reelegida Presidenta de la Comisión Europea, Ursula Von der Leyen[2].

Tras la pandemia del COVID-19 y el auge de los populismos, se ha constatado un retroceso en la globalización tal y como se había caracterizado hasta ahora debido a las disrupciones que se han producido en las cadenas de suministro. Las cadenas de suministro que habían hecho posible la globalización, hoy se han atrofiado por el proteccionismo y la renacionalización de la producción y por acontecimientos imprevistos como el COVID y el cambio climático. La globalización había supuesto la oportunidad para la Unión Europea de proponer la adopción de reglas comunes para la producción y el comercio internacional, a través de

---

1 Véase Comisión Europea, Comunicación al Parlamento Europeo, al Consejo Europeo, al Consejo, al Comité Económico y Social Europeo y al Comité de las Regiones "El Pacto Verde Europeo", COM(2019) 640 final, 11 de diciembre de 2019.

2 Su reelección ha sido posible, además, gracias al apoyo de los Verdes del Parlamento Europeo. Véase Editorial, "Von der Leyen Will Continue to Lead a Geopolitical EU", *World Politics Review*, 20 de Julio de 2024. Véase su programa político para los próximos 5 años, *Europe's Choice. Political Guidelines for the Next European Commission 2024-2029*, de 18 de Julio de 2024, disponible en https://commission.europa.eu/document/download/e6cd4328-673c-4e7a-8683-f63ffb2cf648_en?filename=Political%20Guidelines%202024-2029_FR.pdf

instrumentos normativos convencionales y de *soft law*, negociados con países desarrollados y en vías de desarrollo de todo el mundo[3]. Sin embargo, hoy, lo que se dio en llamar el Efecto Bruselas[4], corre el riesgo de sucumbir a las pretensiones de desregulación de la competencia internacional y vuelta a la producción nacional en un insano intento de conseguir el autoabastecimiento y la autosuficiencia que han apoyado líderes económicos como Estados Unidos, que, para ello, adoptan políticas públicas de subvenciones dirigidas a la renacionalización de la producción, dando lugar a una desglobalización programada a nivel nacional. Su justificación no es otra que alcanzar la transición hacia un modelo de economía descarbonizada a través de una concentración de la producción sostenible y de los recursos necesarios para ella, con una competencia feroz con China, pero también con el resto del mundo. Frente a estas tendencias desreguladoras y proteccionistas, la Unión Europea intenta no sucumbir a ellas y mantenerse firme en su apoyo a un marco normativo común legitimado por la Organización de las Naciones Unidas. En este marco normativo ocupa un lugar central la lucha contra el cambio climático, y por lo que a mi contribución se refiere, el Acuerdo de París sobre el Cambio climático, como principal motivación de la UE para adoptar una posición frente a la desglobalización. Así, la lucha contra el cambio climático es hoy uno de los principales fines que defiende la política jurídica exterior de la UE[5] que, a su vez, sostiene y refleja igualmente las aspiraciones de su política interna de alcanzar una economía descarbonizada prevista en el Pacto Verde, pero que requiere también para su consecución tener acceso a materias primas críticas por las que compiten ahora todos los países desarrollados. Por ello, la Unión Europea se ha visto

---

3 Véase FAJARDO, Teresa (2020).

4 Véase BRADFORD, Anu (2020)

5 G. DE LACHARRIÈRE afirmó que las políticas relativas a los aspectos jurídicos de las relaciones internacionales son las políticas jurídicas exteriores de los Estados y subsidiariamente de otros sujetos de Derecho internacional, DE LACHARRIÈRE (1983), p.5.

abocada en los últimos años a cambiar aspectos sustanciales de su perfil económico y político, para reformarse y adaptarse y, al mismo tiempo, poder seguir siendo el mismo modelo de potencia normativa que hasta ahora había sido[6]. A este respecto el profesor Sergio SALINAS ALCEGA expone en su capítulo que la UE como potencia normativa tiene dos facetas, la primera, como líder de un grupo de Estados en un mundo multipolar y la segunda, como potencia normativa que propone un modelo que otros Estados están dispuestos a seguir y apoyar[7]. Desde esa doble perspectiva, la UE tiene que liderar un proceso de descarbonización de su economía a través de un modelo propio eficaz, que aporte soluciones a los retos de la desglobalización y a la competencia por las materias primas críticas, y, que, a su vez, tenga cualidades para ser seguido por otros Estados.

En el nuevo contexto internacional, la guerra de agresión de Rusia en Ucrania ha convertido las materias primas críticas y los combustibles fósiles en armas 2.0 para hacer la guerra por otros medios[8]. Ante este reto, la Unión Europea, sus instituciones y sus Estados miembros han apostado por la consecución de los objetivos del Pacto Verde, en un escenario geopolítico[9] más competi-

---

6 Sobre el concepto de potencia normativa, véase MANNERS, Ian (2002), BRETHERTON, Charlotte y VOGLER, John, (2005); MAULL, Hanns W. (2005); SICURELLI, Daniela, (2007); ZIELONKA, Jan (2008); EMERSON, Michael, BALFOUR, Rosa, CORTHAUT, Tim *et al.* (2011), JØRGENSEN, Knud Erik (2009).

7 Véase su contribución a esta obra.

8 Véase FAJARDO, Teresa (2024a).

9 Así, GUINEA LLORENTE considera que "La invasión rusa de Ucrania desde febrero de 2022 ha recibido una respuesta política sin precedentes por parte de la Unión Europea (UE), que ha sido calificada por un buen número de autores de "despertar geopolítico", p.2. Para las instituciones comunes y los Estados miembros no se trata de una agresión más y un incumplimiento del Derecho Internacional que haya que intentar reconducir mediante sanciones. Entraña, por el contrario, una amenaza existencial para la propia UE, sus principios y valores, el marco jurídico y político en el que se desenvuelve, su seguridad y

tivo, en el que si bien la política jurídica exterior de la Unión no ha cambiado y sigue respaldando el multilateralismo basado en normas de las Naciones Unidas, lo cierto es que las medidas operativas que ha adoptado hasta ahora para combatir el proteccionismo de Estados Unidos y de China, lo replican, como si la única forma de combatir el fuego, fuera sólo con más fuego. Frente a los dos líderes económicos mundiales, que han creado en torno así la réplica de Imperios pasados[10], sin valores ni principios, la Unión Europea ha de hacer frente al riesgo de su creciente irrelevancia, precisamente, intentando no perder su papel en el mundo, a través de los que son los grandes objetivos del Pacto Verde, la descarbonización de la economía europea para luchar contra el cambio climático y la revolución digital, haciendo frente al coste social que ello implica y no dejando a nadie atrás[11].

Así, pues, la desglobalización ha hecho del mundo una sociedad de estados más fragmentada, que corre el riesgo de condicionar el avance de las políticas públicas globales con las que combatir las crisis planetarias del cambio climático, la pérdida de

---

sus propias relaciones exteriores3. En definitiva, se ha entendido por los actores del proceso de integración que en Ucrania la UE se juega su futuro", véase GUINEA LLORENTE, Mercedes (2024), p. 9. Véase igualmente RODRÍGUEZ PRIETO, Victoria (2024).

10 Véase BRADFORD, Anu (2024).

11 Como señalaron la Comisión Europea y el Alto Representante de la Unión, "El Pacto Verde Europeo es la estrategia de crecimiento de la UE, que establece un modelo de crecimiento sostenible y de recuperación mundial ecológica que no deja a nadie atrás. La UE también seguirá animando a otros a aumentar sus ambiciones climáticas, cumplir los objetivos del Acuerdo de París y otros acuerdos medioambientales, como el Convenio sobre la Biodiversidad, para lograr la neutralidad climática para mediados de siglo e invertir la pérdida de biodiversidad para 2030", Comisión Europea y Alto Representante de la Unión para Asuntos Exteriores y Política de Seguridad, Comunicación conjunta al Parlamento Europeo y al Consejo sobre el refuerzo de la contribución de la UE al multilateralismo basado en normas, JOIN(2021) 3 final, 17 de Febrero de 2021.

biodiversidad o la contaminación, gracias a su complemento con procesos de regulación internacional que ofrezcan unas reglas del juego comunes. Estas reglas del juego se han adoptado a través de instrumentos convencionales que pasan ahora a ser relegados a un segundo lugar, en favor de instrumentos no vinculantes que dejan más espacios al interés nacional y a la soberanía en su sentido más westfaliano, en detrimento de los intereses comunes y colectivos. Ello ha dado lugar a una crisis del multilateralismo basado en normas, que para reflejar las distintas reivindicaciones de los Estados ha llevado a un mundo multipolar donde predomina un enfoque regional y la cooperación restringida entre países que comparten intereses y visiones afines sobre las grandes crisis actuales: desde las crisis planetarias como la lucha contra el cambio climático[12] o la guerra de agresión de Rusia en Ucrania[13]. Ello ha tenido un impacto en la UE que, si bien en un primer momento, se resistió a la desunión que perseguía sembrar Rusia entre los Estados miembros, ahora se encuentra ante el reto que supone la Presidencia húngara de la Unión que se ha inaugurado con un lema, como es el de hacer Europa grande de nuevo —con su guiño trumpiano— y con un viaje del presidente Viktor Orbán a Moscú. Por todo ello, y en lo que al Pacto Verde se refiere, el plan de la Presidencia húngara ha empezado a implementarse con juegos de artificio inesperados, que alumbran debilidades y fortalezas que la Unión Europea debe asumir y, en su caso, resolver[14].

---

12 Véase SALINAS ALCEGA, S. (2016), (2021).

13 Véase FAJARDO, Teresa (2024a), GUINEA LLORENTE, Mercedes (2024), RODRÍGUEZ PRIETO, Victoria (2024).

14 Véase la carta del Presidente Viktor Orban dirigida al Presidente del Consejo Charles Michel en la que advierte, tras una entrevista también con el ahora candidato Donald Trump que: "7. I am more than convinced that in the likely outcome of the victory of President Trump, the proportion of the financial burden between the US and the EU will significantly change to the EU's disadvantage when it comes to the financial support of Ukraine. 8. Our European strategy in the name of transatlantic unity has copied the pro-war policy of the US. We have not had a sovereign and independent European strategy or political

Además, es necesario constatar que las raíces de la desglobalización y la contestación de los marcos normativos son más profundas de lo que parecen a simple vista y transcienden la propia lógica de etiquetas como la de Made in China, Made in the USA o Made in Europe. Ante un mercado global que se fragmenta en función de los distintos planes de transformación de los modelos económicos de los líderes mundiales, la Unión Europea ha de trazar su propia hoja de ruta al futuro, si quiere seguir siendo una potencia normativa, a través de su ejemplo virtuoso[15]. Para ello, tiene que psicoanalizarse y ofrecer distintas respuestas a la pregunta de ¿desregular o regular más?, lo que puede llevar al dilema de seguir apoyando el multilateralismo basado en normas, pero recurriendo asimismo a las respuestas unilaterales, aunque con la promesa de que serán sólo una salida temporal hasta que se reanude nuevamente la cooperación internacional. Así pues, en el primer apartado, abordaré el fenómeno de la desglobalización en la carrera hacia la descarbonización requerida por el Acuerdo de París. En segundo lugar, expondré cómo los Estados Unidos han alimentado la desglobalización en su estrategia de descarbonización de su economía. En tercer lugar, presentaré cómo China y su desbordante capacidad económica pueden ser un problema para sus propios objetivos y para los de la Unión Europea. En cuarto lugar, presentaré la lucha de la Unión Europea contra la desglobalización como si fuera la lucha de David contra Goliat, sin aventurar un final victorioso. Por último, en las conclusiones

---

action plan up to now. I propose discussing whether the continuation of this policy is rational in the future. In the current situation we can find a window of opportunity with a strong moral and rational basis to begin a new chapter in our policy. In this new chapter we could make an effort to decrease tensions and/or create the conditions for a temporary ceasefire and/or start peace negotiations", Report of Prime Minister Viktor Orban to Charles Michel, President of the European Council, de 18 de Julio de 2023, disponible en https://miniszterelnok.hu/en/report-of-prime-minister-viktor-orban-to-charles-michel-president-of-the-european-council/

15 Véase BORRELL, J. (2020).

veremos cómo se puede hacer frente a los retos y desafíos de la desglobalización a través de la planificación del futuro.

II. LA DESGLOBALIZACIÓN EN LA CARRERA HACIA LA DESCARBONIZACIÓN

Como ha señalado el profesor Antonio EMBID IRUJO en su contribución[16] citando a Ernest FOLCH[17], el mejor ejemplo de la globalización es el cambio climático y sus impactos desiguales en el resto del planeta. Otro ejemplo de fenómeno global es la pandemia del COVID19, que afectó a todos los seres humanos y a incontables especies, y con la que empezaron las disrupciones en las cadenas de suministro mundiales que han llevado a la desglobalización. En un breve período de tiempo, se ha podido comprobar que la desglobalización es un terrible efecto secundario del intento de los Estados de garantizarse el suministro de materias primas críticas necesario para la nueva economía descarbonizada con la que se combata el cambio climático. Y ese será el enfoque que adopte para hablar de la desglobalización, partiendo de la lucha contra el cambio climático y las obligaciones previstas en los instrumentos de Naciones Unidas y, en especial, en el Acuerdo de París. Así, en los próximos 200 años, que son los necesarios para revertirlo, los Estados han de adaptar sus procesos políticos y económicos para integrar las exigencias derivadas de la lucha contra el cambio climático. Sin embargo, las propuestas de llevar a cabo la descarbonización del modelo económico y lograr una economía verde y circular no se consiguen con su mera proclamación[18]. Cuando en 2012, la Conferencia de las Naciones Unidas

---

[16] Véase su contribución a esta monografía.

[17] FOLCH, Ernest (2021).

[18] Así, respecto a la economía circular, SETUÁIN MENDÍA ha señalado que "La economía circular no genera per se herramientas funcionales, en particular, los instrumentos jurídicos necesarios para potenciar la reutilización de agua. Así pues, incluso reconociendo la utilidad que puede tener la economía circular como concepto (al integrar en un solo

de Río+20 planteó el concepto de economía verde no existía un consenso al respecto, ni a nivel mundial ni dentro de la Unión Europea. Unos meses antes de asistir a esta conferencia, los Estados miembros de la Unión habían llegado a la conclusión de que, en primer lugar,

> "la economía verde no debería considerarse como un sustituto del desarrollo sostenible sino como un instrumento para impulsar el desarrollo económico. A este respecto, hubo consenso en que no existía un modelo de economía verde para todos los países. Cada país debe procurar su propia vía hacia la economía verde, con sujeción a las circunstancias nacionales. Elementos indispensables en esta implementación son también la cooperación al desarrollo, y la transferencia tecnológica acompañada de una transferencia de conocimiento"[19].

Así, pues, al concepto de desarrollo sostenible se le sumaba el concepto de economía verde con el fin de seguir progresando en una narrativa o común entendimiento de los cambios que debían producirse en el modelo económico para hacerlo sostenible, aunque aún no se hubieran establecido con claridad cuáles debían ser los objetivos y las metas para lograrlo. Tras la Conferencia de Río+20, se adoptarían en 2015 los Objetivos de Desarrollo Sostenible y la Estrategia 2030 con los que se avanzaría en la dimensión económica del desarrollo sostenible y se pondría de manifiesto la necesidad de promover la interrelación con su dimensión social y con la ecológica, poniendo las bases para la transformación de los modelos económicos de conformidad con el Acuerdo de París, —adoptado ese mismo año— y que exigía que dichos modelos fueran objeto de una descarbonización, un desacoplamiento de

---

aforismo los mandatos de sostenibilidad y eficiencia en los procesos y en la utilización de los recursos), lo cierto es que, para la reutilización de agua, no constituye un canon transformador", (2023) p. 38.

19 Véase Secretaría General del Consejo, Presidencia española del Consejo de Administración del Programa de Naciones Unidas para el Medio Ambiente (PNUMA), Doc. 7463/11, 8 de Marzo de 2011. Información de la delegación española disponible en https://data.consilium.europa.eu/doc/document/ST-7463-2011-INIT/es/pdf

las fuentes energéticas cuyas emisiones causan el cambio climático. Es a partir de entonces cuando se hablaría de globalización de la economía mundial a través de cadenas de suministro y de creación de riqueza a través de la suma del valor añadido en procesos productivos que implicarían tanto a países desarrollados como en vías de desarrollo, consiguiendo una producción más eficiente y sostenible.

Dos décadas después, los resultados alcanzados no están a la altura de la ambición ni de los objetivos del Acuerdo de París, ni de los ODS y su Estrategia 2030. En la última Conferencia de las Partes del Acuerdo de París, que tuvo lugar en Dubai se llevó a cabo el Global Stocktake, la Evaluación global del acuerdo, que puso de manifiesto, las desigualdades en el cumplimiento con los compromisos adquiridos[20] y por lo que se acordó pedir que los Estados comunicaran de nuevo sus agendas de futuro y sus nuevos compromisos conforme al principio de progresión previsto en el Artículo 4.11 del Acuerdo[21], a ser posible en un plazo de 6 meses. La Unión Europea, adelantándose a ese plazo, presentó el 6 de febrero de 2024, su agenda para el 2024, donde reafirma su com-

---

20 En el Informe de evaluación de los ODS de 2024 se ha constatado que sólo "el 17% de las metas de los ODS van por buen camino, casi la mitad registran avances mínimos o moderados y más de un tercio se han estancado o incluso han retrocedido". Ahora, que se aproxima el momento de renovar los compromisos individuales y colectivos con los ODS y su Estrategia, es necesario volver a concebir el modo en que llevar a cabo la transformación de los modelos económicos, de manera que se consiga gracias a la cooperación y no al enfrentamiento en guerras económicas, como las que ya se han declarado Estados Unidos, China y la UE. Véase The Sustainable Development Goals Report, 2024, disponible en https://unstats.un.org/sdgs/report/2024/The-Sustainable-Development-Goals-Report-2024.pdf

21 El Art. 4.11 del Acuerdo de París establece que "Las Partes podrán ajustar en cualquier momento su contribución determinada a nivel nacional que esté vigente con miras a aumentar su nivel de ambición, de conformidad con la orientación que imparta la Conferencia de las Partes en calidad de reunión de las Partes en el presente Acuerdo".

promiso con la progresión, pero modera su ambición para tener en cuenta las diferencias entre los Estados miembros a la hora del cumplimiento y un escenario donde destaca el lugar que ocupa la creciente competencia mundial por lo que el Pacto Verde Europeo del futuro tiene que tener un pilar industrial. Así, se dice que:

> "La competencia mundial por las tecnologías de emisión cero y de baja emisión será intensa. El amplio recurso a subvenciones públicas e iniciativas políticas de nuestros principales competidores distorsiona el comercio justo y libre. Las tecnologías de cero emisiones netas son el foco de fuertes intereses geoestratégicos y una carrera tecnológica mundial. En China, la planificación a largo plazo, la integración vertical de sectores enteros y las subvenciones públicas han reducido los costes, lo que ha dado lugar a la posición dominante de China en muchas cadenas de suministro de tecnologías limpias, desde las materias primas hasta los componentes y los productos finales. En los Estados Unidos, la Ley de Reducción de la Inflación estadounidense ofrece incentivos fiscales para la inversión y la producción en la fabricación de tecnologías limpias. Europa está tomando medidas para garantizar su propio papel de liderazgo en esta carrera, poniendo en juego sus puntos fuertes y garantizando asociaciones beneficiosas para todas las partes con socios afines. Seguirá aplicando sus instrumentos de defensa comercial para proteger a la industria de las importaciones comerciales desleales y, en consecuencia, garantizar la resiliencia de las cadenas de suministro. La fortaleza de Europa reside, entre otras cosas, en su estabilidad, sus políticas previsibles y su larga historia de aportar soluciones industriales innovadoras y de alta calidad a los mercados"[22].

Los acontecimientos de este año 2024 sólo presagian una mayor competencia y no la deseada mayor cooperación, idealizada como solución, porque se desconocen los medios para hacerla posible. El modelo de transición económica y descarbonización de la Unión Europea no ha sumado los apoyos necesarios por los costes que implica. La agenda para su logro necesita mucho más que un modelo normativo de Estado de Derecho —social y democrático y ecológico— que requiere un gran esfuerzo de planificación y eje-

---

22 COM(2024) 63 final, 6 de Febrero de 2024, p. 17.

cución de políticas públicas e instrumentos normativos. Por otra parte, las soluciones que persiguen Estados Unidos o China no son un modelo a seguir, en la medida en que no defienden intereses colectivos sino intereses individuales que se acomodan a sus perfiles como potencias económicas, a pesar de que se discutan y se defiendan en el seno de la Asamblea General de las Naciones, donde ha quedado clara la división de los bloques económicos, 50 años después de que se configuraran como tales en torno a la idea de un *Nuevo orden económico internacional*, que ahora vuelve a proponerse[23]. Este cambio de los modelos económicos también va acompañado de una revisión del modelo normativo, ya que no sólo se cuestiona la estructura económica y de poder.

Sin embargo, esta repetición de la historia medio siglo después no puede llevarnos a engaño, respecto a la velocidad inusitada que se ha imprimido a las relaciones internacionales en los últimos años, en los que la única certidumbre es respecto al cambio que se está produciendo a todos los niveles. Podemos aplicar la máxima de Antonio GRAMSCI, tan utilizada ahora para explicar el cambio y la transición en las relaciones internacionales[24], de que "El viejo mundo se muere. El nuevo tarda en aparecer. Y en

---

23 La Resolución 77/215 de 15 de diciembre de 2022 sobre la Promoción de un orden internacional democrático y equitativo fue adoptada con los votos a favor de 117 países en los que se incluyen China, Rusia y el Grupo de los 77, 54 votos en contra de Estados Unidos, los países europeos y 'sus aliados' y 10 abstenciones. En ella, junto a la reivindicación de que los derechos humanos se interpreten como derechos de las personas y de los pueblos y de manera adaptada a las diferencias, se enfatiza la necesidad de un nuevo orden económico internacional a la hora de interpretar la democracia y el orden internacional equitativo. Véase igualmente el Informe presentado sobre la *Promoción y protección de los derechos humanos: cuestiones de derechos humanos, incluidos otros medios de mejorar el goce efectivo de los derechos humanos y las libertades fundamentales*, A/77/463/Add.2.

24 Sobre esta cuestión véase la obra el *Sistema Internacional y el viejo nuevo mundo. VII Seminario AEPDIRI sobre temas de actualidad en Relaciones Internacionales*, dirigido por la profesora Inmaculada Marrero Rocha (2024),

ese claroscuro surgen los monstruos", para señalar que el modelo económico actual que ha llevado al cambio climático ya no es viable y que, en la transición hacia un modelo económico descarbonizado, han surgido los monstruos de la desglobalización con el proteccionismo, la deslocalización de empresas e inversiones y el acaparamiento y acumulación de recursos escasos y agotables. En este interregno, el modelo de la globalización compite con el modelo de la desglobalización, sin que sepamos cuál será el modelo que garantice una solución válida para todos los países y no sólo para los poderosos. En esta nueva etapa de la desglobalización ha quedado patente que la única certeza es la aceleración de los procesos y sus cambios inesperados y de que habrá guerras comerciales[25], que se sumarán a las ya existentes.

La globalización se había forjado desde un punto de vista económico con las cadenas de suministro que se habían trenzado entre los distintos estados desarrollados y en vías de desarrollo, con la generación de riqueza a través de la suma de plusvalías justificadas por una producción eficiente que intentaba desacoplarse del modelo pasado colonial[26]. Sin embargo, la necesidad de hacer frente a la crisis planetaria del cambio climático ha llevado a cada Estado a buscar una vía para la descarbonización de su economía, que ha tenido como consecuencia una mayor competencia

---

y en particular, su introducción y las contribuciones de GARCÍA SEGURA, Caterina y QUERO ARIAS, Jordi y SANAHUJA, José Antonio.

25 Véase LEE, Lizzi (2024).

26 Así, "Una cadena de suministro representa todo el flujo de bienes y servicios, desde el abastecimiento de materias primas hasta la entrega de un producto o servicio al cliente. Las cadenas de suministro operan globalmente a través de redes complejas e interdependientes de infraestructuras, actividades y recursos, e incluyen a productores, fabricantes y distribuidores. Las partes anteriores de las cadenas de suministro abarcan la gama de actividades necesarias para producir el producto o servicio, mientras que las partes posteriores abarcan la gama de actividades necesarias para hacer llegar el producto o servicio a su consumidor final". Partimos de los conceptos acuñados en informes oficiales como los de Estados Unidos, en particular el *Fifth National Climate Assessment*, 2023.

por las materias primas críticas necesarias para la producción de baterías eléctricas que se ha convertido en el primer ataque a la línea de flotación de la globalización. Esta competencia económica ha menoscabado los pilares de la gobernanza política mundial y también ha impactado en los procesos normativos con los que se articulaba la cooperación internacional. Las razones que se encuentran en el origen de esta creciente competencia se refieren precisamente a las condiciones que se han de reunir para conseguir la descarbonización de sus economías. Por ello, tanto la posición de Estados Unidos, como la de China como la de la Unión Europea se refleja muy bien en los siguientes apartados de la Comunicación de la Comisión de 6 de Febrero de 2024:

> "La transición solo tendrá éxito si Europa [China, Estados Unidos] sigue siendo una economía soberana y resiliente que diversifique sus fuentes de suministro y que sea resiliente a las perturbaciones del suministro, la volatilidad de los precios y otros tipos de crisis. Dado que la UE [China, Estados Unidos] reduce su dependencia de los combustibles fósiles importados, deben tomarse decisiones estratégicas para no crear nuevas vulnerabilidades a través de sus importaciones de tecnologías de cero emisiones netas o materias primas energéticas de bajas emisiones.
>
> Junto con los esfuerzos por crear cadenas de valor para tecnologías clave en nuestro propio continente, la UE [China, Estados Unidos] debe abordar estratégicamente los mercados mundiales, a fin de garantizar el acceso a productos básicos estratégicos, incluidas las materias primas fundamentales a precios asequibles. La UE también debe aprovechar su mayor fortaleza, el mercado único, a través de instrumentos de compra conjunta y permitiendo a los agentes industriales participar en diversos modelos de cooperación para negociar conjuntamente mejores condiciones, incluidos los precios de los productores mundiales, con importantes salvaguardias para fomentar la transferencia de beneficios a los usuarios finales y la participación de las empresas más pequeñas. Paralelamente, la UE debe garantizar la cooperación y el comercio mundiales para apoyar la sostenibilidad. La UE debe fomentar el desarrollo de normas internacionales en la escena mundial, basándose en las normas de la UE como fuente de buenas prácticas.
>
> Dado que la UE [China, Estados Unidos] lidera la descarbonización de su industria, son necesarias medidas adicionales para garantizar la competitividad de las exportaciones europeas en los

> mercados mundiales. Se crea una verdadera igualdad de condiciones para las empresas en Europa y a escala mundial cuando otros países adoptan su propia tarificación del carbono, lo que también contribuiría a aumentar la ambición climática mundial[27]".

Las respuestas de Estados Unidos, China o la Unión Europea —con sus diferencias y sus similitudes— han llevado a una regionalización creciente y a una desglobalización que ha vuelto a abrir el debate tanto sobre el proteccionismo como sobre la aplicación extraterritorial de los estándares nacionales adoptados para combatir el cambio climático. Pero como señala Natalie L. DOBSON, "para ello es necesario que los Estados se esfuercen de buena fe por evaluar tanto el impacto externo de sus medidas como la necesidad y el nivel de ambición de una norma unilateral elegida. Esta evaluación debe tener una base científica objetiva y complementarse con un diálogo con otros reguladores sobre normas de protección reconocidas como equivalentes y comparables."[28] Esa parece ser la dirección a la que apunta ahora la Organización Mundial del Comercio, cuando ha constatado la fragmentación a la que conduce la multiplicación de normas comerciales nacionales, y considera la cooperación internacional como la única vía posible para la adopción de medidas con fines legítimos, para la descarbonización, la lucha contra el cambio climático o la protección del medio ambiente en general. Por ello, en los siguientes apartados, voy a analizar el papel que desempeñan en la desglobalización los líderes globales: Estados Unidos y China, a los que se suma una Unión Europea que no quiere sucumbir a sus limitaciones, convirtiéndose en irrelevante.

III. ESTADOS UNIDOS Y LA DESGLOBALIZACIÓN PROGRAMADA

Durante el convulso periodo de la presidencia de Donald Trump se sembraron las semillas de la desglobalización a través

---

27 COM(2024) 63 final, 6 de Febrero de 2024, p.21.

28 DOBSON, Natalie L. (2021), p. 262.

de la puesta en escena de sus formas empresariales de hacer negocios con el mundo[29], y que terminaría con la ruptura de las negociaciones comerciales con los grupos regionales, ya fueran los países de Asia y Pacífico o la UE. Esta tendencia no se frenó con el Presidente Joseph Biden, sino que durante su mandato se ha profundizado en ella, con la adopción de medidas como el Acta de Reducción de la Inflación o el Acta sobre los CHIPS y la ciencia, ambas de 2022, frente a las que han reaccionado sus antiguos socios comerciales. Sin embargo, si atendemos a lo que se afirma en los informes oficiales del Gobierno norteamericano cabría sobreentender que la renacionalización de sus inversiones y el *reshoring* son los medios que los Estados Unidos han elegido para conseguir la descarbonización de su economía y hacer frente a las disrupciones de las cadenas de suministro que se iniciaron con el COVID19 y luego con los otros síntomas de la desglobalización que se retroalimentan en un círculo vicioso. Así en el *Fifth National Climate Assessment*, se afirma que:

> "La transición a fuentes de energía con bajas emisiones de carbono para mitigar el cambio climático en el futuro está acelerando la demanda de minerales, bienes de suministro eléctrico a granel (por ejemplo, transformadores, piezas, productos químicos) y materiales para infraestructuras y tecnologías energéticas. La competencia mundial, las tensiones geopolíticas y las interrupciones en la cadena de suministro, junto con la falta de trabajadores cualificados a nivel nacional y las limitaciones del capital de inversión relacionadas con la inflación, están modificando el abastecimiento de materiales. Estas interrupciones seguirán obstaculizando las cadenas de suministro mundiales que sustentan el desarrollo y el despliegue de tecnologías para la generación y el suministro de energía renovable y con bajas emisiones de carbono, así como las tecnologías relacionadas para la mitigación de emisiones, la captura de carbono y la electrificación, fundamentales para lograr

29 En su día, el Presidente Trump manifestó que su manera de retomar las negociaciones comerciales que habían quedado pendientes tras la presidencia de Barak Obama, respondía a su visión empresarial en la que todo proceso negociador debía tener como inicio un conflicto previo, que se reabría con el fin de partir con la ventaja de un agravio.

> emisiones netas cero. Están surgiendo estrategias para asegurar estos suministros críticos para el desarrollo energético. Entre ellas se incluyen el cambio a fuentes de abastecimiento de países de menor riesgo cercanos a los lugares de fabricación, la ayuda a los países para reforzar la capacidad minera y de refinado, la creación de cadenas de suministro redundantes y el desarrollo de materiales o procesos alternativos. Sin embargo, satisfacer la demanda de estos insumos puede perjudicar de forma desproporcionada a las comunidades indígenas y sobrecargadas, alimentando la desigualdad, el malestar político y la pérdida económica en inversiones e intereses con sede en Estados Unidos" [30].

Así pues, aunque sus medidas hayan acelerado la desglobalización, las políticas norteamericanas se habrían diseñado para anticipar las disrupciones en las cadenas de valor motivadas por un generalizado interés de los estados en apropiarse y acumular los recursos naturales para la transición a una economía descarbonizada y, también, por los propios efectos del cambio climático en la producción mundial.[31] A su entender, ello justificaría que los Es-

---

30 Véase KOSMAL, A. et al. (2023). Este informe se ha preparado en virtud de la Ley de Investigación sobre el Cambio Global de 1990 (Global Change Research Act of 1990) que exige que "el Programa de Investigación sobre el Cambio Global de Estados Unidos (USGCRP) presente al Congreso y al Presidente un informe con una periodicidad mínima de cuatro años que integre, evalúe e interprete los resultados del Programa y analice las incertidumbres científicas asociadas a dichos resultados; analice los efectos del cambio global en el medio ambiente natural, la agricultura, la producción y el uso de la energía, los recursos terrestres e hídricos, el transporte, la salud y el bienestar humanos, los sistemas sociales humanos y la diversidad biológica; y analice las tendencias actuales del cambio global, tanto inducidas por el hombre como naturales, y proyecte las principales tendencias para los siguientes 25 a 100 años."

31 Además, "Las alteraciones de las cadenas de suministro provocadas por el clima se producen en cascada y se agravan en múltiples sistemas, lo que subraya la necesidad de comprender y gestionar los riesgos relacionados con el clima. Estos riesgos agravados incluyen la profundización de las desigualdades existentes en la distribución del riesgo y el acceso a los recursos para las comunidades sobrecargadas, la ines-

tados Unidos consideraran la necesidad de llevar a cabo un *reshoring*, es decir, un acercamiento de las cadenas de suministro para asegurar el abastecimiento en un tiempo breve e incrementar su resiliencia ante todo tipo de nuevas amenazas. A ello se han sumado las actas mencionadas, el Acta de Reducción de la Inflación y el Acta de los CHIPS y la ciencia, que han sido adoptadas para fortalecer la industria americana de semiconductores para hacerla fuerte frente a China, aunque lleve a una guerra que debilite a las dos potencias, porque como señala Lizzi LEE:

> "La evolución de las políticas de semiconductores de Estados Unidos y China refleja una tendencia más amplia hacia una mayor implicación del Estado en la economía, impulsada por el reconocimiento de que la competencia económica mundial implica una gestión estratégica de los recursos y capacidades nacionales. Sin embargo, el objetivo de reducir la vulnerabilidad logrando la autosuficiencia a través de las políticas industriales justifica un escrutinio. A pesar de los esfuerzos por lograr la autosuficiencia en la fabricación de semiconductores, la naturaleza global de la industria garantiza que ningún país pueda operar de forma independiente.
>
> Estados Unidos, con sus considerables recursos y experiencia, ha atraído a fabricantes de chips avanzados y construido nuevas plantas, pero sigue dependiendo de las importaciones de Asia y Europa. Aislar las cadenas de suministro aumentará los costes y complicará la logística. Así pues, mientras Estados Unidos y Europa tratan de impulsar la producción propia, la cooperación internacional sigue siendo esencial"[32].

---

tabilidad geopolítica y las vulnerabilidades de la seguridad nacional y la incapacidad para lograr la reducción de emisiones debido a la falta de capacidad y dotación para la electrificación de productos y servicios. El cambio climático también tiene interacciones complejas con perturbaciones mundiales no climáticas, como la pandemia COVID-19 (véase Enfoque sobre COVID-19 y el cambio climático). Las vulnerabilidades actuales de las cadenas de suministro muestran la necesidad de adaptarse para evitar futuras interrupciones. Los riesgos relacionados con el clima para las cadenas de suministro amenazan los medios de subsistencia de proveedores, distribuidores y trabajadores, así como las infraestructuras. (...)", Ibidem, p. 3.

[32] LEE, Lizzi (2024), p. 3. Véase igualmente GIBSON, Liam (2022).

Así, pues, las políticas de los Estados Unidos se encuentran, si no en el origen de la desglobalización, sí en su desarrollo con la adopción de sus políticas proteccionistas y la adopción de los instrumentos normativos como el IRA y el acta sobre los CHIPS y la ciencia. Estos instrumentos permitirán que Estados Unidos avancen en la descarbonización de su economía pera al alto precio de crear y de convertirse a sí mismos en una disrupción de las cadenas de suministro y del comercio global.

IV. CHINA Y EL DRAGÓN DESPIERTO

La potencia económica de China y su influencia en el nuevo orden mundial es incuestionable y también imparable, y sus efectos se han dejado sentir tanto en las relaciones comerciales como en las relaciones normativas. En estas últimas, China y los países en vías de desarrollo que lidera argumentan que su mayor interés en participar en los procesos normativos y liderarlos viene motivado por el hecho de que su contribución fue muy limitada o inexistente en los procedimientos previos en los que se configuró el orden normativo internacional. Este rechazo que se había dirigido previamente a las normas consuetudinarias, se dirige ahora también a los instrumentos convencionales clásicos, que habían sido propuestos y defendidos por Estados Unidos y los países del bloque occidental y la UE. Como brillantemente lo expone Andrew F. COOPER:

> "En lugar de hacer hincapié en la extensión de un orden multilateral, aspiracional, universalista y basado en normas, [China] hace hincapié en la resistencia de una opción estratificada por defecto que subordina la atracción normativa por una instrumentalidad impulsada por la eficiencia y creada para hacer frente a las turbulencias. Los límites jerárquicos autoseleccionados, aunque evolucionan de forma desigual a lo largo del tiempo con respecto al diseño, siguen siendo una característica crucial de esta opción de formato de concierto institucional rival. El impulso de la concertación se desplaza intermitentemente según las necesidades particularistas, desafiando los supuestos comunes sobre el cambio y la

> continuidad con especial referencia al debate sobre las instituciones fundamentales[33]."

Lo que es cierto es que China ha empezado a desplegar distintas estrategias dirigidas a aumentar su prestigio internacional y su poder blando, pero, también, a defender los productos de su industria altamente subvencionada. Entre las medidas de prestigio hay que destacar su iniciativa sobre civilización ecológica con la que promueve su visión sobre cómo lograr el desarrollo sostenible y una economía verde. Su iniciativa *Belt and Road* o Ruta de la Seda ha multiplicado su cooperación internacional más allá de lo comercial, para servir tanto a su visión propia sobre la lucha contra el cambio climático, como para la extensión de sus redes de infraestructuras estratégicas y bases militares en terceros estados[34]. Como ha destacado Dylan M.H. LOH, esta asertividad como potencia mundial, vendría dada porque "el crecimiento de la pujanza económica y militar de China la predispone".[35]

V. DAVID CONTRA GOLIAT: LA UNIÓN EUROPEA Y LA DESGLOBALIZACIÓN

La influencia de la Unión Europea como potencia normativa en un mundo globalizado se había basado —hasta antes del inicio de la desglobalización— en el Efecto Bruselas[36], es decir, en su capacidad para condicionar sus relaciones comerciales con terceros países al cumplimiento de una visión política y un marco normativo asumido como común, que después de su adopción, se vería reflejado en el Pacto Verde Europeo. Con el desarrollo de

---

33 Véase COOPER, Andrew F. (2024), p.1.

34 Véase el caso de su inexistente complejo militar en Camboya, CHANG, Agnes and BEECH, Hannah, "The Chinese Base That Isn't There. New facilities and the months-long presence of Chinese warships show Beijing's growing global influence", *New York Times*, 14 de Julio de 2024.

35 Véase LOH, Dylan M. H. (2024), p. 5.

36 Véase BRADFORD, Anu (2021).

la dimensión exterior del Pacto Verde Europeo, la UE habría propuesto las reglas del juego, no sólo en las relaciones comerciales con los países más próximos, sino que también habría establecido estándares y marcos regulatorios intersectoriales como en el caso de la Inteligencia Artificial o la protección de datos personales, de manera que intercambiar mercancías o datos, ha sido la forma de la UE de conservar y exportar sus valores, sus principios y el Estado de Derecho conforme a un canon europeo. Este Pacto Verde Europeo, en su dimensión exterior, se encontraría legitimado por el multilateralismo basado en normas de las Naciones Unidas siguiendo la tradición de su papel de potencia normativa que da un ejemplo virtuoso, como ya hemos señalado[37]. Así, la Comisión Europea y el Alto Representante para la Política Exterior en su *Comunicación Conjunta al Parlamento Europeo y al Consejo sobre el refuerzo de la contribución de la UE al multilateralismo basado en normas* afirmaron que:

> "La UE tiene interés en ampliar las normas y estándares internacionales y la cooperación mundial en ámbitos prioritarios en los que la gobernanza mundial es limitada o inexistente o en los que es necesario reforzarla, como la democracia, el Estado de Derecho, la fiscalidad internacional, la cooperación digital, la protección de los consumidores, la degradación medioambiental, los océanos, la gobernanza de los recursos naturales y la seguridad y sostenibilidad de las materias primas, así como las tecnologías verdes y las energías renovables. A tal fin, la UE seguirá participando activamente en la cooperación en materia de reglamentación, incluso en organizaciones internacionales de establecimiento de normas, aprovechando su poder financiero y regulador para contribuir a configurar normas y estándares mundiales."[38]

Sin embargo, el Trumpismo entendido como populismo nacionalista con una dimensión económica marcada por la protección de la producción nacional, y al que ha garantizado su continuidad el Presidente Biden, ha llegado a poner en jaque las propuestas

---

37 Véase FAJARDO (2024b).

38 JOIN(2021) 3 final, *cit.*.

europeas, como ya hemos señalado[39]. Por otra parte, China tiene su propia estrategia internacional para abordar la desglobalización como ya hemos visto y ello ha llevado a la Unión a iniciar una guerra de subvenciones. Tanto en un caso como en el otro, la UE replica las políticas proteccionistas de sus rivales.

La respuesta de la Unión Europea a las políticas proteccionistas de Estados Unidos y de China ha sido doble. En primer lugar, junto con sus Estados miembros sigue expresando su apoyo incondicional al multilateralismo basado en normas de Naciones Unidas y al Acuerdo de París, adoptando una Ley Europea del Clima que persigue sus objetivos dentro de la Unión y también fuera, a través de su cooperación al desarrollo con la que se ha convertido en la principal donante mundial para las contribuciones voluntarias nacionales de terceros Estados[40]. En segundo lugar, la Unión Europea aborda el nuevo orden multipolar a través de medidas unilaterales. Todas estas medidas defienden no sólo los intereses de la Unión sino también los que se consideran intereses comunes al conjunto de Estados y que sólo pueden alcanzarse plenamente si se persiguen a nivel global.

En el caso de la protección del medio ambiente y, en particular, de la lucha contra el cambio climático, la UE ha adoptado un marco regulatorio que persigue la aplicación y cumplimiento con las obligaciones de mitigación y adaptación tanto dentro como fuera de sus Estados miembros. Inicialmente, la promoción de estándares de lucha contra el cambio climático se incorporó en sus acuerdos internacionales, tanto en los comerciales como en los acuerdos de asociación como ya tuve ocasión de analizar en mi libro sobre *La diplomacia del clima de la Unión europea: La acción*

---

39 Véase FAJARDO, Teresa (2024b).

40 Según el último informe de la OCDE (2022), la UE y sus 27 Estados miembros son, de hecho, los mayores contribuyentes a la financiación pública internacional de la lucha contra el cambio climático, aportando más de 23.400 millones de euros —lo que equivale a 26.000 millones de dólares— al objetivo colectivo de 100.000 millones de dólares.

exterior sobre Cambio Climático y el Pacto Verde Mundial. Del análisis de estos acuerdos cabía destacar que a través de ellos la Unión había conseguido exportar una visión sobre la protección del medio ambiente, así como las normas y estándares normativos necesarios para garantizarla. Su acción exterior adolecía, sin embargo, de un déficit de cumplimiento que ha limitado su poder blando. Así, frente al Efecto Bruselas, la reacción de China ante la desglobalización se ha dado en llamar el Efecto Beijing[41]. Y la Unión Europea también lo ha experimentado. Cuando la UE tuvo que congelar indefinidamente el Comprehensive Agreement on Investment con China (CAI), como consecuencia del veto adoptado por el Parlamento Europeo, como respuesta a las políticas chinas con su minoría Uigur, pudo comprobar que ello no tenía efecto alguno. Esta medida puso de manifiesto la debilidad de la Unión, no sólo por su incapacidad real para promover los derechos humanos, sino porque sus Estados miembros siguieron adelante con sus acuerdos comerciales bilaterales celebrados previamente con el gigante asiático. Por ello, las relaciones comerciales continúan con China sin un marco de referencia más allá de las declaraciones políticas que expresan el deseo de negociar y cooperar en el futuro, que es, a fin de cuentas, el tipo de relación que China favorece. La profundización en los lazos comerciales ha continuado, aunque con los sobresaltos que supusieron las represalias chinas

---

41 Matthew S. ERIE y Thomas STREINZ consideran que "The emerging role of the People's Republic of China (PRC or China) in global governance in the twenty-first century has become increasingly prominent with the PRC's sprawling Belt and Road Initiative (BRI) assuming center stage as a new model for global economic ordering. The BRI encompasses a wide array of infrastructure projects to enhance the movement of goods, labor, capital, and energy between China and countries ranging from Vanuatu to Venezuela, creating connections through land, sea, and even space. Such infrastructure projects potentially have significant local and regional impacts and may, in the aggregate, facilitate China-dependent value chains," ERIE, Matthew S. y STREINZ, Thomas, (2021), p. 3.

contra Lituania y, ahora, por la guerra abierta por los coches eléctricos chinos.

En el primer caso, en respuesta al establecimiento de relaciones con Taiwan de Lituania, China provocó una disrupción en las cadenas de suministro con el veto a la entrada de las mercancías de Lituania en los puertos chinos, lo que puso de manifiesto una vez más la falta de poder y capacidad de reacción de la Unión Europea a la hora de apoyar a sus Estados miembros, en la defensa de valores y principios[42]. Luego ya si adoptaría el Reglamento (UE) 2023/2675, relativo a la protección de la Unión y de sus Estados miembros frente a la coerción económica por parte de terceros países, cuya eficacia está aún por ver[43].

En el caso de la guerra comercial abierta con China por la importación de sus coches eléctricos, sólo se han adoptado las primeras medidas, aunque Pekín amenaza con llevar a la Unión ante la OMC por los aranceles a los vehículos eléctricos chinos.

---

42 Stuart LAU y Barbara MOENS señalaron al respecto que "The EU has no good cards to play as China rapidly ups the ante in its economic hit job against Lithuania. As Lithuania sought to deepen diplomatic ties with Taiwan over recent months, Beijing has moved to make an example of Vilnius by flexing its massive trade muscle and stopping imports of Lithuanian goods. Business organizations told POLITICO that China's embargo is now hitting manufactured goods from other EU countries — such as France, Germany and Sweden — that are dependent on Lithuanian supply chains. A day after Vilnius decided to pull all its diplomats out of Beijing, the 27 EU leaders meeting in Brussels on Thursday devoted little time to the unprecedented spat that is threatening to lay bare how little room for maneuver Europe has to take trade action to help defend political principles". Véase LAU, Stuart y MOENS, Barbara, "China's trade attack on Lithuania exposes EU's powerlessness", *Politico*, 16 de Diciembre de 2021.

43 Reglamento (UE) 2023/2675 del Parlamento Europeo y del Consejo, de 22 de noviembre de 2023, relativo a la protección de la Unión y de sus Estados miembros frente a la coerción económica por parte de terceros países, DOUE L 2675, de 7 de diciembre de 2023, pp. 1 a 23. Véase LÓPEZ JURADO (2023).

La decisión de la Comisión Europea de imponer derechos compensatorios provisionales a los vehículos eléctricos chinos ha sido rechazada por China que considera que no tiene "ninguna base jurídica ni fáctica"[44] y acusa a la UE de proteccionismo. En su defensa, la Comisión Europea ha alegado que las medidas europeas respetan los términos del Acuerdo sobre Subvenciones y Medidas Compensatorias de la OMC[45]. Sin embargo, ni Estados Unidos, ni China ni la Unión Europea pueden tirar la primera piedra, ya que han apoyado con políticas públicas y subvenciones su industria estratégica. Y la UE podría iniciar también una guerra comercial con Estados Unidos por los mismos motivos, basándose en el IRA, y en el efecto de deslocalización de empresas europeas que han tenido sus subvenciones.

Por ello, es necesario volver a llevar a cabo una lectura del Efecto Bruselas para ver los pros y los contras que lleva su aplicación. El Efecto Bruselas ha pasado de ser un valor al alza de la Unión y la herramienta más poderosa de su poder blando gracias a la condicionalidad de la política jurídica exterior europea, a ser considerado una carga. El marco regulatorio exportado por la Unión habría pasado a considerarse como un coste añadido que los Estados terceros no estarían dispuestos a aceptar, teniendo en cuenta, el liviano peso regulatorio que la alternativa china o estadounidense suponían.

Ahora, tras la experiencia reciente con la desglobalización, la Unión está abierta a cambios en el sentido de limitar lo que se consideran excesos en su vocación de establecer un marco regulatorio de manera que en la nueva Agenda Estratégica 2024-2029 se expresa claramente sobre ello cuando se afirma:

> "For businesses to flourish, we will ambitiously reduce the bureaucratic burden and reform administrative procedures, including permitting, to reflect the needs of a modern, dynamic and consumer-friendly investment environment. We commit to better regu-

---

44 Agence Europe, Bruselas, 13/06/2024.

45 Ibidem.

> lation, including by making the best use of digital government and taking into account the needs of SMEs and start-ups. We will work in an integrated, coordinated and coherent way across all policy areas and put special focus on implementation and enforcement of agreed policies"[46].

El anuncio de la adopción de esta Agenda Estratégica ha de servir para contener algunas de las situaciones conflictivas que se han presentado en este año 2024. Para la Unión Europea, este segundo semestre de 2024 se ha abierto con crisis internas en los Estados miembros que se han reflejado en el proceso de la renovación de las instituciones europeas y también con la propuesta del Presidente Viktor Orban de utilizar como lema de la Presidencia húngara: *Hacer grande a Europa otra vez*. El plagio del lema trumpiano de America First o Make America Great [once] Again, ha ido acompañado de recomendaciones a la Unión que han sido mal recibidas por los titulares de las demás instituciones europeas. Sin embargo, ante la osadía de Orban hay una realidad que no se puede negar como es que muchos antiguos socios preferentes de la Unión ahora lo son de Estados Unidos como es el caso de Méjico como producto del *reshoring*, o de China en el de Argentina con la que ha reforzado sus intercambios comerciales y, además, le ha permitido construir una base militar. Así, el presidente húngaro le ha propuesto al Presidente del Consejo Europeo, entre las medidas a adoptar: "el impulso de una ofensiva política coordinada hacia el Sur Global, cuyo aprecio hemos perdido en relación con nuestra posición sobre la guerra en Ucrania, lo que ha provocado el aislamiento global de la comunidad transatlántica"[47].

En cualquier caso, y tras haber superado las incertidumbres sobre su futuro, la mejor arma de la Unión Europea para conseguir y combatir la desglobalización sigue siendo el Pacto Verde. En la Comunicación de 6 de Febrero de 2024, las instituciones euro-

---

46 Comisión Europea, Draft Strategic Agenda 2024-2029, SN 1979/24, 21 de Junio de 2024.

47 Disponible en https://miniszterelnok.hu/en/report-of-prime-minister-viktor-orban-to-charles-michel-president-of-the-european-council/

peas consideran que el cumplimiento con los objetivos del Pacto Verde es la única vía para alcanzar la transición económica hacia una economía descarbonizada, en cuyo diseño se han de sumar todos los actores económicos afectados por sus efectos tanto los positivos, como los negativos, que se mesuran por su impacto dentro de los Estados miembros, aunque también sea necesario hacer lo mismo con los que afectan a terceros Estados.

VI. CONCLUSIONES

La Unión Europea ha respondido a la desglobalización y a las crisis que la han generado replicando las normas y estrategias que han sido adoptadas por los países competidores. Pero esas réplicas tienen señas de identidad que las hacen distintas a las demás, en la medida en que siguen estando imbuidas por los valores y principios de la Unión, como Comunidad de Derecho y potencia normativa de relativa influencia. Además, y porque la desglobalización afecta a todos los actores sociales, pero especialmente a las empresas, la UE ha tenido que ofrecer respuestas que van desde la protección de la industria europea hasta la adopción de medidas unilaterales que buscan paliar los problemas más graves que produce la desglobalización, el proteccionismo y la desregulación o la competencia salvaje que lo acompaña en los países de origen de las materias primas críticas o en los países productores de las baterías y coches eléctricos. Para ello, la UE ha adoptado medidas unilaterales con una dimensión extraterritorial y que se dirigen a terceros estados, con la pretensión de que adopten o apliquen unas normas básicas para el respeto de derechos humanos y derechos sociales, la conservación y uso sostenible de los recursos naturales o la reducción de emisiones de gases de efectos invernadero causantes del cambio climático. Estas medidas, aunque no sean acordes con el marco de la OMC, si se considera ya que tienen un objetivo legítimo en sus últimos paneles[48].

---

48 Véase FERNÁNDEZ PONS, Xavier (2024).

La desglobalización ha afectado a la UE porque ha desplazado a una velocidad inesperada a una globalización que se basaba en cadenas de valor que creaban un engranaje en el suministro de las mercancías y materias primas estratégicas con países desarrollados y en vías de desarrollo, que iba más allá de lo comercial, proyectando una comunidad de valores y reglas comunes en el marco del multilateralismo basado en normas, propuesto por las Naciones Unidas. Este fenómeno global arranca con la pandemia, pero se acelera con los movimientos populistas que llevan a poner en marcha un retorno a la producción nacional o a su entorno más cercano para garantizar el abastecimiento. Pero es mucho más que eso porque ha distorsionado todo el sistema productivo mundial, y no sólo en cuanto a la libre circulación de los factores de producción, sino también al marco regulador que debía aplicársele para garantizar la salud de las personas, los controles fitosanitarios, el respeto de los datos de carácter personal y un largo etc.

La Comunicación de la Comisión Europea de 6 de Febrero de 2024, adoptada en respuesta a los compromisos adquiridos en la última COP de Dubai, ofrece la solución que debe perseguir la Unión que es que el Pacto Verde Europeo también sea un acuerdo de descarbonización industrial —exportable—, cuando lo afirma al señalar que:

> "Adelantar la descarbonización en nuestra senda hacia la neutralidad climática de aquí a 2050 reducirá significativamente las importaciones de combustibles fósiles (un 80 % en 2040) y, por tanto, ofrecerá una mayor protección frente a las perturbaciones de los precios y creará un mercado líder en tecnologías limpias, reforzando la autonomía estratégica abierta y la competitividad de la UE. No obstante, es necesario prestar más atención a un marco que garantice que todos los ciudadanos se beneficien de la transición climática, tanto ahora como en las próximas décadas. Por ejemplo, el Pacto Verde Europeo también debe ser un acuerdo de descarbonización industrial. Europa necesita una mejor integración del empleo y las capacidades, así como de los aspectos sociales y distributivos en la acción por el clima y un marco propicio para la industria descarbonizada en pos de un crecimiento económico sostenible, junto con unas condiciones de competen-

> cia equitativas a escala mundial para que las empresas ecológicas prosperen. Europa también tendrá que planificar las infraestructuras energéticas y de transporte necesarias. Estos aspectos se abordarán en las próximas revisiones ya previstas en las medidas vigentes de la UE para garantizar la consecución satisfactoria de nuestros objetivos para 2030"[49].

Es de esperar que este Pacto Verde Europeo se convierta en un nuevo pacto refundado para seguir persiguiendo la lucha contra el cambio climático y la revolución digital, pero añadiendo una revolución industrial, que no se alcance a costa de la cohesión social, y de la paz comercial con el resto de países del mundo. Volver a cooperar para frenar la escalada proteccionista es la única solución, que más allá de proclamaciones políticas, ha de llevarse a la práctica en el marco institucional de las Naciones Unidas y también con cada uno de los Estados a los que se ha considerado socios y aliados, en este nuevo orden internacional cada vez más multipolar y enfrentado.

VII. BIBLIOGRAFÍA

BORRELL FONTELLES, Josep (2020), *La Política Exterior Europea en Tiempos de COVID-19*, Oficina de Publicaciones de la Unión Europea, Luxemburgo.

BRADFORD, Anu (2020), *The Brussels Effect. How the European Union Rules the World*, Oxford University Press, Oxford.

—, (2012), "The Brussels Effect", *Northwestern University Law Review*, 107 (1), pp. 1-68.

BRETHERTON, Charlotte y VOGLER, John (2005), *The European Union as a Global Actor*, 2ª Ed., Routledge, Londres.

COOPER Andrew F. (2024), p.1. "Unravelling the centrality of the contest over international institutions", en su obra *The Concertation Impulse in World Politics*. Oxford University Press, 2024, DOI: 10.1093/oso/9780198897507.003.0001

---

49 COM(2024) 63 final, 6 de Febrero de 2024, p.4.

DOBSON, Natalie L., *Extraterritoriality and Climate Change Jurisdiction. Exploring EU Climate Protection under International Law*, Hart Publishing, 2021.

EMERSON, Michael, BALFOUR, Rosa, CORTHAUT, Tim *et al.* (2011), *Upgrading the EU's Role as Global Actor. Institutions, Law and the Restructuring of European Diplomacy*, Centre for European Policy Studies.

ERIE, Matthew S. y STREINZ, Thomas (2021) "The Beijing Effect: China's Digital Silk Road As Transnational Data Governance", *New York University Journal of International Law and Politics*, Vol. 54, 2021, pp. 1-92.

FAJARDO, Teresa (2024a), "La Unión Europea y la Diplomacia del Clima tras la Agresión de Rusia en Ucrania", *Revista UNISCI / UNISCI Journal*, Nº 64 (January/Enero 2024), pp. 95-119.

FAJARDO, Teresa (2024b), "From Climate diplomacy to Green Deal diplomacy", en CAMPINS ERITJA, M. y FERNÁNDEZ PONS, X., *Deploying the European Green Deal: Protecting the Environment Beyond the EU Borders*, Routledge, 2024, pp. 156-176.

FAJARDO, Teresa (2021), "La diplomacia del clima de la Unión Europea desde el enfoque de la doctrina Sinatra: O sobre cómo la UE debe tratar con los Estados Unidos y China, a su manera, el cambio climático", en Francisco Aldecoa Luzárraga, *El papel internacional de la Unión Europea: propuestas para la Conferencia sobre el Futuro de Europa*, 2021, pp. 269-285.

FAJARDO, Teresa (2020), *La diplomacia del clima de la Unión europea: La acción exterior sobre Cambio Climático y el Pacto Verde Mundial*, Ed. Reus, 2020, XV Premio de Investigación en Integración Europea de la Junta de Andalucía.

FERNÁNDEZ PONS, Xavier (2024), "La acción de la Unión Europea para la protección de los bosques del mundo mediante restricciones comerciales: el reglamento sobre productos libres de deforestación", en prensa.

FERNÁNDEZ PONS, Xavier, "Conditioning access to the European Union market on carbon footprint. The Carbon Border Adjustment Mechanism", en CAMPINS ERITJA, Mar y FERNÁNDEZ PONS, Xavier, *Deploying the European Green Deal Protecting the Environment Beyond the EU Borders*, Routledge, 2024.

FOLCH, Ernest (2021), "El cambio climático nunca es urgente", *El Periódico*, 18 de Octubre de 2021, disponible en https://www.elperiodico.com/es/opinion/20211018/articulo-ernest-folch-cambio-climatico-urgente-12291122

GARCÍA SEGURA, Caterina y QUERO ARIAS, Jordi, "A vueltas con el cambio en la Teoría de las Relaciones Internacionales: una propuesta de conceptualización y clasificación", en ROCHA MARRERO, Inmaculada,

Sistema Internacional y el viejo nuevo mundo. VII Seminario AEPDIRI sobre temas de actualidad en Relaciones Internacionales, Tirant Lo Blanch, pp. 23-51.

GIBSON, Liam, "The U.S. Can't Win the Battle Over Semiconductors Alone", *World Politics Review,* de 17 de Mayo de 2022.

GILES CARNERO, Rosa, "El papel de la Unión Europea en la acción ante el cambio climático", *Anuario de la Facultad de Derecho de la Universidad Autónoma de Madrid,* núm. 26, 2022, pp. 135-156.

GUINEA LLORENTE, Mercedes (2024), "¡Cómo hemos cambiado! La respuesta política de la Unión Europea ante la invasión rusa de Ucrania", *Revista UNISCI / UNISCI Journal,* N° 64 (January/Enero 2024), pp. 9-26.

HINOJOSA MARTÍNEZ, L.M., FAJARDO DEL CASTILLO, Teresa (2022), "Los nuevos problemas del comercio internacional", 'Comercio y Medio ambiente' en HINOJOSA MARTÍNEZ L.M., ROLDÁN BARBERO F.J., *Derecho internacional económico,* Tirant Lo Blanch, 2022, pp. 205-235.

JØRGENSEN, Knud Erik (2009), "The European Union in Multilateral Diplomacy", *The Hague Journal of Diplomacy,* vol. 4, pp. 189-209.

KOSMAL, A.R., CRIMMINS, F.J., DÓÑEZ, L.W., FISCHER, J.F., HART, D.L., HOOVER, B.A. Scott, and SPERLING, L.I. "Focus on risks to supply chains", en CRIMMINS, A.R., C.W. Avery, Easterling, KUNKEL, K.E., STEWART, B.C. y MAYCOCK, T.K. Eds., *Fifth National Climate Assessment,* U.S. Global Change Research Program, Washington, DC, USA, 2023, https://doi.org/10.7930/NCA5.2023.F4

DE LACHARRIÈRE, Guy, *La Politique juridique extérieure,* Economica, París, 1983.

LEE, Lizzi, "The U.S. and China May Both End Up Losing the Semiconductor War", *World Politics Review,* 18 de Julio de 2024.

LOH, Dylan M. H., "China's Rising Foreign Ministry: Practices and Representations of Assertive Diplomacy", *Stanford University Press,* 2024.

LÓPEZ-JURADO ROMERO DE LA CRUZ, Carmen, "La legalidad de las contramedidas comerciales del Reglamento (UE) 2021/167 a la luz del derecho de la Organización Mundial del Comercio". *Revista Electrónica de Estudios Internacionales,* vol. 44, 2022, 27 pp.

MANNERS, Ian (2002), "Normative power Europe: a contradiction in terms?", *JCMS,* Vol.40, n° 2, 2002, pp. 235-258.

ROCHA MARRERO, Inmaculada, *Sistema Internacional y el viejo nuevo mundo. VII Seminario AEPDIRI sobre temas de actualidad en Relaciones Internacionales,* Tirant Lo Blanch.

MAULL, Hanns W. (2005), "Europe and the new balance of global order", *International Affairs,* vol. 81, núm. 4, pp. 775-799.

RODRÍGUEZ PRIETO, Victoria (2024), "El impacto de la guerra de Ucrania en la política de ampliación y la PEV", *Revista UNISCI / UNISCI Journal*, Nº 64 (January/Enero 2024), pp. 55-72.

SALINAS ALCEGA, Sergio, "El Acuerdo de París de diciembre de 2015: la sustitución del multilateralismo por la multipolaridad en la cooperación climática internacional", *Revista Española de Derecho Internacional*, vol. 70, 2018, pp. 53–76.

—, "A propósito del cambio climático y otros *cuentos chinos*: consecuencias de la salida de Estados Unidos del Acuerdo de París en el régimen climático internacional", en IBARRA SARLAT, Rosalía (coord.), *Cambio climático y gobernanza: una visión transdisciplinaria*, Instituto de Investigaciones Jurídicas de la Universidad Nacional Autónoma de México, México D. F., pp. 37-63.

SANAHUJA, José Antonio (2024), "Entre la policrisis y el interregno: conceptos para un orden internacional en transición", en ROCHA MARRERO, Inmaculada, *Sistema Internacional y el viejo nuevo mundo. VII Seminario AEPDIRI sobre temas de actualidad en Relaciones Internacionales*, Tirant Lo Blanch, pp. 255-295.

SETUÁIN MENDÍA, Beatriz (2023), *La reutilización de agua en un contexto de cambio. Un análisis jurídico-administrativo*. Aranzadi.

SETUÁIN MENDÍA, Beatriz y SALINAS ALCEGA, Sergio (codir.) (2024), *Perspectivas jurídicas sobre clima, agua y energía. Estudios en reconocimiento al magisterio del Profesor Antonio Embid Irujo*, Aranzadi.

SICURELLI, Daniela, "Normative Power Europe: A Credible Utopia?", *JCMS*, vol.45, núm. 2, 2007, pp. 435-457.

ZIELONKA, Jan (2008), "Europe as a global actor: empire by example?", *International Affairs*, vol. 84, núm. 3, pp. 471-484.

Capítulo 4

El Pacto Verde Europeo, la legislación europea sobre el clima y el programa Objetivo 55: instrumentos para un nuevo intento de la Unión Europea de asumir el liderazgo climático

SERGIO SALINAS ALCEGA*

SUMARIO: I. INTRODUCCIÓN. II. EL PACTO VERDE EUROPEO: UNA ESTRATEGIA DE DESARROLLO ECONÓMICO CON LA NEUTRALIDAD CLIMÁTICA COMO OBJETIVO. 1. Sentido y alcance de la obligación de alcanzar la neutralidad climática. 2. Acerca de las piezas que conforman el puzle de la neutralidad climática. III. EL PACTO VERDE EUROPEO: UNA NUEVA OPORTUNIDAD PARA (¿AHORA SÍ?) EL LIDERAZGO CLIMÁTICO DE LA UNIÓN EUROPEA. 1. ¿Qué significa ser un líder? Precedentes en cuanto al liderazgo climático de la Unión Europea. 2. La diplomacia del Pacto Verde Europeo: una diplomacia climática europea 2.0. V. CONCLUSIONES. VI. BIBLIOGRAFÍA.

---

* Catedrático de Derecho internacional público y Relaciones internacionales en la Universidad de Zaragoza. Este estudio se enmarca en el proyecto de I+D+i PID2021-124296NB-I00 financiado por MCIN/AEI/10.13039/501100011033 y por FEDER "Una manera de hacer Europa" y en el proyecto de I+D+i TED2021-130264B-I00, financiado por MCIN/AEI/10.13039/501100011033/ y por Unión Europea NextGenerationEU/PRTR. Asimismo, debe entenderse como parte de las actuaciones que el Grupo de Investigación AGUDEMA (Agua, Derecho y Medio Ambiente, Grupo de referencia competitivo S2117 R, *BOA* 81, de 27 de marzo de 2018), desarrolla con financiación del Gobierno de Aragón en el seno del IUCA (Instituto Universitario de Ciencias Ambientales).

I. INTRODUCCIÓN

Desde el origen mismo de la cooperación climática internacional la Unión Europea ha buscado jugar un papel de liderazgo, intentando convencer a los demás actores para que asuman esfuerzos de reducción de emisiones de Gases de Efecto invernadero (GEI) en un nivel suficiente para revertir los impactos negativos del cambio climático. La táctica seguida para ello ha sido clara: liderar desde el ejemplo, tal como señala expresamente la Estrategia Global presentada por la Alta Representante para Asuntos Exteriores y Política de Seguridad en 2016, en la que se afirma que la Unión Europea dará ejemplo cumpliendo sus compromisos en materia de desarrollo sostenible y cambio climático[1].

De acuerdo con esa táctica, el camino hacia el liderazgo climático europeo pasa por la auto-imposición de obligaciones intensas de mitigación, que van incluso más allá de lo que en principio correspondería a los Estados miembros de la Unión de conformidad con los tratados climáticos, pudiendo mencionar como ejemplo, el primero de ellos, el Protocolo de Kioto, tal como se concretará después. En consecuencia, esa lógica conecta de forma directa la acción climática de la Unión *ad extra* con la actividad *ad intra* en ese mismo ámbito, que se convierte en el argumento principal para convencer a los demás Estados de seguir la misma senda.

No obstante, la eficacia de esa táctica hasta el momento ha sido limitada, en el mejor de los casos, como demuestra que, pese al intento de la Unión de convencer a los demás actores climáticos para que intensifiquen su esfuerzo en el plano de la mitigación, el volumen global de reducción de emisiones de GEI está muy lejos de ser suficiente para alcanzar el objetivo de limitar el incremento de temperatura media mundial *muy por debajo de 2 °C con respecto a*

---

1 *Shared Vision, Common Action: A Stronger Europe. A Global Strategy for the European Union's Foreign and Security Policy*, junio 2016, p. 40. Disponible en: https://www.eeas.europa.eu/sites/default/files/eugs_review_web_0.pdf (última consulta el 15 de julio de 2024).

los niveles preindustriales, que se establece en el artículo 2.1.a) del Acuerdo de París.

Teniendo en cuenta esta última consideración, la calificación de la Unión Europea como un líder climático resulta un tanto optimista, lo que no implica desdeñar su comportamiento en relación con el esfuerzo de mitigación o su influencia en el diseño de los esquemas de cooperación climática internacional, si bien sobre ambos aspectos se volverá también más adelante. En todo caso, como punto de partida antes de entrar en el análisis de esta cuestión puede afirmarse que, a la vista de su acción en el ámbito del clima, quizá sea más ajustado a la realidad presentar a la Unión Europea como modelo que calificarla como líder.

El Pacto Verde Europeo[2], y el conjunto de disposiciones normativas a través de las que se concreta, comenzando por la que puede considerarse como pieza central de todo ese entramado, como es la *Legislación europea sobre el clima*[3], representan un nuevo intento de la Unión de presentarse como líder en la reacción frente al calentamiento global, siempre mediante la estrategia ya apuntada. En ese sentido, el Pacto Verde Europeo representa una hoja de ruta en cuanto a la acción climática de la Unión *ad intra*, cuyo objetivo principal es influir en la acción en ese ámbito *ad extra*. En esta ocasión, y siguiendo la línea trazada hasta ahora,

---

2 *Comunicación de la Comisión al Parlamento Europeo, al Consejo Europeo, al Consejo, al Comité Económico y Social Europeo y al Comité de las Regiones. El Pacto Verde Europeo.* COM(2019) 640 final, 11 de diciembre de 2019.

3 Utilizaremos esta denominación, frente a otras también usadas en la doctrina, como *Ley Europea del Clima* o *Ley climática europea*, dado que es la que se recoge entre paréntesis en la propia norma, de lo que, como se verá más tarde, puede deducirse un objetivo concreto en relación con la pretensión de la Unión de asumir el liderazgo climático. Reglamento (UE) 2021/1119 del Parlamento Europeo y del Consejo de 30 de junio de 2021 por el que se establece el marco para lograr la neutralidad climática y se modifican los Reglamentos (CE) n.° 401/2009 y (UE) 2018/1999 ("Legislación europea sobre el clima"). *DOUE* L 243, de 9 de julio de 2021.

la Unión Europea redobla su apuesta, intensificando el alcance de las obligaciones que asume en el plano interno, que pueden sintetizarse en alcanzar la neutralidad climática en 2050, lo que representa el objetivo de mitigación más avanzado de los planteados hasta el momento por cualquier Parte del Acuerdo de París[4].

Este estudio pretende profundizar en este nuevo intento de la Unión de asumir el liderazgo climático, atendiendo a los dos planos apuntados: el de las obligaciones auto-impuestas en el plano interno y el de los compromisos asumidos en el plano externo, poniendo el acento en la interconexión existente entre ellos, en la medida en que como se ha dicho se trata de la clave sobre la que se asienta la estrategia de la Unión para alcanzar ese objetivo. No obstante, el examen de la acción climática de la Unión Europea *ad intra* se circunscribirá a los elementos centrales que concretan el alcance de las obligaciones de mitigación asumidas por la Unión Europea en el marco del Pacto Verde Europeo.

Esa limitación se debe al carácter global de la acción climática en ese plano interno, cuyo objetivo último, tal como establece el propio Pacto Verde Europeo, es transformar la Unión Europea en

---

4 Tal como se recoge en la Contribución Determinada Nacionalmente (CDN) sometida por la Unión Europea y sus Estados Miembros. Véase *Submission by Spain and the European Commission on Behalf of the European Union and its Member States,* Madrid, 16 October 2023. Disponible en: chrome-extension://efaidnbmnnnibpcajpcglclefindmkaj/https://unfccc.int/sites/default/files/NDC/2023-10/ES-2023-10-17%20EU%20submission%20NDC%20update.pdf (último acceso el 15 de julio de 2024). Esa conclusión respecto del objetivo de mitigación asumido por la Unión como el más ambicioso no obsta que, como recuerda Beatriz PÉREZ DE LAS HERAS [(2020) p. 124], países como Argentina, Canadá o Chile, entre otros, hayan anunciado ese mismo objetivo para esa misma fecha. Sin embargo, la magnitud del impacto de la Unión en el esfuerzo total de mitigación en relación con las de esos países justifica la conclusión anterior. A este respecto de Estados que se plantean ese objetivo de la neutralidad climática véase https://www.climatechangenews.com/2019/06/14/countries-net-zero-climate-goal/ (última consulta el 15 de julio de 2024).

una sociedad equitativa y próspera, con una economía moderna, eficiente en el uso de los recursos y competitiva[5]. Ello hace que ese esfuerzo de mitigación se proyecte sobre un amplio abanico de ámbitos en los que se materializa la reducción de emisiones de GEI o el incremento de la absorción de carbono a través de sumideros. La amplitud de ese esfuerzo impide su análisis detallado en un estudio de estas características que, por ello y a la vista de su papel en cierta forma introductorio de otros estudios incluidos en este volumen, se limita a esa perspectiva global de concreción del esfuerzo de mitigación que resulta de la estrategia establecida en el Pacto Verde Europeo, dejando para el resto de estudios que se incluyen a continuación el análisis más preciso de esa acción en los distintos ámbitos concernidos, clave para el éxito de la estrategia planteada.

Teniendo en cuenta todo lo anterior, el estudio se divide en dos partes, centrándose la primera en concretar esos objetivos de mitigación incluidos en el Pacto Verde Europeo y las normas que lo desarrollan. Para ello se estudiará en primer lugar el sentido con el que en este contexto se entiende el mencionado objetivo de *neutralidad climática*, así como las distintas fases previstas para alcanzarlo. Una vez realizada esa precisión del contenido de la neutralidad climática en este contexto, se abordarán, en la forma sintética señalada, las disposiciones normativas, sean nuevas o modificación de otras anteriores, a través de las que se pretende alcanzar ese estadio. A ese respecto se atenderá tanto a la *Legislación europea sobre el clima* como al Programa *Objetivo 55*[6].

---

5 *Cit.*, p. 2. Objetivo anticipado ya en el VII° Programa Marco de Acción Ambiental, en el que se plantea la transformación de la Unión en una economía hipocarbónica y eficiente en el uso de los recursos. Decisión 1386/2013/UE del PE y del Consejo, de 20 de noviembre de 2013, relativa al Programa General de Acción de la Unión en materia de Medio Ambiente hasta 2020 "Vivir bien, respetando los límites de nuestro planeta". *DOUE* L 354/171, del 28 de diciembre de 2013.

6 *Comunicación de la Comisión al Parlamento Europeo, al Consejo, al Comité Económico y Social Europeo y al Comité de las Regiones. "Objetivo 55": cumpli-*

Una vez puesto en contexto el esfuerzo de reducción de emisiones de GEI que la Unión se auto-impone en el marco del Pacto Verde Europeo, la segunda parte del estudio pondrá el foco en el plano externo, analizando si en esta ocasión la Unión Europea dispone de instrumentos más eficaces para asumir ese papel de liderazgo en la cooperación climática internacional. Para ello se hará mención a los resultados de intentos anteriores, eligiendo algunos momentos relevantes de la negociación climática internacional para *medir* el papel europeo en los mismos, para a continuación destacar qué cambia en esta ocasión y cómo pueden esos cambios favorecer el resultado pretendido por la Unión.

II. EL PACTO VERDE EUROPEO: UNA ESTRATEGIA DE DESARROLLO ECONÓMICO CON LA NEUTRALIDAD CLIMÁTICA COMO OBJETIVO

El Pacto Verde Europeo, como se apuntaba anteriormente, es el último de los intentos de la Unión Europea de liderar desde el ejemplo, que por tanto ha venido precedido de otras ocasiones en las que la Unión ha asumido *intensas* obligaciones internas de reducción de emisiones de GEI, al menos en términos relativos respecto del resto de actores climáticos. En el contexto de esa sucesión de precedentes la Unión Europea ha mostrado una tendencia creciente en el nivel de ambición, que en el Pacto Verde Europeo alcanza su nivel más alto, por el momento, con el logro de la neutralidad climática. Esa evolución guarda una relación directa con la intensidad también creciente de los compromisos internacionales asumidos por la Unión, conforme a la conexión ya apuntada de la acción climática hacia el interior y hacia el exterior.

Como se acaba de señalar, la evolución en cuestión alcanza su punto máximo, al menos por el momento, con la determinación

---

miento del objetivo climático de la UE para 2030 en el camino hacia la neutralidad climática. COM(2021) 550 final, 14 de julio de 2021.

del objetivo de la neutralidad climática[7], para lo cual la Unión plantea una estrategia que se concreta en diversas normas a través de las que se articula ese esfuerzo de reducción de emisiones de GEI en los distintos planos concernidos por la acción climática. El análisis de esas disposiciones es por tanto clave para valorar las implicaciones del Pacto Verde Europeo y, por lo que aquí interesa, su trascendencia de cara al posible liderazgo climático de la Unión. No obstante, antes de abordar dichas disposiciones es conveniente precisar el verdadero sentido de la neutralidad climática en este contexto, por ello a continuación se tratará de concretar qué implica ese concepto, para después intentar clarificar la estrategia que se diseña para alcanzar ese resultado.

1. *Sentido y alcance de la obligación de alcanzar la neutralidad climática*

El objetivo de la neutralidad climática en 2050 se presenta como el pilar sobre el que la Unión apoya su pretensión de jugar un papel de líder en la negociación climática internacional. Sin embargo, antes de abordar su contenido es conveniente realizar algunas precisiones que permitan una mejor comprensión de lo que implica alcanzar ese estadio.

---

7 La magnitud del objetivo que ahora se plantea, en relación con estadios anteriores de esa evolución, lleva a Dionisio FERNÁNDEZ DE GATTA [(2020) p. 4] a calificar el Pacto Verde Europeo como, sin duda, el proyecto de política medioambiental más ambicioso de la historia europea e incluso mundial. Y en ese mismo sentido Nicolas DE SADELEER [(2024) p. 4] no solo coincide en la dimensión del esfuerzo que representa este nuevo intento de la Unión, afirmando que no tiene precedentes en la historia de las políticas públicas, sino que destaca su conexión con el posible liderazgo europeo, conectando los planos interno y externo de su acción climática. A este respecto el autor subraya el alcance mundial del Pacto Verde Europeo, cuyo objetivo no es otro que externalizar, o incluso globalizar, el nivel de ambición medioambiental y climática de la Unión.

La primera precisión se refiere a que, como ya se ha apuntado, la neutralidad climática no es en realidad el estadio final del esfuerzo de reducción de emisiones de GEI por parte de la Unión Europea, sino una etapa más del mismo. Así se señala de forma explícita en el artículo 2.1 de la *Legislación europea sobre el clima*, que establece el logro de emisiones negativas como objetivo posterior a 2050. Esta circunstancia permite una primera delimitación del sentido de ese concepto de neutralidad climática, sobre el que volveremos más tarde, como es que no implica dejar a cero las emisiones de GEI.

La segunda precisión no se refiere a la fase posterior a lograr ese objetivo, sino al camino previo al mismo, en concreto al hecho de que el Pacto Verde Europeo y la normativa de desarrollo, especialmente la *Legislación europea sobre el clima*, fijan objetivos intermedios. En ese sentido se plantea alcanzar, al menos, un 55% de reducción interna de emisiones netas de GEI en 2030 con respecto a los niveles de 1990, tal como se establece en el artículo 4.1 del Reglamento (UE) 2021/119[8]. A este respecto cabe destacar la referencia a las emisiones netas, cuestión sobre la que se volverá a continuación al abordar el sentido de la neutralidad climática.

---

8 Dada la mayor proximidad de ese objetivo, el Reglamento concreta algo más el camino a seguir, apuntando que: *la contribución de las absorciones netas al objetivo climático de la Unión para 2030 se limitará a 225 millones de toneladas equivalentes de* CO_2. Para alcanzar este objetivo intermedio se dibuja una estrategia que Asier GARCÍA LUPIOLA [(2022) p. 99] califica como un enfoque flexible, estableciendo hasta tres etapas que comienzan por la revisión por la Comisión, a más tardar en septiembre de 2020, del objetivo de reducción de emisiones para 2030 en el porcentaje propuesto (entre el 50 % y el 55 %). La siguiente fase llevaría como máximo hasta junio de 2021, y en ella la Comisión evaluaría cómo modificar la legislación europea a aplicar para lograr dicho objetivo. La tercera etapa, en la que nos encontramos en este momento, finaliza en 2030 con el cumplimiento del objetivo en cuestión, lo que determinará la hoja de ruta a seguir para llegar a la neutralidad climática en 2050.

No obstante, antes de eso debe apuntarse que la *Legislación europea sobre el clima*, en su artículo 4.3, prevé un segundo escalón intermedio, tras ese 55% en 2030, en el camino hasta la meta de la neutralidad climática, al establecer la fijación de un objetivo climático para 2040 a escala de la Unión. Este artículo hace recaer en la Comisión la tarea de presentar una propuesta legislativa a ese respecto, concediéndole para ello un plazo de seis meses a partir del primer balance mundial, conforme al artículo 14 del Acuerdo de París[9], para el que esta Institución ya va con retraso, y abriendo la posibilidad, en el apartado 6 de ese mismo artículo 4, de una

---

9 Ese primer balance era presentado en la Conferencia de las Partes (COP) 28 de Dubai en diciembre de 2023, señalando de manera sintética que, si bien se han realizado progresos significativos en el camino hacia el cumplimiento de los objetivos del Acuerdo de París, éstos son insuficientes. En ese sentido se afirma la necesidad de reducciones profundas, rápidas y sostenidas de las emisiones de GEI, cifrándose incluso la magnitud de ese esfuerzo de mitigación al señalar que dichas reducciones deberían alcanzar el 43 % de aquí a 2030 y del 60 % de aquí a 2035 con respecto a los niveles de 2019, así como lograr el cero neto en emisiones de CO_2 de aquí a 2050. Véase Decision 1/CMA.5. Outcome of the first global stockage. FCCC/PA/CMA/2023/16/Add.1, 15 de marzo de 2024, pp. 4 y ss., especialmente par. 27 y 28. Disponible en: file:///Users/usuario/Downloads/cma2023_16a01_adv_.pdf (última consulta el 15 de julio de 2024). Ese mismo escenario se refleja en el Informe de la Comisión al Parlamento Europeo y al Consejo acerca del funcionamiento de varias de las disposiciones del Pacto Verde Europeo, en el que se concluye la necesidad de una considerable intensificación de los esfuerzos de aplicación de esas disposiciones, con la consiguiente aceleración de la reducción de emisiones de GEI. Entre las medidas propuestas para ello la Comisión alude a la actuación en ámbitos que aún requieren reducciones significativas —como los edificios y el transporte—, cuyo progreso es lento —como la agricultura—, o en los que se ha registrado una tendencia decreciente —como los sumideros de carbono mediante el uso de la tierra, el cambio de uso de la tierra y la silvicultura—. E igualmente se apuntan otras medidas como poner fin a las subvenciones a los combustibles fósiles. *Informe de la Comisión al Parlamento Europeo y al Consejo sobre el funcionamiento de la Legislación Europea sobre el Clima y del Reglamento de reparto del esfuerzo, y sobre la Direc-*

revisión de ese objetivo planteada también por la Comisión en un plazo de seis meses a partir del segundo balance mundial al que se refiere el artículo 14 del Acuerdo de París. A ese respecto la Comisión presentaba una Comunicación con el objetivo de allanar el camino para la presentación de esa propuesta legislativa, en la que se diseña una trayectoria hacia ese objetivo de la neutralidad climática en 2050 que incluye una reducción neta de emisiones de GEI del 90% para 2040 respecto de niveles de 1990[10].

Una última precisión necesaria en este punto se refiere a la tendencia antes señalada de la intensidad creciente de los compromisos auto-impuestos por la Unión Europea. Podría pensarse que esa lógica, que es aplicable a los compromisos asumidos por la Unión no solo *ad intra* sino también en el contexto de los tratados climáticos a nivel mundial, responde a un nivel de obligaciones igualmente creciente en materia de reducción de emisiones de GEI resultante de esos tratados climáticos, con el que se diera respuesta al agravamiento del fenómeno climático, tal como resulta de los distintos informes científicos. Sin embargo, *stricto sensu* no puede decirse que exista esa intensificación de las obligaciones que al respecto imponen los textos climáticos internacionales, y como consecuencia el nivel de obligaciones que se auto-impone la Unión Europea no encuentra respuesta, al menos en términos similares, por parte de otros actores internacionales.

Esa no intensificación progresiva de las obligaciones de reducción de emisiones de GEI resultantes de los tratados climáticos se hace especialmente visible en relación con el último de ellos, el Acuerdo de París. Este texto no cuantifica las obligaciones de

---

tiva sobre el comercio de derechos de emisión en el contexto del balance mundial. COM(2024) 196 final, 15 de mayo de 2024, pp. 2 y ss.

10 *Comunicación de la Comisión al Parlamento Europeo, al Consejo Europeo, al Consejo, al Comité Económico y Social Europeo, al Comité de las Regiones y al Banco Europeo de Inversiones. Asegurar nuestro futuro: el objetivo climático de Europa para 2040 y el camino hacia la neutralidad climática de aquí a 2050 mediante la construcción de una sociedad sostenible, justa y participativa.* COM(2024) 63 final, 6 de febrero de 2024.

reducción de emisiones de GEI que corresponden a cada Estado, sino que deja que éstos delimiten su propia contribución al esfuerzo global de mitigación, como corresponde a su modelo *bottom up*. Las obligaciones directas impuestas a las Partes en el citado Acuerdo son bastante limitadas y se centran de manera principal en la presentación periódica de Contribuciones Determinadas Nacionalmente (CDN) por las Partes, respetando el principio de progresividad entre cada Contribución y la siguiente. De ello resulta que el compromiso que se recoge en la CDN presentada por la Unión no es sino un esfuerzo auto-impuesto, lo que refuerza más si cabe su apuesta por servir de modelo sin que, como ya se ha dicho y se concretará más tarde, eso se traduzca por el momento en su condición de líder climático, al menos en el sentido de influir en las conductas de los demás.

Tras esas consideraciones previas nos centraremos en precisar el sentido con el que se entiende el objetivo de la neutralidad climática en el contexto del Pacto Verde Europeo[11]. Para ello acudiremos a la *Legislación europea sobre el clima*, que además de trasladar ese objetivo al plano normativo y por tanto conferirle carácter vinculante, incluye en su artículo 2.1 una suerte de definición del mismo. Conforme a esa disposición la neutralidad climática se presenta como el equilibrio entre emisiones y absorciones de GEI, de forma que, como se decía anteriormente, no implica el fin de esas emisiones, al menos en términos absolutos, sino de las emisiones netas, es decir el resultado de la compensación entre los GEI emitidos y los absorbidos dentro de la Unión. Y ello sin

---

11 Si bien en realidad el objetivo de la neutralidad climática para 2050 no se plantea *ex novo* en el Pacto Verde Europeo, sino que como este mismo documento advierte (*cit.*, p. 5), ya había sido puesto sobre la mesa con anterioridad por la Comisión. Véase *Comunicación de la Comisión al Parlamento Europeo, al Consejo Europeo, al Consejo, al Comité Económico y Social Europeo, al Comité de las Regiones y al Banco Europeo de Inversiones. Un planeta limpio para todos. La visión estratégica europea a largo plazo de una economía próspera, moderna, competitiva y climáticamente neutra.* COM(2018) 773 final, 28 de noviembre de 2018, p. 3.

tener en cuenta mecanismos que permiten la importación a este plano interno del esfuerzo de reducción de emisiones el realizado en países terceros, tal como resulta de la mención que en ese artículo 2.1 se hace al equilibrio entre emisiones y absorciones *dentro de la Unión.*

A la vista de su sentido ese concepto es criticado por conducir a equívocos, como hace Ángel Manuel MORENO MOLINA, para quien sería más preciso hablar de equilibrio o compensación que de neutralidad[12]. Pero además el autor destaca otro matiz relevante de este objetivo, como es que el mismo, como el resto de objetivos intermedios, se establece respecto de la Unión y no de cada uno de sus Estados miembros por separado, no siendo necesario que en 2050 todos los Estados miembros de la Unión estén en esa situación de neutralidad, sino que el saldo global de emisiones de todos ellos sí se alinee con ese objetivo. Esa conclusión de un nivel de esfuerzo de reducción de emisiones de GEI no igual para todos los Estados miembros se confirma por la atribución de cuotas anuales vinculantes a cada uno de ellos para el periodo 2021-2030, incluidas en el conocido como Reglamento de reparto de esfuerzo[13], al que nos referiremos más tarde al ser una de las disposiciones modificadas en el contexto del Programa *Objetivo 55.*

Una vez precisado el sentido de lo que se entiende por neutralidad climática en este contexto, debe analizarse a continuación cómo se pretende alcanzar dicho objetivo. A este respecto debe comenzarse por advertir de la naturaleza declarativa del citado Pacto Verde Europeo, que exige por tanto su traslación al plano normativo, confiriendo a ese objetivo un carácter jurídica-

---

12 MORENO MOLINA, Ángel M. (2023) pp.133 y ss.

13 Reglamento (UE) 2018/842 del Parlamento Europeo y del Consejo, de 30 de mayo de 2018, sobre reducciones anuales vinculantes de las emisiones de gases de efecto invernadero por parte de los Estados miembros entre 2021 y 2030 que contribuyan a la acción por el clima, con objeto de cumplir los compromisos contraídos en el marco del Acuerdo de París, y por el que se modifica el Reglamento (UE) no. 525/2013. *DOUE* L 156, de 19 de junio de 2018.

mente vinculante, lo que tiene lugar por medio del Reglamento 2021/119. A ello se añade la necesidad de concretar cómo se va a llegar a ese escenario de neutralidad climática y a este respecto la *Legislación europea sobre el clima,* como corresponde a su condición de norma marco[14], se limita, en su artículo 2.2, a asignar a las Instituciones de la Unión y a sus Estados miembros la obligación de adoptar las medidas necesarias para alcanzar ese objetivo. Es decir que esa disposición necesita un desarrollo normativo que se materializa en el ya mencionado Programa *Objetivo 55,* que identifica una serie de piezas que conforman el puzle necesario para hacer realidad el mencionado objetivo de la neutralidad climática. A esas piezas nos referiremos a continuación.

2. *Acerca de las piezas que conforman el puzle de la neutralidad climática*

El objetivo de transformación económica global que busca el Pacto Verde Europeo, implica, como ya se apuntó anteriormente, que su desarrollo normativo debe involucrar un amplio abanico de sectores en los que ha de producirse esa reducción de emisiones de GEI[15]. A continuación se prestará atención a los actos normativos en los que se concreta ese desarrollo, centrando el objetivo, como ya se señaló, en la delimitación, aunque sea de forma genérica, de la contribución de cada uno de esos actos al esfuerzo global de mitigación que resulta del Pacto Verde Europeo, dejando el análisis detallado de las disposiciones relativas a cada sector a las distintas contribuciones que componen este volumen.

---

14 A la que Ángel Manuel MORENO MOLINA [(2023) pp. 131 y ss.] atribuye un carácter programático-propositivo y una evidente inspiración transversal y holística.

15 Esa necesidad de una acción multidimensional ya se señalaba en el Anexo a la Comunicación relativa al Pacto Verde Europeo, en el que se incluye una hoja de ruta con actuaciones clave y calendario indicativo.

Una pieza central de ese puzle que se plantea para alcanzar la neutralidad climática es la *Legislación europea sobre el clima* que, como advierte José Luis DE CASTRO, transforma un *desideratum* político en un objetivo jurídicamente vinculante[16]. El Reglamento 2021/119 se presenta por tanto como clave de bóveda de la estructura normativa que desarrolla el Pacto Verde Europeo, y sin embargo a la vista de su contenido, y tal y como se reconoce de forma expresa en su artículo 1, es poco más que una suerte de marco de ese proceso, en el sentido de que en realidad establece objetivos, pero no identifica de manera precisa las acciones para su realización. Es decir que, como consecuencia de su naturaleza de disposición marco, este Reglamento 2021/119 no agota el desarrollo normativo necesario para concretar el mandato del Pacto Verde Europeo, siendo completado de cara a ese objetivo por el Programa *Objetivo 55* ya apuntado.

No obstante, antes de entrar en el estudio de las disposiciones normativas incluidas en ese Programa debe hacerse hincapié en una circunstancia del Reglamento 2021/119, como es la reiteración de su naturaleza jurídica vinculante, como consecuencia de la referencia a la *Legislación europea sobre el clima* que se añade a su título, que puede entenderse como un énfasis implícito en su obligatoriedad jurídica. Esa reiteración de un rasgo inherente a esta disposición resulta claramente innecesaria desde una perspectiva puramente jurídica, a la vista de lo que el artículo 288 TFUE establece para los Reglamentos de la Unión Europea, por lo que su verdadero sentido solo puede encontrarse en el plano político.

A ello se refiere Ángel Manuel MORENO, que pone sobre la mesa la situación paradójica que se plantea a este respecto entre ese interés en recalcar la naturaleza jurídica vinculante de esta disposición y la complejidad para materializar una eventual res-

---

16 DE CASTRO RUANO, José Luis (2023) p. 6. En ese mismo sentido Beatriz PÉREZ DE LAS HERAS [(2020) p. 134] califica este Reglamento como la primera expresión jurídica fundamental de la apuesta política del Pacto Verde Europeo por una economía climáticamente neutra.

ponsabilidad en caso de incumplimiento de ese objetivo, que en último término esa reiteración trata de resaltar[17]. Respecto a la primera de esas cuestiones, a la vista de lo apuntado hasta ahora esa reiteración solo puede explicarse como un intento de dar la mayor visibilidad posible, principalmente hacia el exterior, a las obligaciones de reducción de emisiones de GEI que la Unión Europea se auto-impone. Es decir que, como ya se apuntó anteriormente, esa reiteración conecta directamente con la pretensión de la Unión de asumir el liderazgo climático de nuevo mediante la estrategia de liderar desde el ejemplo.

Sin embargo, desde una perspectiva jurídica esa reiteración no solo es innecesaria, sino que, tal como se apuntó anteriormente, se enfrenta con la paradoja de la dificultad para que el corolario de esa vinculatoriedad jurídica, la responsabilidad en caso de incumplimiento de la norma, se materialice. A ello contribuye un cúmulo de factores que van desde la lejanía del momento en que puede sustanciarse esa responsabilidad por incumplimiento, 2050 en el caso de la neutralidad climática, hasta aspectos procedimentales, sea en el plano interno de la Unión o en el internacional, a través del reflejo de ese mismo objetivo en la CDN presentada por la Unión al Acuerdo de París. En el plano interno de la propia Unión como consecuencia de la dificultad para sustanciar la responsabilidad de la Unión en caso de no alcanzar ese objetivo, dado el acceso restringido de los particulares al Tribunal de Justicia en relación con actos de alcance general. Y en el plano internacional ante la ausencia de mecanismos de sustanciación de esa responsabilidad, conforme al artículo 15 del Acuerdo de París.

Volviendo a las distintas piezas que conforman el puzle de la neutralidad climática debe recordarse que la *Legislación europea sobre el clima* es la guinda del pastel, pero por si sola no basta para lograr ese objetivo, puesto que se limita a establecer objetivos, o de manera más precisa a trasladar los señalados por el Pacto Verde Europeo al plano de la normatividad. Para hacer realidad

---

[17] MORENO MOLINA, Ángel M. (2023) pp. 135 y ss.

ese objetivo se precisa un desarrollo normativo al que responde, como ya se apuntó, el paquete de medidas previstas en el Programa *Objetivo 55*[18], que incluye tanto la modificación de diversas disposiciones ya existentes como la presentación de propuestas de nuevos actos legislativos en relación con un amplio abanico de sectores, de acuerdo con el objetivo de transformación global que supone el Pacto Verde Europeo.

La mayoría de esos desarrollos normativos serán objeto de atención más detallada en los distintos estudios que componen este volumen. Por ello a continuación el examen se circunscribirá a señalar los elementos principales de esas disposiciones que sirvan para delimitar y concretar el esfuerzo de mitigación que resulta de cada una de ellas de cara al cumplimiento del objetivo de la neutralidad climática.

La primera de esas disposiciones es la Directiva (UE) 2023/959[19], por la que se modifica, de nuevo, el Régimen de Comercio de Derechos de Emisión (RCDE), que el propio Programa *Objetivo 55* califica como piedra angular de este entramado

---

18 Que en el documento de la Comisión en el que se describe este Programa se identifica como un bloque de propuestas interconectadas, orientadas hacia el mismo objetivo de garantizar una transición justa, competitiva y ecológica de aquí a 2030 y más allá. *Cit.*, p. 4. La magnitud del conjunto de medidas incluidas en este Programa *Objetivo 55* lleva a Beatriz PÉREZ DE LAS HERAS [(2022) p. 75] a calificarlo como probablemente el más ambicioso marco de descarbonización nunca adoptado por la Unión Europea, que espera convertirse en la primera región climáticamente neutra en el mundo en 2050.

19 Directiva (UE) 2023/959 del Parlamento Europeo y del Consejo de 10 de mayo de 2023 que modifica la Directiva 2003/87/CE por la que se establece un régimen para el comercio de derechos de emisión de gases de efecto invernadero en la Unión y la Decisión (UE) 2015/1814, relativa al establecimiento y funcionamiento de una reserva de estabilidad del mercado en el marco del régimen para el comercio de derechos de emisión de gases de efecto invernadero en la Unión. *DOUE* L 130, de 16 de mayo de 2023.

normativo[20]. Esta Directiva eleva el objetivo de reducción de emisiones de GEI de los sectores incluidos en ese Régimen, del 43% anterior al 62% en 2030 respecto de 2005. Con ese fin se prevé un factor lineal de reducción anual de los derechos de emisión para el conjunto de la Unión del 4,3% de 2024 a 2027 y del 4,4% a partir de 2028. A ello se añade la extensión progresiva, entre 2023 y 2025, del mencionado Régimen al tráfico marítimo. El refuerzo de la contribución del RCDE a la reducción de emisiones de GEI se completa con la Directiva (UE) 2023/958[21], por la que se intensifica el esfuerzo de mitigación en el sector del tráfico aéreo, destacando la eliminación progresiva, hasta el 1 de enero de 2026, de los derechos de emisión gratuitos en este sector.

Todavía en el contexto de la Directiva 2023/959 debe destacarse la creación de un segundo RCDE, con el objetivo, identificado en el considerando 80 de esa norma, de alcanzar en 2030 una reducción de emisiones de GEI del 43% en los sectores de los edificios y el transporte por carretera y del 40% en los otros sectores incluidos en este segundo Régimen, conforme al Anexo III de la Directiva, en ambos casos respecto de 2005. Para ello se prevé una reducción lineal de la cantidad de derechos de emisión para el conjunto de la Unión de un 5,38%. A la vista del gran número de pequeños emisores existentes en los sectores concernidos, este segundo RCDE, que comenzará a aplicarse a partir del 1 de enero de 2025, tendrá un funcionamiento distinto del anterior, siendo el despacho a consumo de combustibles utilizados para combustión en los sectores comprendidos, y no la emisión en sí misma de GEI a la atmósfera, el elemento de referencia del mismo.

---

20 *Cit.*, p. 7.

21 Directiva (UE) 2023/958 del Parlamento Europeo y del Consejo de 10 de mayo de 2023 por la que se modifica la Directiva 2003/87/CE en lo que respecta a la contribución de la aviación al objetivo de la Unión de reducir las emisiones en el conjunto de la economía y a la adecuada aplicación de una medida de mercado mundial. *DOUE* L 130, de 16 de mayo de 2023.

Otra disposición que podría considerarse de carácter horizontal es el Reglamento (UE) 2023/857[22], que modifica entre otras disposiciones el Reglamento de reparto de esfuerzo anteriormente apuntado, por el que se establecen las obligaciones de reducción de emisiones de GEI vinculantes para cada Estado miembro entre 2021 y 2030. La modificación ahora operada eleva del 30 al 40% el objetivo de reducción de emisiones de GEI en 2030 respecto de 2005, fijándose esas reducciones para cada Estado de manera equitativa conforme a su Producto Interior Bruto per cápita y su eficacia en relación con el coste, con porcentajes que oscilan entre el 50% para Alemania, Dinamarca, Finlandia, Luxemburgo o Suecia y el 10% para Bulgaria, y correspondiéndole a España un 37,7%[23]. Además, se mantiene la aplicación de este

---

22 Reglamento (UE) 2023/857 del Parlamento Europeo y del Consejo de 19 de abril de 2023 por el que se modifica el Reglamento (UE) 2018/842 sobre reducciones anuales vinculantes de las emisiones de gases de efecto invernadero por parte de los Estados miembros entre 2021 y 2030 que contribuyan a la acción por el clima, con objeto de cumplir los compromisos contraídos en el marco del Acuerdo de París, y el Reglamento (UE) 2018/1999. *DOUE* L 111, de 26 de abril de 2023. La adopción de este Reglamento era objeto de un recurso de anulación por parte de Polonia, por considerar que debería haberse adoptado por unanimidad, de conformidad con el artículo 192.2.c) TFUE, además de que la elevación al 40% del objetivo de reducción de emisiones de GEI supone una violación del artículo 194.1.b) TFUE, al comprometer la seguridad energética de Polonia, habiéndose adoptado esta disposición sin tener en cuenta los intereses de los Estados miembros afectados. El recurso de Polonia plantea igualmente la violación de los principios de proporcionalidad y cooperación leal, conforme a los artículos 5.4 y 4.3 TFUE. *Recurso interpuesto el 18 de julio de 2023 – República de Polonia/Parlamento Europeo y Consejo de la Unión Europea* (Asunto C-451/23). *DOUE* C 304, de 28 de agosto de 2023.

23 La adopción de ese Reglamento de reparto del esfuerzo obligaba a la modificación de la Decisión de Ejecución (UE) 2020/2126 de la Comisión de 16 de diciembre de 2020 por la que se establecen las asignaciones anuales de emisiones de los Estados miembros para el período comprendido entre 2021 y 2030 de conformidad con el Reglamento (UE) 2018/842 del Parlamento Europeo y del Consejo. *DOUE* L 426, de

Reglamento al transporte por carretera y los edificios, así como al transporte marítimo nacional, que estarán sujetos a regulación dual al incluirse también en el RCDE.

Asimismo, debe mencionarse el Reglamento (EU) 2023/839[24], cuyo objetivo es incrementar la capacidad de los sumideros naturales de carbono disponibles en la Unión Europea. Para ello se modifica el Reglamento (UE) 2018/841[25], fijando un objetivo de absorción neta de GEI para 2030 de 310 millones de toneladas de Co_2eq. y simplificando y flexibilizando las normas que rigen

---

17 de diciembre de 2020. Esa modificación tenía lugar mediante la Decisión de Ejecución 2023/1319, que revisa dichas asignaciones para el periodo 2023-2025, apuntándose que las asignaciones para el periodo 2026/2030 se establecerán sobre la base de una trayectoria lineal que comience en la media de emisiones de GEI de cada Estado miembro en el periodo 2021/2023; por ello esta actualización de las asignaciones para el periodo 2026/2030 se realizará tras una revisión exhaustiva que llevará a cabo la Comisión en 2025, con la ayuda de la Agencia Europea del Medio Ambiente, de los datos proporcionados por los Estados miembros respecto de ese periodo 2021/2023. Decisión de Ejecución (UE) 2023/1319 de la Comisión de 28 de junio de 2023 por la que se modifica la Decisión de Ejecución (UE) 2020/2126 para revisar las asignaciones anuales de emisiones de los Estados miembros para el período comprendido entre 2023 y 2030. *DOUE* L 163, de 29 de junio de 2020.

24 Reglamento (UE) 2023/839 del Parlamento Europeo y del Consejo de 19 de abril de 2023 por el que se modifica el Reglamento (UE) 2018/841 en lo que respecta al ámbito de aplicación, la simplificación de las normas de notificación y cumplimiento y el establecimiento de los objetivos de los Estados miembros para 2030, y el Reglamento (UE) 2018/1999 en lo que respecta a la mejora del seguimiento, la notificación, el seguimiento de los avances y la revisión. *DOUE* L 107, de 21 de abril de 2023.

25 Reglamento (UE) 2018/841 del Parlamento Europeo y del Consejo, de 30 de mayo de 2018, sobre la inclusión de las emisiones y absorciones de gases de efecto invernadero resultantes del uso de la tierra, el cambio de uso de la tierra y la silvicultura en el marco de actuación en materia de clima y energía hasta 2030, y por el que se modifican el Reglamento (UE) no. 525/2013 y la Decisión no. 529/2013/UE. *DOUE* L, de 19 de junio de 2018.

la notificación y el cumplimiento. Además, se eleva el objetivo de retirada neta para cada Estado miembro para 2030, que en el caso de España se fija en 5309 Kt de Co_2eq. El Reglamento 2023/839 modifica también el Reglamento 2018/1999[26], que incluye cuestiones como la adopción de estrategias y planes nacionales integrados de energía y clima o la garantía de una participación real del público en esos documentos. En esta reforma puede señalarse el papel reconocido a la Comisión en el contexto de la revisión exhaustiva que llevará a cabo en 2025 de los datos incluidos por los Estados en su inventario nacional.

Otro plano de acción cubierto por el Programa *Objetivo 55*, con una relación directa con la acción de la Unión hacia el exterior, es el de la reacción contra las fugas de carbono. En este caso se adopta *ex novo* una disposición, el Reglamento (UE) 2023/956[27], que prevé la sustitución gradual, hasta 2030, de la asignación gratuita de derechos de emisión, prevista en el RCDE, a un amplio listado de mercancías enumeradas en el Anexo I del Reglamento. Cuando esas mercancías entren en el territorio aduanero de la Unión procedentes de terceros Estados, deberán pagar el mismo precio por el carbono que pagan los productores nacionales. El objetivo es evitar la deslocalización de emisiones de GEI fuera de la Unión por empresas de sus Estados miembros e incentivar el esfuerzo de mitigación en países terceros. El impacto de este mecanismo

---

26 Reglamento (UE) 2018/1999 del Parlamento Europeo y del Consejo, de 11 de diciembre de 2018, sobre la gobernanza de la Unión de la Energía y de la Acción por el Clima, y por el que se modifican los Reglamentos (CE) n.° 663/2009 y (CE) n.° 715/2009 del Parlamento Europeo y del Consejo, las Directivas 94/22/CE, 98/70/CE, 2009/31/CE, 2009/73/CE, 2010/31/UE, 2012/27/UE y 2013/30/UE del Parlamento Europeo y del Consejo y las Directivas 2009/119/CE y (UE) 2015/652 del Consejo, y se deroga el Reglamento (UE) n.° 525/2013 del Parlamento Europeo y del Consejo. *DOUE* L 328, de 21 de diciembre de 2018.

27 Reglamento (UE) 2023/956 del Parlamento Europeo y del Consejo, de 10 de mayo de 2023 por el que se establece un Mecanismo de Ajuste en frontera por Carbono. *DOUE* L 130, de 16 de mayo de 2023.

en mercancías producidas en países terceros exige garantizar su compatibilidad con la normativa de la Organización Mundial del Comercio (OMC), cuestión sobre la que se volverá más adelante, pero que ya puede adelantarse que se contempla en el artículo 30.5 del nuevo Reglamento.

Entrando ya, aunque de manera sintética, en la acción en sectores específicos debe resaltarse el peso significativo que tienen el transporte y la energía en el marco del paquete legislativo del Programa *Objetivo 55*, acorde con su peso en el total de emisiones de GEI. Comenzando por el sector del transporte una de las disposiciones adoptadas es el Reglamento (UE) 2023/851[28], que eleva los porcentajes de reducción de emisiones de CO_2 de turismos y vehículos comerciales ligeros nuevos para 2030, que pasan del 37.5% y del 31% al 55% y un 50% respectivamente. A ello se añade un objetivo de reducción del 100% en 2035, en ambos casos, lo que en la práctica representa la prohibición de motores de combustión interna de ahí en adelante.

Pero, el foco en el esfuerzo de mitigación en este sector no se limita a los vehículos, sino que se atiende también al combustible. A este respecto, el Reglamento (UE) 2023/1804[29], refuerza la estrategia de cara al establecimiento de una red global y completa de infraestructuras para combustibles alternativos en toda la Unión, lo que incluye la transformación de la naturaleza de la norma a la que viene a sustituir. Con ese fin se fijan objetivos nacionales obligatorios para la implantación en los Estados Miem-

---

28 Reglamento (UE) 2023/851 del Parlamento Europeo y del Consejo, de 19 de abril de 2023 por el que se modifica el Reglamento (UE) 2019/631 en lo que respecta al refuerzo de las normas de comportamiento en materia de emisiones de CO_2 de los turismos nuevos y de los vehículos comerciales ligeros nuevos, en consonancia con la mayor ambición climática de la Unión. *DOUE* L 110, de 25 de abril de 2023.

29 Reglamento (UE) 2023/1804 del Parlamento Europeo y del Consejo de 13 de septiembre de 2023 relativo a la implantación de una infraestructura para los combustibles alternativos y por el que se deroga la Directiva 2014/94/UE. *DOUE* L 234, de 22 de septiembre de 2023.

bros de infraestructura suficiente para combustibles alternativos destinada a vehículos de carretera, trenes, buques y aeronaves estacionadas. Esta medida podría considerarse a medio camino entre el sector del transporte y el de la energía, punto en el que también se sitúan otras dos disposiciones dirigidas a la promoción de la utilización y el suministro de combustibles sostenibles en el transporte aéreo[30] y en el marítimo[31].

Entrando ya en sector energético *stricto sensu*, el Programa *Objetivo 55* incluye dos Directivas con las que se busca intensificar la contribución de ese sector al esfuerzo de mitigación. La primera es la Directiva (UE) 2023/2413[32], por la que la cuota de energía renovable en el consumo final bruto de energía de la Unión tendría que pasar del 32% de cuota mínima al 40 % a más tardar en 2030. La segunda disposición es la Directiva (UE) 2023/1791, que ajusta los objetivos previstos en materia de eficiencia energética a los de reducción de emisiones de GEI establecidos en el Pacto Verde Europeo, señalando que los Estados miembros garantizarán colectivamente una reducción del consumo de energía de al menos el 11,7 % en 2030 en comparación con las previsiones de la hipótesis de referencia de 2020[33].

---

30 Reglamento (UE) 2023/2405 del Parlamento Europeo y del Consejo, de 18 de octubre de 2023, relativo a la garantía de unas condiciones de competencia equitativas para un transporte aéreo sostenible (ReFuelEU Aviation). *DOUE* L 2023/2405, de 31 de octubre de 2023.

31 Reglamento (UE) 2023/1805 del Parlamento Europeo y del Consejo de 13 de septiembre de 2023 relativo al uso de combustibles renovables y combustibles hipocarbónicos en el transporte marítimo y por el que se modifica la Directiva 2009/16/CE. *DOUE* L 234, de 22 de septiembre de 2023.

32 Directiva (UE) 2023/2413 del Parlamento Europeo y del Consejo, de 18 de octubre de 2023, por la que se modifican la Directiva (UE) 2018/2001, el Reglamento (UE) 2018/1999 y la Directiva 98/70/CE en lo que respecta a la promoción de la energía procedente de fuentes renovables y se deroga la Directiva (UE) 2015/652 del Consejo. *DOUE* L 2023/2413, de 31 de octubre de 2023.

33 Directiva (UE) 2023/1791 del Parlamento Europeo y del Consejo de 13 de septiembre de 2023 relativa a la eficiencia energética y por la que se

Todavía en el sector energético, el Programa *Objetivo 55* prevé la adopción de otras dos disposiciones con las que se pretende revisar las Directivas sobre la fiscalidad de la energía[34] y sobre eficiencia energética de los edificios[35]. Respecto de la primera de esas Directivas, cuyo procedimiento de adopción no ha concluido[36], la propuesta de la Comisión busca garantizar la coherencia entre la fiscalidad de la energía y los objetivos climáticos, planteando, entre otras modificaciones, la supresión de las desventajas para las tecnologías limpias y la introducción de unos niveles de imposición más elevados para los combustibles ineficientes y contaminantes, como complemento a la tarificación del carbono mediante el RCDE[37]. Por su parte la revisión de la Directiva 2010/31 se lleva a cabo a través de la Directiva (UE) 2024/1275[38], cuyo artículo 1.1 plantea como objetivo fomentar la mejora de la eficiencia energética de los edificios sitos en la Unión con vistas a lograr un parque inmobiliario de cero emisiones a más tardar en 2050.

modifica el Reglamento (UE) 2023/955 (versión refundida). *DOUE* L 231, de 20 de septiembre de 2023.

34 Directiva 2003/96/CE del Consejo, de 27 de octubre de 2003, por la que se reestructura el régimen comunitario de imposición de los productos energéticos y de la electricidad. *DOUE* L 283, de 31 de octubre de 2003.

35 Directiva 2010/31/UE del Parlamento Europeo y del Consejo, de 19 de mayo de 2010, relativa a la eficiencia energética de los edificios (versión refundida). *DOUE* L 153, de 18 de junio de 2010.

36 Respecto del estadio de ese procedimiento véase https://oeil.secure.europarl.europa.eu/oeil/popups/ficheprocedure.do?lang=en&reference=2021/0213(CNS) (último acceso el 15 de julio de 2024).

37 Propuesta de Directiva del Consejo por la que se reestructura el régimen de la Unión de imposición de los productos energéticos y de la electricidad (refundición). COM(2021) 563 final, de 14 de julio de 2021.

38 Directiva (UE) 2024/1275 del Parlamento Europeo y del Consejo, de 24 de abril de 2024, relativa a la eficiencia energética de los edificios (refundición). *DOUE* L 2024/1275, de 8 de mayo de 2024.

Una última pieza del puzle que supone el Programa *Objetivo 55* es el Reglamento (UE) 2023/955[39], por el que se crea un Fondo Social del Clima, concebido como instrumento para una transición socialmente justa hacia la neutralidad climática al abordar la repercusión social de la inclusión de las emisiones de GEI de los edificios y el transporte por carretera en el ámbito del RCDE. Ese Reglamento identifica como destinatarios del Fondo a hogares, microempresas y usuarios del transporte vulnerables, y prevé ayudas temporales y directas a la renta y medidas e inversiones destinadas a aumentar la eficiencia energética, descarbonizar la calefacción y refrigeración e integrar la generación y almacenamiento de energía renovable en los edificios, y garantizar un mejor acceso a la movilidad y el transporte de emisión cero y de baja emisión. Con ese objetivo se prevé poner a disposición de la ejecución del Fondo un importe máximo de 65.000.000.000 € a precios corrientes entre el 1 de enero de 2026 al 31 de diciembre de 2032.

III. EL PACTO VERDE EUROPEO: UNA NUEVA OPORTUNIDAD PARA (¿AHORA SÍ?) EL LIDERAZGO CLIMÁTICO DE LA UNIÓN EUROPEA

El entramado normativo que conforman la *Legislación europea sobre el clima* y las disposiciones integradas en el Programa *Objetivo 55* concretan el argumentario con el que la Unión Europea pretende, de nuevo, asumir la condición de líder climático a escala global. Decimos de nuevo porque, como ya se dijo con anterioridad, ese mismo objetivo ya se ha intentado alcanzar en otras ocasiones y, aunque la referencia a la Unión como líder climático es una constante tanto en la doctrina como en

---

39 Reglamento (UE) 2023/955 del Parlamento Europeo y del Consejo de 10 de mayo de 2023 por el que se establece un Fondo Social para el Clima y se modifica el Reglamento (UE) 2021/1060. *DOUE* L 130, de 16 de mayo de 2023.

opinión de las propias Instituciones europeas, lo cierto es que el éxito de esos intentos es cuando menos discutible, al menos si se enfoca desde la perspectiva apuntada con anterioridad de su capacidad para influir en las conductas de los demás actores climáticos.

A este respecto debe recordarse que la estrategia seguida por la Unión Europea en todos esos intentos era la de liderar desde el ejemplo, y en ese sentido el Pacto Verde Europeo no implica ningún cambio, planteándose conseguir ese liderazgo mediante la auto-imposición de obligaciones intensas en el plano de la mitigación a nivel interno, conectadas con el cumplimiento de compromisos internacionales también exigentes[40]. Compromisos que en el contexto del Acuerdo de París pueden igualmente considerarse como auto-impuestos y que en último término se subsumen en alcanzar la neutralidad climática en 2050, tal se señala en la primera CDN de la Unión Europea. Sin embargo, la valoración fundada de si, y en ese caso hasta qué punto, este nuevo intento puede permitir a la Unión Europea asumir el mencionado liderazgo climático debe comenzar por precisar qué se entiende por líder, para posteriormente trasladar el contenido atribuido a ese concepto al papel de la Unión como actor climático, valorando si se reúnen las circunstancias que permiten afirmar que ya está desempeñando ese liderazgo o puede hacerlo en el futuro.

---

40 Interconexión entre compromisos externos y esfuerzo de mitigación a nivel interno que se recoge expresamente en el considerando 8º del Reglamento 2021/119, al señalar su finalidad de garantizar que *tanto la Unión como los Estados miembros contribuyan plenamente a la respuesta mundial al cambio climático tal y como se contempla en el Acuerdo de París.* Lo que se reitera en el segundo parágrafo del artículo 1 de esta misma disposición, en el que el objetivo de neutralidad climática de la Unión en 2050 se presenta *con el fin de alcanzar el objetivo a largo plazo referente a la temperatura establecido en el artículo 2, apartado 1. Letra a) del Acuerdo de París.*

1. *¿Qué significa ser un líder? Precedentes en cuanto al liderazgo climático de la Unión Europea*

El término líder presenta dos acepciones en el diccionario de la RAE, distinguiendo entre quien dirige o conduce [un partido político, un grupo social u otra colectividad] y quien va a la cabeza entre los de su clase. Cada una de ellas toma como base una cualidad diferente para definir al líder, que en el primer caso es la capacidad de dirigir, lo que puede entenderse en el sentido de influir en las conductas de aquellos que le siguen, y en el segundo caso es el comportamiento del propio líder, que se presentaría como modelo a seguir por los demás. La estrategia seguida por la Unión Europea para alcanzar ese liderazgo climático pasaría por utilizar la segunda aproximación, sirviendo de modelo, para hacer realidad la primera, es decir influir en las conductas de los demás actores climáticos[41]. Pero la realidad es que, si bien puede admitirse la condición de la Unión como modelo a seguir, no queda claro ni mucho menos que ello le haya servido para orientar los comportamientos de los demás actores climáticos, o al menos para hacerlo de forma que se produzca una reacción efectiva frente al cambio climático.

A eso ha de añadirse que la aceptación de la Unión como modelo a seguir en relación con el esfuerzo de reducción de emisiones de GEI no supone que su acción en este plano esté absolutamente exenta de sombras, que obviamente se proyectan sobre su propósito de asumir ese liderazgo. Nos referimos en concreto a que si bien es difícilmente discutible que la Unión Europea es el marco político en el que se realiza el mayor esfuerzo de mitigación, diversos estudios apuntan a la insuficiencia relativa de ese esfuerzo. En concreto se señala que para que el esfuerzo de mitigación de la Unión fuese acorde con el objetivo de limitación

---

41 La trascendencia de ese nexo entre ambas aproximaciones es subrayada por Nicolas DE SADELEER [(2024) p. 19] al advertir que, a menos que tenga impacto extraterritorial, el nivel de ambición del Pacto Verde Europeo solo producirá efectos insignificantes en el planeta.

del aumento de temperatura en 1,5 °C, establecido en el Acuerdo de París, su objetivo de reducción de emisiones de GEI debería ser del 86% para 2030 (excluyendo las emisiones procedentes del uso de la tierra, del cambio de uso de la tierra y de la silvicultura) y alcanzar un nivel cero de emisión de CO_2 entre 2036 y 2040[42].

En esa línea se inscribe el argumento usado por los países en desarrollo[43], para los que el esfuerzo de reducción de emisiones realizado por los Estados miembros de la Unión Europea no es acorde con su responsabilidad histórica, por su contribución al total de GEI emitidos desde la Revolución Industrial. Ese argumento parece haber sido aceptado de alguna forma por la propia Unión Europea, que en el Programa *Objetivo 55* reconoce que, aunque en la actualidad solo representa el 8 % de las emisiones mundiales de CO_2, es responsable de una mayor proporción de las emisiones acumuladas[44]. En cualquier caso, ese argumento merece un comentario detenido que, sin negarlo, lo resitúe en su debido contexto, especialmente con una perspectiva de futuro puesto que, más allá de la eventual valoración de la posible insuficiencia del esfuerzo de mitigación realizado por la Unión, la adopción de una respuesta adecuada al problema del cambio climático en términos de reducción suficiente de emisiones de GEI no pasa, tal como ha quedado demostrado en el marco del Protocolo de Kioto o la Enmienda de Doha, por un mayor esfuerzo de mitigación de los Estados miembros de la Unión. O al menos no pasa solo ni principalmente por ahí, sino por sumar a ese esfuerzo en su debida intensidad a los principales emisores de GEI.

---

42 PÉREZ DE LAS HERAS, Beatriz (2020) pp. 130 y 131.

43 Término usado en este contexto en el sentido que recibe en el sistema climático internacional, es decir los que se conocen como países no Anexo I de la CMNUCC, y por lo tanto controvertido desde la perspectiva de la efectividad misma del sistema, a la vista del mecanismo de emisiones exentas que de ello resulta, transfigurado que no absolutamente desaparecido en el Acuerdo de París.

44 *Cit.*, p. 14.

Una vez precisado el sentido con el que debemos entender esa consideración de lo que implica ser líder climático, entendiendo como tal aquél capaz de alinear a otros detrás de sus postulados, corresponde ahora valorar su posible aplicación al caso de la Unión Europea. A este respecto ya se ha hecho algún juicio de valor poniendo en cuestión el éxito que hasta ahora ha tenido la estrategia de la Unión de liderar desde el ejemplo; no obstante, para apoyar esa conclusión puede ser conveniente fijarse en algunos momentos clave de la negociación climática, en los que parece ponerse de manifiesto que la relación causa-efecto entre la asunción de obligaciones intensas de mitigación, tanto en el plano interno como en el externo, y el reconocimiento de su condición de líder climático no se ha materializado. De hecho, podría incluso señalarse que de la observación tanto de los resultados obtenidos en esos momentos como del procedimiento seguido resulta la condición de la Unión como un actor climático con un papel relativamente secundario, desde el momento en que, como se verá a continuación, no ha sido capaz de condicionar el esquema internacional de cooperación climática de manera decisiva.

El primer momento que debe tomarse como referencia para valorar la eficacia de la estrategia europea es el de la adopción del Protocolo de Kioto, que es cuando se concretan por vez primera cuotas precisas de esfuerzo para cada Estado en materia de mitigación. A este respecto se suele aducir el liderazgo de la Unión durante esta fase de la negociación climática, basándose para ello en la cuota de esfuerzo asumida por los Estados miembros de la Unión Europea en el plano de la reducción de emisiones de GEI, que alcanzaba un 8% global en 2012 en relación con 1990, superando el umbral mínimo del 5% establecido en el artículo 3.1 del citado Protocolo. Teniendo en cuenta esa circunstancia podría admitirse que esa consideración de la Unión como líder se ajusta a la segunda acepción antes apuntada, la de modelo, pero es más dudoso que ocurra lo mismo respecto de la primera, la referida a la capacidad para influir en la conducta de los otros. De hecho, el esquema de cooperación que sale de la CMNUCC, y en consecuencia que se refleja en el citado Protocolo, no responde a la posición de la Unión, sino más bien a las de Estados Unidos o China, de forma que en realidad el protagonismo de la Unión en cuanto al esfuerzo de mitigación en ese momento es posible por el hecho de que gigante asiático quede libre de obligaciones al respecto y por la decisión de Estados Unidos de no participar en el esfuerzo colectivo al no ratificar el Protocolo de Kioto.

Esa aproximación como modelo en cuanto a la reducción de emisiones de GEI, asumida por la Unión ya en ese primer momento, se ha consolidado con el tiempo sin que de ello haya resultado un cambio de escenario en cuanto a su capacidad para convencer a los demás a seguir esa senda. Otro momento que puede tomarse como referencia de esa falta de correlación entre el esfuerzo *ad intra* y la consideración *ad extra* es la COP de Copenhague, en 2009, en la que debía operarse el tránsito del Protocolo de Kioto a un nuevo esquema de cooperación que, a ser posible, permitiese superar las evidentes insuficiencias del modelo anterior. El papel jugado por la Unión Europea, que ejercía como anfitrión de ese conclave, es descrito Rosa GILES, que destaca su incapacidad para convencer a los demás actores climáticos de la necesidad de adoptar un nuevo texto jurídico-internacional que permitiese la continuidad del régimen establecido en el Protocolo de Kioto, limitándose el resultado alcanzado en aquel momento a un texto de valor político como el Acuerdo de Copenhague[45].

En ese momento se detiene también Jesús VERDÚ, que profundiza en esa misma línea al señalar que esa COP es el punto de inflexión del paso de la Unión desde una posición central de liderazgo hacia la marginalidad en las negociaciones internacionales, mostrando claramente su pérdida de peso en la nueva estructura internacional del siglo XXI[46]. A ese respecto, y más allá de que esa posición central de la Unión en la cooperación climática pre-Copenhague merezca algún matiz, especialmente en función del sentido que diera darse al término líder, el autor añade

45 GILES CARNERO, Rosa (2017) pp. 197 y ss.
46 VERDÚ BAEZA, Jesús (2013) pp. 660 y ss.

una segunda dimensión, trascendental para percibir la situación secundaria de la Unión, como es la que alude al procedimiento seguido para la adopción del Acuerdo en cuestión, apuntando que la Unión Europea ni siquiera fue invitada al encuentro final auspiciado por el Presidente Obama para lograr una solución de compromiso la noche del 18 de diciembre en el que, junto a los Estados Unidos, acudieron China, India, Brasil y Sudáfrica.

Y ello a pesar de que la Unión podía esgrimir en ese momento su condición de modelo a seguir con argumentos reforzados, en concreto como consecuencia de la *Estrategia Europa 2020*, que incluía un objetivo de reducción de emisiones de GEI del 20% para 2020 en comparación con 1990, que podía incrementarse hasta el 30% si se daban las condiciones para ello, además de un 20% de eficiencia energética y un 20% de energías renovables[47]. Sin embargo, ese resultado decepcionante no ha hecho que la Unión haya cambiado su estrategia, sino que ha ido reforzando progresivamente su apuesta en términos de reducción cada vez mayor de emisiones de GEI, respondiendo al fracaso anterior con un objetivo vinculante de reducción del 40 % en 2030 con respecto al nivel de 1990[48]. Y esa tendencia hacia la intensificación de las obligaciones de reducción de emisiones de GEI auto-impuestas se confirmaba tras la firma por la Unión del Acuerdo de París, con la presentación por la Comisión de un paquete de medidas en materia de energía, en el que además se elevaba el objetivo de eficiencia energética hasta el 30%[49].

---

47 *Comunicación de la Comisión. Europa 2020. Una estrategia para un crecimiento inteligente, sostenible e integrador.* COM(2010) 2020 final, de 3 de marzo de 2010.

48 *Comunicación de la Comisión al Consejo y al Parlamento Europeo. Marco estratégico en materia de clima y energía para el período 2020-2030.* COM(2014) 15 final/2, de 28 de enero de 2014. 22 de enero de 2014. En esta ocasión, además se intensificaban los objetivos en materia de energías renovables y de mejora de la eficiencia energética hasta un mínimo del 27%.

49 *Comunicación de la Comisión al Parlamento Europeo, al Consejo, al Comité Económico y Social, al Comité de las Regiones y al Banco Europeo de Inversio-*

Pese a ello las cosas no parecen haber cambiado mucho para la Unión respecto de la pretensión de liderazgo climático. Así parece ponerse de manifiesto a la vista de lo ocurrido en un momento de la negociación climática mucho más reciente, como son las COP 26 y 27, de Glasgow en 2021 y Sharm el-Sheikh de 2022. El análisis de la posición europea en ambas ocasiones, que lleva a cabo Teresa FAJARDO, concluye que la Unión fue superada por el Sur Global, encabezado por China y representado también por Brasil y la India, que asumió ese papel de líder[50]. Y ese liderazgo de este grupo se proyectó tanto respecto de los resultados obtenidos como, muy especialmente a la vista del impacto futuro, sobre el procedimiento seguido para esa negociación climática. Y se destaca el liderazgo de ese grupo en el plano procedimental porque esas COP evidencian que la negociación climática se aleja del modelo multilateral preferido por Europa, focalizado en torno a organismos internacionales como Naciones Unidas, y apoyado en la atribución de obligaciones cuantificadas de reducción de emisiones de GEI. En lugar de eso la diplomacia mundial del clima se orienta cada vez más hacia un modelo, mucho más cercano a la visión de ese grupo y particularmente de China, de carácter multipolar, en el que los Estados, principalmente los más grandes, conservan un margen de maniobra mayor, lo que se complementa con la adopción de compromisos flexibles, sin que de los textos climáticos internacionales resulten obligaciones muy concretas, al menos en términos de porcentajes y plazos de reducción de emisiones de GEI. De hecho, ese modelo que parece consolidarse en ambas COP es ya el seguido con ocasión del Acuerdo de París y el conocido cambio de estrategia del *top down* al *bottom up*.

---

nes. Energía limpia para todos los europeos. COM(2016) 860 final, de 30 de noviembre de 2016.

50 FAJARDO DEL CASTILLO, Teresa (2023) pp. 158 y ss.

2. *La diplomacia del Pacto Verde Europeo: una diplomacia climática europea 2.0*

Los precedentes negativos respecto de su intención de asumir el liderazgo climático, como los ejemplos apuntados, no han sido obstáculo para que la Unión Europea vuelva a plantearse ese mismo objetivo, sirviéndose de la misma estrategia, o al menos de una similar, puesto que se percibe algún cambio que podría llevar a pensar que se han aprendido las enseñanzas de esos intentos fallidos; si bien falta por comprobar si eso es suficiente para alcanzar el objetivo propuesto. Ese intento de no repetir exactamente lo anterior, aunque el objetivo final sea idéntico, se expresa en el propio Pacto Verde Europeo, en el que se hace referencia a una *"diplomacia del Pacto Verde" más rigurosa,* añadiendo a continuación el matiz que puede sintetizar ese mayor rigor, es decir el cambio respecto de la situación anterior al que se hacía referencia, consistente en que al objetivo de ese nuevo intento de *convencer a los demás* se añade el de *ofrecer apoyo a quienes asuman su parte de la política de fomento del desarrollo sostenible.*

Tras esa referencia al apoyo a los demás subyace de alguna manera el cambio más relevante de la estrategia de la Unión en este ámbito, que puede concretarse, tal como apunta Teresa FAJARDO, en la atribución de un carácter horizontal al objetivo de liderazgo climático, poniendo a su disposición de manera más decidida los distintos instrumentos de la acción exterior de la Unión, entendida en sentido amplio[51]. De esa manera la *Diplomacia del Pacto Verde Europeo* se perfila como una suerte de Diplomacia del clima 2.0, un nuevo intento de la Unión Europea de asumir el liderazgo climático, superando el estricto marco de la negociación

---

[51] FAJARDO DEL CASTILLO, Teresa (2021) p. 8. En ese mismo sentido entiende Rosa GILES [(2017) pp. 147 y ss.] el mayor rigor al que alude el Pacto Verde Europeo, considerándolo como una alineación más homogénea de los distintos instrumentos de los que la Unión Europea dispone en cuanto a su acción exterior, en favor de esa tarea de asumir el liderazgo climático.

climática, especialmente en el seno de la COP, para ir más allá. Y así se señala expresamente en el Pacto Verde Europeo en el que se distinguen algunos ejes de esa consideración del liderazgo climático como un objetivo horizontal[52]. El primero de esos ejes es el ya apuntado de la extensión de esa diplomacia a otros foros, tanto bilaterales como multilaterales. Respecto de los primeros el Pacto Verde Europeo cita el ejemplo de la Agenda Verde para los Balcanes Occidentales, con la que se pretende que la región alcance el objetivo de la neutralidad climática en 2050[53], apuntando su intención de servirse de ese mismo instrumento de las alianzas verdes de forma más general, en sus relaciones con África, América Latina, el Caribe, Asia y el Pacífico[54].

En cuanto a la diplomacia multilateral se identifican de manera explícita ciertos foros especialmente relevantes como las Naciones Unidas, el G 7, el G 20 o la OMC, en los que se llama a la colaboración entre las Instituciones (Comisión y Alto Representante) y los Estados miembros de la Unión. Y también en ese marco de la diplomacia multilateral se plantea la creación de foros específicos, entre los que puede citarse como ejemplo la *Alianza Global para el cambio climático,* lanzada por la Unión en 2007, con

---

52 *Cit.*, p. 23. Ese cambio de estrategia se traslada lógicamente a los textos que desarrollan el Pacto Verde Europeo y así por ejemplo la *Legislación europea sobre el clima,* en su considerando 16°, hace alusión al uso por la Unión de *todos los instrumentos a su disposición* con el fin de *elevar el nivel de ambición mundial* e *intensificar la respuesta global al cambio climático.* Y, por su parte, en el Programa *Objetivo 55* se alude al refuerzo de la Diplomacia climática aprovechando toda la gama de instrumentos de política exterior de la Unión para ajustarse a estos objetivos más ambiciosos. *Cit.*, p. 15.

53 Que se incluye en el Plan económico y de inversiones para esa región adoptado por la Comisión Europea. *Commission Staff Working Document. Guidelines for the Implementation of the Green Agenda for the Western Balkans Accompanying the Communication from the Commission to the European Parliament, the Council, the European Economic and Social Committee and the Committee of the Regions An Economic and Investment Plan for the Western Balkans.* SWD(2020) 223 final, de 6 de octubre de 2020.

54 *Cit.*, p. 24.

el objetivo de prestar asistencia financiera y técnica a más de 80 países, todos ellos países menos adelantados o pequeños Estados insulares en desarrollo[55]. La creación de esos foros específicos puede considerarse positiva al ofrecer un escenario propicio para el apoyo e impulso de la Unión a la acción de esos Estados en materia climática y por ello la Alianza era valorada positivamente[56]. Sin embargo, tras concluir su actividad en 2020 por la decisión de la Comisión de canalizar la ayuda a esos países a través del Instrumento de Vecindad, Cooperación al Desarrollo y Cooperación Internacional, la auditoría realizada al respecto por el Tribunal de Cuentas Europeo concluía que los logros alcanzados no habían cumplido con las expectativas[57].

El segundo de los ejes en los que se articula el paso de la Diplomacia climática anterior a la actual Diplomacia del Pacto Verde es que esa acción por el clima pasa a impregnar a todas las políticas e instrumentos a través de los que se desarrolla la acción exterior de la Unión, que se ponen a disposición de ese objetivo del liderazgo climático. Es decir que la Unión adopta una aproximación mucho más proactiva, conforme a la cual ya no se limita a mostrar cómo actuar, sino que se declara dispuesta a asistir a otros Estados a seguir por esa misma vía. Y con ese fin es evidente que corresponde un lugar relevante a los instrumentos financieros, especialmente al ya apuntado Instrumento de Vecindad, Cooperación al Desa-

---

55 *Comunicación de la Comisión al Consejo y al Parlamento Europeo. Creación de una alianza mundial para hacer frente al cambio climático entre la Unión Europea y los países en desarrollo pobres más vulnerables al cambio climático.* COM(2007) 540 final, de 18 de septiembre de 2007.

56 En ese sentido puede apuntarse la opinión de Beatriz PÉREZ DE LAS HERAS [(2020) p. 138], para quien esa Alianza constituía el marco más destacado para impulsar el desarrollo sostenible entre los países participantes.

57 *Special report 04/2023: The Global Climate Change Alliance(+). Achievements fell short of ambitions, European Court of Auditors.* Disponible en: file:///Users/usuario/Downloads/SR_Climate_change_and_aid_EN.pdf (última consulta el 15 de julio de 2024).

rrollo y Cooperación Internacional. Éste, establecido mediante el Reglamento (UE) 2021/947[58], incluye entre sus objetivos la lucha contra el cambio climático, que en su artículo 8.8 se presenta como criterio horizontal de todos los programas y acciones que se emprendan, apuntándose en el considerando 49 del Reglamento de forma explícita el objetivo de favorecer la adhesión al Acuerdo de París y a la CMNUCC. En ese sentido se señala como objetivo general que las acciones contempladas en este Instrumento contribuyan a la consecución de objetivos climáticos con el 30 % de la dotación financiera total del mismo, superando de esa forma la previsión del 25% que se incluía en el Pacto Verde Europeo.

Por lo que respecta a la puesta a disposición del objetivo del liderazgo climático de todas las políticas de la Unión que se integran en su acción exterior, a continuación se apuntarán algunos ejemplos representativos. Una de las políticas más relevantes desde la perspectiva de la Diplomacia del Pacto Verde Europeo es la política de cooperación al desarrollo, destacando particularmente a los efectos que aquí nos interesan la introducción progresiva de una condicionalidad climática[59]. En este mismo ámbito de la polí-

---

58 Reglamento (UE) 2021/947 del Parlamento Europeo y del Consejo de 9 de junio de 2021 por el que se establece el Instrumento de Vecindad, Cooperación al Desarrollo y Cooperación Internacional – Europa Global, por el que se modifica y deroga la Decisión no 466/2014/UE del Parlamento Europeo y del Consejo y se derogan el Reglamento (UE) 2017/1601 del Parlamento Europeo y del Consejo y el Reglamento (CE, Euratom) no 480/2009 del Consejo. *DOUE* L 234, de 22 de septiembre de 2023.

59 A la que se refiere Rosa GILES [(2022) p. 148], al señalar la exigencia habitual a los países destinatarios de esa cooperación de la Unión de adoptar Planes Nacionales de Adaptación que fortalezcan la capacidad para un desarrollo sostenible. El papel de la condicionalidad climática en relación con el propósito de la Unión de influir en las conductas de los demás Estados es igualmente subrayado por Teresa FAJARDO [(2021) pp. 21 y 87 y ss.], para quien constituye una herramienta fundamental en la Diplomacia del clima, mencionando la propuesta de Francia, España y Luxemburgo, en 2019, de atribuir a la violación de

tica de cooperación al desarrollo cabe mencionar la Iniciativa de la *Pasarela Mundial*[60], con la que, como advierte Teresa FAJARDO, la Unión intenta recuperar el liderazgo europeo en la cooperación al desarrollo y en las inversiones extranjeras en sus áreas tradicionales de influencia, ante el imparable avance de China y su iniciativa de *la Franja y la Ruta*[61]. Si bien esta Iniciativa no se focaliza de forma exclusiva en la lucha contra el cambio climático, este propósito ocupa un lugar relevante en el contexto de una iniciativa dirigida a ayudar al desarrollo de infraestructuras en todo el mundo. De hecho, al plantear el objetivo de las ayudas de esta *Pasarela*, que se conecta con el objetivo de cero emisiones netas[62], se hace referencia al mejor desarrollo por los Estados de su infraestructura en diversos sectores, siendo el clima el primero de ellos, seguido por la energía, el transporte la digitalización, la sanidad o la educación.

La herramienta de la condicionalidad climática se extiende a la Política Comercial Común, integrando la lucha contra el cambio climático en los Acuerdos comerciales negociados por la Unión, en los que se incluyen capítulos centrados en la participación efectiva de esos otros Estados en el Acuerdo de París. Ese es el caso del Acuerdo con Japón, que entraba en vigor el 1 de febrero de 2019, en cuyo artículo 16.4 se reafirma el compromiso de ambas Partes de cumplir efectivamente con la CMNUCC y el Acuerdo de París, y en ese contexto destaca su propósito de cooperar para promover una contribución positiva del comercio a la transición a un desarrollo bajo en emisiones y climáticamente resiliente[63]. Previamente

---

esa cláusula del clima los mismos efectos que se atribuye a la violación de la de derechos humanos, es decir, la suspensión de los Acuerdos internacionales.

60 *Comunicación conjunta al Parlamento Europeo, el Consejo, el Comité Económico y Social Europeo, el Comité de las Regiones y el Banco Europeo de Inversiones. La Pasarela Mundial.* JOIN(2021) 30 final, de 1 de diciembre de 2021.

61 FAJARDO DEL CASTILLO, Teresa (2023) pp. 174 y ss.

62 *Cit.*, p. 4.

63 Acuerdo entre la Unión Europea y Japón relativo a una asociación económica. *DOUE* L 330, de 27 de diciembre de 2018. Este Acuerdo es

a ese Acuerdo, aunque lógicamente sin citar el Acuerdo de París, puede mencionarse el Acuerdo con Corea del Sur, en vigor desde el 1 de julio de 2011[64], en cuyo artículo 13.5.3 las Partes reafirman su compromiso de alcanzar el objetivo último de la CMNUCC y del Protocolo de Kioto y de cooperar para el desarrollo de un futuro marco internacional para el cambio climático.

Otro instrumento señalado por el Pacto Verde Europeo como relevante en el marco de la nueva Diplomacia climática es el Mercado Interior, cuya *vis* atractiva puede servir para exportar los estándares ambientales y climáticos europeos a otros Estados que pretenden introducir sus productos en ese Mercado[65]. Un buen ejemplo de norma de esa naturaleza, cuyo propósito es hacer que terceros Estados se alineen con esos estándares europeos, es el conocido como Reglamento de Taxonomía[66], que establece los criterios para determinar la sostenibilidad medioambiental de una actividad y por tanto de la inversión que financie dicha actividad. Entre los objetivos medioambientales que se definen en su artículo 9, y que sirven para determinar la sostenibilidad medioambien-

---

destacado por Beatriz PÉREZ DE LAS HERAS [(2020) p. 138] en el contexto de la progresiva consolidación de los compromisos en materia de desarrollo sostenible en los Acuerdos de libre comercio de la Unión Europea, al tratarse del primero de esos Acuerdos que desarrolla los compromisos contraídos en el marco del Acuerdo de París.

64 Acuerdo de Libre Comercio entre la Unión Europea y sus Estados miembros, por una parte, y la República de Corea, por otra. *DOUE* L 127, de 14 de mayo de 2011. Al que se refiere Teresa FAJARDO [(2021) p. 106] para apuntar que es el primero de esos Acuerdos que incluye un capítulo, en este caso el Capítulo 13, centrado en el binomio comercio y desarrollo sostenible.

65 Así se señala en el Pacto Verde Europeo al plantear la posibilidad de fijar normas ajustadas a las ambiciones medioambientales y climáticas de la Unión aplicables a todas las cadenas de valor mundiales. *Cit.*, p. 25.

66 Reglamento (UE) 2020/852 del Parlamento Europeo y del Consejo de 18 de junio de 2020 relativo al establecimiento de un marco para facilitar las inversiones sostenibles y por el que se modifica el Reglamento (UE) 2019/2088. *DOUE* L 198, de 22 de junio de 2020.

tal de dichas actividades, se incluyen en primer lugar la mitigación y la adaptación al cambio climático. De hecho, la adopción de ese Reglamento responde al objetivo que se establece en el artículo 2.1.c) del Acuerdo de París de *situar los flujos financieros en un nivel compatible con una trayectoria que conduzca a un desarrollo resiliente al clima y con bajas emisiones de gases de efecto invernadero*. De esa forma, con la adopción de ese Reglamento la Unión Europea se convierte, tal como apunta Rosa GILES, en la primera economía que ha abordado la ardua tarea de clasificar las actividades económicas en función de su impacto climático[67].

Otra herramienta útil desde la perspectiva de la Diplomacia del clima de la Unión y directamente conectada con el acceso al Mercado Interior es el ya mencionado mecanismo de ajuste en frontera, establecido mediante el Reglamento (UE) 2023/956. Si bien el objetivo último de este instrumento es, como ya se señaló, reaccionar frente a fugas de carbono, su dimensión exterior es evidente y plantea diversos obstáculos a tener en cuenta para su puesta en marcha, principalmente la garantía de su compatibilidad con las reglas de la OMC. A ello se refiere Xavier FERNÁNDEZ PONS que, tras recordar que los órganos competentes de esa Organización aún no se han pronunciado al respecto, plantea alternativas para garantizar esa compatibilidad, mostrando su preferencia por las excepciones del artículo XX GATT de 1994 relacionadas con determinados objetivos legítimos reconocidos multilateralmente, frente a otras opciones como la posibilidad de evitar la prohibición de discriminación entre productos similares, conforme al artículo 1 del GATT de 1994[68]. Ello no obsta que el autor advierta de la necesidad de

---

67 GILES CARNERO, Rosa (2022) p. 150.

68 En relación con la opción preferida señala FERNÁNDEZ PONS [(2020) pp. 8 y ss.] que la ausencia de medidas contra el cambio climático entre las excepciones de ese artículo XX puede compensarse de forma indirecta, acudiendo a las excepciones previstas en los apartados b) —medidas necesarias para proteger la salud y la vida de las personas y de los animales o para preservar los vegetales— o g) —medidas relativas a

que para garantizar esa compatibilidad la Unión deba establecer impuestos interiores al carbono emitido domésticamente, es decir acometer una profunda reforma de la fiscalidad de la energía, lo que por otra parte ya se contempla en el Pacto Verde Europeo.

Lo apuntado hasta ahora pone de manifiesto que la Diplomacia del Pacto Verde representa avances respecto de la Diplomacia del clima; en ese sentido parece claro que se ponen a disposición de la primera más herramientas de las que había respecto de la segunda. La Unión Europea pretende jugar la baza económico-financiera para reforzar su capacidad de influencia en los demás actores, y que sigan su ejemplo. Sin embargo, debe hacerse una lectura realista de esa posibilidad y concluir que en el actual escenario la condición de la Unión como líder climático, en el sentido que aquí se ha expuesto de convencer a los demás a seguir su ejemplo, no parece una perspectiva demasiado realista. De hecho, así parece ponerse de manifiesto a la luz de los últimos acontecimientos en el marco de la negociación climática; no en vano el segundo de los momentos antes apuntados como demostración del papel secundario de la Unión, el de las COP de 2021 y 2022, se refería a un momento en que el Pacto Verde ya estaba sobre la mesa. Podría oponerse a este respecto que la Unión no había dispuesto de mucho tiempo para mostrar sus cartas, y que de hecho las disposiciones del Programa *Objetivo 55* todavía no habían visto la luz. Pero, como ya se apuntó, la percepción que surge de esas dos COP es favorable a una orientación de la diplomacia climática más cercana a los intereses y puntos de vista del Sur Global, y muy especialmente de China.

---

la conservación de recursos naturales agotables—; especialmente la segunda a la vista de la interpretación evolutiva que la jurisprudencia ha venido haciendo de la noción recursos naturales agotables, cubriendo también recursos naturales renovables que pueden desaparecer como el aire puro.

V. CONCLUSIONES

La confirmación de la Unión Europea como líder climático sería sin duda una buena noticia para la comunidad internacional en su conjunto. Es cierto que su acción en este ámbito no está exenta de críticas, como la que plantea la posibilidad o incluso la necesidad de un mayor esfuerzo por parte de los países desarrollados, incluidos los Estados miembros de la Unión, en materia de reducción de emisiones de GEI. Pero aun con eso debe reconocerse que la aproximación europea es la que mejor se alinea con lo que señala la ciencia como más adecuado para hacer frente de forma efectiva al problema del cambio climático; es decir un esfuerzo decidido en favor de una reducción cuantificada de emisiones de GEI, lo que en el caso europeo se lleva a cabo con una intensidad no igualada por ningún otro actor climático.

A ese respecto debe señalarse que las referencias a la Unión como líder climático son constantes, muy especialmente en el marco de la propia Unión; sin embargo, podemos acudir en este caso a los versos de Ramón de Campoamor, para afirmar eso de que nada es verdad ni mentira: todo es según el color del cristal con que se mira. Y en este caso ese cristal es el sentido que quiera darse a ese concepto de líder, debiendo distinguir entre una aproximación centrada en lo modélico de la conducta del líder y otra que se focaliza más bien en su capacidad para convencer a los demás. A ese respecto, y más allá de que todo es perfectible, puede aceptarse que la Unión es un modelo a seguir en el campo de la lucha contra el cambio climático, siendo donde desde hace tiempo se concentra de manera principal, y a veces casi única como con ocasión de la Enmienda de Doha, el esfuerzo de mitigación a escala global. Sin embargo, ello no le ha permitido, al menos por el momento, presentarse como tal líder, en el sentido de convencer a los demás Estados para que se alineen en esa senda de un esfuerzo intensificado de reducción de emisiones.

No obstante, la Unión no ceja en su empeño y con el Pacto Verde Europeo, y todo el conjunto de disposiciones que lo desarrollan, vuelve a intentar alcanzar ese objetivo de liderar la lucha contra el cambio climático. Y sobre este particular debe convenirse que este nuevo intento, esta *Diplomacia del Pacto Verde*, es como ya se apuntó anteriormente una *Diplomacia climática 2.0*, en el sentido de que representa un paso adelante respecto del escenario anterior. Esa diferencia se percibe tanto en cuanto a la ambición, que ahora llega a la neutralidad climática en 2050, como respecto a los medios puestos a disposición de ese objetivo. Tras el Pacto Verde Europeo la diplomacia climática adquiere un carácter horizontal y todos los instrumentos y políticas a través de los que se materializa la acción exterior de la Unión Europea, con especial relevancia para los instrumentos de ayuda financiera, se alinean con ese objetivo.

Sin embargo, el escenario no parece muy propicio, lo que como se decía al comienzo de estas conclusiones no es una buena noticia no solo para la Unión Europea sino para la comunidad internacional en su conjunto, puesto que el tiempo que queda para la reacción es cada vez menor y los Informes apuntan claramente a la necesidad de reforzar el esfuerzo de mitigación. En efecto, la deriva de la negociación climática hacia la multipolaridad parece estar más cerca de hacerse realidad en el próximo futuro que la aproximación europea, incluso puede considerarse que ya se ha hecho real. Y esa deriva, acorde a los intereses principalmente de China, sorprendente representante del Sur global a la vista de la divergencia de sus intereses con los de la mayoría de países que conforman ese grupo y en particular los menos adelantados, es más favorable a la fijación de objetivos ambiguos en materia de reducción de emisiones. En ese escenario de negociación climática los Estados, especialmente los más grandes, dispondrán, o de hecho ya lo hacen a la vista de lo incluido en el Acuerdo de París, de un margen de acción importante que permita la primacía de sus intereses particulares, y podría decirse inmediatos, frente al interés general, e incluso el particular de esos mismos Estados y de todos los demás a medio y largo, aunque cada vez menos lejano, plazo.

Como dice el proverbio, la esperanza es lo último que se pierde y quien sabe si, quizá como consecuencia de los impactos que ya está teniendo el calentamiento global, los Estados terminan convenciéndose de lo benéfico de la postura de la Unión y la seguirán en su deriva, haciendo realidad los dos planos de su liderazgo y no solo el primero, referido a su condición de modelo. Pero a fuerza de ser realistas debe señalarse que por el momento ese escenario está más lejos que aquel en el que esa primacía de intereses a corto plazo, especialmente de ciertos actores principales, ralentiza una respuesta adecuada al cambio climático y convierte en muy difícil, por no decir casi imposible, el logro de los objetivos establecidos en el Acuerdo de París.

VI. BIBLIOGRAFÍA

DE CASTRO RUANO, José Luis (2023), "La respuesta europea al cambio climático y la estrategia por la neutralidad climática: del Pacto Verde Europeo a la Ley del Clima Europea y más allá", Revista Aranzadi Unión Europea, núm. 8-9.

DE SADELEER, Nicolas (2024), "Balance moderado del Pacto Verde Europeo: ¿vaso medio vacío o medio lleno", Actualidad Administrativa, 5 de junio, n. 146. Disponible en: chrome-extension://efaidnbmnnnibpcajpcglclefindmkaj/https://www.actualidadjuridicaambiental.com/wp-content/uploads/2024/06/2024-06-05-Sadeleer-Pacto-Verde-Europeo.pdf.

FAJARDO DEL CASTILLO, Teresa (2023), *La Diplomacia del Clima de la Unión Europea. La Acción Exterior sobre el Cambio Climático y el Pacto Verde Mundial*, Reus Editorial, Madrid.

FAJARDO DEL CASTILLO, Teresa (2023), "Éxitos y fracasos de la diplomacia del clima de la Unión Europea en la COP27 de Sharm el-Sheikh de 2022", Anales de Derecho, Universidad de Murcia, n.º 40, pp. 158-192.

FERNÁNDEZ DE GATTA SÁNCHEZ, Dionisio (2020), "El ambicioso Pacto Verde Europeo", Actualidad Administrativa, 12 de mayo, n. 101. Disponible en: chrome-extension://efaidnbmnnnibpcajpcglclefindmkaj/https://www.actualidadjuridicaambiental.com/wp-content/uploads/2020/05/2020_05_12_Fdez-Gatta-Pacto-Verde-Europeo.pdf.

FERNÁNDEZ PONS, Xavier (2020), "La propuesta de la Unión Europea relativa a un impuesto sobre el carbono en frontera y su compatibilidad con las normas de la Organización Mundial del Comercio", Revista de educación y derecho, Nº. 21. Disponible en: file:///Users/usuario/Downloads/Dialnet-LaPropuestaDeLaUnionEuropeaRelativaAUnImpuestoSobr-7388653.pdf.

GARCÍA LUPIOLA, Asier (2022), "El Pacto Verde Europeo y las propuestas para su desarrollo. ¿Mayor ambición de la UE para alcanzar el desarrollo sostenible?", Revista de Estudios Europeos, volumen 79, enero-junio, pp. 80-114.

GILES CARNERO, Rosa (2017), "La contribución de la Unión Europea al desarrollo del régimen internacional en materia de cambio climático: el paquete europeo sobre clima y energía en el contexto de la acción internacional", Cuadernos Europeos de Deusto, Núm. 57, pp. 193-215.

GILES CARNERO, Rosa (2022), "El papel de la Unión Europea en la acción ante el cambio climático", Anuario de la Facultad de Derecho de la Universidad Autónoma de Madrid, nº 26, pp. 135-156.

MORENO MOLINA, Ángel M. (2023), *El Derecho del cambio climático: Retos, instrumentos y litigios,* tirant lo blanch, Valencia.

PÉREZ DE LAS HERAS, Beatriz (2020), "La Unión Europea en la transición hacia la neutralidad climática: retos y estrategias en la implementación del Acuerdo de París", Revista Española de Derecho Internacional, vol. 72/2, julio-diciembre, pp. 117-141.

PÉREZ DE LAS HERAS, Beatriz (2022), "The 'Fit for 55' Package: Towards a More Integrated Climate Framework in the EU", Romanian Journal of European Affairs, vol. 22, No. 2, December, pp. 63-78.

VERDÚ BAEZA, Jesús (2013), "Cambio climático y la Unión Europea: desde el liderazgo al riesgo de irrelevancia", Revista de Derecho Comunitario Europeo, núm. 45, mayo-agosto, pp. 659-687.

Capítulo 5

Modificaciones y desarrollo del comercio de derechos de emisión tras el Pacto Verde: en especial, el mecanismo de ajuste carbónico en frontera

ÁNGEL M. MORENO MOLINA*

SUMARIO: I. INTRODUCCIÓN: EL *PACTO VERDE* Y OTRAS HOJAS DE RUTA. II. LA REFORMA DEL COMERCIO DE DERECHOS COMO PALANCA ESENCIAL DE LA AMBICIÓN CLIMÁTICA EUROPEA. III. CRISTALIZACIÓN NORMATIVA DE LAS PROPUESTAS. IV. ASPECTOS Y NOTAS GENERALES DE LA LEGISLACIÓN. VI. EL MECANISMO DE AJUSTE DEL CARBONO EN LA FRONTERA EXTERIOR DE LA UNIÓN. 1. Origen de esta norma y objetivos que persigue. 2. Ámbito de aplicación del nuevo mecanismo y entrada en vigor. 3. Aspectos operativos. 3.1. El declarante autorizado. 3.2. Los "certificados MAFC" y sus peripecias vitales. 4. Obligaciones y cargas sobre las empresas. 5. Aplicación administrativa y sanciones. 6. Naturaleza jurídica. V. BIBLIOGRAFÍA.

I. INTRODUCCIÓN: EL *PACTO VERDE* Y OTRAS HOJAS DE RUTA

En la Unión Europea (en adelante, "UE" o simplemente "Unión"), los principales objetivos y políticas europeas recientes en materia de cambio climático, bajo el *paraguas* del Acuerdo de París, han cristalizado en tres documentos relevantes. El primero es el denominado "Pacto Verde Europeo" (*European Green Deal*), adoptado por la Comisión en 2019. El segundo es la denominada *Ley climática europea*, aprobada conjuntamente por el Consejo y el

* Catedrático de Derecho Administrativo, Universidad Carlos III de Madrid.

Parlamento Europeo a mediados de 2021[1]. El tercero es el programa "Objetivo 55".

El sedicente nuevo "pacto verde europeo" es una Comunicación de la Comisión aprobada a finales del 2019[2], en la que aquella estableció los grandes objetivos de la Unión y de sus Estados miembros (en adelante, "EEMM") en materia de lucha contra el cambio climático, transición energética y descarbonización de la economía. Según esta comunicación, se pretende establecer "una nueva estrategia de crecimiento", que habrá de convertir a la Unión nada más y nada menos que en una sociedad "equitativa y próspera, con una economía moderna, eficiente en el uso de los recursos y competitiva, en la que no habrá emisiones netas de gases de efecto invernadero en 2050". Los objetivos no pueden ser más ambiciosos, y lindan con un utópico *"brave new world"*, en el que la Unión lidera ejemplarmente la descarbonización mundial...

Este *rooseveltiano* "new deal" es un documento programático-propositivo muy importante y con una evidente inspiración transversal y holística, dado que se propone un cambio radical en numerosos sectores de la economía y de la sociedad: transportes, energía, agricultura, grandes infraestructuras, alimentación, construcción, fiscalidad, etc. El pacto verde propone el empleo de numerosas técnicas e instrumentos, y desde luego numerosos cambios en la normativa europea que regula los sectores antes mencionados. Por ello, es sin duda el fulcro de toda la estrategia y la política europea en materia de cambio climático[3].

---

1 Reglamento (UE) 2021/1119 del PE y del Consejo de 30 de junio de 2021 por el que se establece el marco para lograr la neutralidad climática y se modifican los Reglamentos 401/2009 y 2018/1999 («Legislación europea sobre el clima»). DOUE L143, de 9 de febrero de 2021.

2 Comunicación de la Comisión al PE y al Consejo sobre un nuevo pacto verde europeo, doc. COM(2019) 640 final, de 11 de diciembre de 2019.

3 Sobre el "pacto verde", vid.: KRÄMER, Ludwig (2020), pp. 267-306; THIEFFRY, Patrick (2020) pp. 90 y ss ; FERNÁNDEZ DE GATTA, Dionisio (2020); De SADELEER, Nicolas (2024).

A largo plazo, el gran macro-objetivo para la UE (y por tanto, para sus EEMM) consiste en alcanzar la "neutralidad climática" como muy tarde en 2050 (Ley climática europea, art. 2.1)[4]. Esta neutralidad carbónica tiene que ser lograda por la Unión en su conjunto ("dentro de la Unión Europea"), o sea que se tendrá que conseguir de forma solidaria por el conjunto de sus EEMM. Es decir, de la *Ley climática europea* no se desprende necesariamente que todos y cada uno de los EEMM tengan que alcanzar la neutralidad climática independientemente y por separado, sino que ese objetivo se habrá logrado si así resulta tras poner en común las realidades del conjunto de los Estados.

El objetivo climático de la Unión de carácter "intermedio" (es decir, instrumental para lograr la neutralidad climática) consiste en reducir las emisiones "netas" de GEI (es decir, emisiones una vez deducidas las absorciones) en una proporción de al menos un 55 % con respecto a los niveles de 1990, de aquí al año 2030[5]. Esta es la reducción "global", que se obtendría de la suma del porcentaje de reducción en los sectores cubiertos por el ETS (en ese momento consistente en un –43%) y del porcentaje de reducción en

---

4 Debe aclararse que la neutralidad climática no quiere decir "emisiones cero", sino un escenario en el que las (menguantes) emisiones sean equilibradas o neutralizadas por las absorciones. Se trata, por lo tanto, de un concepto claramente tributario de la contabilidad empresarial.

5 Por medio de una "Decisión de ejecución", la Comisión fija periódicamente las asignaciones de emisiones que cada Estado Miembro de la Unión debe respetar anualmente y que, de manera conjunta, representan una trayectoria descendente a lo largo del periodo 2020-2030. En este sentido, *vid.* la Decisión de Ejecución (UE) 2023/1319 de la Comisión de 28 de junio de 2023, por la que se modifica la Decisión de Ejecución (UE) 2020/2126 para revisar las asignaciones anuales de emisiones de los Estados miembros para el período comprendido entre 2023 y 2030 (DOUE L163, de 29 de junio de 2023). De acuerdo con esta decisión, España no debería sobrepasar las siguientes cantidades anuales de emisiones: en 2021: 200.997.922 toneladas métricas (TM) de CO2 equivalente; en 2022: 198.671.005 toneladas; en 2023: 192.805.142 toneladas; en 2024: 186.904.935 toneladas; y en 2025, 181.004.728 toneladas.

los sectores que no están cubiertos por ese mercado (cabalmente un –30%). A ello contribuiría igualmente una renovada ambición en la penetración de las energías renovables, pues las Comisión se proponía modificar la directiva de energías renovables con el fin de elevar el porcentaje o penetración de aquellas en el "mix" energético conjunto de la UE. Si en 2021 dicho objetivo era del 32%, la propuesta pretendía elevar dicha proporción hasta un formidable 40%, por lograr como muy tarde en el año 2030[6].

El tercer documento o estrategia fundamental del que debemos dar cuenta es lo en nuestros días se suele denominar un "paquete de medidas", o más bien de propuestas normativas, cristalizado en otra Comunicación de la Comisión, en este caso de julio de 2021[7]. Dado que la UE utiliza con fruición la técnica de los "slogans", en esta oportunidad a este "paquete" se le ha denominado "Fit for 55", que podría traducirse como "listos" (o "preparados") para el 55" (aunque la versión oficial en español es "Objetivo 55"). Dicha cifra hace referencia al objetivo de reducción de emisiones de GEI en el conjunto de la Unión, ya mencionado. Esta comunicación constituye un conjunto de estrategias, objetivos, y líneas maestras en torno al eje cambio climático/desarrollo sostenible, y contiene más de una decena de propuestas legislativas ambiciosas, basadas sobre dos bases jurídicas diferentes, el art. 192 del TFUE

---

6 Como consecuencia del debate político-parlamentario de la propuesta de la Comisión, el objetivo finalmente aprobado ha sido incluso más alto, concretamente el 43,5%: los EM de la Unión deberán velar conjuntamente por que la cuota de energía procedente de fuentes renovables sea de al menos el 42,5 % del consumo final bruto de energía, y además deberán procurar incrementar la cuota de energía procedente de fuentes renovables hasta el 45 % del consumo final bruto de energía de la Unión; todo ello en el año 2030 (Directiva 2023/2413, del PE y del Consejo de 18 de octubre de 2023, por la que, entre otros extremos, se modifica la Directiva (UE) 2018/2001, sobre promoción de la energía procedente de fuentes renovables).

7 Comunicación de la Comisión al Parlamento Europeo y al Consejo, "Fit for 55", doc. COM(2021)550 final, de 14 de julio de 2021.

(medio ambiente) y el 114 del mismo tratado (armonización del mercado interior).

Entre los elementos y propuestas que se recogieron en esa Comunicación figuran los que interesan a nuestros propósitos expositivos, pues consistían en revisar la regulación del comercio de derechos de emisión de gases de efecto invernadero (o "DEGEI"). Estas propuestas se discutieron por los actores políticos de la Unión a lo largo de 2021, 2022 y parte del 2023, dando lugar a las novedades normativas que se explican a continuación.

II. LA REFORMA DEL COMERCIO DE DERECHOS COMO PALANCA ESENCIAL DE LA AMBICIÓN CLIMÁTICA EUROPEA

El mecanismo del comercio de DEGEI lleva funcionando casi veinte años y ha pasado ya por cuatro fases diferentes[8]. A pesar de sus defectos, efectos perversos y críticas recibidas, en ningún momento ha sido puesto en cuestión por la UE ni, al parecer, por sus EEMM. Antes al contrario, en ese tiempo se ha ido fortaleciendo, ampliando, y haciéndose más complejo y centralizado (en la Comisión). Esta tendencia va a proseguir durante los próximos años. La "culpa" de ello la tienen los compromisos cada vez más ambiciosos de la UE en materia de lucha contra el cambio climático, que culminan con los documentos político-normativos arriba expuestos. El amplio programa político del *New Green Deal* y los nuevos objetivos para 2030 de la UE apuestan por una ambición climática aún mayor, y en ese contexto la política de "fijación de precios al carbono" va a tener un peso fundamental a la hora de alcanzar esos objetivos, a juicio de la Comisión. Por lo tanto, el sistema, universalmente conocido como "ETS" por sus siglas en

---

8 La literatura española sobre este mecanismo no es vasta. Baste aquí la cita de las siguientes obras: SANZ RUBIALES, Iñigo (2007); MORENO MOLINA, Angel Manuel (2021, 199-293).

inglés (*emissions trading scheme*) va a ser una palanca fundamental para lograr cumplir los nuevos y ambiciosos objetivos de mitigación climática de la Unión.

De manera más concreta, el paquete legislativo "Fit for 55" previó introducir en el mercado de emisiones una serie de modificaciones importantes, que cristalizaron en propuestas normativas de la Comisión[9]. Las propuestas más descollantes en este terreno son las siguientes:

— En primer lugar, la Comisión propuso que las emisiones de los sectores sometidos al comercio de DEGEI se redujeran en un 61 % de aquí a 2030, en comparación con los niveles de 2005. Esto representaba una reducción adicional de 18 puntos porcentuales en comparación con el objetivo entonces vigente (que consistía en una reducción del 43 % para el 2030). Para alcanzar este objetivo, un instrumento clave consistía en incrementar el factor lineal de reducción anual (fijado hasta entonces en el 2,2% anual) para fijarlo en el 4.2 %, es decir, una reducción del "techo" de derechos disponibles.

  Esto quiere decir que cada vez va a haber menos derechos accesibles en el mercado para los operadores económicos, lo que debería provocar un incremento aún mayor de sus precios (y, de consuno, un renovado esfuerzo por reducir sus emisiones por parte de aquellos). Para poner "más intensidad" en el mercado, la Comisión también propuso que se eliminara gradualmente la asignación gratuita de

---

9 Propuesta de Directiva del Parlamento Europeo y del Consejo por la que se modifica la Directiva 2003/87/CE por la que se establece un régimen para el comercio de derechos de emisión de gases de efecto invernadero en la Unión, así como la Decisión 2015/1814, relativa al establecimiento y funcionamiento de una reserva de estabilidad del mercado para el régimen de comercio de derechos de emisión de gases de efecto invernadero de la Unión, y el Reglamento 2015/757. *Documento COM COM(2021) 551 final*, de 14 de julio de 2021.

derechos de emisión (*vid. infra*). Siguiendo con su retórica economicista habitual, la Comisión pretendía con ello "crear una señal de precio más firme a fin de impulsar la reducción de las emisiones".

— En segundo lugar, la Guardiana de los Tratados propuso llevar a cabo una ampliación del ámbito de aplicación del sistema, según la cual el comercio de emisiones se ampliaría al transporte marítimo, al tiempo que se establecería un nuevo mecanismo de comercio de emisiones para el sector de los combustibles, el sector residencial, y el transporte por carretera (mecanismo paralelo conocido como "ETS 2"). Ello tendría por objeto incentivar la generalización del coche eléctrico y descarbonizar la calefacción residencial. La segunda de las propuestas, sin embargo, no parecía contar con la anuencia mayoritaria de los EEMM, pues muchos temían una reacción popular adversa si, como consecuencia de las misma, la vivienda tuviera que sufrir un encarecimiento aún mayor que el que ya padece. No hay que olvidar, por otro lado, que en Francia el detonante del impresionante movimiento de los "chalecos amarillos" (*gilets jaunes*) fue precisamente una propuesta de imponer un impuesto a los carburantes. Por ello, Francia se había mostrado reticente a la propuesta, mientras que Alemania (que ya tenía una medida similar) la apoyaba.

— En tercer lugar, el ejecutivo comunitario planteó importantes reformas en la asignación gratuita de derechos: seguiría siendo posible en el sector industrial, pero subordinada a su "condicionalidad"[10]. Esta asignación gratuita debería ser eliminada paulatinamente en el sector de la aviación, así como en los sectores sometidos a la "fuga de carbono" (*vid. infra*). El objetivo es que todos los derechos de emi-

---

10 Vid. el Real Decreto 203/2024, de 27 de febrero, por el que se desarrollan aspectos relativos a la asignación gratuita de derechos de emisión para los años 2026-2030 (BOE del 28).

sión sean objeto de subasta, como muy tarde a finales del 2027.

— En cuarto lugar, la Comisión propuso el establecimiento de un "mecanismo de ajuste en frontera" por emisiones de carbono[11]. Esta figura se aplicaría en las fronteras exteriores de la Unión, respecto de las importaciones de mercancías procedentes de terceros países en los que no está en funcionamiento el mercado de emisiones. De manera específica, esta "exacción" (de oscura naturaleza jurídica, como se verá luego) gravaría las importaciones con alta huella de carbono. Tendrían que pagarla las empresas de terceros países en el momento de introducir sus mercancías en el territorio aduanero común a través de las fronteras exteriores. Con ello se querían crear unas condiciones de competencia "equitativas" a escala internacional (entre las empresas europeas y las ubicadas fuera de la Unión), y al mismo tiempo luchar contra el fenómeno conocido como "fuga de carbono" *(vid. infra).*

— En quinto lugar, propuso la profundización y el fortalecimiento del comercio de derechos a través de la modificación de ciertos aspectos técnicos (reserva de estabilidad del mercado[12], manejo de la fluctuación de los precios del carbono, etc.).

---

11 En el verano de 2021 la Comisión hizo pública su propuesta de reglamento relativo a un "Mecanismo de ajuste del carbono en frontera" (o "CBAM" por sus siglas en inglés: "Carbon Border Adjustment Mechanism").

12 La reserva de estabilidad del mercado (REM) es una cantidad de DEGEI que se "inyecta" o detrae del mercado de derechos por la Comisión, y cuya cantidad fluctúa cada año. Comenzó a funcionar en enero de 2019 y pretende evitar que el mercado del carbono de la UE funcione con un excedente estructural de derechos de emisión, con el consiguiente riesgo de que ello impida que el comercio de derechos cumpla sus funciones economicistas ("envío de señales de inversión", "funcionamiento eficiente y ordenado del mercado", responder a los

Finalmente, la Comisión previó la creación de un Fondo Social del Clima, que sufragaría diversos tipos de actuaciones y proyectos para asegurar la "justicia" de la transición ecológica, y que esta no afecte negativamente a ciertos sectores o segmentos de la población. Su conexión con el sistema "ETS" radica en que ese fondo se financiaría en gran parte a través de los recursos que los EEMM obtendrían a la hora de asignar los certificados previstos en la normativa sobre ajuste del carbono en frontera (*vid. infra*).

III. CRISTALIZACIÓN NORMATIVA DE LAS PROPUESTAS

Desde una perspectiva estrictamente atenida al mecanismo del comercio de DEGEI, las normas jurídicas resultantes de todas las propuestas y objetivos recogidos en las normas y documentos políticas ya referidos son los siguientes:

(a) El **Reglamento 2023/956** sobre un mecanismo de ajuste en frontera por el carbono[13].

(b) **El Reglamento 2023/957** relativo a la inclusión del transporte marítimo en el régimen comunitario de comercio de derechos de emisión de gases de efecto invernadero,

---

desequilibrios entre oferta y demanda de DEGEI, etc.). Desde aquella fecha, la Comisión aprueba periódicamente una "Comunicación" por la que se hace pública la cantidad total de derechos de emisión que existe en el mercado, así como sus minoraciones o incrementos, a efectos de esa "REM". Vid., por ejemplo, la Comunicación de la Comisión: "*Publicación de la cantidad total de derechos de emisión en circulación en 2022 a efectos de la reserva de estabilidad del mercado establecida en el régimen de comercio de derechos de emisión de la UE* (DOUE C172/1, de 15.5.2023). Según esa comunicación, a lo largo del período de doce meses comprendido entre el 1 de septiembre de 2023 y el 31 de agosto de 2024, se han incorporado un total de 272.350.737 derechos de emisión a la REM.

13 Reglamento 2023/956 del PE y del Consejo, de 10 de mayo de 2023, por el que se establece un Mecanismo de Ajuste en Frontera por Carbono (DOUE de 16.5.2023).

establecido por la Directiva 2003/87/CE[14]. Esta medida se aplicará a los buques que utilicen un puerto de la UE, independientemente de su pabellón, por lo que tiene un claro efecto extraterritorial.

c) La **Directiva 2023/959**, que ha modificado profundamente la Directiva 2003/87 y ha ampliado el comercio de derechos a edificios, transporte por carretera y otros sectores, a través de un mecanismo directamente modelado sobre el comercio de derechos, pero separado del mismo y que se denomina coloquialmente "ETS 2". En su versión final, y por los imponderables ya referidos, este nuevo régimen no percute sobre los "generadores" inmediatos de las emisiones (residentes, automovilistas), sino sobre las empresas suministradoras del combustible que las generará luego, al ser quemado[15]. El sistema será plenamente operativo a partir de 2027. Dado que este asunto es analizado por el Prof. Iñigo Sanz, nos remitimos a su capítulo en esta obra colectiva (cap.6).

d) la **Directiva 2023/958**[16], que ha modificado la directiva "madre" en materia de comercio de derechos (la 2003/87)

---

14 Reglamento (UE) 2023/957 del PE y del Consejo, de 10 de mayo de 2023 por el que se modifica el Reglamento (UE) 2015/757 con el fin de incorporar las actividades de transporte marítimo al régimen para el comercio de derechos de emisión en la Unión y de seguir, notificar y verificar las emisiones de gases de efecto invernadero adicionales y las emisiones procedentes de tipos adicionales de buques (DOUE de 16.5.2023).

15 Directiva (UE) 2023/959 del Parlamento Europeo y del Consejo de 10 de mayo de 2023, que modifica la Directiva 2003/87/CE por la que se establece un régimen para el comercio de derechos de emisión de gases de efecto invernadero en la Unión (DOUE L130, de 16.5.2023).

16 Directiva (UE) 2023/958 del Parlamento Europeo y del Consejo de 10 de mayo de 2023 por la que se modifica la Directiva 2003/87/CE en lo que respecta a la contribución de la aviación al objetivo de la Unión de reducir las emisiones en el conjunto de la economía (DOUE L130, de 16.5.2023)

para introducir modificaciones en la contribución de la aviación al objetivo de mitigación de la Unión.

(e) Aunque no afecta directamente al "ETS" es conveniente también hacer referencia al **Reglamento 2023/857**[17], que ha aumentado las reducciones de emisiones de GEI que había establecido el Reglamento 2018/842 para un conjunto de sectores que en la jerga comunitaria se conocen como "non-ETS sectors", es decir sectores que no están cubiertos por el comercio de DEGEI (entre ellos, ciertas fuentes de energía, productos industriales, agricultura, residuos, etc); todo ello por referencia al año 2005. Esta norma es relevante porque afecta a sectores y campos que se pueden solapar, al menos en parte, con los sectores incluidos en el ámbito de aplicación del comercio de derechos.

Igualmente pertinente es la referencia a la creación del Fondo Social para el Clima, efectuada por virtud del **Reglamento 2023/955**[18].

IV. ASPECTOS Y NOTAS GENERALES DE LA LEGISLACIÓN

La normativa anteriormente referida comparte ciertas notas o aspectos generales, que de modo esquemático podemos sintetizar como sigue:

---

17 Reglamento (UE) 2023/857 del Parlamento Europeo y del Consejo, de 19 de abril de 2023 por el que se modifica el Reglamento (UE) 2018/842 sobre reducciones anuales vinculantes de las emisiones de gases de efecto invernadero por parte de los Estados miembros entre 2021 y 2030 (DOUE de 26.4.2023).

18 Reglamento (UE) 2023/955 del Parlamento Europeo y del Consejo de 10 de mayo de 2023 por el que se establece un Fondo Social para el Clima y se modifica el Reglamento (UE) 2021/1060 (DOUE L 130, de 16 de mayo de 2023).

(a) se altera la selección de la norma, pasando la Unión de legislar por medio de directivas a hacerlo a través de reglamentos, como norma usual.

(b) Todas las normas se apoyan sobre la base jurídica del art. 192.1 del TFUE (protección del ambiente).

(c) la normativa mantiene y profundiza sobremanera el tecnicismo y la complejidad de la legislación en materia del comercio de derechos, haciéndolo aún más árida e ininteligible, a la par que profundamente economicista. Se multiplican los anexos y el uso de la jerga ingenieril.

(d) Se aumenta significativamente la extensión de las normas jurídicas, a la par que sus exposiciones de motivos, que adquieren dimensiones desproporcionadas, sin que motiven realmente nada[19].

(e) La técnica legislativa es poco clara y legible. Por ejemplo, se han introducido en la Directiva 2003/87 numerosos preceptos nuevos en forma de *quinquies, sexies, septies,* etc., lo que dificulta enormemente la lectura y aún comprensión de la norma, que queda reservada a los iniciados.

---

[19] Por ejemplo, el Reglamento 2023/956 ocupa 53 páginas del DOUE, y su exposición de motivos, 16. La Directiva 2023/87 ocupa 68 páginas, y su EM, 24 páginas (!). En muchos casos, estas "novelescas" exposiciones de motivos se limitan a reproducir el texto articulado, glosándolo ligeramente. Sin embargo, no hay ninguna "motivación", digna de ese nombre, de tal o cual opción legislativa, de la solución regulatoria finalmente elegida (¿había otras?). El colmo de todo ello es la virtualmente nula motivación de la superación del principio de subsidiariedad. Se ha aceptado ya, sin gran crítica, que sea suficiente con que la Comisión diga que los objetivos de la norma de marras "no pueden ser alcanzados de manera suficiente por los Estados miembros, sino que, debido a sus dimensiones y efectos, pueden lograrse mejor a escala de la Unión". Esta lacónica expresión realmente no explica nada y funge como una suerte de fórmula ritual.

(f) Se continúa y agudiza la tendencia a conceder a la Comisión importantes competencias ejecutivas y, sobre todo, normativas. Teniendo en cuenta el alto tecnicismo de estas normas; que la Comisión no necesariamente adopta todas sus decisiones de forma realmente colegiada (reunión y discusión presencial de todos los comisarios)[20]; y el hecho de que el Comisario de Medio Ambiente puede no ser un experto en estos arcanos; todo ello nos incita a formular la siguiente pregunta incómoda: ¿quién legisla "de verdad" en estos casos?[21].

VI. EL MECANISMO DE AJUSTE DEL CARBONO EN LA FRONTERA EXTERIOR DE LA UNIÓN

1. Origen de esta norma y objetivos que persigue

La recta comprensión de esta reforma legal requiere previamente exponer el fenómeno denominado de la "fuga de carbono", otra terminología llamativa que nos ha traído el Derecho europeo. La "fuga de carbono" es un término que designa un fenómeno según el cual se puede producir (o se produce de hecho) una deslocalización de empresas ubicadas en un EM de la Unión y que están sometidas al sistema ETS, hacia países carentes de nor-

---

20 En el procedimiento escrito la preparación del acto se encomienda a un miembro de la Comisión, pudiendo los otros formular reservas o enmiendas. En caso contrario se entiende aprobado por el conjunto de la Comisión. El procedimiento de habilitación y el de delegación permiten igualmente atribuir a un comisario o incluso a un cargo inferior la adopción de actos, que se imputan luego al conjunto de la Comisión (art. 12 a 15 del Reglamento Interno de la Comisión; publicación consolidada en el DO de 8 de diciembre de 2000).

21 Es decir, ¿quién es ese alto funcionario de la Comisión (o aún peor, el consultor privado) de cuyo ordenador sale el borrador de la norma, que acaba publicándose en el Diario Oficial, sin prácticamente enmiendas, con forma de "reglamento delegado de la Comisión"?

mativa sobre emisiones de GEI o que tienen una normativa menos estricta[22]. El empleo de la palabra "fuga" es una traducción literal del inglés "lickeage". En realidad, el carbono no es el que se fuga, sino que las que se fugan (de la UE) son las empresas, atosigadas por los costes regulatorios y el estrés económico inherente al sistema del "ETS".

Para entender este comportamiento empresarial, es necesario tener presente los numerosos costes regulatorios que la sumisión al comercio de DEGEI representa para una empresa industrial, energética o aeronáutica, y que no se limitan ni mucho menos a la adquisición de DEGEI en el mercado: elaboración de planes y programas varios, informes, verificación de emisiones, etc.. Esos costes regulatorios (que han aumentado a lo largo de los años) suponen una carga importante para las empresas europeas que compiten en los mercados internacionales, y que pueden sufrir la competencia (no desleal, pero sí "con ventaja") de empresas que, estando situadas en otros países fuera de la UE, no tienen que soportar esos costes

En esa situación, la empresa (española, por ejemplo), puede decidir "deslocalizarse", es decir, construir una nueva fábrica y trasladarse con armas y bagajes a un país en el que no tendrá que soportar ese peso económico (y donde además se podrá beneficiar de costes laborales más bajos, y quien sabe si de ayudas a la inversión extranjera). Por ejemplo, a Marruecos, Serbia o Turquía.

Con el fin de evitar ese escenario, los legisladores europeos habían ya introducido una serie de previsiones y medidas. En primer lugar, fijaron los criterios y parámetros en virtud de los cuales se presupone que cierto sector o subsector económico se encuentra en un riesgo (alto o bajo) de fuga de carbono. Dichos criterios se recogen en el actual art. 10 *ter* de la Directiva 2003/87, que es un precepto enormemente extenso y complejo, trufado de conceptos económicos. En síntesis, se supone que los sectores y subsecto-

22 Ministerio de Medio Ambiente, y Medio Rural y Marino (2009), 5.

res que tienen un mayor riesgo de fuga de carbono son aquellos que tienen un gran consumo energético y que no son capaces de repercutir en los precios finales de sus productos los costes de los DEGEI sin llegar a perder cuota de mercado. En cambio, tienen un riesgo menor de fuga los sectores y subsectores que sí pueden hacer esa repercusión de tales costes, sin riesgo de perder cuota de mercado.

En segundo lugar, la Unión ha identificado cuáles son las áreas de actividad económica (sectores y subsectores) que, en función de su actividad y otras circunstancias, están más expuestas a la "fuga de carbono", esto es, son más propensas a caer en la tentación de mudarse a otros lares menos regulados. Esta tarea regulatoria se confió (nuevamente) a la Comisión (art. 10ter.5 de la directiva citada). A través de decisiones "delegadas", el ejecutivo comunitario ha señalado con precisión cuáles son los sectores que se encuentran en riesgo de fuga de carbono. La primera vio la luz en el año 2014, y fijó esa lista para el periodo 2015-2020.[23] Posteriormente dictó la Decisión delegada 2019/708, que determina los sectores que se consideran en fuga de carbono durante el periodo 2021-2030 y que entró en vigor el 1 de enero de 2021[24].

En tercer lugar, la Unión instituyó una medida relevante en este terreno, tendente a frenar el riesgo de deslocalización de las

---

23 Decisión 2014/746/UE de la Comisión, de 27 de octubre de 2014, que determina, de conformidad con la Directiva 2003/87/CE del Parlamento Europeo y del Consejo, la lista de sectores y subsectores que se consideran expuestos a un riesgo significativo de fuga de carbono durante el período 2015-2019 (DO L 308 de 29.10.2014, p. 114).

24 Decisión delegada (UE) 2019/708 de la Comisión de 15 de febrero de 2019 que completa la Directiva 2003/87/CE del Parlamento Europeo y del Consejo en lo referente a la determinación de los sectores y subsectores que se consideran en riesgo de fuga de carbono para el período 2021-2030 (DO de 8.5.2019). Esta decisión tiene un único anexo, de tres páginas de extensión, en el que se enumeran todos estos subsectores, y entre los que se encuentran la fabricación de colorantes y pigmentos, la fabricación de fibra de vidrio o la de azulejos.

empresas que se desempeñan en los sectores y subsectores antes identificados. Dicha medida consistió en que a los sectores identificados como en riesgo de fuga de carbono se les asignarían derechos de emisión de forma gratuita para el periodo que concluye en el año 2030, y además en un porcentaje del 100%.

Evidentemente, esta es una medida preñada de aspectos problemáticos, que van desde la rectitud de la metodología seguida para identificar a los sectores que se encuentran "a la fuga" como los posibles efectos discriminatorios que dicha medida pueda causar en el interior de la propia UE, dado que hay sectores industriales que tienen que comprar derechos o adquirirlos en las subastas, mientras que a otras se les "regala", a coste cero (y además en un 100 por 100 de sus emisiones). Esta figura constituye a nuestro juicio un ejemplo de inequidad del sistema ETS, puesto que unas empresas tienen que comprar sus cuotas en el mercado, a precios cada vez más caros, mientras que otras no tienen que hacerlo.

En cuarto y último lugar, estaba previsto que las empresas en riesgo de "fuga de carbono" pudieran recibir ayudas y subvenciones, con el fin de ayudarles a hacer frente a la carga regulatoria que supone el comercio de derechos.

Cuestión interesante es el posible efecto perverso de estas disposiciones protectoras, que según algunas fuentes ha permitido a ciertas empresas consideradas en riesgo de fuga de carbono generar unos beneficios inmensos, y seguramente discutibles[25], así como la consecuente pérdida de ingresos para los EEMM, debido

---

25 Por eso se les llama gráficamente "windfall profits", expresión que se puede traducir castizamente por "beneficios caídos del cielo". Se ha denunciado, por ejemplo, que empresas con un uso intensivo de energía obtuvieron ganancias del orden de 24 billones de euros del sistema ETS entre los años 2008 al 2014, empresas ubicadas principalmente en Alemania, Reino Unido, Francia, España e Italia. Vid: "Industry windfall profits from europe's carbon market. How energy-intensive companies cashed in on their pollution at taxpayers' expense", *Carbon Market Watch Policy Briefing*, March 2016.

a que dichos derechos asignados gratuitamente se dejan de subastar. Sin olvidar que estas medidas podrían ser consideradas como subsidios o ayudas de Estado. Son cuestiones muy interesantes que solo podemos dejar apuntadas aquí, por razones evidentes de concisión temática.

La lucha contra la "fuga de carbono" funge, pues, como uno de los ejes de la reforma del comercio de DEGEI que ha diseñado la novísima política climática de la Unión[26]. Ante esta tesitura, la Comunicación "Fit for 55" diseñó la técnica que aquí describimos, a la que se ha dado el nombre en español de "Mecanismo de Ajuste en Frontera por Carbono, o "MAFC")[27]. Descrito de manera sencilla, el reglamento establece que cuando se importen en la Unión los productos que más abajo se dirá, las empresas que los traigan a la Unión tendrán que pagar un "suplemento" o "exacción", cuyo importe será fijado por la Comisión.

En realidad, este "MAFC" pretende dos objetivos: por un lado, coadyuvar a atajar el riesgo de fuga de carbono derivado de la diferencia entre la ambición climática de la Unión y la de los países en los que se producen ciertas mercancías, y por otro, contribuir

---

26 La exposición de motivos del Reglamento 2023/926 afirma que "aunque la Unión ha reducido considerablemente sus emisiones internas de gases de efecto invernadero, las emisiones de gases de efecto invernadero implícitas en las importaciones a la Unión han seguido aumentando", por lo que "mientras siga habiendo un número significativo de socios internacionales de la Unión con planteamientos políticos que no alcanzan el mismo nivel de ambición climática, existe un riesgo de fuga de carbono".

27 No nos satisface esta expresión en nuestra lengua, sobre todo por lo que hace al uso de la preposición "por", pues a nuestro juicio se debería emplear la preposición "de". Nos amparamos para ese criterio en la versión inglesa de esta nueva figura (*carbon border adjustment mechanism*), así como en la francesa (*mécanisme d'ajustement carbone aux frontières*). La versión italiana es aún más clara: *meccanismo di adeguamento del carbonio alle frontiere*. La versión portuguesa nos parece más bella y precisa: *mecanismo de ajustamento carbónico fronteiriço*. Por lo tanto, lo que se ajusta (objeto directo) es el carbono, no es que se ajuste "por" el carbono (el carbono no es la causa o motivo del ajuste).

a promover la descarbonización en esos países, objetivo este que se nos antoja demasiado ingenuo.

La técnica del MAFC, como el sistema "ETS" en el que se inspira, es un instrumento "economicista", esto es, creado por economistas para influir en la Economía, y lograr unos pretendidos efectos benéficos que se enseñan en las facultades de Economía: un *sistema de fijación del precio del carbono* que sea "equivalente" para las importaciones y los productos nacionales (esto es, los fabricados en la Unión). En uso de esa misma racionalidad, la Unión cae ahora en la cuenta de que la asignación gratuita de derechos (que, como se ha dicho ya, se había establecido para luchar contra la fuga carbónica) debilita la señal de precios que el sistema transmite a las instalaciones beneficiarias, lo que de paso acaba desincentivando a las empresas a invertir en una mayor reducción de las emisiones de GEI. De ahí que el legislador europeo haya decidido ir reduciendo paulatinamente dichas asignaciones gratuitas, hasta su completa eliminación.

Cómo no, el reglamento atribuye a la Comisión importantes competencias ejecutivas, por lo que puede decirse que la norma crea un sistema de gestión administrativa en red, cuyo Sol o centro director-coordinador es la Comisión. De no menor fuste son sus competencias normativas (legislación delegada) para fijar los detalles operativos de numerosas cuestiones (como la aplicación del MAFC a productos elaborados o ensamblados en alta mar).

2. *Ámbito de aplicación del nuevo mecanismo y entrada en vigor*

El "mecanismo" del que aquí se habla se aplica a ciertas mercancías[28] (o productos transformados a partir de las mismas) cuando son importadas en el territorio aduanero de la Unión, procedentes de terceros países. Entre esas mercancías se encuentra el cemento, el hierro y el acero, el aluminio, los fertilizantes, el

---

28 Los anexos I y II enumeran los productos o mercancías (o familias de ellas) sujetos al reglamento.

hidrógeno y la electricidad, que son los productos generados por los sectores más sensibles para la Unión, pues soportan con mayor intensidad la competencia de empresas de terceros países.[29] Por lo tanto, se trata de mercancías producidas por los sectores que habían sido identificados ya por la Comisión en las decisiones "delegadas" de las que se ha dado cuenta, *supra.*

Esta aplicación general cuenta con una excepción importante: el mecanismo no se aplica a una mercancía procedente de un país o "territorio" (parte de un país) ajeno al territorio aduanero europeo cuando su producción ya esté sujeta al comercio de derechos de la Unión, o cuando este se esté aplicando ya en el país o territorio origen de la mercancía. Estas circunstancias pueden darse en varios supuestos. Por ejemplo, la mercancía puede proceder de un territorio de un EM que no forme parte, según los tratados, del espacio aduanero común (casos de Ceuta y Melilla, por ejemplo), pero que pertenecen plenamente a un EM en el que rige, naturalmente, el régimen "ETS".

Otro supuesto es que el país origen de las mercancías importadas en la Unión haya celebrado un acuerdo con la UE que vincule plenamente el comercio de derechos de la UE con el régimen de comercio de derechos de emisión presente en dicho país. Finalmente, puede ser que en aquellas latitudes se aplique en la práctica un sistema de fijación del precio del carbono que esté totalmente vinculado al sistema "ETS" de la Unión (es decir, si en él se paga un precio para el carbono que se aplica efectivamente a las emisiones de gases de efecto invernadero implícitas en dichas mercancías, sin más descuentos que los aplicados de conformidad con el comercio de derechos de la UE). Disposiciones específicas se aplican a la importación de electricidad procedente de terceros países (art. 2.7).

---

[29] También se aplica a los productos transformados a partir de dichas mercancías como resultado del régimen de perfeccionamiento activo a que se refiere el artículo 256 del Reglamento 952/2013.

Para mayor seguridad jurídica, dichos países o territorios están incluidos en el Anexo III del reglamento, pero la Comisión puede modificar dicho anexo, introduciendo en él (o retirando) a ciertos países o territorios[30].

Por lo tanto, a los efectos de este instrumento de "ajuste en frontera", las mercancías producidas, elaboradas o fabricadas en terceros países se escinden, en caso de exportación a la UE, en dos grandes grupos: (a) productos elaborados en terceros países que no están sujetos al ETS de la Unión, o vinculados al mismo; y (b) productos que sí estén sujetos o vinculados a dicho sistema. Los segundos estarán completamente sujetos al "mecanismo", mientras que los otros no, o solo parcialmente.

La norma aquí expuesta tampoco se aplica a mercancías que tengan un valor muy reducido por envío, a las contenidas en los equipajes de los viajeros, o a los efectos militares (art. 2.3).

El Reglamento 2023/956 entró en vigor el 1 de octubre de 2023, pero en la actualidad se encuentra en una fase transitoria (más bien, "de prueba") que expirará el 31 de diciembre de 2025. Su aplicación completa y efectiva se ha sometido (lógicamente) a una serie de reglas y prevenciones transitorias, dirigidas a facilitar su aplicación y su divulgación progresiva entre los operadores afectados[31], de modo que se espera que entre plenamente en funcionamiento a partir del año 2026. Aunque durante el periodo transitorio los importadores no tienen que obtener "certificados

---

30 Por el momento, figuran en ese anexo los EM de la antigua EFTA: Islandia, Noruega, Suiza y Liechtenstein, que forman junto con la UE el EEE. Tampoco se aplica a las mercancías procedentes de los territorios siguientes: Büsingen — Isla de Helgoland — Livigno — Ceuta y Melilla. En el caso de las dos ciudades autónomas españolas, por el hecho de que no forman parte del espacio aduanero europeo.

31 La Comisión ha organizado varios "talleres" y sesiones informativas que se han retransmitido en línea, y dirigidos a todos los operadores afectados por este nuevo mecanismo.

MAFC", sí tienen que cumplir ciertas obligaciones y cargas regulatorias (*vid. infra*).

3. Aspectos operativos

3.1. El declarante autorizado

A partir de la plena aplicación del reglamento, y a salvo sus disposiciones transitorias, las mercancías sobre las que gira dicha norma solo podrán ser importadas en la Unión por una entidad (mercantil, se sobreentiende) que obtenga la condición de "declarante autorizado a efectos del MAFC". Esta es la pieza subjetiva pasiva esencial del nuevo mecanismo, y sobre la que pivotan todas las obligaciones y cargas que impone el reglamento[32]. Por consiguiente, esta norma crea una nueva figura autorizatoria de Derecho europeo (a la par que un nuevo *status* subjetivo), que concede a una empresa dedicada al negocio de la importación/exportación, establecido en cualquiera de los EEMM de la UE (o a su representante aduanero indirecto, en caso contrario), la condición de "declarante autorizado a efectos del MAFC".

A tal efecto, el reglamento diseña un escueto procedimiento administrativo autorizatorio (art. 5). Lo interesante de este procedimiento es que no solo está regulado por el derecho de la Unión, sino que es coordinado u ordenado por la Comisión, que crea un registro específico para la recepción de las solicitudes (el "Registro MAFC"), único canal que las admitirá, y que se regula pormenorizadamente en el art. 14 del reglamento. Además, la Comisión vuelve a recibir amplios apoderamientos normativos, en este caso para regular al detalle los aspectos técnico-operativos de dicho registro (como el formato de las solicitudes). Junto a estas, las empresas interesadas tienen que suministrar los documentos

---

32 Se ha preferido denominarlo "declarante" en lugar de "importador" pues ha pesado la legislación aduanera: el importador es la empresa que presenta una declaración en aduana para el despacho a libre práctica de mercancías.

e informaciones que regula pormenorizadamente el art. 5.5 del reglamento.

Por otra parte, ese registro (gestionado centralizadamente por la Comisión)[33] incorporará las identidades y datos de todas las empresas que obtengan la autorización de la que aquí se habla, así como el número e identificación de todos los "certificados MAFC" que obtengan los importadores autorizados. A cada una de esas empresas la Comisión le atribuirá una cuenta personal y única. El registro, pues, es único y produce efectos en todos los EEMM de la Unión[34].

La competencia para el otorgamiento de la autorización, en cambio, descansa sobre las autoridades competentes de los EEMM, esto es, de las que designen estos, por lo que (al menos en España) esta autorización tendrá la naturaleza de un acto administrativo expreso declarativo de derechos, autorización *personal* y de efecto constitutivo. El margen de apreciación de la Administración pública nacional es sin embargo limitado: la autorización solo puede ser concedida cuando el solicitante reúna los requisitos del art. 17.2 del reglamento. Una vez otorgada por un EM, la autorización será inscrita en el "Registro MAFC" de la Comisión, y será válida en todos los países de la Unión. En suma, puede verse aquí un nuevo ejemplo de procedimiento administrativo compuesto, que están proliferando durante los últimos años en el seno de la UE[35].

La autorización podrá ser "revocada" por la Administración nacional, bien cuando lo pida el propio operador, bien cuando incurra en las causas del art. 17.8 del reglamento.

---

33 Queda por ver si el registro será llevado en "gestión directa" por los medios y funcionarios de la Comisión, o será también objeto de "externalización" en favor de alguna empresa privada, como ocurre ya con otras tantas cosas.

34 La gestión estará super-informatizada y digitalizada (y por supuesto solo en inglés, nos tememos).

35 Sobre esta categoría de procedimientos, vid: ALONSO DE LEÓN, S. (2017).

3.2. Los "certificados MAFC" y sus peripecias vitales

La "joya de la corona" de este nuevo desarrollo regulatorio de la Unión es el "certificado MAFC", cuya naturaleza jurídica se explorará *infra*. A efectos didácticos, se puede decir que el "certificado MAFC" es para las mercancías importadas en la Unión desde terceros países el equivalente (o la figura gemela) de lo que los DEGEI son para las mercancías fabricadas en el interior de la Unión. Ambas figuras ofrecen grandes similitudes, pero igualmente profundas diferencias.

Por ejemplo, en principio parece que el certificado MAFC es un título que autoriza o permite importar en la Unión mercancías que fueron fabricadas o producidas (caso de la electricidad) fuera de ella. Al igual que sucede con los DEGEI "fetén", hay también una correlación aparente entre los "certificados MAFC" y la contaminación de gases de efecto invernadero, expresada en unidades de peso, dado que las emisiones de las mercancías importadas tienen que venir respaldadas o equilibradas por los oportunos certificados. Tanto un "derecho" de emisión de GEI como un "certificado MAFC" se corresponden exactamente con una TM de CO2.

Ahora bien, hay aquí una reseñable diferencia entre ambos títulos: mientras que respecto de los DEGEI la Directiva 2003/87 expresa claramente que cada uno de ellos *da derecho* a emitir una tonelada de GEI, en el caso de los certificados MAFC la norma no dice expresamente que estos "den derecho" o "permitan" emitir nada. Es más, la única correlación entre "certificado MAFC" y un volumen o peso dado de contaminación la encontramos en el art. 3, dedicado a las definiciones, y que dice textualmente lo siguiente: *"certificado MAFC": el certificado en formato electrónico correspondiente a una tonelada de CO2 equivalente de emisiones implícitas en las mercancías"*. Como puede apreciarse, la diferencia existente en este punto entre un genuino DEGEI cubierto por la Directiva 2003/87[36] y este

---

36 El art. 3.a de la Directiva 2003/87 define al "DEGEI" de la siguiente forma: (a) «derecho de emisión»: el derecho a emitir una tonelada equivalente de dióxido de carbono durante un período determinado.

nuevo certificado no puede ser mayor: este es un simple documento electrónico que "se corresponde" con una TM de CO2. La falta de precisión técnico-conceptual del legislador europeo empieza a ser preocupante.

Al igual que sucede con los genuinos "derechos" de emisión, el importador autorizado y registrado tiene que adquirir primero y *presentar* luego periódicamente (ante la Administración nacional) un número de certificados que cubra exactamente el volumen de las emisiones implícitas (directas más indirectas) que se hayan generado en la fabricación de los productos que importe en la Unión, siendo el volumen de aquellas emisiones el que determine el propio importador conforme a las reglas que se exponen *infra*[37]. Si en el momento que corresponda (a más tardar el 31 de mayo de cada año), el importador no "presenta" certificados que cubran dichas emisiones (las del año anterior), deberá abonar unas cuantiosas sanciones económicas (*vid. infra*).

Otra similitud entre los DEGEI y los "certificados MAFC" consiste en que ambas técnicas gravitan sobre los mismos gases (CO2, óxido nitroso y perfluorocarburos), y además el certificado MAFC debería reflejar los mismos costes que los que provoca el cumplimiento del comercio de derechos. Ahora bien, aquí también existen también profundas diferencias. Por ejemplo, los derechos de emisión de GEI solo cubren las emisiones "directas" (las emitidas por una instalación o por una aeronave), mientras que los certificados "MAFC" cubren las directas y las indirectas (esto es, las implícitas), por lo que su radio de afección es mayor.

Por otra parte, el comercio de derechos percute sobre instalaciones (emisoras de GEI), o sobre aeronaves (en el caso de la

---

37 En el grupo de mercancías que están *prima facie* sujetas al mecanismo, es posible establecer otra división: por un lado, existen unos productos para los cuales hay que computar tanto las emisiones "directas" como las "indirectas" de GEI (generadas o inducidos durante el ciclo de producción de la mercancía) mientras que por otro lado hay una lista restricta de mercancías para las cuales solo se computarán las emisiones directas.

aviación). En cambio el MAFC percute sobre mercancías. Finalmente, mientras que los derechos son objeto de una limitación cuantitativa, el mecanismo MAFC no fija límites cuantitativos a las importaciones, pues se entiende que ello restringiría los flujos comerciales entre terceros países y la Unión. Esta diferencia estructural suscita la cuestión de si a través de los certificados de carbono se pueden lograr los mismos objetivos economicistas que a través de los auténticos "derechos" (cuya cuantía máxima total decrece a lo largo del tiempo), pero eso es tarea para un ensayo más económico que jurídico.

Por lo que hace a la adquisición de los certificados por parte de los importadores autorizados, las empresas los deben "comprar" a los EEMM en una plataforma común central. Este momento clave, traslaticio del dominio, de los certificados MAFC no aparece regulado con precisión por la norma europea, lo cual es de lamentar y a buen seguro generará litigios y comentarios doctrinales encontrados. Decimos que las empresas los "compran" porque el reglamento se limita a decir que "los EEMM venderán certificados MAFC" (art. 20.1) a los declarantes autorizados, en la plataforma común ya referida. Razones de contención de espacio nos impiden profundizar como nos gustaría en las complejas cuestiones atinentes a la naturaleza jurídica de esa suerte de "negocio jurídico" que transfiere el certificado MAFC, del EM al importador autorizado establecido en dicho Estado[38].

Hay que subrayar que el precio de estos certificados no se deja a la libre negociación de las partes (al modo de una compraventa

---

[38] ¿Es una compraventa entre la Administración y un particular con pacto de recompra (vid infra)?. Desde luego, el enunciado del art. 20 del reglamente es claro: "venta de certificados MAFC". Las demás versiones lingüísticas coinciden en este *nomen iuris: sale* (inglés), *vente* (francés), etc. Ahora bien, ¿es una simple compraventa, o más bien un título de naturaleza administrativa, atribuido través de un acto administrativo de contenido declarativo de derechos?; ¿es un negocio incluido, o excluido *per natura* en la legislación de contratos del sector público?; ¿cuáles son las normas supletorias que hay que aplicar en caso de duda o laguna?, etc.

civil), sino que es determinado unilateral y ejecutivamente por el Poder público, en este caso por la Comisión. Dicho precio se determina de la siguiente forma:

En primer lugar, se parte de los precios de cierre que los DEGEI hayan alcanzado en las subastas de dichos derechos. Dichas subastas se llevan a cabo diariamente de acuerdo a los procesos y procedimientos establecidos en el Reglamento 1031/2010[39] y se canalizan a través de una "plataforma" electrónica especial. Una vez conocidos estos datos, la Comisión calcula el valor promedio de esos precios de cierre recaídos a lo largo de toda una semana, a través de un método de cálculo que ella misma regula. Una vez fijado, con arreglo a dicha metodología, ese valor "promedio", se convierte en el precio de los certificados MAFC, que tendrá que ser publicado por la Comisión en su sitio web el primer día hábil de la semana siguiente a la celebración de la subasta. Ese precio tiene validez durante toda esa semana. Al celebrarse otra nueva subasta, se sustituyen los valores por los que arroje la nueva.

Por lo tanto, el precio de los certificados MAFC se calcula sobre la base de un período semanal, mientras que en el caso de los DEGEI hay un precio distinto para cada día en que se celebran subastas. Una vez que se determina ese precio final, será el que los importadores autorizados tendrán que abonar al EM en el que estén domiciliados, para adquirir (¿comprar?) los certificados que necesiten para cubrir las emisiones de las mercancías que pretendan importar en la Unión.

Como puede apreciarse, hay aquí otra diferencia fundamental entre los genuinos DEGEI y estos nuevos certificados, pues en el primer caso las empresas interesadas participan directamente en las subastas haciendo ellas mismas las pujas correspondientes, mientras que en el caso de los certificados, las empresas que los necesitan deben asistir pasivamente a la determinación de su pre-

39 Reglamento (UE) n °1031/2010 de la Comisión de 12 de noviembre de 2010 sobre el calendario, la gestión y otros aspectos de las subastas de los derechos de emisión de gases de efecto invernadero.

cio por parte de la Comisión. Eso sí, el precio real de unos y de otros acabará siendo muy parecido.

Una vez fijado dicho precio, los certificados MAFC son "vendidos" a los "declarantes autorizados" que los hayan demandado, abonando aquellos el precio correspondiente al EM correspondiente (aquel en el que tenga su sede y a través de cuyas fronteras entrarán las mercaderías cubiertas por este mecanismo).

Tampoco hay en el caso de los "certificados MAFC" un auténtico *mercado* en el que los agentes económicos puedan vender o comprar a otras empresas los dichos certificados. Lo único que está previsto es que el EEMM correspondiente pueda "recomprar"[40] los certificados que le acaben sobrando a una empresa importadora autorizada, establecida en su territorio[41]. Además, este derecho está limitado temporal[42] y cuantitativamente[43], y no puede generar beneficio alguno para la empresa[44].

---

40 En efecto, el art. 23 del reglamento dispone que cuando un declarante autorizado lo solicite, el EM en el que esté establecido le *recomprará* "los certificados MAFC remanentes en la cuenta del declarante en el registro MAFC", una vez que los certificados se hayan entregado correctamente. Esta recompra se lleva a cabo por la Comisión "en nombre del Estado miembro en el que esté establecido el declarante autorizado" y se consuma a través de la plataforma común central a la que ya se ha hecho referencia.

41 El empleo de la palabra "recomprará" constituye un nuevo motivo de inquisición y duda, en línea con lo que ya se dijo respecto de la "compra" de estos certificados.

42 El *declarante autorizado* debe presentar una solicitud de recompra de certificados a más tardar el 30 de junio de cada año durante el cual se hayan entregado los certificados. Puede decirse entonces que la empresa "revende" sus certificados sobrantes, aunque el reglamento en ningún momento emplea ese verbo.

43 El número de certificados que pueden ser objeto de recompra no puede superar un tercio del total de certificados MAFC adquiridos en su momento por el importador durante el año natural anterior.

44 Según el art. 23.3 del reglamento: "El precio de recompra de cada certificado MAFC será el precio pagado por el declarante autorizado a efectos del MAFC por dicho certificado en el momento de la compra".

Una vez adquiridos a través de esta extraña "compra" estos certificados, pasan por una serie de vicisitudes o peripecias vitales. En primer lugar, cada certificado MAFC recibe un número de identificación, que es único para cada certificado. Es problemático saber cuándo se perfecciona este hecho, pues el reglamento dice que ello tendrá lugar "en el momento de su expedición". Ahora bien, la palabra expedición no es objeto de definición, ni vuelve a asomar en ningún momento por el texto del reglamento. Por lo tanto, lo más prudente es entender que aquí "expedición" significa "venta" o asignación a la empresa importadora autorizada. Ese número de identificación único debe ser registrado por la Comisión (así como la fecha de la venta del certificado MAFC, y su precio) en la cuenta que cada empresa autorizada tiene en el registro central.

Otro momento estelar en la vida de todo certificado es su "entrega". Hay aquí una nueva palabra problemática, que proviene sin duda de la regulación en la que se ha inspirado la de estos certificados, que es cabalmente la del ETS. Allí, cada empresa tiene que "entregar" a la Administración del EM en el que se encuentre domiciliada, un número de DEGEI equivalente a sus emisiones (las declaradas y además, verificadas). Por lo tanto, "entregar" quiere decir en realidad "presentar", "acreditar que se tiene", "mostrar" o incluso "exhibir". Sin embargo, la fuerza del inglés y del Spanglish es muy fuerte en Bruselas...y es que la versión inglesa emplea el verbo "surrender".

En realidad, lo que sucede aquí es tan sencillo como que la empresa exhibe o acredita ante la Administración que tiene un número de certificados suficientes para cubrir las emisiones implícitas de las mercancías importadas, y ante ese hecho-comprobación, el certificado MAFC es objeto de extinción vital, ha llegado al final de sus días cumpliendo su función: *muere* para lo que fue comprado.

Esta "entrega" de los certificados MAFC tiene que hacerla la empresa autorizada antes del 31 de mayo de cada año (en relación con las emisiones acontecidas en el año precedente), y por primera vez en 2027 por lo que respecta al año 2026. Esta entrega se formaliza igualmente a través del "registro MAFC" centralizado por la Comisión. La empresa tiene que "entregar" un número de certificados MAFC que cubra, al menos, las emisiones implícitas declaradas en su momento por el importador autorizado y —muy importante— verificadas de conformidad con el reglamento, para el año natural anterior a la entrega.

Una vez que la empresa "entrega" dichos certificados, la Comisión los "retira" del registro MAFC (que equivale, como se ha dicho poéticamente, a su muerte o extinción legal).

Con el fin de que el importador autorizado no se encuentre "de golpe" sin certificados que entregar al llegar la hora, el reglamento se ocupa de imponerle una obligación que funge como una regla de prudencia o de alerta temprana, pues: (a) tiene que velar por que el número de certificados que consten en su cuenta al final de cada trimestre corresponda al menos al 80 % de las emisiones implícitas de las mercancías importadas, y (b) si la Comisión constata que ello no es así, debe informar al EM correspondiente (aquel en el que esté domiciliada la empresa). Alertada de ese modo por Bruselas, la autoridad nacional competente le recordará a la empresa que está obligada a garantizar la tenencia de un número suficiente de certificados MAFC en su cuenta, en el plazo de un mes a partir de dicha notificación.

Llegamos así a otro momento fatal en la vida de todo certificado MAFC, que es su cancelación. Esta figura en realidad es una operación que se mueve claramente en el magma del Derecho público, pero cuyos contornos tampoco han sido regulados con precisión por el reglamento. En realidad, la cancelación es un acto en virtud del cual la Comisión extingue de oficio y de manera unilateral todo certificado MAFC que haya sido adquirido durante el año previo al año natural anterior y que permanezca en la cuenta del registro MAFC de la empresa. Además, y esto es lo extraño y jurídicamente peliagudo, la cancelación no da derecho a compensación para la empresa.

Esto nos parece bastante problemático y de difícil operatoria para la empresa, pues esta: (a) por un lado, tiene que tener certificados suficientes —y en todo momento— para cubrir las emisiones producidas por sus importaciones en el país de origen, pues en caso contrario se enfrenta a fuertes multas (vid. infra), pero (b) por otro lado, si resulta que ha comprado (a precio de oro) más certificados de los que luego le han hecho falta, la Comisión se los cancela sin derecho a compensación. La empresa no tiene más remedio que llevar un control permanente y exhaustivo de esta compleja contabilidad, y recurrir a la "reventa" de sus certificados, en caso de que les sobre. El problema será saber si las fechas y los plazos que habilitan estas decisiones y cálculos encajan…

4. *Obligaciones y cargas sobre las empresas*

La aplicación de este nuevo instrumento exige varios requisitos operativos e impone numerosas obligaciones sobre las empresas que importen en la UE mercancías cubiertas por el reglamento[45]. Como todas las normas de su estirpe, el Reglamento 2023/956 impone nuevos requisitos y cargas regulatorias (a la par que económicas) sobre las empresas afectadas por sus previsiones. Entre ellas figuran las siguientes:

(a) El deber de solicitar y obtener la autorización arriba expuesta.

(b) La obligación de inscribirse en el registro centralizado, que tiene una validez de cinco años (art. 10.3).

(c) La de mantener y actualizar determinados libros, en los que se deberán reflejar datos e informaciones relativas al

[45] Hay que aclarar que el reglamento se aplica tanto a empresas de la Unión como a las extracomunitarias, pues una empresa comunitaria puede tener una fábrica en (por ejemplo) Serbia, y luego importar esas manufacturas a la UE, momento en el que se le aplicará el reglamento.

cálculo de las emisiones implícitas de las mercancías que importe en la Unión.

(d) El deber de calcular[46] las emisiones implícitas de GEI de las mercancías que quiera importar en la UE, conforme a la compleja metodología técnica prescrita en el Anexo IV del reglamento[47].

(e) Conseguir la verificación obligatoria del cálculo de sus emisiones implícitas, por parte de un verificador que haya sido certificado de acuerdo con el Reglamento 2018/2067[48] (que es nuevamente un reglamento de Ejecución de la Comisión).

(f) Elaborar y presentar anualmente una declaración de las emisiones implícitas correspondientes a las mercancías importadas en el territorio aduanero de la Unión, acontecidas durante el año natural anterior ("declaración MAF-C")[49].

(g) Elaborar y presentar informes trimestrales a la Comisión, en los que darán cuenta de las mercancías importadas durante ese trimestre, en el plazo máximo de un mes después de finalizado dicho trimestre. Su contenido se regula detalladamente en el art. 35 del reglamento.

---

46 O contratar a una empresa para que las calcule. Al igual que su hermano mayor (el ETS), este nuevo mecanismo genera cuantiosos nichos y oportunidades de negocio para la empresas de consultoría técnica e ingenieril.

47 El hecho de que el declarante autorizado deba computar sus emisiones implícitas de acuerdo —solo— con la metodología del reglamento, confiere a este un claro efecto extraterritorial, dado que dichas mercancías se elaboran en países terceros, que podrían —eventualmente— contar con su propia metodología de cálculo (o con ninguna).

48 El Anexo VI del reglamento incorpora importantes requisitos, principios y menciones de los informes de verificación correspondientes.

49 Su contenido y detalles se regulan en el art. 6 del reglamento.

(h) *Entregar* anualmente el número de certificados MAFC que corresponden a las emisiones declaradas, como se ha visto ya. La primera declaración MAFC, correspondiente al año natural 2026, deberá presentarse a más tardar el 31 de mayo de 2027.

(i) Constituir, en ciertos casos, una garantía, cuya cuantía es fijada por el EM en el que el importador esté residenciado.

(k) Finalmente, se encuentra el coste en principio más alto: cabalmente, pagar el importe de los certificados MAFC, que es calculado por la Comisión en la forma que ya se ha expuesto.

Todas estas obligaciones, regulatorias y económicas, generarán unos costes evidentes, y en muchos casos elevados, a las empresas que importen en la Unión las mercancías de que aquí se habla. Estos costes, en principio, serán repercutidos o introducidos en la estructura del precio de sus mercancías. Con ello se espera, entre otras cosas, que dichas mercancías ingresen en el territorio aduanero de la Unión a un precio superior al que tendrían si no existiera este nuevo "mecanismo" (es decir, al precio con el que entran actualmente). Con ello, en teoría ya no harían una competencia tan "salvaje" a las mismas mercancías producidas en el seno de la Unión (por ejemplo, azulejos producidos en Turquía *versus* azulejos producidos en España).

Este aumento de precios es posible que acabe igualando las condiciones de competencia efectiva entre las mercancías europeas y las "extra-comunitarias", pero es evidente que ello puede provocar un incremento del coste de la vida, perjudicando al consumidor final, como de hecho está sucediendo ya con otras iniciativas de mitigación climática adoptadas por Bruselas y que impactan sobre las empresas europeas.[50] Es pronto, en cualquier caso, para valorar la importancia de este efecto secundario.

---

50 En junio de 2024 se hizo pública la noticia de que la aerolínea Lufthansa ha decidido incrementar el precio medio de sus billetes de avión (aumento que podría llegar a los 72€ en vuelos intercontinentales) con el fin de

5. Aplicación administrativa y sanciones

La ejecutividad del sistema es evidente, pues las autoridades aduaneras de cada EM no deben permitir la importación en su territorio de mercancías por ninguna persona que no sea un *declarante autorizado* a efectos del MAFC (art. 25.1). Como era de esperar, se ha previsto un jugoso sistema de sanciones (aunque no se define su naturaleza, intuimos que son "administrativas"), que se pueden desencadenar cuando un declarante autorizado incumpla las obligaciones previstas en el reglamento.

Las más relevantes tienen que ver con la ausencia o insuficiencia de certificados "MAFC" que el importador esté en disposición de "entregar". En efecto, el declarante autorizado que, a más tardar el 31 de mayo de cada año no haya entregado el número de certificados MAFC que corresponda a las emisiones implícitas de las mercancías importadas durante el año natural anterior estará obligado a pagar una sanción. Dicha sanción será idéntica a la sanción que se impone a las empresas por exceso de emisiones de GEI, establecida en la Directiva 2003/87. Dicha sanción se aplicará por cada certificado que el declarante autorizado a efectos del MAFC no haya entregado.

Según el art. 16.3 de la Directiva 2003/87, la multa por exceso de emisiones a efectos del ETS es de 100 € por cada TM de CO2 emitida, para la que el titular u operador de aeronaves no haya entregado derechos de emisión. Por lo tanto, aquí la sanción será igualmente de 100€ por cada certificado MAFC que el importador no haya conseguido (o querido) obtener para su entrega ulterior.

Ahora bien, el pago de las sanciones no libera al importador, puesto que ello (al igual que sucede con el sistema "ETS") no exime a la empresa de la obligación de entregar el número de

---

repercutir los costes que la empresa germana debe asumir para cumplir con la regulación europea de los combustibles de aviación sostenibles. *Vid.* la noticia: "Lufthansa cobrará hasta 72 euros extra por vuelo para cubrir los costes del combustible limpio". *Cinco Días*, edición del 25 de junio de 2024.

certificados MAFC pendientes, correspondiente a un año determinado. Por lo tanto, el pago de la sanción no le ahorra el deber de comprar los oportunos "certificados".

La imposición de estas multas, así como su recaudación ejecutiva, se deja a las Administraciones nacionales, de modo que en España (al menos) el reglamento habilita a la Administración estatal a ejercitar su potestad sancionadora, y a la ejecución forzosa de las multas correspondientes. Ahora bien, a nuestro juicio la efectividad de esta hipótesis necesitaría de la aprobación de una ley parlamentaria que tipificara correcta y convenientemente tanto las infracciones como las sanciones, con el fin de satisfacer los principios constitucionales de tipicidad y legalidad de la potestad sancionadora, del mismo modo que se ha hecho ya en otros casos en que un reglamento ha previsto sanciones por su infracción[51], como también lo hace la propia normativa del ETS (aunque se trata de una directiva).[52]

6. *Naturaleza jurídica*

No puede extrañarnos que la naturaleza jurídica de este nuevo "mecanismo de ajuste" y en concreto la de los *certificados MAFC* constituya un enigma, pues el reglamento que los crea no define la naturaleza jurídica de esta nueva figura, más allá de decir que "el certificado es un certificado", prodigio de precisión jurídica[53].

---

51 Por ejemplo, la Ley 8/2010, de 31 de marzo estableció el régimen sancionador previsto en el Reglamento "REACH" (Reglamento 1907/2006, de 18 de diciembre de 2006, relativo al registro, la evaluación, la autorización y la restricción de las sustancias y mezclas químicas).

52 Los art. 29 y ss. de la Ley 1/2005 regulan en nuestra patria el régimen sancionador en materia del comercio de DEGEI.

53 El punto 24 del art. 3 del reglamento se limita a decir que el «certificado MAFC» es "el certificado en formato electrónico correspondiente a una tonelada de CO2e de emisiones *implícitas* en las mercancías". Junto al deplorable uso de lo definido en la definición, es de destacar que los certificados MAFC se aplican a las emisiones implícitas, que son las emisiones directas generadas en el ciclo de producción de la mercancía,

Ello no nos puede extrañar si tenemos en cuenta que el derecho de la Unión tampoco aclaró en su momento la naturaleza de los genuinos DEGEI, lo que ha provocado un abundante e inacabado análisis jurisprudencial y doctrinal.

La exposición crítica de los elementos configuradores de esta nueva figura nos permite ahora encarar con mayor conocimiento de juicio el asunto de su naturaleza jurídica. Es evidente que esta figura está amonedada sobre el modelo de los genuinos derechos de emisión de GEI. Tiene por lo tanto una innegable apariencia de ser una técnica de protección ambiental, lo que vendría reforzado por la base jurídica del reglamento (el art. 191 del TFUE). El objetivo es innegablemente ambiental y se sitúa en lo que parece una línea de continuación natural respecto de una técnica (como el sistema "ETS") respecto de la que nadie ha expresado dudas acerca de que no sea un instrumento ambiental.

Ahora bien, como hemos visto más arriba este instrumento tiene unas profundas diferencias con el genuino derecho de emisiones, pues percute (únicamente) sobre ciertas empresas, cuando importan en el territorio aduanero de la Unión mercancías procedentes del "exterior". Tiene, igualmente, una carga financiera evidente, que el reglamento se abstiene cautamente de clasificar (tasa, carga, exacción, impuesto), pero que se intenta ocultar toscamente bajo color de "compraventa".

Todo ello alimenta un doble debate: el primero, la base jurídica correcta de esta norma; el segundo, su posible compatibilidad con otras normas de rango mundial, cabalmente las del comercio internacional.

Respecto de la primera cuestión, hay que recordar que durante el proceso de toma de decisiones en el Consejo, Polonia consideró que este mecanismo era un impuesto, y por lo tanto que debería haberse adoptado por unanimidad en virtud del artículo

más las "indirectas" procedentes de la electricidad consumida durante el proceso de fabricación.

192, apartado 2, del TFUE, que prevé dicha regla decisoria para las "disposiciones esencialmente de carácter fiscal". Aquí radica a nuestro juicio la cuestión: este nuevo mecanismo, ¿es una disposición, instrumento o técnica esencialmente de carácter fiscal? A nuestro juicio, así es. Claro que persigue un objetivo ambiental, pero esencialmente tiene carácter fiscal (como las tasas o impuestos ambientales), pues el certificado MAFC tiene todos los caracteres de un recurso tributario o fiscal, sin necesidad de aventurarse en una clasificación más precisa como las que pueda suministrar el Derecho interno (en el caso del español: *derechos de aduana, arancel, tasa, impuesto, contribución, exacción,* etc.).

Es evidente que lo importante del certificado MAFC es que es un ingreso económico de Derecho Público, que se debe satisfacer obligatoriamente a la Administración nacional en frontera por ciertas empresas obligadas, para poder realizar válidamente una importación de ciertas mercancías en el territorio aduanero de la Unión. Su finalidad es eminentemente económica y recaudatoria. Que luego resulta que esa *exaccion* consigue ciertos objetivos (luchar contra la fuga del carbono) no se puede negar, aunque estos no son evidentes a simple vista. Lo importante es que el fruto de la recaudación se ingresa en el Tesoro del EM y alimenta luego partidas como el Fondo Social para el Clima, u otros programas climáticos.

Ello nos lleva a evocar brevemente (por razones de espacio) el segundo debate: su compatibilidad con las reglas internacionales del comercio.

Al parecer, esta iniciativa tiene su origen en el *lobby* de Francia, que habría ejercido grandes presiones para su inclusión en el paquete legislativo "Fit for 55"[54]. Esta propuesta, como es lógico, suscita suspicacias y dudas, pues es conocido que cualquier medida como la que aquí se ha expuesto podría entrar en conflicto con las reglas de la OMC.

---

[54] Vid: Revista "Politico", edición de 16 de diciembre de 2021, pág. 15.

Que se trata de un mecanismo de porte y aroma claramente aduaneros nos lo dice la terminología empleada ("declarante", etc.) su aplicación y operatoria práctica, el tipo de empresas sobre las que percute (importadores residenciados en la Unión o sus representantes), el protagonismo de las autoridades aduaneras nacionales en su vigilancia y seguimiento, así como el hecho de que ....este mecanismo esté ubicado en la página web de "fiscalidad y unión aduanera" de la Unión. Llama también la atención el hecho de que el reglamento asegure varias veces que este nuevo mecanismo es plenamente compatible con las reglas del comercio internacional (*excusatio non petita, accusatio manifesta*).

> Hay que recordar que la práctica y la jurisprudencia de los arbitrajes de comercio de la OMC se han mostrado receptivos ante limitaciones a las importaciones (excepciones generales) motivadas por razones ambientales, sobre la base del art. XX del GATT (letras "b" y "c"). Sin embargo, y dado que el peligro del proteccionismo siempre está latente, la OMC tolera limitaciones o restricciones basadas en el tipo o naturaleza del producto, pero es menos tolerante respecto de restricciones basadas en el método o proceso de fabricación (en este caso, la emisión de GEI), que es lo que a nuestro caso son estos "certificados MAFC"[55].

Estas restricciones no pueden tolerarse si, como señala el párrafo introductorio del citado artículo del GATT, constituyen "una restricción encubierta al comercio internacional". El nuevo mecanismo, dado su potencial carácter proteccionista, podría por lo tanto generar litigios y diferencias no solo entre terceros países y la Unión, sino entre esta y las empresas de terceros países que se vieran obligadas al pago de este mecanismo. Por no hablar de las posibles medidas de retorsión. En ese escenario, un revés jurí-

---

55 Por otra parte, y como se ha dicho ya, es difícil sostener que los certificados tengan una virtualidad autorizante. Por un lado, no autorizan por sí mismos la importación de mercancías (que se regirá por el derecho propio de la importación-exportación), pero tampoco autoriza las emisiones. En realidad, el reglamento no dice que el certificado autorice a importar (ni a emitir), como sí ocurre (respecto de las emisiones) en el caso de los genuinos derechos de emisión.

dico (como su declaración de incompatibilidad con las reglas del comercio internacional por los órganos de la OMC) tendría un efecto político terrible para la Comisión.

V. BIBLIOGRAFÍA

ALONSO DE LEÓN, S.: *Composite administrative procedures in the European Union"*, Iustel, 2017.

DE SADELEER, Nicolas: "Balance moderado del pacto verde europeo: ¿vaso medio vacío o medio lleno?. Actualidad jurídica ambiental, nº 146. Del 5.6.2024 (sección "artículos doctrinales").

FERNÁNDEZ DE GATTA, D. : « El ambicioso pacto verde europeo », *Actualidad jurídica ambiental*, Nº 101, 12 de mayo de 2020.

KRÄMER, Ludwig: "Planning for Climate and the Environment: the EU Green Deal", *Journal for European Environmental & Planning Law*, 17(3), Julio 2020, pp. 267-306

SANZ RUBIALES, Iñigo: *El mercado de derechos a contaminar. Régimen jurídico-público del Mercado Comunitario de Derechos de emisión en España.* Ed. Lex Nova, 2007.

SALINAS ALCEGA, Sergio*: El cambio climático, entre cooperación y conflicto.* Ed. Aranzadi, 2014.

Ministerio de Medio Ambiente, y Medio Rural y Marino: *Análisis y prospectiva: comercio de derechos de emisión en la UE: evolución y futuro.* Núm. 2, diciembre 2009, pág. 5.

MORENO MOLINA, Angel Manuel: *El derecho del cambio climático: reto, instrumentos y litigios.* Tirant lo Blanch, 2021.

THIEFFRY, Patrick: *Traité de Droit Européen de l´environnement et du climat.* 4ª. Ed., Bruylant, 2020, pp. 90 y ss.

Capítulo 6

El nuevo mercado de derechos de emisión (ETS 2): los sujetos afectados

IÑIGO SANZ RUBIALES*

I. UN NUEVO MERCADO PARA NUEVOS SECTORES

Al margen del transporte aéreo y marítimo, hay otros sectores que emiten grandes cantidades de carbono y que, por la mayor dificultad para la medición de esas emisiones "difusas", no parecen aptos para incorporarlos al mercado europeo regulado por la Directiva 2003/87. Son, fundamentalmente, el transporte terrestre (en el que los emisores son cientos de millones, sólo en Europa) y el sector doméstico (del que se puede decir lo mismo). Este tra-

* Catedrático de Derecho Administrativo. Universidad de Valladolid

bajo se centra en los sujetos afectados por el nuevo mercado, que difieren completamente de los involucrados en el *viejo* mercado europeo de emisiones (ETS-RECDE[1]), ahora denominado "ETS 1" para diferenciarlo del nuevo (ETS 2), cuyos aspectos subjetivos se analizan en este trabajo.

Recordábamos hace más de diez años[2] que algunos autores no veían viable la aplicación del mercado de emisiones surgido de la Directiva 2003/87 al transporte por carretera[3]. Sin perjuicio de sus ventajas, la aplicación del mercado de emisiones al transporte plantea numerosos problemas, problemas que están detrás de las dudas de la Comisión sobre la progresiva ampliación de la técnica de mercado a las actividades difusas de emisión de gases de efecto invernadero[4].

Además, desde un punto de vista técnico, el control de las emisiones personales, tanto en el transporte por carretera como en el de los edificios resultaría de una dificultad desmesurada (no hay que olvidar que el motivo de la introducción del mercado sobre grandes emisores, en la Directiva original 2003/87, fue la facilidad de medición y control).

A pesar de lo dicho, justamente ahora, al cumplirse los veinte años de la aprobación de la Directiva "mercado", la propia UE ha previsto la aplicación del mercado a las emisiones domésticas y de transporte

---

1 ETS: *european trading system*; RECDE: régimen europeo de comercio de derechos de emisión.

2 VV.AA. (2012) *El mercado europeo de derechos de emisión. Balance de su aplicación desde una perspectiva jurídico-pública (2008-2012),* Lex Nova, Valladolid, pág. 74.

3 FABBRI, P., y CICIGOI, E., (2007) *Mercato delle emisione ad effetto serra,* Il Mulino, Bologna 2007, pág. 82.

4 Frente al apoyo alemán, Francia se mostró inicialmente reticente a la propuesta de la Comisión. Posiblemente, detrás de esas reticencias estuviera el conocido conflicto de los chalecos amarillos, un movimiento de rechazo a un impuesto sobre los carburantes, como señala MORENO MOLINA, A.M. (2023) *El derecho del cambio climático,* Tirant lo Blanch, Valencia 2023, pág. 273.

por carretera, mediante el control de los comercializadores de combustibles fósiles y no de los emisores, como veremos abajo.

1. Antecedentes

El denominado “Pacto Verde europeo” es un paquete de iniciativas que pretenden situar a la UE en la transición ecológica, para alcanzar la neutralidad climática en 2050. Se puso en marcha por la Comisión Europea en diciembre de 2019 y el Consejo tomó nota del Pacto en su reunión de 12-13 de diciembre, pocos días después. La Ley europea del clima[5] establece el objetivo del 55% de reducción de emisiones en 2030 respecto del 1990 (*Fit for* 55).

Este objetivo próximo y la neutralidad climática en 2050 exigen un reforzamiento de las diversas técnicas de lucha contra el cambio climático pero, sobre todo, del mercado de derechos de emisión, reforzamiento que se ha realizado, fundamentalmente, a través de la reforma de la Directiva 2003/87 operada por la Directiva 2023/959, de 10 de mayo, que afecta a la reserva de estabilidad y al mercado de la aviación, que introduce en el mercado de emisiones la navegación marítima y que crea un nuevo mercado de emisiones domésticas y de transporte por carretera.

2. Algunos datos sobre emisiones en los sectores de la edificación y del transporte por carretera

La propuesta de Directiva por la que se modifica la Directiva 2003/87[6] contiene una justificación de la introducción de este

---

5 Reglamento (UE) 2021/1119 del Parlamento Europeo y del Consejo de 30 de junio de 2021 por el que se establece el marco para lograr la neutralidad climática y se modifican los Reglamentos (CE) n. 401/2009 y (UE) 2018/1999: «Legislación europea sobre el clima».

6 Propuesta de Directiva del Parlamento Europeo y del Consejo que modifica la Directiva 2003/87/CE por la que se establece un régimen para el comercio de derechos de emisión de gases de efecto invernadero en la Unión, la Decisión (UE) 2015/1814, relativa al establecimiento y fun-

nuevo mercado y recoge sintéticamente algunos de los aspectos más problemáticos de dicha propuesta. Hay que remitirse, en primer lugar, al denominado *Plan del Objetivo Climático 2030*, que recuerda el papel que los edificios y los transportes juegan en las emisiones de GEI, porque son, junto con la industria, los principales consumidores de energía y la mayor fuente de emisiones[7], y aunque actualmente, el 30% de las emisiones de los edificios ya están directa o indirectamente sometidas al mercado (en los casos de calefacción eléctrica, o de calefacción de distrito), con la ampliación se alcanzaría la totalidad[8].

El sector de la construcción genera actualmente el 36 % de las emisiones de GEI en la UE, y tiene un gran potencial de reducción rentable de emisiones: a día de hoy, tres cuartas partes del parque inmobiliario de la UE son energéticamente ineficientes. Se siguen utilizando combustibles fósiles contaminantes, como el carbón y el petróleo[9].

En cuanto al transporte por carretera, es responsable de una quinta parte de las emisiones de GEI de la UE y ha aumentado sus emisiones más de una cuarta parte desde 1990[10]. Tiene igualmente una gran capacidad de reducción de mediante un mayor desarrollo y una mayor implantación de los vehículos eléctricos, los biocarburantes avanzados y otros combustibles renovables e

---

cionamiento de una reserva de estabilidad del mercado en el marco del régimen para el comercio de derechos de emisión de gases de efecto invernadero en la Unión, y el Reglamento (UE) 2015/757, COM(2021) 551 final, Bruselas, 14 de julio de 2021.

7 Comunicación de la Comisión al Parlamento Europeo, al Consejo, al Comité Económico y Social Europeo y al Comité de las Regiones, *Intensificar la ambición climática de Europa para 2030: Invertir en un futuro climáticamente neutro en beneficio de nuestros ciudadanos,* COM(2020) 562 final, Bruselas 17 de septiembre de 2020, pág. 5 (también denominada Plan del Objetivo Climático 2030).

8 Ibidem, pág. 16.

9 Ibidem, págs. 9-10.

10 Propuesta de Directiva, cit., Pág. 3.

hipocarbónicos como parte de un enfoque holístico e integrado. Un acceso seguro a las baterías será fundamental para la generalización de los vehículos eléctricos[11].

3. El porqué de la creación de un nuevo mercado

La Comisión europea señaló reiteradamente, con motivo de la creación del mercado de derechos de emisión, que se trataba de un instrumento de competencia comunitaria y marco de las demás medidas que, tanto la UE como los Estados miembros, deberían adoptar para luchar contra el cambio climático[12].

De hecho, según los datos que aporta el *Informe sobre la acción por el clima de la UE* de 2021, el régimen europeo de comercio de derechos de emisión ha demostrado ser un instrumento muy eficaz para reducir las emisiones de GEI. Las emisiones derivadas de instalaciones fijas se redujeron cerca de un 43% entre 2005 —año del comienzo del mercado— y 2020[13].

Con esos precedentes, la Comisión entendió que sería muy beneficiosa la ampliación del uso del comercio de derechos de emi-

---

11 Plan del Objetivo climático 2030, pág. 10.

12 Así lo señalaba ya *el Libro Verde sobre el comercio de derechos de emisión de gases de efecto invernadero en la Unión Europea,* COM(2000) 87 final, Bruselas, 8 de marzo de 2000: "el comercio de los derechos de emisión debe formar parte integrante de un marco coherente de políticas y medidas comunes y coordinadas para cumplir los compromisos de Kioto" (n. 5.2). o el *Libro Verde sobre la Estrategia Europea para una energía sostenible, competitiva y segura,* Documento COM (2006) 105 final. n. 2.4), que lo califica como "marco flexible y rentable para favorecer una producción de energía más respetuosa con el clima". Vid., igualmente, VVAA, *Cambio climático y Unión Europea. Presente y futuro del mercado europeo de emisiones,* Tirant lo Blanch, Valencia 2014, pág. 23.

13 Informe de la Comisión al Parlamento Europeo, al Consejo, al Comité Económico y Social Europeo y al Comité de las Regiones *Catalizar la acción europea por el clima hacia un futuro verde, justo y próspero, Informe sobre la acción por el clima de la UE de 2021,* COM(2021) 960 final, Bruselas 26 de octubre de 2021, pág. 9.

sión en la UE, para lograr de forma eficiente una reducción del 55 % de las emisiones de gases de efecto invernadero en 2030. De hecho, se podrían incluir —de acuerdo con lo que se señaló en el Pacto Verde Europeo— las emisiones del transporte por carretera y de los edificios.

La Directiva de 2023/959, de 10 de mayo[14], crea un nuevo mercado de derechos de emisión. Es nuevo, no porque introduzca el transporte marítimo, o amplíe el transporte aéreo, sino porque es un mercado distinto —en el que no caben intercambios de derechos con el anterior— dirigido a comerciar con derechos de emisión de edificios y de transporte por carretera y de otros sectores.

Trata, por tanto, de "aprovechar el éxito" del primer mercado para aplicarlo a emisiones difusas. El hecho de que se trate de "otro" mercado muestra la utilidad del instrumento y, a la vez, la heterogeneidad de las emisiones gravadas en sendos mercados.

Estamos ante una tercera etapa de este mercado en lo que se refiere a las actividades sometidas a él; como es sabido, el mercado empezó con grandes emisores en instalaciones (industriales) fijas; pasó, por la Directiva 2008/101, a las emisiones del transporte aéreo, y ahora pasa a las emisiones de los sectores edificatorio y de transportes, hasta ahora cubiertos por el Reglamento de esfuerzo[15], y que, sin embargo, siguen sometidos a este régimen sin perjuicio del mercado.

---

14 "Que modifica la Directiva 2003/87/CE por la que se establece un régimen para el comercio de derechos de emisión de gases de efecto invernadero en la Unión y la Decisión (UE) 2015/1814, relativa al establecimiento y funcionamiento de una reserva de estabilidad del mercado en el marco del régimen para el comercio de derechos de emisión de gases de efecto invernadero en la Unión". La propuesta de Directiva que dio lugar a esta norma tras la correspondiente tramitación se aprobó por la Comisión el 14 de julio de 2021 (COM(2021) 551 final).

15 La lucha contra el cambio climático en la UE se ha basado en numerosos instrumentos, pero en lo que se refiere a la reducción de emisiones, son dos los instrumentos principales: las emisiones sometidas al mercado (régimen comunitario de derechos de emisión, RCDE) y

II. LOS EMISORES AFECTADOS: HACIA EL CONTROL DE LAS EMISIONES PERSONALES

1. El gran paso: las emisiones personales

Si las anteriores fases del mercado hacían referencia a "grandes emisores" (fijos o móviles-aéreos), con la creación del ETS2 se pretende incluir a casi todas las personas físicas por sus emisiones, bien domésticas, bien de transporte por carretera (el transporte por carretera cubre, tanto el de personas físicas como el de personas jurídicas públicas o privadas). Ahora bien, va de suyo que las denominadas "emisiones personales" a efectos del mercado no son ni pueden ser las derivadas de la mera respiración. El mercado no puede referirse a las emisiones "inevitables" o vinculadas a la mera subsistencia[16].

2. Un nuevo mercado, aunque con estructuras comunes

Durante la tramitación de la propuesta de modificación de la Directiva "mercado" se planteó cuál debía ser el alcance de las ac-

las no-sometidas al mercado que se regulan fundamentalmente por el reglamento de reparto de esfuerzo (p. e., las derivadas de actividades agrícolas, ganaderas, comerciales, industriales fuera del RCDE, etc.), y que siguen un régimen distinto, con un acusado protagonismo estatal: véase el *Reglamento (UE) 2018/842 del Parlamento Europeo y del Consejo, de 30 de mayo de 2018, sobre reducciones anuales vinculantes de las emisiones de gases de efecto invernadero por parte de los Estados miembros entre 2021 y 2030 que contribuyan a la acción por el clima, con objeto de cumplir los compromisos contraídos en el marco del Acuerdo de* París, y por el que se modifica el Reglamento (UE) n. 525/2013, también denominado "Reglamento de reparto del esfuerzo" (RRE), adoptado en 2018, establece objetivos nacionales de reducción de las emisiones procedentes del transporte por carretera, la calefacción de edificios, la agricultura, las pequeñas instalaciones industriales y la gestión de residuos.

16 ESPINOSA-FLOR, S.I. (2022), "A right to pollute versus a duty to mitigate: on the basis of emissions trading and carbon markets", *Climate Policy*, vol. 22, n.7, pág. 960.

tividades emisoras sometidas al nuevo mercado. La opción inicial se planteaba entre edificios y transportes por carretera, por una parte, o toda la combustión de combustibles fósiles actualmente excluidos del RCDE, por otra. La solución adoptada —la primera de las alternativas— tenía más ventajas en términos de eficiencia económica, porque —según la propuesta— "evitaría la creación de un nuevo régimen de protección contra el riesgo de fuga de carbono para aquellas partes de la pequeña industria que necesitarían dicho régimen, pero que estarían sujetas a una carga que probablemente sería desproporcionada en relación con sus beneficios"[17].

La novedad de la inclusión de este tipo de emisiones ha llevado al legislador europeo a adoptar una serie de cautelas; la principal, su autonomía respecto del mercado original de la Directiva 2003/87: el preámbulo habla así de un mercado de derechos de emisión "separado pero paralelo, para evitar cualquier perturbación del buen funcionamiento del régimen ... en los sectores de las instalaciones fijas y de la aviación" (cdo 75 Directiva 2023/959). Aunque no sería de extrañar que, una vez que se puedan medir correctamente las emisiones y se aprehenda el funcionamiento del mercado, esto es, que se limiten los riesgos, pueda incorporarse al gran mercado europeo.

Como señala la Exposición de Motivos de la propuesta de reforma de la Directiva "mercado", en la tramitación de esta, varias partes interesadas —entre ellas, interlocutores sociales— se mostraron escépticas en general en cuanto a la ampliación del comercio de derechos de emisión a los sectores de los edificios y del transporte por carretera; posiblemente por eso, entre las opciones presentadas, la opción estratégica preferida por una amplia variedad de partes interesadas se basaba en un sistema independiente, como quedó reflejado en la propuesta y después en la regulación aprobada.

[17] Exposición de Motivos de la Propuesta de Directiva, n. 3, pág. 16.

En efecto, el régimen aplicable al nuevo mercado es diferente del mercado general: mientras que los protagonistas del ETS 1 son los emisores, en el ETS 2 son las denominadas entidades reguladas, no emisoras. Como dice la Exposición de Motivos de la propuesta de Directiva, esta separación entre mercados "evitará cualquier perturbación del buen funcionamiento del régimen de comercio de derechos de emisión para las instalaciones fijas y la aviación, habida cuenta de los diferentes potenciales de reducción de esos sectores y de los distintos factores que influyen en la demanda"[18].

No obstante la inicial separación de mercados, basada en la evitación de posibles riesgos, no faltan autores que, por razones de eficiencia, entienden que sería más conveniente para la reducción de emisiones, no dos mercados independientes, sino dos mercados parcialmente vinculados[19]. Y no renuncia la Directiva a una posible (o más que posible) fusión futura. Lo que exige es que la vinculación o unificación debe plantearse tras varios años de funcionamiento del mercado, sobre la base de la experiencia adquirida[20].

---

18 Exposición de Motivos, pág. 9.

19 HAYWOOD, L., and JAKOB, M., (2023) "The role of the emissions trading scheme 2 in the policy mix to decarbonize road transport in the European Union", *Transport Policy* 139 (2023), pág. 106. Según estos autores, un criterio de la conexión sería el siguiente: que los derechos de emisión de un mercado pudieran venderse en el otro solo en los casos de que las diferencias de precios entre ambos sistemas superen un porcentaje determinado. De esta forma, se aproximarían los precios de ambos mercados, y aunque pudiese suponer un incremento de precios en el ETS, sería menor que en el caso de que se integrasen ambos sistemas. Asimismo, señalan que la puesta en funcionamiento del ajuste en frontera (según la huella de carbono de los productos importados), que protegerá la industria europea, hará también que la vinculación entre los dos mercados sea más atractiva.

20 Ibidem. Como recuerda la Exposición de Motivos de la propuesta de modificación de la Directiva, durante la tramitación de esta, había diversidad de opiniones sobre si se debía determinar el cómo y el cuándo de la integración gradual de este nuevo mercado al ya vigente. Por eso,

Aunque se trata de un régimen de mercado diferente, lo cierto es que no se quiere desperdiciar la infraestructura del ETS 1 en lo posible, de tal forma que, a fin de reducir al mínimo la carga administrativa, deben aplicarse al ETS2 las normas sobre transferencia, entrega y cancelación de derechos de emisión, así como las normas sobre la validez de los derechos de emisión, las sanciones, los órganos competentes y las obligaciones de información de los Estados miembros, tal y como recuerda el propio Preámbulo (cdo 86).

3. Mercado y reglamento de esfuerzo

Sin perjuicio de lo anterior, la normativa del mercado se acumula a las previsiones del nuevo Reglamento de reparto de esfuerzo (RRE) para controlar las emisiones en estos sectores[21]. En efecto, este Reglamento hace referencia a la reducción de las emisiones, "en particular en la construcción, la agricultura, la gestión de residuos y el transporte, en la medida en que estos sectores estén comprendidos en el ámbito de aplicación del presente Reglamento" (cdo. 2 in fine)[22].

Se acumulan así dos técnicas que facilitan la reducción de emisiones en los sectores de los edificios y el transporte. ¿Por qué? Según la Comisión, las reducciones de emisiones en estos sectores (que constituyen el 55% de las reguladas por el RRE) han sido insuficientes hasta la fecha (de hecho, las del transporte han incluso aumentado), por lo que deben intensificarse para poder cumplir

---

al final, la propuesta creó un comercio de derechos de emisión independiente pero adyacente, con una cláusula de revisión.

21 *Los* sectores sometidos al Reglamento de reparto de esfuerzo generan en la actualidad un 60 % aproximadamente de las emisiones de gases de efecto invernadero de la UE.

22 Igualmente, recuerda: "Las medidas que contribuyan a un mayor uso de las tecnologías de ahorro energético en los edificios, la industria y el transporte pueden constituir una manera eficaz en términos de coste de ayudar a los Estados miembros a la consecución de sus objetivos contemplados en el presente Reglamento" (cdo 9).

el objetivo incrementado para 2030. A ello contribuirá, sin duda, la comprobada eficacia del mercado de derechos de emisión. A la luz de estos datos, la señal de precio emitida por el mercado debería incentivar las inversiones dirigidas a la descarbonización[23].

4. Las emisiones gravadas

El nuevo capítulo IV bis de la Directiva "mercado", introducido por la Directiva 2023/959, lleva como título: «Régimen de comercio de derechos de emisión para los edificios, el transporte por carretera y otros sectores".

En el Anexo III, relativo a las actividades emisoras gravadas por el mercado de derechos se incluyen:

> "Los sectores de los edificios y el transporte por carretera corresponderán a las siguientes fuentes de emisiones, definidas en las Directrices del IPCC de 2006 para los inventarios nacionales de gases de efecto invernadero con las modificaciones necesarias de dichas modificaciones que figuran a continuación":
>
> a) "la generación combinada de calor y electricidad y plantas térmicas, en la medida en que producen calor para las actividades comerciales, institucionales o comerciales, ya sea directamente o a través de redes de calefacción urbana";
>
> b) "el transporte por carretera, a excepción del uso de vehículos agrícolas en carreteras pavimentadas"[24];
>
> c) "comercial o institucional"; y

---

23 En términos similares lo establecía la Exposición de Motivos de la Propuesta de Directiva de modificación de la Directiva 2003/87, pág. 5. Cfr., asimismo, la explicación de esta complementariedad en https://ec.europa.eu/commission/presscorner/detail/es/qanda_21_3543

24 La penetración en el mercado de la maquinaria agrícola no emisora está lejos de la del transporte por carretera. Aunque algunos autores sugieren que se podría eliminar del todo el uso de motores de combustión en 2050: véase al respecto EUROPEAN COMMISSION, *Possible extension of the EU Emissions Trading System (ETS) to cover emissions from the use of fossil fuels in particular in the road transport and the buildings sector*, Publications Office of the European Union, Luxembourg, 2021, *pág. 422.*

d) "residencial".

"Otros sectores corresponderán a las siguientes fuentes de emisiones, definidas en las Directrices del IPCC de 2006 para los inventarios nacionales de gases de efecto invernadero":

a) "industrias de la energía, a excepción de las calderas de calefacción doméstica o distrital"[25].

b) "industrias manufactureras y de la construcción, que quedaban por su actividad fuera del ETS 1".

5. Los problemas derivados del mercado de emisiones no "empresariales"

5.1. Las emisiones domésticas y el problema social

La Comisión, aunque valora positivamente la introducción de los transportes y los edificios en el mercado de emisiones, no oculta sin embargo los problemas sociales que la reducción de emisiones en estos ámbitos puede generar y el papel que deben jugar las

---

25 Debe entenderse que se alude a las pequeñas generadoras de electricidad por quema de combustibles fósiles que no alcancen los mínimos para incorporarse al mercado. Esto, lógicamente, conlleva —sin decirlo— que no se incluyen las actividades industriales que, por razón de la escasa potencia (menos de 20MW), se escapan de la aplicación del ETS 1. *Según FEUCHTINGER se vislumbra una ampliación del mercado a las industrias in*cluidas en el ETS 1 que no alcancen el umbral mínimo de 20 MW (FEUCHTINGER, Stefan, (2024) "ETS 2, el 'remake' de los derechos de emisión de CO2", *El periódico de la energía*, 4 de enero de 2024, https://elperiodicodelaenergia.com/ets-2-el-remake-de-los-derechos-de-emision-de-co2/). Sin embargo, de la lectura de la Directiva no se deduce en ningún momento la incorporación de instalaciones industriales de los sectores ETS 1. Solo las energéticas, no todas, porque, como señalan las Directrices del IPCC de 2006, "*Las emisiones de los usos no energéticos de los combustibles no suelen incluirse aquí, sino que se declaran en el sector Procesos industriales y uso de productos*". Directrices del IPCC de 2006 para los inventarios nacionales de gases de efecto invernadero, emisiones de la energía, cuadro 2.1. https://www.ipcc-nggip.iges.or.jp/public/2006gl/spanish/pdf/2_Volume2/V2_2_Ch2_Stationary_Combustion.pdf

políticas sociales y de eficiencia energética para minimizar dicho impacto[26].

La introducción del mercado en sectores que no son propiamente "económicos", esto es, que no corresponden propiamente a la actividad económica, provoca un problema de orden social. La asignación de derechos vía subasta hará que aquellos sujetos con menor capacidad económica tengan dificultades para respaldar con derechos sus actividades domésticas que realizan emisiones en buena medida inevitables, habida cuenta de la escasa capacidad de renovación tecnológica derivada de la escasez de recursos económicos[27]. Por eso, este mercado puede convertir-

---

26 "El incremento de nuestra ambición climática de cara a 2030 en el sector de la construcción puede y debe respetar la justicia y la equidad sociales. Por ejemplo, los hogares con bajos ingresos se enfrentan a gastos de calefacción más elevados que los hogares más ricos. El uso de combustibles altamente contaminantes, como el carbón, es también más frecuente entre los hogares con menores ingresos, y especialmente elevado en determinadas regiones de Europa. Por ello, puede que estos hogares se vean más afectados por la transición, especialmente si las emisiones de carbono resultan más costosas y no disponen de soluciones hipocarbónicas. A fin de evitar las repercusiones negativas en los consumidores vulnerables, las políticas sociales y de eficiencia energética son importantes para acometer la renovación de sus viviendas y mantener bajo control el impacto de la transición en sus facturas de calefacción y electricidad" (Comunicación de la Comisión, *Intensificar la ambición climática de Europa para 2030*, cit., pág. 5). Como dice el cdo 84 de la Directiva 2023/959, "Alrededor de 34 millones de europeos, casi el 6,9 % de la población de la Unión, comunicaron que no podían calentar adecuadamente sus hogares en una encuesta realizada en 2021 en el conjunto de la Unión.

27 Sobre el concepto de emisiones "evitables" o "inevitables", véase ESPINOSA-FLOR, S.I. (2022), págs. 950-960. Esta autora hace una propuesta de reducción de emisiones, en la línea de las exigencias del Acuerdo de Paris, basada *en el deber de mitigar las emisiones evitables y el derecho a emitir las inevitables (pág. 960); para ello distingue entre las emisiones "de medios de vida básicos" y emisiones "de lujo" (p. 955). Ahora bien, las emisiones industriales, sin responder necesariamente a intereses de subsistencia, tampoco son "de lujo", porque la actividad industrial de puesta de bienes en el mercado conlleva creación de riqueza y puestos de trabajo y, en consecuencia, también ingresos públicos para*

se en un mecanismo inequitativo si no se adoptan las necesarias cautelas.

Los usuarios de los combustibles los utilizan para actividades vitales (el domicilio) o no solo económicas (el vehículo) y un incremento del precio de los combustibles puede ser insoportable para ellos, en especial porque pueden carecer de alternativa para el cambio de vehículo o para el cambio de tecnología energética de la vivienda.

5.2. Las emisiones del transporte: la difícil descarbonización. Un problema social y técnico

La Comunicación sobre el Plan del Objetivo Climático 2030 mostraba que, para lograr la neutralidad climática en 2050, prácticamente todos los vehículos de las carreteras deberían estar libres de emisiones para entonces. Pero la transición tiene que ir acompañada de la instalación necesaria de infraestructuras para la recarga y el repostaje de dichos vehículos. (cfr., pág. 25).

Sin embargo, en países como España el desarrollo de este tipo de infraestructuras fuera del ámbito urbano está, de hecho, en mantillas. Hace falta una enorme inversión, y que se lleve a cabo en un plazo razonable. Es cierto que la Ley 7/2021, del Cambio Climático (art. 14.3 e)) dio un impulso legal a las "electrolineras", pero resulta, en la práctica, insuficiente. Por eso, y sabiendo que en este mercado ETS2 también hay una reducción anual de los derechos puestos en el mercado[28] puede ser excesivamente oneroso reducir paulatinamente los "derechos" puestos en el merca-

---

el Estado, por lo que no se puede entender que respondan únicamente a "intereses del capital económico", según la terminología de la autora.

28 En 2027 se publicarán los derechos de 2028, y a partir de 2028, la reducción lineal (un 5,38%) continuará sobre la base de la media de las emisiones notificadas durante el trienio 24-26, todo ello según lo expuesto por el art. 30 quáter 1 y 2.

do de emisiones si el Estado no promueve eficazmente la alternativa eléctrica (o de hidrógeno verde).

Por otra parte, el precio de los vehículos eléctricos o híbridos es muy elevado, incluso teniendo en cuenta las ayudas estatales para su adquisición. Es difícil que los ciudadanos particulares con menor capacidad económica puedan acceder a ellos, y sin embargo, se les dificulta el consumo de combustibles fósiles. Además, como señalaba la propuesta de Directiva, la Comisión propone reforzar las normas de CO_2 para turismos y furgonetas para 2030 a fin de garantizar una senda inequívoca hacia una movilidad sin emisiones[29], con lo que los sectores sociales más desfavorecidos se verán nuevamente perjudicados.

Por eso, la perspectiva a corto y medio plazo no puede ser optimista. El Plan del Objetivo Climático 2030 ve factible esta electrificación, cuando señala que "la rápida introducción de las energías renovables, que se están convirtiendo en la fuente de energía eléctrica más rentable, la aplicación del principio de «la eficiencia energética primero», la electrificación y la integración del sistema energético impulsarán el cambio en ambos sectores" (pág. 10), pero la realidad (estamos a punto de alcanzar el ecuador del decenio) es iconoclasta y la penetración de vehículos eléctricos sigue siendo dificultosa, especialmente en esos sectores sociales mencionados.

6. Medidas de protección de los sectores sociales más desfavorecidos: en especial, el fondo social por el clima

El mercado, por sí solo, no puede resolver todos los problemas, y además crea otros. Por eso, además de la introducción del ETS2 se incluyen otras medidas en el «*Fit for 55*», como normas de emisiones de vehículos más estrictas, una reforma de la fiscalidad de la energía, disposiciones para mejorar la infraestructura avanzada

---

29 Propuesta de Directiva, Exposición de Motivos, n. 1, págs. 6-7.

de combustibles y un Fondo Social para el Clima para aliviar la presión financiera de los hogares de bajos ingresos[30].

Este planteamiento de inversiones "sociales" enlaza con el denominado Fondo Social para el Clima establecido por el Reglamento (UE) 2023/955 del Parlamento Europeo y del Consejo, de 10 de mayo de 2023, por el que se establece el Fondo Social para el Clima y se modifica el Reglamento (UE) 2021/1060, a través del cual pretende la UE proporcionar financiación específica a los Estados miembros para apoyar a los colectivos vulnerables más afectados, especialmente los hogares en situación de pobreza energética o de transporte.

Las medidas e inversiones financiadas por el Fondo beneficiarán a los hogares, las microempresas y los usuarios del transporte que sean vulnerables y se vean especialmente afectados por la inclusión de las emisiones de gases de efecto invernadero de los edificios y el transporte por carretera en el ámbito de aplicación de la Directiva 2003/87/CE, en particular los hogares en situación de pobreza energética o los hogares en situación de pobreza de transporte (art. 1). Contribuirá a "una transición socialmente justa" a la luz de la repercusión social de la inclusión de las emisiones de gases de efecto invernadero de los edificios y el transporte por carretera en el mercado de emisiones (cfr. art. 5).

En efecto, como dice el citado reglamento (cdo 11), "el aumento del precio de los combustibles fósiles puede afectar de forma desproporcionada a los hogares vulnerables[31], las microempre-

---

30 Sobre este mix de medidas, véase HAYWOOD, L., and JAKOB, M. (2023), pág. 99.

31 «Hogares vulnerables»: los hogares en situación de pobreza energética o los hogares, incluidos los de renta baja y media-baja, que se vean significativamente afectados por el impacto en los precios de la inclusión de las emisiones de gases de efecto invernadero de los edificios en el ámbito de aplicación de la Directiva 2003/87/CE y que carecen de medios para renovar el edificio que ocupan" (art. 2.10).

sas vulnerables[32] y los usuarios del transporte vulnerables[33], que gastan una mayor parte de sus ingresos en energía y transporte y que, en determinadas regiones, no tienen acceso a soluciones de movilidad y transporte alternativas y asequibles y que pueden carecer de capacidad financiera para invertir en la reducción del consumo de combustibles fósiles". Asimismo, el Reglamento tiene en cuenta, en el contexto de la pobreza del transporte, las particularidades geográficas.

El fondo, tal y como expresa en su Preámbulo[34], cumplirá las funciones encomendadas sobre todo a través de ayudas temporales y directas a la renta y de medidas e inversiones orientadas a reducir la dependencia de los combustibles fósiles mediante una mayor eficiencia energética de los edificios, la descarbonización de la calefacción y la refrigeración de los edificios, independientemente de la titularidad de dichos edificios[35], incluida la integra-

---

32 «Microempresas vulnerables»: las microempresas que se vean significativamente afectadas por el impacto en los precios de la inclusión de las emisiones de gases de efecto invernadero de los edificios o del transporte por carretera en el ámbito de aplicación de la Directiva 2003/87/CE y que, a efectos de su actividad, carecen de medios para renovar el edificio que ocupan o para adquirir vehículos de emisión cero y de baja emisión o cambiar a modos de transporte sostenibles alternativos, incluido el transporte público, según proceda (art. 2.11).

33 «Usuarios del transporte vulnerables»: las personas y hogares en situación de pobreza de transporte y las personas y hogares, incluidos los hogares de renta baja y media-baja, que se vean significativamente afectados por el impacto en los precios de la inclusión de las emisiones de gases de efecto invernadero del transporte por carretera en el ámbito de aplicación de la Directiva 2003/87/CE y que carecen de medios para adquirir vehículos de emisión cero y de baja emisión o cambiar a modos de transporte sostenibles alternativos, incluido el transporte público" (art. 2.12).

34 Preámbulo, n. 16.

35 Para que no queden al margen los arrendatarios y los que residen en viviendas sociales, las medidas pueden incluir la ayuda financiera o incentivos fiscales como la deducibilidad de los costes de renovación del alquiler.

ción de la energía procedente de fuentes renovables, y a través de la garantía de un mejor acceso a la movilidad y el transporte de emisión cero y de bajas emisiones.

Precisamente por su vinculación al ETS 2, el Fondo comenzará a funcionar en 2026 y, en principio, su primer periodo de funcionamiento alcanzará hasta 2032 (art. 1).

Es importante dejar claro que las medidas financiadas por este Fondo europeo son medidas nacionales, internas, y no necesariamente europeas. Así se deduce de la configuración de su funcionamiento, que pasa por los denominados "*Planes sociales del clima*", elaborados por los Estados miembros y que incluyen medidas e inversiones nacionales existentes o nuevas para abordar el impacto de la tarificación del carbono en esos colectivos vulnerables (arts. 4 y ss.).

Estos planes, además de otros contenidos (cfr., art. 6.1), deberán prever medidas e inversiones para renovar edificios y descarbonizar la calefacción y la refrigeración, con integración de la generación y almacenamiento de energía renovable, y para aumentar el uso de la movilidad y el transporte de emisión cero y de baja emisión (art. 4.4); y solo se subvencionarán aquellos proyectos que respeten el principio de «no causar un perjuicio significativo a objetivos medioambientales[36]», tal y como establece el art. 7.3 del Reglamento.

En todo caso, dejar en manos del buen funcionamiento de un fondo el del nuevo mercado conllevaría aparentemente vincularlo a medias ajenas al mercado que podrían o no funcionar, por lo que el nuevo mercado podría llegar a fracasar. Sin embargo, como señala el citado reglamento (cdo 30), el Fondo se nutre de ingresos de subastas, por lo que constituye un elemento más del mercado[37].

---

36 Artículo 17 del Reglamento (UE) 2020/85, de 18 de junio, "taxonomía", relativo al establecimiento de un marco para facilitar las inversiones sostenibles y por el que se modifica el Reglamento (UE) 2019/2088.

37 "El Fondo debe financiarse de forma excepcional y temporal con los ingresos generados por la subasta de 50 millones de derechos de emisión

III. LOS SUJETOS OBLIGADOS POR EL MERCADO, QUE DESPACHAN A CONSUMO COMBUSTIBLES FÓSILES

1. Un nuevo mercado y una solución imaginativa

Las dificultades de la aplicación de la técnica del mercado de emisiones a estos sectores difusos se podrían solventar si cambiase el modelo de mercado. El mercado europeo de emisiones (ETS 1) es, básicamente, un sistema 'hacia abajo' (*downstream*), que obliga a los emisores, mientras que en el sistema hacia arriba (*upstream*) son los productores e importadores de combustibles fósiles los que deben justificar con derechos de emisión las emisiones generadas por los combustibles que ponen en el mercado. En principio, por razones de eficacia y eficiencia, es preferible el sistema *upstream*, porque permite el control de las fuentes difusas (domésticas y transporte) y de las pequeñas instalaciones industriales. Sin embargo, y por diversas razones (entre ellas, la aceptabilidad política), la UE ha preferido el sistema *downstream*, que se aplica a los emisores[38].

En efecto, a la vista del elevado número de pequeños emisores en estos sectores, la Directiva apuesta por centrar las obligaciones de respaldo, no en aquellos, sino en las fases anteriores de la cadena de suministro, por razones técnicas y de eficiencia administrativa: por eso, la actividad regulada por la Directiva será el des-

---

en virtud del artículo 10 bis, apartado 8 ter, de la Directiva 2003/87/CE, 150 millones de derechos de emisión en virtud del artículo 30 quinquies apartado 3, de dicha Directiva, y un volumen de derechos de emisión adicionales en virtud del artículo 30 quinquies, apartado 4, de dicha Directiva, que deben constituir ingresos afectados externos. En principio, debe liberarse un importe máximo de 65 000 000 000 EUR para la ejecución del Fondo durante el período 2026-2032".

38 Cfr., DEL RÍO, P., y LABANDEIRA, X. (2008), *El sistema europeo de comercio de emisiones: diseño, funcionamiento y perspectivas*, Fundación de Estudios de Economía Aplicada, Colección Estudios Económicos 19-08, Cátedra FEDEA-Iberdrola, Madrid, págs. 7-8.

pacho de combustibles al consumo, de acuerdo con un enfoque "ascendente".

Si se intentase aplicar el modelo *downstream*", orientado hacia abajo, el comercio personal de carbono generaría una mayor complejidad que los mercados tradicionales *cap-and-trade.* Y a pesar de las ventajas que pudiera tener esta técnica, resultaría inviable: es una solución muy poco práctica para reducir las emisiones[39]. Ya con anterioridad se habían puesto de manifiesto los problemas de compatibilidad entre el mercado europeo de derechos de emisión (RCDE) y un posible mercado de emisiones personales[40].

En el estado actual de cosas y en un futuro a medio plazo no resulta factible la creación de este mercado entre emisores personales. Por eso, el control y la reducción progresiva de las emisiones de transporte y domésticas pasa por otras técnicas de mercado. El mercado permanece, pero los actores directos cambian.

De esta forma, los obligados directos por el mercado no son los grandes emisores, y tampoco los pequeños consumidores-emisores, ni los explotadores o productores de combustibles fósiles: son los proveedores, intermediarios obligados entre explotadores y consumidores, los obligados a entregar derechos de emisión. En concreto, señala el art. 3 ae) de la Directiva quiénes están obligados a entregar derechos de emisión: las entidades reguladas, que

---

39 JOHNSTON, H., (2022) "The Viability of Personal Carbon Trading", *Georgetown Environmental Law Review,* April 11, 2022. Concluye este autor el análisis sobre la viabilidad de esta técnica señalando que, si bien la tecnología y la inteligencia artificial harían más accesible su aplicación, se trata de una solución muy intrusiva en el uso de información personal como es el uso individual de combustible y difícilmente aceptable en USA. No obstante, "si las normas nacionales cambian a favor de la sostenibilidad ambiental y la responsabilidad personal por el clima, el comercio personal de carbono podría adoptarse sin mucha oposición. Por ahora, la política sigue siendo totalmente hipotética".

40 BROHÉ, A. (2010). "Personal carbon trading in the context of the EU Emissions Trading Scheme". *Climate Policy,* 10(4), 462–476. https://doi.org/10.3763/cpol.2009.0050

son aquellas que se dedican a la actividad señalada en el Anexo III: "despacho a consumo de combustibles que se utilizan para la combustión en los sectores de los edificios, el transporte por carretera y otros sectores" y que, según el art. 30.sexies.2 deberán cumplir las obligaciones anuales de entrega de derechos; en concreto, "a partir del 1 de enero de 2028, los Estados miembros velarán por que, a más tardar el 31 de mayo de cada año, la entidad regulada entregue una cantidad de derechos de emisión incluidos en el presente capítulo que sea equivalente a las emisiones totales de la entidad regulada, correspondientes a la cantidad de combustibles despachados a consumo de conformidad con el anexo III, durante el año natural anterior (...)"[41].

2. *La aplicación del mercado obligatorio a determinadas actividades comerciales*

Las actividades meramente comerciales han quedado fuera de los mercados de emisiones obligatorios (paradigmáticamente, del ETS), pero no de los voluntarios, por el interés comercial que tiene la justificación de la compensación voluntaria de emisiones como actuación ambientalmente responsable[42].

Por primera vez desde su creación, el mercado se aplica, como hemos visto, a empresas comerciales no propiamente emisoras, aunque lo es por causa de las emisiones que pueden llevarse a cabo con los combustibles que despachan. De esta forma, los di-

---

[41] Los Estados pueden permitir medidas simplificadas de seguimiento y control de las emisiones cuando las entidades reguladas despachen combustible que termine generando menos de 1000 tm3. de CO2 al año, según el art. 30 septies.8. No supone una exención de los requisitos del mercado, sino únicamente una simplificación de los requisitos de seguimiento de los combustibles despachados, sus tipos y las emisiones que provocan.

[42] Véase, al respecto, la aportación de Mario Martín García a esta obra colectiva. Igualmente, desde una perspectiva no-jurídica, VALIERGUE, A., *Compensation carbone. La fabrique d'un marché contesté*, Sorbonne Université Presses, Paris 2021, págs. 52 ss, 67, etc.

rectamente obligados por el mercado son los titulares de una actividad comercial (de venta de combustibles).

Esta característica —imposición de obligaciones a un determinado sector profesional— constituye un elemento propio de la creación de mercados. Mediante la imposición de obligaciones se induce la demanda propia de los nuevos mercados[43]. En el ETS1 se impone a los grandes emisores la obligación de respaldar directamente las emisiones con cuotas de emisión y en el ETS2, se imponen obligaciones de respaldo directo de la venta de combustibles (que se traducirán, eso sí, en posteriores emisiones) con cuotas de idéntico valor pero no fungibles con las anteriores. De esta forma, la imposición de obligaciones a las entidades reguladas que despachan combustibles lo es a título de intervención en una fase previa del proceso de emisión de gases de efecto invernadero: hay un control indirecto de esta emisión.

Sin perjuicio de ello, estamos ante un mercado en el que no participan los emisores, y es la primera vez que se da esta circunstancia, al menos en el derecho interno[44].

Además, las obligaciones de respaldo que se imponen a las entidades reguladas aluden a las emisiones correspondientes a los combustibles despachados, pero dichas emisiones no tienen por qué haberse realizado en el mismo año. De esta forma, se rompe el criterio del respaldo de las emisiones realizadas, que pasa a ser el de las emisiones *previsiblemente* realizadas[45].

---

43 CARO-PATÓN CARMONA, I., y SANZ RUBIALES, Í. (2013) "Los mercados artificiales de recursos naturales", en VVAA, *Libre mercado y protección ambiental. Intervención y orientación ambiental de las actividades económicas*, INAP, Madrid, pág. 471.

44 En el mercado internacional de derechos de emisión del PK, los Estados se consideran emisores en cuanto que responden de todas las emisiones producidas en su territorio, y pueden comprar y vender derechos de emisión o créditos de carbono. Véase, art. 3.1, 6, 12, 17.

45 Art. 30.sexies.2: "A partir del 1 de enero de 2028, los Estados miembros velarán por que, a más tardar el 31 de mayo de cada año, la entidad regulada entregue una cantidad de derechos de emisión incluidos

Finalmente, parecería que este mercado va dirigido a la transformación tecnológica descarbonizante y, por tanto, a la estricta supresión de la actividad de despacho de combustibles (que idealmente quedaría sustituida por otras fuentes de energía renovable), de forma que estaríamos hablando de una "muerte anunciada" en el objetivo temporal de 2050. Sin embargo, la Directiva señala en su cdo 89 que "[e]l nuevo régimen de comercio de derechos de emisión *tiene por objeto incentivar a las entidades reguladas a reducir el contenido de carbono de los combustibles*". De acuerdo con ello, el objetivo último no es tanto la desaparición del despacho de combustibles, y con ello la desaparición de estas Entidades —intermediarios comerciales— cuanto el cambio progresivo de su objeto comercial, que pasaría del despacho de combustibles fósiles al de combustibles renovables.

Con esta incorporación al mercado, las denominadas "entidades reguladas" pasan a estar obligadas a adquirir derechos, entregarlos, contabilizar cantidades despachadas de carburantes.... Es decir, junto con la obligación sustancial (entrega de derechos de respaldo) hay otras obligaciones accesorias que también se les imponen *ex novo* a estas entidades.

3. El status de las entidades reguladas

3.1. El "permiso de emisión"

También las entidades reguladas del ETS2 necesitan estar dotadas del correspondiente permiso de emisión para poder actuar en el mercado, siguiendo en esto la previsión, cuestionada, de la

---

en el presente capítulo que sea equivalente a las emisiones totales de la entidad regulada, correspondientes a la cantidad de combustibles despachados a consumo de conformidad con el anexo III, durante el año natural anterior, verificadas de conformidad con los artículos 15 y 30 septies, y por que dichos derechos de emisión se cancelen posteriormente".

necesidad de una autorización que se acumula a otras y que no se justifica en ninguno de los criterios tradicionales[46].

Este permiso —autorización de emisión en derecho interno— es otorgado por las administraciones competentes (en el ETS 1, por las consejerías de medio ambiente de las Comunidades Autónomas) y se configura como *conditio sine qua non* para llevar a cabo la actividad prevista en el Anexo III (el despacho a consumo de combustibles fósiles según el art. 30 ter de la Directiva).

La solicitud deberá incluir una serie de datos sobre su actividad, y la Administración otorgará la correspondiente autorización "si considera que la entidad es capaz de realizar un seguimiento y notificar las emisiones correspondientes" (párr. 1°). Entre los contenidos de la autorización destaca el denominado "plan de seguimiento" (párr. 4°.d)) y "la obligación de entregar los derechos de emisión expedidos en virtud del presente capítulo, equivalentes a las emisiones totales en dicho año natural" (f)). En la Directiva 2023/959 no se dibuja una autorización meramente habilitante (de mero control) sino una auténtica autorización "operativa", que incluye un plus de intervención, ya que no solo fiscaliza la actividad privada sino que la dirige, en el marco de un plan previo. Este tipo de autorizaciones son típicas de las actividades esenciales prestadas en régimen de libre competencia, pero oligopólicas (producción, comercialización y suministro de energía eléctrica, farmacias, etc.[47]): es buena muestra del mercado regulado —cada vez más regulado— en el que se inserta la autorización.

Finalmente, las entidades autorizadas para incorporarse al mercado de carbono ETS2 deberán atender a lo que establece la Comisión en los planes de seguimiento incluidos en las solicitudes de autorización de emisión, planes que pueden modificarse

---

46 VV.AA. (2014), *Cambio climático y Unión Europea*, cit., págs. 117 ss.

47 LAGUNA DE PAZ, J.C. (2023), *Tratado de Derecho Administrativo, General y Económico*, Civitas, 5ª edic., Cizur Menor, págs. 1203-1204.

sin que lo haga a su vez la autorización[48], lo cual genera incertidumbre respecto de la naturaleza de este contenido.

3.2. Proporcionalidad de las obligaciones impuestas y repercusión de costes

La obligación de respaldar sus ventas de combustible con derechos de emisión se asemeja a una especie de responsabilidad extendida, que se le impone al vendedor, por razón de los usos que los consumidores hacen de los productos que vende, pero que curiosamente no se impone a los citados consumidores, que únicamente ven repercutido el precio de los combustibles.

En principio, esta obligación impuesta por la Directiva podría parecer desproporcionada, pero esa obligación de adquirir derechos y, sobre todo, de entregarlos (prestación pública patrimonial[49]) se compensa con la posibilidad de repercutir su coste a los titulares de actividades cuyas emisiones deben respaldarse con derechos. De esta forma, y en un estricto marco de igualdad de las entidades reguladas, no se puede hablar de desproporción, en tanto en cuanto la repercusión de los costes a los adquirentes de combustible viene a limitar las consecuencias onerosas de la obligación de participación en el mercado.

Es evidente que hay repercusión de costes, que tiene que haberla, pero la libertad de la entidad regulada es limitada. Como señala el cdo 89: "dichas entidades no deben obtener beneficios

---

48 Art. 30 ter.5. "Los Estados miembros podrán permitir que las entidades reguladas actualicen los planes de seguimiento sin modificación del permiso".

49 Como señalé en su momento, la prestación pública no está en la compra de derechos, porque puede hacerse vía subasta o en el mercado secundario (el mercado de derechos entre particulares no se condice con el concepto de prestación pública obligatoria); la prestación propiamente está en la entrega de ese derecho (que tiene un valor determinado en el mercado) vía registro para justificar las ventas de combustible realizadas.

indebidos repercutiendo a los consumidores más costes del carbono que aquellos en los que efectivamente incurren".

Es sorprendente la preocupación de la Comisión por evitar los *windfall profits* en este tema. Sobre todo, porque las entidades adquieren dichos derechos por subasta, lo que supone que no los reciben gratuitamente. Así sigue diciéndolo el cdo 89: "*si bien la subasta completa* de derechos de emisión en el marco del régimen de comercio de derechos de emisión para los edificios, el transporte por carretera y otros sectores *ya limita la aparición de tales beneficios indebidos, la Comisión debe realizar un seguimiento de en qué medida las entidades reguladas repercuten los costes del carbono, de modo que se eviten los beneficios inesperados*".

Esta limitación en la repercusión de costes se concreta procedimentalmente en la obligación de las Entidades de notificar a la Comisión, antes del 30 de abril, el porcentaje medio de los costes relacionados con la entrega de derechos de emisión que repercutieron el año anterior. La Comisión debe evaluar dichos informes e informar anualmente al Parlamento europeo[50].

3.3. Las entidades reguladas como sustitutos: un acercamiento a los tributos

Según la Directiva, los sujetos obligados a adquirir y entregar derechos son las entidades reguladas, y no los emisores. Tienen que pagar para adquirir derechos de emisión por llevar a cabo una actividad comercial que no es, por sí misma, contaminante o emisora.

Sin embargo, como hemos visto, la Directiva se encarga de dejar claro que lo que interesa no es la mera compraventa de

---

50 De hecho, el art. 30 septies n.3 establece que cuando la Comisión constate que existen prácticas inadecuadas en relación con la repercusión de los costes de carbono, el informe anual al Parlamento sobre la repercusión podrá ir acompañado de propuestas legislativas para evitar dichas prácticas.

combustibles, sino las emisiones derivadas de dicha combustión (difusas y dificilísimas de contabilizar en su realización), que van a ser contabilizadas, no a posteriori (como en el ETS 1), sino a priori: en el "despacho" de los combustibles que las generan. Van a ser las entidades reguladas, que despachan los combustibles al consumo, las que jueguen en el mercado, actuando a modo de sustitutos de los emisores (edificios y vehículos, principalmente).

Pues bien, según el art. 36.3 de la Ley 58/2003, de 17 de diciembre, General Tributaria, es sustituto "el sujeto pasivo que, por imposición de la ley y en lugar del contribuyente, está obligado a cumplir la obligación tributaria principal, así como las obligaciones formales inherentes a la misma. El sustituto podrá exigir del contribuyente el importe de las obligaciones tributarias satisfechas, salvo que la ley señale otra cosa".

A la luz del concepto legal de sustituto[51], no cabe duda de que, en el ETS 2, las entidades reguladas cumplen una función similar, pero ya en el mercado. Desde este punto de vista, las entidades reguladas —que no emiten CO2 y que, por lo tanto, tampoco necesitan adquirir derechos para el desarrollo de su actividad comercial— están obligadas, en virtud de la ley (en nuestro caso, de la Directiva "mercado") y "en lugar del contribuyente" (aquí, de los sujetos emisores), a "cumplir la obligación tributaria principal" (aquí, la adquisición y entrega de derechos de emisión), "así como las obligaciones formales inherentes a la misma" (aquí, abrir la cuenta en el registro y controlar las emisiones en función del combustible despachado).

Asimismo, el sustituto "podrá exigir del contribuyente el importe de las obligaciones tributarias satisfechas", lo que en el mercado equivale a la repercusión de los derechos adquiridos en el precio de los combustibles despachados. Ciertamente aquí hay una mayor flexibilidad para el "sustituto", porque la Ley no es-

---

51 ALONSO GONZÁLEZ, L.M. (1992) *Sustitutos y retenedores en el ordenamiento tributario español*, Instituto de Estudios Fiscales, Madrid, págs. 141 ss.

tablece una obligación formal de repercutir (está implícita) ni determina su alcance exacto: lo único que prevé, además de las obligaciones formales de informar sobre la repercusión, es que esta se haga de forma que no afecte negativamente a las normas de la competencia[52].

Es cierto que debe distinguirse el tributo del mercado; por una parte, se trata de dos técnicas que imponen prestaciones públicas patrimoniales y que sirven al principio quien contamina, paga. Pero mientras el impuesto se basa en el precio, el mercado se apoya en las cantidades; el impuesto será proporcional a la intensidad de la actividad gravada, mientras que el precio que se paga en el mercado depende de la cotización de los derechos, y no solo de la actividad realizada[53].

3.4. Las entidades reguladas, como colaboradoras de la Administración

La razón por la que el ETS 2 opta por utilizar esta figura del sustituto es la eficacia del mercado[54]: frente al carácter difuso y no profesional de las actividades emisoras de este mercado, la Directiva ha optado por imponer las obligaciones de pago y las posibilidades de repercusión a los suministradores de las sustancias causantes de las emisiones: son profesionales de la venta de combustibles y aunque les resulten gravosas las obligaciones derivadas del mercado, están en condiciones de cumplirlas, de repercutir económicamente los costes y son fácilmente controlables

---

52 Art. 30.septies.3. "A partir del 1 de enero de 2028, los Estados miembros velarán por que, a más tardar el 30 de abril de cada año hasta 2030, cada entidad regulada notifique el porcentaje medio de los costes relacionados con la entrega de derechos de emisión con arreglo al presente capítulo que repercutieron a los consumidores el año anterior".

53 VV.AA. (2006), *El mercado de derechos a contaminar*, Lex Nova, Valladolid, págs. 94 ss.

54 Como lo es la sustitución en la recaudación de tributos: cfr., ALONSO GONZÁLEZ, L.M. (1992), págs. 453 y ss.

(por su menor número y porque su actividad comercial está también regulada) por la Administración gestora del mercado. De esta forma, las entidades reguladas cumplen una duplicidad de funciones: por una parte son "sujetos pasivos" de las obligaciones del mercado, especialmente la entrega de derechos; por otra, son auténticos "colaboradores de la Administración", en cuanto están facilitando a esta el cumplimiento de las obligaciones de respaldo de las emisiones de CO2[55]; evitan los denominados "costes indirectos" a los emisores (esto es, el cumplimiento de las obligaciones formales vinculadas al mercado) y evitan igualmente el incremento burocrático que conllevaría la participación directa de los nuevos sectores emisores en el mercado. Esto no lo hacen a título gratuito porque podrán repercutirlo en la medida en que lo vean adecuado y conveniente, a la luz de los costes del combustible y de la propia competencia. Por lo tanto, los nuevos "emisores" únicamente tendrán que hacer frente a obligaciones económicas (no formales), inclusivas en su caso, del precio de los derechos de emisión y de los costes del cumplimiento de las obligaciones formales del mercado.

En definitiva, la utilización de esta figura sustitutoria en el mercado (ETS 2) es un acierto del normador comunitario, porque la condición empresarial de las entidades reguladas les permite con mayor facilidad asumir las obligaciones formales del mercado, pero también las decisiones estratégicas (el tiempo y lugar de las compras de derechos, la posibilidad de retenerlos, el momento concreto de su entrega, etc.).

4. El despacho de combustibles, una actividad esencial

El fortísimo incremento de la intervención pública sobre estas entidades reguladas, la obligación de respaldar sus ventas de combustible con derechos de emisión, la exigencia de autorización operativa que permite pero a la vez obliga a intervenir en el mer-

---

55 Ibidem, pág. 454.

cado y a cumplir los planes de seguimiento, su reconocido status de colaboradores de la Administración en la lucha contra las emisiones de CO2 y en la consecución de los objetivos del Acuerdo de Paris y de la UE, hacen de la actividad de dichas entidades una actividad económica de elevado interés general. Sobre estas pivota la descarbonización de sectores enteros de la vida social (el de los edificios y el del transporte por carretera, al menos).

Y el nuevo mercado de emisiones de los edificios y del transporte por carretera podrá, de acuerdo con su propia configuración, alcanzar su objetivo principal —la descarbonización— pero también su objetivo secundario: la regulación de las actividades involucradas, tanto desde un punto de vista económico, del mercado interior (como lo hacía el ETS 1[56]) como desde el punto de vista social.

IV. BIBLIOGRAFÍA

ALONSO GONZÁLEZ, L.M. (1992) *Sustitutos y retenedores en el ordenamiento tributario español*, Instituto de Estudios Fiscales, Madrid.

BROHÉ, A. (2010). "Personal carbon trading in the context of the EU Emissions Trading Scheme". *Climate Policy,* 10(4), 462–476. https://doi.org/10.3763/cpol.2009.0050

CARO-PATÓN CARMONA, I., y SANZ RUBIALES, Í. (2013) "Los mercados artificiales de recursos naturales", en VVAA, *Libre mercado y protección ambiental. Intervención y orientación ambiental de las actividades económicas,* INAP, Madrid.

CHENEVIÈRE, C., (2018) *Le système d'échange de quotas d'émission de gaz à effet de serre. Protéger le climat, préserver le marché intérieur,* Bruylant, Bruxelles.

DEL RÍO, P., y LABANDEIRA, X. (2008), *El sistema europeo de comercio de emisiones: diseño, funcionamiento y perspectivas,* Fundación de Estudios de Economía Aplicada, Colección Estudios Económicos 19-08, Cátedra FEDEA-Iberdrola, Madrid.

---

56 Véase al respecto CHENEVIÈRE, C., (2018) *Le système d'échange de quotas d'émission de gaz à effet de serre. Protéger le climat, préserver le marché intérieur,* Bruylant, Bruxelles, págs. 404 ss.

ESPINOSA-FLOR, S.I. (2022), "A right to pollute versus a duty to mitigate: on the basis of emissions trading and carbon markets", *Climate Policy,* vol. 22, n.7.

FABBRI, P., y CICIGOI, E., (2007) *Mercato delle emisione ad effetto serra,* Il Mulino, Bologna 2007.

FEUCHTINGER, Stefan, (2024) "ETS 2, el 'remake' de los derechos de emisión de CO2", *El periódico de la energía,* 4 de enero de 2024, https://elperiodicodelaenergia.com/ets-2-el-remake-de-los-derechos-de-emision-de-co2/

HAYWOOD, L., and JAKOB, M., (2023) "The role of the emissions trading scheme 2 in the policy mix to decarbonize road *transport in the European Union", Transport Policy 139.*

JOHNSTON, H., (2022) "The Viability of Personal Carbon Trading", *Georgetown Environmental Law Review,* April n. 11

LAGUNA DE PAZ, J.C. (2023), *Tratado de Derecho Administrativo, General y Económico,* Civitas, 5ª edic., Cizur Menor.

MORENO MOLINA, A.M. (2023) *El derecho del cambio climático,* Tirant lo Blanch, Valencia 2023

VALIERGUE, A., *Compensation carbone. La fabrique d'un marché contesté,* Sorbonne Université Presses, Paris 2021.

VV.AA. (2006), *El mercado de derechos a contaminar,* Lex Nova, Valladolid.

VV.AA. (2012) *El mercado europeo de derechos de emisión. Balance de su aplicación desde una perspectiva jurídico-pública (2008-2012),* Lex Nova, Valladolid.

VVAA (2014) *Cambio climático y Unión Europea. Presente y futuro del mercado europeo de emisiones,* Tirant lo Blanch, Valencia.

Capítulo 7

Las redes transeuropeas de transporte de energía eléctrica

Eloy Colom Piazuelo*

SUMARIO: I. LAS REDES TRANSEUROPEAS DE TRANSPORTE DE ENERGÍA ELÉCTRICA Y SU RELACIÓN CON EL MERCADO INTERIOR DE LA ENERGÍA ELÉCTRICA Y EL PACTO VERDE EUROPEO. 1.Las redes transeuropeas de transporte de energía eléctrica y el desarrollo del mercado interior de la energía. 2. Las redes transeuropeas de transporte de energía eléctrica y el Pacto Verde Europeo. II. LA PLANIFICACIÓN DE LAS REDES TRANSEUROPEAS DE TRANSPORTE DE ENERGÍA ELÉCTRICA. III. LA CONSTRUCCIÓN DE LAS REDES TRANSEUROPEAS DE TRANSPORTE DE ENERGÍA ELÉCTRICA: EL PROCEDIMIENTO ESPECIAL PARA AGILIZAR LA CONCESIÓN DE AUTORIZACIONES REGULADO EN EL REGLAMENTO (UE) 2022/869. 1. Los proyectos a los que se aplican las reglas especiales contenidas en el Reglamento (UE) 2022/869: los proyectos de interés común. 2. Las reglas especiales contenidas en el Reglamento (UE) 2022/869 sobre organización del proceso de concesión de autorizaciones de los proyectos de interés común. 3. Las reglas especiales contenidas en el Reglamento (UE) 2022/869 sobre la articulación del procedimiento de autorización de los proyectos de interés común. 4. Las reglas especiales contenidas en el Reglamento (UE) 2022/869 sobre el procedimiento de autorización de los proyectos de interés común.

Se acaban de hacer públicas las Conclusiones del Consejo tituladas "Fomento de unas infraestructuras de la red eléctrica sostenibles", aprobadas por el Consejo de Transporte, Teleco-

---

* Profesor Titular de Universidad. Universidad de Zaragoza. El presente trabajo se inserta dentro de las actividades que realiza el Grupo AGUDEMA (Agua, derecho y medioambiente). De la misma forma, esta publicación se comprende en el marco de los Proyectos I+D+iPID2021-124296NB100 (financiado por MCIN/AEI/10.13039/501100011033 / y por FEDER "Una manera de hacer Europa") y TED2 021-130264B-100 (financiado por MCIN/AEI/1013039/501100011033/ y por Unión Europea Next-GenerationEU/PRTR).

municaciones y Energía, en su sesión del 30 de mayo de 2024. En ellas se reconoce el papel fundamental de una red eléctrica interconectada, integrada y sincronizada a la hora de garantizar un sistema seguro, el correcto funcionamiento del mercado interior, la competitividad y el desarrollo socioeconómico de la Unión Europea y la consecución de los objetivos energéticos y climáticos de la Unión Europea; y se subraya la necesidad de adoptar medidas decisivas para lograr la plena integración, interconexión y sincronización del sistema eléctrico europeo, con vistas a seguir aumentando la seguridad del suministro y la resiliencia del sistema eléctrico, así como la competitividad y la descarbonización[2].

Este impulso de las interconexiones eléctricas perseguido requiere un estudio de las redes transeuropeas de transporte de energía eléctrica. Análisis que se restringirá al ámbito comunitario, sin perjuicio de alguna referencia a la normativa de nuestro país, dadas las limitaciones de espacio del presente estudio. En concreto, primero se examinará la relación de las redes transeuropeas con el mercado interior de la energía eléctrica y el Pacto Verde Europeo (I); con posterioridad, cómo se planifican (II); y, por último, cuáles son los trámites especiales previstos en la normativa europea para agilizar su construcción (III).

---

2 Véase https://www.consilium.europa.eu/media/vdipdows/euco-conclusions-20240417-18-es.pdf (acceso 1-7-2024). Esta relevancia de las redes eléctricas europeas para los objetivos de la Unión Europea ha sido puesta también de manifiesto, por ejemplo, en el considerando séptimo del Reglamento (UE) 2022/869, relativo a las orientaciones sobre las infraestructuras energéticas transeuropeas. En él se dice que la política de las redes transeuropeas de energía es un instrumento central para el desarrollo de un mercado interior de la energía y necesario para lograr los objetivos del Pacto Verde Europeo.

I. LAS REDES TRANSEUROPEAS DE TRANSPORTE DE ENERGÍA ELÉCTRICA Y SU RELACIÓN CON EL MERCADO INTERIOR DE LA ENERGÍA ELÉCTRICA Y EL PACTO VERDE EUROPEO

Para comprender la actual regulación de las redes transeuropeas es preciso primero examinar la relación de éstas con el desarrollo del mercado de la energía eléctrica (1) y después con el Pacto Verde Europeo (2).

1. Las redes transeuropeas de transporte de energía eléctrica y el desarrollo del mercado interior de la energía

Las redes transeuropeas de energía eléctrica es necesario relacionarlas con la construcción del mercado interior de la energía. A este último se alude en el art. 194 del TFUE. Artículo en el que se dice que en el marco del establecimiento o del funcionamiento del mercado interior y atendiendo a la necesidad de preservar y mejorar el medio ambiente, la política energética de la Unión tendrá por objetivo, con un espíritu de solidaridad entre los Estados miembros: garantizar el funcionamiento del mercado de la energía; garantizar la seguridad del abastecimiento energético en la Unión; fomentar la eficiencia energética y el ahorro energético así como el desarrollo de energías nuevas y renovables; y fomentar la interconexión de las redes energéticas[3].

---

[3] No obstante, en el art. 194 del TFUE se establece que las medidas que se adopten para alcanzar los objetivos mencionados no afectarán al derecho de un Estado miembro a determinar las condiciones de explotación de sus recursos energéticos, sus posibilidades de elegir entre distintas fuentes de energía y la estructura general de su abastecimiento energético. Dichas restricciones se entienden sin perjuicio de las medidas que puedan adoptarse siguiendo el procedimiento previsto en el art. 192.2 c) del TFUE y que afecten de forma significativa a la elección por un Estado miembro entre diferentes fuentes de energía y a la estructura general de su abastecimiento energético. Véanse, también, las

Para hacer efectivas estas previsiones sobre el establecimiento de un mercado interior de la energía, el TFUE atribuye a la Unión competencias exclusivas o compartidas, según los casos. En particular, en el art. 3.1 b) del TFUE se dice que la Unión Europea dispondrá de competencia exclusiva en el ámbito del establecimiento de las normas sobre competencia necesarias para el funcionamiento del mercado interior; y en el art. 4.2 del TFUE, apartados h) e i), se indica que la Unión dispondrá de competencia compartida con los Estados miembros en los ámbitos de las redes transeuropeas y la energía. En el ejercicio de dichas competencias la Unión Europea ha aprobado la Directiva (UE) 2019/944 del Parlamento Europeo y del Consejo de 5 de junio de 2019, sobre normas comunes para el mercado interior de la electricidad y por la que se modifica la Directiva 2012/27/UE [en adelante, Directiva (UE) 2019/944][4].

En la actualidad el mercado interior de la energía está en construcción, en un proceso de superación de los diversos obstáculos existentes y entre los que se encuentra la insuficiencia de interconexiones entre las redes nacionales de energía eléctrica[5]. Por ello, y por lo

---

reglas generales sobre el establecimiento del mercado interior establecidas en el art. 26 del TFUE.

4 La Directiva 2019/944 ha sido traspuesta en nuestro país parcialmente por el Real Decreto-Ley 23/2020, de 23 de junio, Real Decreto-Ley 5/2023, de 28 de junio, Real Decreto 446/2023, de 13 de junio, y Real Decreto 314/2023, de 25 de abril. Esta Directiva deroga la anterior Directiva 2009/72/CE, del Parlamento Europeo y del Consejo, de 13 de julio de 2009, sobre normas comunes para el mercado interior de la electricidad. Con carácter previo a esta última Directiva, estuvo vigente la Directiva 2003/54/CE del Parlamento Europeo y del Consejo, de 26 de junio de 2003, relativa a las normas comunes para el mercado interior de la electricidad; y la Directiva 96/92/CE del Parlamento Europeo y del Consejo, de 19 de diciembre de 1996, sobre normas comunes para el mercado interior de la electricidad.

5 La existencia de un mercado interior de la energía en construcción y con deficiencias en la interconexión entre los diferentes países de la Unión ha sido puesta de manifiesto en las Conclusiones del Consejo tituladas "Fomento de unas infraestructuras de la red eléctrica sostenibles" apro-

que respecta al tema tratado en este trabajo, se persigue el desarrollo de unas redes transeuropeas de transporte de energía eléctrica que permitan hacerlo efectivo[6]. Con la construcción de dicho mercado se persiguen las finalidades marcadas en el art. 194 del TFUE citado.

A estas redes transeuropeas alude el art. 170 del TFUE. En este precepto se dice que a fin de contribuir a la realización de los objetivos contemplados en los arts. 26 y 174 del TFUE y de permitir que los ciudadanos de la Unión, los operadores económicos y los entes regionales y locales participen plenamente de los beneficios resultantes de la creación de un espacio sin fronteras interiores, la Unión contribuirá al establecimiento y al desarrollo de redes transeuropeas en el sector de infraestructuras de energía, entre otros sectores. Y, a continuación, se señala que, en el contexto de un sistema de mercados abiertos y competitivos, la acción de la Unión tendrá por objetivo favorecer la interconexión e interoperabili-

---

badas por el Consejo de Transporte, Telecomunicaciones y Energía en su sesión de 30 de mayo de 2024 (https://www.consilium.europa.eu/media/vdipdows/euco-conclusions-20240417-18-es.pdf acceso 1-7-2024). Así, en ellas se pone de relieve la necesidad de tener en cuenta las especificidades de los Estados miembros no interconectados o de las regiones que no están suficientemente conectadas, periféricas, ultraperiféricas o aisladas. A la situación de un mercado interior en construcción también se hace referencia, por ejemplo, en el Anexo I del Reglamento (UE) 2022/869. En él se califican a Irlanda o Chipre como países aislados o se indica la necesidad de reforzar las infraestructuras de la red interior en el eje Norte-Sur de Europa Occidental ("NSJ West Electricity") o en el eje Norte-Sur de Europa Central y Oriental y de Europa Sudoriental ("NSJ East Electricity" o el Plan de interconexión del mercado báltico de la energía-electricidad ("BEMIP Electricity").

6 Véase, en este sentido, por ejemplo, la Comunicación de la Comisión al Parlamento Europeo, al Consejo, al Comité Económico y Social Europeo y al Comité de las Regiones "Reforzar las redes energéticas de Europa" de 23 de noviembre de 2017 [COM (2017) 718 final]; o la Comunicación de la Comisión al Parlamento Europeo, al Consejo, al Comité Económico y Social Europeo y al Comité de las Regiones "Redes, el eslabón perdido: Plan de acción de la UE para las Redes" de 28 de noviembre de 2023 [COM (2023) 757 final].

dad de las redes nacionales, así como el acceso a dichas redes; y tendrá en cuenta, en particular, la necesidad de establecer enlaces entre las regiones insulares, sin litoral y periféricas y las regiones centrales de la Unión. Sobre estas redes transeuropeas de energía eléctrica tienen competencias compartidas la Unión y los Estados miembros, según el art. 4.2, apartados h) e i), del TFUE.

El TFUE no ha especificado las infraestructuras que se consideran redes transeuropeas[7]. Ello es debido a que se ha preferido que sea la normativa de desarrollo y los planes respectivos los que especifiquen las infraestructuras concretas que se califican como tales. No obstante, es preciso advertir que en este proceso de determinación de las redes transeuropeas hay que distinguir dos momentos temporales diferentes: una situación final con unas redes transeuropeas ya construidas por todo el territorio de la Unión y determinadas en la planificación a escala europea; y una situación transitoria actual en la que existen unas redes nacionales insuficientemente interconectadas entre sí y en las que se necesita de forma urgente construir nuevas interconexiones para hacer efectivo el mercado interior de la energía en el espacio europeo. A ambas se hace referencia en la normativa comunitaria de desarrollo.

En efecto, la situación final señalada ha sido expresamente mencionada en numerosos documentos de la Comisión. Por ejemplo, en la Comunicación de la Comisión al Parlamento Europeo, al Consejo, al Comité Económico y Social Europeo y al Comité de las Regiones, sobre "Las prioridades de la infraestructura energética a partir de 2020-Esquema para una red de energía europea integrada" de 17 de noviembre de 2010 [COM (2010), 677 final], se dice que la creación de las infraestructuras energéticas que Europa necesita requiere una política de infraestructuras completamente nueva basada en una visión europea, en la que se defina un mapa

---

[7] Aunque no se hayan definido, pueden encontrarse referencias a las mismas en las diversas normas comunitarias. Por ejemplo, puede mencionarse el Reglamento (UE) 2022/869, que regula las orientaciones sobre las infraestructuras energéticas transeuropeas.

de la infraestructura energética que brinde a Europa una superred inteligente que interconecte las demás redes a nivel continental; y en la que se preparen las redes a largo plazo, planificando y construyendo las autopistas eléctricas europeas[8]. A la determinación de estas redes en la planificación aprobada a escala europea se hará referencia en un apartado posterior, al que me remito.

Esa red de transporte que se acaba de mencionar y que atraviesa todo el territorio de la Unión Europea no existe en la actualidad en su integridad, como se ha indicado con anterioridad. Ante esta situación se han aprobado diversas normas comunitarias que prevén mecanismos de financiación y que regulan nuevos procedimientos para agilizar la concesión de autorizaciones de los proyectos de infraestructura eléctrica que se consideren prioritarios. Entre ellas cabe destacar el Reglamento (UE) 2022/869, relativo a las orientaciones sobre las infraestructuras energéticas transeuropeas, en el que se contemplan los proyectos subvencionables y reglas sobre los procedimientos de autorización, que serán objeto de comentario en un apartado posterior. O también puede citarse el Reglamento (UE) 2021/1153, del Parlamento Europeo y del Consejo de 7 de julio de 2021, por el que se establece el Mecanismo "Conectar Europa"[9]. O puede hacerse referencia al Plan de acción de la UE para las Redes de 28 de noviembre de 2023[10].

---

8 En relación con las características de la red que debe construirse para atender a las nuevas necesidades puede consultarse la Comunicación de la Comisión al Parlamento Europeo, al Consejo, al Comité Económico y Social Europeo y al Comité de las Regiones "Redes, el eslabón perdido: Plan de acción de la UE para las Redes" de 28 de noviembre de 2023 [COM (2023) 757 final].

9 El Reglamento (UE) 2021/1153, del Parlamento Europeo y del Consejo de 7 de julio de 2021, por el que se establece el Mecanismo "Conectar Europa" no será objeto de examen en el presente estudio, dadas las limitaciones de extensión del mismo. No obstante, cabe indicar que también es aplicable a las redes transeuropeas comentadas. Así, en su art. 3.1 se dice que los objetivos del Reglamento (UE) son construir, desarrollar, modernizar y finalizar las redes transeuropeas en los sectores, entre otros que menciona, de la energía y facilitar la cooperación transfronteriza en

2. *Las redes transeuropeas de transporte de energía eléctrica y el Pacto Verde Europeo*

El cumplimiento del Pacto Verde Europeo va a influir en el desarrollo del mercado interior de la energía y, específicamente, en las redes transeuropeas. En efecto, las previsiones contenidas en el Pacto Verde parten de la conexión entre la actividad humana y el cambio climático; y cómo aquella ha tenido efectos desfavorables, al emitirse gases de efecto invernadero a la atmósfera, lo que determina que deban reducirse. Es el denominado proceso de descarbonización de la economía[11].

---

el ámbito de las energías renovables, teniendo en cuenta los compromisos de descarbonización a largo plazo y los objetivos de aumento de la competitividad europea; crecimiento inteligente, sostenible e integrador; cohesión económica, social y territorial; y acceso al mercado interior e integración del mismo, haciendo hincapié en facilitar las sinergias entre los sectores digital, del transporte y de la energía. Y, por lo que respecta a los objetivos específicos, en el art. 3.2 b) se dice que en el sector de la energía deben contribuir al desarrollo de proyectos de interés común referentes a una mayor integración de un mercado interior de la energía eficaz y competitivo y la interoperabilidad de las redes a través de las fronteras y los sectores, facilitando la descarbonización de la economía, promoviendo la eficiencia energética y garantizando la seguridad del abastecimiento, y facilitar la cooperación transfronteriza en el ámbito de la energía, incluidas las energías renovables.

10 Véase la Comunicación de la Comisión al Parlamento Europeo, al Consejo, al Comité Económico y Social Europeo y al Comité de las Regiones "Redes, el eslabón perdido: Plan de acción de la UE para las Redes" de 28 de noviembre de 2023 [COM (2023) 757 final].

11 La reducción de los gases de efecto invernadero a la atmósfera se adoptó primero en el ámbito internacional y después por la Unión Europea y, en cuanto parte de esta última, por nuestro país. Véase, en este sentido, la Convención marco de las Naciones Unidas sobre el cambio climático de 1992, Protocolo de Kioto de 1995 y Acuerdo de París de 2015. La firma del Acuerdo de París por la Unión Europea fue autorizada por la Decisión (UE) 2016/590, de 11 de abril de 2016; y aprobado por la Decisión (UE) 2016/1841 del Consejo, de 5 de octubre de 2016, relativa a la celebración, en nombre de la Unión Europea, del Acuerdo de

Y, en particular, en relación con el tema examinado en este trabajo, se ha señalado que la producción y utilización de energía en todos los sectores económicos representa más del 75 % de las emisiones de gases de efecto invernadero de la Unión Europea; en consecuencia, debe procederse a la descarbonización en este sector y procederse a desarrollar un sector eléctrico basado en gran medida en fuentes renovables[12]. Para ello se han fijado unos plazos y objetivos de implantación de estas fuentes de energía renovables en la normativa comunitaria y española[13]. El cumpli-

---

París en virtud de la Convención marco de las Naciones Unidas sobre el cambio climático. España lo firmó el 22 de abril de 2016 y expidió el instrumento de ratificación con fecha 23 de diciembre de 2016 (BOE 2/2/2017). En relación con los objetivos de reducción interna neta de las emisiones de gases de efecto invernadero en la Unión Europea, véase la Comunicación de la Comisión al Parlamento Europeo, al Consejo, al Comité Económico y Social Europeo y al Comité de las Regiones sobre el Pacto Verde Europeo de 11 de diciembre de 2019 [COM (2019) 640 final]; y el Reglamento (UE) 2021/1119 del Parlamento Europeo y del Consejo de 30 de junio de 2021, por el que se establece el marco para lograr la neutralidad climática y se modifican los Reglamentos (CE) nº 401/2009 y (UE) 2018/1999. Y, específicamente, con respecto a los objetivos de reducción hasta 2030, véase el Reglamento (UE) 2018/842 del Parlamento Europeo y del Consejo, de 30 de mayo de 2018, sobre reducciones anuales vinculantes de las emisiones de gases de efecto invernadero por parte de los Estados miembros entre 2021 y 2030 que contribuyan a la acción por el clima, con objeto de cumplir los compromisos contraídos en el marco del Acuerdo de París, modificado por el Reglamento (UE) 2023/857, de 19 de abril de 2023.

12 Véase, la Comunicación de la Comisión al Parlamento Europeo, al Consejo, al Comité Económico y Social Europeo y al Comité de las Regiones sobre el Pacto Verde Europeo de 11 de diciembre de 2019 [COM (2019) 640 final], apartado 2.1.2.

13 En concreto, el porcentaje mínimo de las fuentes de energía renovable para 2030 se ha fijado en el art. 3.1 de la Directiva (UE) 2018/2001, del Parlamento Europeo y del Consejo, de 11 de diciembre de 2018, modificado por la Directiva (UE) 2023/2413 del Parlamento Europeo y del Consejo de 18 de octubre de 2023. En el citado precepto se ha establecido como objetivo alcanzar una cuota mínima del 42,5 % del consumo

miento de estos objetivos desde la perspectiva europea requiere una mayor integración de los sistemas energéticos nacionales y, en consecuencia, un desarrollo de la red eléctrica[14].

Para lograr este fin, se han aprobado nuevos reglamentos y directivas en la materia por la Unión Europea. Entre otros, por ejemplo, se pueden mencionar el Reglamento (UE) 2019/943 del Parlamento Europeo y del Consejo de 5 de junio de 2019, relativo al mercado interior de la electricidad [en adelante, Reglamento (UE) 2019/943]; la Directiva (UE) 2019/944, sobre normas comunes para el mercado interior de la electricidad; el Reglamento (UE) 2019/942 del Parlamento Europeo y del Consejo de 5 de

---

final bruto de energía de la Unión en 2030 y un objetivo voluntario del 45 %. Las fuentes que se consideran renovables aparecen mencionadas en el art. 2 de la citada Directiva (UE) 2018/2001, modificado por la Directiva (UE) 2023/2413 antes mencionada.

14 En relación con esta conexión con los objetivos medioambientales, véase el punto 2.1.2, de la Comunicación de la Comisión al Parlamento Europeo, al Consejo Europeo, el Comité Económico y Social Europeo y al Comité de las Regiones, sobre el Pacto Verde Europeo de 11 de diciembre de 2019 [COM (2019) 640 final]. Asimismo, la necesidad de desarrollar las redes eléctricas fue puesta de manifiesto en la Comunicación de la Comisión al Parlamento Europeo, al Consejo, al Comité Económico y Social Europeo y al Comité de las Regiones "Reforzar las redes energéticas de Europa" de 23 de noviembre de 2017 [COM (2017) 718 final]. También, se ha destacado en los considerandos del Reglamento (UE) 2022/869, relativo a las orientaciones sobre las infraestructuras energéticas transeuropeas; o en la Comunicación de la Comisión al Parlamento Europeo, al Consejo, al Comité Económico y Social Europeo y al Comité de las Regiones "Redes, el eslabón perdido: Plan de acción de la UE para las Redes" de 28 de noviembre de 2023 [COM (2023) 757 final]; y en la Comunicación de la Comisión al Parlamento Europeo, al Consejo Europeo, al Consejo, al Comité Económico y Social Europeo y al Comité Europeo de las Regiones sobre el Plan REPowerEU de 18 de mayo de 2022 [COM (2022) 230 final]. Sobre el alcance de la integración del sistema energético, véase la Comunicación de la Comisión al Parlamento Europeo, al Consejo, al Comité Económico y Social Europeo y al Comité de las Regiones titulada "Impulsar una economía climáticamente neutra: una estrategia de la UE para la integración el sistema energético" de 8 de julio de 2020 [COM (2020) 299 final]

junio de 2019, por el que se crea la Agencia de la Unión Europea para la Cooperación de los Reguladores de la Energía [en adelante, Reglamento (UE) 2019/942]; o el Reglamento (UE) 2022/869, del Parlamento Europeo y del Consejo de 30 de mayo de 2022, relativo a las orientaciones sobre las infraestructuras energéticas transeuropeas [en adelante, Reglamento (UE) 2022/869]. Normas a cuyo contenido se aludirá en apartados posteriores. O, recientemente, se ha aprobado el Plan de acción de la UE para las Redes de 28 de noviembre de 2023[15].

II. LA PLANIFICACIÓN DE LAS REDES TRANSEUROPEAS DE TRANSPORTE DE ENERGÍA ELÉCTRICA

Como se ha indicado en el apartado anterior, en la normativa europea se ha previsto la planificación de las redes transeuropeas de transporte de energía eléctrica. Dicha planificación parte de la existencia de unas orientaciones relativas a los objetivos, prioridades y grandes líneas de actuación en las redes transeuropeas de transporte, un Plan decenal de desarrollo de la red de ámbito comunitario y un Plan de inversiones regional; y, a escala nacional, de una planificación que debe coordinarse con la comunitaria[16].

---

15 Véase la Comunicación de la Comisión al Parlamento Europeo, al Consejo, al Comité Económico y Social Europeo y al Comité de las Regiones "Redes, el eslabón perdido: Plan de acción de la UE para las Redes" de 28 de noviembre de 2023 [COM (2023) 757 final].

16 Se ha planteado si el contenido de la planificación debe ser descendente, es decir, partiendo de las decisiones adoptadas en el Plan decenal de desarrollo de la red de ámbito comunitario, o ascendente, o sea, desde el contenido incluido en los planes de inferior escala. En las Conclusiones del Consejo tituladas "Fomento de unas infraestructuras de la red eléctrica sostenibles", aprobadas por el Consejo de Transporte, Telecomunicaciones y Energía, en su sesión del 30 de mayo de 2024 [https://www.consilium.europa.eu/media/vdipdows/euco-conclusions-20240417-18-es.pdf (acceso 1-7-2024)] se ha optado por un doble enfoque. Así, se pone de relieve el valor de combinar una coordinación ascendente de los planes nacionales a escala regional con un enfoque

Por lo que respecta a las orientaciones referidas a las redes transeuropeas de transporte de energía eléctrica, en el art. 171 del TFUE se establece que la Unión elaborará un conjunto de orientaciones relativas a los objetivos, prioridades y grandes líneas de las acciones previstas en el ámbito de las redes transeuropeas; y en ellas se identificarán proyectos de interés común. De la misma forma, sigue diciendo el precepto, la Unión podrá realizar las acciones que puedan resultar necesarias para garantizar la interoperabilidad de las redes, especialmente en el ámbito de la armonización de las normas técnicas.

---

europeo; y se insta a la Comisión a que siga reforzando el enfoque regional de la planificación de la infraestructura eléctrica y lo combine con un enfoque a escala de la Unión Europea que incluya, cuando proceda, a los países socios, una perspectiva a largo plazo y coordinación a través de los corredores prioritarios, cuatro grupos de alto nivel y, según proceda, otros formatos de cooperación regional.

Por último, en relación con los distintos tipos de planes, en el art. 14 del Reglamento (UE) 2022/869 se alude a la planificación de las redes marítimas. En particular en él se indica que, como parte de cada Plan decenal de desarrollo de la red, la REGRT de Electricidad, con la participación de los GRT pertinentes, de las autoridades reguladoras nacionales, de los Estados miembros y de la Comisión, desarrollará y publicará, como informe independiente parte del Plan decenal de desarrollo de la red a escala de la Unión, Planes estratégicos integrados de desarrollo de redes marítimas de alto nivel para cada cuenca marítima, de acuerdo con los corredores de la red marítima prioritarios a que se refiere el Anexo I del Reglamento (UE) 2022/869, teniendo en cuenta la protección medioambiental y otros usos del mar. Los Planes estratégicos integrados de desarrollo de redes marítimas de alto nivel serán compatibles con los Planes regionales de inversión publicados y se integrarán en los Planes decenales de desarrollo de la red a escala de la Unión para asegurar la elaboración coherente de la planificación de redes terrestres y marítimas y los refuerzos necesarios. Dicha planificación específica debe estar en consonancia con el acuerdo no vinculante entre los Estados miembros, con ayuda de la Comisión, dentro de sus corredores de la red marítima prioritarios, en materia de cooperación sobre objetivos en materia de producción de energía renovable marítima que se implantará en cada cuenca marítima, según se establece en el art. 14.1 del Reglamento (UE) 2022/869.

El art. 171 del TFUE ha sido desarrollado por el Reglamento 2022/869, relativo a las orientaciones sobre las infraestructuras energéticas transeuropeas[17]. Reglamento en el que se identifican tres corredores de electricidad prioritarios, cinco corredores de redes marítimas prioritarios y un área temática prioritaria, en los que deben situarse los proyectos de interés común[18].

Las orientaciones están referidas fundamentalmente a las redes transeuropeas de transporte de energía eléctrica y su desarrollo. En consecuencia, dichas orientaciones deben tenerse en cuenta en la planificación de las redes de transporte de electricidad en el ámbito del territorio de la Unión Europea. Planificación que está prevista en los arts. 48 y 30.1 b) del Reglamento (UE) 2019/943. Así, en ellos se contempla la adopción y publicación, cada dos años, de un Plan decenal de desarrollo de la red a escala de la Unión y no vinculante. Dicho Plan de desarrollo de la red incluirá

---

17 Es preciso tener en cuenta, además, el Reglamento (UE) 2021/1153 del Parlamento Europeo y del Consejo de 7 de julio de 2021, por el que se establece el Mecanismo "Conectar Europa".

18 Los corredores y áreas temáticas prioritarios se enumeran en el Reglamento (UE) 2022/869, Anexo I. Por lo que respecta a los corredores de electricidad prioritarios se mencionan las interconexiones eléctricas en el eje Norte-Sur de Europa Occidental ("NSI West Electricity"), interconexiones eléctricas en el eje Norte-Sur de Europa Central y Oriental y de Europa Sudoriental ("NSI East Electricity") y el Plan de interconexión del mercado báltico de la energía – electricidad ("BEMIP Electricity"). En cuanto a los corredores de redes marítimas prioritarios, se citan las Redes marítimas en los mares septentrionales ("NSOG"), Plan de interconexión del mercado báltico de la energía – redes marítimas ("BEMIP offshore"), Redes marítimas del Sur y el Oeste ("SW offshore"), Redes marítimas del Sur y el Este ("SE offshore") y Redes marítimas atlánticas. Y como área temática se incluye el establecimiento de redes eléctricas inteligentes. De todos ellos interesan a España las interconexiones eléctricas en el eje Norte-Sur de Europa Occidental ("NSI West Electricity"), Redes marítimas del Sur y el Oeste ("SW offshore"), Redes marítimas atlánticas y el área temática de establecimiento de redes eléctricas inteligentes.

la modelización de la red integrada, la elaboración de modelos hipotéticos y una evaluación de la solidez de la red[19].

El Plan de desarrollo de red a escala de la Unión se basará en los Planes nacionales de inversiones, teniendo en cuenta los Planes regionales de inversiones mencionados a los que se aludirá posteriormente, y, si procede, en los aspectos de la planificación de la red a escala de la Unión, tal y como se establece en el Reglamento (UE) 2022/869; y se someterá a un análisis de rentabilidad utilizando la metodología establecida de conformidad con el artículo 11 de dicho Reglamento (UE) 2022/869 [art. 48.1 del Reglamento (UE) 2019/943]. Además, el Plan de desarrollo, en lo relativo a las interconexiones transfronterizas, se basará también en las necesidades razonables de los distintos usuarios del sistema

---

19 A continuación, en el art. 48. 1 del Reglamento (UE) 2019/943, en la nueva redacción dada por el Reglamento (UE) 2022/869, se dice que los parámetros de entrada pertinentes para la modelización, como las hipótesis sobre los precios de los combustibles y el carbono o la instalación de energías renovables, deberán ser plenamente coherentes con el análisis europeo de cobertura elaborado en virtud del art. 23 del Reglamento (UE) 2019/943. En este último precepto se dice que el análisis europeo de cobertura identificará los problemas de cobertura evaluando la capacidad global de la red eléctrica para abastecer la demanda de energía presente y prevista a nivel de la Unión, a nivel de los Estados miembros, y a nivel de las zonas individuales de oferta, según proceda. El análisis europeo de cobertura se llevará a cabo para cada año durante un período de diez años a partir de la fecha de dicho análisis. De la misma forma en relación con los modelos hipotéticos conjuntos y sus directrices, así como la información que debe tenerse en cuenta para su elaboración véase el art. 12 del Reglamento (UE) 2022/869.
El Plan decenal a cuyo contenido se acaba de hacer referencia se complementa con el Programa de trabajo anual. En él se incluirá una lista y una descripción de los códigos de red que habrán de prepararse, un plan sobre coordinación de la gestión común de la red y actividades de investigación y desarrollo que deban realizarse en dicho año, así como un calendario indicativo [art. 30.4 del Reglamento (UE) 2019/943]. Puede consultarse el último Plan decenal aprobado y los trabajos posteriores en https://tyndp.entsoe.eu/ (acceso 1-7-2024).

e integrará los compromisos a largo plazo de los inversores a que se refieren los artículos 44 y 51 de la Directiva (UE) 2019/944. Por último, el Plan de desarrollo señalará las carencias de la inversión, en particular en lo que se refiere a la capacidad transfronteriza. Por lo que respecta a esto último, podrá adjuntarse al Plan de desarrollo de la red a escala de la Unión una reseña de los obstáculos al aumento de la capacidad transfronteriza de la red derivados, por ejemplo, de los distintos procedimientos o prácticas de aprobación.

En la medida en que el territorio al que se refiere el Plan decenal excede el ámbito nacional se ha atribuido su elaboración, aprobación y control fundamentalmente a la REGRT de Electricidad y a ACER[20].

---

20 En el art. 28 del Reglamento (UE) 2019/943 se establece que los gestores de redes de transporte cooperarán a nivel de la Unión a través de la REGRT de Electricidad, a fin de promover la realización y el funcionamiento del mercado interior de la electricidad y del comercio interzonal, y de garantizar la gestión óptima, el funcionamiento coordinado y la evolución técnica adecuada de la red europea de transporte de electricidad. Dada la finalidad de la REGRT de Electricidad, es a ella a quien corresponde la adopción y publicación del Plan decenal de desarrollo de la red de ámbito comunitario y la adopción el Programa anual [art 30.1 b) y j) del Reglamento (UE) 2019/943]. Elaboración en el que se respetará el trámite de consultas previstas en el art. 31 de la citada norma.

Por otra parte, las actuaciones referidas al Plan decenal y Programa anual y realizadas por la REGRT de Electricidad son controladas por ACER. Agencia que se regula por el Reglamento (UE) 2019/942. En este sentido, en el art. 32.2 del Reglamento (UE) 2019/943 se establece que la REGRT de Electricidad presentará a ACER, para que esta emita su dictamen, el proyecto de plan de desarrollo de la red a escala de la Unión, el proyecto de programa de trabajo anual, incluidos la información sobre el proceso de consulta, y los demás documentos a que se refiere el artículo 30.1 del Reglamento. Cuando considere que el proyecto de programa de trabajo anual o el proyecto de plan de desarrollo de la red a escala de la Unión presentado por la REGRT de Electricidad no contribuyen a la no discriminación, la competencia efectiva, el funcio-

Junto al Plan decenal de desarrollo de la red de ámbito comunitario, en el art. 34 del Reglamento (UE) 2019/943 se establece que los gestores de redes de transportes mantendrán una cooperación regional en la REGRT de Electricidad para contribuir a las tareas que tiene asignadas por el art. 30 del mismo Reglamento (UE); y, en particular, publicarán un Plan regional de inversiones cada dos años y podrán tomar decisiones sobre inversiones basándose en este Plan. Dicho Plan se tendrá en cuenta al elaborarse el Plan decenal de desarrollo de la red de ámbito comunitario. Su elaboración corresponderá a los Gestores de redes de transporte que mantenga una cooperación regional en la REGRT de Electricidad[21].

---

namiento eficiente del mercado o un nivel suficiente de interconexión transfronteriza abierta al acceso de terceros, la ACER presentará un dictamen debidamente motivado acompañado de las oportunas recomendaciones a la REGRT de Electricidad y a la Comisión en un plazo de dos meses desde la fecha de su presentación. Asimismo, es preciso señalar que en el art. 32.1 del Reglamento (UE) 2019/943 se establece que ACER controlará la ejecución de los Planes decenales de desarrollo de la red e informará de sus resultados a la Comisión. Según el art. 11 del Reglamento (UE) 2019/942, si ACER descubriese incoherencias entre los planes y su ejecución, investigará las razones de dichas incoherencias y formulará recomendaciones dirigidas a los gestores de redes de transporte y a las autoridades reguladoras u otros órganos competentes de que se trate con objeto de ejecutar las inversiones con arreglo a los planes decenales de desarrollo de la red de la Unión.

En relación con el proceso de aprobación y elaboración del Plan, es preciso señalar que se ha ido incrementando su control. Ello ha sido señalado en los considerandos 24 y 25 del Reglamento (UE) 2022/869. En ellos se destaca que, debido a la necesidad de una validación independiente, ACER y la Comisión deben desempeñar un papel de mayor peso en el proceso, también a la hora de elaborar los Planes decenales de desarrollo de la red a escala de la Unión. En esos mismos considerandos se alude a la participación de un organismo científico independiente, como el Consejo Científico Consultivo Europeo sobre el Cambio Climático, o la realización de un amplio proceso de consulta en el que participen todas las partes interesadas pertinentes.

21 En el art. 34.3 del Reglamento (UE) 2019/943 se establece que la Comisión podrá establecer la zona geográfica cubierta por cada estructura

En el ámbito nacional, también es necesario atender a la planificación de la energía y clima y de desarrollo de la red[22]. En

---

de cooperación regional, teniendo presentes las estructuras de cooperación regional existentes. Cada Estado miembro podrá propiciar la cooperación en más de una zona geográfica. La Comisión estará facultada para adoptar actos delegados con arreglo al artículo 68 que completen el presente Reglamento, estableciendo la zona geográfica cubierta por cada estructura de cooperación regional. A tal efecto, la Comisión consultará a las autoridades reguladoras, a ACER y a la REGRT de Electricidad.

22 En el ámbito de la planificación energética existe una dualidad de planes. Por una parte, en el art. 3 del Reglamento (UE) 2018/1999 del Parlamento europeo y del Consejo, de 11 de diciembre de 2018, sobre la gobernanza de la Unión de la Energía y de la Acción por el Clima, se requiere la aprobación del Plan nacional integrado de energía y clima (PNIEC) que abarca períodos decenales; y cuyo primer Plan abarca el período 2021 a 2030. Plan que se define en el art. 4 la Ley 7/2021, de 20 de mayo, de cambio climático y transición energética, como la herramienta de planificación estratégica nacional que integra la política de energía y clima, y refleja la contribución de España a la consecución de los objetivos establecidos en el seno de la Unión Europea en materia de energía y clima, de conformidad con lo establecido en la normativa de la Unión Europea. En España el Plan nacional integrado de energía y clima 2021-2030 (PNIEC) se aprobó en el Consejo de Ministros de 16 de marzo de 2021, y se hizo público por Resolución de 25 de marzo de 2021, conjunta de la Dirección General de Política Energética y Minas y de la Oficina Española de Cambio Climático (BOE 31/3/2021). En este Plan se alude precisamente a la insuficiente interconexión de la península ibérica con el resto del continente europeo.

Y, por otra parte, en el art. 51 de la Directiva (UE) 2019/944 se alude al Plan decenal de desarrollo de la red, que tiene con carácter general objetivos similares a los señalados anteriormente para el Plan decenal de ámbito comunitario, aunque circunscritos al ámbito territorial del Estado. Dicho Plan debe ser coherente con el Plan decenal de desarrollo de la red de la Unión mencionado en el artículo 30.1 b) del Reglamento (UE) 2019/943. Este Plan se regula en nuestro país en el art. 4 de la Ley 24/2013, de 26 de diciembre, del Sector Eléctrico. El vigente en España es el Plan de desarrollo de la red de transporte de energía eléctrica 2021-2026, sometido al Congreso de los Diputados el 24 de fe-

concreto, es preciso tener en cuenta el Plan nacional integrado de energía y clima 2021-2030, regulado en el art. 4 de la Ley de Cambio Climático, en cuyos apartados 2.4 y concordantes aluden al mercado interior de la energía y la necesidad de interconexiones y a la insuficiencia de las mismas en la península ibérica en relación con el resto del continente. Dicho Plan ha sido desarrollado, por lo que respecta a las redes eléctricas, por el Plan de desarrollo de la red de transporte de energía eléctrica 2021-2026, de conformidad con lo previsto en el art. 4 de la Ley del Sector Eléctrico de 2013.

Los Planes nacionales deben ser coherentes con el Plan de desarrollo de la red de ámbito comunitario[23]. Para evitar posibles contradicciones en el art 48 del Reglamento (UE) 2019/943 se establece que ACER emitirá un dictamen sobre los planes decenales nacionales de desarrollo de la red a fin de evaluar su coherencia con el Plan de desarrollo de la red a escala de la Unión. Si ACER detecta incoherencias entre un Plan decenal nacional de desarrollo de la red y el Plan de desarrollo de la red a escala de la Unión, recomendará que se modifique el Plan decenal nacional de desarrollo de la red o el Plan de desarrollo de la red a escala de la Unión, según proceda. Si el Plan decenal nacional de desarrollo de la red se desarrolla de conformidad con lo previsto en

---

brero de 2022 y aprobado mediante Acuerdo del Consejo de Ministros de 22 de marzo de 2022 (BOE de 19 de abril de 2022). Dicho Plan ha sido objeto de diferentes modificaciones puntuales.

23 La necesidad de coordinar los planes nacionales y comunitarios ha sido puesta de manifiesto en las Conclusiones del Consejo tituladas "Fomento de unas infraestructuras de la red eléctrica sostenibles" aprobadas por el Consejo de Transporte, Telecomunicaciones y Energía, en su sesión de 30 de mayo de 2024 (https://www.consilium.europa.eu/media/vdipdows/euco-conclusions-20240417-18-es.pdf, acceso 1-7-2024). Así, en ellas se dice que se insta a la Comisión y a los Estados miembros a que mejoren la coherencia entre el Plan decenal de desarrollo de la red, el Plan de desarrollo de las redes marítimas y los Planes nacionales y regionales de desarrollo de la red, así como la coherencia y la complementariedad con los Planes de energía y clima.

el comentado artículo 51 de la Directiva (UE) 2019/944, ACER recomendará que la autoridad reguladora pertinente modifique el Plan decenal nacional de desarrollo de la red e informará de ello a la Comisión.

III. LA CONSTRUCCIÓN DE LAS REDES TRANSEUROPEAS DE TRANSPORTE DE ENERGÍA ELÉCTRICA: EL PROCEDIMIENTO ESPECIAL PARA AGILIZAR LA CONCESIÓN DE AUTORIZACIONES REGULADO EN EL REGLAMENTO (UE) 2022/869

En los planes a los que se ha hecho referencia en el apartado anterior se contemplan los proyectos de redes transeuropeas de energía eléctrica que es preciso construir. No obstante, su construcción requiere previamente que los proyectos sean autorizados por las autoridades competentes del Estado o Estados donde esté prevista su ubicación. Con el fin de agilizar la tramitación de estos procedimientos de autorización se ha aprobado el Reglamento (UE) 2022/869, en el que se han introducido normas especiales, que se examinarán en este apartado.

En concreto, en primer lugar, se expondrán los supuestos a los que se aplican las reglas procedimentales previstas en el Reglamento (UE) 2022/869 (1). A continuación, se analizarán las reglas especiales organizativas contenidas en el Reglamento (UE) 2022/869 (2). Finalmente, se examinarán cómo se articula el procedimiento de concesión de autorizaciones (3) y la regulación de dicho procedimiento en el Reglamento (UE) 2022/869 (4).

1. Los proyectos a los que se aplican las reglas especiales contenidas en el Reglamento (UE) 2022/869: los proyectos de interés común

Las redes transeuropeas de transporte de energía eléctrica están en proceso de construcción. Ante la existencia de numerosos proyectos, en el Reglamento (UE) 2022/869 se ha introducido un procedimiento para seleccionar aquellos que sean de mayor interés desde la perspectiva comunitaria. Estos proyectos declarados prioritarios se les denomina proyectos de interés común[24].

Los proyectos de interés común se definen en el art. 2.5 del Reglamento (UE) 2022/869 como los proyectos necesarios para desarrollar los corredores y áreas prioritarios de infraestructura energética que figuran en el Anexo I del mismo y que estén comprendidos en la lista de la Unión. Dualidad de condiciones a las que se hará referencia a continuación.

Comenzando con el primer requisito, que se identifique con alguna de las infraestructuras señaladas en los Anexos I y II del Reglamento (UE) 2022/869, es preciso indicar que el proyecto debe estar situado en alguno de los corredores y áreas temáticas prioritarios de infraestructura energética [arts. 1 y 4 y el Anexo I del Reglamento (UE) 2022/869], y con alguno de los tipos de infraestructuras contempladas en el Anexo II del Reglamento (UE) 2022/869.

Esto supone que el proyecto tiene que estar situado en alguno de los tres corredores de electricidad prioritarios, o de los cinco corredores de redes marítimas prioritarios o comprendido en el área temática prioritaria de redes inteligentes, a los que se aludió en un apartado anterior. Además, dentro de cada corredor,

---

[24] En el presente trabajo únicamente se aludirá a los proyectos de interés común previstos en el Reglamento (UE) 2022/869, dada la limitación de la extensión de este trabajo. Queda al margen del estudio, por tanto, la aplicación del mencionado Reglamento por parte del Estado miembro al resto de proyectos de redes transeuropeas que no tengan la calificación de proyectos de interés común. Tampoco serán examinados los proyectos de interés mutuo definidos en el art. 2.6 del Reglamento (UE) 2022/869 y en el que el elemento fundamental es la existencia de un proyecto promovido por la Unión en cooperación con terceros países que contribuyen a los objetivos de la Unión para 2030 en materia de energía y clima y a su objetivo de neutralidad climática para 2050 y que figura en lista de la Unión y responde a una de las categorías mencionadas en el propio art. 2.6 citado.

el proyecto debe corresponderse con alguna de las categorías de infraestructuras mencionadas en el Anexo II. Condición que se cumple en el caso objeto de examen en este trabajo, al incluirse en el mismo, por ejemplo, las líneas de transporte de alta y muy alta tensión aéreas o las redes eléctricas inteligentes[25].

---

[25] Las categorías de infraestructuras energéticas que se han de desarrollar con objeto de ejecutar las prioridades previstas en el Anexo I del Reglamento (UE) 2022/869 se establecen en el Anexo II del mismo Reglamento. Entre ellas, se mencionan, por ejemplo, las líneas de transporte de alta y muy alta tensión aéreas que atraviesan una frontera o están situadas dentro del territorio de un Estado miembro, incluida la zona económica exclusiva, si han sido diseñadas para una tensión de 220 kV o superior, y cables de transporte soterrados y submarinos, si han sido diseñados para una tensión de 150 kV o superior; y en el caso de Estados miembros y pequeños sistemas aislados cuya red de transporte general es de menor tensión, dichos umbrales de tensión serán iguales al nivel de tensión más alto de sus respectivos sistemas eléctricos. O también se comprende cualquier equipo o instalación incluidos en la categoría de infraestructuras energéticas que se acaban de mencionar y que permitan el transporte de electricidad renovable marítima desde los centros de generación marítimos (infraestructuras energéticas para la electricidad renovable marítima). O también se incluyen las redes eléctricas inteligentes: cualquier equipo, instalación, sistema digital o componente que incorpore tecnologías de la información y la comunicación (TIC) por medio de plataformas digitales operativas, sistemas de control y tecnologías de sensores, tanto a nivel del transporte como de la distribución de media y alta tensión, con vistas a conseguir una red de transporte y distribución de la electricidad más eficiente e inteligente, con una mayor capacidad de integrar las nuevas formas de generación, almacenamiento y consumo de energía, de manera que se facilite la aplicación de nuevos modelos comerciales y estructuras de mercado, incluidas las inversiones en islas y sistemas insulares destinadas a reducir el aislamiento energético, apoyar soluciones innovadoras y de otro tipo en las que participen al menos dos Estados miembros con un impacto positivo significativo en los objetivos de la Unión en materia de energía y clima para 2030 y su objetivo de neutralidad climática para 2050, y contribuir significativamente a la sostenibilidad del sistema energético de las islas y de la Unión.

Los proyectos que cumplan estas condiciones mínimas serán evaluados de acuerdo con los criterios marcados en el art. 4 del Reglamento (UE) 2022/869. Criterios que pueden ser generales o específicos. En este sentido, se requiere de forma general que concierna como mínimo a dos Estados miembros y que los beneficios totales potenciales del proyecto superen a los costes a largo plazo. O en el art. 4.3 se indica que deben cumplirse unos criterios específicos en función del tipo de infraestructura ante el que nos encontremos[26].

---

26 Por ejemplo, por lo que respecta a los proyectos de interés común referidos a proyectos de transporte, que entran dentro de las categorías de infraestructuras energéticas contempladas en el Anexo II, punto 1, letras a), b), c) y d) y f), en el art. 4.3 se establecen los siguientes criterios específicos: que el proyecto contribuya de forma significativa a la sostenibilidad por medio de la integración de la energía renovable en la red, el transporte o la distribución de la producción de electricidad renovable a los centros de consumo y lugares de almacenamiento principales, así como a la reducción de las restricciones energéticas, y contribuya al cumplimiento de, como mínimo, uno de los siguientes criterios específicos: i) integración del mercado, entre otras cosas, poniendo fin al aislamiento energético de al menos uno de los Estados miembros de la Unión Europea y reduciendo los cuellos de botella de las infraestructuras energéticas, interoperabilidad y flexibilidad del sistema; ii) seguridad del suministro, incluyendo la interoperabilidad, la flexibilidad del sistema, la ciberseguridad, unas conexiones adecuadas y el funcionamiento seguro y fiable del sistema. Y sigue diciendo el precepto, que por lo que respecta a los proyectos de redes eléctricas inteligentes que entran dentro de la categoría de infraestructuras energéticas contempladas en el Anexo II, punto 1, letra d), se requerirá que el proyecto contribuya de forma significativa a la sostenibilidad por medio de la integración de la energía renovable en la red, y contribuya, como mínimo, a dos de los siguientes criterios específicos: i) la seguridad del suministro, incluyendo por medio de la eficiencia e interoperabilidad del transporte y distribución de electricidad en el funcionamiento día a día de la red, la elusión de congestiones, y la integración y participación de los usuarios de la red, ii) la integración de los mercados, también mediante el funcionamiento eficiente del sistema y el uso de interconectores, iii) la seguridad de la red, flexibilidad y calidad del

Los proyectos que cumplan las condiciones citadas serán evaluados y se seleccionarán de acuerdo con los criterios marcados en el art. 4 del Reglamento (UE) 2022/869. La elección inicial corresponde a los Grupos regionales que se establezcan y se incluirán en una lista regional de propuestas de proyectos aprobada por el Grupo[27]. Sobre la base de estas listas regionales, la Comisión aprobará la lista de proyectos de interés común cada dos años[28].

---

suministro, también por medio de una mayor adopción de soluciones innovadoras en materia de equilibrio, mercados de flexibilidad, ciberseguridad, supervisión, control de sistemas y corrección de errores, iv) la integración sectorial inteligente en el sistema energético a través de la vinculación de diferentes vectores y sectores energéticos o, en un sentido más amplio, favoreciendo las sinergias y la coordinación entre los sectores de la energía, el transporte y las telecomunicaciones.

27 La determinación de la pertenencia de cada Estado a cada uno de los Grupos se basará en los corredores y áreas prioritarios y su respectiva cobertura geográfica, enunciados en el Anexo I del Reglamento (UE) 2022/869 y que se comentaron anteriormente. Por otra parte, en el proceso de evaluación se deberá respetar el procedimiento establecido en el Anexo III del Reglamento (UE) 2022/869 y comprobar el grado de contribución de cada proyecto al desarrollo de los corredores y áreas prioritarias determinadas en el Anexo I y el cumplimiento de los criterios de evaluación contenidos en el art. 4 comentado. Finalmente, en el art. 3.3 se establece que cuando un Grupo elabore su lista regional cada propuesta relativa a un proyecto exigirá la aprobación de los Estados miembros a cuyo territorio se refiera el proyecto y, si un Estado miembro no concede su aprobación, expondrá la debida motivación ante el Grupo que corresponda; asimismo, tendrá en cuenta el asesoramiento de la Comisión orientado a disponer de un número total manejable de proyectos en la lista de la Unión.

28 La inclusión de un proyecto en una lista no tiene carácter indefinido. Como se señala en el considerando 33 del Reglamento (UE) 2022/869, se ha de establecer una lista de la Unión nueva cada dos años; los proyectos de interés común que hayan concluido o que ya no cumplan los criterios y requisitos pertinentes establecidos en el presente Reglamento no deben figurar en la siguiente lista de la Unión. Por esa razón, sigue diciendo, los proyectos existentes de interés común que deban incluirse en la siguiente lista de la Unión deben someterse al mismo proceso de selección para el establecimiento de las listas regionales y de

Al establecer la lista de la Unión, combinando las listas regionales, el art. 3 y el Anexo III del Reglamento (UE) 2022/869 requieren que la Comisión se asegure de que solo se incluyan los proyectos que cumplen los requisitos contemplados en el art. 4, que se comentaron anteriormente; garanticen la coherencia transregional, teniendo en cuenta el dictamen de ACER; tengan en cuenta las opiniones de los Estados miembros; y traten de garantizar que el número de total de proyectos de la lista de la Unión sea manejable. Por otra parte, los proyectos de interés común se convertirán en parte integrante del Plan decenal de desarrollo de la red a escala de la Unión, Planes regionales de inversiones y los Planes decenales de desarrollo de la red nacionales [art. 3.6 y Anexo III, sección segunda, apartados 3 y 5, del Reglamento (UE) 2022/869][29].

---

la lista de la Unión aplicadas a los proyectos propuestos; sin embargo, debe minimizarse la carga administrativa todo lo posible, por ejemplo, mediante el uso de información presentada con anterioridad y teniendo en cuenta los informes anuales de los promotores de proyectos. Con este fin, termina diciendo, los proyectos existentes de interés común que han realizado un progreso significativo deben beneficiarse de un proceso de inclusión simplificado en el Plan decenal de desarrollo de la red a escala de la Unión.

[29] En el art. 3.6 del Reglamento (UE) 2022/869 se dice que los proyectos de interés común incluidos dentro de las categorías de infraestructuras energéticas establecidas en su Anexo II, punto 1, letras a), b), c), d) y f), se convertirán en parte integrante de los Planes regionales de inversiones pertinentes con arreglo al artículo 34 del Reglamento (UE) 2019/943 y de los correspondientes Planes decenales de desarrollo de la red nacionales, conforme al artículo 51 de la Directiva (UE) 2019/944, y de otros planes de infraestructura nacionales, en su caso. Cada uno de esos Planes concederá la máxima prioridad posible a tales proyectos de interés común. Además, como se indica en el Anexo III, sección segunda, apartados 3 y 5, del Reglamento (UE) 2022/869, las propuestas de proyectos de interés común sobre transporte y almacenamiento de electricidad formarán parte del último Plan decenal de desarrollo de la red a escala de la Unión disponible sobre electricidad, a cuyos efectos deben cumplimentarse los trámites previstos en dicho Anexo.

La actual lista de proyectos de interés común se contiene en el Reglamento Delegado (UE) 2024/1041 de la Comisión, de 28 de noviembre de 2023, por el que se modifica el Reglamento (UE) 2022/869 del Parlamento Europeo y del Consejo, en cuanto a la lista de la Unión de proyectos de interés común y proyectos de interés mutuo.

2. *Las reglas especiales contenidas en el Reglamento (UE) 2022/869 sobre organización del proceso de concesión de autorizaciones de los proyectos de interés común*

El Reglamento (UE) 2022/869 contiene normas organizativas para agilizar la concesión de las autorizaciones y la construcción de los proyectos de interés común. Entre ellas, cabe mencionar el nombramiento de un responsable único para facilitar y coordinar en el territorio nacional la tramitación del procedimiento de concesión de la autorización del proyecto; y para el caso de que surgieran serias dificultades en su tramitación, el nombramiento de un coordinador europeo.

En relación con la primera previsión organizativa referida, la existencia de un responsable nacional único se regula en el art. 8.1 del Reglamento (UE) 2022/869. En dicho precepto se dice que cada Estado miembro actualizará, si procede, la designación de una autoridad nacional competente que será responsable de facilitar y coordinar el proceso de concesión de autorizaciones para los proyectos de la lista de la Unión. La autoridad designada podrá, a su vez, delegar sus competencias en otra autoridad[30].

---

[30] En el art. 8.2 del Reglamento (UE) 2022/869 se dice que las responsabilidades de la autoridad nacional competente o los cometidos relativos a la misma podrán delegarse en otra autoridad o ser desempeñados por ella, por proyecto de la lista de la Unión o por categoría de proyectos de la lista de la Unión, a condición de que: la autoridad nacional competente notifique a la Comisión dicha delegación y la información sea publicada por la autoridad nacional competente o por el promotor de proyecto en el sitio web contemplado en el artículo 9.7; y solamente

Dicha autoridad competente será el órgano que facilitará la emisión de la decisión global sobre el proceso de concesión de autorizaciones en los plazos fijados en el citado Reglamento (UE) [art. 8.3 del Reglamento (UE) 2022/869]. Decisión global a la que se hará referencia en apartados posteriores.

En el caso de España esta autoridad competente es la Dirección General de Política Energética y Minas, dependiente de la Secretaría de Estado de Energía del Ministerio para la Transición Ecológica y el Reto Demográfico (disposición adicional quinta del Real Decreto 1054/2014, de 12 de diciembre, por el que se regula el procedimiento de cesión de los derechos de cobro del déficit del sistema eléctrico de 2013; Real Decreto 503/2024, de 21 de mayo, por el que se desarrolla la estructura orgánica básica del Ministerio para la Transición Ecológica y el Reto Demográfico; y art. 113 del Real Decreto 1955/2000, de 1 de diciembre).

Al margen de esta primera medida organizativa, en el Reglamento (UE) 2022/869 se contempla también el nombramiento de un coordinador europeo. En concreto, en su art. 6 se dice que, si un proyecto de interés común experimenta serias dificultades de ejecución, la Comisión, de acuerdo con los Estados miembros interesados, podrá designar a un coordinador europeo por un período máximo de un año, renovable en dos ocasiones[31]. La decisión de designación del coordinador europeo

---

una autoridad sea responsable por cada proyecto de lista de la Unión, sea el único punto de contacto para el promotor de proyecto en el procedimiento orientado a la decisión global relativa a un determinado proyecto de la lista de la Unión, y coordine la presentación de todos los documentos y la información pertinentes. La autoridad nacional competente podrá conservar la responsabilidad de fijar plazos, sin perjuicio de los fijados en el artículo 10, apartados 1 y 2.

31 Las competencias del coordinador europeo aparecen enumeradas en el art. 6.2 del Reglamento (UE) 2022/869. En él se dice que el coordinador europeo fomentará el proyecto o proyectos para los que haya sido designado coordinador europeo e impulsará el diálogo transfronterizo entre los promotores del proyecto y todas las partes

especificará las condiciones del mandato, detallando su duración, los cometidos específicos y los plazos correspondientes, así como la metodología que se vaya a seguir. La labor de coordinación será proporcional a la complejidad y costes estimados del proyecto o proyectos. Los Estados miembros interesados cooperarán plenamente con el coordinador europeo en el desempeño de sus cometidos. El coordinador europeo será elegido en el marco de un procedimiento abierto, transparente y no discriminatorio, atendiendo a la experiencia de un candidato en relación con los cometidos específicos que se le asignen para los proyectos de que se trate.

3. Las reglas especiales contenidas en el Reglamento (UE) 2022/869 sobre la articulación del procedimiento de autorización de los proyectos de interés común

Los proyectos de interés común deben ser autorizados antes de ejecutarse. En el Reglamento (UE) 2022/869 se prevé que la competencia para autorizarlos y tramitar el correspondiente procedimiento corresponda al Estado miembro, quien otorgará la denominada decisión global que permita construir la infraestruc-

---

interesadas; ayudará a todas las partes, cuando sea necesario, en las consultas a las partes interesadas, en el análisis del trazado de rutas alternativas y, cuando proceda, en la obtención de las autorizaciones necesarias para el proyecto o proyectos; si procede, asesorará a los promotores del proyecto sobre la financiación del proyecto; garantizará que se cuenta con el apoyo adecuado y la dirección estratégica por parte de los Estados miembros interesados para la preparación y ejecución del proyecto o proyectos; y presentará todos los años y, si procede, a la conclusión de su mandato, un informe a la Comisión acerca del progreso del proyecto o proyectos y de cualquier dificultad u obstáculo que puedan llegar a representar un retraso importante para la fecha de entrada en servicio del proyecto o proyectos. La Comisión transmitirá el informe del coordinador europeo al Parlamento Europeo y a los Grupos interesados.

tura energética, teniendo la posibilidad de empezar, o contratar y empezar, las obras de construcción necesarias[32].

La competencia estatal sobre los procedimientos de autorización, no obstante, debe respetar las reglas especiales contenidas en el Reglamento (UE) 2022/869. Así, el procedimiento regulado por el Estado miembro debe configurarse de conformidad con alguno de los tres sistemas previstos en el art. 8 del Reglamento (UE) 2022/869. Dichos sistemas son los siguientes: sistema integrado, sistema coordinado y sistema de colaboración. Las características de cada uno de ellos se exponen a continuación.

a) **Sistema integrado**. En él la decisión global será emitida por la autoridad nacional competente y será la única decisión jurídicamente vinculante resultante del procedimiento de concesión de autorización reglamentario. Cuando el proyecto afecte a otras autoridades, éstas, de conformidad con la normativa nacional, podrán dar su opinión como aportación al procedimiento, que deberá ser tenida en cuenta por la autoridad nacional competente.

b) **Sistema coordinado.** En él la decisión global comprenderá múltiples decisiones individuales jurídicamente vinculantes, emitidas por las diversas autoridades interesadas, que estarán coordinadas por la autoridad nacional competente[33].

---

32 En el art. 2 del Reglamento (UE) 2022/869 se define la decisión global como una decisión o una serie de decisiones adoptadas por una autoridad o autoridades de un Estado miembro, excluidos los órganos jurisdiccionales o autoridades judiciales, que determine si se autoriza o no al promotor del proyecto a construir la infraestructura energética para realizar un proyecto de interés común o un proyecto de interés mutuo, teniendo la posibilidad de empezar, o contratar y empezar, las obras de construcción necesarias (fase de «listo para su desarrollo») sin perjuicio de cualquier decisión adoptada en el contexto de un procedimiento de recurso administrativo.

33 En el art. 8.3 b) del Reglamento (UE) 2022/869 se prevé que la autoridad nacional competente pueda tomar una decisión individual en

La autoridad nacional competente podrá establecer un grupo de trabajo en el que estarán representadas todas las autoridades interesadas a fin de elaborar un calendario detallado para el proceso de concesión de autorizaciones de conformidad con el artículo 10.6 b) del Reglamento (UE) 2022/869, y de seguir y coordinar su aplicación. La autoridad nacional competente, previa consulta con las demás autoridades interesadas, si procede de conformidad con el Derecho nacional, y sin perjuicio de los plazos fijados en el artículo 10, apartados 1 y 2, del citado Reglamento, establecerá caso por caso un plazo razonable para la emisión de la decisión individual correspondiente.

c) **Sistema de colaboración**. En él la decisión global estará coordinada por la autoridad nacional competente. La autoridad nacional competente, previa consulta con las demás autoridades interesadas, si procede de conformidad con el Derecho nacional, y sin perjuicio de los plazos fijados en el artículo 10, apartados 1 y 2, del Reglamento (UE) 2022/869, establecerá caso por caso un plazo razonable para la emisión de la decisión individual correspondiente.

---

nombre de otra autoridad nacional interesada, si la decisión adoptada por esta última autoridad no se ha emitido dentro del plazo y no se ha justificado adecuadamente el retraso; o bien, cuando así lo disponga el Derecho nacional, y en la medida en que ello sea compatible con el Derecho de la Unión, la autoridad nacional competente pueda considerar que otra autoridad nacional interesada concede o deniega la aprobación del proyecto, si dicha autoridad no emite su decisión dentro del plazo establecido. Cuando así lo disponga el Derecho nacional, la autoridad nacional competente puede hacer caso omiso de una decisión individual de otra autoridad nacional interesada, si considera que la decisión no está suficientemente motivada respecto a los elementos justificantes presentados por la autoridad nacional interesada; cuando obre de este modo, la autoridad nacional competente velará por que se respeten los requisitos pertinentes con arreglo al Derecho de la Unión e internacional y motivará su decisión.

Observará el cumplimiento de los plazos fijados por las autoridades interesadas.

Los sistemas examinados serán aplicados por los Estados miembros de manera que, con arreglo al Derecho nacional, se contribuya a que la decisión global sea lo más eficiente y oportuna posible. Los Estados miembros podrán elegir entre los tres sistemas para facilitar y coordinar sus procedimientos y desarrollar el sistema más eficaz para ellos a la vista de las particularidades nacionales de sus procesos de planificación y de concesión de autorizaciones. Si un Estado miembro elige el sistema de colaboración, informará a la Comisión de sus razones para ello.

En España se ha optado por el sistema coordinado, es decir, por el sistema en el que la decisión global comprende múltiples decisiones individuales jurídicamente vinculantes pero emitidas por las diversas autoridades interesadas, que estarán coordinadas por la autoridad nacional designada, que es la Dirección General de Política Energética y Minas. Ésta ha previsto el establecimiento de un grupo de trabajo para el seguimiento de la tramitación de los proyectos de interés común en el que están representadas todas las autoridades interesadas a fin de elaborar un calendario para las concesiones de las autorizaciones, de acuerdo con lo previsto en el art. 10.6 b) del Reglamento (UE) 2022/869, sin perjuicio de los plazos establecidos con arreglo a su art. 10 y de seguir y coordinar su aplicación[34].

Por último, debe indicarse que en algunas ocasiones el proyecto de interés común puede atravesar el territorio de varios Estados miembros. Para esos supuestos existen reglas especiales

---

34 Las características del sistema de coordinación en España aparecen descritas en el Manual de procedimiento para la autorización de proyectos de interés común de energía en España, págs. 13 y ss., elaborado por la Administración estatal en cumplimiento de lo previsto en el art. 9 del Reglamento (UE) 2022/869 (https://www.miteco.gob.es/content/dam/miteco/es/energia/files-1/es-es/Documents/Manual-procedimiento-PCI-octubre-2023.pdf, acceso 1-7-2024)

en el art. 8.5 del Reglamento (UE) 2022/869. En concreto, en el citado precepto se dice que, si un proyecto de la Unión requiere que se adopten decisiones en dos o más Estados miembros, las autoridades nacionales competentes pertinentes darán todos los pasos necesarios para establecer entre sí una cooperación y una comunicación eficientes y eficaces, incluyendo los pasos contemplados en el artículo 10.6 del Reglamento (UE) 2022/869, que se examinarán en el apartado siguiente. Los Estados miembros procurarán establecer procedimientos conjuntos, en particular en relación con la evaluación de los impactos ambientales.

4. *Las reglas especiales contenidas en el Reglamento (UE) 2022/869 sobre el procedimiento de autorización de los proyectos de interés común*

El Reglamento (UE) 2022/869 regula, además de los sistemas de concesión de las autorizaciones de los proyectos de interés común que se examinaron en el apartado anterior, la estructura y algunos de los trámites del procedimiento de autorización. Regulación que debe desarrollarse por la legislación de cada Estado miembro y, en particular, por el Estado español[35].

---

[35] Para facilitar el conocimiento de los diversos procedimientos que deben tramitarse en el Estado miembro, en el art. 9.1 del Reglamento (UE) 2022/869 se ha previsto la publicación de un manual de procedimiento actualizado para el proceso de concesiones de autorizaciones aplicable a los proyectos de la lista de la Unión. Dicho manual no es vinculante jurídicamente, pero debe hacer referencia a disposiciones normativas pertinentes o citarlas y tener el contenido fijado en el Anexo VI, punto 1, del Reglamento (UE) 2022/869. En nuestro país se ha aprobado por la Administración estatal el Manual de procedimiento para la autorización de proyectos de interés común de energía en España, págs. 13 y ss., en el que se especifican los diferentes procedimientos que deben tramitarse y las normas que los regulan (https://www.miteco.gob.es/content/dam/miteco/es/energia/files-1/es-es/Documents/Manual-procedimiento-PCI-octubre-2023.pdf, acceso 1-7-2024)

El procedimiento de autorización se regula en el art. 10 del Reglamento (UE) 2022/869 y se estructura en dos fases: el denominado procedimiento previo a la solicitud de autorización; y el procedimiento de concesión de autorización reglamentario. No obstante, en ciertos supuestos se permite en el art. 10.3 del mencionado Reglamento (UE) 2022/869 suprimir la primera fase[36]. A cada una de las dos fases se hará referencia a continuación.

En relación con la fase previa, en el art. 10.1 a) del Reglamento (UE) 2022/869 se dice que el procedimiento previo a la solicitud abarcará el período entre el comienzo del proceso de concesión de autorizaciones y la aceptación por parte de la autoridad nacional competente del expediente de solicitud presentado, que deberá tener lugar en un plazo indicativo de dos años. El procedimiento previo a la solicitud incluirá la preparación de todos los informes medioambientales por parte de los promotores del proyecto, según sea necesario, incluyendo la documentación sobre adaptación climática. Los diversos trámites que tienen que cumplimentarse en este procedimiento previo de la solicitud se regulan de forma detallada en los arts. 9 y 10 del Reglamento (UE) 2022/869.

---

36 En concreto, en el art. 10.3 del Reglamento (UE) 2022/869 se dice que las autoridades nacionales competentes garantizarán que el proceso de concesión de autorizaciones de acuerdo con el capítulo III del Reglamento (UE) 2022/869 sea rápido en cada categoría de proyectos de interés común. Para ello, sigue diciendo el precepto, las autoridades nacionales competentes adaptarán sus requisitos para el inicio del proceso de concesión de autorizaciones y para la aceptación del expediente de solicitud presentado, a fin de ajustarlos a proyectos que, debido a su naturaleza, su envergadura o al hecho de que no requieren una evaluación medioambiental con arreglo a la normativa nacional, necesiten menos autorizaciones y aprobaciones para alcanzar la fase de «listos para su desarrollo». Los Estados miembros, termina diciendo el artículo mencionado, podrán decidir que el procedimiento previo a la solicitud no sea necesario para los proyectos en estos casos.

El procedimiento previo de autorización comienza con la notificación por escrito del proyecto a la autoridad nacional competente de cada Estado miembro por parte del promotor, a la que acompañará una descripción razonablemente detallada del proyecto. En el plazo de tres meses tras la recepción de la notificación, la autoridad nacional acusará recibo o la rechazará de forma motivada, si considera que el proyecto no está suficientemente maduro para entrar en el proceso de concesión de autorizaciones, en nombre asimismo de otras autoridades interesadas. En el caso de que la autoridad acuse recibo de la notificación, la fecha de la firma de dicho acuse de recibo se considerará fecha de inicio del proceso de concesión de autorizaciones; y en el supuesto de que afecte a dos o más Estados miembros, la fecha de aceptación de la última notificación por parte de la autoridad nacional competente de que se trate se considerará el inicio del proceso de concesión de autorizaciones.

Tras este trámite de acuse de recibo, la autoridad nacional competente determinará, en estrecha cooperación con las demás autoridades interesadas y, si procede, sobre la base de una propuesta del promotor del proyecto, el alcance de los informes y documentos y el nivel de detalle de la información que, como parte del expediente de solicitud, deberá presentar el promotor del proyecto para solicitar la decisión global. Dicha resolución se adoptará en el plazo máximo de seis meses desde la notificación del proyecto por el promotor a la autoridad competente[37]. Además, en el art. 10.6 se indica que el procedimiento previo a la solicitud incluirá la preparación de todos los informes medioambientales por parte

---

[37] Es preciso señalar que en el art. 10.4 del Reglamento (UE) 2022/869 se establece que las autoridades nacionales competentes tendrán en cuenta en el proceso de concesión de autorizaciones los estudios válidos realizados y los permisos o autorizaciones expedidos para un determinado proyecto de la lista de la Unión antes de que el proyecto haya entrado en el proceso de concesión de autorizaciones previsto en el art. 10, y no exigirán otros estudios y permisos o autorizaciones.

de los promotores del proyecto, según sea necesario, incluyendo la documentación sobre adaptación climática.

Por otra parte, la autoridad nacional competente, en cooperación con el promotor del proyecto y otras autoridades interesadas y teniendo en cuenta los resultados de las actuaciones que se acaban de describir, elaborará un calendario detallado para el proceso de concesión de autorizaciones con arreglo a las directrices marcadas en el Anexo VI, punto 2, del Reglamento (UE) 2022/869.

Tras recibir el borrador de expediente de solicitud, la autoridad nacional competente, si fuera necesario, por cuenta propia o en representación de otras autoridades interesadas, solicitará al promotor del proyecto que presente la información que falte en relación con los elementos solicitados por la autoridad al inicio de esta fase previa.

En el plazo de tres meses a partir de la presentación de esta última información por el promotor, la autoridad competente admitirá a examen la solicitud por escrito o en plataformas digitales, iniciando el procedimiento de concesión de autorizaciones reglamentario, que constituye la segunda fase del procedimiento de otorgamiento de la autorización reglamentaria. Podrán realizarse solicitudes de información adicional, pero solamente si están justificadas por nuevas circunstancias.

En esta fase previa también se realizarán los trámites correspondientes para la participación del público previstos en el art. 9 y Anexo VI del Reglamento (UE) 2022/869. Así, debe presentarse por el promotor un plan conceptual para la participación del público y aprobarse por la autoridad competente[38]; y tiene

38 En el art. 9.3 del Reglamento (UE) 2022/869 se establece que el promotor del proyecto, en el plazo indicativo de tres meses a partir del comienzo del proceso de concesión de autorizaciones en virtud del artículo 10.3, elaborará y presentará a la autoridad nacional competente un plan conceptual para la participación del público, con arreglo al

que realizarse como mínimo una consulta pública que tendrá por objeto informar a las partes interesadas sobre el proyecto en una fase temprana y ayudar a determinar la localización, trayectoria o tecnología más adecuada, incluyendo, cuando proceda, a la vista de las consideraciones apropiadas para el proyecto, todas las repercusiones pertinentes con arreglo al Derecho de la Unión y nacional, y las cuestiones que deban abordarse en el expediente de solicitud[39].

---

proceso descrito en el manual previsto en el art. 10.1 del Reglamento (UE) y conforme a las orientaciones de su Anexo VI. La autoridad nacional competente solicitará modificaciones o aprobará el plan conceptual para la participación del público antes de que transcurran tres meses de la recepción del plan conceptual, tomando en consideración cualquier forma de participación y consulta pública que tuviera lugar antes del inicio del proceso de concesión de autorizaciones, en la medida en que la participación y consulta pública cumpla los requisitos del presente artículo. Si el promotor del proyecto tuviera la intención de introducir cambios significativos en un concepto aprobado de participación pública, informará de ello a la autoridad nacional competente. En este caso, la autoridad nacional competente podrá solicitar modificaciones.

39 En concreto, en el art. 9.4 del Reglamento (UE) 2022/869 se dice que en caso de que la normativa nacional no lo requiera ya con los mismos criterios u otros más estrictos, el promotor de proyecto, o, cuando así lo establezca la normativa nacional, la autoridad nacional competente deberá realizar como mínimo una consulta pública antes de que el promotor del proyecto presente el expediente de solicitud definitivo y completo a la autoridad nacional competente en virtud del artículo 10, apartado 7. Esa consulta pública se entenderá sin perjuicio de cualquier consulta pública que se lleve a cabo tras la presentación de la solicitud de autorización del proyecto en virtud del artículo 6, apartado 2, de la Directiva 2011/92/UE del Parlamento Europeo y del Consejo, de 13 de diciembre de 2011, relativa a la evaluación de las repercusiones de determinados proyectos públicos y privados sobre el medio ambiente. La consulta pública informará a las partes interesadas mencionadas en el Anexo VI, punto 3, letra a), sobre el proyecto en una fase temprana y ayudará a determinar la localización, trayectoria o tecnología más adecuada, incluyendo, cuando proceda, a la vista de las consideraciones apropiadas para el proyecto, todas las repercusiones pertinentes con arreglo al Derecho de la Unión

El promotor del proyecto velará por que el expediente de la solicitud esté completo y tenga la calidad adecuada y pedirá el dictamen de la autoridad nacional competente sobre esta cuestión tan pronto como sea posible durante el proceso de concesión de autorizaciones. El promotor del proyecto cooperará plenamente con la autoridad nacional competente para cumplir los plazos fijados en el presente Reglamento (UE) 2022/869; y, asimismo, el proyecto tendrá la publicidad suficiente en los términos previstos en el art. 9.7 del Reglamento (UE) 2022/869[40].

---

y nacional, y las cuestiones que deban abordarse en el expediente de solicitud. La consulta pública cumplirá con los requisitos mínimos fijados en el Anexo VI, punto 5. Sin perjuicio de las normas procedimentales y de transparencia de los Estados miembros, el promotor del proyecto publicará en su sitio web un informe sobre cómo se han tenido en cuenta las opiniones expresadas en las consultas públicas en el que se muestren las modificaciones realizadas en la ubicación, la trayectoria y el diseño del proyecto, o en el que se proporcionen los motivos por los que dichas opiniones no se han tenido en cuenta. El promotor de proyecto preparará un informe en el que resumirá los resultados de las actividades relacionadas con la participación del público antes de la presentación del expediente de solicitud, incluidas las actividades que tuvieran lugar antes del inicio del proceso de concesión de autorizaciones.
Por otra parte, en el art. 9, apartados 5 y 6, se contemplan supuestos especiales. Así, en ellos se dice que en el caso de los proyectos transfronterizos que abarcan dos o más Estados miembros, las consultas públicas realizadas en cada uno de los Estados miembros interesados tendrán lugar en un plazo máximo de dos meses contando a partir de la fecha de comienzo de la primera consulta pública. En el caso de los proyectos susceptibles de tener un impacto transfronterizo significativo en uno o más Estados miembros vecinos, a los que sean aplicables el artículo 7 de la Directiva 2011/92/UE antes citada en esta nota y el Convenio de Espoo, la información pertinente se pondrá a disposición de las autoridades nacionales competentes de los Estados miembros vecinos interesados. Dichas autoridades nacionales competentes indicarán, en el proceso de notificación si procede, si desean tomar parte en los procedimientos de consulta pública pertinentes o si lo desea alguna otra autoridad interesada.

40 En concreto, en el art. en el art. 9.7 del Reglamento (UE) 2022/869 se dice que el promotor del proyecto establecerá y actualizará de manera

Terminada la tramitación de la fase previa a la solicitud, se inicia propiamente el procedimiento de concesión de autorizaciones reglamentario. La tramitación de dicho procedimiento no debe superar los 18 meses, si bien los Estados miembros pueden establecer un procedimiento legal de concesión de autorización inferior a 18 meses. El Reglamento (UE) no contiene una regulación de los diversos trámites del mismo, remitiéndose a la normativa que apruebe cada Estado miembro y las restantes normas comunitarias que resulten aplicables. La regulación española aplicable a este segundo procedimiento no es objeto de estudio en el presente trabajo, dadas las limitaciones de extensión del mismo. No obstante, una descripción de la misma puede encontrarse en el Manual de procedimiento para la autorización de proyectos de interés común de energía en España, elaborado por la Administración estatal en cumplimiento de lo previsto en el art. 9 del Reglamento (UE) 2022/869[41].

Por último, debe indicarse que la duración total de ambos procedimientos, es decir, el procedimiento previo a la solicitud y el procedimiento de concesión de autorizaciones reglamentario, no superará un período de 42 meses. No obstante, en el art. 10.2 del Reglamento (UE) 2022/869 se prevé la posibilidad de que no se cumpla y que puedan ampliarse los plazos máximos de uno o de los dos procedimientos citados, antes de su expiración y caso por

---

regular un sitio web específico del proyecto con información pertinente sobre el proyecto de interés común, que se vinculará al sitio web de la Comisión y a la plataforma de transparencia mencionada en el artículo 23, y que cumplirá con los requisitos indicados en el punto 6 del Anexo VI. Deberá respetarse el carácter confidencial de la información sensible desde el punto de vista comercial. Los promotores del proyecto publicarán, además, información pertinente por otros medios de información adecuados abiertos al público.

41 Sobre el Manual, véase https://www.miteco.gob.es/content/dam/miteco/es/energia/files-1/es-es/Documents/Manual-procedimiento-PCI-octubre-2023.pdf (acceso 1-7-2024), y consideraciones realizadas en nota anterior.

caso; la autoridad nacional competente no ampliará la duración conjunta de ambos procedimientos por más de nueve meses, salvo circunstancias excepcionales[42].

Los plazos establecidos en el art. 10 del Reglamento (UE) se entenderán sin perjuicio de las obligaciones resultantes del Derecho internacional y de la Unión y sin perjuicio de los procedimientos de recurso administrativos y judiciales ante un órgano jurisdiccional.

Con la exposición de los diversos trámites del procedimiento de concesión de autorizaciones, finaliza el examen de la normativa comunitaria sobre las redes de transporte transeuropeas de energía eléctrica. Normativa que persigue agilizar su planificación, autorización y construcción de las mismas con el fin de culminar el proceso de construcción del mercado interior de la energía eléctrica y colaborar en el cumplimiento de los objetivos del Pacto Verde Europeo.

---

42 En el art. 10.2 se establece que en caso de que la autoridad nacional competente amplíe los plazos, informará al Grupo de que se trate y le presentará las medidas adoptadas, o previstas, para concluir el proceso de concesión de autorizaciones con la mayor brevedad posible. El Grupo podrá solicitar que la autoridad nacional competente le informe con regularidad sobre los progresos alcanzados en este sentido, así como de las razones de los retrasos, en su caso.

Capítulo 8

Política verde, regulación gris. La deriva del régimen de energías renovables en la UE

Liber Martin*
Mariana Rugoso**

SUMARIO: INTRODUCCIÓN. I. CLAVES DESDE LAS QUE SE ARTICULA LA COMPETENCIA Y MARCO EUROPEO DE LAS ENERGÍAS RENOVABLES. II. LA POLÍTICA ENERGÉTICA "VERDE" EUROPEA. III. REGULACIÓN GRIS. 1. Modificaciones temporales en la taxonomía verde de la UE incluyendo nuclear y el gas. Reglamento Delegado (UE) 2022/1214. 2. Autorizaciones de emergencia para fuentes de energía renovables sobre el Reglamento (UE) 2022/2577 del Consejo de 22 de diciembre de 2022. 2.1. Competencia/ámbito y contenido. 2.2. Naturaleza de la norma: algo más que una excepción. 2.3. Inversión de principios. Prevención, precaución y no regresión. 2.4. Aplicación por los estados miembros. Restricciones. 3. SEÑALES DEL PACTO VERDE EUROPEO, LA ESTRATEGIA DE BIODIVERSIDAD Y EL REGLAMENTO (UE) 2024/1991 DE RESTAURACIÓN DE LA NATURALEZA. IV. CONCLUSIONES. V. BIBLIOGRAFÍA.

INTRODUCCIÓN

* Profesor investigador del Programa María Zambrano 2022-2024. Universidad de Zaragoza, Ministerio de Universidades de España/UE-Next Generation EU.

** Profesora Derecho Ambiental y de los Recursos Naturales en la Universidad de Mendoza y Universidad Nacional de Cuyo.

Los autores manifiestan que este trabajo debe entenderse como parte de las actuaciones que el Grupo de Investigación AGUDEMA desarrolla en el seno del IUCA y en el marco de los Proyectos de investigación: Proyecto de I+D+i TED2021-130264B-I00, Financiado: MCIN/AEI/10.13039/501100011033/ y Unión Europea NextGenerationEU/PRTR y Proyecto de I+D+i PID2021-124296NB-I00 Financiado: MCIN/AEI/10.13039/501100011033 y FEDER Una manera de hacer Europa.

La energía ha ocupado históricamente un papel fundamental en la agenda de los países europeos, asociada al desarrollo económico y social. Cabe recordar la creación en la década del 50 del siglo XX de la Comunidad Económica del Carbón y del Acero (CECA)[1] y de la Comunidad Europea de la Energía Atómica (CEEA-Euratom) que tuvieron al carbón, el acero y la energía atómica como punto de partida de la unión de los estados europeos que reconocían la necesidad de adoptar un camino común a los problemas de la energía. Tal aspiración se ha mantenido intacta con el paso de los años y en la actual Unión Europea ("UE") [2] continúa en el objetivo de concretar la Unión de la Energía[3].

Así, no es de extrañar, que en el contexto geopolítico mundial actual, la energía haya adquirido un lugar aún más estratégico para la UE, desde que es considerada sin más como un arma en el contexto bélico actual, esto es: el ataque militar de Rusia a Ucrania iniciado en febrero del 2022.

---

1 El Tratado de Paris, por el cual se crea la CECA asigna la gestión de las dos fuentes energéticas (carbón y acero) de los Estados miembros a la CECA, algo excepcional en materia de organizaciones internacionales. La CECA mantuvo estas facultades hasta 2002 que las heredó la Comunidad Europea.

2 La Unión Europea como tal fue establecida con la entrada en vigor del Tratado de la Unión Europea (TUE) —Tratado de Maastricht (1992)— anteriormente la precedieron las Comunidades Europeas (la Comunidad Europea del Carbón y del Acero (CECA), la Comunidad Europea de la Energía Atómica (Euratom) y la Comunidad Económica Europea (CEE/CE)). A lo largo del trabajo cuando se haga referencia a la Unión Europea se estará limitando a esta como a la entidad supranacional en su última y actual fase de evolución, salvo mención expresa cuando se quiera hacer referencia a las antecesoras.

3 MORENO, Ángel (2015) p. 165; (2023) p. 297. La Comisión en su Comunicación Estrategia Marco para una Unión de la Energía resiliente con una política climática prospectiva bajo el planteo de por qué era necesaria la Unión de la Energía para los EM, explica que con esta se aspira a "…que los Estados miembros se den cuenta de que dependen unos de otros para garantizar a sus ciudadanos una energía segura, sobre la base de una solidaridad y confianza auténticas, que hable con una sola voz en asuntos de alcance mundial". COM (2015) 80 final, del 25.02.15, p2

En este contexto, la alta dependencia del sector energético europeo de las importaciones de energía rusa[4] ha dejado ver sus consecuencias en las decisiones de política energética europea y en el desarrollo normativo que en la materia ha tenido lugar con posterioridad. Normas dictadas con el objetivo de alcanzar una soberanía energética que, cuando se analizan en el marco de la política ambiental y climática europea resultan contradictorias e incluso regresivas en materia ambiental.

El capítulo analiza críticamente la deriva reciente seguida por la regulación de las energías renovables en el marco de la transición energética, a nivel europeo. Luego de una introducción sobre las etapas y claves desde las que se articula la competencia y marco europeo actual de las renovables presenta lo que considera como la política verde europea en materia de energía para continuar con el análisis de caso de tres ámbitos regulatorios en particular. En primer lugar, la nueva taxonomía de la UE en el Reglamento Delegado (UE) 2022/1214 de la Comisión, en virtud del cual la energía nuclear y el gas, dejan de ser grises para ser considerados de transición y por tanto actividades económicas medioambientalmente sostenibles. En segundo lugar, el Reglamento (UE) 2022/2577 del Consejo para acelerar autorizaciones de instalación de fuentes de energía renovables; y por último, una semblanza del derrotero del pacto verde europeo, la estrategia de Biodiversidad y el Reglamento (UE) 2024/1991 del Parlamento Europeo y del Consejo del 24 de junio de 2024 relativo a la restauración de la naturaleza.

La contribución concluye que, mientras a nivel político discursivo se pretende mantener la impronta medioambiental, con base en iniciativas como el Pacto Verde Europeo, la estrategia de Biodiversidad 2030 o el compromiso de neutralidad del carbono 2050, algunos cambios regulatorios han comenzado a evidenciar una

---

4 La UE importaba al 2021 el 90 % del gas que consume y Rusia proporcionaba más del 40 % del gas consumido en la UE. Además, el 27 % de las importaciones de petróleo y el 46 % de las importaciones de carbón también procedían de Rusia. COM (2022) 108 final, p1

transformación relevante o quiebre donde se privilegia la soberanía energética por sobre los hasta ahora preminentes objetivos ambientales de la UE[5], donde el punto de inflexión viene claramente marcado por la Invasión Rusa a Ucrania en febrero del 2022[6].

---

5 El giro discursivo que en este capítulo advertimos y analizamos a nivel normativo, comienza a imponerse también a nivel jurisprudencial, cuando la controversia gira en torno al sector energético y ambiental. Es el caso del Tribunal de Apelación de La Haya, que en una reciente sentencia del 12/11/2024 ha revocado el fallo del año 2021 por el cual el Tribunal de Distrito de La Haya había ordenado a Royal Dutch Shell (RDS) reducir las emisiones de CO2 del grupo Shell en sólo un 45% en 2030, en comparación con los niveles de 2019, a través de la política corporativa del grupo Shell (C/09/571932 / HA ZA 19-379). El Tribunal de Apelación de La Haya ha entendido, sobre la base de pruebas objetivas, que Shell tiene la obligación de combatir el peligroso cambio climático, pero no por ello, se la puede obligar a respetar el consenso dentro de la ciencia climática sobre un estándar de reducción del 45% (o cualquier otro porcentaje) porque este porcentaje no se aplica a todos los países ni a todos los sectores empresariales por separado. A la pregunta de si se puede establecer una norma sectorial para el petróleo y el gas sobre la base de un consenso científico, el Tribunal respondió negativamente (ECLI:NL:GHDHA:2024:2100 - Tribunal de Apelación de La Haya, 12-11-2024 / 200.302.332/01).

6 "The 18–24 months period following the taxonomy debate has fundamentally changed the context of the discussion about the future EU energy policy. The outbreak of the war in Ukraine and the disappearance of Russia as a safe and preferred energy supplier had a direct and forceful impact on the EU energy scene. For political and security reasons, fuel, energy and technology supplies from Russia stopped being a sustainable alternative for the EU. Besides cutting back and divesting from fossil fuel from Russia, several countries sus-pended their earlier disengagement with nuclear energy and started looking into maintaining and even extending current capacities, all based on non-Russian technology. While public opinion matters little in influencing political decisions about energy—the war in Ukraine and the instability of the energy market overwrote all other considerations. National interests, safety and security needs as well as the demand to find solutions to an unforeseen situation, therefore, have significantly affected the policy-level ambitions of the European Union" EGRES & SARLÓS (2024)

I. CLAVES DESDE LAS QUE SE ARTICULA LA COMPETENCIA Y MARCO EUROPEO DE LAS ENERGÍAS RENOVABLES

La cuestión competencial constituye el punto de partida imprescindible de todo análisis. Una mirada hacia atrás en la evolución del desarrollo normativo de las Energías Renovables (ER) en la UE permite advertir como, ante la inminente necesidad de alcanzar la independencia energética de Rusia, la UE pareciera haber quedado atrapada en la discursiva ambiental —en particular de cambio climático— que fue creando para poder regular en una materia donde históricamente ha tenido competencias limitadas, como es la energía.

Cuando la UE se constituye como tal en el año 1992 con el Tratado de Maastricht (TCE) se encontraba con un sector energético:

(i) Dependiente energéticamente de combustibles importados. Donde Rusia se ha convertido en su principal proveedor de combustibles fósiles sólidos y gas natural[7], lo cual ha colocado a la UE en más de una ocasión en una situación de extrema vulnerabilidad energética, principalmente frente a su principal proveedor[8].

(ii) El principal emisor de gases de efecto invernadero ("GEI") de la UE. El consumo y la producción de energía representan el

---

[7] La UE es importadora de energía en un alto porcentaje. En 2020, el 58 % de la energía disponible en la UE se generaba fuera de la UE, con distinto grado de dependencia entre sus EEMM (por ej: Alemania 63,7%, Grecia 81,4%, Italia 73,4, España 67,8%), Eurostar (2020) Disponible en: https://www.consilium.europa.eu/es/infographics/how-dependent-are-eu-member-states-on-energy-imports/

[8] Entre estos eventos se puede mencionar: la crisis gasística entre Rusia y Ucrania ocurrida entre 2006 y 2009 con corte de suministro de gas a la UE y la consiguiente crisis de desabastecimiento, la invasión rusa a Crimea en 2014 que derivó en conflictos de gas con Ucrania y la resiente invasión rusa a Ucrania en 2022 con el cierre las importaciones de energía y el aumento de los precios de la energía.

75 % del total de esas emisiones[9], ante lo cual, desde el Protocolo de Kyoto (1997) el sector de la energía se encuentra en el centro de los compromisos de reducción de GEI, donde una de las principales medidas se ha dirigido a una mayor participación de ER en dicho sector, convirtiéndolo incluso en uno de los objetivos de la política energética europea desde el año 2007.

(iii) Con redes de transporte de energía que tenía una baja conectividad a nivel europeo.

Sin embargo, el Tratado no asignó a la UE competencia para regular en materia energética, la cual quedó reservada exclusivamente para los Estados Miembros (EEMM), que regulaban sobre la materia con marcadas diferencias en función de los recursos energéticos de cada Estado y sus prioridades de política energética interna.

Así, la UE se encontraba en el desafío de reducir la dependencia energética europea, disminuir el impacto ambiental producido por el sector energético —en particular sobre el clima— mejorar la infraestructura europea para facilitar la circulación de energía por las redes de su territorio, sin competencia en energía y con EEMM que se mostraban reticentes a regular en la materia con visión europea. Ante esto, la UE no se quedó quieta; como advierte MORENO, comenzó a regular sobre materia energética a partir de las competencias que tenía en materia ambiental y de mercado interior, enmarcando el fomento de las ER —bajas en emisiones de GEI— en los compromisos de cambio climático[10].

Prueba de ello —refiere el citado autor— fue la primera norma en materia de ER: la Directiva 2001/77/CE (2001), por medio de la cual, la UE promovió la electricidad generada a partir de fuentes renovables en el mercado interior de la electricidad. Se trató de una

---

9 https://www.consilium.europa.eu/es/policies/how-the-eu-is-greening-energy/#:~:text=El%20consumo%20y%20la%20producci%C3%B3n,es%20necesario%20reducir%20estas%20emisiones.

10 Al respecto ver el análisis que realiza sobre este tema en MORENO, Ángel (2015) pp165-172; (2023) pp 297-304

norma ambiental en sus orígenes, en tanto se dictó en ejercicio de la competencia ambiental del art 174 inc. 1 TCE, hoy 192.1 TFUE[11]), nacida para acompañar la política sobre cambio climático, con objetivos orientativos en relación con el desarrollo de estas fuentes que bajas en emisiones de GEI quedaron directamente vinculados a los compromisos asumidos con motivo del Protocolo de Kioto.

En el año 2007, con el Tratado de Lisboa (TFUE), la UE finalmente adquirió competencias en materia de política energética pero compartidas con los EEMM y condicionada en su actuación a "adoptar medidas en el marco del mercado interior y atendiendo a la necesidad de preservar y mejorar el medio ambiente" (art 194.1 TFUE). Continuaron siendo exclusivas de los EEMM las competencias para elegir: la estructura general del abastecimiento interno, las formas de fomento a las energías renovables y las condiciones de explotación de sus recursos energéticos. Con excepción de aquellos casos donde el Consejo, "con arreglo a un procedimiento legislativo especial, previa consulta al Parlamento Europeo", ese encuentra facultado para adoptar las "medidas necesarias" para alcanzar los objetivos de la política energética europea y "sean especialmente de carácter fiscal" (Art 194.2 TFUE).

Asimismo, el Tratado de Lisboa estableció los objetivos que debían guiar la Política Energética de la Unión, entre los cuales se encuentran: el fomento y desarrollo de las energías renovables y garantizar la seguridad del abastecimiento energético en la Unión (inc. b y c art. 194 TFUE). A la par, estableció como objetivos de Política Ambiental de la UE: la conservación, protección y mejora de la calidad del medio ambiente y la lucha contra el cambio climático (art 191 TFUE). Todos en pie de igualdad.

Con posterioridad al Tratado de Lisboa, la UE continuó recurriendo a su competencia ambiental para regular materia energética. Es el caso de la Directiva 2009/28/CE (2009) relativa al fomento del uso de energía procedente de fuentes renovables, parte del Paquete Eu-

---

11 MORENO, Ángel (2015) p 166; (2023) p 298

ropeo de Energía y Cambio Climático 2013–2020 (2008) que derogó la Directiva de ER del 2001 y que también fue dictada en ejercicio de la competencia ambiental (art 174.1 TCE hoy 192.1 TFUE), sin referencia alguna a la competencia en materia de energía[12].

La Directiva 2009/28/CE fue derogada por la Directiva (UE) 2018/2001 del Parlamento Europeo y del Consejo, de 11 de diciembre de 2018, relativa al fomento del uso de energía procedente de fuentes renovables, actualmente vigente, que forma parte del Paquete Energía limpia para todos los europeos: La Unión de la Energía y el Clima. La nueva normativa es un texto refundido[13] que si bien se dictó en ejercicio de las facultades en materia de energía (art 194.2 TFUE) y como parte de los objetivos de política energética, el fomento de las ER se vinculó expresamente a las "medidas necesarias para reducir las emisiones de gases de efecto invernadero y para cumplir el Acuerdo de París de 2015 sobre el Cambio Climático" (Considerando 2).

La Directiva (UE) 2018/2001 del Parlamento Europeo y del Consejo —con igual criterio que sus antecesoras— establece que, en el cálculo de la cuota de energía procedente de fuentes renovables, el consumo final bruto de energía procedente de fuentes renovables en cada EEMM se calculará tomando la energía procedente de fuentes renovables (art.7). Fuentes que a estos fines son solamente consideradas aquellas definidas por la UE en la Directiva (art 2 inc. 1).

Así, si bien los EEMM eran libres de elegir las formas de fomento, no lo eran tanto en cuanto a la estructura de su abastecimiento

---

12 Tal era el vínculo que se daba con la política ambiental, que las ayudas públicas a las renovables formaban parte de las ayudas estatales a favor del medio ambiente.

13 Las refundiciones en el Derecho Europeo tienen por finalidad simplificar la legislación, modificando o sustituyendo las disposiciones demasiado complejas. Ello consiste en "*la refundición de los actos existentes o por medio de nuevas propuestas legislativas, manteniendo la sustancia de las políticas comunitarias*" (Acuerdo Interinstitucional «Legislar mejor» (2003/C 321/01) del 31.12.2003)

ya que, con relación a las fuentes de ER, el catálogo de estas fuentes les venía impuesto desde la UE.

De este modo, ubicar estratégicamente al sector energético "al servicio" de los compromisos de cambio climático le ha permitido a la UE sortear las limitaciones competenciales de las que ha adolecido en la materia y con ello construir un marco común energético en materia de renovables para la Unión, avanzando en el desarrollo de fuentes autóctonas y limpias que contribuyen a reducir la dependencia energética y bajar emisiones de GEI del sector.

Ahora bien, ante un cambio en el contexto internacional que la deja expuesta a un alto grado de vulnerabilidad en el abastecimiento de energía por su dependencia energética rusa, esa misma discursiva ambiental es la que ha comenzado a limitar su accionar en la carrera por alcanzar la independencia energética, llevándola incluso a incurrir en contradicciones, como aquí se analizará.

II. LA POLÍTICA ENERGÉTICA "VERDE" EUROPEA.

El desarrollo de la política energética europea se encuentra atravesado por una discursiva ambiental que tiene su reflejo en diversos instrumentos de política energética adoptados por la UE, entre los que se puede señalar:

- **Unión de la Energía (2015):** La política energética actual de la UE está basada en la *Estrategia Marco para una Unión de la Energía resiliente con una política climática prospectiva (COM/2015/080 final)* que tiene por objetivo "ofrecer a los consumidores—hogares y empresas— una energía segura, sostenible, competitiva y asequible", requiriendo para ello de una transformación profunda del sistema energético europeo.

Persigue que todos los EEMM "hablen con una sola vos" en el sector de la energía, para lo que se propone contar con mayores redes para la interconexión entre los EEMM, resolver problemas como el almacenamiento de la ER. Asimismo, advierte como fundamental uniformizar aquellos procedimientos administrativos que habían significado trabas para el desarrollo del sector.

La estrategia de la Unión de la Energía tiene cinco dimensiones cuyo objetivo es impulsar la seguridad energética, la sostenibilidad y la competitividad, entre los cuales se encuentra la seguridad energética y la descarbonización de la economía[14].

- **Pacto Verde Europeo (COM/2019/640 final):** Se presenta como "una nueva estrategia de crecimiento destinada a transformar la UE en una sociedad equitativa y próspera, con una economía moderna, eficiente en el uso de los recursos y competitiva, en la que —indica— no habrá emisiones netas de gases de efecto invernadero en 2050 y el crecimiento económico estará disociado del uso de los recursos".

Promueve una taxonomía verde para la UE con el fin de "construir un sistema financiero coherente que respalde las soluciones sostenibles".

Algunos elementos del Pacto Verde con impacto en el sector energético son:

— Un mayor nivel de ambición climática de la UE para 2030 y 2050: elevando el objetivo de reducción de las emisiones de gases de efecto invernadero de aquí a 2030 al 50 %, como mínimo, y hacia el 55 % con respecto a los niveles de 1990 de manera responsable. Siendo el objetivo final la neutralidad climática, para lo cual destaca como esencial la descarbonización del sistema energético a partir de un suministro de energía limpia, asequible y segura, basado

[14] En el tercer informe informes elaborado con motivo de evaluar el estado de la *Unión de la Energía*, la Comisión puso énfasis en la necesidad de contar con un cuerpo normativo sólido sobre el cual sentar las bases del desarrollo de la Unión, una base normativa que principalmente debería considerar las interconexiones entre el sector de la energía y el clima, lo que dio lugar al Paquete normativo que sería la base de la *Unión de la Energía y del Clima*, liderado por el Reglamento (UE) 2018/1999 del Parlamento Europeo y del Consejo de 11 de diciembre de 2018 sobre la gobernanza de la Unión de la Energía y de la Acción por el Clima y del cual formaba parte la Directiva (UE) 2018/2001 del Parlamento Europeo y del Consejo de fomento de ER.

en gran medida en fuentes renovables, completado con un rápido proceso de eliminación del carbón y con la descarbonización de gas.

— Promover una UE como Líder Mundial. La UE desarrollará una «diplomacia por el Pacto Verde» más rigurosa, centrada en convencer a los demás y en ofrecer apoyo a quienes asuman su parte de la política de fomento del desarrollo sostenible. Al dar un ejemplo creíble respaldado por la diplomacia, la política comercial, la ayuda al desarrollo y otras políticas exteriores. Para lo cual, sostiene que la UE debe reforzar las iniciativas actuales a partir de: la supresión de las subvenciones mundiales a los combustibles fósiles en consonancia con los compromisos del G-20, la eliminación gradual de la financiación, por parte de las instituciones multilaterales, de las infraestructuras para combustibles fósiles, el aumento de las finanzas sostenibles, el progresivo abandono de la nueva construcción de centrales de carbón y medidas destinadas a reducir las emisiones de metano.

- **Estrategia de la UE sobre la biodiversidad de aquí al 2030. Reintegrar la naturaleza a nuestras vidas (COM (2020) 380 final):** Propone proteger y recuperar la biodiversidad y el buen funcionamiento de los ecosistemas que son fundamentales para reforzar la resiliencia y prevenir la aparición y propagación de enfermedades en el futuro. Para lo cual, considera fundamental no retroceder y evitar quedar atrapados en viejos hábitos perjudiciales.

Contempla un Plan de Recuperación de la Naturaleza de aquí a 2030 para lo cual los EEMM deberán reforzar las medidas de protección y recuperación de la naturaleza. Esto debe hacerse —sugiere— mejorando y ampliando la red de espacios protegidos y desarrollando un ambicioso Plan de Recuperación de la Naturaleza de la UE.

En ello propone recurrir a “soluciones para la generación de energía beneficiosas para todas las partes”, a partir de un abastecimiento más sostenible de energías renovables.

Asimismo, promueve un cambio transformador que plantea como necesario: reforzar la aplicación y el control del cumplimiento de la legislación de medio ambiente de la UE.

- **Objetivo 55 (2021). Cumplimiento del objetivo climático de la UE para 2030 en el camino hacia la neutralidad climática (COM (2021) 550 final):** Busca armonizar todos los objetivos en materia de energía y clima. Para lo cual, plantea la ambición de alcanzar al menos el 55 % de las emisiones netas de gases de efecto invernadero de aquí a 2030 y la neutralidad climática de aquí a 2050 en consonancia con el Pacto Verde Europeo.
- **Plan REPowerEU (COM (2022) 230 final) del 5/2022:** En febrero del 2022, se produce la agresión militar rusa a Ucrania con consecuencias en el sistema energético europeo altamente dependiente de las importaciones de gas, petróleo y carbón procedentes de Rusia. Ante lo cual, en marzo de 2022, los dirigentes de la UE acordaron en el Consejo Europeo[15] eliminar gradualmente la dependencia de Europa de las importaciones de energía rusas lo antes posible. La Comisión propuso en su comunicación eliminar gradualmente los combustibles fósiles rusos antes de 2030 a través de un Plan REPowerEU[16], que presentó el 18 de mayo del 2022[17].

El documento de la Comisión sostiene que "el Plan REPowerEU se basa en la plena aplicación del paquete de medidas del Objetivo 55 (...) en consonancia con el Pacto Verde Europeo",

---

15 Conclusiones del Consejo Europeo (24 y 25 de marzo de 2022).

16 Comunicación de la Comisión al Parlamento Europeo, al Consejo Europeo, al Consejo, al Comité Económico y Social Europeo y al Comité de las Regiones. *REPowerEU: Acción conjunta para una energía más asequible, segura y sostenible.* Estrasburgo, 8.3.2022 COM(2022) 108 final

17 Comunicación de la Comisión al Parlamento Europeo, al Consejo Europeo, al Consejo, al Comité Económico y Social Europeo y al Comité de las Regiones. *Plan REPowerEU* {SWD(2022) 230 final} Bruselas, 18.5.2022 COM(2022) 230 final.

sin embargo, punto seguido advierte que la eliminación de las importaciones rusas tendrá un impacto negativo en la trayectoria de la transición energética o en la manera en que la UE alcance su objetivo climático. A pesar de ese costo, promueve en clara contradicción con las medidas contempladas por el Objetivo 55 y el Pacto Verde: la necesidad de *inversiones específicas para la seguridad del suministro en infraestructuras de gas y cambios muy limitados en la infraestructura petrolera, junto con inversiones a gran escala en la red eléctrica y una columna vertebral del hidrógeno a escala de la UE. Paralelamente, algunas de las capacidades existentes relacionadas con el carbón también podrían utilizarse más tiempo de lo previsto inicialmente, así como la energía nuclear y los recursos de gas nacionales*". La seguridad energética pasa estar encima de todo objetivo ambiental y de cambio climático promovido hasta el momento.

Ante esta prioridad el Plan REpowerEU promueve acelerar la concesión de permisos de proyectos de ER, para lo cual propone modificaciones a la Directiva sobre fuentes de energía renovables para poner en práctica "el principio de las energías renovables como un interés público superior," sugiere introducir la designación de zonas «favorables» para la instalación plantas de producción de ER definidas por los EEMM y otras formas de acortar y simplificar la concesión de permisos"[18].

---

[18] Estas modificaciones fueron finalmente introducidas por Directiva (UE) 2023/2413 del Parlamento Europeo y del Consejo, de 18 de octubre de 2023, por la que se modifican la Directiva (UE) 2018/2001, el Reglamento (UE) 2018/1999 y la Directiva 98/70/CE en lo que respecta a la promoción de la energía procedente de fuentes renovables y se deroga la Directiva (UE) 2015/652 del Consejo y enmarcadas en el Plan REpowerUE de manera expresa (Considerando 5). La Directiva introduce como art.2 punto 9 *bis* la figura de "zona de aceleración renovable": ubicación o zona específica, en tierra o en el mar o en aguas interiores, que un Estado miembro ha designado como especialmente adecuada para la instalación de plantas de energía renovable", una zona donde los "obstáculos" que se eliminan para acelerar los trámites de los permisos son del tipo de control ambiental. Incorpora como art. 15 *quater,* que: "los planes que designen zonas de aceleración renovable

Así, el Plan REPowerEU evidencia un giro en relación con los anteriores instrumentos de política energética vigentes con los que fuerza una convivencia, donde los objetivos medioambientales, en este caso principalmente de cambio climático comienzan a ceder ante la priorizada seguridad energética de la UE.

III. REGULACIÓN GRIS

A continuación, se identifican y analizan críticamente tres casos de Reglamentos de la UE identificados como de regulación gris frente a la política verde antes descripta, limitando el estudio de estos textos normativos a sustentar la hipótesis planteada en esta contribución:

- **Reglamento Delegado (UE) 2022/1214 de la Comisión de 9 de marzo de 2022**, por el que se modifica el Reglamento Delegado (UE) 2021/2139 en lo que respecta a las actividades económicas en determinados sectores energéticos y el Reglamento Delegado (UE) 2021/2178 en lo que respecta a la divulgación pública de información específica sobre esas actividades económicas.
- **Reglamento (UE) 2022/2577 del Consejo de 22 de diciembre de 2022** por el que se establece un marco para acelerar el despliegue de energías renovables, prorrogado y modificado por el **Reglamento (UE) 2024/223 del Consejo de 22 de diciembre de 2023** que modifica el Reglamento (UE)

se someterán se someterán a una evaluación medioambiental en virtud de la Directiva 2001/42/CE del Parlamento Europeo y del Consejo y, si es probable que tengan un impacto significativo en espacios Natura 2000, a la evaluación adecuada en virtud del artículo 6, apartado 3, de la Directiva 92/43/CEE" (inc. 2), superada dicha evaluación, contempla una autorización tácita ambiental para los proyectos de ER que se realicen en estas zonas de la EIA al disponer que "se autorizarán desde el punto de vista medioambiental sin necesidad de una decisión expresa de la autoridad competen" (art. 16 bis inc. 5)

2022/2577 por el que se establece un marco para acelerar el despliegue de energías renovables.

- El reciente **Reglamento (UE) 2024/1991 del Parlamento Europeo y del Consejo del 24 de junio de 2024** relativo a la restauración de la naturaleza y por el que se modifica el Reglamento (UE) 2022/869.

1. Modificaciones temporales en la taxonomía verde de la UE incluyendo nuclear y el gas. Reglamento Delegado (UE) 2022/1214

La energía nuclear ocupa un lugar paradójico en la UE. Tanto el cierre, como la continuidad de las centrales puede ser presentado como medida para luchar contra el cambio climático[19]. Por esta misma razón tanto Europa, o los países europeos, como la opinión pública aparece divida frente a la nuclear[20].

Este bascular entre las dos posiciones es lo que puede verse con el acto delegado de la Comisión que modifica la «taxonomía verde de la UE» aplicable desde el 1 de enero de 2023, luego de que el Parlamento desestimara (por 328 votos contra 278 y 33 abstenciones) la moción contra la inclusión de la energía nuclear y el gas como actividades económicas medioambientalmente sostenibles, sin que luego el Consejo formulara tampoco objeción a la propuesta.

La taxonomía verde de la UE, regulada a través del Reglamento (UE) 2020/852 del Parlamento Europeo y del Consejo de 18 de junio de 2020 relativo al establecimiento de un marco para facilitar las inversiones sostenibles, nacía en el año 2020 con el objetivo de constituirse en un sistema de clasificación técnicamente sólido a escala de la Unión a fin de aclarar qué actividades se consideran "ecológicas" o "sostenibles", comenzando por la mitigación del cambio climático (Considerando 5), que permitiera canalizar la inversión privada hacia estas actividades en sectores

---

19 EMBID IRUJO, Antonio (2021)

20 EGRES & SARLÓS (2024)

como el energético, la agricultura, el transporte o la industria y con ello aumentar la confianza y concienciación de los inversores sobre el impacto ambiental de los productos financieros o emisiones de renta fija privada y disipar temores acerca blanqueo ecológico (*greenwashing*) de las empresas[21].

El Reglamento (UE) 2020/852 mandaba a la Comisión adoptar un acto delegado con el fin de establecer los criterios técnicos de selección para determinar en qué condiciones se considerará que una actividad económica precisa contribuye de forma sustancial a cumplir con los objetivos medioambientales (art. 10 inc. 3), con el requisito expreso de que: "las actividades de generación de electricidad que emplean combustibles fósiles sólidos no se consideren actividades económicas medioambientalmente sostenibles." (art. 19 inc. 3).

Así la Comisión dictó el Reglamento Delegado (UE) 2021 de 4 de junio de 2021 estableciendo los criterios técnicos de selección para determinar las condiciones en las que se considera que una actividad económica contribuye de forma sustancial a la mitigación del cambio climático o a la adaptación al mismo, y para determinar si esa actividad económica no causa un perjuicio significativo a ninguno de los demás objetivos ambientales, sin referencia alguna a la nuclear ni al gas fósil.

Acaecida la invasión rusa en febrero del 2022 y con menos de un año de vigencia, el Reglamento Delegado (UE) 2021 fue modificado el 9 de marzo de 2022 por el Reglamento Delegado 2022/1214 de la Comisión objeto de análisis.

Invocando que la inversión privada en gas fósil y energía nuclear era necesaria en la transición ecológica y en contraposición a lo que perseguía en materia de inversiones el Pacto Verde Euro-

---

21 Por blanqueo ecológico el Reglamento (UE) 2020/852 hace referencia a la práctica de obtener una ventaja competitiva desleal comercializando un producto financiero como respetuoso con el medio ambiente cuando, en realidad, no cumple los requisitos medioambientales básicos (Considerando 11)

peo, la Comisión estableció que determinadas actividades relacionadas con el éstas el gas fósil y la nuclear se consideren actividades de transición que contribuyen al objetivo de mitigar el cambio climático para las que no existe una alternativa ni tecnológica ni económicamente viable de bajas emisiones de carbono (art.10, apartado 2, del Reglamento 2020/852). Aclara —por si había alguna duda— que las actividades relacionadas con la energía nuclear no constituyen energía procedente de fuentes renovables según la definición de la Directiva (UE) 2018/2001 del Parlamento Europeo y del Consejo (considerando 6). La inclusión de tales actividades está limitada en el tiempo y ha de cumplir unos requisitos específicos en condiciones de transparencia[22].

A la vez que este cambio de taxonomía se presenta como una herramienta para alcanzar el objetivo de la neutralidad climática en 2050, olvida el objetivo que movilizó su creación y se constituye en un instrumento para el *greenwashing*, a riesgo de pérdida de credibilidad en el modelo. Sin dejar de mencionar que se advierte cierta regresividad en una norma que modifica los criterios técnicos de selección para la calificación de una actividad económica como medioambientalmente sostenible, bajando los niveles de protección ambiental que hasta entonces habían fundado la taxonomía europea (art 114 TFUE) y dejando atrás todo principio precautorio que ha girado en torno a estas plantas de energía por el riesgo ambiental asociado a ellas

Muestra de la incipiente contradicción que el capítulo busca poner de relieve son las denuncias contra la Comisión por Aus-

---

22 Tales requisitos están establecidos en el Reglamento Delegado (UE) 2023/2485 de la Comisión de 27 de junio de 2023. que modifica el Reglamento Delegado (UE) 2021/2139 por el que se establecen criterios técnicos de selección adicionales para determinar las condiciones en las que se considera que una actividad económica contribuye de forma sustancial a la mitigación del cambio climático o a la adaptación al mismo, y para determinar si esa actividad económica no causa un perjuicio significativo a ninguno de los demás objetivos medioambientales (Aplicable a partir del 1 de enero de 2024.)

tria seguida de Luxemburgo y organizaciones ecologistas ante el Tribunal de Justicia de la Unión Europea (TJUE) para anule la taxonomía que incluye a la nuclear y el gas como energías verdes, de transición[23].

Asimismo, el cambio de taxonomía se presenta como "temporal"[24], pero sin que aparentemente exista un plazo definido, con lo cual, entra en una zona gris de temporalidad indefinida, prueba de ello es que las condiciones técnicas establecidas para la nuclear se proyectan en su aplicación al hasta el 2045 para nuevos proyectos (4.27. Anexo I). Ello a diferencia del caso que se analiza a continuación donde existe un plazo que, sin embargo, ya fue prorrogado.

La modificación a su vez puede operar con ultraactividad toda vez que basta un periodo para que sus efectos se prolonguen por décadas sin la necesidad de mantenerla vigente permanentemente pero donde las fuentes seguirán operativas. El análisis crítico de la temporalidad en el caso de la nuclear resulta aún más trascendente que en el caso de las renovables que a continuación se expone porque la construcción y puesta en marcha de los proyectos es tan lenta que evidentemente compromete los objetivos puestos a 2050.

Tal vez Alemania y España sean los casos más representativos de este viraje, reflejado en la puesta en pausa de los objetivos de parada de las centrales nucleares.

---

23 https://es.greenpeace.org/es/sala-de-prensa/comunicados/greenpeace-demanda-a-la-comision-europea-por-impulsar-el-greenwashing-del-gas-y-la-nuclear/

24 Considerando 4 in fine: "Los criterios técnicos de selección deben prever un reconocimiento temporal limitado de la contribución de esas actividades a la descarbonización".

2. Autorizaciones de emergencia para fuentes de energía renovables sobre el Reglamento (UE) 2022/2577 del Consejo de 22 de diciembre de 2022

Una de las medidas regulatorias europeas sobre renovables que pueden evidenciar la señalada transición de verde a gris, es el Reglamento (UE) 2022/2577 del Consejo de 22 de diciembre de 2022, por el que se adoptan "normas temporales de emergencia para acelerar el proceso de concesión de autorizaciones aplicable a la producción de energía procedente de fuentes de energía renovables" (art. 1).

El Reglamento plantea como objetivo expreso la "Aceleración del proceso de concesión de autorizaciones para proyectos de energías renovables y para la infraestructura de red conexa".

2.1. Competencia/ámbito y contenido

La primera cuestión que salta a la vista es la materia/competencia en el marco de la cual se dicta una norma que permite ver la transversalidad e indisociabilidad del contenido de la regulación en el ámbito ambiental/energético/climático de la Unión Europea.

Desde el punto de vista material, el Reglamento tiene escasas referencias al cambio climático y la transición energética, pero regula el aspecto medular de su transversal contenido: la evaluación de impacto ambiental, principal instrumento del derecho ambiental para hacer efectivo el principio de prevención y con ello, la viabilidad ambiental de los distintos tipos de energía.

Resumidamente, el Reglamento presume, invocando razones de emergencia en el ámbito de la energía (art 122 inc. 1 TFUE[25]),

---

25 *Artículo 122* (antiguo artículo 100 TCE) 1. Sin perjuicio de los demás procedimientos establecidos en los Tratados, el Consejo, a propuesta de la Comisión, podrá decidir, con un espíritu de solidaridad entre Estados miembros, medidas adecuadas a la situación económica, en parti-

que la planificación, construcción y explotación de centrales e instalaciones de producción de energía procedente de fuentes renovables y su conexión a la red, así como la propia red conexa y los activos de almacenamiento, son de interés público superior y contribuyen a la salud y la seguridad públicas (art. 3) pudiendo los Estados miembros eximir a los proyectos de la Evaluación de impacto ambiental y otros recaudos medioambientales exigidos por distintas Directivas (art. 6 y ss) por un plazo de 18 meses, prorrogables (art 10).

De emergencia fue su sanción y también, aparentemente, lo fue su modificación a través del Reglamento (UE) 2024/223 del Consejo de 22 de diciembre de 2023, que corrige aspectos básicos de su redacción pero, sobre todo, decide su prórroga y parcial reforma.

Los cambios son pocos. Con respecto a los plazos para obtener las autorizaciones para la producción de renovables que el texto original distinguía según distintos supuestos en uno, tres y seis meses, quedan a partir de la reforma todos unificados en seis meses para todos los casos (instalación de bombas de calor con una capacidad eléctrica inferior a 50 MW; instalación de equipos de energía solar, en sentido amplio, o del resto de bombas de calor geotérmicas; y repotenciación de las instalaciones de producción de electricidad procedente de energías renovables).

El segundo aspecto que la reforma rectifica parcialmente es incluir ahora las excepciones previstas en las Directivas Hábitats, Aves y Marco del agua, para aquellos casos en que aparezcan resultados negativos y no exista solución alternativa o satisfactoria en la evaluación de las repercusiones de actuaciones como las aquí reguladas.

La rectificación es parcial porque, aunque el cuidado medioambiental se mantiene supeditado al objetivo del Reglamento, al me-

---

cular si surgieren dificultades graves en el suministro de determinados productos, especialmente en el ámbito de la energía.

nos contempla ahora la consideración de las graves consecuencias que ha tenido ya o pueda tener en la naturaleza, exigiendo la consideración de soluciones alternativas o satisfactorias, todo lo cual parece ser, en definitiva, el objeto de la evaluación de impacto ambiental ("EIA") que autoriza exceptuar. Aspecto que incide, a su vez, en la definición capital del reglamento de la autorización de renovables per se como de "interés público superior"[26].

2.2. Naturaleza de la norma: algo más que una excepción

Típica norma de emergencia que releva "temporalmente" una prohibición evidenciando como el derrotero de este tipo de dispositivos puede acabar por comprometer, primero, la vigencia de la Directiva o regla en cuestión y, finalmente, el derecho mismo o la legitimidad de la autoridad que lo dicta.

En efecto, no fueron los 18 meses de vigencia original cuyo vencimiento operaba el 30 de junio de 2024 los que sugieren la necesidad de un análisis crítico sino, en efecto, su prórroga por un año más, con algunas modificaciones, hasta 30 de junio 2025 por Acuerdo del Consejo de Ministros de 19 de diciembre de 2023.

Es este elemento, el que progresivamente va a poner en cuestión la naturaleza de norma excepcional, pero hay otro.

El Reglamento se aplica a todos los procesos de concesión de autorizaciones cuya fecha de inicio esté comprendida en su período de aplicación (art. 1), es decir, basta con presentar la solicitud, de momento antes del 30 de junio 2025 para que resulte de aplicación a toda su tramitación. Es decir, el trámite, autorización y construcción de estos proyectos podría extenderse una década o más, sin necesidad de la vigencia formal de la norma porque su función, está ya cumplida.

Sin embargo, el criterio del ámbito de aplicación cambia para permitir cierta operación retroactiva extendiendo su ámbito de

---

26 GARCÍA GARCÍA (2024).

aplicación "a los procesos de concesión de autorizaciones en curso en los que no haya recaído decisión definitiva antes del 30 de diciembre de 2022, siempre que se abrevie el proceso de concesión de autorizaciones y se preserven los derechos preexistentes de terceros" (art.1).

Resumiendo, mientras no se haya dictado el último acto del procedimiento (la autorización) y con sólo haber realizado el primero (solicitud) el reglamento resulta aplicable.

Estos criterios para favorecer tanto su retroactividad como su ultraactividad, más la prórroga dan cuenta de la vocación de una norma.

Es difícil imaginar un ejemplo más claro de la observación de Agamben. Ello porque, cual típica norma de emergencia analizada en perspectiva dinámica, al margen de recurrir a la prórroga, no requiere de una vigencia permanente para invertir o eliminar la relación entre principio y excepción y subvertir así la naturaleza de la norma. En efecto, basta con que la excepción opere de vez en cuando, de tal manera que permita solicitar —ni siquiera autorizar— cada cierto tiempo los proyectos necesarios, para configurar el estado de excepción. Y el ejemplo de las autorizaciones —en distintos ámbitos—, urbanísticos, para obras hidráulicas durante una sequía, o para la instalación de renovables, resulta inmejorable.

La experiencia reciente en el campo sanitario por la pandemia, por ejemplo, permitió constatar y comprender a casi cualquier ciudadano cómo una emergencia puede transformarse en permanente, e incluso, cómo una vez finalizada su causa, algunos instrumentos legales o prácticas teóricamente excepcionales pueden mantenerse vigentes sin justificación, entre otros rasgos que buscan ponerse de relieve en este trabajo con relación a la supuesta emergencia climática que, a diferencia de la pandemia, difícilmente pueda tenerse por concluida en horizonte temporal razonable[27].

---

27 MARTIN (2024)

Consecuencia inevitable de la regulación de emergencia, es la creación de inseguridad jurídica. Como se ha observado, con respecto a la modificación del reglamento sobre la Directiva de energías renovables 2018/2001/UE, que implica modificar leyes de la UE ya consolidadas, como la Directiva 92/43/CEE sobre la conservación de los hábitats naturales y de la fauna silvestre y flora, Directiva 2009/147/CE sobre conservación de aves silvestres y Directiva 2011/92/UE sobre evaluación de impacto ambiental[28].

2.3. Inversión de principios. Prevención, precaución y no regresión

Según el alcance que se confiera a su contenido el reglamento puede acabar por subvertir principios fundamentales del derecho ambiental. En primer lugar, el de prevención y/o precaución, a la base de la Evaluación de Impacto ambiental que es el estatuto impactado por el reglamento. Esto porque al autorizar la posibilidad de exceptuar el procedimiento de EIA establecido en la Ley 21/2013, consagra la presunción iuris tantum de su interés público superior e inocuidad, pero atención, no sólo en relación con el ambiente, sino también con la salud y la seguridad pública.

El Reglamento habilita la excepción de EIA o sustitución por un procedimiento simplificado de EIA "a condición de que el proyecto esté ubicado en una zona específica de energías renovables y que la zona se haya sometido a una evaluación medioambiental estratégica de conformidad con la Directiva 2001/42/CE del Parlamento Europeo y del Consejo.

España, sin embargo, había comenzado antes de este reglamento con la aceleración de proyectos de energías renovables mediante simplificación de procedimientos y establecimientos de plazos con distinto alcance a través de los Reales Decretos 6/2022,

---

28 DURÁ-ALEMAÑ *et al* (2024)

11/2022 y 20/2022, luego convalidados por el Congreso, aunque evidenciando una dirección errática[29].

Poco tiempo después de la aprobación del reglamento europeo 2022/2577/UE bajo análisis, el Real Decreto 20/2022 de 27 de diciembre, modifica el ya simplificado *procedimiento de afecciones ambientales* establecido con antelación por el decreto 6/2022 del 29 de marzo, pero ahora sin discriminar entre fuentes de EERR alcanzando, por ende, a todas, sin exigir participación pública, limitación de potencia, ni delimitación del ámbito de aplicación.

Es decir, el procedimiento de EIA se sustituye por el *procedimiento simplificado de afecciones ambientales* para todos los proyectos de energías renovables, bien que con la limitación de que no se ubiquen en espacios naturales protegidos o de la Red Natura 2000 así como en el medio marino. Ante lo cual, ÁNGEL RUIZ DE APODACA concluye: "en definitiva, estaríamos convirtiendo las autorizaciones u otras técnicas preventivas de control ex ante, como este informe de afecciones ambientales, en declaraciones responsables encubiertas con forma de autorización, previo procedimiento en el que la perentoriedad de los plazos obligaría a la Administración a tener una confianza importante en la legalidad y solvencia técnica de la solicitud y propuesta del solicitante"[30].

Bajo este criterio, un proyecto de 200 MW podría tener una tramitación más rápida que una comunidad energética de 5 MW que se tramita a nivel autonómico[31]

En segundo lugar, al margen de la intensidad de su reconocimiento en el derecho europeo[32] analizado en términos del principio de no regresividad, es difícil imaginar otro ejemplo mejor de regresividad ambiental. No existe duda alguna respecto de la rebaja de los estándares de protección ambiental generalizada,

---

29 RUIZ DE APODACA (2023)

30 *Ibidem*

31 GREENPEACE (2024)

32 PRIEUR (2010)

incluso en sitio especialmente protegidos, donde el caso es aún más evidente. La norma desde este punto de vista constituye una expresa rebaja de los estándares ambientales de protección existentes para favorecer la instalación de energías renovables.

En igual sentido, se han pronunciado ya varios autores señalando que indudablemente se está ante una regresión injustificada desde que opciones basadas en evidencia científica no han sido exploradas suficientemente como para afirmar que el beneficio para otros intereses públicos supera los daños ecológicos[33].

Otros principios del derecho se invierten al utilizar determinadas técnicas como son la de retro/ultraactividad antes analizada (art. 1), o el efecto positivo que para asegurar su efectividad el reglamento adjudica a la falta de respuesta o silencio sobre la autorización en determinados supuestos (art 4.3).

2.4. Aplicación por los estados miembros. Restricciones

En análisis de su aplicación en casos concretos, sin embargo, lleva a conclusiones que no surgen a primera vista del texto del Reglamento, ya que las autorizaciones, al fin las tramitan y otorgan las autoridades locales competentes de los EEMM, conforme el propio marco jurídico sobre el que opera el Reglamento[34].

---

33 "We support this statement given that no compelling technical or scientific evidence demonstrates that the benefit to other public interests outweighs the ecological damage, nor other potential alternative options have been exhausted. Therefore, we encourage all actors involved, from scientists to environmental managers, policymakers and civil society, to establish an evidence-based dialogue on where and how renewable energies should be deployed. For example, more efforts are needed to unambiguously set out the cases in which infrastructures could be exempted from regular environmental impact assessments" DURÁ-ALEMAÑ *et al* (2024).

34 GONZÁLEZ RÍOS, I. (2024)

Contra lo que a primera vista pudiera pensarse respecto a los requerimientos ambientales como limitación para conseguir los objetivos de este Reglamento, otros obstáculos, incluso mayores, puedes provenir de la competencia directa con otros usos del suelo, en particular, con la agricultura como como ocurre en Aragón, por ejemplo.

Es el propio Reglamento es el que luego de establecer la presunción de interés público superior de la planificación, construcción y explotación de centrales e instalaciones de producción de energía procedente de fuentes renovables y su conexión a la red, así como de la propia red conexa y los activos de almacenamiento, contempla que los EEMM puedan restringir la aplicación de estas disposiciones a determinadas zonas de su territorio, tipos de tecnologías o proyectos, de conformidad con las prioridades que figuran en sus planes nacionales integrados de energía y clima (art. 3.1).

Un ejemplo de ello es la disposición adicional primera sobre medidas de compatibilización de las energías renovables en zonas agrarias de la Ley 6/2023, de 23 de febrero, de protección y modernización de la agricultura social y familiar y del patrimonio agrario de Aragón.

Ella dispone que "No podrán implantarse plantas solares fotovoltaicas o proyectos de parques eólicos en zonas en las que la Administración haya iniciado un procedimiento de concentración parcelaria, habiendo sido declarada la utilidad pública a través de la publicación de un Decreto. Dicha limitación finalizará con la toma de posesión de las fincas de reemplazo a nivel de sub-perímetro de la concentración si así se ha definido.

Tampoco podrán implantarse plantas solares fotovoltaicas o parques eólicos en zonas en las que las administraciones, estatal o autonómica, hayan iniciado proyectos de creación o de modernización de regadíos, habiendo sido declarado su interés general, salvo que se trate de plantas destinadas al autoconsumo.

De un modo general en cualquier zona agraria de la Comunidad Autónoma, en el diseño del emplazamiento de las plantas solares fotovoltaicas o proyectos de parques eólicos deberá preverse el mantenimiento o la no modificación significativa de los trazados de los caminos, sistemas de riego y drenaje preexistentes, así como los acuerdos con los propietarios de dichas infraestructuras que aseguren la continuación de la normal explotación de las mismas".

Por su parte, los referidos criterios para identificar los suelos agrarios de Aragón sobre los que se podrá autorizar la implantación de plantas de generación de ER han sido ya sometidos a información pública. Conforme la publicación de la Dirección General de Desarrollo Rural, Boletín Oficial de Aragón de 21/05/2024.[35]

De todo ello, puede deducirse que, la principal limitación para la instalación de renovables en Aragón puede no provenir de las limitaciones ambientales que el Reglamento europeo busca remover, sino de la propia competencia autonómica y local para la regulación de los usos del suelo, en este caso el riego. Resultando tan paradójico como consistente al fin que, de la conjugación

---

35 En tierras de cultivo arables o con cultivos leñosos permanentes, se excluye la ejecución de proyectos en tierras de regadío, salvo en el caso de proyectos eólicos que supongan una ocupación de superficie inferior al 10% de la totalidad de la superficie de las parcelas afectadas y los destinados al autoconsumo para actividades del sector primario.Sólo el secano aparece sin restricciones en estos dos casos, a excepción de las parcelas con cultivos registrados de las Denominaciones de origen (DO) Melocotón de Calanda, viñedos de las DO Cava, Campo de Borja, Calatayud, Cariñena, Aylés y Somontano y Olivares de las DO Aceite del Bajo Aragón y Sierra del Moncayo. En el caso de las parcelas de denominaciones de origen en secano, no habrá restricciones en el caso de proyectos eólicos que supongan una ocupación de superficie inferior al 10% de la totalidad de la superficie de las parcelas afectadas, así como las parcelas destinadas al autoconsumo para actividades del sector primario.En zonas de concentración parcelaria en ejecución, por su parte, también quedan excluidos los proyectos en parcelas de zonas decretadas de utilidad pública hasta la finalización de la toma de posesión de las fincas de reemplazo publicada en el Boletín Oficial de Aragón, fecha en la que se considerarán los criterios anteriores.

de normas, se mantenga a salvo los espacios de regadío frente a ambientes ambientalmente protegidos.

3. Señales del Pacto Verde Europeo, la estrategia de biodiversidad y el Reglamento (UE) 2024/1991 de restauración de la naturaleza

El último Reglamento analizado es la recientemente aprobada ley de restauración de la naturaleza enmarcada en la estrategia de biodiversidad 2030 —o lo que queda de ella— que promueve mejorar gradualmente el estado de los distintos tipos de hábitats protegidos en toda la UE y restablecerlos hasta que se alcance el área favorable de referencia necesaria para lograr un estado de conservación favorable para éstos.

El Reglamento (UE) 2024/1991 aprobado el pasado 24 de junio del 2024, publicado un mes después, resultó recortado en su alcance en relación con el proyecto original propuesto en de junio de 2022 por la Comisión Europea[36] al incorporar a la propuesta original un artículo para la energía de fuentes renovables (art 6). En línea con el Reglamento (UE) 2022/2577 del Consejo de 22 de diciembre de 2022 por el que se establece un marco para acelerar el despliegue de energías renovables, estos proyectos "gozan" en la ley de restauración de la naturaleza de un menor control ambiental en *pos* de no demorar su puesta en funcionamiento, acorde con el urgente objetivo de la independencia energética.

Así, a efecto de las excepciones a las obligaciones de mejora continua y de evitar el deterioro fuera de los espacios Natura 2000 establecidas en el presente Reglamento, los proyectos de ER gozan de presunción de interés público superior y se los exime del requisito de no disponer de soluciones alternativas menos perjudiciales a efectos de la aplicación de dichas excepciones, siempre

---

36 Propuesta de Reglamento del Parlamento Europeo y del Consejo sobre la restauración de la naturaleza. COM/2022/304 final

que los proyectos hayan sido objeto de una EIA o EAE (art. 6). Requisito fácilmente eludible.

Basta con observar las decisiones del Tribunal de Justicia Europeo según el cual, ante la invocación de riesgo de la seguridad de suministro, un EEMM puede: excluir a los proyectos de energía de EIA/EAE (en el caso era energía nuclear) e incluso si se trata de un lugar protegido que puede resultar afectado por el proyecto alberga un tipo de hábitat natural o una especie prioritarios[37].

Reconoce el Reglamento que "Considerar que dichas instalaciones son de interés público superior y, en su caso, limitar el requisito de evaluar soluciones alternativas menos perjudiciales permitiría que dichos proyectos se beneficiaran de una evaluación

---

37 "El artículo 2, apartado 4, de la Directiva 2011/92 debe interpretarse en el sentido de que autoriza a un Estado miembro a eximir un proyecto como el controvertido en el litigio principal (energía nuclear) de la evaluación de impacto ambiental con vistas a garantizar la seguridad de su suministro eléctrico únicamente en caso de que dicho Estado miembro demuestre que el riesgo para la seguridad del referido suministro es razonablemente probable y que la urgencia del proyecto en cuestión justifica que se prescinda de tal evaluación..."
El artículo 6, apartado 4, párrafo primero, de la Directiva 92/43 debe interpretarse en el sentido de que el objetivo de garantizar en todo momento la seguridad de suministro de electricidad de un Estado miembro constituye una razón imperiosa de interés público de primer orden en el sentido de dicha disposición. El artículo 6, apartado 4, párrafo segundo, de esta Directiva debe interpretarse en el sentido de que, si el lugar protegido que puede resultar afectado por un proyecto alberga un tipo de hábitat natural o una especie prioritarios, extremo que corresponde verificar al órgano jurisdiccional remitente, solo la necesidad de evitar una amenaza real y grave de corte del suministro eléctrico del Estado miembro afectado puede constituir, en circunstancias como las del litigio principal, una razón de seguridad pública en el sentido de dicha disposición." (Sentencia del Tribunal de Justicia (Gran Sala) de 29 de julio de 2019 (petición de decisión prejudicial planteada por la Cour constitutionnelle — Bélgica) — Inter-Environnement Wallonie ASBL, Bond Beter Leefmilieu Vlaanderen ASBL / Conseil des ministres (Asunto C-411/17))

simplificada en lo que respecta a las excepciones a la evaluación del interés público superior en virtud del presente Reglamento" (Considerando 38).

Nuevamente una normativa que difiere en su alcance con aquella estrategia de política europea que le sirve de base, donde la discursiva ambiental cede frente a la seguridad energética, que en el caso vemos como se impone sin más por sobre la biodiversidad.

IV. CONCLUSIONES

i. El régimen europeo de renovables se dirime discursiva, competencial y materialmente entre la protección ambiental, lucha contra el cambio climático y la política energética, apelando a conceptos como la transición ecológica, la transición energética o la soberanía energética.

ii. Es claro y evidente cómo, más allá de cómo se las presente, las regulaciones analizadas responden a un mismo patrón. Se presentan como medidas para la transición energética o ecológica, precedidas por una política verde que sin embargo comienza a traslucir una regulación gris que revela como objetivo prioritario la soberanía energética más que la lucha contra el cambio climático, mientras se relega la protección ambiental.

iii. El paso de verde a gris parece consecuencia directa del impacto que la agresión militar rusa a Ucrania en 2022 ha tenido en un sector energético europeo altamente dependiente de los fósiles rusos y la apresurada imposición de la seguridad energética como un supraobjetivo político de la UE.

iv. No cabe duda luego del análisis realizado que el Reglamento 2022/2577, puesto en contexto, permite dudar tanto de los fines declarados como del carácter meramente excepcional de estos cambios regulatorios para acelerar los procedimientos de autorización para la instalación de fuentes renovables.

Renovables que pueden calificarse como verdes desde punto de vista de emisiones, pero fueron, sin embargo, mediante una presunción de interés público superior, prácticamente exceptuados del estándar ambiental más elemental como lo es, la evaluación de impacto ambiental, constituyendo un ejemplo inmejorable de regresividad en los estándares de protección ambiental. No se podrá afirmar que el gran salto de renovables 2022-2025 se haya realizado sin EIA, pero tampoco parece descabellado explicarlo como el reverso de la excepción.

v. El cambio o giro discursivo es incluso mucho más evidente en la nueva taxonomía para gas y nuclear que son consideradas, a partir de entonces, de transición, verdes o bajas en carbono, donde la operación es pura y exclusivamente semántica. A diferencia del caso de las renovables donde cambia el régimen jurídico subvirtiendo sus principios, pero manteniendo su nomenclatura, aquí el cambio de nomenclatura propicia el cambio del régimen jurídico.

vi. Por su parte, el carácter excepcional o temporal de la aceleración de las autorizaciones y la modificación de la taxonomía de la UE para incluir nuclear y gas son cuestionables *per se* por su duración, dinámica, retroactividad y ultractividad como se analizó, pero pueden serlo incluso más si se las enmarca en el debilitamiento, disolución o derrotero que puede advertirse en la trilogía de grandes apuestas ambientales de la UE: el pacto verde europeo, la estrategia de biodiversidad y el reglamento de restauración de la naturaleza.

vii. A nivel macro, tanto el pacto verde europeo como la estrategia de Biodiversidad 2030, comienzan a perder densidad regulatoria, diluyéndose o vaciándose a partir de distintas decisiones y regulaciones mientras el tortuoso camino seguido y los cambios introducidos en el recientemente aprobado reglamento de Restauración de la Naturaleza (17/6/24), lo dejan lejos de los ambiciosos objetivos originales, restando por ver su margen de efectividad. Todo lo cual constituye una muestra más del cambio de rumbo y una brecha que se agranda entre un discurso y una política que lucha por mantener su color verde, frente a una regulación que empieza a tornarse gris.

V. BIBLIOGRAFÍA

AGAMBEN, Giorgio (2005), *State of exception*, Chicago Press.

DURÁ-ALEMAÑ, C. J., MOLEÓN, M., PÉREZ-GARCÍA, J. M., SERRANO, D., & SÁNCHEZ-ZAPATA, J. A. (2023), "Climate change and energy crisis drive an unprecedented EU environmental law regression", Conservation Letters, 16, e12958.

EGRES, D., & SARLÓS, G. (2024), "Nuclear perceptions from radioactive blue to sustainable green: The EU taxonomy as reflection of a divided public", Journal of Public Affairs, 24(1), e2901.

EMBID IRUJO, Antonio, (2021), "Legislar sobre cambio climático", Revista Aranzadi de Derecho Ambiental, Año 2021, 48 (Enero-Abril), pp. 1-15.

FREEMAN, Jody (2017), "The uncomfortable convergence of energy and environmental law", Harvard Environmental Law Review, Vol. 41. pp 340-421.

GARCIA GARCIA (2024), Comentario Actualidad Jurídica Ambiental 7/2/2024 https://www.actualidadjuridicaambiental.com

GONZÁLEZ RÍOS, I. (2024), "La aplicación del derecho de la Unión Europea sobre transición energética por las comunidades autónomas", Revista de Estudios de la Administración Local y Autonómica, 21, 55-73.

GREENPEACE (2024), *Determinación de afección ambiental para las renovables. Una historia de retrocesos ambientales y democráticos*, Disponible en: https://es.greenpeace.org/es/wp-content/uploads/sites/3/2024/01/BRIEFING-TRAMITACION-AMBIENTAL-EXPRES.docx-1.pdf (ultimo acceso:)

MARTIN, Liber (2024), Emergencia climática: desafíos jurídicos y políticos en AAVV, Perspectivas jurídicas sobre cambio climático, agua y energía. Estudios en homenaje al Prof. Antonio Embid Irujo, Thomson Reuters-Aranzadi, Cizur Menor, pp. 29-55.

MORENO, Ángel M. (2015), "Política y Derecho de las energías renovables en la Unión Europea: una visión panorámica desde la perspectiva ambiental", en EMBID IRUJO, Antonio (Coord.) *Agua, Energía, Cambio Climático y otros estudios de Derecho Ambiental*, Navarra, Aranzadi, pp. 161-188.

—, (2023) *El Derecho del Cambio Climático: Retos, instrumentos y litigios*, Valencia, Tirant lo Blanch.

PRIEUR, Michel (2010), "El nuevo principio de «no regresión» en derecho ambiental", en acto de investidura del grado Doctor Honoris Causa, Zaragoza, Prensas de la Univerdad de Zaragoza, 2010 pp. 59-121.

RUIZ DE APODACA ESPINOSA, Ángel (2022), "Modificaciones en materia de evaluación ambiental justificadas por las necesidades de recuperación. Apunte crítico" Observatorio de Políticas Ambientales 2022, pp. 574-600, CiedaCiemat, 2022, Madrid.

—, (2023), "Evaluación de impacto ambiental: la aceleración de los proyectos de generación de energías renovables aminora la exigencia de evaluación", Observatorio de Políticas Ambientales 2023. Madrid: BOE: CIEMAT, 2023. 1070 p.

LOZANO CUTANDA, B. (2022) "Real Decreto-ley 6/2022: el nuevo procedimiento de determinación de afección ambiental aplicable a determinados proyectos de energías renovables", Actualidad jurídica ambiental, núm. 123, 2022, p.62

VALENCIA MARTIN, G. (2022) "La autorización fotovoltaica integrada valenciana", Actualidad Jurídica Ambiental, núm. 127, 2022.

Capítulo 9

La seguridad hídrica como revulsivo del derecho de aguas de la Unión Europea. El Pacto Verde, oportunidad perdida

ADRIÁN GAVÍN LALAGUNA*

SUMARIO: I. INTRODUCCIÓN. II. LA SEGURIDAD HÍDRICA COMO BALUARTE DEL ACTUAL DERECHO INTERNACIONAL DE AGUAS. III. BREVE REPASO AL DERECHO DE AGUAS DE LA UNIÓN EUROPEA. EL PACTO VERDE, ¿OPORTUNIDAD PERDIDA?. IV. LA RESPUESTA DEL DERECHO DE AGUAS DE LA UNIÓN EUROPEA AL PACTO VERDE A TRAVÉS DE LOS PLANOS DE LA SEGURIDAD HÍDRICA. 1. Cantidades adecuadas de agua. 2. Calidad aceptable del agua. 3. Desarrollo sostenible. 4. Conservación de los ecosistemas. 5. Clima de paz y estabilidad política. V. RETOS A FUTURO (INMEDIATO) DEL DERECHO DE AGUAS DE LA UNIÓN EUROPEA. VI. CONCLUSIONES. VII. BIBLIOGRAFÍA,

I. INTRODUCCIÓN:

Que el agua es necesaria para la vida no genera dudas. Que el agua forma parte del medio ambiente, todavía menos. Que

---

* Personal Investigador en Formación en el Área de Derecho Internacional Público y Relaciones Internacionales de la Universidad de Zaragoza. Este estudio se enmarca en el proyecto de I+D+i PID2021-124296NB-I00 financiado por MCIN/AEI/10.13039/501100011033 y por FEDER "Una manera de hacer Europa" y en el proyecto de I+D+i TED2021-130264B-I00, financiado por MCIN/AEI/10.13039/501100011033/ y por Unión Europea NextGenerationEU/PRTR. Asimismo, debe entenderse como parte de las actuaciones que el Grupo de Investigación AGUDEMA (Agua, Derecho y Medio Ambiente, Grupo de referencia competitivo S2117 R, *BOA* 81, de 27 de marzo de 2018), desarrolla con financiación del Gobierno de Aragón en el seno del IUCA (Instituto Universitario de Ciencias Ambientales).

trabajar en pos de asegurar el mantenimiento y gestión del recurso hídrico tampoco debería. No obstante, el desarrollo del derecho internacional de aguas encargado de la misma pone de manifiesto, que según en que parte de nuestro planeta nos encontremos, ha tenido diferente grado de desarrollo, lo que en último término viene a perjudicar al propio recurso natural.

Por ello, la seguridad hídrica se alza como un paradigma que viene a impulsar la toma de decisiones respecto a la regulación y gestión del agua a todos los niveles. Un paradigma que como se verá ha venido mutando hasta ser un reto complejo, pero de necesario abordaje y resolución.

Es en este escenario donde ha aparecido el Pacto Verde Europeo, como la hoja de ruta en materia medioambiental que debe guiar a la Unión Europea y a sus Estados Miembros durante los próximos años. Es por tanto el objeto de este estudio el analizar como dicho Pacto aborda la seguridad hídrica, y en amplitud el agua y su regulación para ver en qué punto nos encontramos en la Unión Europea y proponer algunos retos que se avecinan y que se deben abordar con mayor o menor celeridad. Se invita pues a estudiar un ámbito que la Unión Europea tiene bastante avanzado y consolidado como es la regulación del agua. No obstante, la complejidad de la seguridad hídrica y la incertidumbre a futuro de los efectos del cambio climático es tal, que cualquier medida adoptada debe ser puesta de relieve y analizada.

II. LA SEGURIDAD HÍDRICA COMO BALUARTE DEL ACTUAL DERECHO INTERNACIONAL DE AGUAS

Señala EMBID (2021, p.28) que quien quiera aventurarse a estudiar los problemas y retos del agua observará que en la época más reciente los progresos realizados en dicho ámbito “se nuclean en torno a distintos conceptos o expresiones"[1] que recogen en su haber varios de los retos relacionados con el recurso hídrico.

En la actualidad el concepto que mueve e impulsa el derecho internacional de aguas es el de seguridad hídrica. Se ha convertido en tónica general al analizar el estado de dicho sector del derecho el hablar de la búsqueda y consecución de la seguridad hídrica. Valga como meros ejemplos de ello: el Objetivo de Desarrollo Sostenible 6[2], la Agenda 2063 de la Unión Africana[3], la Alianza Mundial para la Seguridad Hídrica y el Saneamiento[4] (GWSP, por sus siglas en inglés) del Banco Mundial, o el Programa Hidrológico Intergubernamental auspiciado por UNESCO[5].

Para entender todos los retos y la complejidad que encierra la seguridad hídrica basta con atender a los dos adjetivos con los que la califica SALINAS (2021, p. 177), y es que nos encontramos ante

---

1 Lo hace precisamente en un trabajo dedicado a analizar el concepto de seguridad hídrica, su contenido y la funcionalidad del mismo.

2 Relativo a garantizar la disponibilidad de agua y su gestión sostenible y el saneamiento para todos. En todas sus metas y submetas subyace la idea y el espíritu de la seguridad hídrica. Disponible en: https://www.un.org/sustainabledevelopment/es/water-and-sanitation/ (último acceso el 30 de julio de 2024)

3 Se trata de la meta 1.7. Disponible la Agenda completa en: https://au.int/agenda2063/goals (último acceso el 30 de julio de 2024)

4 Disponible en: https://www.worldbank.org/en/programs/global-water-security-sanitation-partnership (último acceso el 30 de julio de 2024)

5 La seguridad hídrica se consolida como objetivo final del derecho y la gestión de aguas en la Fase IX (2022-2029) del Programa (disponible en: https://unesdoc.unesco.org/ark:/48223/pf0000381318.locale=es La definición se incluye en la página 9 del documento) (último acceso el 30 de julio de 2024). No obstante, el concepto ya se recogía como objetivo en la Fase VIII (2014-2021) del Programa (disponible en la página: https://unesdoc.unesco.org/ark:/48223/pf0000218061_spa (último acceso el 30 de julio de 2024) la definición aparece enunciada en la página 5 del documento). Conviene remarcar, que la UNESCO circunscribe la seguridad hídrica a la cuenca hidrográfica, ya que ha sido y es la mejor unidad territorial para gestionar el agua.

un concepto "[…] poliédrico y evolutivo, rasgos ambos interrelacionados. El carácter poliédrico se materializa en la existencia de diversos planos en los que debe actuarse para alcanzar ese objetivo, mientras que la naturaleza evolutiva alude a una transformación en la aproximación a ese concepto".

Hasta concebir la seguridad hídrica tal y como la hacemos en la actualidad, se ha pasado de entender el adjetivo "hídrica" como algo puramente accesorio al concepto de seguridad, poniendo énfasis en la vertiente bélica del sustantivo. Y ya paulatinamente, se comenzó a abordar cuestiones más específicas del adjetivo, y por ende, referentes al agua, como pueden ser: su calidad, la necesidad de asegurar cantidades suficientes de esta para la supervivencia de todas las especies o la necesaria presencia del recurso hídrico en el desarrollo socioeconómico de los estados.

Lo anteriormente señalado se entenderá mejor si realizamos un breve repaso por las diferentes acepciones que de la seguridad hídrica ha desarrollado la doctrina y diferentes instituciones internacionales. Así pues, la variante más "bélica" del concepto aparece en sus primeras definiciones siendo GLEICK (1993, p.79) quien apunta que la misma viene a significar el: "[…] acceso al agua como una cuestión de seguridad nacional"[6].

A medida que avanzó la preocupación medioambiental en la sociedad internacional, la doctrina también ha perfeccionado ese concepto de seguridad hídrica. Así pues, a la variante bélica de la seguridad hídrica se suman el resto de retos a los que se enfrenta el agua, llegando a afirmar MAGSIG (2010, p. 329) que las definiciones que van apareciendo de la seguridad hídrica recogen el mantra de que: "[…] la seguridad se reconoce como algo más que la ausencia de conflicto militar".

6 La. importancia de la seguridad como un elemento central y capital también radica en la formulación del derecho internacional de aguas, basta como ejemplo la primera manifestación del mismo en el acuerdo entre las ciudades sumerias de Umma y Lagash del año 3.100 a. C. en el que ponían fin a un conflicto que las enfrentó en relación al río Tigris.

Y, así pues, llega la relación del agua y la economía, la necesidad de dicho recurso para el progreso económico[7] y en especial, la necesidad de paliar la pobreza mundial tanto económica como del propio recurso hídrico. Es ejemplarizante de esa nueva percepción del concepto la definición de WEBB e ISKANDARANI (1998, p. 4) pues señalan la seguridad hídrica como: "[...] el acceso de todos los individuos en todo momento a suficientes fuentes seguras de agua.[8]" Y formulan una serie de características necesarias para que la misma se dé: "[...] garantizar agua potable, normas mínimas de contaminantes para los usos ecológicos y agrícolas con un menor nivel de exigencia para la industria y la gestión de residuos"[9].

Es en la primera década de los años 2000 cuanto la seguridad hídrica toma impulso de manera institucionalizada. Así pues, conviene traer a colación la definición de la Asociación Mundial para el Agua que establece que la misma se trata de "[...] en cualquier nivel, desde el doméstico hasta el global, que cada persona tiene acceso a suficiente agua potable a un costo asequible para llevar una vida limpia, saludable y productiva, asegurando al mismo tiempo que los recursos naturales se protege y mejora el medio ambiente" (2000, p. 12)[10]. Una definición centrada en garanti-

---

7 APPELGREN y KLOHN (1997, p.92) hablar de la necesidad de la misma para el desarrollo económico de los Estados.

8 En esta línea, WOUTERS (2005, p. 168) definiría tiempo después la seguridad hídrica como: "[...] el estado de tener acceso seguro al agua (junto a) la garantía de no padecer pobreza o carencia de agua para vivir".

9 Es necesario apuntar el trabajo posterior de GUITIERRÉZ (1999, p. 2) que añade a lo anterior: "[...] la equidad y la asequibilidad, y el papel de estados y mercados en la asignación, fijación de precios, distribución y regulación del agua [...] la toma de decisiones sociales y políticas sobre el uso, la prioridad a ser otorgada a las demandas domésticas, agrícolas o industriales que compiten por el recurso".

10 Informe "Towards Water Security: a Framework for action". Disponible en: https://www.gwp.org/globalassets/global/toolbox/references/towards-water-security.-a-framework-for-action.-mobilising-political-will-to-act-gwp-2000.pdf (último acceso el 30 de julio de 2024)

zar el acceso seguro al recurso y de una manera económica justa, centrado en el ser humano, sin olvidar al resto de seres vivos que dependen del mismo. Este trabajo, ayudo a la preparación de la Declaración Ministerial que fue acordada el 22 de octubre del año 2000 en el IIº Foro Mundial del Agua celebrado en La Haya[11]. Dicho Foro, amplio la definición de seguridad hídrica al describirla como en los siguientes términos: "[...] que el agua dulce, las zonas costeras y los ecosistemas relacionados se encuentren protegidos y mejorados, que se promueva el desarrollo sostenible y la estabilidad política, que cada persona tenga acceso a suficiente agua potable y a un costo asequible para permitir una vida saludable y productiva, y que la población vulnerable esté protegida de los riesgos asociados al agua". Es notable la mejora y la pluralidad de objetivos que radican en la seguridad hídrica a la luz de esta definición.

En paralelo a ese mayor interés por las instituciones internacionales, la doctrina continúo desarrollando los múltiples planos de la seguridad hídrica que conocemos a día de hoy. Así, GREY y SADOFF (2007, p. 550) apuntan que la seguridad hídrica es "[...] la disponibilidad de una cantidad y calidad aceptables de agua para la salud, los medios de subsistencia, los ecosistemas y la producción, junto con un nivel aceptable de riesgos relacionados con el agua para las personas, el medio ambiente y las economías".

La seguridad hídrica comienza entonces a dibujarse como el conjunto de planos diversos que es. Ya no solo debe entenderse como el camino a andar para evitar conflictos en relación al agua, si no que también debe abordar todos los riesgos que envuelven al agua: calidad, escasez o abundancia, necesidad de su conservación para proteger los ecosistemas, el recurso hídrico como dinamizador (o no) de las economías, etc. Es por ello, que debemos

---

11 Se puede consultar la Declaración completa del II Foro Mundial del agua en el siguiente enlace: https://www.worldwatercouncil.org/sites/default/files/World_Water_Forum_02/The_Hague_Declaration.pdf (último acceso el 30 de julio de 2024)

entender la seguridad hídrica no como un objetivo finalista, si no, como un objetivo continuista. Alcanzar un grado tal de protección del recurso hídrico que garantice el mismo, su calidad, su cantidad y que el mismo es utilizado y satisface todas las necesidades que del mismo se pueden extraer, al mismo tiempo que se evitan todos los riesgos que el mismo entraña[12], mantener esos niveles e incluso ir perfeccionándolos.

Teniendo lo anterior en mente, vemos como la seguridad hídrica se concibe como apunta MAGSIG (2012, p. 29) como el camino o senda a emprender y recorrer ante la "crisis global de agua" que se sufre[13] nuestro planeta (y que está llamada a agudizarse en los próximos años según avancen los efectos nocivos del cambio climático o aumente la contaminación de los recursos hídricos por el propio avance de las capacidades humanas/ desarrollo de economía).

Pues bien, si damos un vistazo rápida a la actualidad de la seguridad hídrica, veremos que la definición más recurrida es la enunciada por las Naciones Unidas, a través de su mecanismo Interagencias ONU-Agua, la cual indica que la seguridad hídrica es Informe *Water Security and the Global Water Agenda*[14]: "[...] la

---

12 Ello le da sentido a la concepción de BAKER y COOK (2012, p. 100) de la seguridad hídrica como: "[...] un marco (de actuación) prometedor, solo si se define de manera amplia e integradora". Esta concepción de la seguridad hídrica es la que utiliza MAGSIG (2012, p. 29) como remedio o senda a tomar ante la "crisis global de agua" que sufre (y se agudizará en los próximos años según avancen los efectos nocivos del cambio climático) nuestro planeta.

13 Y que esta llamada a y se agudizarse en los próximos años según avancen los efectos nocivos del cambio climático y/o aumente la contaminación o sobreexplotación de los recursos hídricos por el propio avance de las capacidades humanas, el desarrollo de las economías o las variaciones demográficas.

14 La definición aparece en su Informe *Water Security and the Global Water Agenda* que se puede consultar en: https://www.unwater.org/publications/water-security-global-water-agenda/ (último acceso el 30 de julio de 2024). Para entender la magnitud de este concepto, el Informe ci-

capacidad de una población para salvaguardar el acceso sostenible a cantidades adecuadas de agua de calidad aceptable para el sostenimiento de los medios de vida, el bienestar humano y el desarrollo socioeconómico; para garantizar la protección contra la contaminación transmitida por el agua y los desastres relacionados con el agua, y para la conservación de los ecosistemas en un clima de paz y estabilidad política".

A pesar de que es la definición más recurrida, no se puede afirmar que no existan otras definiciones de la seguridad hídrica[15] o que vayan a aparecer más a futuro. El "triunfo" o "aceptación mayoritaria" de la otorgada por Naciones Unidas radica en el carácter amplio de los términos que la componen. Y son precisamente los principales planos de la seguridad hídrica que ensalza los que

---

tado sirvió como trabajo preparatorio de los Objetivos de Desarrollo Sostenible (adoptados por unanimidad el 25 de septiembre de 2015 en el Pleno de la Asamblea General de las Naciones Unidas, mediante la resolución A/RES/70/1) e inspira específicamente el número 6 que se dedica a establecer medidas de protección del agua dulce y su seguro consumo para el año.

15 Otras organizaciones internacionales han optado por crear sus propias definiciones de trabajo, las cuales abordan los prismas que mayor impacto tienen con el trabajo de dichos entes. Así, por ejemplo, por una parte, podemos señalar que la Organización para la Cooperación y el Desarrollo Económico (conocida por sus siglas OCDE), en su definición de la seguridad hídrica se centra en atajar los riesgos que implica la gestión del agua. Definición disponible en el Informe *Water Security for better lives*, 2013, p. 13. Disponible en: https://www.oecd-ilibrary.org/environment/water-security_9789264202405-en (ultimo acceso el 30 de julio de 2024). Y, por otra parte, otro ejemplo es la Unión Africana cuya acepción acentúa la necesidad de disponer del recurso preservando su calidad. Esa definición se contine en la resolución: *Sharm El Sheikh Commitments for Accelerating the Achievement of Water and Sanitation Goals in Africa*, Assembly/AU/Decl.1 (XI), Asamblea de la Unión Africana, 11ª Sesión Ordinaria, pp. 30 y ss. Se puede consultar dicha resolución en el enlace: https://au.int/sites/default/files/decisions/9558-assembly_en_30_june_1_july_2008_auc_eleventh_ordinary_session_decisions_declarations_tribute_resolution.pdf (último acceso el 30 de julio de 2024)

nos van a servir para medir si se está haciendo o no a la hora de hablar de progresión en la senda de la seguridad hídrica. Los cinco planos que podemos desgajar y que nos van a servir de baremo de la seguridad hídrica son:

— Cantidades adecuadas de agua: la cantidad de agua disponible para su uso y disfrute. A este respecto, conviene tener en mente los fenómenos extremos respecto al recurso hídrico, es decir, el exceso (inundaciones) o escasez (sequias) del mismo.

— Calidad aceptable del agua: disponer de agua en buen estado y con ello, principalmente nos vamos a encargar de evitar su contaminación.

— Desarrollo sostenible: respecto al agua, aquellas medidas normativas que tratan de fomentar el desarrollo de la sociedad sin comprometer el recurso en el futuro.

— Conservación de los ecosistemas: el agua no solo es fundamental para la supervivencia del ser humano. El resto de seres vivos necesitan de la misma y. la necesitan en buenas condiciones. Es por ello, la. necesidad de que a la hora de hablar de gestión del agua no solo se hable pensando en el ser humano, sino en todos los seres vivos. Ello va en línea con la progresión del derecho ambiental internacional, que cada vez más y. con muy buen criterio, avanza desde el antropocentrismo hacia el ecocentrismo[16].

— Clima de paz y estabilidad política: que a la hora de hablar del agua se deje atrás todo tipo de conflictos e inestabilida-

---

16 Hay un sinfín de referencias a este respecto. Ahora bien, valga como recomendación el artículo "La ecología profunda de Arne Naess" de Vicent Yusá donde el autor analiza con acierto esa evolución del antropocentrismo al ecocentrismo aportando diferentes referencias bibliográficas para la profundización en este ámbito. Disponible en: https://elcuadernodigital.com/2024/05/09/la-ecologia-profunda-de-arne-naess/ (último acceso el 30 de julio de 2024)

des. Busca por tanto remarcar algo fundamental a la hora de hablar de gestión del agua y máxime si hablamos de aguas trasfronterizas o internacionales: la cooperación.

Naturalmente, estos planos se encuentran interconectados y no podemos considerarlos de forma aislada o independientes unos de los otros. Valga su distinción para incidir, en cada momento en el determinado aspecto en relación al agua, del que estemos tratando, sin olvidar, una vez más, el engarce entre si de todos ellos. E igualmente puntualizar, que la diferenciación realizada de esos cinco planos de la seguridad hídrica no supone hablar en puridad como indicadores de la misma. El ejercicio que se trata de hacer no es de establecer unos indicadores, si no de hablar de macro áreas de la seguridad hídrica e identificar que medidas se han tomado en cada una de ellas.

No por ello, hay que perder oportunidad de reivindicar la necesidad de establecer unos indicadores de la seguridad hídrica. La forma, el contenido y quien debería hacerlos es un trabajo complicado, pero no por ello irrealizable o imposible. Al revés, necesario y fundamental para que la seguridad hídrica sea tomada en serio y sea algo realizable. Y es que, en este sentido, la voz más que autorizada de EMBID IRUJO (2021, p. 52), defiende que "la adopción de indicadores es esencial para la medición del grado de seguridad hídrica, que pueda existir en un país o región geográfica y para que, consiguientemente la seguridad hídrica no sea un concepto vacío".

III. BREVE REPASO AL DERECHO DE AGUAS DE LA UNIÓN EUROPEA. EL PACTO VERDE, ¿OPORTUNIDAD PERDIDA?

No cabe dudas en poder afirmar con toda rotundidad que la Unión Europea ha hecho de impulsor de varias políticas a todos los Estados que la forman tanto en el desarrollo de las mismas tanto en sede de producción normativa como ejecutiva de la misma.

En el desarrollo de esas políticas debemos entroncar la relativa al agua. No obstante, como señala PEREZ GABALDÓN (2009, p. 74), "la Unión Europea no cuenta con una política de aguas al uso, sino que está deriva de la política de medio ambiente de la misma cuyos orígenes entonamos en los años 70".

En esa acción referente al agua. En la Unión Europea, se pude distinguir como propone REICHER (2005, pp. 429-472), tres etapas en función del desarrollo de la misma:

— Desde 1973 a 1980: entroncada en la política medioambiental, en concreto en el Primer Programa de Acción en materia de Medio Ambiente. Comienzan a aparecer las primeras medidas para controlar la contaminación de las aguas y preservar su calidad. En este primer periodo, se trata de limitar las sustancias que la industria emite al agua, distinguiendo según nos encontremos ante aguas potables, de baño, de los ecosistemas y residuales urbanas.

— Desde 1980 a 1991: continua la senda de la primera fase. Se busca ampliar el control de emisión de sustancias al agua más allá de la industria, incluyendo en esas limitación a las actividades realizadas por las personas.

— Y desde 1991 a 2000: la Unión Europea busca reformular esa acción en materia de aguas del mismo modo que se hace con el conjunto de la política medioambiental. Se trata de aprender de lo realizado en las dos fases anteriores y como fruto de ello, el 23 de octubre del año 2000 se aprobó la Directiva 2000/60/CE del Parlamento Europeo y del Consejo, por la que se establece un marco comunitario de actuación en el ámbito de la política de aguas (en adelante DMA).

La aparición de la DMA supone un gran hito en la acción del agua a nivel Unión Europea. Y a nivel internacional, pues se trata de una gran apuesta por la regulación común a nivel internacional del agua, algo que ha llevado al derecho europeo de aguas a ser calificado por SOHNLE (2008, p. 424) como el derecho "más progresista del derecho internacional (de aguas)". No quiere decir ello, que no existiese normativa europea anterior en materia de aguas. Y es que, como apunta EMBID IRUJO (2003, p. 193) hasta el año 2000 existían varias Directivas "que aparecieron de una forma asimétrica y sin responder a ninguna planificación racional en su elaboración". Y es que esa serie de Directivas que había hasta la aparición de la DMA respondían, también en palabras de EMBID IRUJO (2003, p. 198) a un "marco de actuación válido, por un lado, para todos los tipos de aguas y, por otro, para cualquier actuación que pueda afectar a su calidad, a su consideración ambiental". Es por ello, que en el año 2000 aparece la DMA con una clara "voluntad codificadora de un ordenamiento, por cierto, complejo" (EMBID IRUJO 2003, p. 199).

La DMA por tanto vino a intentar poner orden en la dispersión normativa que había en materia de aguas a nivel europeo[17]. TIRADO ROBLES (2009, p. 123) señala que la DMA establece un régimen normativo "original, sofisticado y multidimensional", pues como se ha señalado, se recoge la "tradición" y "*savoir faire*" de los anteriores 25 años y se trata de establecer las bases de una normativa común que, aunque compleja, resulta imprescindible para el desarrollo y acción común de los Estados. Y es que la DMA introduce varias cuestiones, aunque se pueden aglutinar en dos grandes retos, que al estar interrelacionados e imprescindibles necesitan el uno del otro para su consecución:

---

17 Ni es la primera (como ya se ha señalado), ni será la última que se adopte a nivel europeo. Necesario señalar un texto internacional adoptado en suelo europeo y por los Estados Miembros de la Unión Europea, aunque en la Comisión Económica para Europa de las Naciones Unidas referente al agua dulce. Nos referimos al Convenio sobre la protección y utilización de los cursos de agua transfronterizos y de los lagos internacionales, hecho en Helsinki el 17 de marzo de 1992. Dicho Convenio ha influido indudablemente tanto en la DMA como en el resto de normas que se han ido adoptando a nivel Unión Europea y en sus Estados Miembros.

- Gestión integrada de las aguas[18] y planificación de las mismas. Estableciendo, como apunta LA CALLE MARCOS (2007, p. 284), una definición de cuenca hidrográfica e imponiendo a los Estados que "incorpore(n) en su sistema jurídico a través de una norma obligatoria el concepto de cuenca hidrográfica como una de las "obligaciones de resultado" de la Directiva" para que las mismas sirvan como unidades de gestión. Y la planificación como verdadero "gestor práctico" del recurso hídrico adaptado a las circunstancias concretas de cada masa de agua. Tal y como señala SETUAÍN MENDÍA (2020 p. 79), la planificación es el "elemento estructural de la política de aguas".
- Conseguir el "buen estado de las aguas". También LA CALLE MARCOS habla de esta cuestión al señalar que la DMA busca una actuación "sobre todas las aguas con un calendario de objetivos concretos, un sistema de seguimiento continuo, y a través de una participación activa de todas las partes interesadas y del público en general" para la consecución de esa buena calidad de las aguas.

Como ya hemos señalado, la DMA cambio el panorama del derecho de aguas en la Unión Europea y trajo consigo importantes cambios[19]. No obstante, y a pesar de la "voluntad codificadora" de este

---

18 Recoge esta filosofía otro de los grandes paradigmas del derecho internacional de aguas, la gestión integrada de recurso s hídricos. Definido con acierto por la Asociación Mundial para el Agua: "es un proceso que promueve la gestión y el desarrollo coordinados del agua, el suelo y los otros recursos relacionados, con el fin de maximizar los resultados económicos y el bienestar social de forma equitativa sin comprometer la sostenibilidad de los ecosistemas vitales." Integrated Water Resources Management in Action. WWAP, DHI Water Policy, PNUMA-DHI Centro para el Agua y el Medio Ambiente. 2009. Disponible en: https://www.gwp.org/globalassets/global/toolbox/references/iwrm-in-action-unescounwwapunep-dhi-2009.pdf (último acceso el 30 de julio de 2024)

19 Por la extensión de este estudio, y porque tampoco es el objeto del mismo, no puede profundizarse en todos los cambios introducidos por la

texto legal, conviene advertir que la misma se trata, como su nombre indica de un “Marco”. Y es que, esta norma sirve de referencia para asentar las bases del derecho europeo de aguas, pero no se encuentra sola, convive con varias Directivas y Reglamentos conexos y las normas internas de los Estados. Por tanto, propone un Marco para el resto de normas, lo que no equivale a que ese marco sea la obra completa. Puede sorprender que alguna de las Directivas que componen todo el derecho europeo de aguas sea de aprobación anterior a la DMA. Sin embargo, las mismas han sido revisadas para cumplir con los mandatos esta y no “salirse de ese marco”. De manera muy clara lo apunta BARANYAI (2020, p. 98): “la DMA representa una amplia revisión de la política hídrica y la filosofía regulatoria anteriores: reemplazó o pidió la derogación gradual de la legislación sobre el agua de la UE de 25 años de antigüedad, dejando en vigor sólo un puñado de leyes anteriores a la DMA”.

Teniendo como referencia la presentación y aprobación del Pacto Verde Europeo (finales del año 2019 y principios del año 2020) el derecho de aguas europeo se componía para esa fecha, además de la referida DMA, de los siguientes textos[20]:

- Directiva 91/271/CEE del Consejo, de 21 de mayo de 1991, sobre el tratamiento de las aguas residuales urbanas.
- Directiva 91/676/CEE del Consejo, de 12 de diciembre de 1991, relativa a la protección de las aguas contra la contaminación producida por nitratos procedentes de fuentes agrarias.
- Directiva 98/83/CE del Consejo, de 3 de noviembre de 1998, relativa a la calidad de las aguas destinadas al consumo humano.

DMA en los ordenamientos jurídicos internos de los Estados Miembros de la Unión Europea.

20 Lista no excluyente de cuestiones referidas al agua contenidas en otros textos normativos. Se trata aquí de traer un listado de Directivas con estrecha relación con el recurso hídrico.

- Directiva 2006/7/CE del Parlamento Europeo y del Consejo, de 15 de febrero de 2006, relativa a la gestión de la calidad de las aguas de baño y por la que se deroga la Directiva 76/160/CEE.
- Directiva 2006/118/CE del Parlamento Europeo y del Consejo, de 12 de diciembre de 2006, relativa a la protección de las aguas subterráneas contra la contaminación y el deterioro.
- Directiva 2007/60/CE del Parlamento Europeo y del Consejo, de 23 de octubre de 2007, relativa a la evaluación y gestión de los riesgos de inundación.
- Directiva 2008/105/CE del Parlamento Europeo y del Consejo, de 16 de diciembre de 2008, relativa a las normas de calidad ambiental en el ámbito de la política de aguas, por la que se modifican y derogan ulteriormente las Directivas 82/176/CEE, 83/513/CEE, 84/156/CEE, 84/491/CEE y 86/280/CEE del Consejo, y por la que se modifica la Directiva 2000/60/CE.
- Directiva 2009/54/CE del Parlamento Europeo y del Consejo, de 18 de junio de 2009, sobre explotación y comercialización de aguas minerales naturales.
- Directiva 2010/75/UE del Parlamento Europeo y del Consejo, de 24 de noviembre de 2010, sobre las emisiones industriales (prevención y control integrados de la contaminación).

Por tanto, llegamos a los primeros compases del Pacto Verde Europeo con una normativa en materia de aguas bastante desarrollada y, se puede decir, consolidada. No obstante, el legislador europeo, tuvo a bien incluir en el artículo 19.2 de la DMA, la necesidad de revisar dicha Directiva al transcurrir diecinueve años tras su entrada en vigor y formular las oportunas modificaciones[21], sabedor

---

21 La propia DMA ya establece periodos de revisión, como puede ser en el artículo 13.7 los planes hidrológicos de cuenca cada 6 años, o en el

de la necesidad de adaptar la legislación a los avances científicos y técnicos y a las necesidades del colectivo. Es por ello que se abrió en el año 2016 por parte de la Comisión un proceso participativo[22] denominado "Fitness Check" que concluyo en diciembre de 2019[23] con el objetivo de evaluar cuantos cambios serían requeridos. No obstante, la evaluación realizada ratificó el éxito de la normativa al haber contribuido a que los Estados Miembros hayan avanzado de manera significativa en la protección del recurso hídrico y propuso algunas mejoras que no iban a alterar el esquema de lo que teníamos hasta entonces, si no que iban a ser modificaciones y adecuaciones puntuales que deben ser entendidas más bien, como reparaciones y adaptaciones a los tiempos actuales.

Pues bien, en este escenario de revisión de las Directivas relativas al agua, se aprobó el Pacto Verde Europeo[24]. Como es sabido, aparece con el fin de "*transformar la UE en una sociedad equitativa y próspera, con una economía moderna, eficiente en el uso de los recursos y competitiva, en la que no habrá emisiones netas de gases de efecto invernadero*

---

artículo 16.8 donde se establece la necesidad de revisar las normas de calidad medioambiental y las sustancias a vigilar que se incluyen en las mismas también cada 6 años. Igualmente, de las Directiva que antes se han citado, también alguna contiene plazos específicos de revisión, como la Directiva de aguas subterráneas, que establece, que también se revisarán cada 6 años, las normas e indicadores de contaminación de dichas aguas y la evaluación del estado químico de las mismas.

22 Además de los más que obligatorios y necesarios trabajos técnicos y especializados, se abrió la posibilidad de enviar los oportunos comentarios por parte del público en general durante el año 2017. Accesible en: https://ec.europa.eu/info/law/better-regulation/have-your-say/initiatives/1155-Fitness-Check-of-the-Water-Framework-Directive-and-the-Floods-Directive_es (último acceso el 30 de julio de 2024)

23 Se puede acceder al Informe que habla de dicho proceso en profundidad en: https://commission.europa.eu/publications/fitness-check-water-framework-directive-and-floods-directive_en (último acceso el 30 de julio de 2024)

24 Disponible en: https://eur-lex.europa.eu/legal-content/ES/TXT/HTML/?uri=CELEX:52019DC0640 (último acceso el 30 de julio de 2024)

en 2050 y el crecimiento económico estará disociado del uso de los recursos". Nace con la ambición de ser una estrategia ambiciosa respecto a la adaptación de los Estados Miembros al cambio climático[25].

Pues bien, respecto al recurso hídrico, el Pacto Verde recoge la paupérrima cifra de siete menciones al agua. De ellas, cinco se refieren a la calidad del agua y a la necesidad de combatir la contaminación de la misma, y las dos restantes a la necesidad de conservar y cuidar el recurso hídrico por los ecosistemas que dependen de ella.

Una vez lanzado el Pacto Verde, se aprobó en mayo de 2021 (el retrasado responde a la desaceleración mundial provocada por la pandemia de COVID-19), un Plan de Acción donde se detallaba e incluso se quiso acelerar las medidas adoptadas en el Pacto. Dicho Plan de Acción fue denominado "Contaminación cero para el aire, el agua y el suelo"[26] y respecto a las medidas que se pretenden acometer por la Unión Europea referentes al agua aprovechando la inercia del Pacto Verde son:

- Examinar y revisar la Directiva de aguas de baño.
- Revisar la Directiva sobre el agua potable.
- Revisar las normas de calidad ambiental y lo que a este respecto contiene la Directiva sobre las aguas subterráneas.
- Revisar la Directiva sobre el tratamiento de las aguas residuales urbanas junto al examen de la Directiva sobre emi-

---

25 Fenómeno, que afecta a todos los ámbitos del medio ambiente, entre ellos, como no, el agua. Basta con ver los informes del Grupo Intergubernamental de Expertos sobre el Cambio Climático (conocido por sus siglas en inglés, IPCC). El último informe publicado (el Sexto, que se puede consultar en: https://www.ipcc.ch/report/ar6/syr/) apunta que hay varios países donde se va a notar especialmente la escasez del recurso hídrico como resultado de la agudización del cambio climático, entre los cuales, esta España. (último acceso el 30 de julio de 2024)

26 Se puede consultar en su integridad dicho Plan en el enlace: https://eur-lex.europa.eu/legal-content/EN/TXT/?uri=CELEX%3A52021DC0400&qid=1623311742827 (último acceso el 30 de julio de 2024)

siones industriales y la evaluación de la Directiva sobre los lodos de depuradora.

- Crear la iniciativa Destino Tierra que tendrá por misión desarrollar un modelo digital de muy alta precisión de la Tierra con datos de Copernicus (programa de observación de la Tierra por satélite) como pilar fundamental para la supervisión del estado del aire, el agua dulce, los mares y el suelo.
- Llevar a cabo una rehabilitación de aguas subterráneas.
- Fomentar una educación respeto al medio ambiente y agua a todos los niveles docentes y a la población en general.

En definitiva, las medidas concretas que propone el Pacto Verde Europeo en materia de aguas vienen a ser la revisión de la normativa vigente, que ya de por si, como se ha apuntado, se estaba realizando en el momento de aprobación del Pacto[27]. De ahí que se pueda afirmar que el Pacto Verde Europeo es una oportunidad perdida a la hora de poner orden en derecho de aguas de la Unión Europea. Y es que se ha perdido una buena oportunidad de utilizar el Pacto como un revulsivo del derecho de aguas europeo para adoptar normas más estrictas, codificar y/o uniformizar las existentes (entiéndase incluso como agrupar en textos uniformes aquellos que son conexos o abordan cuestiones parejas) para simplificar el entendimiento de este complejo entramado normativo.

IV. LA RESPUESTA DEL DERECHO DE AGUAS DE LA UNIÓN EUROPEA AL PACTO VERDE A TRAVÉS DE LOS PLANOS DE LA SEGURIDAD HÍDRICA.

A pesar, de la tímida y escasa ambición respecto al agua del Pacto Verde, las acciones que se han tomado en los últimos años respecto al recurso hídrico si se amparan en el mismo para

---

27 La única gran novedad, como se habrá podido apreciar es la iniciativa Destino Tierra a través del programa Copernicus.

reivindicarse como útiles y oportunas. Y ello en un escenario global en el que, como se ha señalado, prima la búsqueda de la seguridad hídrica. Es por ello, que parece oportuno realizar un análisis con ese objetivo. Conviene pues en este momento recuperar el desglose realizado de los diferentes planos que emanan de la definición otorgada por ONU-Agua a la seguridad hídrica: cantidades adecuadas de agua, calidad aceptable del agua, desarrollo sostenible, conservación de los ecosistemas y clima de paz y estabilidad política. Y es que los mismos nos pueden servir como macro áreas en las que ver (en nuestro caso) que medidas normativas se han adoptado como en el primer apartado de este trabajo se ha indicado.

Si bien es cierto que el Pacto Verde no es precisamente rico en medidas novedosas o innovadoras sobre el agua, es justo reconocer que el mismo ha servido de acelerador en la adopción de medidas, que, de otro modo, habrían visto dilatada su tramitación. Pasemos pues a analizar en cada uno de esos planos de la seguridad hídrica las medidas adoptadas por la Unión Europea y que sirven para identificar el avance que los Estados Miembros han hecho, están o van a hacer en pos de la seguridad hídrica.

1. Cantidades adecuadas de agua

Resulta tremendamente complicado establecer que debemos entender por una "cantidad adecuada" de agua, o como cuantificar la misma de forma numérica. Esa dificultad se cronifica, si cabe, a la hora de delimitar el derecho humano al agua[28], ya que

---

[28] A nivel global, imprescindible mencionar la aprobación de la Resolución aprobada por la Asamblea General de las Naciones Unidas 64/292 el 28 de julio de 2010 (disponible en: https://documents.un.org/doc/undoc/gen/n09/479/38/pdf/n0947938.pdf?token=BnW1h1l3RSjnFsLT9o&fe=true) (último acceso el 30 de julio de 2024) y la Observación General nº 15 del Comité Internacional de Derechos Económicos, Sociales y Culturales adoptada en noviembre de 2002 (disponible en: https://documents.un.org/doc/undoc/gen/n09/479/38/pdf/

se trata del consumo y disponibilidad mínimo básico humano. A este respecto, a la hora de reconocer dicho derecho, Naciones Unidas optó por establecer unas actividades o unas necesidades determinadas que debían estar cubiertas para entender que se goza y se puede ejercer dicho derecho humano[29] con garantías.

Ahora bien, dejando a un lado el derecho humano al agua (no es el objeto ni propósito de este trabajo), con "cantidades adecuadas" respecto a la seguridad hídrica se pretende ir un paso más allá en cuanto a la cantidad adecuada de agua que necesitan los humanos para su desarrollo. Se busca ampliar la cantidad mínima para cubrir las necesidades básicas humanas (que podemos entender que es lo mínimo para garantizar el derecho humano al agua) e incluir otras esferas que aglutinan el desarrollo en todas sus vertientes: trabajo, economía y consumo, vida social, etc. Se antoja pues casi imposible cuantificar de manera uniforme y general una "cantidad adecuada de agua" para la población mundial. Un estándar mínimo y homogéneo para todos y siendo idéntico para todos los países del mundo.

Y es que, como bien apunta ALLAN, J. A. (2013, p. 326), "las condiciones económicas concretas de un país son importantes para (establecer o cuantificar) la cantidad de recurso hídrico por persona existente". Y es que el desarrollo económico concreto de un país es un requisito *sine qua non*, para conocer de forma de-

---

n0947938.pdf?token=BnW1h1l3RSjnFsLT9o&fe=true) (último acceso el 30 de julio de 2024)

29 La doctrina tampoco establece una cantidad determinada, También optan por señalar las necesidades básicas que debe cubrir sin mencionar cantidades exactas y únicas para todos. Véase, a la luz de establecer el contenido de del derecho humano al agua, respecto a las cantidades tanto GLEICK, P. H. (1996): Basic water requirements for human activities: meeting basic needs, Water International, nº 21, págs. 83 a 92 ó Howard, G., Bartram J., WILLIAMS, A., OVERBO, A., FUENTE, D. Y GEERE, J.A., (2020) Domestic water quantity, service level and health, Segunda edición Switzerland, OMS.

terminada la cantidad adecuada de agua que ese territorio va a necesitar.

En este ámbito, la DMA establece como objetivo de la misma en su artículo 1.b), la promoción de un "uso sostenible del agua", concretándose del mismo modo en dicho artículo que todas las medidas contenidas en esa Directiva buscan "garantizar el suministro suficiente de agua superficial o subterránea en buen estado, tal como requiere un uso del agua sostenible, equilibrado y equitativo". No hay mayores pronunciamientos en la DMA sobre "la cantidad del recurso hídrico". A excepción de la obligación general a los Estados Miembros que deberán velar por la regeneración tanto de aguas subterráneas, como superficiales (artículo 4)[30].

Lo que si se ha desarrollado en mayor medida es el exceso de cantidad del recurso hídrico y los problemas que este puede causar, o lo que es lo mismo, las inundaciones. Y es que, en el año 2007 se aprobó la Directiva 2007/60 de evaluación y gestión de los riesgos de inundación la cual, como su artículo primero indica, busca establecer un "marco para la evaluación y gestión de los riesgos de inundación, destinado a reducir las consecuencias negativas para la salud humana, el medio ambiente, el patrimonio cultural y la actividad económica". Dicha normativa prevé de manera específica el trabajo en este ámbito en diferentes fases temporales y con instrumentos concretos que buscan limitar los efectos nocivos de dichos fenómenos por exceso de cantidad de agua.

Es por ello un intento de regular los fenómenos extremos que puede ocasionar el agua. Ahora bien, se trata de una regulación parcial, ya que, si bien si se regula el exceso de la misma por las inundaciones, no existe normativa específica a nivel europeo (al

---

30 En este sentido, si cabe señalar, que la Directiva de aguas subterráneas 2006/118/CE si establece como objetivo fundamental y busca controlar tanto la cantidad de aguas subterráneas disponible, como su regeneración, afianzándose así la preocupación de la Unión Europea en salvaguardar la cantidad de este tipo de recurso hídrico.

menos no al cierre del presente trabajo) que regule la escasez de agua, o, dicho de otro modo, que regule las sequias.

Como último apunte respecto a la cantidad de agua, cabe mencionar igualmente, que la Unión Europea impulsa el aprovechamiento máximo del agua, y como claro ejemplo de ello, aunque sin estar bajo el albor del Pacto Verde, se aprobó el Reglamento (UE) 2020/741 del Parlamento Europeo y del Consejo de 25 de mayo de 2020 relativo a los requisitos mínimos para la reutilización del agua. Se trata, en puridad, de que el agua sea empleada de la mejor manera para un menor impacto de las actividades humanas en el recurso, en este caso concreto, respecto al riego agrícola.

2. *Calidad aceptable del agua*

Es este plano de la seguridad hídrica el que mayor desarrollo normativo ha tenido a nivel de la Unión Europea. Un desarrollo enorme que ha traído también numerosos pronunciamientos judiciales por la complejidad que supone la calidad de las aguas[31].

Es este ámbito en el que, como anteriormente se ha señalado, el Pacto Verde hace más hincapié en lo referente al agua. Y, efectivamente, desde la aprobación del Pacto se ha actualizado y se ha aprobado nueva normativa en este plano.

---

31 España tiene el dudoso mérito de acumular una de las multas mas cuantiosas por el incumplimiento de la normativa de recogida y tratamiento de aguas residuales en el pronunciamiento C-205/17 del Tribunal de Justicia de la Unión Europea. Se puede acceder a la sentencia completa en el enlace: https://curia.europa.eu/juris/document/document.jsf?text=&docid=204404&pageIndex=0&doclang=ES&mode=req&dir=&occ=first&part=1&cid=721834 (último acceso el 30 de julio de 2024)
Además, se esta pendiente de otros litigios en esta materia por parte de nuestro país. Más información en: https://www.eldiario.es/sociedad/espana-lleva-87-millones-multa-depurar-mal-aguas-residuales-pendientes-juicios_1_11427516.html (último acceso el 30 de julio de 2024)

Respecto a la Directiva 2008/105/CE del Parlamento Europeo y del Consejo, de 16 de diciembre de 2008, relativa a las normas de calidad ambiental en el ámbito de la política de aguas, se aprobó el 22 de julio de 2022 la Decisión de Ejecución (UE) 2022/1307 de la Comisión por la que se establece una lista de observación de sustancias actualizada para tener en consideración como potenciales contaminantes del agua.

En cuanto al agua de consumo humano, se aprobó la Directiva (UE) 2020/2184, del Parlamento Europeo y del Consejo de 16 de diciembre de 2020 relativa a la calidad de las aguas destinadas al consumo humano. La misma establece unas normas de calidad básicas para todos los Estados Miembros de las aguas de consumo humano, exigiéndole a las autoridades designadas la periódica supervisión de las mismas e información certera a los usuarios del recurso.

Mayor complejidad ha supuesto a la aprobación de la Directiva de tratamiento de aguas residuales, aprobada en el Parlamento Europeo en abril de 2024. Supone una nueva normativa que, si bien sigue la estela de la anterior Directiva de 1991, se actualiza el contenido en lo referente a: ampliar el ámbito de actuación, buscar la neutralidad energética de las plantas de tratamiento y su proceso, reutilización de nutrientes y mejorar la gobernanza de las aguas residuales, así como agilizar los procedimientos de su tratamiento (apostando por un gran albor tecnológico en esta esfera). Sin lugar a dudas, una nueva Directiva que vendrá a ser, como lo fue su antecesora y en palabras de SALINAS ALCEGA (2020, p. 304) "clave de bóveda para la regulación del saneamiento de aguas residuales" y cuyo éxito final, dependerá, sin lugar a duda en (también siguiendo la doctrina de SALINAS ALCEGA (2020, p. 343)), "la asignación de fondos, que si bien encuentra el apoyo de los recursos de la UE, especialmente en el marco de la Política de Cohesión, debe afrontarse principalmente con base en los recursos nacionales"

Igualmente, en esta materia de la calidad de aguas, se sigue trabajando con mayor ahincó bajo el paraguas del Pacto Verde Europeo. Así pues, anda en marcha un proceso para la posible revisión de la Directiva 91/676/CEE del Consejo de 12 de diciembre de 1991 relativa a la protección de las aguas contra la contaminación producida por nitratos procedentes de fuentes agrarias. Todavía no hay información certera sobre el resultado final de este proceso, si no que solo poseemos unos resultados parciales y del conjunto de ciudadanos, ya que tuvo lugar una consulta pública realizada entre diciembre de 2023 y marzo de 2024[32] en la que plasmaron varias cuestiones que la nueva normativa debería abordar.

Aunque puramente no se trata de una novedad normativa en materia de calidad de aguas, conviene poner en valor (aunque sea para cerrar el apartado de la calidad de las aguas), que la Unión Europea pone énfasis en el seguimiento de sus políticas. Así pues podemos señalar como ejemplo (aunque no es el único), que anualmente, la Comisión presenta un informe sobre el cumplimiento de la Directiva 2006/7/CE del Parlamento Europeo y del Consejo, de 15 de febrero de 2006, relativa a la gestión de la calidad de las aguas de baño. Y, así pues, se hace un seguimiento y gestión detallada de en qué punto nos encontramos y se han propuesto posibles mejoras (que finalmente, podrían desembocar en cambios normativos). Valga señalar, que el informe anual del presente año 2024 en el que se realiza el presente trabajo, el 89 % de los sitios del conjunto de la Unión Europea, goza de una "calidad excelente", y no se proponen mejoras normativas significativas que debamos recoger en el presente estudio.

3. Desarrollo sostenible

Respecto al desarrollo sostenible, como se ha señalado con anterioridad, se busca utilizar el recurso hídrico, como no puede ser

---

[32] Se puede consultar las cuestiones recibidas en el enlace: https://ec.europa.eu/info/law/better-regulation/have-your-say/initiatives/14051-Protecting-waters-from-pollution-caused-by-nitrates-from-agricultural-sources-Evaluation/F_en (último acceso 30 de julio 2024).

de otra forma, para el desarrollo de las sociedades, pero sin comprometer el futuro del agua. En este sentido, son varias cuestiones las que hay que tratar y varios campos en los que actuar.

Por ello hay que poner en valor que, para conseguir ese fin de no comprometer el futuro del agua, son útiles las normativas anteriormente señaladas en los apartados respecto a la cantidad y calidad, ya que abogan, especialmente en el caso de la calidad, por dañar lo mínimo posible el recurso hídrico.

No obstante, si cabe reseñar dos cuestiones que relacionan agua y desarrollo sostenible y en las cuales la Unión Europea ha establecido unos estándares homogéneos a todos los Estados Miembros a través de su normativa.

Por un lado, la Unión Europea ha impulsado la homogeneización en los Estados Miembros de las Evaluaciones de Impacto Ambiental a través de la Directiva 2014/52/UE del Parlamento Europeo y del Consejo de 16 de abril de 2014 por la que se modifica la Directiva 2011/92/UE, relativa a la evaluación de las repercusiones de determinados proyectos públicos y privados sobre el medio ambiente. Y es que sigue la línea marcada a nivel internacional[33], pero adaptándola, de manera más concreta, a las necesidades y características de los Estados Miembros (y aun dejando margen a las normas internas que deben desarrollarla).

Esta normativa busca preservar el medio ambiente, y como no, parte de ella es el agua, manteniendo la obligación que ante macroproyectos que puedan afectar al medio ambiente, y, por ende, al agua, deban ser obligados a una revisión del impacto del mismo ante los recursos naturales y la minimización de esa incursión en la naturaleza. No obstante, como se puede comprobar por la fecha de la Directiva, esta norma es anterior al Pacto Verde Euro-

---

33 No hay que obviar que la inspiración de la normativa y su cumplimiento nace en el Convenio sobre evaluación del impacto en el medio ambiente en un contexto transfronterizo, hecho en Espoo (Finlandia) el 25 de febrero de 1991 (Convenio de Espoo).

peo, y no hay cambios reseñables en la misma, al menos de momento, que se fundamenten en el mismo.

Y, por otro lado, con mayor interés y más actual, ha sido la aprobación del Reglamento (UE) 2020/852 del Parlamento Europeo y del Consejo de 18 de junio de 2020 relativo al establecimiento de un marco para facilitar las inversiones sostenibles y por el que se modifica el Reglamento (UE) 2019/2088. Si bien, también la negociación y elaboración de este Reglamento es anterior a la aprobación del Pacto Verde, se ha venido trabajando de manera paralela y su espíritu y cumplimiento casa y se entronca, perfectamente, con los objetivos marcados en el Pacto.

Este Reglamento ha dado lugar a la llamada taxonomía ambiental europea[34], que en síntesis viene a ser la clasificación de actividades económicas en función de su mayor o menor respecto al medio ambiente para fomentar dichas inversiones. Es, por tanto, una apuesta de la Unión Europea por el desarrollo sostenible, y como no, ligado a ello, por la seguridad hídrica junto a la seguridad ambiental.

Y más en concreto, dicho Reglamento ha dado lugar a una serie de desarrollos posteriores donde se precisa los baremos de esa clasificación. Y respecto al agua podemos señalar de manera más específica que se fomenta y premia[35] en esa clasificación a las em-

---

34 Más información sobre la misma en la propia página de la Comisión Europea: https://finance.ec.europa.eu/sustainable-finance/tools-and-standards/eu-taxonomy-sustainable-activities_en?prefLang=es (último acceso el 30 de julio de 2024)

35 Así queda establecido en el Reglamento Delegado (UE) 2023/2486 de la Comisión, de 27 de junio de 2023, por el que se completa el Reglamento (UE) 2020/852 del Parlamento Europeo y del Consejo mediante el establecimiento de los criterios técnicos de selección para determinar en qué condiciones se considerará que una actividad económica contribuye de forma sustancial al uso sostenible y a la protección de los recursos hídricos y marinos, a la transición a una economía circular, a la prevención y el control de la contaminación, o a la protección y recuperación de la biodiversidad y los ecosistemas, y para determinar si

presas que tienen controlada su huella hídrica[36] en función de la norma ISO que la regula[37].

Se pueden señalar más ejemplos en los que la Unión Europea fomenta el desarrollo sostenible, valga los anteriormente citados para indicar los "pequeños pasos" se dan en esta materia a través de la seguridad hídrica.

4. Conservación de los ecosistemas

Como anteriormente se ha apuntado, este plano de la seguridad hídrica es la constatación del ecocentrismo imperante actualmente frente al antropocentrismo cada vez más mermado.

A este respecto, cabe señalar que las normativas anteriormente señaladas respecto a la contaminación, también lo abordan desde una perspectiva exocéntrica, es decir, que a la vez que se protege las aguas, se hace pensando en los seres humanos, pero también en el resto de seres vivos que dependen de ellas. Y es que en cada actualización de las normas de calidad que se han señalado se indica la importancia de la calidad de las aguas para todos los seres vivos.

Además de lo anterior, y al albor del Pacto Verde Europeo y en relación con la seguridad hídrica, debemos apuntar al respecto de

---

dicha actividad económica no causa un perjuicio significativo a ninguno de los demás objetivos medioambientales, y por el que se modifica el Reglamento Delegado (UE) 2021/2178 de la Comisión en lo que respecta a la divulgación de información pública específica sobre esas actividades económicas.

36 La huella hídrica es un indicador que señala la cantidad de agua necesaria para la producción de bienes y servicios consumidos. Para más información, entre otros muchos trabajos, cabe señalar el realizado por el "padre" de este concepto, el Profesor Arjen Y. Hoekstra: HOEKSTRA, A.Y. y CHAPAGAIN, A.K. (2008) Globalization of Water: Sharing the Planet's Freshwater Resources. Blackwell Publishing, Oxford.

37 Es la Norma ISO 14046:2014. Disponible en: https://www.iso.org/standard/43263.html (último acceso el 30 de julio de 2024).

la conservación de los ecosistemas la aprobación del Reglamento (UE) 2024/1991 del Parlamento Europeo y del Consejo, de 24 de junio de 2024, relativo a la restauración de la naturaleza y por el que se modifica el Reglamento (UE) 2022/869. Una norma controvertida pero esencial para la conservación de ecosistemas, de aquellos que se han visto afectados por algún tipo de alteración, y también la adaptación de los mismos a los cambios que el cambio climático haya podido o pueda llegar a provocar.

Una normativa que ha resultado muy polémica[38] durante su tramitación (diversos motivos que podemos resumir en el tipo de norma elegido ya que suelen utilizarse Directivas en lugar de Reglamentos en este ámbito; y por haberse usado como un arma política en un clima de elecciones al Parlamento Europeo y en juego los altos cargos de la Unión Europea en el periodo 2024-2029) y que busca erigirse un revulsivo en la política de conservación y restauración medioambiental de los Estados Miembros. Respecto al agua, si bien mucho del trabajo se traslada a los Estados a su nivel interno, se espera que para 2050 estén recuperados el 90% de los ecosistemas que figuran en el Anexo I y donde los relacionados con los recursos hídricos son clara mayoría.

Este Reglamento, es un claro ejemplo de que lo anteriormente señalado, sin el Pacto Verde Europeo se hubiese dilatado muchísimo la negociación y aprobación de algunas normas, y por ende, no se habría avanzado en la seguridad hídrica de la Unión Europea.

5. *Clima de paz y estabilidad política*

En este plano de la seguridad hídrica, la Unión Europea juega con una clara e inigualable ventaja. Y es que, ya el propio proyecto europeo supone un clima de paz y estabilidad política. Con esa

---

[38] Valga como ejemplo de dicha polémica continua con esta norma, la aprobación final de la misma: https://efe.com/medio-ambiente/2024-06-17/ue-aprueba-definitivamente-al-limite-polemica-ley-restauracion-naturaleza/ (último acceso el 30 de julio de 2024).

idea se creó y nació y ha sido, es y debe seguir siendo ejemplo indiscutible para el resto del planeta. La Unión Europea es el mayor exponente de la cooperación de los Estados, y la cooperación es imposible sin paz y sin estabilidad.

En este ámbito, la Unión Europea ya tiene mucho hecho desde su propia creación como organización internacional de integración. No obstante, si nos acercamos todavía más a la gestión del agua y todas las derivadas que a este respecto puede haber en cuanto a clima de paz y estabilidad política, lo primero que tenemos que señalar, es que la propia DMA desde su aparición ya animó en su artículo 3, a los Estados Miembros que no las tuvieran, a la creación de autoridades competentes u organismos encargados de cada una de las demarcaciones hidrográficas. Es por ello, una muestra más de como la Unión Europea, también en el ámbito de la seguridad hídrica ha fomentado la cooperación a través de ese clima de paz, establecer autoridades competentes en materia hídrica que velen por el cumplimiento de la normativa de dicho ámbito[39].

Igualmente, no se debe que anterior a la construcción de la Unión Europea, nuestro continente ha sido el lecho, como señala PASTOR RIDRUEJO (2023, p. 713), "las primeras organizaciones internacionales en sentido propio, aún muy rudimentarias" que aparecieron en el siglo XIX para satisfacer una necesidad de "carácter definido y particular" como es la gestión pacífica y común de aguas compartidas. Nos referimos, claramente, a las Comisiones Fluviales del Rin (a través del Acta del Congreso de Viena en 1815) y del Danubio (1856) y que asentaron las bases de la gestión común y cooperación en materia de aguas a nivel internacional.

Por otra parte, al hablar de estabilidad política, tenemos que hablar del buen trato a los ciudadanos, y es por ello que conviene traer a colación que la Unión Europea firmo en 1998 y aprobó en

---

[39] Muy interesante en este ámbito de los organismos de cuenca el libro de EMBID IRUJO, A. (2017). *El futuro de los Organismos de Cuenca.* Aranzadi.

2005 el Convenio, hecho en Aarhus, sobre acceso a la información, participación del público en la toma de decisiones y acceso a la justicia en materia de medio ambiente (conocido como Convenio de Aarhus). Y es que, es fundamental para exigir estabilidad política, que los ciudadanos tengan información y puedan participar en la toma de decisiones, en este caso, en el ámbito medioambiental.

Con la idea de poner en práctica la participación en el Convenio de Aarhus, la Unión Europea aprobó en 2003 la Directiva 2003/4/CE relativa al acceso del público a la información medioambiental, y tres años más tarde, adoptó el Reglamento 1367/2006 del Parlamento Europeo y del Consejo, relativo a la aplicación, a las instituciones y a los organismos comunitarios, de las disposiciones del Convenio de Aarhus sobre el acceso a la información, la participación del público en la toma de decisiones y el acceso a la justicia en materia de medio ambiente. Trasladando esta normativa al ámbito hídrico, debemos señalar la necesaria y oportuna aportación que todos los ciudadanos pueden hacer a la hora de elaborar normativa, y muy importante, los Planes de Cuenca de los diferentes ríos de los Estados Miembros. Un ejemplo claro de participación pública en un ambiente de paz y estabilidad política, contribuyendo con ello a la seguridad hídrica. Del mismo modo, que los particulares pueden acudir a las llamadas autoridades competentes en la DMA (en el caso de España vienen a ser las Confederaciones Hidrográficas) para soliviantar potenciales conflictos, al menos en una fase inicial en el intento de solución del mismo (pudiendo pasar con posterioridad a la fase administrativa, al ámbito contencioso).

No obstante, nuevamente debemos reconocer que esas medidas como se puede intuir por la cronología de las mismas, no se amparan en el Pacto Verde. Es por ello que en este plano de la seguridad hídrica, no puede señalarse que haya sido grande la aportación del Pacto. A pesar de lo anterior, si hay un ámbito de este plano en el que el Pacto Verde puede argumentar su contribución. Y es que si se ha desarrollado de manera más ambiciosa la persecución de los crímenes ambientales. En abril de 2024 se aprobó la Directiva 2024/1203 del Parlamento Europeo y del Consejo, relativa a la protección del medio ambiente mediante el Derecho penal y por la que se sustituyen las Directivas 2008/99/CE y 2009/123/CE. Con ello se busca avanzar en la lucha contra los ecocidios[40] y eso si, amparado en el Pacto Verde Europeo. En este sentido, la nueva Directiva si apunta a que sean considerados delitos en materia hídrica (y los Estados Miembros deben reconocerlo en sus normativas internas): las contaminaciones masivas (directas o indirectas) de agua, las actividades carentes de licencias que controlen esas potenciales contaminaciones, la introducción de especies que afecten al agua o las extracciones que menoscaben o presenten riesgo de eliminar las masas de agua.

V. RETOS A FUTURO (INMEDIATO) DEL DERECHO DE AGUAS DE LA UNIÓN EUROPEA

De manera muy breve se van a presentar los que a priori, parecen los principales retos del derecho de aguas de la Unión Europea y que pueden ayudar a continuar la senda de alcanzar un nivel de seguridad hídrica óptimo.

En primer lugar, la aparición de la inteligencia artificial supone una serie de retos en diversos frentes del derecho. No obstante, también supone una serie de oportunidades como puede ser en el caso del agua, la mejora en la gestión y un seguimiento más

---

40 Hay innumerable bibliografía sobre el tema, si bien la misma ha crecido de manera exponencial desde el año 2021 en el que un panel de 12 expertos publicó un informe en el que abogaban por incorporar el ecocidio al Estatuto de Roma la Corte Internacional de Justicia entendiendo por el mismo: "cualquier acto ilícito o arbitrario perpetrado a sabiendas de que existen grandes probabilidades de que cause daños graves, extensos o duraderos al medio ambiente". Disponible el informe completo en: https://www.stopecocide.earth/legal-definition#:~:text=Article%208%20ter,being%20caused%20by%20those%20acts. (último acceso el 30 de julio de 2024)

real y continuo del estado de los recursos hídricos[41]. No obstante, debemos tener en cuenta también el enorme gasto de agua[42] que supone los centros de inteligencia artificial sobre todo en aquellas zonas donde el recurso ya pueda ser escaso. Si bien esto último, tiene fácil solución con una normativa más estricta y efectiva en el cumplimiento y seguimiento respecto a las evaluaciones de impacto ambiental que anteriormente se han citado.

En segundo lugar, ya se ha citado, pero ante el más que previsible aumento de los fenómenos extremos producidos por el cambio climático, es necesaria una Directiva específica sobre la sequía, del mismo modo que la hay para las inundaciones. Y es que, como reconoce SALINAS ALCEGA (2016, p. 198) "por lo que respecta a las sequias el derecho de la Unión no ha alcanzado el mismo nivel de desarrollo normativo, no existiendo una Directiva específica y limitándose la previsión normativa a la utilizada que a este respecto tenga la Directiva Marco de Aguas" que viene a ser una vaga referencia en los artículos 4.6 y 13.5 a planes específicos de gestión en los que España es puntera. A pesar de ello, homogeneizar dichos contenidos y una normativa más estricta y ambiciosa, es necesaria[43].

---

41 De forma más detallada se ha analizado por CRUZ ÁNGELES J. (2024) Inteligencia Artificial y Seguridad Hídrica: desafíos y oportunidades para el Derecho de la Unión Europea. *Anuario Español De Derecho Internacional, 40,* 241-299 https://doi.org/10.15581/010.40.241-299 (último acceso 30 de julio 2024)

42 Se ha cuantificado en que "Un centro de datos de tamaño mediano (15 megavatios (MW)) utiliza tanta agua como tres hospitales de tamaño medio o más de dos campos de golf de 18 hoyos." En FITZGERALD, D. Data centers and hidden water use. *Wall Street Journal.* (2015).

43 Ya no es una reivindicación de países del sur de Europa más proclives a sufrir la sequía por su climatología. Había un proyecto de norma sobre la resiliencia respecto a los recursos hídricos, pero parado por las protestas agrícolas de finales del año 2023 y principios del año 2024. Más información en: https://www.euractiv.com/section/energy-environment/news/droughts-prove-eus-water-resilience-urgently-needs-holistic-strategy/ (último acceso 30 de julio de 2024)

En tercer lugar, aunque la normativa respecto a la calidad de aguas, como se ha señalado es la más amplia, no se contienen determinadas sustancias que cada vez se encuentran más presentes en el recurso hídrico. Si bien es cierto, que suponen las nuevas sustancias introducciones de sustancias que dependen de los condicionantes tecnológicos y científicos, que cambian con bastante frecuencia, debemos ser un poco más precisos. Nos referimos principalmente a los microplásticos y productos farmacéuticos, que como señala SETUAIN MENDÍA (2023, p. 83) el hecho de que se tenga en mente un abordaje especifico de esos sectores, no "debería impedir que estas sustancias formen parte de la lista de observación" y se incluyan en los reglamentos o decisiones de ejecución o que desarrollan la normativa de calidad de aguas[44].

Y en último lugar, (aunque los retos no acaban aquí, si no que se ha buscado señalar alguno de los más importantes) la carencia de la Unión Europea respecto a ser capaz de trasladar su *savoir faire* a terceros países. Como se ha visto, con sus fallos, la Unión Europea está realizando una importante labor en materia de seguridad hídrica. Sin embargo, no tiene éxito a la hora de trasladar esa visión y ese ejercicio al resto de estados fuera de Europa. Es por ello necesario la activación de una ambiciosa diplomacia del agua de la Unión europea, para dar así traslado y cumplimiento del Objetivo de Desarrollo Sostenible 6 en su meta quinta, que busca la cooperación internacional en materia de agua. Basta como ejemplo del potencial ejemplo que supone el derecho de una Unión, que como señala REICHERT, G (2019, p. 411) "los Planes de cuenca hidrográfica internacionales están estructurados de acuerdo con la DMA. incluyen, entre otras cosas, una descripción general de las características de la cuenca hidrográfica, un resumen de las presiones significativas

---

[44] Y eso teniéndose en cuenta, que respecto al plástico y al amparo del Pacto Verde Europeo se ha adoptado en el año 2019 una Directiva (2019/904) que busca reducir el impacto del plástico en el medio ambiente, pero que puede resultar insuficiente respecto al plástico de menor tamaño o en cantidades pequeñas, pero igualmente, muy contaminante.

y el impacto de la actividad humana sobre el estado de las aguas superficiales y subterráneas, una lista de los objetivos medioambientales establecidos en el marco de la DMA para las aguas superficiales, aguas subterráneas y áreas protegidas y sus respectivas exenciones, y un resumen del programa de medidas. De esta manera, los Planes de cuenca hidrográfica internacionales desarrollados dentro del marco institucional de las comisiones fluviales internacionales transponen las disposiciones sustantivas y administrativas del derecho de aguas europeo al derecho internacional". Hágase pues una mayor labor de cooperación en esta materia y aprovéchense las sinergias ya creadas para sacar su mayor rendimiento para la sociedad internacional.

VI. CONCLUSIONES

La búsqueda de la seguridad hídrica es el gran reto al que se enfrentan todas las masas de agua del planeta. El interés de la doctrina y las instituciones internacionales en el ámbito es palpable, y cualquier acción tomada en esa senda debe ser analizada y tenida en cuenta. La Unión Europea no es una excepción y ha venido trabajando en ese camino, con sus aciertos y errores.

A pesar del espíritu del Pacto Verde Europeo de mejorar la gobernanza del medio ambiente y las más que reiteradas ocasiones del legislador europeo de simplificar la legislación, la realidad es bien distinta. El Pacto Verde Europeo ha supuesto una oportunidad perdida para poner orden en el derecho europeo de aguas. Continua la dispersión normativa en este ámbito y no se ha profundizado con ambición en la regulación. Los cambios producidos al albor del Pacto Verde responden más bien a una adaptación que los propios textos recogían y pedían por el propio devenir de la ciencia y tecnología, que a una verdadera revolución verde (o azul, por caracterizar más con el color que se atribuye al recurso hídrico) del sector impulsada por el Pacto.

No obstante, y a pesar de la reconocida y velada sequia del Pacto Verde en cuanto a pronunciamientos o medidas referentes al agua, debemos reconocerle su fuerza impulsora para la adopción de medidas que contribuyen a avanzar en la seguridad hídrica.

Podemos concluir, que en este ámbito los "pequeños pasos" característicos de la construcción europea no fallan y son acertados, ahora bien, el tiempo dirá si no debemos acelerar ese paso.

Quién sabe si es necesario un Pacto Azul Europeo como ha planteado el Comité Económico y Social Europeo[45]. Lo que si es necesario y no debe haber ninguna duda es que cualquier medida tomada y adoptada en favor de proteger, cuidar y mejorar la gestión del agua debe ser aprobada. Ahora bien, quizás sería bueno que la dispersión normativa y algunas contradicciones que la misma puede generar sean corregidas a futuro. Lo que no tiene dudas es que si eso ocurre vendrá con el agradecimiento anticipado de aquellas personas que nos dedicamos al derecho de aguas o a su gestión.

VII. BIBLIOGRAFÍA

ALLAN J. A. (2013) Food-water security. Beyond water resources and the water sector en Lankford B., Bakker K, Zetoun M y Conway D. "water security principles, perspectives", Routledge, New York, pp. 321-335.

BARANYAI, G. (2020) European Water Law and Hydropolitics, Springer.

EMBID IRUJO, A. (2003) en "El derecho de aguas de la UE contemplado desde la perspectiva española. Consideración especial de la Directiva Marco comunitaria 2000/60/CE" en Derecho de Aguas, tomo I, Externado de Colombia, Bogotá, pp.191-217.

EMBID IRUJO, A. (2021). El concepto de seguridad hídrica: contenido y funcionalidad. En A. EMBID IRUJO (Dir.), La seguridad hídrica. Desafíos y contenido. Thomson Reuters Aranzadi, pp. 27-70.

GLEICK P. H. (1993), "Water and Conflict: Fresh Water Resources and International Security", *International Security*, 18(1), pp. 79-112.

---

[45] Para conocer más sobre esta propuesta del Pacto Azul Europeo: https://www.eesc.europa.eu/es/news-media/eesc-info/eesc-info-february2024/articles/116222

GREY, D. and SADOFF, C. W. (2007), "Sink or Swim? Water security for growth and development", *Water Policy*, 9, pp. 545-571.

LA CALLE MARCOS A. (2007) "Impacto de la Directiva Marco Comunitaria y Territorio" en EMBID IRUJO, A. (2007) Agua y Territorio, (Consideración Especial de la Reforma de los Estatutos de Autonomía), Thomson Civitas, pp. 265-296.

MAGSIG, B.O. (2010), "Overcoming State-Centrism in International Water Law: 'Regional Common Concern' as the Normative Foundation of Water Security", *Göttingen Journal of International Law*, 3(1), pp. 317-344.

MAGSIG BO (2012) Rising to the challenge of water security: international (water) law in need of refinement, International Journal of Sustainable Society nº 4 (1–2), pp. 28–44.

PASTOR RIDRUEJA, J.A. (2023) Curso de Derecho Internacional Público y Organizaciones Internacionales, Tecnos, 27ª edición.

PEREZ GABALDÓN, M. (2009) "La política comunitaria de medio ambiente: el origen de la política de aguas de la Unión europea" en "La política comunitaria de aguas: marco de la acción estatal y autonómica", Dykinson, pp.67-91.

REICHERT, G (2005) "The European Community's Water Framework Directive: A Regional Approach to the Protection and Management of Transboundary Freshwater Resources? en L. Boisson de Chazournes, S. M. A. Salman, (ed.), Water Resources and International Law, The Hague Academy of International Law, La Haya, Martines Nihjhoff Publishers, pp. 429-472.

REICHERT, G (2019) "Europe: international water law and the EU Water Framework Directive", en Mccaffrey, S, Loeb, C. Denoon R.T. (ed.), International water law, Elgar, Cheltenham, pp. 397–413.

SALINAS ALCEGA, (2016) "Adaptación a los impactos del cambio climático en los recursos hídricos tranasfronterizos: Respuesta desde el Derecho internacional.y europeo" en EMBID IRUJO, A. (2016) "Treinta años de la Ley de Aguas de 1985", Aranzadi, pp. 155-205.

SALINAS ALCEGA, (2020) "El derecho de la UE como motor del saneamiento de aguas residuales en los estados miembros: con especial atención al caso de España" en SETUAÍN MENDÍA, B. (2021) "Retos actuales del saneamiento de aguas residuales: derivadas jurídicas, económicas y territoriales", Aranzadi, pp. 301-344

SALINAS ALCEGA, S. (2021). El derecho internacional de aguas: elemento imprescindible para la seguridad hídrica. Estado de la cuestión y líneas de progreso. En A. EMBID IRUJO (Dir.), La seguridad hídrica. Desafíos y contenido. Thomson Reuters Aranzadi, pp. 175-209.

SETUAÍN MENDÍA, B. (2020) "Retos actuales del saneamiento de aguas residuales: derivadas jurídicas, económicas y territoriales", Aranzadi.

SETUAÍN MENDÍA, B. (2023) "La reutilización de agua en un contexto de cambio: un análisis jurídico administrativo". Aranzadi.

SOHNLE, J. (2008) Les thèmes de la directive cadre sur l'eau dans le concert des normes internationales. ERA Forum 9, pp. 423–443.

TIRADO ROBLES, C. (2009) "La DMA y los problemas de su transposición en los Estados Miembros" en "La politica comunitaria de aguas: marco de la acción estatal y autonómica", Dykinson, pp. 93-126.

WEBB, P. y ISKANDARANI, M. (1998), Water Insecurity and the Poor: Issues and Research Needs, ZEF – *Discussion Papers On Development Policy* No. 2, Center for Development Research, Bonn.

Capítulo 10
Contexto jurídico y efectividad de la integración del cambio climático en los planes hidrológicos de tercer ciclo. Consideraciones singulares de la demarcación del Ebro

Beatriz Setuáin Mendía*

SUMARIO: I. INTRODUCCIÓN. II. EL PACTO VERDE EUROPEO COMO PRIMERA GUÍA PARA LA POLÍTICA HÍDRICA EN SU LUCHA CONTRA EL CAMBIO CLIMÁTICO. III. PLANES HIDROLÓGICOS Y CAMBIO CLIMÁTICO DESDE LA PERSPECTIVA DE LA LEY 7/2021, DE 20 DE MAYO (LCCTE). 1. La LCCTE señala de forma expresa la responsabilidad de la planificación hidrológica en la lucha contra el cambio climático, sin que esto suponga una novedad sustantiva. 2. Los planes hidrológicos de primer y segundo ciclo no incorporaron realmente el cambio climático dentro de sus previsiones. El ejemplo de la demarcación del Ebro. 3. La LCCTE intensifica las exigencias de integración mediante una serie de determinaciones estrictas. 3.1. La vinculación entre planificación hidrológica y seguridad hídrica. 3.2. La adecuación de la planificación hidrológica a las directrices y medidas establecidas en un instrumento programático: las Orientaciones Estratégicas sobre Agua y Cambio Climático. 3.3. La inclusión en la planificación hidrológica de la evaluación de los riesgos derivados del cambio climático. IV. LA VERIFICACIÓN DE LA FALTA DE INTEGRACIÓN DEL CAMBIO CLIMÁTICO

---

* Profesora Titular de Derecho Administrativo. Esta publicación se inserta en el marco de los Proyectos de I+D+i TED2021-130264B-100 (financiado por MCIN/AEI/10.13039/501100011033/ y por Unión Europea NextGenerationEU/PRTR) y PID2021-124296NB-I00 (financiado por MCIN/AEI/10.13039/501100011033/ y por FEDER 'Una manera de hacer Europa'). Igualmente debe considerarse parte de las actividades que el Grupo AGUDEMA (Agua, Derecho y Medio Ambiente) desarrolla dentro del Instituto Universitario de Ciencias Ambientales de la Universidad de Zaragoza (IUCA).

EN LOS PLANES DE TERCER CICLO DESDE DICHA PERSPECTIVA: DE NUEVO, EL EJEMPLO DE LA DEMARCACIÓN DEL EBRO. V. BIBLIOGRAFÍA.

I. INTRODUCCIÓN

Resulta redundante comenzar un trabajo con el título que se anuncia insistiendo de nuevo en los impactos del cambio climático sobre los recursos hídricos y los ecosistemas relacionados o, en sentido inverso, en cómo las condiciones del agua afectan a la situación climática en la medida en que sus procesos naturales son necesarios para moderar aquellos impactos. Hace décadas que multitud de informes, declaraciones, estudios y análisis de todo tipo y nivel científico o técnico vienen advirtiendo de ello y de sus consecuencias, muchas veces irreversibles [2]. En el caso de nuestro país se avisa de su especial vulnerabilidad, agravada por la realidad física existente y la intensa explotación que sufre el recurso [3]. El ámbito de la documentación jurídica, entendida en su sentido más amplio —toda clase de textos normativos y no normativos con incidencia en la regulación del agua— también ha sido abundante en este aspecto, y pueden detectarse desde muy temprano centenares de referencias y alertas sobre dicha interrelación. Este bagaje es sin duda conocido por quienes leen estas

---

2 Hace hincapié en esta irreversibilidad ÁLVAREZ CARREÑO, S. (2023), pp. 67-70.

3 Especialmente significativas son las evaluaciones elaboradas por el IPCC. La última de ellas (IPCC Sixth Assessment Report, 2022) recalca en cada uno de sus tres informes la urgencia de tomar medidas coordinadas y decisivas para enfrentar este desafío, combinando esfuerzos de adaptación y mitigación para gestionar los riesgos relacionados con el agua, incidiendo en la cooperación internacional y en el desarrollo de políticas eficaces y de gobernanza inclusiva, y profundizando en la investigación y el monitoreo de los recursos hídricos a fin de alcanzar respuestas adecuadas. Centrado en este país, es recomendable el informe dirigido por SANZ, M.J. y GALÁN, E. (2020), *Impactos y riesgos derivados del cambio climático en España*, en cuyas pp. 27-53 identifican y analizan el impacto del fenómeno sobre los recursos hídricos.

páginas y se da por acreditado, pues la inevitable limitación de los trabajos que forman parte de una obra colectiva exige ceñir el punto de partida. En este caso, dicho punto tiene que situarse en aquellos instrumentos que, del modo más inmediato, señalan el alcance y el sentido de las previsiones a albergar por los planes hidrológicos de tercer ciclo españoles para adaptar la gestión del agua a la crisis climática.

II. EL PACTO VERDE EUROPEO COMO PRIMERA GUÍA PARA LA POLÍTICA HÍDRICA EN SU LUCHA CONTRA EL CAMBIO CLIMÁTICO.

Desde esta premisa, y aun teniendo en cuenta su carácter de marco global y propositivo, no normativo, no puede quedar sin mención un instrumento que es el elemento vertebrador de uno de los proyectos de investigación que enmarcan este estudio: el Pacto Verde europeo [4]. Aunque parezca un contrasentido, este Pacto —que acoge un paquete de iniciativas políticas muy señaladas con el objetivo de situar a la UE en el camino hacia una transición ecológica, y cuyo Anexo traza la hoja de ruta para las acciones clave que permitirían alcanzar la neutralidad climática en 2050— constituye la apuesta ambiental comunitaria más ambiciosa hasta la fecha pese a trascender con mucho el plano estrictamente ambiental, dentro del que persigue dar respuesta a sus principales desafíos. Entre ellos, los más significativos: la emergencia climática, la crisis de la biodiversidad, la presión sobre los recursos y la extensión de la contaminación. Atendiendo a sus propias palabras, el Pacto compone una estrategia de crecimiento destinada a transformar la UE, de forma justa e integradora, en una sociedad equitativa y próspera, con una economía moderna, eficiente en el uso de los recursos y competitiva, climáticamente neutra en 2050, y cuyo crecimiento

---

[4] Comunicación de la Comisión al Parlamento Europeo, al Consejo Europeo, al Consejo, al Comité Económico y Social Europeo y al Comité de las Regiones de 11 de diciembre de 2019, COM (2019) 640 final.

estará disociado del uso de los recursos. A la vez, aspira a defender, mantener y mejorar el capital natural comunitario, así como a proteger la salud y el bienestar de los ciudadanos frente a los riesgos y efectos medioambientales. Aborda, por tanto, un reto global de fundamento ambiental pero no meramente tal, que pretende conseguirse de modo transversal incorporando la sostenibilidad como eje principal de todas las políticas comunitarias, sin perjuicio del desarrollo de algunas específicas, destinadas principalmente a limitar las emisiones de GEI. La sostenibilidad, así, se identifica como vector primordial para lograr una transformación económica y social que permita alcanzar la neutralidad climática.

Con tan amplias pretensiones, el Pacto Verde abarca una extensísima gama de acciones en muy diversas áreas materiales y, como es lógico, la gestión del agua no se sustrae a su incidencia. De hecho, no es excesivo afirmar que, de forma directa —con referencias concretas— e indirecta —a derivación de otros objetivos—, guía el sentido de su evolución, como se desprende de los principales elementos que lo integran, dirigidos al desarrollo de políticas transformadoras. Así, la modificación de la economía comunitaria con miras a un futuro sostenible pasa necesariamente por preservar y restablecer las funciones naturales de las aguas subterráneas y superficiales y su biodiversidad como parte del ecosistema, por movilizar la industria en pro de una economía limpia y circular, y por transitar hacia un suministro de energía limpia, asequible y segura dentro de la que ocuparía lugar propio la hidroelectricidad, lo que llama indefectiblemente a un nuevo modelo de gestión y administración del agua. Y de modo más particular, el Pacto aspira con el mismo fin a conseguir una "contaminación cero para un entorno sin sustancias tóxicas", en apoyo de lo cual se ha aprobado un instrumento —el "Plan de acción contaminación cero para el aire, el agua y el suelo" [5]— cuyos pun-

---

5 Comunicación de la Comisión al Parlamento europeo, al Consejo, al Comité Económico y Social Europeo y al Comité de las Regiones de 12 de mayo de 2021, COM (2021) 400 final.

tos clave en relación con el recurso son evitar la contaminación y reducir las sustancias que la producen (con especial atención a aquellas que no están reguladas pero resultan especialmente nocivas, y a los efectos combinados de los distintos contaminantes [6]), mejorar la calidad del recurso (garantizando que todas las masas de agua comunitarias alcancen el buen estado ecológico y químico que exige la DMA, e implementando específicamente medidas para reducir la eutrofización) y promocionar la reutilización de agua y las prácticas eficientes en todos los sectores, especialmente en la agricultura y la industria [7]. No hay que olvidar que todas estas son directrices cuya materialización implicará desarrollar un conjunto nada desdeñable de medidas y acciones. Desde el punto de vista jurídico, se hará necesario revisar y aprobar un número importante de normas, de acuerdo con los nuevos paradigmas. Desde el prisma económico, será preciso contar con recursos a través de los instrumentos financieros comunitarios, entre los que destaca el Mecanismo de Recuperación y Resiliencia [8].

---

6 Sobre la problemática de los contaminantes emergentes, en profundidad, SETUÁIN MENDÍA, B. (2022), pp. 45-84.

7 Con el fin de desarrollar y regular la práctica reutilizadora a nivel comunitario, el Parlamento y el Consejo aprobaron el Reglamento (UE) 2020/741, de 25 de mayo de 2020, relativo a los requisitos mínimos para la reutilización del agua en agricultura. Esta norma ha obligado a realizar cambios en el ordenamiento español relativo a esta actividad, singularmente en lo que respecta a la incorporación de la perspectiva del riesgo a través de nuevos Planes de Gestión de Riesgos. Puede verse un primer comentario sobre este Reglamento, aún en fase de proyecto, en SETUÁIN MENDÍA, B. (2020.a). Un primer análisis una vez aprobado, en MOLINA GIMÉNEZ, A. (2021). Un estudio exhaustivo sobre su contenido, con referencia a sus efectos en el derecho español —previo a la modificación del TRLA en esta materia, pero coincidente en la mayoría de aspectos con el sentido de la reforma legislativa—, en SETUÁIN MENDÍA B. (2023).

8 Reglamento 2021/241 del Parlamento Europeo y del Consejo de 12 de febrero de 2021. Esta norma (art. 3.a) incluye la transición ecológica como el primero de los seis ámbitos de actuación de importancia europea a los que se destinarán los fondos que lo componen.

III. PLANES HIDROLÓGICOS Y CAMBIO CLIMÁTICO DESDE LA PERSPECTIVA DE LA LEY 7/2021, DE 20 DE MAYO (LCCTE)

1. La LCCTE señala de forma expresa la responsabilidad de la planificación hidrológica en la lucha contra el cambio climático, sin que esto suponga una novedad sustantiva

Pero seamos más concretos y descendamos a nivel nacional. Adoptando la perspectiva del cambio climático —que es la que corresponde por su especificidad—, y dejando solo constancia nominal del segundo Plan Nacional de Adaptación al Cambio Climático (PNACC 2021-2030), en la medida en que sus previsiones en torno al agua van a reproducirse posteriormente en diversos instrumentos normativos y no normativos, el texto de partida debe ser la *Ley 7/2021, de 20 de mayo, de cambio climático y transición energética* (LCCTE). Esta Ley incorpora dentro de su Título V ("Medidas de adaptación a los efectos del cambio climático") una referencia expresa y particular al recurso (art. 19), caracterizada por señalar desde la propia rúbrica del precepto la responsabilidad que corresponde a la planificación hidrológica en la lucha contra este fenómeno. De acuerdo con el mismo, los planes hidrológicos deberán considerarlo obligatoriamente en su contenido, de conformidad con sus indicaciones.

La interpelación a esta planificación específica no supone una novedad en cuanto tal, pues la vinculación entre instrumentos planificatorios y cambio climático ya estaba prevista en diversas normas hídricas, en coherencia con su papel central en la administración y gestión del agua en España, donde son elementos imprescindibles para conseguir los objetivos impuestos por el marco normativo y las políticas hídricas comunitarias [9]. Obviamente, esa

---

[9] La DMA, como norma de referencia a nivel comunitario, no se refiere expresamente a los efectos del cambio climático. Ni siquiera alude específicamente a este fenómeno. Eso no significa que no sea tenido en

vinculación no adoptaba el mismo enfoque ni planteaba los mismos requerimientos que ahora señala la Ley climática, pero sí era tenida en cuenta. De forma expresa, el *Real Decreto 907/2007, de 6 de julio, por el que se aprueba el Reglamento de la Planificación Hidrológica (RPH)* exige desde su aprobación que los planes hidrológicos evalúen el posible efecto del cambio climático sobre los recursos hídricos naturales de la demarcación y estimen los que corresponderían en cada escenario propuesto por el Ministerio competente según los balances realizados entre los previsiblemente disponibles y las demandas predecibles para los diferentes usos, en los horizontes temporales establecidos (arts. 11.4 y 21.4) [10]. Desde una perspectiva esencialmente técnica, la *Orden ARM/2656/2008, de 10 de septiembre, por la que se aprueba la instrucción de planificación hidrológica (IPH),* vuelve a insistir en la necesidad de dicha evaluación, en este caso para elaborar el inventario de recursos hídricos naturales de la cuenca —remitiendo la estimación de recursos a modelos de simulación hidrológica, aunque también predetermina porcentajes de disminución de la aportación natural en defecto de los anteriores—, para establecer el régimen de caudales ecológicos y el impacto sobre los ecosistemas acuáticos, así como

---

cuenta dentro del marco que instaura, pues desde el primer artículo, que identifica su objeto, tiene cabida. De hecho, prevenir todo deterioro adicional y proteger y mejorar el estado de los ecosistemas acuáticos y de los terrestres y humedales dependientes, promover un uso sostenible del agua basado en la protección a largo plazo de los recursos hídricos disponibles, o contribuir a paliar los efectos de inundaciones y sequías se han descrito en numerosas ocasiones como acciones necesarias para luchar contra dichos efectos. También lo ha entendido así el Parlamento Europeo, que en su *Resolución de 17 de diciembre de 2020 (2020/2613(RSP)),* alude a la flexibilidad de la norma para reforzar su aplicación en función de nuevos retos que no menciona, entre los que refiere particularmente el cambio climático.

10 La reforma de este reglamento que llevó a cabo el Real Decreto 1159/2021, de 28 de diciembre, precisamente para adaptarlo a las previsiones de la LCC, ha intensificado la consideración del cambio climático en la planificación hidrológica, como habrá ocasión de comprobar a lo largo de este trabajo.

para realizar los balances hídricos y analizar y definir el programa de medidas. Sorprende, sin embargo, que una referencia explícita al fenómeno solo recientemente se ha incorporado a la norma cabecera del sistema (*Real Decreto Legislativo 1/2001, de 20 de julio, por el que se aprueba el Texto Refundido de la Ley de Aguas, TRLA*). Y lo hace más todavía que esa mención no tenga lugar propio dentro de los preceptos referidos a la planificación hidrológica, cuando lo consecuente sería, visto el fundamental papel otorgado a los planes en la gestión hídrica española, que fuese esta norma la que orientase su cometido en este aspecto, en coordinación con una legislación climática que, esta sí, requiere directamente su intervención [11].

---

[11] El Real Decreto-ley 8/2023, de 27 de diciembre ha introducido en el apartado 4 del art. 60 TRLA una mención específica a la variable climática como criterio de preferencia en caso de incompatibilidad de usos dentro de cada clase, con el fin de alcanzar los objetivos de la planificación hidrológica, que a su vez habrá tenido en cuenta los efectos del cambio climático sobre el recurso. En estos casos, los usos que permitan alcanzar en mayor medida dichos objetivos "*y los objetivos de la planificación en materia de transición energética y cambio climático*" se priorizarán frente al resto, junto con los que satisfagan de mejor manera el interés general, se consideren de utilidad pública o interés social, e introduzcan mejoras técnicas que redunden en un menor consumo de agua o en el mantenimiento o mejora del estado de las masas de agua. Estos criterios, como regla general, no son excluyentes entre sí, por lo que no están inicialmente sujetos a indicaciones o reglas de prioridad. Resulta difícil pensar que un uso que permita alcanzar en mayor medida los objetivos de la planificación hidrológica, de transición energética y cambio climático no sea a la vez un uso que satisfaga el interés general o tenga reconocida utilidad pública o interés social. Pero llegado el caso, costaría entender que la sostenibilidad fuese sobrepasada por otro tipo de consideraciones. Sirven de soporte a esta afirmación previsiones como las contenidas en el art. 10 de las disposiciones normativas del plan hidrológico de la parte española de la demarcación hidrográfica del Cantábrico Oriental, en el art. 11 de las correspondientes a la demarcación del Cantábrico oriental, en el art. 9 de las del Plan de la demarcación del Ebro, o en el art. 11 de las correspondientes a la demarcación del Guadiana. En todas ellas se apela a la misma, directa-

En cualquier caso, lo cierto es que la vinculación de estos instrumentos con el cambio climático es cuestión evidente en el plano jurídico. Cosa distinta es que lo que allí aparece claro haya tenido un trasunto práctico tal que permita afirmar que el cambio climático y sus efectos se han integrado *efectivamente* en los sucesivos planes hidrológicos españoles adaptados a la DMA.

2. *Los planes hidrológicos de primer y segundo ciclo no incorporaron realmente el cambio climático dentro de sus previsiones. El ejemplo de la demarcación del Ebro*

Los planes hidrológicos de primer y segundo ciclo —(2009-2015), (2015-2021)— siguieron formalmente la línea marcada por las previsiones normativas que acaban de indicarse y, como regla general, incorporaron a sus contenidos numerosas referencias al cambio climático y sus efectos sobre el agua. Expuesto de modo muy sucinto, y tomando como ejemplo los planes de la demarcación del Ebro, cabe comprobar que el plan 2009-2015 identificó aquel fenómeno como uno de los temas importantes para la gestión hídrica en ese ámbito, con la consecuente necesidad de plantear alternativas de actuación. Para la descripción de dicha demarcación se recurrió a diversos estudios estimatorios que apuntaban de forma clara hacia una disminución de aportaciones a causa del mismo, paralela a un aumento de demandas (apdo. II.4.6 de la Memoria). Se verificaron también deterioros en masas de agua superficial y subterránea por introducción de sustancias contaminantes e incremento de su concentración a consecuencia de la reducción de volúmenes hídricos, lo que subrayaba el descenso de la oferta. Y todo esto debía confrontarse con el régimen de caudales ecológicos y con el resto de requerimientos dirigidos a proteger el medio ambiente y alcanzar un buen estado del agua en el marco de aplicación de la DMA. En este contexto, resulta-

mente o con menciones semejantes a la protección y conservación del recurso y su entorno o a un menor impacto ambiental.

ba preciso incluir medidas de adaptación en el correspondiente programa (apdo. XI.4). Y así, dentro de las cuatro grandes áreas en torno a las que este se articuló (objetivos medioambientales, satisfacción de demandas, episodios extremos, gestión y gobernanza), gran cantidad de actuaciones fueron calificadas como medidas que tenían como corolario contribuir a la lucha contra los efectos del cambio climático en el agua, aun sin ser su primer objetivo: planes de modernización de regadíos, fomento de la silvicultura, construcción de múltiples infraestructuras, impulso al saneamiento de aguas residuales, etc. El programa también recogía un conjunto específico de acciones directamente identificadas como "medidas en el ámbito de la lucha contra el cambio climático dentro de la cuenca del Ebro", en las que coexistían desde la ejecución de obras de regulación, la limitación de extracciones en masas de agua subterránea, la modernización de regadíos o el chequeo de eficiencia en la gestión del agua en riego, usos industriales y energéticos hasta el desarrollo del Plan Integral de Protección del Delta del Ebro, entre muchas otras.

El plan hidrológico 2015-2021 replica en esencia el mismo patrón, no solo en lo que hace al esquema y puntos donde se refiere el cambio climático sino en sus propios contenidos, claramente continuistas con los anteriores, cuando no idénticos [12]. No hay

---

12 Este patrón continuista ha sido una constante en la planificación hidrológica española y, en particular, en la correspondiente a la demarcación del Ebro. Así lo reconoce GARCÍA VERA, M.A. (2023), pp. 138-139, cuando, en relación con el entonces proyecto de plan de tercer ciclo, afirma su condición de última manifestación de una larga tradición normativa que se inició con el plan del 1998 y se ha mantenido, como textos evolucionados y actualizados hasta la actualidad. Esto tiene su sentido en la medida en que la planificación hidrológica refleja las características específicas de la gestión del agua en cada demarcación, con sus problemas y circunstancias particulares, pero también —y aquí está la contrapartida— con sus inercias y costumbres. Algo que, como luego se dirá, tendrá que cambiar inevitablemente en el próximo ciclo de planificación, si se quieren respetar las intimaciones de la LCC e instrumentos derivados.

que olvidar que las fechas de aprobación de ambos ciclos planificatorios fueron muy próximas a causa del retraso con que España aprobó sus primeros planes adaptados a la DMA [13]. El breve lapso transcurrido hacía difíciles variaciones en los escenarios, elementos y estudios tenidos en consideración en los primeros, lo que, según declara el propio planificador, exime de la obligación de realizar un nuevo análisis de adecuación del programa de medidas al cambio climático respecto a las previstas en el plan 2009-2015 (Memoria PHE, p. 194) [14].

Pese a que estas escuetas referencias solo dan una idea excesivamente genérica de cómo se consideró el cambio climático en los dos primeros ciclos de planificación posteriores a la DMA, sí resultan suficientes para identificar el sentido de dicha consideración. En ambos casos la satisfacción de las demandas, principalmente las provenientes del sector agrario, ocupó posición central dentro de los planes, que se apoyaron para ello en la captación de nuevos caudales que incrementasen la oferta —con respaldo en la infraestructura hidráulica—, en la búsqueda de mayor eficiencia en los aprovechamientos mediante ambiciosos programas de modernización de regadíos y en el establecimiento de algunas (eventuales) limitaciones de usos, sobre todo en referencia a masas subterráneas. Y todo ello en base a

---

13 El plan hidrológico de primer ciclo de la demarcación del Ebro se aprobó mediante Real Decreto 129/2014, de 28 de febrero. Por Real Decreto 1/2016, de 8 de enero se aprobó su revisión, iniciándose el segundo ciclo de planificación adaptada a la DMA. De conformidad con la norma comunitaria, los primeros planes (y los del resto de demarcaciones) deberían haber visto la luz en 2009, y no a lo largo de 2014 como finalmente sucedió. Esto acarreó la imposición de una sanción por incumplimiento a nuestro país por parte del TJUE (Sentencia 2 de octubre de 2012).

14 Un análisis de la planificación hidrológica de segundo ciclo donde, entre muchas otras cuestiones, se destaca la inmediatez con el primero y sus consecuencias, en la obra dirigida por EMBID, A. (2015). Con especial conexión con lo afirmado *supra*, vid. los trabajos de OMEDAS, M. y TORRALBA, I.

las estimaciones cuantitativas de disminución de la aportación natural conforme a los porcentajes generales de referencia señalados en la IPH. Es decir, calculadas aplicando a las series históricas de aportaciones un coeficiente de reducción único, que tampoco tuvo en cuenta la variabilidad espacial dentro de una misma demarcación. Podría argumentarse en defensa de este *modus operandi* que no era posible ir mucho más allá si se considera la extensión del mandato impuesto por el ordenamiento hídrico, mucho más exiguo que el que hoy expresa la LCCTE, y focalizado en la valoración oferta/demanda, que es lo que en realidad supone la evaluación del "posible efecto del cambio climático sobre los recursos hídricos naturales de la demarcación" y la consecuente estimación de los disponibles en base a datos y estudios que, también hay que tenerlo en cuenta, no alcanzaban —sobre todo en el primer caso— el nivel de profundidad de los actuales. Pero a ello podría replicarse que se trataba de planes "adaptados a la DMA" que, si bien no incluye ninguna mención al cambio climático, acoge en sus mandatos la consideración ineludible del fenómeno y la introducción de la sostenibilidad ambiental junto con los criterios económicos y sociales en el uso del agua [15]. Sea cual sea la razón, lo cierto es que el sentido fue el indicado. Hay que señalar igualmente que no todas las medidas previstas se materializaron —muchas obras hidráulicas

---

15 SALINAS ALCEGA, S. (2016), pp. 180-181, recuerda cómo la Comisión Europea entendió que los planes hidrológicos de primer ciclo habían incluido el cambio climático *de una manera amplia*, pero recordaba la necesidad de avanzar en este aspecto para que los posteriores ciclos planificatorios integrasen *plenamente* este fenómeno en la gestión del agua, demostrando *claramente* cómo las proyecciones sobre cambio climático han informando la evaluación de presiones e impactos conforme a la DMA, cómo los programas de monitoring se alinean *para detectar los impactos del cambio climático* y cómo la elección de medidas es *tan sólida como sea posible* para las condiciones climáticas proyectadas en el futuro. El informe de la Comisión correspondiente a los planes de segundo ciclo insiste en las mismas consideraciones.

nunca fueron ejecutadas—, y que algunas de las desarrolladas con la intención de reducir el consumo de agua —caso paradigmático de la modernización de regadíos— tuvieron como efecto justamente el contrario: propiciar un aumento del mismo por la falta de revisión de las concesiones afectadas y el incremento de la producción, realizándose dobles ciclos de cultivo o labores agrarias más intensivas.

Existe otro aspecto que abunda en la idea de que el cambio climático, como tal, no se integró realmente en la planificación hidrológica de primer y segundo ciclo y que sus efectos no se consideraron de forma objetiva dentro de la gestión del agua que señalan. Y es el hecho comprobable de que estos planes, aun adaptados a la DMA, no van a diferir demasiado, *por este aspecto y en este aspecto* —sí en otras cuestiones—, de los que en puridad fueron la primera manifestación de la técnica en España: los que aprobó el Real Decreto 1664/1998, de 24 de julio. Aunque estos últimos se insertan en otro momento temporal, en un marco jurídico distinto y, sobre todo, estaban sujetos a unas exigencias ambientales en torno al agua mucho menores que las que impondría dos años después la DMA, su objetivo final coincide en buena medida con aquellos adaptados que, en teoría, debían incorporar decisiones de gestión hídrica inducidas por el cambio climático. Todos persiguen satisfacer la demanda de agua con apoyo preferente en la utilización de infraestructuras adecuadas para la captación, regulación, transporte y distribución de agua, y alcanzar una calidad del recurso adecuada y ajustada a la normativa, lo que incrementa *per se* la oferta.

Resulta evidente que la perspectiva de los planes de 1998 era la propia de un país con irregularidad hídrica y problemas de escasez estructurales, preocupado por atender las demandas existentes. En eso se ha basado la política hídrica española desde que existe como tal. Pero lejos de quedarse ahí, estos instrumentos también asumieron sin reparos el soporte jurídico que les confería un ordenamiento hídrico (la Ley de Aguas de 1985 y sus reglamentos de desarrollo, entonces el RDPH y el RAPA) que no era ajeno a la protección de la calidad del recurso y, en sentido más amplio, a las preocupaciones ambientales [16]. Pese a que en ese momento no se hablaba de cambio climático, sí se tenían muy presentes cuestiones que hoy se califican como efectos de este fenómeno —disminución de aportaciones, eventos extremos— y que, junto con prácticas aún comunes en la actualidad —sobreexplotación de aguas subterráneas, deterioro del estado cualitativo de las masas, todo ello con incidencia sobre la disponibilidad—, determinaban la necesidad de avanzar soluciones para ello. Centrados de nuevo en el plan de la demarcación del Ebro, era posible encontrar en él actuaciones semejantes a las que los planes posteriores han ligado directamente a la lucha contra el cambio climático [17], lo que permite volver a afirmar de nuevo lo ya dicho: los planes de primer y segundo ciclo ajustados a la DMA incorporaron como medidas de adaptación al cambio climático decisiones y actuaciones comunes en la gestión hídrica de nuestro país, llevando a concluir que la integración del fenómeno en los instrumentos de planificación consistió más en una proclamación formal que en una decisión técnica, producto de una evaluación de sus efectos sobre el agua en el verdadero sentido —y con las verdaderas dificultades y el verdadero coste— del término.

---

16 Como enseguida se destacó, la calidad del agua y la protección del medio ambiente hídrico se situaron en la "moderna" —por contraposición con la precedente, de 1879— Ley de Aguas de 1985 como uno de sus pilares fundamentales. Las referencias a la misma trufaron todo su articulado, también en lo referente a la planificación hidrológica. El art. 38 ya incluía dentro de los objetivos de la misma la protección de la calidad del agua y la racionalización de sus usos en armonía con el medio ambiente y los demás recursos naturales, junto a la mejor satisfacción de las demandas y la economización de su empleo. Sobre esta cuestión, vid. EMBID IRUJO, A. (1994), y las citas doctrinales allí contenidas.

17 Así puede comprobarse en la extensa Orden de 13 de agosto de 1999 por la que se dispone la publicación de las determinaciones de contenido normativo del Plan Hidrológico de la cuenca del Ebro (BOE núm. 222, de 16 de septiembre).

3. La LCCTE intensifica las exigencias de integración mediante una serie de determinaciones estrictas

La LCCTE no se va a conformar con este proceder común, y dentro de la generalidad que caracteriza al citado art. 19 —lo que deja patente la necesidad de desarrollarlo—, es posible constatar unas determinaciones muy claras que indican la obligación de incorporar el cambio climático en la planificación hidrológica de una forma mucho más explícita, profunda y compleja que la realizada hasta la fecha, a fin de adaptar la gestión del agua a los impactos de este fenómeno. Muchos de ellos ya se han manifestado, y en el actual orden de cosas es muy previsible su intensificación. Por eso, no se puede seguir manteniendo una estrategia planificadora y gestora del recurso que priorice (y no armonice con otros factores) la atención a unas demandas que, además, son crecientes. La visión adaptativa tiene que ser mucho más integral. Y esto es lo que plantea la LCCTE.

3.1. La vinculación entre planificación hidrológica y seguridad hídrica

Una de estas determinaciones tiene que ver con la vinculación directa entre seguridad hídrica y planificación hidrológica que establece el precepto en su apartado 1, de tal manera que la primera es un objetivo a conseguir a través de la segunda (y de la gestión hidrológica que se realice en coherencia con la misma), a efectos de su adaptación al cambio climático. Seguridad hídrica, además, expresada en un sentido amplio —para las personas, la protección de la biodiversidad y las actividades socioeconómicas— que es consecuente con la sostenibilidad transversal señalada por el Pacto Verde, y que deberá alcanzarse de acuerdo con la jerarquía de usos indicada en el propio plan, reduciendo la exposición y vulnerabilidad al cambio climático de las masas de agua e incrementando su resiliencia. Esta última referencia a la resiliencia conecta con las citadas integralidad y complejidad que exige una adaptación real al cambio climático, pues no solo se trata de resistir o aclimatarse a las consecuencias del fenómeno sobre el agua, sino de preparar a este recurso para futuros desafíos y para que pueda recuperar sus condiciones previas [18], robusteciendo los sistemas hídricos.

Son varios los trabajos que han estudiado el concepto de seguridad hídrica incorporado al ordenamiento español por la Ley que nos ocupa y sus implicaciones jurídicas, y no se trata de reiterar lo que pusieron de manifiesto [19]. Sí procede, sin embargo, recordar algunas de las cuestiones que allí destacadas, en la medida en que resultan relevantes para el objeto de este estudio.

Es el caso de su extensión conceptual y de la necesidad de identificar los distintos elementos que la componen, pues si la planificación hidrológica ha de dirigirse a conseguir la seguridad hídrica, sus determinaciones tendrán que atender a todos ellos. La propia LCCTE es consciente de esto y, como acaba de decirse, especifica que la integración de dicha seguridad dentro de los planes deberá tener en cuenta las personas, la protección de la biodiversidad y las actividades socioeconómicas. De este modo clarifica que se trata de una figura que trasciende los tradicionales

---

18 Vid. MELLADO RUIZ, L. (2023), p. 90. Las limitaciones espaciales y materiales de este trabajo impiden detenerse en ello, pero es interesante percibir el modo en que la resiliencia, pese a las dudas que plantea como noción jurídica, va tomando carta de naturaleza como principio vinculado al cambio climático, como una de las finalidades de las medidas de adaptación al mismo. Sobre lo que implica, vid. el interesante primer trabajo de FORTES MARTÍN, A. (2019). Una síntesis clarificadora en ALENZA GARCÍA, J.F. (2022), pp. 105 a 108.

19 Es destacable el realizado por EMBID IRUJO, A. (2022), *in totum*, al tratarse del primer trabajo jurídico específico publicado en España sobre el concepto, aportando análisis valiosos, fertilidad de ideas y referencias doctrinales comparadas muy interesantes. La monografía colectiva dirigida por el mismo autor *Seguridad hídrica y cambio climático* (2023), antecitada, también es recomendable, pues contiene trabajos de distintos autores que aportan perspectivas sectoriales sobre el concepto, conectándolo con diversos aspectos sobre los que opera (estado cualitativo de las masas de agua, regadío, regulación eléctrica, etc.).

aspectos cuantitativos y cualitativos enumerados como objetivos planificatorios en el art. 40 TRLA —con los que no debe establecerse una simple operación de equivalencia— y que los elementos que la componen, todos ellos, habrán de considerarse a la hora de adoptar las decisiones que correspondan en ejercicio de la técnica. Como apuntó A. EMBID IRUJO [20], la mención a la seguridad hídrica que lleva a cabo el art. 19.1 LCCTE complementa los objetivos señalados en la legislación hídrica [21], y la referencia a la protección de la biodiversidad, en particular, aporta un componente adicional que no se desprende de las alusiones al buen estado y a la adecuada protección del dominio público hidráulico y de las aguas mencionadas en aquel art. 40. Así pues, las exigencias impuestas a los planes hidrológicos a la hora de integrar el cambio climático se incrementan con esta mención, y sin perjuicio de que deban seguir persiguiendo el buen estado y la protección hídrica, además de "la satisfacción de las demandas de agua y el equilibrio y armonización del desarrollo regional y sectorial, incrementando las disponibilidades del recurso, protegiendo su calidad, economizando su empleo y racionalizando sus usos en armonía con el medio ambiente y los demás recursos naturales", que también exige el precepto de la Ley de Aguas, habrán de incluir asimismo todas "aquellas actuaciones cuya finalidad expresa consista en mejorar la seguridad hídrica mediante la reducción de la exposición y la vulnerabilidad y la mejora de la resiliencia de las masas de agua, dentro de las que se incluyen las medidas basadas en la naturaleza", lo que, de manera explícita, exige el apartado 4.f del art. 19 LCCTE.

---

20 *Ibidem*, pp. 56-57.

21 De hecho, el Real Decreto 1159/2021, de 28 de diciembre incorporó un nuevo apartado 4 al art. 1 RPH en el que, explícitamente, añade la seguridad hídrica como objetivo de la planificación hidrológica. Sorprende, sin embargo, que las varias modificaciones del texto legal llevadas a cabo tras la aprobación de la LCCTE no hayan considerado oportuno incluir el mandato derivado de su art. 19.1 dentro de los objetivos planificadores que enumera el art. 40 TRLA.

La mayor complejidad de la planificación hidrológica en función de esta vinculación necesaria con la seguridad hídrica a efectos de la adaptación al cambio climático queda, por tanto, fuera de toda duda. Y no solo desde la perspectiva numérica que conlleva incrementar los factores a considerar sino, más importante, desde el prisma de la obligada articulación entre todos ellos, que impondrá ajustes inevitables dentro de la misma. La seguridad hídrica a la que la LCCTE alude como término general no puede ser una noción vacía, sino que ha de comprender un conjunto de elementos lógicos de acuerdo con la garantía que anuncia su propia denominación, y que no siempre van a resultar fáciles de armonizar: componentes ambientales dirigidos a la preservación y mejora del medio hídrico y sus ecosistemas, factores cuantitativos que velen por la disponibilidad del recurso y la satisfacción de las necesidades de agua, elementos que salvaguarden las actividades socioeconómicas de base hídrica, medidas de protección frente a los riesgos del agua, etc. [22]

Si como debe, la planificación hidrológica quiere atender realmente el mandato legal de alcanzar la seguridad hídrica y adaptarse al cambio climático, tendrá que ser capaz de adoptar decisiones sobre la gestión del agua que cohonesten su disponibilidad, la satisfacción de las demandas y la salvaguarda de la actividad socioeconómica con la protección del recurso, los ecosistemas, la biodiversidad, las personas y el fomento del desarrollo sostenible. Y eso, para empezar, pasa por dejar de incorporar al contenido de los planes, ciclo tras ciclo, por "arrastre", las mismas previsiones sobre ejecución de obras de regulación, incremento de zonas regables, regularización de regadíos consolidados, modernización de regadíos sin posterior revisión concesional y decenas de me-

---

[22] *In extenso, ibídem*, pp. 36-45. Incide este autor en la importancia que presentan para la seguridad jurídica los aspectos institucionales, compuestos por la regulación normativa, la gestión del agua por cuencas y la estructura organizativa adaptada a la misma, que en España están suficientemente garantizados, pese a algunas disfunciones operativas.

didas semejantes que son poco realistas [23] y difícilmente compatibles con lo que significa el nuevo mandato. Y esto, por mucho que se contengan en instrumentos que insisten a lo largo de sus páginas en la constante consideración del cambio climático.

La falta de una definición precisa del concepto de seguridad hídrica en nuestro ordenamiento tiene como derivada inevitable que cada sector lo interprete desde su propia óptica, de manera que las actividades productivas entenderán que la seguridad hídrica implica que sus demandas estén garantizadas en todo momento, mientras que los intereses ambientales la identificarán con la priorización de la protección del medio hídrico y las restricciones de usos que ello requiera, y los sectores vulnerables a los riesgos hídricos se considerarán legitimados por esa seguridad para exigir la realización prioritaria de actuaciones que consideren precisas para evitarlos, sean del signo que sean. Y en el mismo sentido, el resto de perspectivas. De ahí el valor de los esfuerzos que se hacen para identificar su contenido, que es indeterminado en cuanto no se detalla en el precepto legal, pero que se acompaña de un conjunto de formulaciones funcionales lo suficientemente definidas como para deducir qué acoge y qué no y cuál ha de ser su sentido [24].

---

23 La importancia del realismo en toda planificación relacionada con el agua, y en la hidrológica en particular, así como la desatención a los objetivos que le asigna el ordenamiento que implica esa práctica de "arrastre" fue puesta de manifiesto en mi trabajo (2020.b).

24 Mínimamente expresivo de que este sentido se deduce, al menos en parte, de dichas formulaciones es el nuevo tenor del art. 81 RPH que, al establecer la estructura formal de los planes hidrológicos de cuenca y referirse a la Memoria, señala como uno de los capítulos orientativos el rubricado "Caudales ecológicos, prioridades de uso y asignación de recursos: *seguridad hídrica*" (la cursiva es propia). En la redacción anterior, estos elementos se presentaban separadamente, como capítulos independientes dentro de la Memoria (prioridad y compatibilidad de usos por un lado, regímenes de caudales ecológicos por otro). Ahora se conjugan precisamente en virtud de la seguridad hídrica, poniendo de manifiesto que, aún dejando muchas cuestiones al margen, el

En este contexto, la planificación hidrológica tiene que ser capaz de componer un sistema de gestión del agua que armonice las distintas ópticas y les ofrezca una satisfacción razonable pero, a la vez, reduzca la exposición y vulnerabilidad al cambio climático e incremente la resiliencia de las masas de agua. Solo así podrá conseguir la amplia seguridad hídrica que se le señala como nuevo objetivo. El reto es de altura, y desde luego, tendrá que tener presente cuestiones tan dispares pero tan llamadas a integrarse como la reducción de la oferta hídrica y el ajuste de demandas, la eficiencia en el uso del recurso y la producción de caudales no convencionales con la mayor optimización energética a costes asequibles, la protección de las masas de agua y sus ecosistemas relacionados o el mantenimiento de las infraestructuras necesarias (y la retirada de las que no lo sean). La respuesta a este reto ya se debería haber empezado a confeccionar para que el objetivo de seguridad hídrica, esencial para la adaptación de la gestión del agua al cambio climático, se integre en los planes hidrológicos lo más pronto posible. Que en todo caso, no será antes de la aprobación del próximo ciclo —el cuarto— de planificación hidrológica [25].

3.2. La adecuación de la planificación hidrológica a las directrices y medidas establecidas en un instrumento programático: las Orientaciones Estratégicas sobre Agua y Cambio Climático.

Otra determinación que se desprende del art. 19 LCCTE, en este caso de su apartado 2, es la que exige adecuar la planificación hidrológica y la gestión del agua "a las directrices y medidas que

---

reglamentador entiende que esta seguridad no podrá existir sin que la planificación armonice los distintos elementos, y a la vez establezca prioridades de uso y garantice la reserva de agua para los ecosistemas (caudales ecológicos), que implican *per se* restricciones a los sistemas de explotación en atención a los aspectos ambientales.

25 Así lo advirtió EMBID IRUJO, A. (2022), op. cit., pp. 58-61. Posteriormente se hará referencia a esta cuestión.

se desarrollen en la Estrategia del Agua para la Transición Ecológica", a aprobar por el Consejo de Ministros en el plazo de un año desde la entrada en vigor de la Ley (22 de mayo de 2021). Con un leve retraso, y bajo el nombre de *"Orientaciones Estratégicas sobre Agua y Cambio Climático" (OEACC)*, fueron acordadas el día 19 de julio de 2022. Como reconoce el propio precepto, se trata de un instrumento programático que resulta de aplicación general, sin perjuicio de las competencias que correspondan a las Comunidades Autónomas [26].

A través de las directrices y medidas que las integran, las OEACC persiguen trazar una línea común que permita adaptar el

---

26 Con brevedad, hay que resaltar dos cuestiones puestas de manifiesto por la doctrina. Por un lado, la naturaleza estrictamente programática de las OEACC, que ha suscitado dudas sobre la corrección jurídica de exigir a unas normas reglamentarias (los planes hidrológicos) que se supediten a las determinaciones de un instrumento que carece de esa condición (MOLINA GIMÉNEZ, A., 2022, p. 31). En todo caso, como correctamente ha afirmado MELLADO RUIZ, L. (2023), pp. 91-92, la falta de cualquier previsión legal sancionadora en caso de incumplimiento parece rebajar el rigor de este mandato, al carecer de una garantía jurídica para su cumplimiento. Ya antes había destacado este hecho y las amplias remisiones de la LCCTE a todo tipo de instrumentos para concretar sus contenidos, EMBID IRUJO, A. (2021), pp. 3-6.
Por otro, la mención a las competencias autonómicas, que no podía faltar dadas las atribuciones en la materia de las Comunidades Autónomas, y que les habilitan para adoptar en sus propios ámbitos medidas de adaptación climática específicas (ROSA MORENO, J., 2021, p. 115). Sin embargo, como advirtió LÓPEZ RAMÓN, F. (2021), p. 13, esta mención parece ser más bien una fórmula ritual, al no quedar ningún tipo de constancia legal (ni de otro tipo) del modo en que dichas Comunidades han intervenido en la configuración de estas OEACC, de si pueden desarrollar sus propias estrategias o, más aún, de si los planes hidrológicos de cuenca intracomunitarios también deben acomodarse a las directrices de la misma; duda expresada de forma explícita por EMBID IRUJO, A. (2022), p. 59, nota a pie 110. Tampoco se aclara su compatibilidad con la dimensión participativa de la planificación hidrológica, lo que de nuevo suscita dudas a MOLINA GIMÉNEZ, A. (2022), pp. 31-32.

sistema de gestión del agua a los impactos del cambio climático e incrementar su resiliencia, configurando dicha adaptación como eje vertebrador de la transición del sector hídrico. Para ello proceden a dos tareas. Por un lado, identifican los retos de aquella gestión en relación con ese fenómeno. Por otro, definen líneas de acción para superarlos a través de un conjunto de herramientas de planificación y gestión, entre las que ocupan lugar destacado los planes hidrológicos.

Los mencionados retos parten de una premisa clara, que lógicamente conecta con la visión amplia de la adaptación hídrica al cambio climático asumida en la LCCTE: en este país existe un equilibrio muy frágil entre los recursos disponibles y las demandas derivado de su régimen climático y geográfico, que se ha visto agravado por aquel fenómeno. Además, las alteraciones hidromorfológicas de los ríos por distintos tipos de barreras, muchas en desuso, han producido una importante pérdida de biodiversidad y de servicios ecosistémicos, siendo este un aspecto prioritario para el Pacto Verde Europeo, que a través de la Estrategia de Biodiversidad 2030 plantea como meta restablecer 25.000 kms de ríos de flujo libre a lo largo del territorio comunitario. Así se entiende mejor la significación de referencias como la del apartado 4.f del art. 19 LCCTE, antes citado, en el que se recalca la importancia de las actuaciones basadas en la naturaleza para alcanzar la seguridad hídrica, en la medida en que tienden a devolver a las aguas su espacio natural.

En paralelo a lo descrito, en España se producen los índices de explotación hídrica más altos de Europa [27], frente a los que la amplia dotación de infraestructuras ya existentes deja escasa utilidad marginal a nuevas obras de captación de recursos adicionales que puedan incorporarse a los sistemas. Por si fuera poco, la contaminación de las aguas superficiales sigue siendo un problema, y sin negar los grandes avances producidos en materia de saneamiento y depuración, lo cierto es que aún existen aglome-

---

27 ALBIAC MURILLO, J. et alt. (2023).

raciones urbanas que no cumplen las condiciones exigidas por la Directiva 91/271 [28]. En lo que respecta a las aguas subterráneas, están sobreexplotadas en un alto porcentaje, a lo que se suma la degradación causada por la contaminación difusa que deriva de las actividades agrarias.

En esta tesitura, la estrategia de adaptación no puede persistir en parámetros orientados a satisfacer demandas crecientes, sino que debe optar por actuaciones que redunden, y no solo nominalmente, en una utilización más eficiente del agua, en el uso de recursos no convencionales y en la recuperación ambiental de las masas y su biodiversidad. Por ello, las OEACC establecen catorce líneas de acción dirigidas a responder a esos retos, que habrán de implementarse de forma articulada para alcanzar el fin último planteado por la LCCTE: recuperar, restaurar y proteger las masas de agua, incrementando la seguridad hídrica en toda su extensión

---

28 Norma, por cierto, cuya revisión ha aprobado recientemente el Consejo de la Unión Europea en su sesión de 5 de noviembre de 2024, si bien aún se encuentra pendiente de publicación en el DOUE. Si se confirma su tenor final en el sentido avanzado en las sucesivas propuestas, la norma modificada establece importantes desafíos para todos los Estados miembros. Esquemáticamente, se plantean nuevas obligaciones para la recogida y tratamiento de aguas residuales, que se extienden a todas las aglomeraciones urbanas de más de 1.000 habitantes equivalentes. También se amplían los estándares de tratamiento para abordar nutrientes y microcontaminantes que actualmente no se consideran, trasladando sobre los productores de fármacos y cosméticos la financiación de una parte significativa de la depuración mediante la aplicación del principio de responsabilidad ampliada del productor. Igualmente se armonizan los umbrales y plazos para los tratamientos terciario y cuaternario, cuya aplicación tendrá que garantizarse para 2039 y 2045, respectivamente, en grandes EDAR (mayores de 150.000 habitantes equivalentes). Y se imponen medidas para reducir el consumo energético de las EDAR y sus emisiones de gases de efecto invernadero, buscando su neutralidad climática para el año 2045. Desde la perspectiva del análisis jurídico, puede obtenerse una panorámica completa sobre los desafíos que debe enfrentar el saneamiento de agua, a algunos de los cuáles pretende dar respuesta esta modificación, en la obra dirigida por SETUÁIN MENDÍA, B. (2020.b), *in totum*.

y mejorando la resiliencia [29]. Una de estas líneas es, precisamente, impulsar la planificación hidrológica en un marco de adaptación al cambio climático.

Al servicio de estas líneas se sitúa un conjunto de instrumentos que posibilitarán las acciones y medidas de la gestión del agua en relación con el cambio climático, los riesgos, la seguridad y la resiliencia.

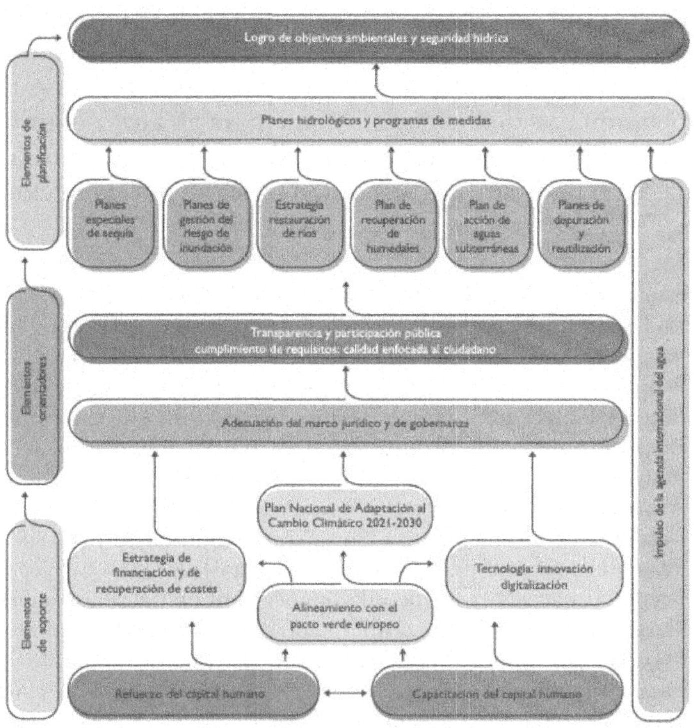

Fuente: OEACC, p. 31.

---

[29] Vid. pp. 59 a 66 OEACC.

Como se puede ver, los planes hidrológicos ocupan entre ellos un lugar preferente, y sus contenidos habrán de considerar el impacto del cambio climático en la demarcación, indicar el sentido de la adaptación de la gestión del agua al mismo de acuerdo con las directrices y objetivos de las OEACC y como consecuencia de los estudios específicos realizados para ese ámbito concreto, y reflejar las determinaciones adoptadas al efecto. En particular, los programas de medidas que se incorporen al plan tendrán que señalar las actuaciones concretas de adaptación que allí van a llevarse a cabo.

Los planes hidrológicos no van a ser los únicos instrumentos para llevar a cabo la estrategia de adaptación del agua al cambio climático, aunque sean los que interesan en el marco de este trabajo. Sin detenernos en ellas, conviene no olvidar otras herramientas igualmente llamadas a intervenir. Y así, en el plano no normativo, diversos planes y documentos estratégicos vinculados a los anteriores —complementarios en muchos casos— también deben jugar este papel, en coherencia con los anteriores. Destacan los Planes Especiales de Sequía (PES) y los Planes de Gestión de Riesgos de Inundación (PGRI), que deben elaborarse coordinadamente con los anteriores (art. 2.2 RPH) que, a su vez, tendrán en cuenta sus contenidos y reflejarán un resumen de los mismos (art. 62 RPH). La importante función de estos Planes dentro de la estrategia adaptativa al cambio climático no resulta una sorpresa, pues su propia existencia se explica desde aquel fenómeno, como pone en evidencia su normativa reguladora [30] y, en el caso de los

[30] Arts. 6 y 21 del Real Decreto 903/2010, de 9 de julio, de evaluación y gestión de riesgos de inundación; nuevo art. 66 bis RPH, incorporado por Real Decreto 1159/2021, de 28 de diciembre. Ambos planes pretenden ofrecer respuestas a dos de los riesgos más significativos del cambio climático, en situaciones particulares. Esta advertencia es importante, porque tanto los PGRI como los PES no están diseñados para responder a situaciones ordinarias que plantea la gestión del agua. En el caso de los segundos, lo advierten las propias OEACC: "... no tratan el problema de la escasez estructural, asociada a problemas permanen-

segundos, específicamente el apartado 5 del art. 19 LCC [31]. En el plano normativo, es especialmente precisa la adecuación del marco jurídico hídrico como elemento ordenador de toda la estrategia de adaptación al cambio climático. En particular el TRLA, que debería acoger tanto los nuevos mandatos derivados de la LCCTE como las reformas necesarias para avanzar en una gestión del agua que incorpore realmente la variable climática y sus efectos [32]. Entre ellas, incorporar la lucha contra el cambio climático a los objetivos de la planificación hidrológica y priorizar esta herramienta fundamental de política hídrica sobre el resto de políticas

---

tes de atención de las demandas y no fruto de una situación temporal originada por la anomalía en las precipitaciones...; no son, en ningún caso, marco para la aprobación de nuevos proyectos de construcción, sino que son planes de gestión de los recursos e infraestructuras ya existentes en situaciones extremas" (p. 78). La gestión ordinaria del agua, al margen de estas situaciones, ha de ser analizada, valorada y resuelta a través de la planificación hidrológica que, en todo caso, ha de considerar en su deber de adaptación al cambio climático los contenidos previstos en los PES y en los PGRI.

31 "En el marco de los Planes de Gestión del Riesgo de Inundación se considerará la necesidad de medidas de control de avenidas mediante actuaciones de corrección hidrológico forestal y prevención de la erosión". Con corrección, MELLADO RUIZ, L. (2023), p. 104 interpreta esta mención como una llamada a abordar la gestión del riesgo de inundación con más ambición y diversidad que la que presentan las soluciones habituales, centradas en el desarrollo de infraestructuras de defensa. Las soluciones basadas en la naturaleza que proclama el precepto, y en las que insisten las OEACC apelando a sinergias entre los planes especiales y la recuperación ambiental del espacio fluvial, son de especial consideración, pues no hay que olvidar que se trata de una prioridad del Pacto Verde Europeo. Esto no siempre es posible, por ejemplo a nivel urbano, donde las masas de agua están muy modificadas. En estos casos, habrá que recurrir a otro tipo de medidas, en coordinación con la planificación urbana.

32 Las OEACC (pp. 88-89) enumeran una serie de aspectos que debieran ser objeto de modificación en el TRLA, todos ellos de calado. Con carácter previo a la aprobación de la LCCTE, EMBID IRUJO, A. (2020.a), ya había advertido de esta circunstancia y ofrecido propuestas al efecto.

sectoriales (agraria, industrial, urbanística, energética, etc.), que habrán de coordinarse con ella coherente y eficazmente, sirviendo a los objetivos y metas de la política y gestión del agua.

3.3. La inclusión en la planificación hidrológica de la evaluación de los riesgos derivados del cambio climático

Los apartados 3 y 4 del art. 19 recogen una tercera y fundamental determinación referida a la consideración del cambio climático en la planificación y gestión del agua: la incorporación extensa y explícita de la perspectiva del riesgo. Dicha incorporación procede desde el momento en que los efectos del fenómeno tienen esa consideración (riesgos) a causa de la incertidumbre que lo rodea y como tales, deben ser identificados, evaluados y abordados por los instrumentos que posibilitan una gestión hídrica adaptada que permita alcanzar la seguridad y la resiliencia perseguidas. Y esto permanentemente, de manera que los sucesivos ciclos de planificación han de ir acomodándose a las faltas de certeza del cambio climático, a la repercusión de sus distintas manifestaciones sobre los recursos hídricos y a los avances de la ciencia y el conocimiento, introduciendo en la gestión del agua el rasgo de variabilidad inherente a la incertidumbre que, en ocasiones, no es fácil de articular con una ordenación jurídica del agua no tan flexible.

De manera más concreta, el apartado 3 formula una primera indicación de los riesgos a considerar dentro de los planes hidrológicos, que no es exhaustiva pero que permite identificar de forma general los más significativos. Conforme al mismo, la planificación (y gestión) hídrica, en coherencia con las demás políticas, habrán de incluir los riesgos asociados al cambio climático considerando: a) los derivados de los impactos previsibles sobre los regímenes de caudales hidrológicos y los recursos disponibles de los acuíferos; b) los derivados de los fenómenos extremos; c) los asociados al incremento de la temperatura del agua y a los requerimientos de agua por parte de las actividades económicas; y

d) los derivados del ascenso del nivel del mar y su impacto sobre masas de agua subterránea, zonas húmedas y sistemas costeros.

Para abordar estos riesgos, así como otros adicionales, el apartado 4 del precepto parte de un mandato común de anticipación de impactos dentro de los planes hidrológicos que puntualiza inmediatamente a través de una serie de reglas imperativas de identificación y evaluación de riesgos singularizados y de acciones y medidas obligatorias para su gestión [33]. Dos de ellas merecen brevísimo comentario. Por un lado, la obligación de disponer de un plan de financiación de las actuaciones previstas; algo que conecta con una de las principales cuestiones en torno a la gestión del agua: el precio del recurso y la necesidad de atender los principios comunitarios "quien contamina, paga" y recuperación

---

[33] Conforme a este precepto, la planificación (y la gestión) hidrológica deberá identificar y analizar el nivel de exposición y la vulnerabilidad de las actividades socioeconómicas y los ecosistemas, con especial consideración de los fenómenos climáticos extremos (probabilidad de que se produzcan, intensidad e impacto previsible), así como desarrollar medidas que la reduzcan (letra a); identificar y gestionar el impacto del cambio climático en los usos del agua —con mención específica a cultivos, necesidades agronómicas de agua del regadío y refrigeración de centrales térmicas y nucleares— (letra b) y, en función de la misma, determinar su adaptación necesaria a los recursos disponibles, manteniendo las condiciones de buen estado de las masas de agua (letra d); considerar los impactos del cambio climático sobre las tipologías de las masas de agua superficial y subterránea y sus condiciones de referencia (letra c), así como los derivados de la retención de sedimentos en los embalses y las soluciones para su movilización, con el doble objetivo de mantener la capacidad de regulación de los propios embalses y de restaurar el transporte de sedimentos a los sistemas costeros para frenar la regresión de las playas y la subsidencia de los deltas (letra g); considerar los principios de las OEACC en la identificación, evaluación y selección de actuaciones planificadoras y gestoras (letra e); incluir actuaciones cuya finalidad expresa sea mejorar la seguridad hídrica (letra f); elaborar el plan de financiación de las actuaciones asegurando la correspondiente a los riesgos del apartado primero (letra h); realizar el seguimiento de los impactos (letra i).

de costes como requisito de eficiencia que incentive el ahorro, la reducción de presiones y la gestión de la escasez. La consumación de esta obligación —que pasa por modificar el régimen económico-financiero del agua [34], lo que, vista la experiencia, justifica la sensación de pesimismo acerca de su cumplimiento más o menos inmediato— significaría, entre otras cosas, terminar con la práctica de mantener dentro de los planes, ciclo tras ciclo, medidas irrealizables, entre otros motivos porque carecen de financiación. Hay que destacar también la regla que impone el seguimiento de los impactos, con el fin de ajustar las actuaciones en función de su avance y de las mejoras en el conocimiento científico, lo que es connatural con la gestión de riesgos y la incertidumbre asociada a los mismos.

Así pues, resulta evidente que, a partir de la LCCTE, la planificación hidrológica tiene que ser producto y debe reflejar en su contenido el conjunto de actuaciones que integran un procedimiento de análisis de riesgos. Este procedimiento exige la identificación de los mismos —caracterizando el peligro (previsibles impactos del cambio climático), evaluando la exposición del agua al mismo, y diagnosticando el riesgo que supone—, para valorarlos a continuación —estimando sus posibles efectos sobre el medio hídrico, de conformidad con el conocimiento científico disponible y el principio de precaución— y poder establecer las decisiones y medidas de gestión que correspondan, en función del resultado de las actuaciones anteriores. Y eso, por de pronto, implica que algunos rasgos propios de la planificación aprobada hasta la fecha deben modificarse. Singularmente, la determinación de porcentajes generales de reducción para calcular la disponibilidad de recursos —estáticos tanto en porcentaje como en su aplicabilidad indiscriminada en todo el ámbito de la cuenca—, que han de sustituirse por un conjunto de operaciones dirigidas a verificar el comportamiento del

---

34 Vid. las propuestas formuladas en este sentido por JIMÉNEZ COMPAIRED, I. (2020).

sistema hídrico en situaciones de estrés. A través de estas operaciones podrán calibrarse sus vulnerabilidades, fortalezas, flexibilidad y capacidad de recomposición, y establecer medidas de adaptación específicas acordes con esos resultados. Esto, como es lógico, se tiene que traducir en nuevas pautas para el proceso planificador y en nuevos contenidos de los planes resultantes.

De ambos aspectos deja evidencia normativa la nueva redacción del RPH. Entre todas las modificaciones incorporadas al mismo por el Real Decreto 1159/2021 en relación con esos riesgos [35], se quiere destacar ahora la adición de un nuevo art. 4 bis que, bajo la rúbrica "Adaptación al cambio climático", explicita la obligación de los organismos de cuenca en orden a elaborar a lo largo de cada ciclo de planificación "un estudio específico de adaptación a los riesgos del cambio climático en cada demarcación hidrográfica para su futura consideración en la revisión del plan hidrológico correspondiente". Este precepto indica los elementos a analizar —de forma prácticamente coincidente con los riesgos singularizados por art. 19.4 LCCTE (apartado 2)— y señala los contenidos que ha de presentar dicho estudio (apartado 3), a cuya vista cabe apreciar su complejidad [36]. No hay que

---

35 Por ejemplo, la agregación de un nuevo art. 16 bis que establece el deber de identificar impactos y analizar riesgos en cada demarcación a través de un inventario que especifique si las masas de agua están amenazadas por alguno de los impactos señalados en el Anexo IV del RPH, a fin de catalogarlas en riesgo en su caso y adoptar las correspondientes medidas.

36 Merece la pena transcribir este apartado 3, para poder hacerse una idea del verdadero alcance que tiene la incorporación de la variable climática y sus riesgos en la planificación hidrológica, imponiéndole nuevas reglas procedimentales y nuevos contenidos. De acuerdo con el mismo, el estudio específico de adaptación de cada demarcación a ese fenómeno incluirá al menos a) documento de síntesis donde se describan los escenarios considerados, los principales riesgos asociados al cambio climático en la demarcación y los principales ejes de las medidas de adaptación propuestas en el estudio; b) introducción, con una breve descripción general de la demarcación; c) descripción general del mar-

pasar por alto que se trata de un estudio *previo* a la revisión de los planes, que le sirve de fundamento técnico desde la perspectiva de los riesgos inherentes al cambio climático, y sobre cuya base estos incorporarán dicha perspectiva, materializándola a través de las correspondientes decisiones, acciones y medidas. El peso específico y la sofisticación que presenta este estudio previo ponen de manifiesto una vez más la dificultad que acompaña a la verdadera integración del cambio climático en la planificación hidrológica, llamada a ir mucho más allá de la formulación de menciones al respecto, de estimar con carácter general porcentajes de reducción de aportaciones sobre los que operar, y de la vinculación nominal de actuaciones planteadas ciclo tras ciclo a este fenómeno, como si esa mera ligazón ya implicase una adaptación.

---

co normativo existente, en el contexto de la Unión Europea y España; d) caracterización climática e hidrológica de la demarcación. Incluirá tanto el régimen climático medio (de temperaturas, pluviométrico, nival, hidrológico), como el régimen extremo de sequías y eventos de lluvia; e) escenarios de cambio climático seleccionados, con la descripción y análisis de las emisiones de gases de efecto invernadero, y de sus consecuencias sobre el incremento de temperatura y los cambios en la precipitación; f) definición del escenario hidrometeorológico probable al horizonte temporal que corresponda según el artículo 21.4; g) principales impactos asociados al cambio climático que se identifican en la demarcación, tanto sobre las masas de agua y ecosistemas, como sobre las actividades socioeconómicas; h) evaluación de los riesgos asociados al cambio climático derivados de las variaciones en los regímenes hidrológicos y en los recursos disponibles de los acuíferos, el incremento en la frecuencia e intensidad de fenómenos extremos, el incremento de la temperatura del agua y el ascenso del nivel de mar, valorando su afección sobre los ecosistemas acuáticos y terrestres dependientes del agua, así como sobre los requerimientos hídricos de las actividades económicas; i) medidas de adaptación, que permitan reducir la exposición y vulnerabilidad y aumentar la resiliencia, ayudando a conservar el buen estado de las masas de agua, a aumentar la seguridad en el suministro de agua y a afrontar los fenómenos extremos.

IV. LA VERIFICACIÓN DE LA FALTA DE INTEGRACIÓN DEL CAMBIO CLIMÁTICO EN LOS PLANES DE TERCER CICLO DESDE DICHA PERSPECTIVA: DE NUEVO, EL EJEMPLO DE LA DEMARCACIÓN DEL EBRO.

Bajo los nuevos mandatos normativos impuestos por la LCCTE, no cabe duda de que los planes hidrológicos de tercer ciclo —aprobados por *Real Decreto 35/2023, de 24 de enero* (intercomunitarios) y por diversos Reales Decretos publicados en los meses de enero y julio del mismo año (intracomunitarios [37])— no podían persistir en las mismas prácticas que han caracterizado a los instrumentos anteriores. Las intimaciones derivadas de dicha Ley son claras y exigen una labor adaptativa al fenómeno diferente, más intensa, profunda e integral. Por eso, corresponde preguntarse ahora si se ha hecho. Para responder a la cuestión, se tomará de nuevo como ejemplo el plan de la demarcación del Ebro.

En todo caso, si antes de acceder a sus contenidos, y disponiendo solo de la información expuesta, hubiese que aventurar una respuesta, esta sería negativa. No solo porque el cambio de modelo y de perspectiva y la complejidad de los nuevos mandatos así permiten intuirlo con bastante certeza, sino porque además hay un dato objetivo indiscutible que lo señala: las fechas de aprobación de las OEACC (19 de julio de 2022) y de los planes hidrológicos de tercer ciclo (24 de enero de 2023) hacen imposible que estos cumplan con la exigencia de atender sus directrices y

---

[37] Real Decreto 48/2023, de 24 de enero, por el que se aprueba el plan hidrológico de la demarcación hidrográfica de Galicia-Costa; Real Decreto 49/2023, de 24 de enero, por el que se aprueba el plan hidrológico de la demarcación hidrográfica de las Illes Balears; Real Decreto 689/2023, de 18 de julio, por el que se aprueban los planes hidrológicos de las demarcaciones hidrográficas de las cuencas mediterráneas andaluzas, del Guadalete y Barbate y del Tinto, Odiel y Piedras; Real Decreto 690/2023, de 18 de julio, por el que se aprueba el plan de gestión del distrito de cuenca fluvial de Cataluña.

medidas, que son las que dirigen su adaptación al cambio climático. No hay que perder de vista que el Real Decreto 35/2023 no es sino el punto final de un larguísimo proceso técnico y participativo que arrancó nada más aprobar los planes de segundo ciclo y que, en el momento en que aparecieron las Orientaciones, se encontraba prácticamente culminado, sin perjuicio de la introducción posterior de algunos cambios puntuales que en ningún caso supusieron una modificación sustancial conforme a las líneas de acción establecidas en las mismas y las decisiones en que han de materializarse.

Una afirmación semejante podría hacerse en relación con el análisis de riesgos establecido en los apartados 3 y 4 del art. 19 LCCTE. Como se ha dicho, este análisis implica una sofisticada actividad de identificación, evaluación y adopción de decisiones de gestión previa a la revisión de los planes, con el fin de servirles de fundamento técnico. Los elementos a considerar y los contenidos del estudio en que se plasmará dicho análisis se concretaron en el nuevo art. 4 bis RPH, incorporado por un Real Decreto de 28 de diciembre de 2021. Es decir, solo trece meses antes de la aprobación de los planes de tercer ciclo, sin que ese plazo sea suficiente, ni mucho menos, para desarrollar todo lo que conlleva aquel análisis.

En cualquier caso, los planes de tercer ciclo tampoco ocultan este hecho, y con ello su falta de adaptación a la LCCTE, aunque en las comparecencias y documentos de presentación de los mismos se afirme insistentemente que esta existe. De hecho, todos contienen un precepto en su parte normativa —el art. 4— que recuerda el requisito para integrar las consecuencias del cambio climático en la planificación hidrológica [38], y el plan del Ebro no es una excepción [39]. En este artículo se afirma que será "(…) *a lo largo de este ciclo de planificación*" cuando *"se deberá elaborar un estudio específico de adaptación a los efectos de cambio climático en la demarca-*

[38] Así lo destacó EMBID IRUJO, A. (2022), pp. 59-60.
[39] GARCÍA VERA, M.A. (2023), op. cit., p. 140.

ción para su futura consideración en la revisión de este plan hidrológico", remitiendo claramente a los planes de cuarto ciclo aquella adaptación completa. El precepto también menciona los aspectos mínimos que habrán de analizarse en ese estudio específico, y aunque se manifiesta con menor extensión que el art. 4 bis RPH [40], integra en realidad a todos los que allí se exigen para el análisis de riesgos. No engañe, pues, esta concisión —enumerada en todo caso como *mínimum*—, pues la realización del estudio, en puridad un procedimiento de análisis de riesgos, abarca como se dijo una ingente tarea que va a exigir numerosos esfuerzos y una dedicación temporal extendida [41].

La pregunta que se formula en este apartado tiene, por tanto, respuesta evidente: la planificación hidrológica de tercer ciclo, en el caso del plan del Ebro, no ha integrado el cambio climático dentro de sus contenidos con el alcance y en el sentido que se desprende de la LCCTE. Esta integración queda pospuesta al cuarto ciclo de planificación que, si se cumplen las fechas establecidas en la DMA, entrará en vigor a principios de 2028. Y siendo esto así, inevitablemente surge una pregunta: ¿cómo hay que interpretar

---

40 Escenarios climáticos e hidrológicos que recomiende la Oficina Española de Cambio Climático, incorporando la variabilidad espacial y la distribución temporal; identificación y análisis de impactos, nivel de exposición y vulnerabilidad de los ecosistemas terrestres y acuáticos y de las actividades socioeconómicas en la demarcación; medidas de adaptación que disminuyan la exposición y la vulnerabilidad, así como su potencial para adaptarse a nuevas situaciones, en el marco de una evaluación de riesgo.

41 Los Organismos de cuenca son conscientes de estos esfuerzos y de la necesidad de comenzar cuanto antes las actuaciones dirigidas a ellos. La página web de la Confederación Hidrográfica del Ebro informa de que en 2023 se iniciaron los trabajos dirigidos a la elaboración del cuarto ciclo de planificación, y que están en desarrollo una serie de estudios previos que se consideran necesarios para preparar los Documentos Iniciales, el Esquema Provisional de Temas Importantes y la Propuesta de Proyecto de Plan Hidrológico de la Demarcación Hidrográfica del Ebro (2028-2033).

las constantes referencias a este fenómeno a lo largo del plan y la identificación de no pocas de sus decisiones como respuestas de adaptación al mismo?

Que el plan hidrológico de tercer ciclo de la demarcación del Ebro no se ajuste a las exigencias de la LCCTE no significa que el planificador no sea consciente de la amenaza del cambio climático y de que sus decisiones tienen que ir orientadas a robustecer los sistemas hídricos frente sus impactos y a dotarles de herramientas de adaptación y resiliencia en un contexto de incertidumbre y riesgo. Lo es desde hace mucho tiempo, y por eso dicha cuestión recorre transversalmente todo el instrumento, ya que no hay planificación posible sin tenerlo en cuenta. Muestra de ello es que el fenómeno aparece específicamente identificado en su Memoria como el primer tema importante, lo que cuando menos pone de manifiesto una voluntad de proceder a consideraciones y resultados más profundos. También lo es que en la descripción general de la demarcación se dedique un apartado concreto (3.8 "Evaluación de los efectos del cambio climático") a identificar mediante una revisión de tratamientos bibliográficos de diverso origen —algunos específicos de este ámbito territorial— qué efectos puede tener en ella este fenómeno, lo que supone un primer movimiento, aún alejado de lo que debe ser realmente, en pro de aquel estudio específico de adaptación. En esta tarea alude expresamente a la dificultad que supone una integración "bajo las premisas del principio de prevención y la incertidumbre...".

De aquella identificación como tema importante se deducen algunas decisiones, entre las que destaca la adición de un nuevo coeficiente de estimación de recursos disponibles y de cálculo de su balance con las demandas previstas. Como es sabido, los planes de primer y segundo ciclo contemplaban una reducción de aportaciones naturales para el año 2039 del 5%, conforme al coeficiente general y estático establecido en la IPH. Sin embargo, estudios como el elaborado por el CEDEX (2017), ponen de manifiesto que ese coeficiente ya está superado y que presenta variaciones estacionales y territoriales a lo largo del ámbito de la cuenca que hacen oportuno plantear modificaciones. Pese a ello, el plan opta por mantenerlo para ese horizonte temporal, si bien incorpora uno nuevo (año 2100) para el que se considera una reducción de aportaciones del 20%, con previsiones diferenciadas para los distintos meses y para las diversas zonas de la cuenca hidrográfica. Es verdad que son estimaciones a muy largo plazo, y hasta ahí ha llegado esta vez el planificador, sin perjuicio que, en los análisis a lo largo de su vigencia para preparar el siguiente ciclo, exista la obligación de profundizar en ello, revisar este coeficiente y actualizarlo porcentual o temporalmente si es preciso [42].

Por lo que respecta a la parte normativa del plan —mucho más breve que la de los anteriores [43]—, también recoge determinaciones orientadas en apariencia a adaptar la gestión del agua de la cuenca al contexto de cambio climático, aunque la mayoría no se identifiquen expresamente como tales. Por ejemplo, el establecimiento de limitaciones al uso de aguas subterráneas (art. 45); la prohibición de vertidos con elevada salinidad que acrecienten la existente habida cuenta "la disminución prevista en las aportaciones naturales ante los escenarios de cambio climático" (art. 38); el cierre de sistemas de explotación —Aguas Vivas— (art. 24); la extensión del régimen de caudales ecológicos a todas las masas de agua (art. 10) [44] y, especialmente, la condicionalidad del acceso a ayudas públicas para la modernización y mejora de regadíos a la

---

[42] GARCÍA VERA, M.A. (2023), op. cit., p. 141.

[43] Esto no significa que sean menos las previsiones de este carácter en este ciclo de planificación. Se trata de una opción consciente del planificador en aras a su simplificación, de modo que solo integra las decisiones normativas específicas de la demarcación, eliminando datos que carecen de ese carácter (derivados a apéndices y a la propia Memoria del plan) y mandatos generales que ya se contienen en la legislación hídrica. En correspondencia, la extensión de la Memoria se amplía notablemente (373 pp.).

[44] Conforme a unos valores preestablecidos calculados a partir de los datos aprobados en el plan anterior, que resultarán de aplicación en función de la situación hidrológica existente.

modificación de características de la concesión para adaptarla a la mejora de la eficiencia del uso del agua (art. 30) y la reducción general del plazo concesional a un máximo de veinticinco años, con la sola excepción de las concesiones para abastecimiento, que mantienen la anterior duración máxima de cuarenta años [45]. Sin embargo, en paralelo, y en lo referente a las dotaciones de riego utilizadas para estimar las demandas, calcular las garantías de suministro y valorar el otorgamiento de las concesiones (dotaciones objetivo, art. 12), el plan actual replica las de los anteriores, sin haber aplicado estudios relativos a la evolución climática pese a que el agropecuario es, con diferencia, el uso consuntivo que acredita más demandas. En cualquier caso, y sin perjuicio de la novedad e importancia de algunas de estas determinaciones, se puede percibir que, como regla común, la mayoría se sitúan en la estela material de los planes previos, pues siguen arrancando de consideraciones de partida generales, al margen de procedimientos de análisis de riesgos, y sin incorporar los mandatos de la LCC-TE. En algún caso sí conllevan un principio de estudio específico de adaptación al cambio climático en relación con ese aspecto concreto, para su futura consideración en el siguiente ciclo de planificación [46], pero en su núcleo no son medidas de adaptación,

---

[45] Estas dos últimas decisiones pueden ser importantes como medidas de adaptación de la gestión hídrica al cambio climático, pues la primera eliminaría el efecto perverso otorgado en la práctica a una medida pensada para reducir el consumo de agua que antes se ha explicado, y la segunda permitiría una rotación de caudales más ágil. Que todavía lo sería más si, en la línea sugerida por EMBID IRUJO, A. (2020.b), se diferenciase esa duración máxima en función de los usos y se introdujese una previsión legal que permitiese considerar la evolución de los recursos hídricos durante el tiempo de vida del título para adaptar a ella sus condiciones.

[46] Por ejemplo, en relación con los caudales ecológicos se propone adicionalmente, a modo de prueba, establecer caudales máximos (que no deben superarse durante la gestión ordinaria de las infraestructuras hidráulicas para proteger las especies autóctonas más vulnerables presentes en las masas de agua), caudales generadores (o caudales de

pues no suponen modificaciones sustantivas en el sentido indicado por aquella Ley.

En el programa de medidas se contemplan un largo listado de actuaciones, de las que solo va a hacerse muy breve referencia a algunas, en lo que puedan conectar con el cambio climático. Por ejemplo, a la apreciable reducción de las obras de regulación programadas, eliminando muchas de las que venían replicándose desde 1998. Solo se prevé completar cinco en ejecución que, según indica el plan, van incrementar un 6% el volumen de agua embalsada en la demarcación. El planificador parece haber reflexionado sobre si este tipo de obra hidráulica es el mejor medio (o el único) para satisfacer las necesidades de agua, sobre todo cuando su utilidad marginal es dudosa y su realización muy cuestionada desde distintos planos. Distinto es el caso de las obras de saneamiento y depuración, que juegan un papel importante en la adaptación al cambio climático pues mejoran la calidad del agua también degradada por este fenómeno y posibilitan la generación de caudales no convencionales que equilibran el descenso de aportaciones naturales. Estas infraestructuras comportan una parte importante del programa de medidas, sobre todo las referidas a aglomeraciones que aún no cumplen con la Directiva 91/271, por lo que es obligada su realización. También están previstas mejoras en otras instalaciones existentes, en su mayor parte con financiación autonómica ya comprometida gracias, igualmente, a la disponibilidad de fondos europeos.

La ampliación de regadíos ha sido un contenido inamovible en todos los ciclos de la planificación del Ebro, y este caso no es

---

crecida, que sirven para activar la dinámica geomorfológica del agua que genera diversidad en las masas de agua) y tasas de cambio (que sirven para evitar variaciones bruscas de caudal, tanto en ascenso como en descenso, que perjudicarían a los organismos acuáticos presentes) en puntos prioritarios de la cuenca situados aguas abajo de los principales embalses precisamente para llevar a cabo estudios que valoren las metodologías de determinación de caudales ecológicos y analicen su relación con el estado de las masas y su reacción al cambio climático.

una excepción. Ya se ha mencionado que este uso consume la mayoría de las demandas (94%, según las últimas estimaciones) y que la planificación, hasta la fecha, se ha orientado a su satisfacción, con la consiguiente presión sobre el recurso. Pese a que el planificador informa de que en esta ocasión se ha realizado un exigente proceso de selección que ha reducido mucho las inicialmente planteadas, lo cierto es que está previsto un incremento de superficie regada de más de 60.000 hectáreas, que justifica por tratarse de proyectos avanzados, con evaluación de impacto ambiental, financiación comprometida, recurso garantizado y derecho al establecimiento. También advierte que el crecimiento neto será en realidad menor porque los abandonos de actividad o la retirada de tierras no han sido computados en aquel cálculo. Pero lo cierto es que la extensión de zonas regables existe, y que se han incrementado los volúmenes de agua asignados al principal uso consuntivo, cuando hay muy pocos en disposición de otorgarse. Estas previsiones hay que leerlas en paralelo a otra medida, consistente en la realización de estudios de mejora del conocimiento de las superficies realmente regadas y en la actualización del estudio de dotaciones de cara al próximo ciclo de planificación, lo que tendrá efectos, en ese momento —nueva remisión al cuarto ciclo— sobre las aguas concedidas para ese uso. También se contempla un conjunto específico de medidas para el Delta del Ebro que atienden a su problemática concreta, parte de ella asociada al cambio climático, además de su elevada antropización.

Este rápido recorrido por las diversas partes del plan de tercer ciclo de la demarcación del Ebro sirve, así, para confirmar algunas evidencias sobre la consideración que tiene el cambio climático dentro de sus previsiones. Evidencias que, en todo caso, no desdicen la principal: su falta de integración con el alcance y en el sentido que indica la LCCTE. Esto no obsta que puedan percibirse diversos giros que indican avances hacia un cambio de dirección: consideración singularizada y específica del cambio climático y sus efectos dentro del plan, aunque sea con un nivel analítico muy alejado de lo que exige la LCCTE; abandono de prácticas planificadoras que han demostrado su ineficacia, particularmente la renuncia a obras de regulación inviables social, económica o ambientalmente; inversiones significativas para hacer frente a los problemas de depuración de agua; mejoras en el tratamiento de los caudales ecológicos; reducción de plazos concesionales para hacer más ágil y flexible la gestión; condicionalidad de las ayudas a la mejora de regadíos a la revisión concesional... Sin embargo, desde la perspectiva del cambio climático falta lo principal, que es la revisión en profundidad de los sistemas de gestión en base a un análisis de riesgos que persiga alcanzar la seguridad hídrica y la resiliencia de masas de agua y ecosistemas. La perspectiva de la garantía de las demandas por parte de las actividades económicas sigue siendo central, manteniéndose la presión sobre los recursos hídricos pese a los problemas de escasez y sequía sufridos. Por supuesto nadie duda que el agua está para satisfacer demandas (aunque no solo las que tienen trascendencia económica), pero hay que buscar nuevas fórmulas que racionalicen su gestión considerando la incertidumbre y el riesgo asociados al cambio climático.

Estas fórmulas habrán de adoptarse y aplicarse sin posibilidad de omisión si se quiere que la planificación y la gestión del agua se adapten a este fenómeno, consigan la seguridad hídrica para personas, biodiversidad y actividades socioeconómicas, e incrementen la resiliencia del recurso. Muchas de las acciones que los planes hidrológicos han venido previendo a lo largo de los años podrán seguir jugando este papel. No se trata de desestimarlas simplemente porque "es lo que siempre se ha hecho" y hay que cambiar. Pero todo lo que se mantenga, y lo que se incluya de nuevas, debe ser producto de una reflexión; de un análisis que implique identificar, evaluar y decidir en torno a los riesgos del cambio climático, sobre los que habrá que adoptar un planteamiento estratégico a nivel de demarcación que permita conjugar disponibilidad de agua, satisfacción de demandas, salvaguarda de la actividad socioeconómica, protección del recurso y fomento del desarrollo sostenible. Y eso exigirá establecer prioridades y, por supuesto, asignar financiación. No es fácil lo que queda por delante, pero la realidad se impone.

V. BIBLIOGRAFÍA.

ALBIAC MURILLO, J. et alt. (2023), "La situación y perspectivas de los recursos hídricos en España", Estudios sobre la economía española 2023/29, FEDEA.

ALENZA GARCÍA, J.F. (2022), "Objetivos y principios rectores de la Ley de Cambio Climático y Transición Energética", en la obra dirigida por el mismo autor y MELLADO RUIZ, L., *Estudios sobre cambio climático y transición energética,* Marcial Pons.

ÁLVAREZ CARREÑO, S. (2023), "La seguridad hídrica y el buen estado de las masas de agua", en EMBID IRUJO, A. (Dir.), *Seguridad hídrica y cambio climático,* Aranzadi.

CEDEX (2017), *Evaluación del impacto del cambio climático en los recursos hídricos y sequías en España,* MAPAMA.

EMBID IRUJO, A. (1994), "Principios generales sobre el ordenamiento jurídico-administrativo de la calidad de las aguas", en la obra dirigida por el mismo autor *La calidad de las aguas,* Cívitas.

EMBID IRUJO, A. (2020.a), "Informe de revisión y racionalización del Real Decreto Legislativo 1/2001, de 20 de julio, por el que se aprueba el Texto Refundido de la Ley de Aguas", disponible en la página web del Ministerio para la Transición Ecológica y el Reto Demográfico.

EMBID IRUJO, A. (2020.b), "Informe sobre la reforma del régimen concesional en el Texto Refundido de La ley de Aguas aprobado por el Real Decreto Legislativo 1/2001, de 20 de julio", disponible en la página web del Ministerio para la Transición Ecológica y el Reto Demográfico.

EMBID IRUJO, A. (2021), "Legislar sobre cambio climático", Revista Aranzadi de Derecho Ambiental 21.

EMBID IRUJO, A. (2022), "El concepto de seguridad hídrica: contenido y funcionalidad", en la obra dirigida por el mismo autor *Seguridad hídrica: desafíos y contenido,* Aranzadi.

FORTES MARTÍN, A. (2019), "La resiliencia ambiental y el (re)posicionamiento del Derecho ante la nueva era sostenible de obligada adaptación al cambio, Actualidad Jurídica Ambiental 92.

GARCÍA VERA, M.A. (2023), "Aspectos ambientales de la seguridad hídrica en la planificación hídrica: enseñanzas del plan del Ebro", en EMBID IRUJO, A. (Dir.), *Seguridad hídrica y cambio climático,* Aranzadi.

JIMÉNEZ COMPAIRED, I. (2020), "Informe sobre la reforma de la fiscalidad del agua en España", disponible en la página web del Ministerio para la Transición Ecológica y el Reto Demográfico.

LÓPEZ RAMÓN, F. (2021), "Notas de la Ley sobre Cambio Climático", Actualidad Jurídica Ambiental 114.

MOLINA GIMÉNEZ, A. (2021), "Análisis jurídico del Reglamento (UE) 2020/741, de 25 de mayo de 2020, sobre reutilización de aguas regeneradas, y estudio de su repercusión en España", Revista Aranzadi de Derecho Ambiental 48.

MOLINA GIMÉNEZ, A. (2022), *Trasvases, medio ambiente y planificación hidrológica,* Tirant lo Blanch.

OMEDAS MARGELÍ, M. (2015), "El desarrollo sostenible de la planificación hidrológica: el caso del Ebro", en EMBID IRUJO, A. (Dir.), *El segundo ciclo de planificación hidrológica en España (2010-2014),* Aranzadi.

ROSA MORENO, J., (2021), "Objetivos y planificación de la transición energética y adaptación climática", en PALOMAR OLMEDA, A. et. alt. *Comentarios a la Ley 7/2021, de 20 de mayo, de cambio climático y transición energética,* Aranzadi.

SALINAS ALCEGA, S. (2016), "Adaptación a los impactos del cambio climático en los recursos hídricos transfronterizos: respuestas desde el Derecho internacional y europeo", en EMBID IRUJO, A. (Dir.), *Treinta años de la Ley de Aguas de 1985,* Aranzadi.

SANZ, M.J. y GALÁN, E. (2020), *Impactos y riesgos derivados del cambio climático en España,* Oficina Española de Cambio Climático. Ministerio para la Transición Ecológica y el Reto Demográfico, Madrid.

SETUÁIN MENDÍA, B. (2020.a), "La reutilización como herramienta de lucha contra el cambio climático en España y sus condicionantes", en SALINAS ALCEGA, S. (Dir.), *La lucha contra el cambio climático. Una aproximación desde la perspectiva del Derecho,* Tirant lo Blanch, pp. 85-109.

SETUÁIN MENDÍA, B. (2020.b), "La planificación del saneamiento; instrumentos, contenido, relaciones, realidad", en la obra colectiva desarrollada bajo mi dirección *Retos actuales del saneamiento de aguas residuales. Derivadas jurídicas, económicas y territoriales,* Aranzadi.

SETUÁIN MENDÍA, Beatriz (2022), "Contaminantes emergentes y seguridad hídrica. Insuficiencias jurídicas en torno a una amenaza real", Revista Aranzadi de Derecho Ambiental 51.

SETUÁIN MENDÍA B. (2023), *La reutilización de agua en un contexto de cambio. Un análisis jurídico administrativo,* Aranzadi, Cizur Menor.

TORRALBA FACI, I. (2015), "Los retos del gestor del agua en la cuenca del Ebro ante un nuevo plan hidrológico y su revisión", en EMBID IRUJO, A. (Dir.), *El segundo ciclo de planificación hidrológica en España (2010-2014),* Aranzadi.

Capítulo 11

Aproximación sobre el tratamiento jurídico del cambio climático en Francia

Jaime Magallón Salegui*

SUMARIO: I. INTRODUCCIÓN. LA INCERTIDUMBRE CIENTÍFICA Y LA EMERGENCIA CLIMÁTICA COMO ESPUELAS PARA LA ECLOSIÓN Y DISPERSIÓN NORMATIVA. II. REFERENCIAS NORMATIVAS EUROPEAS EN MATERIA DE CAMBIO CLIMÁTICO. 1. Apreciación inicial. 2. Las referencias de cabecera: el Pacto Verde Europeo y la «Ley Europea del Clima». 3. La evaluación de los progresos: el reglamento de gobernanza y la necesidad de indicadores. III. LA PREOCUPACIÓN FRANCESA POR EL CAMBIO CLIMÁTICO. 1. El punto de partida: la inserción de la cuestión ambiental en sede constitucional. 2. Los instrumentos normativos y de planificación en materia de cambio climático. 2.1. La dimensión normativa. A. Las referencias basilares: El Código de Medio Ambiente y el Código de la Energía. B. La sucesión de reformas y cambios a través de normas especiales. El cambio de perspectiva con arreglo a una variable concreta: la energía nuclear. C. Algunas apreciaciones de conjunto. 2.2. Una nota sobre la dimensión planificatoria. 2.3. La litigiosidad circundante. A. El trinomio de asuntos Grande-Synthe. B. La posible continuación de esta saga de supuestos y la diferencia con el caso español. III. CONCLUSIONES GENERALES. IV. BIBLIOGRAFÍA Y APÉNDICE NORMATIVO.

---

* Personal Investigador en Formación en el Área de Derecho Administrativo de la Universidad de Zaragoza. Esta publicación es parte del proyecto de I+D+i PID2021-124296NB-I00, financiado por MCIN/AEI/10.13039/501100011033/ y por FEDER Una manera de hacer Europa, así como del proyecto de I+D+i TED2021-130264B-I00, financiado por MCIN/AEI/10.13039/501100011033/ y por Unión Europea NextGenerationEU/PRTR. Igualmente, esta publicación debe entenderse como parte de las actuaciones que el Grupo de Investigación AGUDEMA (Agua, Derecho y Medio Ambiente, Grupo de referencia S21_23R, BOA 80, de 28 de abril de 2023), desarrolla con financiación del Gobierno de Aragón y dentro de las tareas que habitualmente se realizan en el Instituto Universitario de Ciencias Ambientales de la Universidad de Zaragoza (IUCA).

I. INTRODUCCIÓN. LA INCERTIDUMBRE CIENTÍFICA Y LA EMERGENCIA CLIMÁTICA COMO ESPUELAS PARA LA ECLOSIÓN Y DISPERSIÓN NORMATIVA

La cuestión climática es una materia en la que, al menos, se han de tener en consideración las siguientes coordenadas: preocupación social, gestión desde la incertidumbre, planificación ingente y multiplicidad normativa. Y esto último tanto por razón de la cantidad de regulaciones a tener en cuenta como por la diversidad de polos de producción normativa (internacional, europea, estatal y regional) de necesaria observancia.

Por lo que se refiere al ámbito jurídico, al margen del debate sobre el carácter de rama autónoma o incardinada dentro de la ambiental que puede corresponder a la regulación sobre las cuestiones del cambio climático, a nadie escapa que la preocupación por este último es más reciente que la relativa a la protección del medio ambiente[2]. La preocupación por el cuidado del medio como un todo comprensivo de la naturaleza y la incidencia que sobre él pueden tener —y tienen— las actividades humanas es netamente reciente, particularmente ubicable en la segunda mitad del siglo XX[3], con ocasión de la constatación del potencial modificador —y destructivo— del entorno por parte de las invenciones humanas[4].

---

2 A este respecto MORENO MOLINA (2023, pp. 167-170) dedica unas reflexiones que permitirían sustentar la viabilidad de la consideración del derecho del cambio climático como una rama autónoma frente al derecho ambiental "clásico", ofreciendo ejemplos que apuntan en esa línea, si bien el propio autor se inclina más por considerarlo todavía inserto en el derecho ambiental, en tanto que aquel, el derecho climático, «no ha adquirido todavía la suficiente madurez como para poder ser considerado como un sector con autonomía propia, aunque es evidente que, de seguir el ritmo normogenético actual y los desarrollos que están por llegar, acabará alcanzándola pronto».

3 LOZANO CUTANDA (2023, pp. 28-30).

4 BECK (2006, pp. 269-270).

A este giro autorreflexivo de la sociedad, por tomar conciencia sobre el alcance de sus invenciones, se une el papel principal que juegan las ciencias en el descubrimiento, determinación y alcance de los diversos riesgos que comportan nuestras actividades para el entorno y para nosotros mismos como especie[5]. Riesgos cuyo alcance ha devenido tan amplio que se han convertido en objeto de atención y preocupación incluso en la esfera de las relaciones internacionales[6]. No obstante, el principal problema que hay que tener presente es la necesidad de navegar entre la niebla de la incertidumbre, que se predica respecto al saber actual en general y a los conocimientos que poseemos en materia de cambio climático en particular. Esto último afecta a la forma en que se regula en dicha materia, que requiere de atención en diversidad de campos por razón de su carácter transversal y cuya normación se encuentra presidida por la discrecionalidad y una nada desdeñable

---

5 Entre otras reflexiones se pueden recoger las siguientes de EMBID TELLO (2010, p. 44), donde asevera que la ciencia «no es solo el origen de todos los riesgos actuales relevantes sino que además impregna y casi siempre determina invariablemente las decisiones públicas sobre la gestión de los mismos».

6 Ejemplo de ello es la Comunicación conjunta al Parlamento Europeo y al Consejo «Una nueva perspectiva sobre el nexo entre clima y seguridad: Abordar los efectos del cambio climático y la degradación del medio ambiente en la paz, la seguridad y la defensa» [JOIN (2023) 19 final]. Por reflejar la cuestión de manera sencilla, basta con reproducir las palabras con que comienza este documento: «El cambio climático y la degradación del medio ambiente plantean cada vez más riesgos para la paz y la seguridad internacionales. Los fenómenos meteorológicos extremos, el aumento de las temperaturas y del nivel del mar, la desertificación, la escasez de agua, las amenazas a la biodiversidad, la contaminación medioambiental y la pérdida de medios de subsistencia amenazan la salud y el bienestar de la humanidad y pueden provocar un aumento de los movimientos migratorios y desplazamientos, las pandemias, los disturbios sociales, la inestabilidad y la inseguridad».

presencia de elementos de derecho blando, tanto en los prismas internacional y europeo como nacional[7].

Por todo ello, y en aras de mostrar la presencia de cada uno de los elementos mencionados, el recorrido de estas líneas va a partir de una aproximación al Derecho de la Unión en la materia para, posteriormente, tratar de conocer algunos de los hitos de la regulación francesa a este respecto, incluidos los litigios climáticos que ha experimentado. En este sentido, se toma como primera referencia la consagración constitucional de la protección del medio ambiente y se toma conocimiento de la importancia de la regulación contenida en los Códigos, singularmente de Medio Ambiente y de la Energía. Acto seguido, se traza un recorrido a través de diversas leyes especiales que han incidido en multiplicidad de aspectos atinentes al cambio climático, dando testimonio de algunas de las medidas que recogen y prestando atención a una de ellas en particular, a modo de hilo conductor: la evolución sobre la importancia de la energía nuclear. Finalmente, se añade alguna puntualización ejemplificativa del caso español y se concluye con una serie de apreciaciones.

II. REFERENCIAS NORMATIVAS EUROPEAS EN MATERIA DE CAMBIO CLIMÁTICO

1. *Apreciación inicial*

Que haya una gran cantidad de recursos bibliográficos que aborden la regulación que existe en materia de cambio climático en un Estado o en la Unión Europea permite pensar que la mate-

---

[7] Autores como PAREJO ALFONSO (2022, p. 31) y MELLADO RUIZ (2022, p. 43) aperciben de que la discrecionalidad en este ámbito, tanto para el legislador como el ejecutivo, ya no alcanzaría a la elección de fines, sino solo al establecimiento de medios y un listado de estos, sin ánimo de exhaustividad, se puede encontrar en MORENO MOLINA (2023, p. 179).

ria reviste complejidad. Y la ostenta, entre otras razones, porque está rodeada de incertidumbre, considerada por algunos autores como EMBID IRUJO (2021, p. 30) «la característica que hoy preside los problemas fundamentales que afronta la sociedad como, singularmente, el cambio climático»[8]. Dicho en otros términos: si fuera una cuestión cuya gestión fuese sencilla, no se necesitarían tantos instrumentos planificatorios, normativos (ni su actualización sería tan frecuente o necesaria) ni presupuestarios para poner en marcha las medidas que se consideran pertinentes en este asunto de total vigencia en el que la Unión Europea se está empleando a fondo.

Sería osado por parte de quien escribe estas líneas, además de materialmente imposible, pretender recoger de manera pormenorizada todo el abanico de instrumentos, tanto de *hard law* como de *soft law*, producido por las Instituciones de la Unión para regular y tratar de establecer medidas que hagan frente a los efectos del cambio climático (se entiende, antropogénico). Tal ha sido la atención recibida por esta materia que sería interesante estudiar tanto el número de regulaciones destinadas a tratar esta materia como, dentro de ellas, cuántas son de derecho blando y cuántas no, y ello porque, como señala ALENZA GARCÍA (2022, p. 78), pese a existir un considerable acervo normativo, este conforma un marco jurídico disperso y fragmentado y, en buena medida, de carácter blando, programático y propositivo[9]. En este mismo sentido se pronuncia MARTÍN (2024, pp. 32-36) al analizar las

---

8 También PAREJO ALFONSO (2022, p. 32) ha reflejado la complejidad del desafío al que se está pretendiendo hacer frente, resumible en dos coordenadas, la fe en la tecnociencia y la incertidumbre constante.

9 Desde luego las buenas intenciones en estos documentos no faltan. Basta con atender al VIII PMA [Decisión (UE) 2022/591 del Parlamento Europeo y del Consejo de 6 de abril de 2022 relativa al Programa General de Acción de la Unión en materia de Medio Ambiente hasta 2030], cuyo artículo 2 comienza señalando como uno de los objetivos prioritarios de la acción en materia ambiental de la Unión lograr que «en 2050 a más tardar las personas vivan bien…».

características de la normativa de cambio climático, poniendo la atención en su carácter meramente declarativo, poco prescriptivo y en ocasiones con formulaciones incompletas[10]. Cierto es, como señala LOZANO CUTANDA (2023, p. 65) que, en ocasiones, las Instituciones, en particular la Comisión, recurren al derecho blando en materia ambiental, ya sea para aclarar cómo se ha de aplicar un acto jurídico vinculante, ya por no considerar necesario intervenir mediante el recurso a estos últimos[11]. Ahora bien, hecha esta cautela, sí puede esbozarse, aunque sea brevemente, una referencia a las normas más destacadas dentro del Derecho

---

10 Advierte sobre la riqueza de principios y escasez de reglas en su composición, nota que comparte con el derecho ambiental en general. No obstante, añade, esa preferencia actual por aquel tipo de reglas (los principios), así como el abuso de la inclusión de conceptos jurídicos indeterminados, produce dos efectos: a la par que dota a tales instrumentos normativos de la flexibilidad necesaria para lidiar con la incertidumbre que rodea a la cuestión ambiental en general y climática en particular, también va en detrimento de la seguridad jurídica y abre el camino a la posible arbitrariedad. Todo ello no dejaría de ser una manifestación concreta de la actual crisis general de legalidad entre cuyas causas se encuentra «no sólo la complejidad de un sistema de fuentes que ha perdido su centro con el consecuente declive de la soberanía estatal, sino también la inflación legislativa que conduce en definitiva a la incerteza y pérdida de capacidad reguladora, tan evidente a juzgar por los resultados en materia de cambio climático».

11 En este sentido coincide GARCÍA URETA (2022, pp. 20-21) al apuntar que los documentos orientativos «expresan, de alguna manera, la interpretación que una institución, como la Comisión, lleva a cabo de las normas relevantes» y, si bien han de estar sujetos a la interpretación que de las normas concretas realice el TJUE, «desgranan diversas disposiciones y se centran en determinados sectores [...], o que fuerza al operador jurídico a tenerlos en cuenta para hacerse una idea de la exégesis que sostiene la Comisión». Sin embargo, también apercibe de la dificultad de control que puede producirse fruto del desenfoque en multiplicidad de objetivos a perseguir, muchas veces genéricos, y de la posible desconexión entre las diversas estrategias, así como la posible ausencia de responsabilidad en caso de incompleta consecución de los objetivos pretendidos.

europeo que, por ende, condicionan las regulaciones ambientales y de cambio climático de los distintos Estados miembros, lo que resulta provechoso, habida cuenta de que este epígrafe es un punto intermedio o nexo para poder llegar a prescripciones recogidas en el ordenamiento francés sobre esta materia.

2. *Las referencias de cabecera: el Pacto Verde Europeo y la «Ley Europea del Clima»*

Si hay algo claro en el acervo normativo comunitario atinente a la lucha contra el cambio climático es que el primer documento al que ha de acudirse para entender cuál es el recorrido trazado y las medidas a seguir en un horizonte que abarca hasta el año 2050 es el «Pacto Verde Europeo»[12]. Este documento establece ocho grandes objetivos interconectados hacia los que se ha de orientar la acción de la Unión y de los Estados miembros en la cuestión climática, desarrollados mediante estrategias y planes específicos. Posiblemente el más conocido de todo ellos sea el primero[13] —la consecución de un mayor nivel de ambición climática—, cuyo re-

---

[12] Comunicación de la Comisión al Parlamento Europeo, al Consejo Europeo, al Consejo, al Comité Económico y Social Europeo y al Comité de las Regiones, de 11 de septiembre de 2019 [COM (2019) 640 final]. No obstante, la Comisión ya estableció con carácter previo una primera perspectiva sobre cómo conseguir la neutralidad climática para 2050 en la Comunicación «Un planeta limpio para todos —La visión estratégica europea a largo plazo de una economía próspera, moderna, competitiva y climáticamente neutra—» [COM (2018) 773 final].

[13] Como mero recordatorio —y por este orden— el resto de objetivos previstos son: suministro de energía limpia, asequible y segura; movilización de la industria en pro de una economía limpia y circular; uso eficiente de la energía y los recursos en construcción y renovación de edificios; acelerar la transición hacia una movilidad sostenible e inteligente; de la granja a la mesa: idear un sistema alimentario justo, saludable y respetuoso con el medio ambiente; preservación y restablecimiento de los ecosistemas y la biodiversidad; y aspirar a una contaminación cero para un entorno sin sustancias tóxicas.

corrido consta de cuatro etapas, si bien en este "temprano" documento solo se fijan dos (las que podrían considerarse la primera y la tercera): la disminución del nivel de emisiones de GEI en un 50% como mínimo y con aspiración al 55% para 2030 y alcanzar la neutralidad climática en el año 2050. Se refiere la existencia de cuatro fases porque, por un lado, entre estos dos objetivos primigenios hay un salto temporal de veinte años en el que resulta necesario particularizar medidas más a corto plazo y se debe actualizar el estado de la cuestión, y, por otro, porque la visión a futuro, más allá de 2050, es la generación negativa de emisiones. Dicho esto, no hay que perder de vista que el documento al que se hace referencia hasta el momento es un instrumento de derecho blando que carece de vinculatoriedad jurídica por sí mismo, por lo que fue precisa, como ya se recogía en él, la aprobación de la conocida «Ley del Clima Europea»: el Reglamento (UE) 2021/1119[14].

Esta norma, con relación a lo ya indicado, cumple varias funciones: otorga carácter vinculante a los objetivos pretendidos en esta materia (art. 1); concreta el objetivo de reducción de emisiones netas de GEI para 2030 en, al menos, un 55% (art. 4.1)[15]; establece la obligación para la Comisión de proponer un objetivo climático intermedio de la Unión para 2040 (considerandos 30 y 37 y art. 4, apartados 3 a 6); y fija la meta de conseguir, a partir de 2050, unas emisiones negativas (considerando 20 y art. 2.1). Por lo que se refiere a 2040, la Comisión ha empezado recientemente

---

14 Reglamento (UE) 2021/1119 del Parlamento Europeo y del Consejo de 30 de junio de 2021 por el que se establece el marco para lograr la neutralidad climática y se modifican los Reglamentos (CE) n.º 401/2009 y (UE) 2018/1999 («Legislación europea sobre el clima»).

15 Objetivo que, pese a su alza, parece que va a ser no solo conseguido, sino incluso superado, en tanto que, en un comunicado de prensa de 9 de octubre de 2023, la Comisión ha señalado que, con arreglo a las medidas dispuestas, se prevé una reducción de emisiones para 2030 de un 57%. El comunicado de prensa se puede consultar en la siguiente dirección web: https://ec.europa.eu/commission/presscorner/detail/es/ip_23_4754.

a entablar conversaciones con los Estados, y tras realizar una evaluación de impacto de las implicaciones de tres posibles opciones, ha presentado una propuesta de reducción neta de emisiones de GEI del 90%[16].

También refleja otras cuestiones, como es el intento de proporcionar seguridad desde el Derecho mediante el establecimiento de presunciones institucionales que doten de cierta garantía de certidumbre a los basamentos sobre los que tomar las decisiones en esta materia. A tal fin procede a la creación del Consejo Consultivo Europeo sobre Cambio Climático, entre cuyas tareas figura nada menos que la determinación de las acciones necesarias para alcanzar los objetivos climáticos de la Unión [art. 3.1.d)]. Además, invita a que los Estados miembros que no dispongan de un organismo nacional de asesoramiento en materia climática procedan a la creación de uno (art. 3.4). Sugerencia que fue recogida tanto por Francia[17] —si bien con carácter previo a la aprobación

---

16 Comunicación de la Comisión «Asegurar nuestro futuro: el objetivo climático de Europa para 2040 y el camino hacia la neutralidad climática de aquí a 2050 mediante la construcción de una sociedad sostenible, justa y próspera» [COM (2024) 63 final]. Como queda reflejado en ella, el objetivo pretendido es iniciar el debate político y presentar información de cara a encarar el marco posterior a 2030. No propone medidas políticas ni fija nuevos objetivos sectoriales.

17 En el caso francés se creó, por parte del Presidente de la República Emmanuel Macron el *Haut conseil pour le climat*. Se refiere como fecha de creación de este organismo el 27 de noviembre de 2018, si bien su regulación, atinente a su organización, funciones y composición, no se plasmó hasta 2019 en dos textos: la Ley 2019-1147, que introdujo una regulación de cabecera en la Parte legislativa del Código de Medio Ambiente, y, el Decreto 2019-439, por el que, se establece un desarrollo dentro de la Parte reglamentaria del citado código, profundizando en las "anteriores" prescripciones.
La inclusión de las comillas en el último adjetivo no es accidental, sino reflejo de sorpresa, dado que, realmente, primero se aprobó el Decreto de desarrollo y, posteriormente, la Ley en la que quedaba comprendida la regulación principal de este ente (así como otras cuestiones). Al margen de ese detalle, este organismo, configurado como indepen-

de este Reglamento— como por España[18]. Por supuesto, no es la única regla dictada en aras a la consecución de los objetivos indicados. Para ello se elaboró el conocido como paquete de propuestas «Objetivo 55», un conjunto de medidas dirigidas a revisar y actualizar la legislación de la Unión, así como a poner en marcha nuevas iniciativas para ajustar las políticas de la Unión a los objetivos climáticos previamente establecidos[19].

---

diente, tiene atribuida como función principal (art. L. 132-4-II Código de Medio Ambiente) la elaboración de un informe anual en el que analiza el cumplimiento de la trayectoria de reducción de emisiones de Francia, el grado de eficacia de las medidas puestas en marcha por el Estado y los municipios para cumplir el citado objetivo y el impacto socioeconómico y ambiental de las diferentes medidas a este respecto. Todo ello puesto en relación con los compromisos y acciones de otros países y ofreciendo recomendaciones y propuestas para mejorar la acción francesa en esta materia. Además, ha de evacuar dictamen sobre la Estrategia Nacional Baja en Carbono y sobre los diversos presupuestos de carbono del país y ha de evaluar la coherencia de la citada Estrategia con respecto a las políticas nacionales y los compromisos tanto europeos como internacionales adquiridos, en particular, la neutralidad climática para 2050. Esto último es relevante, como se verá, para la litigación climática que ha tenido lugar en el país vecino.

18 En el caso español, se contempló la creación del Comité de Personas Expertas de Cambio Climático y Transición Energética (art. 37 LCCTE), si bien sus cometidos serán bastante escasos en comparación con el organismo europeo, habida cuenta de que se configura con un órgano evaluador y recomendador de las políticas y medidas en materia de energía y cambio climático, recogiéndose como única actividad concreta a este respecto la elaboración de un informe anual que será remitido al Congreso y la necesidad de que el Gobierno se posicione al respecto, de forma motivada. Ahora bien, salvando la diferencia temporal, se observa un primer paralelismo entre el organismo nacional francés y español en cuanto a su función principal. Y se refiere salvando la diferencia temporal por cuanto este órgano todavía no ha sido creado: se sometió a información pública en mayo de 2022 un proyecto de Real Decreto por el que se regulaba el citado Comité, pero no ha habido más avances a este respecto.

19 Comunicación de la Comisión al Parlamento Europeo, al Consejo, al Comité Económico y Social Europeo y al Comité de las Regiones «Ob-

3. La evaluación de los progresos: el reglamento de gobernanza y la necesidad de indicadores

Como en toda planificación, los elementos clave son el conocimiento de la situación de partida, la fijación de objetivos (tanto iniciales como intermedios y finales), la asignación de medios técnicos, humanos y materiales para su consecución y la medición de los progresos alcanzados, así como la detección de los impedimentos e imprevistos encontrados para su posterior corrección. A los dos primeros extremos responden las dos normas recién citadas, quedando para las restantes cuestiones un abanico de disposiciones entre las que merece ser destacado el conocido como Reglamento de Gobernanza[20], adoptado con carácter previo al propio Pacto Verde Europeo, si bien modificado en diversas

---

jetivo 55»: cumplimiento del objetivo climático de la UE para 2030 en el camino hacia la neutralidad climática [COM/2021/550 final]. En este documento quedan recogidas medidas de diversa índole. Entre otras muchas cuestiones, se recogen prescripciones en materia del régimen de comercio de derechos de emisión; la creación del Fondo Social para el Clima (destinado a proporcionar apoyo e inversiones en beneficio de los sectores más vulnerables como los hogares, las microempresas y los usuarios de transporte); la creación del mecanismo de ajuste en frontera por carbono (MAFC) para evitar que las reducciones de emisiones dentro de la Unión se contrarresten con un aumento de emisiones fuera de las fronteras europeas por la deslocalización de la producción a países terceros o mediante el aumento de la importación de productos intensivos en carbono; además del aumento hasta un mínimo de un 40% del objetivo de generación de energía mediante fuentes renovables para 2030 (anteriormente era de un 32%).

20 Reglamento (UE) 2018/1999 del Parlamento Europeo y del Consejo, de 11 de diciembre de 2018, sobre la gobernanza de la Unión de la Energía y de la Acción por el Clima, y por el que se modifican los Reglamentos (CE) n.° 663/2009 y (CE) n.° 715/2009 del Parlamento Europeo y del Consejo, las Directivas 94/22/CE, 98/70/CE, 2009/31/CE, 2009/73/CE, 2010/31/UE, 2012/27/UE y 2013/30/UE del Parlamento Europeo y del Consejo y las Directivas 2009/119/CE y (UE) 2015/652 del Consejo, y se deroga el Reglamento (UE) n.° 525/2013 del Parlamento Europeo y del Consejo.

ocasiones, entre ellas, por la antedicha «Ley del Clima Europea». Este Reglamento es clave en tanto en cuanto establece la obligación de presentar un plan nacional integrado de energía y clima (PNIEC) para cada década, encontrándonos ahora bajo la vigencia del primero de ellos, previsto para el periodo 2021-2030 (art. 3.1)[21]. También prevé la necesidad de que los Estados elaboren y actualicen cada diez años su estrategia a largo plazo con perspectiva de treinta años y en consonancia con el objetivo de neutralidad climática (art. 15.1), debiendo haber una coherencia entre el respectivo PNIEC y la estrategia nacional a largo plazo[22].

---

21 Unido a ello, recoge la obligación de formular, con carácter previo a la conclusión de la primera mitad de su vigencia, una actualización del citado plan, que deberá presentar una ambición igual o mayor que la versión original en función del punto de que se trate (art. 14, apartados 2 y 3). Y ello al margen de obligaciones adicionales de información, como es la de comunicar a la Comisión la situación de la aplicación del PNIEC respectivo cada dos años mediante un informe de situación nacional integrado de energía que abarque las cinco dimensiones de la Unión de la Energía: seguridad energética, mercado interior de la energía, eficiencia energética, descarbonización e investigación, innovación y competitividad (art. 17).

22 Con esta norma, en definitiva, se pretende articular todo el proceso de toma medidas en materia de cambio climático, tratando de dotar de seguridad jurídica al proceso [arts. 1.a) y 3.3.a)] y favoreciendo el intercambio de información entre los Estados y la Comisión, así como la supervisión de esta última. Sin embargo, aunque solo sea para dejarlo apuntado, esta no es la única coherencia que deberá establecerse entre instrumentos planificatorios. Hay un requerimiento adicional que genera la norma y que deberá ser atendido por algunos Estados, como Francia y España: la necesidad del encaje —y la duda sobre cómo se va a realizar— entre el respectivo PNIEC con el Plan Nacional de Adaptación al Cambio Climático (PNACC). Y se refiere a ambos países dado que es un instrumento previsto en sendos ordenamientos y cuya primera formulación tuvo lugar con carácter previo a la exigencia de establecimiento de estos PNIEC. Por lo que se refiere a la regulación francesa, se encuentra previsto en el artículo 42 de la Ley 2009-967 y su primera formulación tuvo lugar, de conformidad con este precepto (que solo lo menciona), en 2011, y su segunda en 2018. En el caso espa-

Lo que no establece este Reglamento, ni ninguna otra norma del Derecho de la Unión, es la obligación de dictar una Ley de Cambio Climático por parte de los Estados miembros. Sin embargo, estos, tanto a nivel nacional como regional (en los casos de Estados descentralizados, como el español), se han dedicado a aprobar normas sobre esta materia, además de las diversas estrategias y planes que requieren las normas de la Unión. Cuando menos son curiosas dos cosas: por un lado, que la aprobación de normas en esta materia no ha desencadenado una reducción relevante de los diversos tipos de documentos adicionales de derecho blando, y, por otro, la gran cantidad de principios que suelen llevar insertas en su seno aquellas normas[23]. Por poner un ejemplo, en nuestro país, con carácter previo a la aprobación de la Ley estatal, ya había tres Comunidades Autónomas que habían aprobado sus respectivas disposiciones en esta materia[24], habiéndose sumado hasta la fecha otras cinco[25]. Frente a ello, países de corte centralista como

---

ñol, su regulación actual se encuentra en el artículo 17 LCCTE, si bien su primera edición se remonta al año 2006.

23 Sobre ello aperciben tanto ALENZA GARCÍA (2022, p. 85) como MORENO MOLINA (2023, p. 150) y MARTÍN (2024, p. 35) poniendo en duda la efectividad de tales pronunciamientos.

24 Es el caso de Cataluña (Ley 16/2017, de 1 de agosto, del cambio climático), Andalucía (Ley 8/2018, de 8 de octubre, de medidas frente al cambio climático y para la transición hacia un nuevo modelo energético en Andalucía) e Islas Baleares (Ley 10/2019, de 22 de febrero, de cambio climático y transición energética).

25 Es el caso de Navarra (Ley Foral 4/2022, de 22 de marzo, de Cambio Climático y Transición Energética), Canarias (Ley 6/2022, de 27 de diciembre, de cambio climático y transición energética en Canarias), País Vasco (Ley 1/2024, de 8 de febrero, de Transición Energética y Cambio Climático) y Comunidad Valenciana (Ley 6/2022, de 5 de diciembre, del Cambio Climático y la Transición Ecológica de la Comunitat Valenciana y Ley 1/2023, de 8 de marzo, de creación de la Agencia Valenciana de Cambio Climático). Si bien es cierto que el caso valenciano, por estricto orden temporal, no debería ser la cuarta recogida, se ha preferido ubicarla en este lugar, habida cuenta del conocimiento de un proyecto (todavía en fase de borrador) de modificación de la citada Ley

Portugal o el que aquí se pretende comentar, Francia, facilitan el análisis de la cuestión, habida cuenta de la existencia de un único polo de aprobación legislativa.

Ahora bien, previo paso al adentramiento de la regulación francesa, no hay que perder de vista que el marco programático es más amplio y no se ha hablado de mediciones todavía. Lo primero queda recogido en el VIII Programa de Acción en materia de Medio Ambiente hasta 2030 (PMA)[26] que incide en la necesidad de evaluar el progreso conseguido en cuanto a sus objetivos prioritarios mediante la evaluación no solo de factores medioambientales, sino también sociales y económicos, a través de datos e indicadores sólidos y significativos (considerandos 37 y 39)[27].

Y a tenor de lo recogido en la Decisión, la Comisión ha elaborado una nueva Comunicación en la que ha recogido una lista de 26 indicadores para supervisar los avances conseguidos con respecto a los objetivos medioambientales de la Unión. Para ello, ha establecido dos indicadores para cada objetivo prioritario, salvo para la biodiversidad, para la que se ha considerado necesario establecer tres, y para las presiones medioambientales, las condicio-

---

6/2022 y de derogación de la Ley 1/2023. Por su parte, Asturias lo que ha hecho ha sido integrar las prescripciones sobre cambio climático en su nueva regulación de calidad ambiental (Ley 1/2023, de 15 de marzo, de Calidad Ambiental).

26 Decisión (UE) 2022/591 del Parlamento Europeo y del Consejo de 6 de abril de 2022 relativa al Programa General de Acción de la Unión en materia de Medio Ambiente hasta 2030.

27 No obstante, el propio Programa advierte de que en la actualidad no refleja medidas concretas hasta 2025, dado que el Pacto Verde Europeo ya contiene una hoja de ruta al respecto, si bien a partir de 2024 debe realizarse una revisión de la propia Decisión para añadir un anexo comprensivo de las medidas legislativas que se consideren necesarias tomar a partir de ese año, por cuanto se entendió que para este año ya habrían sido puestas en marcha las medidas clave del Pacto (considerando 42).

nes favorables y el objetivo prioritario a largo plazo para 2050, que se incluyen cinco[28].

III. LA PREOCUPACIÓN FRANCESA POR EL CAMBIO CLIMÁTICO

1. *El punto de partida: la inserción de la cuestión ambiental en sede constitucional*

Tras esta breve contextualización regulatoria del fenómeno climático en la Unión Europea, procede adentrarse a continuación en la aproximación a la cuestión en el Derecho francés. Para ello, resulta recomendable comenzar recordando que la preocupación francesa por la protección del medio adquiere relevancia constitucional a principios de este siglo, con ocasión de la Carta del Medio Ambiente de 2004, anexa a la Constitución de 1958[29]. En ella se

---

28 Comunicación de la Comisión «relativa al marco de seguimiento del 8.° Programa de Acción en materia de Medio Ambiente: medir el progreso hacia la consecución de los objetivos prioritarios del Programa de 2030 y 2050» [COM (2022) 357 final]. En esta línea PRIEUR, BASTIN & MEKOUAR (2021, p. 29) enfatizan la necesidad de disponer de indicadores, singularmente jurídicos, para evaluar la efectividad de las disposiciones en materia ambiental, dado que ya se cuenta con otros de índole científica, económica o social.

29 La idea de incluir el medio ambiente dentro del texto fundamental francés no aparece de la nada: fue una de las cien propuestas recogidas en su día en el Informe Barnier, presentado en 1990 a petición de la Comisión de Finanzas de la Asamblea Nacional, en el que se recogían, entre otras sugerencias, la elaboración de un Código de Medio Ambiente, la creación de un gran Ministerio de Medio Ambiente que centralizase todas las políticas atinentes a esta materia (por contraposición a la gestión sectorializada que se había producido hasta ese momento) y la duplicación de la financiación medioambiental hasta alcanzar el 1% del presupuesto estatal en 1999. Se escogen estas tres propuestas porque cada una ha tenido un resultado distinto. El Código de Medio Ambiente se elaboró y es de consulta obligada para conocer el acervo normativo francés en materia ambiental y climática, junto con algunas

introducen dos apreciaciones sobre la materia: por un lado, la adición en el preámbulo de la Constitución de una referencia a los derechos y deberes definidos en la mentada Carta[30]; y, por otro, la incorporación en su artículo 34 de una cuestión a la que se dota de una primera reserva legal: la preservación del medio ambiente[31]. Por su parte, la Carta contiene un apartado, compuesto por 10 artículos, que recoge diversas indicaciones, entre las que cabe resaltar la previsión de un derecho a vivir en un medio ambiente sano que respete la salud de los individuos[32] y al acceso a la información y a la participación en la elaboración de las decisiones en materia ambiental; además de la previsión del principio de precaución[33].

---

cuestiones del Código de la Energía, además de diversas normas especiales. El Ministerio de Medio Ambiente se creó y, con sucesivas denominaciones, ha pervivido hasta la actualidad, si bien en 2022 el Presidente Macron desgaja del actual Ministerio de la Transición Ecológica y Cohesión Territorial la política energética, que pasa a estar integrada en el Ministerio de Economía y Soberanía Industrial y Digital, debiendo coordinarse ambos departamentos a la hora de elaborar las medidas de lucha contra el cambio climático (Decreto 2023-665, art. 2-IV). Finalmente, la dotación de un 1% de los presupuestos públicos estatales en materia ambiental, a fecha de 2023, aún no se había conseguido.

30 Dedicado a la solemne adhesión del pueblo francés a los Derechos humanos y a los principios de soberanía nacional definidos en la Declaración de 1789 y completados por el Preámbulo de la Constitución de 1946. Concretamente dispone: «*Le Peuple français proclame solennellement son attachement aux Droits de l'Homme et aux principes de la souveraineté nationale tels qu'ils ont été définis par la Déclaration de 1789, confirmée et complétée par le préambule de la Constitution de 1946, ainsi qu'aux droits et devoirs définis dans la Charte de l'environnement de 2004*».

31 «*[...] La loi détermine les principes fondamentaux: [...] de la préservation de l'environnement*».

32 Al que va aparejado el deber de toda persona de participar en la preservación y mejora del medio ambiente, así como de prevenir los daños que pueda causar en este último y de limitar las consecuencias, además de contribuir a su reparación, todo ello conforme a lo establecido por la ley.

33 A este listado se unirían la promoción del desarrollo sostenible y una referencia a la importancia de la educación y la investigación en la cuestión ambiental.

Por si hubiera alguna duda, dada la forma en que están formulados —remiten a la acción del legislador—, no se trata de meras orientaciones u objetivos hacia los que ha de orientarse la acción pública. Todo lo contrario: constituyen verdaderos derechos que vinculan a todos, siendo aquel el único competente para precisar su contenido y límites. De hecho, el *Conseil constitutionnelle* ya declaró el pleno valor constitucional de todas las disposiciones de la Carta, de igual manera que el *Conseil d'État* subrayó la necesidad de que las disposiciones de aquella deben ser aplicadas de la misma manera que las de la Declaración de Derechos de 1789 y que el Preámbulo de la Constitución de 1946, coincidiendo así ambos tribunales del *Palais Royal* en que el contenido de la Carta vincula a todas las personas, no solo las públicas sino también a las privadas[34].

2. *Los instrumentos normativos y de planificación en materia de cambio climático*

2.1. La dimensión normativa

A este respecto, como se adelantaba, la primera referencia que hay que tener en cuenta en la cuestión ambiental en general y climática en particular es el Código de Medio Ambiente y las sucesivas modificaciones que ha sufrido a la luz de las distintas leyes específicas relativas a la cuestión climática. A ello se ha de sumar el Código de la Energía, dando como resultado la necesaria interconexión que ha de haber entre las cuestiones ambientales y energéticas para establecer medidas concretas en la senda de la mitigación de los efectos del cambio climático.

---

34 A tal fin, puede observarse, por un lado, el asunto del *Conseil constitutionnelle* 8 avril 2011 nº 2011-116 QPC, *Michel Z*, y, por otro, el caso del *Conseil d'État* 16 juillet. 2010, *Assoc. Nonant Environnement*, nº 358927. Referencias extraídas de PRIEUR (2023, pp. 81-82).

A. *Las referencias basilares: El Código de Medio Ambiente y el Código de la Energía*

El Código de Medio Ambiente (arts. L. 110-1 a L. 110-7) comienza con un pórtico dedicado a los principios generales, dentro del que se definen los elementos que componen el patrimonio común de la nación[35], así como los principios que guían la actuación en materia ambiental. A renglón seguido se recoge como objetivo de la política ambiental el desarrollo sostenible (integrado por cinco compromisos entre los que se incorporó ya en 2010 la lucha contra el cambio climático), y se plantea la transición hacia una economía circular que respete los límites planetarios[36],

---

35 Los espacios, recursos y ambientes naturales terrestres y marinos, los sonidos y olores que los caracterizan, los sitios, los paisajes diurnos y nocturnos, la calidad del aire y del agua, los seres vivos y la biodiversidad. Listado que ha sido varias veces modificado para ampliar su contenido, siendo la última de ellas en 2021 a través de la Ley 2021-1104 para incluir la calidad del agua entre sus elementos.

36 Una crítica a este pretendido nuevo paradigma de la economía circular en relación con la reutilización del agua, si bien con reflexiones extrapolables a la cuestión ambiental en general, puede encontrarse en SETUÁIN MENDÍA (2023, pp. 19-54), quien afirma de manera sintética que se trata de una noción recogida en multiplicidad de textos, tanto normativos como extranormativos, pero sin un aparato jurídico, económico y técnico que lo materialice: «reiteración, una y otra vez, de las mismas afirmaciones, inútil sin el acompañamiento de ninguna medida precisa de implementación» (p. 28, nota 23).
A su vez, parece ser que la cuestión de los límites planetarios sería una de estas nuevas nociones con las que se pretende aportar algo a la materia ambiental. A tal efecto se puede consultar la obra dirigida por DREYFUS (2024) atinente al análisis de esta noción y su incorporación al Derecho francés. Por avanzar una reflexión de esta, puede señalarse que la única referencia en este ordenamiento a tal concepto se encuentra entre este elenco de disposiciones generales. Ambos conceptos, economía circular y límites planetarios, se encuentran en el mismo precepto (art. L. 110-1-1). De hecho, este artículo fue modificado en 2020 por medio de la Ley 2020-105, exclusivamente para añadir el segundo de ellos, manteniendo intacto el resto del contenido. Habrá que ver

además del reconocimiento del derecho de todos a un medio ambiente saludable, entre otras cuestiones. No obstante, dos elementos merecedores de resalte, por su incidencia directa en los litigios climáticos que se comentarán después, son la Estrategia Nacional Baja en Carbono (SNBC) y los presupuestos de carbono (arts. L. 222-1 A y siguientes), introducidos por la Ley 2015-992, reseñada más adelante. Aquella constituye un instrumento planificatorio dedicado a definir el procedimiento a seguir en la senda de reducción de emisiones de GEI de manera sostenible en el medio y largo plazo[37]. Para ello, empezando por el periodo 2015-2018 y, a partir de ahí, por periodos sucesivos de cinco años, fija un techo nacional de emisiones denominado "presupuesto de carbono", dividido por sectores, categoría de gases, y lo distribuye por tramos de emisiones anuales[38].

Ahora bien, los compromisos adquiridos por parte de Francia tanto a nivel europeo como internacional relativos a la eficiencia energética, producción de energías renovables y reducción de emisiones de GEI quedan reflejados en el Código de la Energía (art. L. 100-4).

---

si ello supone alguna diferencia o simplemente fue cuestión de prosa normativa.

37 Una cuestión que llama la atención es que el Código de Medio Ambiente establece que deberá ser adoptada por decreto, cuya primera formulación se contuvo en el Decreto 2015-1491. Sin embargo, si se observa el contenido de este último, se verá que no contiene el citado instrumento, simplemente refiere en su artículo 4 que se adopta la estrategia y remite a su publicación en el Boletín Oficial del Ministerio responsable. Hecha esta apreciación, también hay que señalar que es este mismo decreto el que contiene los tres primeros presupuestos de carbono, conforme a los periodos 2015-2018, 2019-2023 y 2024-2028.

38 A través del Decreto 2020-457, modificatorio del anterior, se procedió a la revisión de la estrategia, así como a la actualización al alza de los presupuestos de 2019-2023 (de 399 a 442 Mt de CO2eq/año) y de 2024-2028 (de 358 a 359 Mt de CO2eq/año), fruto del incumplimiento del primer presupuesto (lo que se pone de manifiesto, como se verá, con los casos *Grande-Synthe*) y a la formulación del cuarto presupuesto de carbono, relativo al periodo 2029-2033 (300 Mt de CO2eq/año).

Ello no obsta que, precisamente fruto de esa afección transversal de la cuestión climática, hay otras normas que recogen medidas específicas de ámbitos determinados (urbanismo, contratación pública, etc.)[39]. De hecho, este Código ofrece algunas referencias a esa necesaria conexión energía y clima. Por ejemplo, también por su interés en la cuestión litigiosa climática —así como su interconexión con la SNBC y los presupuestos de carbono—, su primer artículo prevé que cada cinco años una Ley deberá determinar los objetivos y prioridades de la política energética para responder a la emergencia ecológica y climática (art. L. 100-1 A). Con ello se hace referencia a la denominada Ley de Programación Energética y Climática (LPEC), cuya primera formulación debía producirse antes del 1 de julio de 2023. De ella, a su vez, dependen la tercera versión o actualización de la SNBC, a la que va unida el quinto presupuesto de carbono (2034-2038), así como la —también— tercera Programación Plurianual Energética (PPE periodo 2024-2033), en tanto que deben publicarse dentro de los doce meses siguientes a la aprobación de aquella[40]. Se entiende que los tres instrumentos (LPEC, SNBC y PPE) conformarán la estrategia francesa en materia de energía y clima. Sin embargo, ninguno de ellos ha sido aprobado hasta la fecha[41].

---

39 Por ejemplo, el artículo L. 101.2 del Código de Urbanismo plantea que la acción de los poderes públicos en materia urbanística está dirigida a alcanzar los objetivos de lucha contra el cambio climático y adaptación al mismo, reducción de emisiones de GEI y ahorro de combustibles fósiles. En este mismo sentido, el art. L. 3-1 del Código de Contratación Pública plantea que esta contribuye a la consecución de los objetivos de desarrollo sostenible.

40 Esta planificación energética fue instaurada por la Ley 2015-992, reseñada justo a continuación. Se establece para dos periodos de cinco años, procediendo a su revisión a la mitad de su vigencia. Se aprobó por primera vez mediante el Decreto 2016-1442, sustituido por el actual Decreto 2020-456, que cubre el periodo 2019-2028 (pese a ser adoptado en 2020) y cuya revisión debía haberse realizado ya, tanto por haber cubierto los primeros cinco años, como por el mandato de acompasamiento con la LPEC.

41 La necesidad de aprobación de la citada Ley fue introducida por la Ley 2019-1147, referenciada más adelante. La vinculación entre la SNBC y el quinto presupuesto de carbono, por un lado, y la Programación

A su vez, hay que tener en cuenta los objetivos de la política energética nacional francesa, entre los que se encuentran: la reducción de emisiones de GEI en un 40% entre 1990 y 2030 y la neutralidad climática para 2050, cuya consecución se plantea a través de los presupuestos de carbono; la reducción tanto del consumo de energía final en un 50% como del consumo de energía primaria de combustibles fósiles en un 40%, ambos con respecto a 2012; a lo que se añade el aumento de la cuota de energías renovables hasta, al menos, el 33% del consumo final bruto de energía para 2030 (art. L. 100-4)[42].

B. *La sucesión de reformas y cambios a través de normas especiales. El cambio de perspectiva con arreglo a una variable concreta: la energía nuclear*

A continuación, por razón temporal, puede reseñarse la *Ley 2015-992*. Al margen de la creación de los citados instrumentos de reducción de emisiones de GEI clave en la materia, fue una norma que estableció medidas en diversos ámbitos, como la mejora de la renovación de los edificios para favorecer el ahorro energético[43], en materia de transporte para mejorar la calidad del

---

Plurianual Energética, por otro, con la LPEC, así como el plazo para su aprobación, se encuentran recogidos en los artículos L.222-1 C del Código de Medio Ambiente y L.141-4 del Código de la Energía, respectivamente.

42 Sin duda es uno de los preceptos más modificados en este último tiempo, por mor de las sucesivas normas que se han dictado en esta materia. De algunas de ellas se da cita en este documento, como son las leyes 2015-992, 2019-1147, 2021-1104 y 2023-175. Y ello por no hablar de la Directiva 2018/2001 (UE) 2018/2001 del Parlamento Europeo y del Consejo de 11 de diciembre de 2018 relativa al fomento del uso de energía procedente de fuentes renovables y sus sucesivas modificaciones.

43 Para ilustrar este punto se pueden recoger dos medidas: por un lado, se fijó el objetivo de renovar 500.000 viviendas al año a partir de 2017, debiendo la mitad, al menos, estar ocupadas por familias de bajos ingresos, y, por otro, se consideró que el sector público debía servir de

aire, de gestión de residuos y fomento de la economía circular, de promoción de las energías renovables, de fortalecimiento de la seguridad nuclear, así como de simplificación de procedimientos para aumentar la eficiencia y la competitividad. Singularmente, fijó el objetivo de reducir la participación de la energía nuclear en la producción de electricidad al 50% en 2025, para lo cual prohibió la posibilidad de otorgar autorizaciones administrativas para nuevas instalaciones de producción de electricidad a partir de fuentes nucleares más allá de 63,2 gigavatios de potencia total en el país[44]. Esta senda de reducción de la presencia de la nuclear en el mix energético francés no solo ha sufrido impases, como ahora se verá, sino que directamente, se ha revertido.

La siguiente parada en este recorrido sería la *Ley 2019-1147* relativa a la energía y al clima[45]. Fue esta norma la que fijó en el Derecho interno francés el objetivo de neutralidad de carbono para 2050, a la par que estableció medidas para reducir el consumo de energía residencial[46], en materia de evaluación ambiental y para favorecer nuevamente la producción de energía renovable.

---

ejemplo en esta materia, fijando que todas las nuevas construcciones encargadas por este deben demostrar «ejemplaridad energética y ambiental» y han de ser «positivas en energía y alto desempeño ambiental», conceptos que serán definidos mediante el correspondiente desarrollo reglamentario.

44 Objetivo y prohibición recogidos en los artículos L. 100-4 I 5° y L. 311-5-5 del Código de la Energía.

45 Un dato curioso sobre la evolución de su contenido durante la tramitación parlamentaria es que el primigenio proyecto de ley constaba únicamente de 12 artículos, mientras que el texto resultante de la misma y definitivo asciende a un total de 69.

46 Recogió la necesidad de que se definiera un umbral máximo de consumo final de energía por metro cuadrado y por año, lo que se hizo en 2021 e implicó que, todas aquellas viviendas cuyo consumo energético supere ese umbral, no puedan ser alquiladas. En esa misma línea también se estableció el consumo energético máximo de los edificios residenciales, así como obligaciones de información en favor de los compradores y arrendatarios de inmuebles sobre esta materia.

Por último, también recogió algunas medidas relativas al sector energético[47]. Entre ellas, pospuso la reducción al 50% de la participación de la energía nuclear en el mix energético francés de 2025 a 2035[48]. Ciertamente la lectura de esta norma (como también ocurre, en parte, con las siguientes) es más compleja porque prácticamente no refleja contenido en su seno, si no que, por un lado, opera multiplicidad de reformas en diversidad de textos, y, por otro, recoge diversidad de habilitaciones al Gobierno para que, bien desarrolle reglamentariamente algunos aspectos, bien refunda ciertos contenidos o incluso para que transponga determinadas normas del Derecho de la Unión[49].

Es reseñable también la *Ley 2021-1104*, conocida por ser la norma que plasmó algunas de las propuestas recogidas en el informe evacuado por la Convención Ciudadana por el Clima (*Convention citoyenne sur le climat*)[50]. Sus más de 300 artículos se estructuran siguiendo las temáticas de aquel informe, a lo que se suman contenidos adicionales. Así, los títulos II a VI se dedican a consumo, producción y trabajo, viajes, vivienda y alimentación, a los que se añaden otros dos. De todo ello se puede extraer la prohibición de publicidad a favor de los combustibles fósiles a partir de 2022

---

47 A lo que se añaden las exigencias de aprobación de la LPEC antes mencionadas, insertas en el Código de la Energía (art. L. 100-1 A).

48 A tal fin, vuelve a modificarse el artículo L. 100-4 I 5° del Código de la Energía. Por arrojar un dato, hay que tener presente que en 2021 la participación de la nuclear en el mix energético representó un 69% y en 2022 un 62,7%, por lo que, a solo tres años vista, no era posible reducir todo el diferencial existente sin poner el riesgo la seguridad del suministro.

49 Es el caso del artículo 39 donde se autoriza al Gobierno para que transponga nada menos que cuatro directivas, relativas al denominado Paquete “Energía limpia para todos los europeos”, y apruebe las medidas necesarias para adaptar al ordenamiento interno tres reglamentos.

50 Para conocer mejor la exégesis sobre su conformación, funcionamiento, avatares y resultados puede consultarse a PECH (2021), quien describe estos pormenores desde dentro, dado que fue el presidente de su comité de gobernanza.

y de los coches más contaminantes a partir de 2028; la extensión de la obligación de instalar paneles solares en espacios comerciales, oficinas y aparcamientos; además de la obligación de tener en cuenta los objetivos de seguridad de suministro y de reducción de GEI a la hora de decidir cerrar un reactor nuclear[51].

Por último, cabría cerrar este listado haciendo alusión a dos normas, por su complementariedad y a la vez diferencia. De una parte, la *Ley 2023-175*, cuya pretensión es la aceleración de la producción de energía de fuentes renovables. Para ello, procede a la simplificación de procedimientos ambientales de los proyectos de energía renovable y favorece tanto el desarrollo de energías (entre ellas, la solar) como de instalaciones de producción de energías renovables marinas. Todo ello acompañado de medidas para su financiación. De otra, la *Ley 2023-491*, que tiene por objeto la aceleración de los procedimientos vinculados a la construcción de instalaciones nucleares y la prolongación de la vida útil de las instalaciones nucleares existentes. Se indica como primera relación la complementariedad, por cuanto ambas están dirigidas a la facilitación de la aprobación de proyectos de producción de energía. Y, en paralelo, se apunta a su diferencia porque, en el plazo de tres meses —el que va desde la entrada en vigor de la primera a la segunda—, se transita de una continuación por las renovables a una nueva apuesta por la energía nuclear. Esto último queda plasmado mediante la supresión de lo instaurado en 2015: la senda de reducción de la energía nuclear en el mix energético y la prohibición de conceder nuevas autorizaciones cuando se ex-

---

[51] También contiene la creación de zonas de bajas emisiones en ciudades de más de 150.000 habitantes y la prohibición de vuelos nacionales cuando exista una alternativa en tren de menos de 2,5 horas, así como la compensación obligatoria de carbono de los vuelos nacionales por parte de las empresas a partir de 2022 y la creación de carriles reservados para vehículos compartidos. Finalmente, plantea el cese de la venta de los vehículos considerados más contaminantes para 2030 y de los vehículos pesados, autobuses y autocares nuevos más contaminantes en 2040.

cediera determinada potencia total[52]. Este es un motivo más por el que resulta necesaria la revisión del reiterado instrumento de planificación energética, por mor de la reorientación clara de la política en esta materia y los diferentes presupuestos sobre los que se asentó aquella programación en 2020.

Dicho sea de paso, conviene no olvidar que, con carácter previo y si bien sometida a condicionamientos estrictos, las actividades relacionadas con la energía nuclear (y el gas) pasaron a incluirse dentro del elenco de actividades medioambientalmente sostenibles a escala de la Unión, conforme al Reglamento de Taxonomía[53], a raíz de su aprobación por parte de la Comisión[54]. Y ello durante el turno de presidencia francesa del Consejo[55].

---

[52] Para ello, procede a la supresión de los mencionados artículos L. 100-4 I 5° y L. 311-5-5 del Código de la Energía.

[53] Reglamento (UE) 2020/852 del Parlamento Europeo y del Consejo de 18 de junio de 2020 relativo al establecimiento de un marco para facilitar las inversiones sostenibles y por el que se modifica el Reglamento (UE) 2019/2088.

[54] Esto se produjo a través del Reglamento Delegado (UE) 2022/1214 de la Comisión de 9 de marzo de 2022 por el que se modifica el Reglamento Delegado (UE) 2021/2139 en lo que respecta a las actividades económicas en determinados sectores energéticos y el Reglamento Delegado (UE) 2021/2178 en lo que respecta a la divulgación pública de información específica sobre esas actividades económicas. No se plantea su consideración como energía procedente de fuentes renovables. Ahora bien, se explica que las actividades relacionadas con la energía nuclear presentan bajas emisiones de carbono y, a falta de alternativas hipocarbónicas tecnológica y económicamente viables para satisfacer la demanda de energía de manera continua y fiable, se considera que han de subsumirse dentro del elenco de actividades económicas de contribución sustancial a la mitigación del cambio climático [considerando 6 del Reglamento Delegado (UE) 2022/1214].

[55] No se plantea aquí una relación de causalidad, pero al menos sí una más modesta de correlación entre este cambio a nivel de la Unión y la renovada apuesta por esta fuente de energía en el plano nacional al año siguiente.

C. *Algunas apreciaciones de conjunto*

De todo este devenir normativo se pueden extraer varias ideas. La primera de ellas es el reflejo del principio de progresividad en el cumplimiento de los compromisos en materia de reducción de emisiones, fruto del empuje comunitario en esta materia. La fijación de nuevos estándares comunes pero diferenciados ha traído consigo la aprobación de nuevas normas que traten de dar cumplimiento a estas exigencias de la Unión[56].

Esto, unido a la idiosincrasia de cada Estado miembro, trae consigo una segunda idea: tras la fijación de metas concretas, expresadas en valores absolutos o porcentuales con referencia a fechas o cuantías determinadas, se encuentra la discrecionalidad del poder público correspondiente para la fijación de los medios determinados que den cumplimiento a esos objetivos. Y discrecionalidad en sentido amplio como se ha podido ver con la inicial apuesta por la reducción de la presencia de la energía nuclear para, finalmente, no solo no reducir su aportación en el mix energético, sino plantearse su aumento, amparándose para ello en la seguridad energética. Salvadas las distancias, podría trazarse un paralelismo con el funcionamiento de las Directivas: se establece un fin, dejando a los Estados el establecimiento de los medios. En el caso francés se opta por el camino de la energía nuclear como complemento a las energías renovables, mientras que, en otros supuestos, como el español, se apuesta decididamente por una implantación general de las renovables y un decaimiento progresivo de la energía nuclear.

Por extensión, en un trazado de lo más concreto a lo más abstracto, estos avatares y cambios tienen como una de sus premisas

---

56 Junto con el aumento de la reducción de emisiones de GEI, otro ejemplo es el aumento de la presencia de la energía procedente de fuentes renovables dentro del porcentaje de producción global en cada Estado, lo que ha requerido —y requerirá— la toma de medidas adicionales para su consecución.

el componente político y no meramente jurídico que la cuestión energética lleva adherido, a cuyo lado se encuentra también la mayor o menor sensibilidad social hacia la utilización de unas fuentes de energía u otras. Por tanto, se pone de manifiesto que, si bien las distintas ciencias son importantes para gestionar ámbitos de gran complejidad como el cambio climático, no son la única variable presente.

2.2. Una nota sobre la dimensión planificatoria

A todo lo anterior se han de sumar los diversos instrumentos de planificación previstos para la toma de medidas en materia climática, habiendo sido mencionado ya alguno de ellos: la estrategia nacional de bajas emisiones en carbono y la programación plurianual energética. Por razones de espacio, simplemente se puede proceder a su enunciación, quedando para posteriores ocasiones su desarrollo e interrelación.

A nivel estatal, junto con estos, a los que van unidos los diferentes presupuestos de carbono, hay que añadir el correspondiente PNACC (y el PNIEC por mandato europeo). Por su parte, en el plano regional hay que tener en cuenta los esquemas regionales clima-aire-energía (SRCAE), los esquemas regionales de ordenación territorial, desarrollo sostenible e igualdad territorial (SRADDET) para acabar concluyendo con los planes clima-aire-energía territoriales (PCAET). Y ello por no hablar de la necesaria coordinación con la planificación urbanística.

2.3. La litigiosidad circundante

Francia no es ni mucho menos una excepción a esta etapa de efervescencia de litigios sobre cuestiones climáticas en los que particulares u ONG (e incluso municipios) deciden recurrir ante los Tribunales lo que consideran ausencia o insuficiencia de medidas por parte de los poderes públicos para luchar contra los efectos del cambio climático. A falta de uno, este país ha formado parte de cinco litigios: tres casos *Grande-Synthe*, resueltos por el Consejo de Estado y dos "casos del siglo" (*Affaire du siècle*) dilucidados por el Tribunal Administrativo de París. De ellos, por razones de espacio y trascendencia, se va a centrar la atención en los asuntos *Grande-Synthe*, particularmente el último, previa introducción mediante el resumen de los dos primeros.

A. *El trinomio de asuntos Grande-Synthe*

Es posible que, por su novedad, el menos conocido sea el último (hasta la fecha): el tercer asunto *Grande-Synthe*. No obstante, para centrar el asunto, conviene recordar algunos hitos de los dos anteriores. En el primero de ellos[57], el municipio normando *Grande-Synthe* que da nombre a esta saga de resoluciones, recurrió ante el Consejo de Estado a la vista del silencio que había recibido por parte de diversas autoridades nacionales ante las peticiones formuladas en orden a tomar medidas para frenar la curva de emisiones y cumplir con las obligaciones contraídas por Francia. El Consejo de Estado reconoció el interés de los municipios muy expuestos a los riesgos climáticos para impugnar las situaciones de inacción de las autoridades nacionales en esta materia, lo que ya supuso un hito importante[58]. También afirmó que, si bien las disposiciones de la Convención Marco de las Naciones Unidas sobre el Cambio Climático de 1992 y del Acuerdo de París de 2015 no tenían efecto directo, sí debían ser tenidas en cuenta para interpretar las disposiciones del Derecho nacional que, remitiéndose a los objetivos que fijan, están destinadas a aplicarlas[59]. Además,

---

57 CdE 19 novembre 2020, *Commune de Grande-Synthe et M. Damien* (nº 427301).

58 Hay que tener en cuenta que se trata de un municipio costero muy llano que tiene buena parte del territorio por debajo del nivel del mar y que está ubicado en una zona, la de Dunkerque, que ha sido identificada como muy expuesta a los riesgos climáticos.

59 No poseen el citado efecto habida cuenta de que ambos textos internacionales están integrados por poco contenido con carácter vinculante —dentro del que buena parte son cuestiones procedimentales y no de resultado—, que requiere, a su vez, de la intervención de actos norma-

reconoció, a la luz del Derecho de la Unión, que el objetivo de reducción de emisiones de GEI del 40% para 2030 recogido en su Código de la Energía (art. L. 100-4) tenía carácter vinculante, debiendo seguirse para ello la trayectoria prevista en la Estrategia Nacional Baja en Carbono recogida en el Código de Medio Ambiente (art. L. 222-1-A) y establecida por decreto[60]. Igualmente sentó la base del examen que, por otra parte, realizaría el Tribunal Administrativo de París en los "casos del siglo": entendió que las medidas aplicadas entre 2015 y 2018, de conformidad con los trabajos del Alto Consejo del Clima, habían sido insuficientes, por haber superado el primer presupuesto de carbono[61]. Finalmente, pospuso la evaluación de otras medidas hasta después de 2020, para dar tiempo a su aplicación y poder evaluar su eficacia.

El segundo caso *Grande-Synthe* tiene fecha 1 de julio de 2021[62], y destacó por inaugurar el denominado "control de trayectoria" de las medidas tomadas en materia climática. En este caso, el examen no se centró en los objetivos climáticos, por entender el Tribunal que corresponden a compromisos internacionales y europeos adquiridos por Francia. Los elementos analizados fueron las herramientas puestas en marcha para su consecución. Con apoyo en diversos informes científicos, el Consejo de Estado acaba constatando que, a pesar de las nuevas medidas puestas en marcha

---

tivos adicionales para producir efectos. No obstante, aclara el Consejo de Estado, han de tenerse en cuenta a la hora de interpretar las disposiciones del Derecho nacional, que, en relación con los objetivos que fijan, pretenden precisamente alcanzarlos.

60 Para este primer litigio, se trata del Decreto 2015-1491, de 18 de noviembre, relativo a los presupuestos nacionales de carbono y la estrategia nacional baja en carbono. Originalmente, en él se fija el presupuesto de carbono para el periodo 2015-2018 en 442 Mt de CO2eq/año, para el periodo 2019-2023 en 399 Mt de CO2eq/año y para el periodo 2024-2028 en 358 Mt de CO2eq/año (art. 2).

61 Concretamente lo superó en 62 Mt de CO2eq/año, logrando únicamente una reducción media anual de sus emisiones el 1% cuando lo fijado en el presupuesto suponía una reducción anual de alrededor del 2,2%.

62 CdE 1 juillet 2021, *Commune de Grande-Synthe et M.B.A.* (nº 427301).

entre el primer y segundo caso, siguen siendo necesarias medidas adicionales para alcanzar los objetivos fijados para 2030; algo imposible de lograr con las medidas adoptadas hasta la fecha (de resolución del litigio)[63]. Para ello, dio un nuevo plazo para proceder a una nueva evaluación de las medidas, que se extendió hasta el 31 de marzo de 2022.

El tercer caso *Grande-Synthe* se dilucidó en mayo de 2023[64]. En él, el Consejo de Estado evaluó la suficiencia de las medidas adicionales planteadas por el Gobierno hasta la fecha dada de margen. Aquí hubo que tener en cuenta los compromisos existentes en un primer momento tanto a nivel europeo (reducción de emisiones de un 37% de emisiones de GEI para 2030 en relación a 2005 conforme al RRE) como nacional (reducción del 40% de las mismas entre 1990 y 2030 conforme al art. L.100-4 del Código de la Energía y los presupuestos de carbono; precisamente el precepto cuyo objetivo había sido declarado de carácter vinculante), además de los nuevos requerimientos fijados a nivel europeo que elevaron el objetivo de reducción de emisiones para Francia del 37% al 47,5% para el periodo 2005-2030[65].

Para dilucidar este litigio, el Tribunal procedió a examinar tres cuestiones concretas: a) si se han alcanzado los objetivos provisionales a fecha de la sentencia, b) la toma en consideración de las medidas tanto adoptadas como anunciadas como el Gobierno para reducir las emisiones de GEI, así como las que puedan provocar un aumento significativo de estas y c) la viabilidad de las

---

63 Con ello hace referencia a dos cuestiones. Por un lado, al Decreto 2020-457, de 21 de abril, relativo a los presupuestos nacionales de carbono y la estrategia nacional baja en carbono, por el que se modifica el Decreto de 2015 recién mencionado y se revisan tanto la estrategia nacional como los presupuestos de carbono siguientes: 2019-2023, 2024-2028 y 2029-2033. Por otro, al (entonces) proyecto de ley que acabó aprobándose como la Ley 2021-1104, comentada en el epígrafe normativo.

64 CdE 10 mai 2023, *Commune de Grande-Synthe et a* (nº 467982).

65 Ello fruto del Reglamento (UE) 2023/857 que modifica el RRE.

medidas propuestas en aras a la consecución de la trayectoria de reducción de emisiones.

En cuanto al primer punto, observa, conforme a informes que se aportan, que las cuotas anuales fijadas en el segundo presupuesto de carbono (periodo 2019-2023) para los años 2019, 2020 y 2021 se han cumplido y que la cuota establecida para el 2022 también podía cumplirse[66].

En segundo lugar, se recogen las diversas medidas propuestas por el Gobierno, cobrando singular interés la Ley 2021-1104 (mencionada dentro del recorrido normativo)[67] e incluso se ponen sobre la mesa la futurible Ley de Programación Energética-Climática (prevista en origen para julio de 2023) y la actualización tanto de la Estrategia Nacional Baja en Carbono como de la Programación Plurianual Energética que debían acompañar a aquella (previstas para julio de 2024).

Con ello se llega a la evaluación de las herramientas previstas y su capacidad para seguir la trayectoria de emisiones articulada, todo ello mediado por el contexto de crisis sanitaria y por razón de la guerra en Ucrania. Finalmente, llega a la conclusión de que persiste incertidumbre sobre la capacidad de las medidas adoptadas hasta esa fecha (31 de marzo de 2022) para conseguir la tasa de reducción de emisiones establecida. Por ello, requiere al Primer Ministro que se tomen todas las medidas adicionales necesarias para

---

[66] Ahora bien, ello se debe a dos razones: por un lado, a que con el Decreto 2020-457 se elevó el segundo presupuesto de carbono de 399 a 422 Mt de CO2eq/año y, por otro, a la importante caída de las emisiones producida en 2020, fruto de las medidas tomadas para combatir la pandemia de Covid-19.

[67] También se recoge —aunque de manera más testimonial— la Ley 2023-175, relativa a la aceleración de producción de energías renovables, y se alude a un proyecto de ley relativo a la aceleración de los procedimientos de construcción de nuevas instalaciones nucleares: la actual Ley 2023-491, ambas comentadas más arriba.

garantizar que el ritmo de reducción de emisiones es coherente con la trayectoria definida, antes del 30 de junio de 2024.

B. La posible continuación de esta saga de supuestos y la diferencia con el caso español

A renglón seguido de lo dispuesto en este último caso, hay que aclarar que nos encontramos a principios de julio de 2024 y no se ha aprobado la Ley de Programación Energética-Climática (hablamos de un año después del límite previsto para ello), ni está entre los objetivos del Gobierno, según han indicado fuentes del mismo. A su vez, tampoco se han aprobado la actualización de la Estrategia Nacional Baja en Carbono ni de la Programación Plurianual Energética recién referidas. Teniendo en cuenta que son varios de los instrumentos esgrimidos por parte del Ejecutivo francés dentro del abanico de previsibles medidas a tomar para continuar en la senda de reducción de emisiones, parece que habrá que estar atentos para dar noticia de un cuarto caso *Grande-Synthe* en el que el Consejo de Estado vuelva a evaluar la suficiencia o no de las medidas puestas en marcha por el Gobierno francés en materia de lucha contra los efectos del cambio climático. Habrá que ver si el Consejo de Estado en la siguiente ocasión, en caso de no haberse aprobado la citada ley y las mencionadas actualizaciones de los instrumentos programáticos, da un paso más allá e impone —previa petición de parte y sin entrar al establecimiento de su contenido concreto—, su aprobación al Ejecutivo. Ya no se trataría de una deferencia hacia este último, otorgándole un tiempo extra para la toma de nuevas medidas. Al fin y al cabo, aquellas constituyen obligaciones previamente establecidas en el ordenamiento interno, esgrimidas en los pleitos por el propio Gobierno y técnicamente exigibles. Solo queda esperar a ver cómo se suceden los acontecimientos.

Y ya a modo de cierre, para conectarlo con las conclusiones, se puede apreciar, sin necesidad de haber entrado al comentario de los “casos del siglo”, que la situación litigiosa en materia climática se encuentra en estadios bastante diferentes en los casos francés y español. A este respecto, aunque no sean la razón principal, las cuestiones procesales de los respectivos ordenamientos no han de desdeñarse[68]. En el primero ya hay cinco pronunciamientos, en los que sendos Tribunales entran al conocimiento de las medidas puestas en marcha por el Ejecutivo y le reprochan su insuficiencia —conforme a diversos informes que se aportan—, para conseguir los objetivos fijados. Si bien es cierto que no se ha impuesto al Gobierno la toma de unas medidas determinadas, por estar los compromisos ya fijados en las normas tanto europeas como nacionales y porque ello implicaría una vulneración clara de la separación de poderes, el denominador común de los tres casos *Grande-Synthe* ha sido la estimación parcial de los recursos y el otorgamiento de un plazo adicional al Ejecutivo para la puesta en marcha de medidas adicionales[69].

Por el contrario, en el caso español únicamente hay dos Sentencias del Tribunal Supremo que conozcan de cuestiones específicamente climáticas y su resultado ha sido totalmente distinto: desestimación en ambos pronunciamientos por haber cumplido el Estado con sus obligaciones a nivel internacional y europeo e imposibilidad de imponer al Gobierno un determinado porcentaje de reducción de emisiones a falta de una norma con rango de ley que disponga tal requerimiento. El alcance ha sido distinto, como diferentes son las obligaciones que cada uno de los Estados

---

68 Cuestión que subraya SETUÁIN MENDÍA (2024, pp. 81-116) con ocasión del análisis de los dos pronunciamientos acaecidos en España.

69 Podría parecer una contradicción con lo dicho en el párrafo anterior. No obstante, la diferencia estriba en el mandato en cuestión: lo primero sería prescribir al Gobierno la obligación de que actualice y apruebe las disposiciones cuyo plazo ha vencido ya; lo segundo implicaría el establecimiento de pautas concretas dentro de los citados mecanismos (véase una cuantía determinada de emisiones en los presupuestos de carbono, que se considerase en línea con los compromisos adquiridos, etc.), lo que está claro que no puede ocurrir. En ese hipotético caso sería el Consejo de Estado el que incurriría en *excès de pouvoir*.

ha decidido insertar en su ordenamiento interno, lo que permite o dificulta —según se mire— la aparición de litigios en materia climática.

III. CONCLUSIONES GENERALES

A la vista de lo expuesto, procede a continuación ofrecer una serie de reflexiones, no circunscritas al caso francés, a modo de síntesis conclusiva. Se opta por presentarlas con un carácter más amplio, con el propósito de reflejar observaciones aplicables a un espectro mayor, a razón de la extensión de la problemática controvertida: la gestión y regulación del cambio climático.

La primera de ellas es que la regulación de la materia climática está inserta en una espiral de complejidad creciente, tanto por lo que se refiere a la necesaria atención a su componente técnico (el aspecto científico) como en lo relativo a los avatares normativos. La protección del medio ambiente en general y, sobre todo, el establecimiento de medidas para luchar contra los efectos del cambio climático en particular, no se pueden leer en clave únicamente nacional: el protagonismo de la Unión Europea es claro y los Estados han de luchar por acompasar sus esfuerzos a las exigencias que se les establecen. Lucha que no solo se producirá frente a las Instituciones a través de la apertura de un posible procedimiento de infracción por incumplimiento de sus obligaciones sino también frente a sus ciudadanos ante los Tribunales nacionales, vista la dinámica litigiosa existente. Esta última, si bien es cierto que se encuentra en una tendencia general creciente, no se comporta de manera homogénea en todos los Estados, como se ha podido atestiguar con el relato francés y la mención al contrapunto español en esta materia.

La segunda es que son indisociables la cuestión ambiental y la cuestión energética, pese a que puedan tener objetivos distintos que requerirán de su continua conciliación: es el caso del aseguramiento del suministro energético y la decidida apuesta por las renovables, sin descuidar la protección del medio ambiente. De hecho, habrá que tener cuidado con la concepción, como lastres u obstáculos que se pretenden aligerar, de los procedimientos de evaluación ambiental de proyectos de instalación de infraestructuras de energías renovables.

En un asunto con tantas aristas —de lo que es un claro ejemplo el Considerando 34 de la «Ley Europea del Clima»—, fruto de la fuerte impronta política que tiene la materia, emerge con claridad la discrecionalidad que poseen los Estados para establecer los medios con arreglo a los que conseguir los fines, estos sí, fijados por la Unión Europea. Los casos francés y español son ejemplificativos a este respecto. Mientras el primero ha optado (ahora) por redoblar esfuerzos con la energía nuclear, el segundo tiene clara la apuesta por las energías renovables en este camino. Ambas opciones son válidas, aunque no son intercambiables entre los respectivos escenarios nacionales: ahí, la variable social tiene importancia. No es imaginable una apuesta por la energía nuclear por parte de España, aunque hay que tener en cuenta la necesidad de una energía de respaldo ante la intermitencia de las renovables en este proceso de descarbonización.

No obstante, el caso francés es una muestra de la posible reversibilidad de las medidas a implementar, dentro del fin a conseguir: de un planteamiento de reducción de la energía nuclear a su refortalecimiento en cuestión de ocho años. A este respecto, cuanto menos puede resultar una casualidad que fuera durante el periodo de presidencia francesa del Consejo de la Unión Europea cuando se aprobó la modificación parcial de las actividades comprendidas dentro del Reglamento de Taxonomía para facilitar sus inversiones.

En línea con esto último, y como tercera cuestión, no hay que perder de vista que es necesario movilizar fondos para ir descubriendo instrumental y tecnología que permitan ir dando pasos en la dirección establecida. Puede ser el caso de baterías que permitan el almacenamiento de energía más allá de la escala actual de un vehículo o un domicilio. Puede ser el hallazgo de nuevos materiales cuyas propiedades permitan generar mayor cantidad de energía y sean menos contaminantes que los actuales. Son dos ejemplos que muestran que estamos rodeados de incertidumbre y que, a cada paso que se dé, aparecerán nuevos interrogantes. Una cosa queda clara: las ciencias y la tecnología van a ir por delante; el Derecho tendrá que intentar regular a su paso. Lo que no quita que los roles deban seguir siendo los mismos: el de las primeras, descubrir; el del segundo, prescribir.

IV. BIBLIOGRAFÍA Y APÉNDICE NORMATIVO

ALENZA GARCÍA, José Francisco (2022), «Objetivos y principios rectores de la Ley de Cambio Climático y Transición Energética», en ALENZA GARCÍA, José Francisco y MELLADO RUIZ, Lorenzo (coords.), *Estudios sobre Cambio Climático y Transición Energética: Estudios Conmemorativos del XXV Aniversario del Acceso a la Cátedra del profesor Íñigo del Guayo Castiella,* Madrid, Marcial Pons, pp. 75-110

BECK, Ulrich (2006), *La sociedad del riesgo: hacia una nueva modernidad,* Barcelona, Paidós Surcos.

DREYFUS, Magali (2024), «Introduction. Les limites planétaires: un horizon pour penser le droit», en DREYFUS, Magali (Dir.), *Le droit français aux prises avec les limites planétaires,* París, Mare & Martin, pp. 19-43.

EMBID IRUJO, Antonio (2021), «El concepto de seguridad hídrica: contenido y funcionalidad», en EMBID IRUJO, Antonio (Dir.), *La Seguridad Hídrica. Desafíos y Contenido,* Cizur Menor, Thomson Reuters Aranzadi, pp. 27-70.

EMBID TELLO, Antonio Eduardo (2010), *Precaución y derecho: el caso de los campos electromagnéticos,* Madrid, Iustel.

ESTEVE PARDO, José. (2009). *El desconcierto del Leviatán: política y derecho ante las incertidumbres de la ciencia,* Madrid, Marcial Pons.

GARCÍA URETA, Agustín M. (2022), «El Derecho Europeo de la Biodiversidad en el contexto actual de lucha contra el cambio climático», en ÁLVAREZ CARRENO, Santiago y SORO MATEO, Blanca (Dirs.), *Estudios sobre la efectividad del Derecho de la biodiversidad y del cambio climático,* Valencia, Tirant lo Blanch, pp. 17.38.

LOZANO CUTANDA, Blanca (2023), *Derecho ambiental y climático,* Madrid, Dykinson, 2ª edición.

MARTÍN, Liber (2024), «Emergencia climática. Desafíos jurídicos y políticos», en SETUÁIN MENDÍA, Beatriz y SALINAS ALCEGA, Sergio (Dirs.),

Perspectivas jurídicas sobre clima, agua y energía. Estudios en reconocimiento del magisterio del profesor Antonio Embid Irujo, Madrid, Thomson Reuters Aranzadi, pp. 29-55.

MELLADO RUIZ, Lorenzo (2022), «Cambio climático y planificación y gestión del agua», en ALENZA GARCÍA, José Francisco y MELLADO RUIZ, Lorenzo (coords.), *Estudios sobre Cambio Climático y Transición Energética: Estudios Conmemorativos del XXV Aniversario del Acceso a la Cátedra del profesor Íñigo del Guayo Castiella*, Madrid, Marcial Pons, pp. 461-480.

MORENO MOLINA, Ángel Manuel (2023), *El Derecho del cambio climático: Retos, instrumentos y litigios*, Valencia, Tirant lo Blanch.

PAREJO ALFONSO, Luciano (2022), «Cambio climático y Derecho», en ALENZA GARCÍA, José Francisco y MELLADO RUIZ, Lorenzo (coords.), *Estudios sobre Cambio Climático y Transición Energética: Estudios Conmemorativos del XXV Aniversario del Acceso a la Cátedra del profesor Íñigo del Guayo Castiella*, Madrid, Marcial Pons, pp. 19-44.

PECH, Thierry (2021), *Le Parlement des citoyens. La convention citoyenne pour le climat.* París, Seuil.

PRIEUR, Michel. (2023), *Droit de l'environnement*, París, Dalloz, 9ª edición.

PRIEUR, Michel, BASTIN, Christopher y MEKOUAR, Ali (2021), *Midiendo la efectividad del derecho ambiental. Indicadores jurídicos para el desarrollo sostenible*, Bruselas, Peter Lang.

SETUÁIN MENDÍA, Beatriz (2023), *La reutilización de agua en un contexto de cambio. Un análisis jurídico administrativo*, Pamplona, Thomson Reuters Aranzadi.

SETUÁIN MENDÍA, Beatriz (2024), «El actual alcance de la litigación climática en España a la vista de reciente jurisprudencia del Tribunal Supremo», en SETUÁIN MENDÍA, Beatriz y SALINAS ALCEGA, Sergio (Dirs.), *Perspectivas jurídicas sobre clima, agua y energía. Estudios en reconocimiento del magisterio del profesor Antonio Embid Irujo*, Madrid, Thomson Reuters Aranzadi, pp. 81-116.

APÉNDICE NORMATIVO

Decreto 2015-1491	Décret n° 2015-1491 du 18 novembre 2015 relatif aux budgets carbone nationaux et à la stratégie nationale bas-carbone
Decreto 2019-439	Décret n° 2019-439 du 14 mai 2019 relatif au Haut Conseil pour le climat

Decreto 2020-456	Décret n° 2020-456 du 21 avril 2020 relatif à la programmation pluriannuelle de l'énergie
Decreto 2020-457	Décret n° 2020-457 du 21 avril 2020 relatif aux budgets carbone nationaux et à la stratégie nationale bas-carbone
Decreto 2023-665	Décret n° 2023-665 du 26 juillet 2023 relatif aux attributions du ministre de la transition écologique et de la cohésion des territoires
Ley 2009-967	Loi n° 2009-967 du 3 août 2009 de programmation relative à la mise en œuvre du Grenelle de l'environnement
Ley 2015-992	Loi n° 2015-992 du 17 août 2015 relative à la transition énergétique pour la croissance verte
Ley 2016-1087	Loi n° 2016-1087 du 8 août 2016 pour la reconquête de la biodiversité, de la nature et des paysages
Ley 2019-1147	Loi n° 2019-1147 du 8 novembre 2019 relative à l'énergie et au climat
Ley 2020-105	Loi n° 2020-105 du 10 février 2020 relative à la lutte contre le gaspillage et à l'économie circulaire
Ley 2021-1104	Loi n° 2021-1104 du 22 août 2021 portant lutte contre le dérèglement climatique et renforcement de la résilience face à ses effets
Ley 2023-175	Loi n° 2023-175 du 10 mars 2023 relative à l'accélération de la production d'énergies renouvelables
Ley 2023-491	Loi n° 2023-491 du 22 juin 2023 relative à l'accélération des procédures liées à la construction de nouvelles installations nucléaires à proximité de sites nucléaires existants et au fonctionnement des installations existantes

Capítulo 12

El derecho penal como instrumento de protección ambiental: últimos desarrollos en el ámbito de la Unión Europea a la luz de la Directiva (UE) 2024/1203

GUILLERMO JUAN GÓMEZ*

SUMARIO: I. INTRODUCCIÓN. II. LA PROTECCIÓN DEL MEDIO AMBIENTE A TRAVÉS DEL DERECHO PENAL EN UN CONTEXTO SUPRANACIONAL. 1. Las aportaciones del derecho penal hacia un enfoque integral. 2. Europa como escenario clave. 3. La evolución normativa de la lucha contra la delincuencia ambiental en Europa. III. LOS ORÍGENES DE LA NORMATIVA DE LA UNIÓN EUROPEA BASADA EN EL DERECHO PENAL COMO HERRAMIENTA DE PROTECCIÓN AMBIENTAL. 1. La pugna entre la Comisión y el Consejo: un conflicto de competencias. 2. La Directiva 2008/99/CE como primer instrumento. IV. EL ESCENARIO ACTUAL TRAS LA ENTRADA EN VIGOR DEL TRATADO DE LISBOA. 1. El examen de la Directiva 2008/99/CE y la influencia del Pacto Verde Europeo. 2. La Directiva (UE) 2024/1203: ¿un paso de gigante en la actualización del régimen normativo?. 2.1. Novedades en las infracciones. 2.2. Novedades en las sanciones. 2.3. Otras novedades. V. CONCLUSIONES. VI. BIBLIOGRAFÍA.

---

* Personal Investigador en Formación en el Área de Derecho Internacional Público y Relaciones Internacionales de la Universidad de Zaragoza, gracias a la financiación y el apoyo de la Fundación Ramón Areces. El presente trabajo se enmarca en las actividades del Grupo Consolidado de Investigación AGUDEMA, financiado por el Gobierno de Aragón, y del Instituto Universitario de Ciencias Ambientales de Aragón. También cuenta con el apoyo de los Proyectos de Investigación TED 2021-130264B-100 («Iniciativas normativas para avanzar en la transición ecológica») y PID2021-124296NB-100 («Retos jurídicos de la política hídrica en el marco de la economía circular y de la nueva legislación sobre el cambio climático»), financiados por el Ministerio de Ciencia, Innovación y Universidades.

I. INTRODUCCIÓN

El proceso de integración europea comienza con un objetivo que es, en origen, de carácter económico, y ese carácter impregnaba todas las actuaciones de las instituciones europeas, con el consiguiente silencio de los Tratados constitutivos respecto de materias como el medio ambiente. En este contexto, las primeras políticas ambientales también tuvieron una motivación eminentemente económica: no perseguían la protección del medio ambiente como fin en sí mismo, sino como vía para lograr otros fines[1]. No obstante, la evolución en este aspecto ha sido tal que, actualmente, el medio ambiente se erige como uno de los principales objetivos de la Unión Europea (en adelante, UE).

La regulación de este fenómeno en el plano comunitario ha experimentado un desarrollo paralelo al del Derecho internacional del medio ambiente: la Conferencia de Estocolmo de 1972[2] desencadenó la celebración, en el ámbito europeo, de una Cumbre de Jefes de Estado y de Gobierno en París ese mismo año[3], de la que surgió un acuerdo político que posibilitó formalmente la intervención de las Comunidades Europeas en materia ambiental[4], y fue el punto de partida de sus programas de acción[5].

---

1 Sirvan como ejemplo los intentos de homogeneización de normas ambientales para desincentivar movimientos de deslocalización empresarial entre Estados europeos, diluyendo las desigualdades normativas para potenciar el mercado común y acabar con las «barreras verdes» que lo afectaban.

2 Conferencia de las Naciones Unidas sobre el Medio Humano (5 a 16 de junio de 1972), durante la cual se adoptó la Declaración de Estocolmo. A/CONF.48/14/Rev.1.

3 Consejo Europeo celebrado entre los días 19 y 21 de octubre de 1972.

4 Se acordó impulsar el recurso al artículo 235 del Tratado Constitutivo de la Comunidad Económica Europea (en adelante, TCEE), que permitía llevar a cabo las acciones necesarias para lograr los objetivos de la Comunidad, en el marco del mercado común. A pesar de la ausencia de una base jurídica concreta en los tratados, el recurso a este precepto, junto con el artículo 100 del TCEE, relativo a la aproximación de legislaciones para fomentar el mercado común, fue el detonante de la

La inclusión del medio ambiente en los tratados constitutivos se produjo con el Acta Única Europea (1986), que le dedicó un título específico (Título VII de la Tercera Parte) y recogió los principios medioambientales en el Derecho originario. La acción ambiental se consagra como política comunitaria con el Tratado de Maastricht (1992), y la doble vía que se había establecido para la toma de decisiones en materia de medio ambiente va evolucionando en las sucesivas modificaciones de los Tratados, reforzándose la voluntad de integración y el procedimiento democrático, especialmente a partir del Tratado de Ámsterdam (1997)[6].

Hoy en día, y tras la entrada en vigor del Tratado de Lisboa, las políticas ambientales están asentadas en el corazón de la Unión

---

actuación comunitaria en asuntos medioambientales. La jurisprudencia del Tribunal de Justicia de las Comunidades Europeas (en adelante, TJCE) ayudó a consolidar esta facultad, interpretando favorablemente las competencias de las Comunidades al respecto. HINOJO ROJAS, Manuel y GARCÍA GARCÍA-REVILLO, Miguel (2016), pp. 111-115.

5 El primero de estos programas se aprobó para el período 1973-1976, tras la reunión en Bonn en 1972 del Consejo de Ministros de medio ambiente, que fija los principios generales de las políticas comunitarias en materia ambiental. El actualmente vigente es el VIII Programa General de Acción de la Unión en materia de Medio Ambiente, aprobado por la Decisión (UE) 2022/591 y en vigor hasta 2030.

6 Para la adopción de medidas relativas específicamente a las políticas generales en materia de medio ambiente (principalmente, la adopción de programas de acción) se requería unanimidad, y el procedimiento empleado era el de cooperación; mientras que para las relativas a la aproximación de legislaciones que afectaban al medio ambiente pero cuyo objetivo principal era la consecución del mercado interior, la toma de decisiones tenía lugar por mayoría cualificada y se recurría al procedimiento de codecisión. Esta diferencia, claramente marcada desde la creación de la estructura de pilares por el Tratado de Maastricht, se vio suavizada y diluida con el Tratado de Ámsterdam, que extiende el procedimiento de codecisión a la práctica totalidad de medidas dirigidas a lograr los objetivos ambientales, potenciando así el papel del Parlamento Europeo. HINOJO ROJAS, Manuel y GARCÍA GARCÍA-REVILLO, Miguel (2016), pp. 117-126.

Europea[7]. El medio ambiente se ha consolidado como una competencia compartida entre la Unión y los Estados miembros (art. 4.2 del TFUE), y el Título dedicado al medio ambiente ha pasado a ser el XX (arts. 191, 192 y 193 TFUE). Además, su protección también se recoge en el artículo 37 de la Carta de los Derechos Fundamentales de la Unión Europea (CDFUE)[8], adoptada en 2007 y a la que el artículo 6 del TUE otorga el mismo valor jurídico que los Tratados constitutivos[9].

II. LA PROTECCIÓN DEL MEDIO AMBIENTE A TRAVÉS DEL DERECHO PENAL EN UN CONTEXTO SUPRANACIONAL

La adecuada protección del medio ambiente requiere una doble aproximación: además de la adopción de instrumentos con carácter preventivo, orientados a impedir que los atentados contra el medio ambiente se produzcan (*a priori*), también debe comprender una vertiente retributiva, la exigencia de responsabilidad por los daños cometidos (*a posteriori*) como la otra cara de la tutela ambiental. En un principio, la responsabilidad en el contexto internacional se atribuyó únicamente a los Estados[10], que

---

7 Atendiendo a los arts. 3.3 TUE y 11 y 191.2 TFUE, entre los fines y objetivos de la Unión se encuentra el de proporcionar un elevado nivel de protección del medio ambiente.

8 Carta de los Derechos Fundamentales de la Unión Europea (DOUE-Z-2007-70004; DOUE núm. 303, de 14 de diciembre de 2007, pp. 1-16).

9 Para un análisis en profundidad de la evolución de la materia ambiental en la UE, ver FAJARDO DEL CASTILLO, Teresa (2017), p. 4 y ss., FUENTES LOUREIRO, María Ángeles (2022), pp. 331 y ss., e HINOJO ROJAS, Manuel y GARCÍA GARCÍA-REVILLO, Miguel (2016), pp. 107 y ss.

10 La base de la responsabilidad internacional atribuida a los Estados (que tiene un gran componente ambiental) no ha sido objeto de codificación, pero se recoge en sendos Proyectos de Artículos sobre responsabilidad del Estado por hechos internacionalmente ilícitos y por actos no prohibidos por el Derecho internacional, adoptados por la Comisión

se erigieron durante siglos como los únicos sujetos de Derecho internacional, y por tanto los únicos sometidos al concepto de responsabilidad internacional. No obstante, en las últimas décadas se ha ido abriendo camino la atribución de cierta responsabilidad a los individuos en el plano internacional. En el contexto de la Unión Europea, se ha desarrollado normativa específica centrada en determinar cuándo se producen los daños ambientales y declarar la responsabilidad de los operadores en los mismos, aunque sea desde un punto de vista financiero: el ejemplo más claro es la Directiva 2004/35/CE, fundamentada en el principio "quien contamina paga"[11].

Ahora bien, ¿debe esta introducción paulatina de la responsabilidad individual alcanzar a la dimensión penal, igual que ocurre en los distintos ordenamientos jurídicos internos?

1. Las aportaciones del derecho penal hacia un enfoque integral

La represión de los daños al medio ambiente puede abordarse desde distintas perspectivas, en función de las circunstancias del daño producido y particularmente de su gravedad. En este sentido, ¿realmente es necesaria la vía penal en la exigencia de responsabilidad? El Derecho penal es un derecho de *ultima ratio*, al que únicamente ha de recurrirse en los supuestos más graves y siempre que no hayan funcionado otras medidas punitivas que impliquen una menor intrusión en la esfera individual. Y este es

---

de Derecho Internacional en su 53° período de sesiones (A/56/10). *Anuario de la Comisión de Derecho Internacional*, 2001, Vol. 2, Nueva York y Ginebra. A/CN.4/SER.A/2001/Add.1 (Parte 2).

11 Directiva 2004/35/CE, del Parlamento Europeo y el Consejo, de 21 de abril de 2004, sobre responsabilidad medioambiental en relación con la prevención y reparación de daños medioambientales (DOUE-L-2004-81009; DOUE núm. 143, de 30 de abril de 2004, pp. 56-75). En su Considerando 1 señala la prevención y la reparación de los daños al medio ambiente como herramientas indispensables para la realización de los objetivos ambientales comunitarios.

el caso de los atentados contra el medio ambiente, donde no han sido efectivos otros sistemas de infracciones y sanciones[12], que se han revelado insuficientes para originar un efecto disuasorio y así desincentivar las acciones de degradación del medio natural provocadas por la mano humana.

Podríamos decir que el Derecho penal permite aportar un valor añadido, susceptible de incrementar la efectividad de la norma, gracias a su mayor componente de desaprobación social y a su carácter simbólico. Debe ser considerado un instrumento más, que reviste una utilidad clara pero cuya función debe ser la de complementar otras formas de protección del medio ambiente, y ayudar a establecer una protección integral desde un enfoque mucho más amplio[13]. Numerosos Estados han recurrido al Derecho penal para la protección ambiental, configurando delitos ambientales como complemento a las sanciones administrativas, y en este trabajo se pretende analizar el traslado de esta lógica al contexto supraestatal. No obstante, resulta complicado evaluar su efecto real en el *compliance* o cumplimiento normativo por parte de los individuos u operadores económicos[14].

La intervención del Derecho penal en la protección del medio ambiente abre la puerta a conceptos como "crímenes ambientales" o "delitos ecológicos", términos que resultan complejos de delimitar ya que su definición no ha sido establecida internacionalmente[15].

---

12 Sobre la eficacia del Derecho penal en la protección ambiental, ver, entre otros, MENDO ESTRELLA, Álvaro (2008), pp. 29 y ss.

13 La sanción pecuniaria es frecuentemente integrada en las previsiones de gastos de las empresas, siendo asumida sin problema, por ser sustancialmente menor al ingreso obtenido. Por lo tanto, la sanción exclusivamente económica carece de efectividad tanto para aquellos sujetos que no tienen recursos para pagarla como para los que tienen un gran poder económico y no les supone un esfuerzo.

14 VAGLIASINDI, Grazia Maria (2017), pp. 43-45.

15 HOLLAND, Trygve Ben et al. (2023), p. 50.

En todo caso, según un Informe del Programa de las Naciones Unidas para el Medio Ambiente (PNUMA) y de Interpol elaborado en 2016[16], la delincuencia ambiental es la cuarta actividad criminal más extendida del planeta[17], y crece a un ritmo del 5%-7%, especialmente en actividades como la explotación de recursos de naturales o el tráfico ilegal de fauna y flora protegida. El coste económico que implica anualmente ya supera los cien mil millones de dólares[18], incluyendo los beneficios ilícitos, las pérdidas del comercio que sí es legal, y los ingresos fiscales que se dejan de obtener (y eso que no se tiene en cuenta la degradación del valor de los ecosistemas). La UE se ve afectada por gran parte de estos atentados ambientales con alcance internacional, bien como origen de los mismos (es el caso del vertido de residuos), como mercado de destino (en la tala ilegal de madera), o simplemente como área de tránsito (por ejemplo, en el tráfico de especies protegidas).

Los daños que provocan estos crímenes van más allá de aquellos producidos directamente sobre el medio natural; también generan un gran impacto en la sociedad humana, afectando directamente a aspectos como los derechos humanos o el desarrollo sostenible. Dado que los delitos ecológicos están estrechamente vinculados a otros delitos[19], y guardan una relación estrecha con

---

16 NELLEMAN, Christian et al. (2016), *The Rise of Environmental Crime. A Growing Threat to Natural Resources Peace, Development and Security*. A UNEP-INTERPOL Rapid Response Assessment. United Nations Environment Programme and RHIPTO Rapid Response-Norwegian Center for Global Analyses.

17 En términos económicos, después del narcotráfico, la falsificación y la trata de seres humanos.

18 La cantidad fijada por el informe oscila en el rango de 91-258 billones de dólares estadounidenses (el equivalente a entre 80 y 230 mil millones de euros).

19 Ejemplos de ello son el fraude, la corrupción, la evasión de impuestos o el blanqueo de capitales. HOLLAND, Trygve Ben et al. (2023), p. 49.

la criminalidad organizada[20], con su incremento se ven comprometidos pilares sociales como la seguridad pública, el estado de derecho o la democracia. Por lo tanto, es necesario adoptar una aproximación conjunta, en el marco de un enfoque holístico, y elaborar políticas omnicomprensivas que tengan en cuenta estos fenómenos. En este sentido, es esencial aportar una perspectiva ambiental a la lucha contra la criminalidad organizada de carácter transnacional, y dictar medidas que incorporen la interconexión entre diferentes delitos, entre los que se encuentran aquellos de índole ambiental[21].

2. *Europa como escenario clave*

En el ámbito regional europeo, la introducción del Derecho penal para proteger el medio ambiente tiene un carácter reciente, y su desarrollo ha sido muy limitado. Pero ¿qué hace necesaria esta aproximación normativa en un plano regional? ¿No basta la actuación particular de los Estados de forma independiente? Parece que adoptar una perspectiva supranacional es imprescindible al tratarse de daños ambientales a gran escala, de carácter grave y que frecuentemente tienen carácter transfronterizo o global. El medio ambiente no entiende de fronteras (ni tampoco los actos que lo lesionan), especialmente en un entorno como la Unión Europea, a la que son inherentes elementos como la liber-

---

20 Sobre esta relación, ver HOLLAND, Trygve Ben et al. (2023), pp. 46 y ss. Un claro ejemplo son las mafias madereras rumanas, que consiguen talar y exportar ilegalmente la mitad de los recursos madereros del país, que podríamos comprender en la denominación *ecomafias*. GUDÍN RODRÍGUEZ-MAGARIÑOS, Faustino (2022), p. 2.

21 Ya establecía esta necesidad, proponiendo una hoja de ruta para la elaboración de políticas holísticas, el Estudio sobre crimen organizado, redes criminales transnacionales y crimen ambiental (2002) elaborado por el Instituto Interregional de las Naciones Unidas para Investigaciones sobre la Delincuencia y la Justicia (UNICRI). Disponible en: https://unicri.it/topics/environmental/conference. Consultado 9 de junio de 2024.

tad de circulación y el Espacio de Libertad, Seguridad y Justicia (en adelante, ELSJ)[22], que favorecen una mayor movilidad entre los Estados miembros. Este contexto hace necesario emprender una actuación conjunta para afrontar debidamente las acciones que lesionan el medio, lo cual nos lleva a la cooperación transfronteriza y, en el caso de la UE, incluso un paso más allá: a la armonización e integración penal[23].

El Derecho penal, al sustentarse sobre el ejercicio del *ius puniendi*, ha sido tradicionalmente uno de los ámbitos más intrínsecamente ligados a la soberanía estatal, y los Estados han sido siempre reticentes a ceder su ejercicio a un ente supranacional, por lo que es difícil lograr la voluntad estatal necesaria para adoptar estas medidas de armonización e integración[24]. Por este motivo, durante muchos años, la elección de las herramientas a utilizar para reaccionar a los atentados ambientales se dejó en manos de los Estados. No obstante, dado que los delitos ecológicos se han convertido en un problema transnacional, afrontarlos es una cuestión de interés internacional, pues esta es la única manera adecuada de luchar contra la impunidad de la delincuencia ambiental a gran escala. Actualmente existen debates sobre la posible configuración de crímenes ambientales en el ámbito internacio-

---

22 Su base jurídica es, principalmente, el artículo 3.2 del TUE: «La Unión ofrecerá a sus ciudadanos un espacio de libertad, seguridad y justicia sin fronteras interiores, en el que esté garantizada la libre circulación de personas conjuntamente con medidas adecuadas en materia de control de las fronteras exteriores, asilo, inmigración y de prevención y lucha contra la delincuencia». Estos conceptos se desarrollan en el artículo 21 y en los Títulos IV y V del TFUE.

23 Sobre la necesidad de avanzar en esta armonización normativa en el contexto europeo, ver BERNARDI, Alessandro (2009), pp. 378 y ss.

24 En el caso del medio ambiente, también se ha esgrimido como argumento la Resolución 1803 (XVII) de la Asamblea General de las Naciones Unidas, de 14 de diciembre de 1962, que recoge el reconocimiento internacional de la soberanía permanente sobre los propios recursos naturales.

nal[25], aunque este tipo de iniciativas albergan gran complejidad; sin embargo, la UE constituye un escenario de integración único, y por lo tanto idóneo para implantar un sistema compartido de infracciones y sanciones penales en el plano ambiental[26].

3. La evolución normativa de la lucha contra la delincuencia ambiental en Europa

Si bien el continente europeo es el ámbito regional en el que más se ha desarrollado un entramado normativo en esta materia, los primeros pasos hacia la utilización del Derecho penal como modo de protección del medio ambiente no se dieron en la UE, sino en una organización internacional de cooperación con mayor extensión territorial: el Consejo de Europa.

El primero de los instrumentos que surgió en el seno de esta organización fue la Resolución (77) 28 del Consejo de Europa[27], sobre la contribución del Derecho penal a la protección del medio ambiente, que hace alusión a la necesidad de recurrir al mismo de forma subsidiaria, en caso de no haber funcionado otras medidas previas[28]. A pesar de su carácter pionero y visionario[29], su

---

25 La configuración del crimen de ecocidio es una cuestión latente en la doctrina desde hace décadas, y sobre ella existe mucha controversia. Para un breve repaso sobre su evolución en la doctrina, ver SERRA PALAO, Pablo (2019), "Ecocidio: la odisea de un concepto con aspiraciones jurídicas", Revista Catalana de Dret Ambiental, Vol. 10 (Núm. 2). El 16 de febrero de 2024, la Fiscalía de la Corte Penal Internacional lanzó una consulta pública sobre la posibilidad de incluir este crimen ecológico en el ámbito de la Corte. Para mayor desarrollo, ver https://www.icc-cpi.int/news/office-prosecutor-launches-public-consultation-new-policy-initiative-advance-accountability-0. Consultado 17 de junio de 2024.

26 VAGLIASINDI, Grazia Maria (2017), p. 32.

27 Resolución (77) 28 del Consejo de Europa, de 28 de septiembre de 1977.

28 Considerando 3º de la Resolución (77) 28. Ver FUENTES LOUREIRO, María Ángeles (2022), p. 328.

29 Recogía medidas como, por ejemplo, la atribución de responsabilidad penal a las personas jurídicas, en un momento en el que ni siquiera se planteaba este debate en los Códigos Penales internos.

condición de mera recomendación hizo que su efecto se diluyera. Unos años más tarde se impulsó la creación de un grupo de expertos para estudiar la protección del medio ambiente a través del Derecho penal, y se elaboró un Convenio en este sentido que se abrió a la firma en 1998[30], y que pretendía señalar el camino hacia un sistema común de infracciones y sanciones que criminalizara los daños ambientales de mayor entidad, con la convicción de que el Derecho penal es esencial para generar un efecto disuasorio[31]. Este Convenio nunca llegó a entrar en vigor, pues no alcanzó el número de ratificaciones necesario[32], pero sirvió de base a la legislación desarrollada posteriormente en el marco de la UE[33].

Las primeras incursiones de la UE en el Derecho penal se dan en la última década del siglo XX. El Tratado de Maastricht (1992) creó la estructura en pilares, asignando al tercer pilar (pilar intergubernamental) los asuntos de justicia e interior, que incluían la cooperación judicial y policial en materia penal, que se introdujo así en la estructura comunitaria, pues previamente solo se había desarrollado de manera convencional. Con la adopción del Tratado de Ámsterdam (1997), se creó el ELSJ dentro del tercer pilar, dando un paso más allá de la mera cooperación y consolidando un espacio común en el cual uno de los objetivos era la seguridad colectiva, por lo que se entendía la lucha conjunta contra la criminalidad como uno de sus puntos clave[34].

---

30 Convenio del Consejo de Europa sobre la protección del medio ambiente a través del Derecho penal, Estrasburgo, 4.11.1998.

31 FUENTES LOUREIRO, María Ángeles (2022), p. 329.

32 Logró 14 firmas, pero de las 3 ratificaciones que necesitaba para su entrada en vigor, solo consiguió una.

33 VAGLIASINDI, Grazia Maria (2017), pp. 33-34.

34 La libertad de circulación permite un mayor movimiento entre los Estados miembros, incrementando el número de crímenes, lo que hace necesario ponderar entre la libertad de circulación y la seguridad pública, teniendo en cuenta que la primera podrá decaer en virtud de la segunda. Por tanto, la armonización penal también ayudará a reforzar a la UE e impulsar un correcto funcionamiento del ELSJ, igual que en los albores de la integración europea las armonizaciones legislativas en

El salto normativo que supuso la creación del ELSJ repercutió en el refuerzo de la cooperación penal, poniendo en el centro del debate la aproximación de legislaciones penales de los Estados, siempre que fuera necesario para garantizar un elevado nivel de seguridad, como parte de las medidas de prevención de la delincuencia[35]. El artículo 31 del TUE (en su versión de Ámsterdam), cuyo contenido se recoge en el actual artículo 83.1 del TFUE, preveía la posibilidad de dictar normas mínimas sobre infracciones y sanciones penales en determinados delitos de especial gravedad y trascendencia transfronteriza, haciendo alusión a la delincuencia organizada, el terrorismo, el tráfico de drogas o la trata de seres humanos, pero sin incluir ninguna mención a los delitos ambientales, bloqueando su utilización en este ámbito[36].

La primera referencia a los crímenes ambientales se remonta al Consejo Europeo de Tampere (1999)[37], que señaló la importancia de acordar un entramado de infracciones y sanciones comunes en un número determinado de delitos que se juzgaban de especial trascendencia, y entre los que incluía el delito ecológico[38]. En el mismo sentido se pronunciaba el VI Programa de Acción en materia de medio ambiente (2002)[39], considerándolo una de las prioridades de la política criminal europea.

---

materia de medio ambiente se llevaban a cabo para impulsar el mercado interior.

35 Art. 29 TUE (en la versión adoptada por el Tratado de Ámsterdam), cuyo contenido está recogido en el actual art. 67.3 del TFUE. Las primeras iniciativas en materia penal de la UE están ligadas al ELSJ, como establece GONZÁLEZ VIADA, Natacha (2009), pp. 121 y ss.

36 ESTRADA CUADRAS, Albert (2006), pp. 4 y ss.

37 Fue una reunión del Consejo Europeo celebrada en Tampere entre el 15 y el 16 de octubre de 1999, con el objetivo de analizar las posibilidades del ELSJ después de la adopción del Tratado de Ámsterdam.

38 FUENTES LOUREIRO, María Ángeles (2022), p. 333. Conclusión nº 48 de las Conclusiones de la Presidencia del Consejo Europeo, disponibles en https://www.europarl.europa.eu/summits/tam_es.htm.

39 Decisión 1600/2002/CE, del Parlamento Europeo y el Consejo, de 22 de julio de 2002. Disponible en: https://eur-lex.europa.eu/ES/legal-content/summary/sixth-environment-action-programme.html.

III. LOS ORÍGENES DE LA NORMATIVA DE LA UNIÓN EUROPEA BASADA EN EL DERECHO PENAL COMO HERRAMIENTA DE PROTECCIÓN AMBIENTAL

Tras la celebración del Consejo de Tampere, las propuestas normativas no tardaron en llegar: la primera fue la iniciativa de Dinamarca[40] (2000) para la aprobación, por parte del Consejo, de una Decisión marco para combatir los supuestos más graves de crímenes ambientales, como un asunto de cooperación penal. Poco después, el 13 de marzo de 2001, la Comisión presentó una propuesta de Directiva con el mismo objeto, la protección del medio ambiente a través del Derecho penal. Cuando la tramitación de esta propuesta llegó al Consejo este decidió, en vez de someterla a debate, incorporar parte de su contenido[41] para adoptar la Decisión marco 2003/80/JAI, de 27 de enero de 2003, en la que se materializó la iniciativa anterior. Surgió entonces un conflicto sobre el encaje de la actuación en materia penal ambiental: ¿correspondía al ámbito del primer pilar o bien del tercer pilar?

1. *La pugna entre la Comisión y el Consejo: un conflicto de competencias*

La Comisión interpuso recurso de anulación contra la Decisión marco ante el TJCE, sosteniendo que había sido adoptada en virtud de una base jurídica incorrecta[42]. El TJCE le dio la razón en su Sen-

---

40 Iniciativa del Reino de Dinamarca con vistas a la adopción de una Decisión marco del Consejo para combatir los delitos graves contra el medio ambiente (2000/C 39/05). 11.2.2000.

41 Las diferencias entre la propuesta de Directiva y la Decisión marco eran principalmente relativas al procedimiento a utilizar, a la naturaleza del instrumento que debía aprobarse, a la existencia o no de efecto directo y a la posibilidad de controlar el incumplimiento de sus disposiciones. FUENTES LOUREIRO, María Ángeles (2022), p. 11. VAGLIASINDI, Grazia Maria (2017), pp. 36-38. Para una explicación detallada de este conflicto, ver DE LA CUESTA ARZAMENDI, José Luis (2005), pp. 103 y ss.

42 El conflicto se fundamentaba en la divergencia de la base jurídica empleada para la adopción de cada instrumento: la Decisión marco se sus-

tencia de 13 de diciembre de 2005 (Asunto C-176/03: *Comisión vs. Consejo*[43]) y anuló la Decisión marco, asumiendo una interpretación amplia de las competencias correspondientes al primer pilar a través del art. 174.2 del TCE (hoy art. 191.2 del TFUE), que recoge la necesidad de establecer un alto nivel de protección del medio ambiente. El Tribunal concluyó que la regulación se podía haber fundamentado en ese precepto, reconociendo la competencia comunitaria para adoptar medidas penales a través del procedimiento de codecisión del art. 175 del TCE (hoy art. del 192 TFUE), siempre que fuera necesario para implementar su política ambiental de forma efectiva.

En esta decisión judicial se estableció la base de la que partiría el posterior desarrollo normativo comunitario en materia penal ambiental. La propuesta de Directiva de 2001 fue retirada, y la Comisión elaboró una propuesta actualizada, emitida el 9 de febrero de 2007, que más tarde daría lugar a la Directiva 2008/99/CE[44].

2. *La Directiva 2008/99/CE como primer instrumento*

La mencionada Directiva 2008/99/CE se adoptó antes de la entrada en vigor del Tratado de Lisboa, por lo que la base jurídica que le permitía adoptar medidas penales solo podía ser, como se ha adelantado, el elevado nivel de protección del medio ambiente consagrado en el entonces art. 174.2 del TCE, con la interpretación extensiva fijada por el TJCE.

---

tentaba en los artículos 29, 31 y 34.2 del TUE (que justificaban la actuación a través del tercer pilar, como un asunto de cooperación penal); y la propuesta de Directiva en los artículos 174.2 y 175 del TCE (que permitían recurrir al primer pilar, el comunitario, al considerarlo una acción necesaria para lograr los objetivos ambientales de las Comunidades).

43 Asunto C-176/03. Sentencia del TJCE (Gran Sala) de 13 de septiembre de 2005. *Comisión de las Comunidades Europeas contra Consejo de la Unión Europea*. ECLI:EU:C:2005:542.

44 Directiva 2008/99/CE, del Parlamento Europeo y el Consejo, de 19 de noviembre de 2008, relativa a la protección del medio ambiente mediante el Derecho penal (DOUE-L-2008-82319, DOUE núm. 312, de 22 de noviembre de 2008, pp. 3-30).

La Directiva pretendía la armonización de las legislaciones de los Estados miembros en relación con determinados tipos delictivos, obligándolos a sancionar penalmente ciertas conductas lesivas del medio ambiente, siempre que fueran ilícitas (es decir, que supusieran infracciones graves de determinadas normas comunitarias[45]) y, en algunos casos, siempre que causaran o pudieran causar daños a la salud humana o al medio ambiente, es decir, siempre que tuvieran, al menos, un resultado de peligro (artículo 3)[46]. Estos delitos eran susceptibles de ser cometidos por acción u omisión, bien de forma dolosa o por imprudencia grave[47]. Consideró punibles distintas formas de autoría y participación (incluyendo complicidad e incitación, según el artículo 4) y, como novedad principal, abrió una vía de imputación de las personas jurídicas (artículo 6), que, dada su elevada cuota de responsabilidad en los daños ambientales de gran entidad, habrían limitado el efecto de la Directiva si hubieran sido excluidas de su ámbito de aplicación.

Su artículo 5 establecía que las sanciones aparejadas a estos delitos debían ser eficaces, proporcionales y disuasorias, para tratar de paliar su impunidad. No obstante, la Directiva no podía concretar ni su naturaleza ni su cuantía, en cumplimiento de la jurisprudencia del TJCE[48], por lo que dejaba un gran margen de

---

45 La Directiva contiene un Anexo de 69 disposiciones europeas, Directivas y Reglamentos, cuya vulneración constituye una conducta ilícita y es condición indispensable para su consideración como delito.

46 Por ejemplo, este resultado se requiere en los delitos de vertido, emisión o introducción en el aire, el suelo o las aguas de materiales o radiaciones ionizantes (art.3.a); las actuaciones punibles relacionadas con los residuos (art. 3.b); la explotación de instalaciones dedicadas a actividades peligrosas o en las que se almacenen sustancias peligrosas (art. 3.d); o determinadas acciones relativas a materiales nucleares o radiactivos (art. 3.e).

47 Ampliación en los Considerandos 6 y 7 de la Directiva.

48 La Sentencia del TJCE de 23 de octubre de 2007, en el Asunto C-440/05 (ECLI:EU:C:2007:625), relativo a la imposición de sanciones por la contaminación proveniente de buques, guarda similitudes con el pronunciamiento del Tribunal en el mencionado Asunto C-176/03, pues

discrecionalidad a los Estados en este apartado[49]. Como nota remarcable, la norma no requería que las sanciones impuestas a las personas jurídicas tuvieran siempre índole penal (artículo 7)[50].

La Directiva 2008/99/CE estaba concebida como una norma de contenidos mínimos, lo cual permitía que la intervención del Derecho penal para la protección ambiental fuera más estricta en los ordenamientos internos. En el Código Penal español, por ejemplo, ya se contemplaba un amplio número de delitos ambientales, y de configuración detallada. Por este motivo, la transposición de la Directiva 2008/99/CE no tuvo tanta repercusión en España como en otros Estados miembros, más allá de la introducción de determinados delitos, una mayor precisión en la redacción de los preceptos, y de la novedosa introducción de la responsabilidad penal de las personas jurídicas[51]. En cualquier caso, la transposición de esta Directiva, que debía realizarse en un plazo

---

también estimó las pretensiones de la Comisión, que recurrió la Decisión marco 2005/667/JAI con la misma argumentación: que se había recurrido a una base jurídica incorrecta. No obstante, si bien el TJCE reafirmó la competencia comunitaria para dictar legislación penal si era necesario para implementar sus políticas de forma efectiva, negó que esta facultad alcanzara a la determinación de las clases de sanciones que debían imponerse en estos casos. Para un mayor desarrollo de esta cuestión, ver VAGLIASINDI, Grazia Maria (2017), pp. 38-39.

49 FAURE, Michael (2017), p. 143.

50 MITSILEGAS, Valsamis; FASOLI, Elena; GIUFFRIDA, Fabio y FITZMAURICE, Malgosia (2022), pp. 133 y ss.

51 La transposición de la Directiva 2008/99/CE se llevó a cabo en España a través de la LO 5/2010, de 22 de junio, que, en lo relativo a los delitos ambientales, supuso la elevación de determinadas penas privativas de libertad (arts. 325 y 328 del Código Penal), la introducción de tipos delictivos (el art. 328 pasa a incluir la explotación de instalaciones peligrosas y el tráfico de residuos, y el art. 348 también recoge una referencia a las sustancias destructoras del ozono); y, principalmente, se establece la responsabilidad penal de las personas jurídicas (arts. 327 y 328.6, además de art. 31 *bis*). Sobre la adaptación del Derecho penal español a la Directiva, consultar FAJARDO DEL CASTILLO, Teresa y FUENTES OSORIO, Juan Luis (2020), pp. 40 y ss.

de 24 meses (artículo 8), permitió la actualización y una cierta aproximación de los sistemas penales europeos, que se encontraban en una situación desigual[52].

IV. EL ESCENARIO ACTUAL TRAS LA ENTRADA EN VIGOR DEL TRATADO DE LISBOA

En 2009 entra en vigor el Tratado de Lisboa, que constituye un punto de inflexión en el desarrollo del Derecho penal de la Unión Europea en materia ambiental[53], puesto que una de sus principales novedades es la *comunitarización* del tercer pilar, haciendo desaparecer la estructura de pilares y, por tanto, las Decisiones marco como instrumento normativo[54]. Entre otras novedades[55], se atribuyen expresamente a la UE competencias limitadas e indirectas en materia penal ambiental, recogiendo la jurisprudencia del TJCE a través de la ampliación del artículo 83 del TFUE. En este precepto se añade un nuevo apartado 2, en el que se reconoce la posibilidad de establecer (mediante Directivas y con arreglo al procedimiento legislativo ordinario) normas mínimas sobre la definición de infracciones penales y sanciones, promoviendo la aproximación de legislaciones en aquellas materias en las que sea necesario para la ejecución de las políticas de la Unión[56].

---

52 VAGLIASINDI, Grazia Maria (2017), p. 40.

53 FUENTES LOUREIRO, María Ángeles (2022), pp. 336 y ss.

54 Para asuntos de justicia e interior se instauró el procedimiento legislativo ordinario, y se pasó a exigir la intervención de Consejo y Parlamento a través de un procedimiento de toma de decisiones por mayoría cualificada, en lugar de la unanimidad requerida en el plano intergubernamental previo.

55 Para un mayor desarrollo, ver HINOJO ROJAS, Manuel y GARCÍA GARCÍA-REVILLO, Miguel (2016), pp. 126 y ss., FAJARDO DEL CASTILLO (2017), Teresa, pp. 7 y ss., y GONZÁLEZ VIADA, Natacha (2009), pp. 131 y ss.

56 No se hace referencia específica a la materia ambiental, pero el art. 83.2 del TFUE recoge la doctrina del TJCE elaborada en el Asunto C-176/03, consolidando en los Tratados Constitutivos la competencia

Como se ha señalado anteriormente, la regulación introducida por el Tratado de Lisboa otorga un papel esencial al medio ambiente en el proceso de construcción europea, situándolo en el núcleo de la agenda de la Unión. El Título dedicado en los Tratados al medio ambiente ha pasado a ser el XX (arts. 191, 192 y 193 TFUE[57]), y la inclusión expresa del medio ambiente en las competencias compartidas del art. 4.2 TFUE[58] deja paso al principio de subsidiariedad (art. 5.3 TUE), que permite a la UE actuar siempre que se juzgue más oportuna la aproximación supranacional para alcanzar sus objetivos.

Los parámetros de la subsidiariedad se cumplen en esta materia: los daños ambientales con frecuencia afectan a varios Estados, o incluso tienen carácter global, por lo que es más adecuada una aproximación supranacional que permita una mayor integración y cooperación penal mediante la implantación de medidas comunes. La intervención de la UE en esta materia, e incluso la mera existencia del principio de subsidiariedad, refleja que cada vez van ganando más peso las instituciones europeas en la toma de decisiones, en detrimento de los Estados, que van cediendo parte de su *ius puniendi* y, por tanto, su soberanía para avanzar en el proceso de integración europea.

En cualquier caso, la intervención de la UE podrá extenderse únicamente a las medidas penales que determinen las reglas que establecen la competencia (compartida) de la UE en materia

---

de la UE para dictar normas mínimas en el ámbito penal, sin necesidad de recurrir a una interpretación extensiva del precepto que establece un elevado nivel de protección del medio ambiente (actualmente, el art. 191 del TFUE). Sobre esta cuestión, ver MARQUÈS I BANQUÉ, Maria (2018), pp. 14 y ss., y MITSILEGAS, Valsamis; FASOLI, Elena; GIUFFRIDA, Fabio y FITZMAURICE, Malgosia (2022), pp. 160 y ss.

57 Recogen el contenido de los antiguos arts. 174, 175 y 176 TCE, con pequeñas modificaciones y la inclusión de alusiones directas al cambio climático.

58 Los Estados miembros ejercerán su competencia en estos asuntos solo si la UE no lo hace (art. 4.2 TFUE).

ambiental y en lo relativo al ELSJ, y ello va a influir en el procedimiento de adopción de normas, el grado de intervención de las instituciones en cada una de las materias o la naturaleza de los instrumentos adoptados[59].

1. *El examen de la Directiva 2008/99/CE y la influencia del Pacto Verde Europeo*

Tras un proceso de evaluación de la Directiva 2008/99/CE, en 2020 la Comisión Europea elaboró un informe en el que concluía que su regulación era ineficaz y sus planteamientos, insuficientes, estableciendo la necesidad de someterla a revisión[60]. La Comisión consideró que la Directiva no había logrado su objetivo, señalando sus carencias en diversos ámbitos: el número de casos de delincuencia ambiental investigados y enjuiciados se había mantenido muy bajo, sus sanciones no habían alcanzado un efecto disuasorio suficiente y no se había logrado hacer grandes avances en la cooperación transfronteriza. Se detectaron deficiencias en la implementación de las medidas propuestas en los Estados; a pesar de que se había llevado a cabo con éxito la transposición de la Directiva, desde el punto de vista práctico no se habían conseguido

---

59 Ha suscitado un cierto debate entre la doctrina la supuesta existencia del «Derecho penal europeo» como rama autónoma. No obstante, no parece haberse producido un nivel de integración suficiente como para que resulte adecuado utilizar esta denominación: la UE solamente establece parámetros consistentes en normas mínimas, que deben servir a los Estados como guía para desarrollar su legislación penal interna, pero manteniendo estos un elevado margen de discrecionalidad. En todo caso, es una cuestión compleja, pero que, dado el paulatino incremento de las competencias de la UE en la materia, puede llevarnos a un modelo mucho más integrado. Sobre esta cuestión, ver AMBOS, Kai (2018), pp. 14 y ss.

60 Commission Staff Working Document, *Evaluation of the Directive 2008/99/EC*, Bruselas, 28/10/2020. SWD(2020) 259 final.

los progresos deseados[61]. Existían importantes lagunas en el desarrollo de planteamientos multidisciplinares para afrontar la delincuencia ambiental (por ejemplo, vínculos normativos con la criminalidad organizada[62]); o en la falta de recursos y de formación especializada de las autoridades encargadas de la investigación y sanción de estos delitos (Fiscalía, Policía, Tribunales penales...). Además, la adopción de diferentes enfoques en la transposición, dada la poca concreción de los términos de la Directiva y las diversas circunstancias o contextos nacionales, había dificultado la armonización legislativa[63].

En este período, además, durante la vigencia de la Directiva 2008/99/CE, se adoptó el Pacto Verde Europeo[64], una hoja de ruta, integrante de la estrategia de la UE para la aplicación de la Agenda 2030, que comprende entre sus objetivos el de reforzar la efectividad de la normativa ambiental europea en su conjunto, invitando a implantar medidas de protección del medio ambiente entre las que se deben entender incluidas las de carácter penal, a las que también hace referencia[65]. En este contexto, la adopción de una Directiva penal actualizada era un instrumento más

---

61 Por ejemplo, España llevó a cabo la transposición en plazo de la Directiva 2008/99/CE, pero es uno de los Estados más incumplidores de la normativa ambiental de la UE, lo que diluye el efecto práctico de la misma. FAJARDO DEL CASTILLO, Teresa y FUENTES OSORIO, Juan Luis (2020), pp. 45 y ss.

62 *Agenda Europea de Seguridad.* Comunicación de la Comisión. Estrasburgo, 28.4.2015. COM(2015) 185 final. En los instrumentos de lucha contra la criminalidad organizada tampoco hay ninguna referencia al medio ambiente, es necesaria una mayor imbricación.

63 GUDÍN RODRÍGUEZ-MAGARIÑOS, Faustino (2022), pp. 3 y ss. y VERCHER NOGUERA, Antonio (2022), p. 8.

64 *El Pacto Verde Europeo.* Comunicación de la Comisión. Bruselas, 11.12.2019. COM(2019) 640 final.

65 "La Comisión propiciará la actuación de la UE, sus Estados miembros y la comunidad internacional para intensificar la lucha contra los delitos medioambientales". COM(2019) 640 final, p. 28.

al servicio de la defensa ambiental en el marco de la transición ecológica[66].

El proceso de revisión de la Directiva 2008/99/CE se puso en marcha con ánimo de dotar a la legislación europea de un contenido penal más sólido y eficaz, y en 2021 la Comisión presentó una propuesta de reforma de la Directiva[67], en línea con el entonces vigente VII Programa de Acción[68] y con la Agenda de Seguridad de la Unión[69]. La nueva Directiva fue finalmente aprobada por el Parlamento y por el Consejo, y adoptada el 11 de abril de 2024, entrando en vigor el 20 de mayo de 2024, es decir, veinte días después de su publicación en el DOUE[70].

---

66 En la versión final de la Directiva (UE) 2024/1203, el Considerando 8 hace referencia al Derecho penal como instrumento de protección ambiental: «Los Estados miembros deben establecer en su Derecho nacional sanciones penales para las infracciones graves del Derecho de la Unión en materia de protección del medio ambiente».

67 *Propuesta de Directiva del Parlamento Europeo y del Consejo relativa a la protección del medio ambiente mediante el Derecho penal y por la que se sustituye la Directiva 2008/99/CE.* Bruselas, 15.12.2021. COM(2021) 851 final.

68 Decisión nº 1386/2013/UE del Parlamento Europeo y el Consejo, de 20 de noviembre de 2013, relativa al Programa General de Acción de la Unión en materia de medio ambiente hasta 2020 *Vivir bien, respetando los límites de nuestro planeta.* Su objetivo prioritario cuarto (Art. 2.1.d) reza: «maximizar los beneficios de la legislación de medio ambiente de la Unión mejorando su aplicación».

69 Menciona la revisión de las políticas y la legislación sobre delitos medioambientales como una de las acciones a llevar a cabo por la UE en materia de seguridad. *Agenda Europea de Seguridad.* Comunicación de la Comisión. Estrasburgo, 28.4.2015. COM(2015) 185 final, p. 22.

70 El Comité Económico y Social Europeo emitió su dictamen el 23 de marzo de 2022, el Parlamento aprobó el texto el 27 de febrero de 2024 y el Consejo hizo lo propio el 26 de marzo de 2024. Para más información sobre el procedimiento, ver https://eur-lex.europa.eu/legal-content/ES/HIS/?uri=CELEX:32024L1203 &qid=1714672839594. Consultado el 2 de julio de 2024.

2. *La Directiva (UE) 2024/1203: ¿un paso de gigante en la actualización del régimen normativo?*

La recién aprobada Directiva (UE) 2024/1203[71] no se limita a la revisión, sino que viene a sustituir a las Directivas 2008/99/CE y 2009/123/CE[72] (artículos 26 y 27). El objetivo de esta Directiva, mucho más compleja técnicamente y más elaborada que sus predecesoras, es también más ambicioso: para lograr una mejor protección de la salud humana y los recursos naturales a través del Derecho penal, apuesta por un enfoque común que da prioridad a la efectividad de las sanciones, abarcando ámbitos conexos y reforzando la infraestructura regional de lucha contra la delincuencia ambiental, fomentando un mayor efecto disuasorio de cara a la futura comisión de delitos.

Dado que es la primera norma europea de armonización de delitos ambientales adoptada tras la entrada en vigor del Tratado de Lisboa, su base jurídica se encuentra ya en el artículo 83.2 del TFUE, que permite la aproximación legislativa en materia penal cuando sea necesaria para garantizar la ejecución eficaz de determinadas políticas de la Unión. La convicción de que esta es una medida imprescindible en el ámbito medioambiental justifica la adopción de esta Directiva, cuyo objeto es el establecimiento de normas mínimas en relación con infracciones y sanciones, a través del procedimiento legislativo ordinario.

---

71 Directiva (UE) 2024/1203, del Parlamento Europeo y el Consejo, de 11 de abril de 2024, relativa a la protección del medio ambiente mediante el Derecho penal y por la que se sustituyen las Directivas 2008/99/CE y 2009/123/CE. (DOUE-L-2024-80609; DOUE núm. 1203, de 30 de abril de 2024, pp. 1-28).

72 Directiva 2009/123/CE, del Parlamento Europeo y el Consejo, de 21 de octubre de 2009, por la que se modifica la Directiva 2005/35/CE relativa a la contaminación procedente de buques y la introducción de sanciones para las infracciones. (DOUE-L-2009-82020; DOUE núm. 280, de 27 de octubre de 2009, pp. 52 a 55).

Apoyándose en la amplia facultad que le otorga este precepto (más sólido que la previa interpretación jurisprudencial), la Directiva (UE) 2024/1203 trata de poner solución a las carencias de sus predecesoras, y por ello va mucho más allá de enumerar un catálogo de infracciones y señalar las sanciones con las que deben ser castigadas: pretende proporcionar un marco normativo dirigido a la protección integral del medio ambiente con el Derecho penal como eje. Por este motivo, cuenta con disposiciones relativas a la formación y especialización de las autoridades nacionales (policía, fiscales, jueces), que podrán contar con unidades de investigación e incluso tribunales especializados, así como a la adecuada financiación y facilitación de recursos (artículos 17 y 18); a la coordinación entre los órganos que intervienen en la realización de funciones preventivas, punitivas o de reparación (artículo 19) y a la cooperación interestatal (artículo 20)[73], incluyendo previsiones sobre los conflictos de jurisdicción (artículo 12)[74]; a la elaboración de estrategias nacionales para la lucha integral contra la delincuencia ambiental (artículo 21); a la interconexión delictiva entre los delitos ambientales y los de otra naturaleza, así como su conexión con la criminalidad organizada[75]; a la protección de

73 Este precepto es esencial en la regulación, dada la frecuencia con la que los delitos ambientales presentan carácter transfronterizo. Fomenta el intercambio de información y también hace referencia a la prestación de asistencia técnica y operativa por parte de Agencias especializadas como Eurojust o Europol, así como por la Fiscalía Europea y la Oficina Europea de Lucha contra el Fraude.

74 Dado que se recoge el principio de territorialidad como base para establecer la jurisdicción (será competente el Estado en cuyo territorio se cometa el delito), pero se complementa con otros principios como el de personalidad activa (también puede establecerse la jurisdicción cuando el autor sea nacional de ese Estado), varios Estados podrían reclamar la jurisdicción de un caso. Para evitar juicios simultáneos, los Estados deberán cooperar y, si no llegaran a un acuerdo, recurrir a Eurojust.

75 El Considerando 28 de la Directiva recoge la necesidad de tener en cuenta estos vínculos en el desarrollo del proceso penal, que debe abordar otras formas delictivas como la corrupción, el blanqueo de capitales, la ciberdelincuencia y el fraude documental. También señala

los *whistleblowers* (artículo 14); a las medidas complementarias de carácter preventivo (artículo 16), que incluyen la promoción de los programas de cumplimiento normativo o de medidas de transparencia empresarial; o a la ampliación de los plazos de prescripción para permitir una investigación adecuada y pormenorizada de los hechos delictivos (artículo 11).

2.1. Novedades en las infracciones

La Directiva (UE) 2024/1203 amplía el abanico de conductas delictivas perseguibles en los Estados miembros, y abre la puerta expresamente a que los Estados puedan tipificar otras conductas adicionales[76]. Esta regulación ofrece posibilidades delictivas muy amplias en el plano ambiental, y posiblemente mantendrá ciertas diferencias entre las leyes penales de los Estados miembros, ya que no todos sufren los mismos problemas estructurales, lo que provoca que no siempre compartan prioridades acerca de la política criminal.

Las infracciones contempladas en la Directiva cuentan con importantes novedades, incluyendo la tipificación de nuevos delitos autónomos como, principalmente, la ejecución sin la debida autorización de proyectos que afecten al medio ambiente (artículo 3.2.e), la extracción ilegal de aguas subterráneas o superficiales (artículo 3.2.m) y la importación, exportación o comercialización de materias primas vinculadas a la deforestación (artículo 3.2.p)[77].

---

que la actuación de los grupos delictivos organizados suele repercutir negativamente en el medio ambiente. Sin embargo, no existe un reflejo al efecto en el articulado, más allá del artículo 8, que recoge como circunstancia agravante la comisión de alguno de los delitos ambientales en el marco de una organización delictiva (art. 8.b).

76 Como recuerdan los artículos 1 y 3.5 de la Directiva, en ella únicamente se recogen normas mínimas, ya que se atiene a lo previsto en el art. 83.2 del TFUE.

77 A modo de ejemplo de la diferencia de prioridades en la política criminal de los Estados miembros, podemos señalar que el delito de extracción ilegal de aguas ya existe en España (art. 325 CP), un país azotado

Además, se modifican otros tipos delictivos, normalmente ampliándolos a través de la introducción de nuevas conductas típicas. Es el caso del vertido, emisión o introducción en el aire, el suelo o las aguas de sustancias o radiaciones ionizantes (tóxicas), que ahora abarca también la comercialización de productos cuyo uso a gran escala pueda generar estos vertidos o emisiones (adelantando el umbral punitivo), así como referencias directas a sustancias prohibidas y al mercurio (artículo 3.2.a a d). Otros ejemplos son las acciones relativas a los residuos, que ahora incorporan el reciclado de buques y la contaminación procedente de buques[78] (artículo 3.2.f a i); la explotación de instalaciones en las que se realicen actividades peligrosas o se almacenen o utilicen sustancias peligrosas, que ahora se extiende a la construcción y desmantelamiento de dichas instalaciones y hace hincapié en las plataformas petrolíferas o de gas natural (artículo 3.2.k); la introducción de especies exóticas invasoras como complemento a los delitos relativos a las especies de fauna y flora protegidas (artículo 3.2.r); o distintas acciones que implican a los gases de efecto invernadero, que se suman a las sustancias que agotan la capa de ozono, reflejando el compromiso de la UE con la lucha contra el cambio climático (artículo 3.2.t).

La comisión de estos delitos podrá darse por acción u omisión[79]. Asimismo, la regla general es el dolo, pero también son punibles algunas imprudencias graves, como señala el artículo 3.4 (excluyendo delitos como la ejecución de proyectos sin autori-

---

por las sequías; no obstante, no se preveía la tala ilegal y el tráfico de madera, que es un auténtico problema en países como Rumanía. Sobre la situación actual de este fenómeno, ver IBARROLA, Martín (2023). "Hachazo al pulmón de Europa: la 'mafia' de la madera se forra con los últimos bosques vírgenes". El Confidencial, 31 de julio de 2023. https://www.elconfidencial.com/mundo/2023-07-31/la-mafia-de-la-madera-se-esta-cargando-el-pulmon-de-europa_3693154/. Consultado el 10 de junio de 2024.

78 Antes recogido en la Directiva 2009/123/CE.

79 Así lo precisa el Considerando 7.

zación o el reciclado de buques, que serán únicamente delitos dolosos).

Todos los apartados del artículo 3.2, que, como se ha desgranado más arriba, enumera los comportamientos susceptibles de ser catalogados como delito, siguen un patrón determinado: definen una conducta, con referencia a la normativa cuyo incumplimiento determina su ilicitud (aunque esta vez no se encuentra en un Anexo, sino en una nota al pie de cada precepto[80]) y, en ciertos casos, señalan qué otras circunstancias son necesarias para la comisión del delito. Estas circunstancias pueden ser la producción de un resultado (varios preceptos exigen que la acción «cause o pueda causar la muerte o lesiones graves a cualquier persona, o daños sustanciales a la calidad del aire, del suelo o de las aguas o a un ecosistema, a los animales o a las plantas»); o, en algunos casos, también se fija un umbral cualitativo o cuantitativo necesario para que la conducta referida constituya delito, como las "lesiones graves" o los "daños sustanciales", el "deterioro apreciable" del hábitat o la afectación de cantidades "que no sean insignificantes".

La redacción de los preceptos, que es muy profusa para ayudar a clarificar ciertas conductas, también proporciona directrices para la identificación de estos umbrales (apartados 6 a 8 del artículo 3): por ejemplo, para evaluar si los daños al medio son sustanciales, se debe tener en cuenta el estado del medio ambiente afectado, el alcance de los daños, y si estos son duraderos o temporales, o si son reversibles. Todos estos esfuerzos de precisión realizados por la Directiva (UE) 2024/1203 están orientados a afianzar cierta seguridad jurídica, evitando la divergencia de interpretaciones que desencadenó la anterior Directiva 2008/99/CE.

---

80 En cualquier caso, se perpetúa la utilización de la técnica de las normas penales en blanco, también existente en el Código Penal español en lo relativo a los delitos medioambientales, consistente en la remisión a la normativa administrativa, cuya infracción se considera delito. VERCHER NOGUERA, Antonio (2024), p. 9.

2.2. Novedades en las sanciones

En relación con las sanciones, la Directiva (UE) 2024/1203 mantiene como norma principal la necesidad de que sean "efectivas, proporcionales y disuasorias" (artículo 5), de forma que sigue existiendo una referencia abierta que deja cierto margen de discrecionalidad a los Estados.

No obstante, al contrario que la normativa a la que sustituye, cuya capacidad de definir y cuantificar las sanciones penales estaba limitada por la interpretación del TJCE, esta Directiva se apoya en el mencionado artículo 83.2 del TFUE, que sí permite adoptar ciertas directrices en cuanto a las sanciones que deben imponer los Estados[81]. Haciendo uso de esta facultad se establecen grados mínimos en lo relativo a las penas, asegurando el cumplimiento de ciertos estándares comunes en cuanto a su duración (se exige contemplar penas máximas de prisión de, al menos, tres, cinco, ocho o diez años, en función del delito cometido y la gravedad del resultado producido[82]), y también en cuanto a su naturaleza (se requiere la inclusión de penas privativas de libertad para delitos de cierta entidad).

En cuanto a las sanciones imponibles a las personas jurídicas (artículo 7), la regulación también es más detallada que en la normativa anterior: a pesar de que las condiciones para determinar su responsabilidad penal (recogidas en el artículo 6) y el carácter de las sanciones se mantienen inalterables (se repite la fórmula "efectivas, proporcionadas y disuasorias" si bien, como contraposición a las sanciones dirigidas a las personas físicas, en este caso

---

81 BAUCELLS LLADÓS, Joan (2024), p. 11.

82 El artículo 5, que recoge las sanciones para las personas físicas, exige que las penas privativas de libertad alcancen los tres años de duración (e) o los cinco años (d); algunos de estos últimos deberán estar asociados a penas de hasta diez años de prisión si causan la muerte de una persona (a, aunque este período se reducirá a cinco para los casos de imprudencia grave (c). Por otra parte, todos los delitos cualificados (b deberán estar castigados con al menos ocho años de cárcel.

no se exige que tengan carácter penal[83] (artículo 7.1), igual que ocurría en la Directiva 2008/99/CE), estas se complementan con medidas accesorias que se han probado útiles para aumentar la efectividad de las sanciones[84]: la obligación de restaurar el medio ambiente o de desembolsar una indemnización cuando no sea posible, la exclusión del acceso a financiación pública, la retirada de permisos o autorizaciones o la obligación de implantar programas de diligencia debida para mejorar el cumplimiento normativo (artículo 7.2). Además, también se dan directrices con respecto a la cuantificación de las sanciones, proporcionando criterios mínimos para la concreción de posibles multas pecuniarias (artículo 7.3).

También es necesario hacer referencia a un tema tan crucial como la complementariedad de las sanciones penales y las administrativas, ya que una regulación adecuada y efectiva requiere un enfoque holístico que integre ambas vertientes, fijando límites y trazando una línea entre ellas para favorecer su efectividad y respetar el principio *non bis in idem*. No obstante, la mención a las sanciones administrativas únicamente se recoge en el Preámbulo de la Directiva[85], sin que exista ningún tipo de desarrollo en los preceptos, y haciendo recaer exclusivamente en los Estados el establecimiento de medidas administrativas como complemento a la intervención penal. Por tanto, esta es una cuestión que queda abierta a un desarrollo posterior[86].

---

83 Esto ayudaría a la adaptación paulatina de aquellos Estados que no contemplan aún responsabilidad penal para las personas jurídicas.

84 BAUCELLS LLADÓS, Joan (2024), pp. 16 y ss.

85 Considerando 45: «La obligación que impone la presente Directiva de establecer sanciones penales no debe eximir a los Estados miembros de la obligación de establecer sanciones administrativas y otras medidas en el Derecho nacional para las infracciones del Derecho medioambiental de la Unión».

86 Algún autor ha señalado que el próximo paso de la Unión Europea debería ser el de profundizar en esta cuestión y abogar por la armoni-

2.3. Otras novedades

La Directiva (UE) 2024/1203 también prevé innovaciones en otros planos normativos, pues recordemos que su regulación va mucho más allá de la enumeración de un conjunto de infracciones y sanciones. En su articulado podemos apreciar nuevos elementos en la criminalización de las conductas: a la tipificación de otras formas de participación diferentes a la autoría directa (inducción y complicidad) se añaden ahora otros grados de comisión del delito: la tentativa intencionada (artículo 4); así como circunstancias modificativas de la responsabilidad penal, tanto en calidad de agravantes (artículo 8) como de atenuantes (artículo 9). Dado que la motivación económica reina en los delitos ambientales, el artículo 10 contiene previsiones específicas relacionadas con el embargo y el decomiso de los instrumentos y los productos obtenidos con la perpetración del delito.

Otro aspecto a destacar de entre las propuestas de la nueva Directiva es la inclusión de delitos cualificados, a los que identifica como aquellos que pueden tener resultados catastróficos o a gran escala: la destrucción o los daños generalizados y sustanciales a un ecosistema o a la calidad del suelo, del aire o de las aguas, siempre que sean irreversibles o duraderos (artículo 3.3). El Preámbulo[87] asemeja estas conductas cualificadas al *ecocidio*, ya recogido en algún ordenamiento jurídico interno y cuya calificación como crimen internacional se está debatiendo en diversos foros[88]; la inclusión de esta referencia permite integrar los últimos desarrollos

---

zación de las infracciones y sanciones ambientales en el ámbito administrativo. GUDÍN RODRÍGUEZ-MAGARIÑOS, Faustino (2022), p. 7.

87 En su Considerando 21.

88 Algunos de los Estados que castigan en su Derecho penal interno el ecocidio son Ucrania, Vietnam, Moldavia o Armenia. Las leyes de ecocidio (en vigor o en tramitación) en el mundo se pueden consultar aquí: https://ecocidelaw.com/existing-ecocide-laws/. El debate sobre la cuestión del ecocidio también está en el centro de foros internacionales, como es el caso de la Corte Penal Internacional, cuya Fiscalía ha lanzado una consulta pública al respecto: https://www.icc-cpi.int/

del Derecho internacional penal en el núcleo de la normativa europea. El mayor reproche asociado a estos actos conlleva la necesaria asignación de sanciones más graves que en el resto de delitos contemplados por la Directiva.

También en el Preámbulo podemos encontrar, como se ha mencionado antes, la primera referencia a la criminalidad organizada en el marco del Derecho ambiental de la UE (concretamente, en el Considerando 28), advirtiendo la interconexión entre los delitos ambientales y el crimen organizado, ya que las formas de actuación de estos grupos delictivos repercuten frecuentemente de forma negativa en el medio natural. Además, defiende que urge una regulación que aborde su estrecha relación con otras formas de delincuencia como la corrupción, el blanqueo de capitales, la ciberdelincuencia o el fraude documental.

Con carácter general, el objetivo de la Directiva es el de armonizar, actualizar y potenciar las leyes penales internas en relación con el medio ambiente, arrastrando a los Estados miembros hacia una normativa protectora más ambiciosa y estricta[89]. Al igual que ocurrió con la Directiva 2008/99/CE, algunas de las infracciones penales de la nueva norma ya están tipificadas en el Código Penal español[90], que es pionero en materia ambiental y uno de los más

---

news/office-prosecutor-launches-public-consultation-new-policy-initiative-advance-accountability-0. Consultado 9 de junio de 2024.

89 Actualmente hay una iniciativa legislativa en Italia, que incluye la transposición de la Directiva y la inclusión del delito de ecocidio en el Derecho italiano: https://documenti.camera.it/leg19/pdl/pdf/ leg.19.pdl.camera.1325.19PDL0047420.pdf. También en Bélgica se ha votado a favor de un nuevo Código Penal en el que se recojan los delitos ambientales castigados por la Directiva, además del reconocimiento del ecocidio: https://stopecocidio.org/press-releases/belgica-se-convierte-en-el-primer-pais-europeo-en-reconocer-el-ecocidio-como-crimen-internacional.

90 El tráfico de especies exóticas invasoras (art. 3.2.r) de la Directiva) ya se recoge en el art. 333 del Código Penal, y la extracción ilegal de aguas (art. 3.2.m), en el art. 325 del Código Penal.

avanzados en un contexto comparado; no obstante, otras son de nueva cosecha, y la transposición de la Directiva debería implicar su introducción en nuestro ordenamiento penal[91].

V. CONCLUSIONES

El medio ambiente es un fenómeno global y, por tanto, los problemas que lo afectan requieren soluciones globales: para brindar una adecuada protección al medio ambiente, debemos abordarla a nivel internacional, y ejecutarla de forma conjunta y armonizada entre los Estados, lo que nos lleva a un auge de la regulación supranacional.

En este contexto, la UE cobra protagonismo, dado el elevado nivel de integración entre sus Estados miembros, por lo que constituye el escenario idóneo para poner en práctica estas consignas. La consolidación de este modelo pasa por la progresiva ampliación de las competencias cedidas por los Estados a las instituciones, que debe ser ambiciosa y extenderse a la materia penal. Por este motivo, la Directiva (UE) 2024/1203 es el perfecto exponente de esta deriva, la culminación de un proceso que comenzó con el incremento de las competencias ambientales a través de la jurisprudencia comunitaria, y se afianzó con la inclusión del artículo 83.2 del TFUE en el Tratado de Lisboa.

La existencia de un entramado de infracciones y sanciones acordes a los diferentes atentados contra el medio ambiente resulta esencial para su protección, y no solo a nivel administrativo, sino también en el orden penal. Si bien el Derecho penal se rige por el principio de intervención mínima, la entidad de ciertos daños ambientales hace necesaria una respuesta penal. Por lo tanto, la dimensión penal es un elemento esencial de la justicia

---

91 Es el caso de los delitos de reciclado de buques, de ejecución de proyectos con afección ambiental sin la debida autorización o de tráfico de materias primas vinculadas a la deforestación.

ambiental, y es una herramienta necesaria, que, si bien no puede ser contemplada como solución única y definitiva, sí que es un complemento útil, que ayuda a adoptar un enfoque integral y, por tanto, más eficaz, en la lucha contra la degradación ambiental provocada por la mano humana.

En la búsqueda de esta aproximación holística (y en un contexto favorable para la transición ecológica propiciado por el Pacto Verde Europeo) surge la Directiva (UE) 2024/1203, que aborda el rol del Derecho penal como instrumento de protección ambiental, pero también desarrolla ideas novedosas como la interacción de las sanciones penales con las de naturaleza administrativa, la promoción de otras medidas de reparación que acerquen la regulación hacia una perspectiva más restaurativa, y no solo retributiva[92]; o la necesidad de actuar en un estadio previo a la comisión de los delitos consistentes en daños ambientales, haciendo referencia a medidas como los programas de prevención. No obstante, cuenta con un rico Preámbulo que no siempre tiene reflejo en el articulado.

La gran precisión empleada en la redacción del texto normativo refleja la ampliación de las competencias de la UE en materia penal tras la aprobación del Tratado de Lisboa, y la consecuente reducción del margen de discrecionalidad de los Estados en ámbitos tan ligados a la soberanía estatal como el Derecho penal. Es cierto que se remite en muchas ocasiones al Derecho nacional (por ejemplo, para la definición de conceptos como "intencionadamente", "imprudencia grave" o "tentativa"), pero por lo general tiende a dar una mayor claridad al texto y establecer ciertos parámetros que guíen a los Estados en la determinación de las infracciones y sanciones, con el fin de reducir la amplia interpretación existente en la regulación anterior y proporcionar una mayor seguridad jurídica.

---

92 Joan Baucells ha calificado este hecho como un cambio de paradigma, que nos está llevando a abandonar el principio de «quien contamina, paga» por «quien contamina, repara». BAUCELLS LLADÓS, Joan (2024), p. 20.

Las modificaciones realizadas con respecto a la normativa anterior pueden lograr un efecto positivo en la lucha contra la delincuencia ambiental, generando un impacto en la sociedad promoviendo la competencia leal de las empresas, la gobernanza y la calidad de vida en la UE, el Estado de Derecho y la democracia o el desarrollo sostenible. Además, tiene un gran potencial de influir en otros sistemas normativos, tanto en los ordenamientos penales internos como en la actuación conjunta de la comunidad internacional, que podría impulsar nuevos procedimientos de actuación contra los daños más graves al medio ambiente, tal vez incluso otorgándoles el estatus de crímenes internacionales. No obstante, sigue existiendo el riesgo de que suceda como con la Directiva 2008/99/CE, y el trasvase de la teoría a la práctica sea un obstáculo difícil de superar. El 21 de mayo de 2026 los Estados deben haber llevado a cabo la transposición, y solo a través de la observación podremos juzgar si su implantación ha sido efectiva.

En definitiva, la nueva Directiva penal ambiental recoge un régimen normativo acorde a nuestros tiempos, que pretende potenciar el efecto disuasorio del derecho penal para así mejorar la efectividad del Derecho ambiental de la UE, aportando su grano de arena para actuar de forma conjunta contra la impunidad de los daños ambientales más graves en el contexto europeo. Es un instrumento integrante de una amplia estrategia europea reforzada para afrontar la degradación ambiental, la contaminación, la crisis climática o la pérdida de biodiversidad. Tiene grandes visos de éxito porque contiene una regulación ambiciosa y se da en un contexto único de integración supranacional, pero solo el tiempo, y nuestros próximos pasos, lo dirán.

VI. BIBLIOGRAFÍA

AMBOS, Kai (2018), *European Criminal Law*, Cambridge, Cambridge University Press.

BAUCELLS LLADÓS, Joan (2024), "¿Nuevas perspectivas para el delito ecológico en España? A propósito de la nueva Directiva relativa a la protección del medio ambiente mediante el Derecho penal y por la que se sustituye la Directiva 2008/99/CE", Revista Catalana de Dret Ambiental, Vol. XV Núm. 1.

BERNARDI, Alessandro (2009), "La armonización de las sanciones en Europa", en DELMAS-MARTY, Mireille (Dir.), *Los caminos de la armonización penal*, Valencia, Tirant lo Blanch.

DE LA CUESTA ARZAMENDI, José Luis (2005), "Unión Europea, derecho penal (ambiental) y derecho comunitario", Estudios de Derecho judicial, núm. 75, pp. 79-124.

ESTRADA CUADRAS, Albert (2006), "Vía libre al Derecho penal europeo. Comentario a la Sentencia del TJCE de 13 de septiembre de 2005", In-Dret: Revista para el Análisis del Derecho (Vol. 2).

FAJARDO DEL CASTILLO, Teresa (2017), "European Environmental Law and Environmental Crime: An Introduction", en FARMER, Andrew; FAURE, Michael y VAGLIASINDI, Grazia Maria (Dir.), *Environmental Crime in Europe*, Oxford, Hart.

FAJARDO DEL CASTILLO, Teresa y FUENTES OSORIO, Juan Luis (2020), *Estudio sobre el carácter disuasorio, efectivo y proporcional de las sanciones penales impuestas en España y Portugal en delitos contra el medio ambiente y su adecuación a la Directiva 2008/99/EC sobre protección del medio ambiente a través del derecho penal*, Madrid y Lisboa, LIFE Guardianes de la Naturaleza. UJA, UGR, UP, SEO/BirdLife y SEPA.

FAURE, Michael (2017), "The Development of Environmental Criminal Law in the EU and its Member States", Review of European, Comparative & International Environmental Law, Vol. 26, Núm 2.

FUENTES LOUREIRO, María Ángeles (2022), "El proceso de consolidación del Derecho penal ambiental de la Unión Europea", Revista de Estudios Europeos, Vol. 79, pp. 324-343.

GONZÁLEZ VIADA, Natacha (2009), *Derecho penal y globalización. Cooperación penal internacional*, Madrid, Marcial Pons.

GUDÍN RODRÍGUEZ-MAGARIÑOS, Faustino (2022), "Un análisis sobre el proyecto de nueva directiva europea para delitos medioambientales", Medio Ambiente & Derecho: Revista Electrónica de Derecho ambiental, Núm. 40.

HINOJO ROJAS, Manuel y GARCÍA GARCÍA-REVILLO, Miguel (2016), *La protección del medio ambiente en el Derecho internacional y en el Derecho de la Unión Europea*, Madrid, Tecnos.

HOLLAND, Trygve Ben et al. (2023), "On the Criminal Law Dimension of the Green Deal", en TRÜE, Christiane y SCHOLZ, Lydia (Dir.), *The EU Green Deal and its Implementation*, Baden-Baden, Nomos, pp. 45-60.

MARQUÈS I BANQUÉ, Maria (2018), "The Utopia of the Harmonization of Legal Frameworks to Fight against Transnational Organized Environmental Crime", Sustainability 10(10), 3576.

MENDO ESTRELLA, Álvaro (2008), "Problemática ambiental y Derecho penal: acerca de la necesidad y eficacia de la protección penal del medio ambiente", Anuario de la Facultad de Derecho de la Universidad de Alcalá, Núm. 0, pp. 157-193.

MITSILEGAS, Valsamis; FASOLI, Elena; GIUFFRIDA, Fabio y FITZMAURICE, Malgosia (2022), *The Legal Regulation of Environmental Crime. The International and European Dimension*, Leiden, Brill.

VAGLIASINDI, Grazia Maria (2017), "The EU Environmental Crime Directive", en FARMER, Andrew; FAURE, Michael y VAGLIASINDI, Grazia Maria (Dir.), *Environmental Crime in Europe*, Oxford.

VERCHER NOGUERA, Antonio (2022), "La evolución de los delitos contra el medio ambiente en el contexto europeo: la Directiva 2008/99/CE", Diario La Ley, Núm. 10047.

VERCHER NOGUERA, Antonio (2024), "La nueva Directiva penal ambiental de la Unión Europea en ciernes", Diario La Ley, Núm. 10486.

Capítulo 13

La movilidad sostenible como motor de la transición verde: el papel de una futura legislación española

DARÍO BADULES IGLESIAS*

SUMARIO: I. INTRODUCCIÓN: ALGUNAS IDEAS PREVIAS EN TORNO A LA MOVILIDAD HUMANA Y SUS DIVERSOS IMPACTOS. II. INICIATIVAS NORMATIVAS Y DE *SOFT LAW* PARA LA MOVILIDAD SOSTENIBLE. 1. Precedentes y primeras resoluciones en el ámbito europeo. 2. Iniciativas normativas actuales en el plano internacional. 3. El rol director de las instituciones europeas en materia de movilidad sostenible: singularmente, el Pacto Verde Europeo. 4. La normativa española sobre movilidad sostenible. 4.1. Regulación estatal: en particular, las Zonas de Bajas Emisiones y el proyecto de Ley de Movilidad Sostenible. 4.2. Una breve mención a la regulación autonómica sobre movilidad sostenible. III. A MODO DE CONCLUSIÓN. HACIA DÓNDE DEBERÍA IR LA LEGISLACIÓN: APLICACIÓN DEL PRINCIPIO DE NO REGRESIÓN EN MATERIA AMBIENTAL A LAS SOLUCIONES DE MOVILIDAD SOSTENIBLE. IV. BIBLIOGRAFÍA.

Temblando enderecé la bicicleta. Mi padre me ayudó a encaramarme en el sillín, pero no corrió tras de mí. Sencillamente me dio un empujón y voceó cuando me alejaba: —Mira siempre hacia adelante; nunca mires a la rueda.

Miguel Delibes, *Mi querida bicicleta.*

Con gratitud a quien me enseñó a montar en bicicleta: mi padre.

---

* Profesor doctor de Derecho Administrativo, acred. Contratado Doctor, Universidad de Zaragoza. Este trabajo se enmarca en los Proyectos de I+D+i PID2021-124296NB-I00 (financiado por MCIN/AEI/10.13039/501100011033/ y por FEDER «Una manera de hacer Europa») y TED2021-130264B-100 (financiado por MCIN/AEI/10.13039/501100011033/ y por Unión Europea NextGenerationEU/PRTR). Igualmente debe considerarse parte de las actividades que el Grupo AGUDEMA (Agua, Derecho y Medio Ambiente) desarrolla dentro del Instituto Universitario de Ciencias Ambientales de la Universidad de Zaragoza (IUCA).

I. INTRODUCCIÓN: ALGUNAS IDEAS PREVIAS EN TORNO A LA MOVILIDAD HUMANA Y SUS DIVERSOS IMPACTOS

En 1865 la conocida como *Locomotives Act* vino a exigir en el Reino Unido que cualquiera de los nuevos vehículos de tracción mecánica a motor que empezaban a circular por las ciudades, en tanto que innovación técnica considerable para la época, fuesen acompañados de una persona 60 yardas por delante (unos 50 metros) portando una bandera roja para advertir a jinetes y conductores de carruajes de tracción animal la aproximación de aquellos vehículos[1]. El legislador británico del XIX actuaba, sin duda, movido por el principio de prudencia y con ciertos reparos hacia una tecnología cuyas consecuencias todavía no era capaz de vislumbrar de manera completa.

En realidad, lo que hoy nos parece descabellado (¡imaginemos una persona advirtiendo del paso de cada vehículo!), no deja de ser un ejemplo de una realidad subyacente que, sin embargo, permanece: la preocupación de los poderes públicos por unas herramientas (los vehículos) cuyas implicaciones son a veces conocidas (y a veces no), así como por la posible afección de estos instrumentos al espacio público que ocupan y al entorno que les rodea. A ello hay que añadir una realidad claramente significativa que el transcurso de este siglo y medio de avances en materia de locomoción ha dejado ya más que patente: el impacto ambiental del transporte es tan profundo que requiere de una exhaustiva regulación que corrija algunos fallos del mercado, singularmente las externalidades negativas asociadas a aquel.

---

[1] Agnew (2020) explica cómo distintas campañas y grupos de presión consiguieron, hace más de 150 años, establecer límites a los nuevos instrumentos de movilidad, para evitar las molestias que estos producían, en un ilustrativo precedente de cómo los *lobbies* tratan de influir y de hecho lo consiguen en materia de movilidad.

Conviene realizar una pequeña aclaración antes de continuar: los conceptos de transporte/locomoción y movilidad no son estrictamente sinónimos. Hasta principios del siglo XX, la noción de movilidad estaba especialmente vinculada con el sintagma *movilidad social*. Para hablar del conjunto de desplazamientos de personas y mercancías producidos en un entorno físico determinado (definición actual de la *movilidad*) se hacía uso del término «transporte». Sin embargo, a raíz de los estudios del sociólogo británico John Urry, el transporte vendría a representar, exclusivamente, el componente material de dicha movilidad humana, una movilidad que, en su *nuevo paradigma*, va mucho más allá de un mero desplazamiento de los que históricamente se venían produciendo.

De este modo, por movilidad sostenible se entiende aquella que busca satisfacer las necesidades de desplazamiento de la población para acceder a bienes y servicios, singularmente urbanos, con énfasis en el uso eficiente de los recursos que son precisos para ello, y buscando además contrarrestar las externalidades medioambientales y sociales derivadas de su uso y expansión (por todos, véase Rovalo Otero 2015). Y aunque la movilidad y el transporte pueden ser tanto interurbanos como urbanos, revisten interés especialmente estos últimos por el hecho incontrovertido de que los seres humanos habitan (habitamos) mayoritariamente —y es una tendencia que en el futuro se va a acrecentar— en entornos urbanos[2].

Y como se desprende del ejemplo del inicio, es más que evidente que el automóvil se ha convertido en un eje transformador de las ciudades: hemos alcanzado una nueva forma de entender y vivir la ciudad (Redondo Mora 2018). No solo eso, sino que hemos

---

2 Según datos del Banco Mundial, un 56% de las personas vive en entornos urbanos en la actualidad, cifra que llegará al 70% en el año 2050. Disponible en: https://www.bancomundial.org/es/topic/urbandevelopment/overview#:~:text=En%20la%20actualidad%2C%20alrededor%20del,de%20habitantes%E2%80%94%20vive%20en%20ciudades.

adaptado nuestro espacio urbano, y aun interurbano, a una escala vehicular deudora de la revolución fordista. La extensión de los conocidos como *no-lugares* suele estar también asociada a las formas de movilidad contemporánea[3]. Y si de lo que se trata es de la concepción del espacio público derivada (o consecuencia) de los distintos modos de transporte asociados a la movilidad actual, lo cierto es que —cuantitativa, pero también cualitativamente— se ha producido un redimensionamiento del *locus* donde se desarrolla la vida humana.

A modo de ejemplo, y con datos referidos al caso español, más de un 68% del espacio urbano de nuestras ciudades está destinado a usos vehiculares (tránsito y aparcamiento), mientras que apenas un 30% lo es para espacios peatonales[4]. Los datos varían, sin embargo, entre el centro de las ciudades y las periferias: mientras que solo el 43% del espacio es para los vehículos en los centros de las ciudades, la proporción alcanza un 74% en los barrios no céntricos. Esta idea resulta también relevante, como se comentará más adelante al hablar de la extensión e impacto de las (¿futuras?) Zonas de Bajas Emisiones (ZBE).

Pero la recuperación del espacio urbano cedido previamente a los vehículos a motor —y el término es estrictamente correcto: se habla de *recuperar lo perdido*— no es necesariamente una novedad. Ya a partir de 1973 y como consecuencia de la crisis del petróleo,

---

3 El concepto del *no-lugar* fue acuñado en 1992 por Marc Augé para referirse a lo que este autor denominó «espacios del anonimato», lugares concebidos como espacios intercambiables donde el ser humano transita, pero no permanece, no crea relaciones sociales que aporten al lugar una identidad. Aunque lo cierto es que también se trata de un concepto ampliamente subjetivo y dependiente de cada visión individual.

4 Estos datos están tomados del estudio «Callegrafías» de la «Red de ciudades que caminan», realizado en el año 2023 en más de 500 calles de 58 ciudades españolas, representando más de 1.000 km lineales de vías. Disponible en: https://ciudadesquecaminan.org/wp-content/uploads/2023/10/Callegrafias-p.pdf.

los Países Bajos comenzaron a impulsar medidas de reducción de dependencia del automóvil, apostando por la movilidad en bicicleta y la humanización de los espacios públicos. No solo eso, sino que entre 1973 y 1993, la campaña «*Stop de Kindermoord*» («Paremos el asesinato de niños», *sic*) supuso un claro éxito en materia de seguridad vial en Holanda[5]. Y aunque asociado inicialmente a una externalidad negativa del tráfico a motor (los siniestros viales), esta campaña[6] supuso un claro éxito desde el punto de vista de las políticas de movilidad y de reparto del espacio público, pues impulsó cambios estructurales no solo de los repartos modales sino también espaciales, y ha posicionado a este país como referencia en la materia.

Ello es así porque, además de la vertiente estrictamente técnica, las Ciencias Sociales han analizado los denominados aspectos psicosociales y culturales de la movilidad (Garcés Prieto 2018). Aunque en ocasiones pueda parecer lo contrario, lo cierto es que la actual situación ni es natural, ni es inevitable, pero es que ni es óptima, ni es tampoco irreversible. En el mencionado *nuevo paradigma de la movilidad* cobran una especial relevancia —desde un punto de vista analítico— tanto los desplazamientos asociados al ocio, como la estructura social y cultural de las ciudades y las consecuencias derivadas de ella. Pero también el «autoconcepto» que se tiene de uno/a mismo/a y de las consecuencias derivadas de sus propias formas de movilidad. Por ello, una reflexión crítica de *cómo nos movemos* puede y está contribuyendo también a

---

5 Según datos del Dutch Reach Project, desde el máximo del año 1972, el número de muertes en siniestros de tráfico ha caído más de un 80%. Disponible en: https://www.dutchreach.org/car-child-murder-protests-safer-nl-roads/.

6 Resulta evidente el acierto de la campaña, desde el punto de vista del *issue framing* o encuadre del problema: una cuestión incontrovertida sobre la que no hay demasiado debate (una *valence issue* en términos del análisis de políticas públicas), como puede ser la seguridad de las y los niños, puede servir con un propósito diverso: conseguir cambios en otros aspectos de interés, como los mencionados.

un cambio en la concepción de la movilidad tanto urbana como interurbana[7].

No solo importan el medio ambiente y la extensión (variable) del transporte público en nuestras ciudades, sino también aspectos culturales, sociales y económicos que empujan al abandono progresivo del vehículo privado a motor (o sea, principalmente, del coche). También algunas dinámicas derivadas de la crisis del coronavirus han favorecido el tránsito hacia una movilidad sostenible[8]. Del otrora sinónimo de libertad se ha evolucionado a una concepción ponderativa de los beneficios y las cargas asociadas al disponer de algún coche en propiedad. Y aunque se pretenden asociar algunos cambios tecnológicos (el *coche eléctrico*) a una movilidad más sostenible, lo cierto es que los costes y las cargas de dicha tecnología siguen sin compensar los eventuales beneficios que pueden aportar. No solo desde un punto de vista medioambiental, sino también de ocupación del espacio público[9], u otras externalidades asociadas a los vehículos a motor privados.

---

7 A modo de ejemplo, y según datos de la Dirección General de Tráfico (DGT), para el caso de España el número de permisos de conducir ha disminuido en todas las franjas de edad en el periodo 2010-2020. A pesar de ello, el número de conductores ha aumentado por una simple dinámica acumulativa. Disponible en: https://www.dgt.es/menusecundario/dgt-en-cifras/dgt-en-cifras-resultados/?categorias=/Tema/Conductores/. En todo caso, la dinámica no es exclusivamente española ni tan reciente, puesto que ya en 2012 el estudio *Transportation and the New Generation Why Young People Are Driving Less and What It Means for Transportation Policy* constató que en los EE. UU. cada vez menos jóvenes conducen.

8 Recuérdese que, para evitar el contacto físico y la cercanía entre personas, se favoreció la extensión de carriles bici y para vehículos de movilidad personal (patinetes) durante la pandemia. Distintas noticias de prensa dieron cuenta en 2020 y 2021 de la extensión de dichos carriles, no solo en España, sino en otros lugares a lo largo del globo.

9 Pues no olvidemos que el uso del espacio público de un coche privado (no digo vehículo, porque desde el punto de vista jurídico las bicicletas, por ejemplo, son también vehículos) es el mismo sea propulsado con gases contaminantes o con electricidad.

¿Cuáles son, de hecho, las principales externalidades asociadas a la movilidad no sostenible? O, en otros términos, ¿cómo podemos ordenar, de menos a más sostenible, un medio de transporte o una forma de movilidad? Podríamos clasificar los beneficios asociados a una movilidad sostenible en tres grupos de factores. Por un lado, los ambientales, por otro los económicos y finalmente los sociales. Son de sobra conocidas las consecuencias ambientales de la movilidad: las emisiones de gases de efecto invernadero, de otros gases contaminantes de la atmósfera y la contaminación acústica son solo algunas de las principales[10]. Desde un punto de vista económico, la movilidad no sostenible presenta cargas derivadas de su ineficiencia y, singularmente, de las externalidades que socialmente debemos cubrir. Pero no menos importante, las afecciones sociales representan uno de los elementos, a mi juicio, centrales de los viejos modos de movilidad: la seguridad vial, la calidad de vida, la salud pública y la accesibilidad son aspectos esenciales.

Y es que precisamente para ordenar los modos de transporte una de las reglas más extendidas viene representada por la cantidad de actividad que implica dicha movilidad. Es lo que se conoce como «movilidad activa», aquella que depende de la propia fuerza humana para su desarrollo. Así, en la cúspide de la sostenibilidad se hallaría, como no podría ser de otro modo, la movilidad a pie, donde la sola fuerza del peatón o peatona sirve para desplazarse. Seguidamente vendrían los distintos modos de desplazamiento de tracción mecánica no motorizada, singularmente (aunque no solo), las bicicletas. Cuando entra en juego la tracción mecánica motorizada se debe considerar primero la compartida, esto es, la que se produce en transporte público, seguida de las nuevas

---

10 Según datos de la Comisión Europea, el sector del transporte representa una cuarta parte de las emisiones de gases de efecto invernadero de la UE, siendo el transporte por carretera la principal fuente con un peso del 71%, seguido del transporte aéreo y marítimo, de lejos, con un 14% respectivamente. Disponible en: https://www.consilium.europa.eu/es/policies/clean-and-sustainable-mobility/.

formas de movilidad en vehículos a motor, pero también compartidos (coches y motos, especialmente) gracias, habitualmente, a aplicaciones o plataformas digitales[11]. Finalmente, como es natural, la movilidad socialmente más ineficiente es aquella que se produce en un vehículo privado a motor, considerando especialmente que sus tasas de ocupación suelen ser reducidas y el amplio uso ya mencionado del espacio[12].

Los modos de movilidad sostenible y activos tienen consecuencias más que positivas para quienes los practican, singularmente desde un punto de vista de la salud. Pero es que, además, como reza una feliz expresión, «la ciudad lenta vende más *croissants*» (Jiménez Gómez 2018, 56). Desde un punto de vista económico, el comercio de nuestras calles se ve ampliamente beneficiado —aunque hay mantras que se repiten en sentido contrario— por la abundancia de espacio público destinado al peatón y a quienes se desplazan en bicicleta. Como he dicho más arriba, el urbanismo disperso y el abandono (al menos en la zona mediterránea) de la ciudad compacta han afectado negativamente a la movilidad activa. Por ello, apostar por una *nueva cultura de la movilidad* se torna esencial. A todo ello, hay que añadir el impacto de la movilidad «compulsiva e innecesaria» del turismo (Pazos Otón 2022), que debería llevarnos a una reflexión social sobre su conveniencia y

---

11 Es abundante la literatura en torno a los servicios de movilidad urbana (e incluso interurbana) colaborativa. Por todos, véase el trabajo de Carbonell Porras (2019).

12 La propia DGT y el Instituto para la Diversificación y Ahorro de Energía (IDAE) del (entonces) Ministerio para la Transición Ecológica publicaron en 2019 un estudio titulado *La movilidad al trabajo: un reto pendiente.* En él, además de analizar aspectos elementales como las distintas consecuencias de la movilidad *insostenible* al trabajo, abordan la necesidad de elaborar los denominados PTT o Planes de Transporte al Trabajo, como instrumentos esenciales de colaboración público-privada para la mejora de la movilidad, teniendo en cuenta que la movilidad obligada suele representar una parte considerable (si no la principal) de todo el conjunto de desplazamientos humanos.

sobre su (in)sostenibilidad[13]. Finalmente, aunque parecía que el coronavirus pudo suponer un avance hacia algunos cambios a favor de la movilidad sostenible, lo cierto es que no parece que estos hayan perdurado y supuesto un auténtico cambio de paradigma.

Así las cosas, conviene en este punto analizar brevemente cuáles han sido las principales iniciativas normativas para favorecer una movilidad sostenible como parte integrante e imprescindible de la acción de los poderes públicos hacia una transición verde justa.

II. INICIATIVAS NORMATIVAS Y DE *SOFT LAW* PARA LA MOVILIDAD SOSTENIBLE

1. Precedentes y primeras resoluciones en el ámbito europeo

En el ámbito de las entonces Comunidades Europeas (hoy Unión Europea, UE), contamos —entre otros— con tres precedentes significativos sobre la importancia que para esta organización y sus Estados miembros habría de gozar, en el futuro, la movilidad sostenible. Me refiero, por un lado, a la *Resolución del Parlamento Europeo sobre medidas de la CE en el marco de la política común de transportes para el fomento de la bicicleta como medio de transporte* (doc. A 2-183/86, DOCE núm. C 99/220, de 13 de abril de 1987), y por otro, a la *Resolución del Parlamento Europeo sobre la protección del peatón y la carta europea de los derechos del peatón* (doc. A 2-154/88, DOCE núm. C 290/52, de 14 de noviembre de 1988[14]).

---

13 Hay quien incluso se plantea, desde un punto de vista altamente crítico, que ningún tipo de turismo puede ser sostenible, por mucho que se intente. La literatura más crítica —más propia del ensayo que del mundo jurídico— y movimientos y protestas actuales como el «*tourists go home*» así lo atestiguan.

14 Los textos completos de sendas resoluciones están disponibles aquí: https://eur-lex.europa.eu/legal-content/ES/TXT/PDF/?uri=OJ:C:1987:099:FULL y aquí: https://eur-lex.europa.eu/legal-content/ES/TXT/PDF/?uri=OJ:JOC_1988_290_R_0027_01, respectivamente.

Además, la Comisión publicó en 1992 un *Libro Verde sobre el impacto del transporte en el medio ambiente*, que también ha servido como precursor de actuaciones posteriores.

La primera de estas resoluciones consideró ya la importancia de la bicicleta no solo como forma de ocio y deporte, sino también como medio de transporte, afirmando «que la bicicleta es un medio de transporte barato, economizador de energía, ecológico y sano en comparación con los demás medios, es decir, el automóvil privado y los medios de transporte público». La resolución se centra, fundamentalmente, en los distintos aspectos de seguridad que limitaban (limitan todavía) la extensión de la bicicleta en entornos urbanos y concluía que «la sensación de inseguridad [es el principal] factor obstaculizante» de su extensión, por lo que abogaba ya por la creación de carriles bici. Y precisamente para ello seguía, en una interesante (por temprana) argumentación, que «está justificado que los propietarios de vehículos a motor se hagan cargo de los costes de los carriles para bicicletas, puesto que *el peligro tiene su origen sobre todo en la utilización de la misma vía por vehículos a motor* y ciclistas, y que, por este motivo, los carriles de bicicletas se pueden financiar, entre otros, mediante los impuestos sobre los automóviles y los carburantes» (párrafo 8, el énfasis es mío).

Se trata sin duda de una afirmación potente, por cuanto identifica de manera clara el origen de la inseguridad vial, una de las principales externalidades ya mencionadas derivadas de la presencia del tráfico motorizado en nuestras vías y que preocupa desde fecha temprana a los poderes públicos. Pero, además de ello, propone que los propios usuarios de los medios de transporte menos sostenibles asuman los costes (indirectos) derivados de su uso[15].

En lo que respecta a la segunda de las resoluciones, en ella se constata una realidad incontrovertible: «todo el mundo es, en

---

15 Sobre la fiscalidad en materia de movilidad sostenible, véase en este mismo volumen, el trabajo de Jiménez Compaired.

su momento [y] por algún tiempo, peatón» (considerando B) y ello justifica la necesaria protección de este colectivo, que es tanto como la protección de todos los seres humanos en la realización de una actividad humana básica, como es la de desplazarse caminando. Piénsese cuánto tuvo que haber evolucionado la concepción del ser humano para que una resolución del Parlamento Europeo tuviera que afirmar que todas las personas caminan y que merecen protección cuando desarrollan tal actividad. Los cambios sociales derivados de la presencia de vehículos a motor en nuestras vidas quedaron ya, pues, constatados por las instituciones.

Es más: esta resolución califica, sin ambages, a la priorización del tráfico automovilístico de «ideología social» (considerando E) y habla de «invasión de los automóviles privados», con la consecuencia inevitable de que «impiden el disfrute del espacio público a las categorías más débiles de personas» (*ib.*). Por todo ello, concluye que «una política en favor del peatón debe constituir el punto central de una acción cuyo objetivo sea el nacimiento de una mentalidad urbana nueva y más humana» (párrafo 1) y que tenga un carácter transversal para otras políticas, como la de transporte, urbanismo u obras públicas. Los poderes públicos —en este caso el Parlamento Europeo— abogaban ya en los años 80 por un cambio de mentalidad, por un cambio de paradigma que permitiese redefinir las políticas públicas para hacerlas «más humanas».

Y concluye la resolución con la aprobación de una *Carta Europea de los Derechos del Peatón* cuyo resumen viene dado, principalmente, por su apartado II, que dispone que «el peatón tiene derecho a vivir en centros urbanos o rurales organizados a medida del hombre [*sic*] y no del automóvil y a disponer de infraestructuras a las que se pueda acceder fácilmente a pie o en bicicleta»[16]. No

---

16 La Carta es deudora de su tiempo y, por ello, las expresiones no son inclusivas en lo referido al lenguaje. Así, se habla del «hombre» por el «ser humano», de «minusválidos» por «personas con discapacidad o con capacidades diferentes», o de «ancianos» por «personas mayores».

deja de ser una materialización de los derechos humanos aplicada sobre la consideración de las personas como seres vivos que se desplazan por sus propios medios y, con ello, demuestran y ejercitan su propia humanidad.

Si estos dos ejemplos se centran en el transporte en sí mismo como parte esencial del problema (para el ser humano), el *Libro Verde sobre el impacto del transporte en el medio ambiente: una estrategia comunitaria para un desarrollo de los transportes respetuoso con el medio ambiente*, aprobado por la Comisión Europea[17] el 9 de abril de 1992, lo hace, sin embargo, sobre el medio ambiente en tanto que bien jurídico digno de protección frente a las amenazas generadas por un transporte no sostenible.

Este documento realiza una afirmación clave, que a veces pasa desapercibida: «la evaluación ha puesto de relieve que los transportes nunca son neutros desde el punto de vista ecológico» (§ 103). Toda decisión humana, también (singularmente) la de cómo desplazarse, tiene consecuencias sobre el medio ambiente. El autoconocimiento de las consecuencias de los propios actos del que se habló más arriba se torna esencial para lograr un cambio sustancial que permita evitar, precisamente, las externalidades señaladas.

Pero es que además este Libro Verde señala que es necesario conseguir que «los transportes sigan llevando a cabo su función económica y social en las condiciones más favorables para el medio ambiente, salvaguardando al tiempo la libre elección del usuario» (§ 104). Y aunque no tienen reparos en señalar (§ 129) que existe un «conflicto entre los transportes y el medio ambiente», la posición inicial de la Comisión Europea no dejaba de ser limitada en cuanto al atrevimiento para afrontar un problema que puede

---

Pero ello no resta en absoluto interés a las afirmaciones en ella contenidas.

17 COM (92) 46 final, disponible aquí: disponible aquí: https://op.europa.eu/es/publication-detail/-/publication/98dc7e2c-6 a66-483a-875e-87648c1d75c8.

incluso llegar al corazón mismo de la esencia de los principales valores europeos: a las libertades individuales. Dicho de otro modo: parece que la decisión última, al menos en este punto, sigue recayendo sobre el individuo, incluso cuando sus decisiones puedan ser contrarias al propio interés público. Aunque sí advierte de la importancia del papel de cada individuo: «cualquier estrategia que intente influir en el comportamiento humano en materia de desplazamiento deberá concentrarse en la actitud del usuario en relación con su coche» (§ 122). El sentimiento de libertad asociado a la propiedad de un coche es tan amplio que forma parte incluso de la concepción misma del derecho fundamental de movilidad, aunque sobre esto han tenido ocasión de pronunciarse los tribunales[18].

De cualquier modo, la Comisión es consciente desde hace ya tres décadas de que hace falta un enfoque plural para abordar los retos que plantea la movilidad sobre el medio ambiente y para ello plantea la adopción tanto de medidas normativas, como destinadas a la organización de los mercados, a la imputación de costes o en el ámbito de la investigación (§ 108). Por ello, enumera ya una serie de instrumentos que, en buena forma, han ido poblando las políticas públicas europeas desde hace ya tiempo. Señala este Libro Verde (§ 103) que:

> El establecimiento de incentivos fiscales, la dotación de transportes colectivos eficaces y accesibles, la restricción del acceso de los vehículos, la limitación de las posibilidades de estacionamiento en los centros urbanos, la creación de aparcamientos situados estratégicamente para permitir una conexión adecuada con los transportes colectivos, la integración de la planificación urbana y suburbana y la mejora de las infraestructuras ofrecidas a los usuarios "verdes" constituyen algunas de las iniciativas que se pueden llevar a la práctica para lograr este objetivo. La organización de

---

18 A modo de ejemplo, la Sentencia 90/2023 del Tribunal Constitucional español, de 11 de septiembre de 2023, declaró que la ordenanza municipal de Madrid sobre movilidad que establecía determinadas limitaciones al tránsito de vehículos no suponía una vulneración del derecho fundamental a la libertad de circulación.

> *campañas de información, de formación y de sensibilización del público podría potenciar la eficacia de estas iniciativas.*

De hecho, precisamente sobre este último aspecto, y en tanto que medida de fomento, la Comisión abogaba también por la necesaria información al consumidor a la hora de permitir que este realice una decisión razonada sobre la elección de su vehículo y de sus modos de desplazamiento (§ 124). Esta idea, además de basarse en un derecho en materia ambiental como es el del acceso a la información, siquiera sea de manera indirecta, constituye un claro ejemplo de incentivo mediante *nudges* (o acicates) ampliamente estudiado y con resultados satisfactorios, que posteriormente se ha concretado en herramientas como las etiquetas ecológicas[19].

Finalmente, como precedente también de la actual regulación y del resto de iniciativas normativas y de *soft law* europeas, encontramos la denominada *Carta de Aalborg de Ciudades Europeas hacia la Sostenibilidad* (1994), otro ejemplo claro de iniciativa a favor de la movilidad sostenible[20]. Las ciudades firmantes se declaran a sí mismas como «especialmente responsables de muchos problemas ambientales a los que se enfrenta la humanidad» y por ello, plantean una serie de medidas como reducir la movilidad al planificar nuevas zonas suburbanas (precedente de la denominada «ciudad de los 15 minutos»). En concreto, el apartado I.9 se refiere, precisamente, a la movilidad urbana sostenible, en términos contundentes:

> *Nosotras, ciudades, debemos esforzarnos por mejorar la accesibilidad y por mantener el bienestar y los modos de vida urbanos a la vez que reducimos el transporte. Sabemos que es indispensable para una ciudad viable reducir la movilidad forzada y dejar de*

---

19 Entre otros, Sunstein es uno de los autores que más ha estudiado esta cuestión.

20 Esta iniciativa fue desarrollada en el seno de la Conferencia Europea sobre Ciudades Sostenibles celebrada en Aalborg, Dinamarca, el 27 de mayo de 1994, bajo los auspicios de la organización ICLEI – Gobiernos Locales por la Sostenibilidad (originalmente: *International Council for Local Environmental Initiatives*), la Comisión Europea y la propia ciudad de Aalborg.

fomentar el uso innecesario de los vehículos motorizados. Daremos prioridad a los medios de transporte respetuosos del medio ambiente (en particular, los desplazamientos a pie, en bicicleta o mediante los transportes públicos) y situaremos en el centro de nuestros esfuerzos de planificación una combinación de estos medios. Los diversos medios de transporte urbanos motorizados deben tener la función subsidiaria de facilitar el acceso a los servicios locales y de mantener la actividad económica de las ciudades.

La reducción de la movilidad obligada, aquella que por oposición no reviste carácter voluntario, es una de las iniciativas de esta Carta. Una vez abandonada (afortunadamente no de manera completa) la ciudad compacta, proveer de los servicios necesarios a las distintas aglomeraciones urbanas dispersas en el territorio se hace imprescindible. Ello aproxima a la ciudadanía todas las necesidades vitales que deben ser cubiertas y, consecuentemente, no genera en la movilidad un problema sino un aliado. Pero solo si esta tiene carácter sostenible, pues en caso contrario la dispersión irá (como de hecho ha ido y sigue yendo) acompañada de un mayor uso del coche y un incremento de los desplazamientos.

En fin, estos son solo algunos ejemplos de resoluciones de *soft law* europeo que han constituido, sin embargo, auténticas guías para los autoridades ejecutivas y legislativas, así como una verdadera declaración de intenciones para resituar a las personas en el centro mental de las políticas urbanas. A continuación, se analizarán distintas iniciativas normativas actuales, que en buena medida traen causa de estos precedentes, y que suponen en ocasiones (si bien no siempre) un espaldarazo hacia la movilidad sostenible. Digo no siempre porque no todas gozan de fuerza obligatoria que permita una reacción frente a su incumplimiento. Veamos.

2. *Iniciativas normativas actuales en el plano internacional*

Las Naciones Unidas (ONU) han tenido también la ocasión de pronunciarse sobre la movilidad sostenible y algunos de los retos principales que esta representa para la consecución de los objetivos que tiene encomendados. En particular, centrándonos en los más recientes y sin mencionar otros precedentes, hay que destacar la *Nueva Agenda Urbana* de 2016[21].

Son numerosas las referencias que hace esta *Agenda* a la movilidad. En concreto, los firmantes «imaginan (*sic*) ciudades» que «promueven la planificación basada en la edad y el género e inversiones para una movilidad urbana sostenible, segura y accesible para todos, así como sistemas de transporte de pasajeros y de carga que hacen un uso eficiente de los recursos y facilitan un vínculo efectivo entre las personas, los lugares, los bienes, los servicios y las oportunidades económicas» (§ 13.f). Pero es que también se proponen trabajar «para adoptar, aplicar y ejecutar políticas y medidas dirigidas a proteger y promover activamente la seguridad peatonal y la movilidad en bicicleta» (§ 113).

Precisamente sobre la primera de las cuestiones se ha centrado también el *Segundo Informe Global* de la Conferencia sobre Transporte Sostenible de las Naciones Unidas, aprobado en 2021[22]. Este documento señala algunas evidencias reseñables, como que solo la mitad de las personas que residen en zonas urbanas en nuestro planeta tienen acceso a una red adecuada de transporte público, más de la quinta parte de los ingresos debe ser destinada a dicho transporte, y que existen grandes disparidades entre países y regiones en el acceso al transporte público, considerando a modo de ejemplo que en Europa y Norte América la proporción alcanza un 72% mientras que en el África Subsahariana solo llega al 35% (pág. 19).

Resaltar, como hace la ONU en estos dos documentos, la importancia de la equidad en el acceso al transporte público es imprescindible. Las necesidades de movilidad no son las mismas

---

21 Aprobada en la Conferencia de las Naciones Unidas sobre la Vivienda y el Desarrollo Urbano Sostenible (Hábitat III), celebrada en Quito (Ecuador) el 20 de octubre de 2016. Este texto fue refrendado, con posterioridad, por la Asamblea General el 23 de diciembre del mismo año

22 Disponible aquí: https://sdgs.un.org/sites/default/files/2021-10/Transportation%20Report%202021_FullReport_Digital.pdf

para todas las personas. Existen grandes diferencias teniendo en cuenta la edad (singularmente las personas de mayor y de menor edad), las capacidades diferentes (especialmente, aunque no solo, la movilidad reducida), el sexo (por el reparto social de tareas y de los usos del tiempo), la situación económica (permitirse un coche puede ser un lujo, pero también incluso el propio uso del transporte público), o la situación geográfica (pues no todos los lugares están bien comunicados, incluso dentro de una misma realidad geográfica[23]). En definitiva, no solo basta con exigir más y mejores modos de transporte y de movilidad sostenibles, sino que la accesibilidad y la equidad en el acceso a ellos, así como una adecuada cobertura territorial y temporal, son otros elementos necesarios, y las Naciones Unidas hacen bien en poner el foco sobre esta cuestión[24].

Pero es que también, como recuerda este Informe, la movilidad sostenible es esencial para la consecución de la Agenda 2030 y el Acuerdo de París contra el Cambio Climático[25] (pág. 69).

Así, este concepto de movilidad sostenible puede enmarcarse en al menos 3 de los Objetivos del Desarrollo Sostenible (ODS): el número 11 (ciudades y comunidades sostenibles), el 12 (producción y consumo responsables) y el 13 (acción por el clima). Es precisamente en el primero de ellos en el que se encuadra la meta 11.2, que pretende:

---

23 Esta es también una de las demandas del movimiento español de la España vacía o vaciada. De hecho, aunque como se acaba de mencionar Europa es una de las regiones donde más y mejores opciones de transporte público existen, lo cierto es que las divergencias internas entre unas zonas y otras son más que considerables.

24 Señala el informe, en su pág. 69, que «*in urban areas, priority should be given to inclusive, reliable, safe, accessible, and affordable public transport, non-motorized transport (walking and cycling) and multimodal transport options as essential components of sustainable transport solutions*».

25 Me remito a las consideraciones hechas sobre los gases de efecto invernadero (GEI) y otros gases contaminantes que son consecuencia del transporte.

> *De aquí a 2030, proporcionar acceso a sistemas de transporte seguros, asequibles, accesibles y sostenibles para todos y mejorar la seguridad vial, en particular mediante la ampliación del transporte público, prestando especial atención a las necesidades de las personas en situación de vulnerabilidad, las mujeres, los niños, las personas con discapacidad y las personas de edad.*

Sin embargo, y como sucede habitualmente, en el ámbito de este tipo de instrumentos de carácter internacional, es la acción de los Estados la que puede suponer una verdadera diferencia. Lo que no obsta para que estas iniciativas de *soft law* no tengan un auténtico valor director de la acción pública. En definitiva, si algo hubiera de resaltarse en el ámbito internacional actual sería la preocupación por la equidad en el acceso a un transporte sostenible, como única alternativa viable y justa.

3. El rol director de las instituciones europeas en materia de movilidad sostenible: singularmente, el Pacto Verde Europeo

La IX Legislatura del Parlamento Europeo (2019-2024) supuso la oportunidad de impulsar, desde el seno de la UE, una transición hacia una Europa más verde y sostenible, a la zaga de compromisos internacionales adoptados por sus Estados miembros y por la propia UE, como por ejemplo el ya mencionado Acuerdo de París de 2016. Así, el 11 de diciembre de 2019 se aprobó la Comunicación de la Comisión «El Pacto Verde Europeo»[26]. El objetivo principal de este Pacto no es otro que «transformar la UE en una sociedad equitativa y próspera, con una economía moderna, eficiente en el uso de los recursos y competitiva, en la que no habrá emisiones netas de gases de efecto invernadero en 2050 y el crecimiento económico estará disociado del uso de los recursos»

---

[26] Comunicación de la Comisión al Parlamento Europeo, al Consejo Europeo, al Consejo, al Comité Económico y Social Europeo y al Comité de las Regiones, COM(2019) 640 final, disponible aquí: https://eur-lex.europa.eu/resource.html?uri=cellar:b828d165-1c22-11ea-8c1f-01aa75ed71a1.0004.02/DOC_1&format=PDF

(apartado 1). Y para ello, se propone una serie de medidas, entre las que destaca «acelerar la transición a una movilidad sostenible e inteligente» (apartado 2.1.5).

La Comisión constata, en el marco de las acciones encaminadas a la lucha contra la contaminación, los GEI y el cambio climático, que el sector del transporte representa, en la UE, la cuarta parte de las emisiones, y se propone reducir estas en un 90% para el año 2050. Por ello, considera que «una parte sustancial del 75 % del transporte interior de mercancías que ahora se realiza por carretera debe pasar al ferrocarril y las vías navegables interiores», como forma de descarbonización de este sector. Y, entre otras medidas, se propone también examinar «cuidadosamente las exenciones fiscales actuales, en particular para los combustibles del transporte aéreo y marítimo». De hecho, la apuesta por vehículos eléctricos es tal que estimó que para 2025 se necesitarían 1 millón de estaciones de recarga y repostaje para vehículos *no contaminantes* (aunque esto pueda parecer un oxímoron...).

Poniendo el foco en la movilidad de las personas, la Comisión afirmó que es necesario que «los usuarios sean lo primero y que se les faciliten alternativas a sus hábitos actuales de movilidad más abordables, accesibles, sanas y limpias», de forma que se ofrezcan «nuevos servicios de movilidad sostenible que reduzcan la congestión y la contaminación, especialmente en zonas urbanas», incluso reflejando el precio del transporte el impacto que este tiene sobre el medio ambiente. Esto resulta muy relevante, pues se trata de una apelación a la corresponsabilidad entre ciudadanía y poderes públicos, imprescindible para lograr una transición hacia una movilidad sostenible.

Y, finalmente, este Pacto Verde pone también su foco de atención en el ámbito urbano de la movilidad. Señala la Comunicación que «el transporte debe ser infinitamente (*sic*) menos contaminante, sobre todo en las ciudades». Y se refiere a lo que ha venido a denominar como «congestión urbana» (metáfora que recuerda a un resfriado) como uno de los retos a afrontar en materia de desplazamientos sostenibles.

Precisamente por mandato de este Pacto Verde, se aprobó en 2020 por la Comisión Europea la *Estrategia de movilidad sostenible e inteligente: encauzar el transporte europeo de cara al futuro*[27]. Se trata de un documento programático (como el anterior) que ha sentado las bases para distintas iniciativas normativas posteriores, al considerar a la UE como un «nodo de conectividad mundial». Esta Estrategia gira en torno a lo que se ha dado en denominar como «iniciativas emblemáticas» y que suman una decena de objetivos generales[28] a partir de los cuales se articulan iniciativas concretas (y que, por cierto, vienen calendarizadas en el Anexo a esta Estrategia que contiene su Plan de Acción[29]).

Partiendo de la base, sobradamente conocida, de que la movilidad «no está exenta de costes para nuestra sociedad» (apartado 2), considera imprescindible reducir las emisiones de manera significativa, haciendo uso, entre otras, de estrategias de digitalización que permitan mejorar la eficiencia de los distintos modos

---

27 Comunicación de la Comisión al Parlamento Europeo, al Consejo, al Comité Económico y Social Europeo y al Comité de las regiones, COM/2020/789 final, de 9 de diciembre de 2020, disponible aquí: https://eur-lex.europa.eu/legal-content/ES/TXT/?uri=CELEX%3A52020DC0789.

28 Son las siguientes: 1. impulsar adopción de vehículos de emisión cero, los combustibles renovables e hipocarbónicos y la infraestructura asociada; 2. crear aeropuertos y puertos sin emisiones; 3. lograr que la movilidad interurbana y urbana sea más sostenible y saludable; 4. ecologización del transporte de mercancías; 5. tarificación del carbono y oferta de mejores incentivos para los usuarios; 6. hacer realidad la movilidad multimodal conectada y automatizada; 7. innovación, datos e inteligencia artificial para una movilidad más inteligente; 8. reforzar el mercado único; 9. alcanzar una movilidad justa y equitativa para todos; y 10. reforzar la seguridad y protección del transporte.

29 Un estudio como este no puede centrarse en el análisis de todas las iniciativas contenidas en planes como este, pues resulta del todo imposible, por lo que para el estudio de las medidas concretas habrá que estar a futuras investigaciones.

de transporte y propone un «salto *irreversible* a la movilidad de emisiones cero» (la cursiva es mía).

De nuevo, recuerda también la necesidad de que «esta evolución [hacia una movilidad más sostenible] no debe dejar a nadie atrás: es fundamental que la movilidad esté disponible y sea asequible para todos, que las zonas rurales y alejadas estén mejor conectadas, que las personas con movilidad reducida y con discapacidad puedan acceder a ellas y que el sector ofrezca unas buenas condiciones sociales y oportunidades de reciclaje profesional y proporcione puestos de trabajo atractivos» (apartado 8). La UE, del mismo modo que la ONU, sienta las bases hacia una equidad transversal en el acceso al *derecho* a la movilidad.

Pero también hace corresponsable a la ciudadanía al afirmar que «las personas están dispuestas a adoptar modos de transporte más sostenibles, en particular para su movilidad diaria» (apartado 29), y advierte de los problemas que impiden o dificultan precisamente tal elección: el coste, la disponibilidad y la velocidad; elementos, por otra parte, que no resultan novedosos, como se vio antes. Como tampoco lo es, aunque no por ello deja de lado su importancia, la previsión y el recuerdo de los principios «quien contamina paga» y «el usuario paga» en los distintos modos de transporte. Para ello, nuevamente, la información a la ciudadanía debe ser clara, con indicaciones sobre las opciones más sostenibles (apartado 51).

Quizás una de las afirmaciones que más llama la atención es la de que «todos los modos de transporte son indispensables para nuestro sistema de transporte, razón por la que todos ellos deben pasar a ser más sostenibles» (apartado 12), no por la segunda de sus proposiciones, sino por la primera. Aunque reconoce que «impulsará la investigación y el despliegue de tecnologías innovadoras y sostenibles en el transporte» (apartado 65) con el propósito, precisamente, de alcanzar la sostenibilidad de todos los medios, resulta llamativa una ausencia de reflexión crítica sobre los medios de transporte que, como se ha visto, ocupan espacio y son altamente ineficientes. No, no todos los medios de transporte son igualmente necesarios.

Sea como fuere, estos instrumentos europeos han servido de base esencial para el desarrollo de una normativa y de distintas políticas públicas por parte de los Estados miembros de la UE y, en el caso que aquí interesa, por España, en materia de sostenibilidad de la movilidad. Si bien, como se ha mencionado, se trata en su mayoría de documentos guía, que no establecen *per se* obligaciones jurídicamente exigibles, lo cierto es que también se han materializado en reformas legislativas a nivel europeo que sí tienen tal consideración. A continuación, se va a analizar el desarrollo español en esta cuestión.

4. La normativa española sobre movilidad sostenible

4.1. Regulación estatal: en particular, las Zonas de Bajas Emisiones y el proyecto de Ley de Movilidad Sostenible

En el caso español, como es de todos sabido, no existe como tal en la Constitución española de 1978 una mención expresa a la materia de *movilidad sostenible* (ni siquiera a la *movilidad* como tal) que permita una atribución competencial al Estado o a las Comunidades Autónomas sobre ella. Es por ello, que la doctrina más cualificada[30] ha tratado de encuadrarla en otras con las que comparte interés, como por ejemplo el transporte (por cualquiera de sus modalidades), el tráfico, las obras públicas, el medio ambiente o la ordenación del territorio y el urbanismo. En palabras Bastida Freijedo (2014, 171) la movilidad sostenible en nuestro sistema jurídico podría ser considerada como un necesario principio rector de la legislación sobre tráfico y seguridad vial, aunque no solo es eso. Más bien, como afirma Fortes Martín (2021, 64), se trata de una materia con una afección transversal a distintos títulos competenciales estatales y autonómicos, donde el desarrollo progresivo de distintas iniciativas normativas ha servido, precisamente, para la *(re)construcción* de una nueva competencia al albur

---

30 Deben verse los trabajos de Moreu Carbonell (2014); Bastida Freijedo (2014); y muy particularmente el de Fortes Martín (2021).

de otras. En fin, la movilidad sostenible carece de título competencial propio, pero impregna distintos sectores de la actuación pública (España Pérez 2022, 386).

Si hiciéramos un repaso, siquiera sea breve, por los distintos hitos normativos de ámbito estatal, podría comenzarse, como primer elemento básico (al margen de otros precedentes menores), por la Ley 2/2011, de 4 de marzo, de Economía Sostenible (LES). Esta norma, en su redacción original, se ocupaba por primera vez en nuestro ordenamiento de una manera expresa y sistemática, aunque limitada, en los arts. 99 a 106 de la movilidad sostenible. Singularmente, el art. 99.a) estableció el «derecho de los ciudadanos al acceso a los bienes y servicios en unas *condiciones de movilidad* adecuadas, accesibles y seguras, y con el mínimo impacto ambiental y social posible» (el énfasis es mío), así como una adecuada garantía de participación social en las decisiones que afectasen a la movilidad. El art. 100 determinó los objetivos de la política de movilidad sostenible (entre otros: contribuir a la mejora del medio ambiente urbano y a la salud y seguridad; promover la disminución del consumo de energía; o fomentar los medios con menor coste social, económico y ambiental).

Por su parte, estableció también una regulación de los planes de movilidad urbana sostenible (PMUS, arts. 101-102 LES) de ámbito autonómico, supramunicipal o municipal, con efectos sobre la concesión de subvenciones, así como los planes de transporte de empresas. En todo caso, se trata de instrumentos que no tienen carácter obligatorio, al menos en el momento actual. Junto a estas previsiones, la propia Administración del Estado aprobó en 2009 la originaria *Estrategia Española de Movilidad Sostenible*[31], otro documento programático que giraba en torno a cinco objetivos fundamentales: la planificación territorial del transporte y sus infraestructuras, la lucha contra el cambio climático y reducción de

---

[31] El documento de la Estrategia está disponible aquí: https://www.miteco.gob.es/content/dam/miteco/es/calidad-y-evaluacion-ambiental/participacion-publica/290409_eems_definitiva_tcm30-184109.pdf.

la dependencia energética, la mejora de calidad del aire y reducción del ruido, la mejora de la seguridad y salud, y la gestión de la demanda. Este último es, quizás, el elemento más significativo, por novedoso y punto de inflexión para el cambio. La Estrategia señalaba al respecto (apartado 4.5) lo siguiente:

> *Esta es un área de trabajo de carácter horizontal que está al servicio de gran parte de los restantes objetivos y su meta es racionalizar la demanda en la utilización de los diferentes modos de transporte aportando los adecuados incentivos a los diferentes agentes, de manera que tanto los operadores de transporte como los usuarios finales ajusten sus decisiones y preferencias individuales en sintonía con el interés general. Para ello, la internalización progresiva de los costes internos y externos asociados a la movilidad, teniendo en cuenta criterios de equidad social y de refuerzo de la competitividad de los sectores económicos, debe ser uno de los principios para la definición de las medidas en las diferentes áreas de actuación.*

Nuevamente, se fía al cambio de hábitos personales y al adecuado conocimiento de los costes asociados a las decisiones de movilidad de cada individuo las mejoras duraderas en materia de movilidad sostenible. Y para ello, al margen de otras medidas, la Estrategia apuesta por la disuasión, la flexibilidad laboral, la utilización de nuevas tecnologías... con la finalidad última de reducir los desplazamientos obligados. Podría decirse que la pandemia del coronavirus, en buena medida, supuso un impulso definitivo a algunas de estas cuestiones.

Continuando con el relato temporal de los hitos en materia de movilidad sostenible a nivel estatal[32], debe citarse indefectible-

---

32 No me voy a detener, aunque sí merece una mención en este punto, la primera Estrategia estatal por la bicicleta, aprobada en junio de 2021 por el Ministerio de Transportes, Movilidad y Agenda Urbana (disponible aquí: https://cdn.mitma.gob.es/portal-web-drupal/esmovilidad/estrategias/recursos/210608_estrategia_estatal_por_la_bicicleta_(eexb)_070621.pdf). Este documento programático supone una primera evaluación sistemática del sector y de las oportunidades que para la movilidad sostenible ofrecen en nuestras ciudades y fuera de ellas.

mente la Ley 7/2021, de 20 de mayo, de cambio climático y transición energética. Esta norma regula en su Título IV la movilidad sin emisiones y el transporte; título, sin embargo, que solo contiene tres artículos. El art. 16 se centra en el transporte marítimo y en los puertos, con el objetivo de reducir paulatinamente las emisiones de los puertos y mejorar las cadenas de logística. El art. 15 tiene por objeto la instalación y el acceso de puntos de recarga eléctrica de vehículos, en una clara apuesta por una tipología de vehículos que, aunque presentan ventajas con respecto a los que disponen de motores de combustión, no dejan de generar problemas tanto de contaminación y seguridad como, especialmente, de uso del espacio público y en su fabricación.

Interesan sobre todo las previsiones del art. 14, sobre promoción de la movilidad sin emisiones. Al margen del establecimiento de obligaciones para que las Administraciones estatal, autonómicas y locales adopten medidas para alcanzar en 2030 y 2050 unos determinados objetivos del parque de vehículos sin emisiones, se regulan por primera vez las conocidas como Zonas de Bajas Emisiones (ZBE). En concreto, se exigía que antes de 2023 (por lo tanto, inicialmente a más tardar el 31 de diciembre de 2022) los municipios de más de 50.000 habitantes y los territorios insulares hubieran adoptado PMUS, «que introduzcan medidas de mitigación que permitan reducir las emisiones derivadas de la movilidad» y, especialmente, que establezcan las denominadas ZBE[33].

Lo cierto es que la mayor parte de los municipios españoles y de las islas no cumplieron su obligación en la fecha legalmente esta-

---

33 En realidad, hay muchas otras medidas de interés, aunque aquí nos centremos en esta. Por ejemplo, los PMUS deberían contener medidas para facilitar los desplazamientos a pie, en bicicleta u otros medios de transporte activo, para la mejora y uso de la red de transporte público, para su electrificación, para el fomento de los vehículos eléctricos y compartidos, para el fomento del reparto de mercancías y la movilidad al trabajo sostenibles o para mejorar la calidad del aire alrededor de centros escolares, sanitarios, etc.

blecida[34]. A ello hubo que añadir que el Real Decreto 1052/2022, de 27 de diciembre, por el que se regulan las ZBE, dispuso tanto en su art. 6 como en su Disposición Transitoria única un plazo de 18 meses para la adaptación de los instrumentos existentes a las obligaciones contenidas en esta norma. Aunque los términos eran claros («los instrumentos de planificación existentes con carácter previo»[35] o «las ZBE establecidas con fecha anterior a la entrada en vigor de este real decreto»), los municipios e islas se agarraron a esta supuesta prórroga (que no era tal) de 18 meses para aprobar sus planes estableciendo las ZBE antes del 1 de julio de 2024. Me remito a la situación que se puede comprobar en el mapa incluido en la nota anterior.

Pues bien, volviendo a la parte sustantiva de este Real Decreto, se establece en él como objetivos de las ZBE la mejora de la calidad del aire y la mitigación del cambio climático, buscando además promover el cumplimiento de los objetivos de calidad acústica, el impulso hacia nuevos modos de transporte más sostenibles y la promoción de la eficiencia energética (art. 3), para lo que los Entes Locales deberán establecer objetivos cuantificables.

Es precisamente el art. 4 el que regula, aunque solo con carácter de principios, la delimitación y diseño de las ZBE, siendo quizás este uno de los extremos de mayor relevancia cuando se habla de este tipo de zonas. Este precepto contiene algunas estipulaciones que son elementales.

---

34 En el siguiente mapa interactivo y actualizado se pueden comprobar los municipios e islas que disponen ya de ZBE, estando obligados a ello, y aquellos que o lo tienen en tramitación o no lo tienen: https://www.miteco.gob.es/es/calidad-y-evaluacion-ambiental/temas/movilidad/zonas_de_bajas_emisiones_en_espana.html. A simple vista, los datos son más que evidentes: se trata de una obligación generalmente incumplida, más en el momento específico en que esta devino exigible.

35 Como por ejemplo los planes de calidad del aire, de acción contra el ruido, los PMUS, los de adaptación al cambio climático, etc.

En primer lugar, dispone que «la delimitación de la ZBE se realizará considerando el origen y destino de los desplazamientos sobre los que se ha considerado necesario intervenir, *mediante el cambio modal* o *fomentando la reducción de los mismos*» (apartado 1, la cursiva es mía). Estas previsiones van en la senda de un auténtico cambio de paradigma en materia de movilidad: es preciso reflexionar (cada ciudadano/a) sobre la necesidad del desplazamiento y si el modo en que se va a realizar es el más idóneo no solo para uno/a mismo/a sino también en términos sociales. Aunque se echan en falta medidas que sirvan para la promoción de este conocimiento por parte de la ciudadanía (aunque aquí cobran especial relevancia las actuaciones municipales, por ser las más próximas a las personas).

En segundo término (apartado 1, párrafo 2), la norma establece que «la delimitación (...) ha de diseñarse tratando de evitar una mayor concentración de los vehículos en las áreas adyacentes a las ZBE, de manera que, en ningún caso, se deteriore la calidad del aire o la calidad acústica de aquellas» y además también «procurarán incentivar el "efecto contagio" (*sic*), para que los efectos positivos sobre la calidad del aire y sobre la calidad acústica se extiendan más allá del área delimitada, hacia las zonas adyacentes» (apartado 1, párrafo 3). Este es, posiblemente, el quid de la cuestión. Algunas voces críticas han llegado a denominar como ZBE *fake*[36] las iniciativas de algunos ayuntamientos obligados a establecer en su término dichas zonas pero que se han limitado, en el mejor de los casos, a colocar algunas señales en el centro de sus ciudades, asociadas o no a sanciones en caso de incumplimiento. Pero es que ¿acaso es suficiente con establecer una ZBE que abarque el casco histórico de un municipio (donde habitualmente ya

---

36 La expresión está tomada de una reciente noticia de 2 de julio de 2024 del diario *El País*, «Zona de bajas emisiones 'fake': el Gobierno pone en el punto de mira las trampas de las ciudades», disponible aquí: https://elpais.com/clima-y-medio-ambiente/2024-07-02/zona-de-bajas-emisiones-fake-el-gobierno-pone-en-el-punto-de-mira-las-trampas-de-las-ciudades.html.

circulan pocos coches)? Recuérdese la idea, planteada más arriba, de la distribución espacial del espacio público entre el centro y la periferia.

El Ministerio para la Transición Ecológica y el Reto Demográfico (MITECO) aprobó en 2021 junto con la Federación Española de Municipios y Provincias unas *Directrices para la creación de zonas de bajas emisiones (ZBE)*[37] que son, sin embargo, un mero instrumento orientativo, aunque muy interesante, para generar auténticos y positivos cambios en la movilidad. Pero al no quedar convenientemente establecidas en la normativa algunas características comunes que sirvan para determinar qué zonas de ZBE son efectivas y cuáles sirven únicamente para sortear la ley, lo cierto es que solamente por la vía de un eventual control se podrá dilucidar esta cuestión. Por la vía del control, o por la vía del *palo y la zanahoria*: como siempre (aunque esto pueda generar afecciones a la autonomía local), podría ligarse el otorgamiento de algunas subvenciones a una determinada evaluación de las ZBE efectivamente desarrolladas.

Finalmente, se establece en el mencionado Real Decreto 1052/2022 la posibilidad de diseñar varias ZBE o incluso «zonas de especial sensibilidad» (apartados 2 y 3). En esta misma línea van también las Directrices mencionadas más arriba: pueden establecerse modelos de ZBE globales, de núcleos y combinados, que permitan abarcar adecuadamente no solo una parte de la ciudad, sino esta de manera más o menos integral.

Concluyo este repaso a las iniciativas normativas estatales en materia de movilidad sostenible con una mención a la *Estrategia de Movilidad segura, sostenible y conectada 2030* (que sustituye a la reseñada más arriba), aprobada por Acuerdo del Consejo de Mi-

---

37 El documento que contiene estas Directrices puede consultarse aquí: https://www.miteco.gob.es/content/dam/miteco/es/calidad-y-evaluacion-ambiental/publicaciones/directricesparalacreaciondezonasdebajasemisiones_tcm30-533017.pdf.

nistros de 10 de diciembre de 2021[38] y al proyecto de Ley de Movilidad Sostenible[39]. En cuanto a la primera, se trata de un «documento marco a largo plazo» que tiene, como es costumbre, un carácter programático y director de las actuaciones de la Administración del Estado. Además, sirve de precedente para el mencionado proyecto de Ley. La Estrategia, de hecho, considera «la movilidad como un derecho, un elemento de cohesión social y de crecimiento económico» y pone el foco en la multimodalidad y en la cohesión territorial como dos factores clave.

En cuanto al proyecto de Ley de movilidad sostenible, si bien se encuentra en tramitación y, por lo tanto, de lo que entra a la Cortes a lo que sale puede haber un trecho, sí merece la pena comentar brevemente algunos aspectos. Por un lado, los denominados «cuatro pilares de la Ley». Se trata i) de la consideración de la movilidad como un derecho social, ii) de la movilidad como necesariamente limpia y saludable, iii) de un sistema de transporte digital e innovador y iv) de invertir mejor al servicio de los ciudadanos.

Quizás el primero de los *pilares* sea el más importante. Este proyecto de Ley pretende configurar la movilidad sostenible como un auténtico derecho subjetivo, imprescindible para el ejercicio de otros derechos (como los de la libre circulación, la educación, el trabajo, la protección de la salud, el disfrute del medio ambiente adecuado, etc.). Y para ello se articula expresamente en el artículo 4 del proyecto, que por su trascendencia merece la pena reproducir:

> *Artículo 4. Derecho a la movilidad sostenible*
>
> *1. Se reconoce el derecho de todos los ciudadanos y las ciudadanas a disfrutar de un sistema de movilidad sostenible y justo en*

---

38 Disponible aquí: https://cdn.mitma.gob.es/portal-web-drupal/esmovilidad/ejes/211223_es.movilidad_accesibilidad_BAJA_vf.pdf.

39 Este proyecto de Ley cuenta, incluso, con una página web propia: https://www.transportes.gob.es/el-ministerio/campanas-de-publicidad/ley-de-movilidad-sostenible-y-financiacion-del-transporte.

> *los términos establecidos por la ley, que permita el libre ejercicio de sus derechos y libertades constitucionales, favorezca la realización de sus actividades personales, empresariales y comerciales y atienda las necesidades de las personas menos favorecidas y de las zonas afectadas por procesos de despoblación, y en particular, preste especial atención a los supuestos de movilidad obligada.*
>
> *2. Las administraciones públicas deberán facilitar el derecho a la movilidad en los términos establecidos en la ley, a través de un sistema de movilidad, definido como un conjunto de infraestructuras, modos de transporte y servicios que faciliten los desplazamientos de las personas y el transporte de las mercancías.*
>
> *3. El sistema de movilidad definido en el apartado anterior constituye un elemento esencial para mejorar la calidad de vida de los ciudadanos y las ciudadanas y sus oportunidades de progreso en relación con el acceso al empleo, la formación, los bienes y servicios, la cultura, el ocio y las demás actividades cotidianas. En consecuencia, deberá ser eficaz, seguro, asequible, eficiente, socialmente inclusivo y respetuoso con la salud y el medioambiente.*
>
> *4. El sistema de movilidad facilitará la movilidad activa y sostenible y podrá incluir servicios de transporte público regulares, discrecionales o a la demanda, servicios de movilidad compartida y servicios de movilidad colaborativa.*
>
> *5. El sistema de movilidad deberá desarrollarse en beneficio de las generaciones actuales y futuras, la prosperidad económica, la cohesión social, el equilibrio territorial y la calidad de vida.*

La redacción del precepto plantea algunas dudas, como si de verdad se está configurando algún tipo de prestación que pueda ser demandada expresamente ante los poderes públicos. Pero también una reflexión necesaria, y es si la inflación o el *efecto globo* de los derechos puede llegar incluso a un punto contrario al perseguido. En todo caso, este precepto y el *derecho* que reconoce quedarían pendientes, como en tantas otras ocasiones, de una específica concreción de los distintos aspectos a que se refieren. Pues el *sistema de movilidad sostenible* al que se puede tener derecho es, sin duda, un concepto jurídico indeterminado que solo por virtud de otras previsiones normativas y del efectivo desarrollo práctico se podrá concretar.

En fin, las previsiones del proyecto de Ley son mucho más amplias, y merecerán oportunamente comentarios y análisis en investigaciones posteriores cuando esta efectivamente sea aprobada (de llegar a serlo), pero del análisis preliminar efectuado por algunos autores se puede concluir que se trataría —de ser aprobada en sus términos actuales— de una regulación esencialmente administrativa (aunque con proyecciones sobre otras materias), de naturaleza programática y que daría origen a una cascada de normas y otros instrumentos (Zubiri de Salinas 2023, 64), algo a lo que nos tiene ya acostumbrado el legislador, como en la mencionada Ley de cambio climático.

4.2. Una breve mención a la regulación autonómica sobre movilidad sostenible

Como se ha dicho más arriba, no existe como tal un título competencial que permita atribuir al Estado o a las Comunidades Autónomas la materia denominada «movilidad sostenible» pero son varias las Comunidades que sí han desarrollado —o prevén hacerlo— una normativa al respecto. La pionera fue la Ley catalana 9/2003, de 13 de junio, de la movilidad, que ya se refería a la sostenibilidad como uno de los elementos esenciales de dicha movilidad. Esta norma establece instrumentos de planificación, de evaluación y seguimiento; así como algunos órganos de gobernanza. Pero lo cierto es que, por razón de las competencias autonómicas asumidas sobre transporte, seguridad vial, medio ambiente, etc., las posibilidades de regulación autonómica son más escasas que las estatales.

En esta misma línea, otras Comunidades como el País Vasco, la Comunitat Valenciana, Asturias o Illes Balears han aprobado también sus respectivas normas. Otras como Andalucía, Madrid, Canarias o Aragón han dado pasos hacia su aprobación futura. Finalmente, algunas de las restantes disponen de leyes de transporte por carretera o de transporte público donde se contienen algunas previsiones (menores) al respecto. Pero, en cualquier caso, lo cierto es que esta panorámica autonómica es todavía residual. Aunque progresivamente, estos entes van poniendo el foco de atención sobre la materia, también con instrumentos de *soft law.*

III. A MODO DE CONCLUSIÓN. HACIA DÓNDE DEBERÍA IR LA LEGISLACIÓN: APLICACIÓN DEL PRINCIPIO DE NO REGRESIÓN EN MATERIA AMBIENTAL A LAS SOLUCIONES DE MOVILIDAD SOSTENIBLE

Narraba en el apartado inicial de este trabajo el caso de éxito de los Países Bajos, caso que tendría como contrapunto (no extremo, eso sí) lo sucedido en España recientemente. Algunas noticias de prensa daban cuenta, el año pasado (2023) tras las elecciones municipales, de la eliminación de carriles bici en algunos municipios, como consecuencia de la llegada al poder de partidos de derecha[40]. En realidad, son solo ejemplos aislados y no representativos de una tónica general (pues son numerosos los municipios con gobiernos de ese mismo signo con políticas claramente a favor de la movilidad sostenible), pero sí da testimonio de una cuestión que no es baladí: y es que la movilidad sostenible no es una cuestión neutra, un asunto incontrovertido sobre el que se haya llegado a un consenso claro y transversal que permita darle la importancia que tiene. Y ello es así porque, claramente, detrás del mantenimiento del *statu quo* hay grandes intereses.

Statu quo que pretende sustituir los coches con motores de combustión por otros eléctricos, obviando las externalidades asociadas a cualquier tipo de coche. *Statu quo* que no apuesta por reducir, en sí, la movilidad, sino por sustituirla por otra aparentemente menos contaminante. Hemos visto a lo largo del repaso anterior que la normativa europea y española sufren internamente

---

40 El diario *El País* publicaba su noticia « El PP y Vox eliminan carriles bici en varias ciudades: ¿son también una cuestión ideológica?» (disponible aquí: https://elpais.com/clima-y-medio-ambiente/2023-06-23/pp-y-vox-eliminan-carriles-bici-en-varias-ciudades-son-tambien-una-cuestion-ideologica.html), mientras que *El Confidencial* publicaba otra con un título muy ilustrativo: « La venganza de los cochistas: cómo acabar con el carril bici se convirtió en prioridad política» (disponible aquí: https://www.elconfidencial.com/espana/2023-06-24/carriles-bici-movilidad-ayuntamientos-pp-vox_3671370/).

la tensión entre un auténtico cambio de paradigma, donde el ser humano vuelva a ser el centro de gravedad de la movilidad, o una mera sustitución de los vehículos más contaminantes con otros con la *mejor tecnología disponible*. Siendo esta una solución buena, no es sin duda la óptima, puesto que no pone el foco en realidad donde más importa: en la necesidad de un replanteamiento global de la movilidad para conseguir, en palabras de FORTES MARTÍN, que el derecho a la movilidad sostenible sea un derecho «del bien vivir» (2021, 310).

He prestado menos atención, en este trabajo, a las usuales dinámicas normativas que apuestan por una reducción de la emisión de GEI y otros gases contaminantes, o la reducción del ruido o los siniestros viales, y no porque no sean necesarias. Son, de hecho, imprescindibles. Lo que sucede es que las medidas realmente transgresoras y que permitirían cambiar de paradigma en realidad solo se vislumbran, a medias, en los instrumentos normativos y de *soft law* analizados y que apuestan por un decrecimiento de la movilidad, por los medios activos de desplazamiento y por ralentizar el frenesí del transporte espurio (singularmente del turismo).

En todo caso, la nueva cultura de la movilidad que debe impregnar el futuro de la normativa estatal y europea debe ir en la línea de un auténtico y efectivo control de la implementación, garantizando la efectividad de un derecho que en realidad ya existe y que, aparentemente, se verá completamente positivado en fechas próximas. Pero, singularmente, apuesto por la aplicación del principio de *no regresión en materia ambiental* —más que, como hace mayoritariamente la normativa actual, el de la *mejor tecnología disponible*— a cuestiones de movilidad. Cuando un espacio, singularmente en nuestras ciudades, ha sido ganado al coche, este no puede serle devuelto por virtud de la aplicación de aquel principio. Cuando un modo de transporte sostenible se constituye como el único posible para el acceso a alguna zona (piénsese, por ejemplo, en el acceso a parques naturales exclusivamente mediante transporte público), no cabe tampoco la reversión al acceso mediante transporte privado, si no se quiere atentar contra aquel principio ambiental. Es la única forma de conseguir tornar la regulación a la medida del ser humano (como aquella ley inglesa mencionada al comienzo) y no de los vehículos privados a motor. Y creo que sería una apuesta inteligente en la litigación climática futura, incluso a nivel local.

Esta es, posiblemente, la única forma de garantizar también la equidad en el acceso a la movilidad sostenible. Equidad que va, necesariamente, de la mano de la asunción de los costes externos (internalización) derivados del transporte privado. Aquí, el papel de la tributación resulta esencial. Y es que la movilidad del futuro pasa por ser, necesariamente, una movilidad humana, no solo *más humana.*

IV. BIBLIOGRAFÍA

AGNEW, J. (2020). «Steam engines on UK roads, 1862–1865: Banning orders, agricultural locomotives and the 'red flag' Act». *The International Journal for the History of Engineering & Technology*, núm. 90 (1), pp. 53–74. https://doi.org/10.1080/17581206.2020.1797447.

AUGÉ, M. (2000). *Los «no lugares» espacios del anonimato. Una antropología de la Sobremodernidad*, Gedisa 2000: Barcelona.

BASTIDA FREIJEDO, F. J. (2014). «La movilidad ciclista en España y su regulación jurídica». En BOIX PALOP, A. y MARZAL RAGA, R. *Ciudad y movilidad. La regulación de la movilidad urbana sostenible*, Publicacions de la Universitat de València: Valencia, pp. 153-176.

CARBONELL PORRAS, E. (2019). «Servicios de movilidad colaborativa: modalidades y diferencias de régimen jurídico». *Anuario Aragonés del Gobierno Local 2018*, núm. 10, pp. 273-320.

ESPAÑA PÉREZ, J. A. (2022). *Desafíos regulatorios de la movilidad sostenible y su digitalización*, Arazandi Thomson Reuters: Cizur Menor.

FORTES MARTÍN, A. (2021). *Los desplazamientos sostenibles en el derecho a la ciudad*, Iustel: Madrid.

GARCÉS PRIETO, J. (2018). «Aspectos psicosociales de la movilidad urbana». En GARCÉS PRIETO *et. al.* *¿Cómo nos movemos? Aspectos psicosociales de la movilidad sostenible*, ADECS: Zaragoza, pp. 11-32.

JIMÉNEZ GÓMEZ, I. (2018). «El imaginario mediático de la movilidad». En GARCÉS PRIETO *et. al.* *¿Cómo nos movemos? Aspectos psicosociales de la movilidad sostenible*, ADECS: Zaragoza, pp.

MOREU CARBONELL, E. (2014). «Reflexiones sobre el papel del Derecho para la movilidad sostenible». En BOIX PALOP, A. y MARZAL RAGA, R. *Ciudad y movilidad. La regulación de la movilidad urbana sostenible*, Publicacions de la Universitat de València: Valencia, pp. 79-90.

PAZOS OTÓN, M. (2022). *Perpetuum mobile. Movilidad en tiempos pandémicos.* Tirant humanidades: Valencia.

REDONDO MORA, P. (2018). «Repercusiones Sociales y ambientales del actual modelo de movilidad». En GARCÉS PRIETO *et. al.* *¿Cómo nos movemos? Aspectos psicosociales de la movilidad sostenible*, ADECS: Zaragoza, pp. 33-44.

ROVALO OTERO, Montserrat (2015). "Movilidad urbana sustentable: conceptos internacionales", en *Derecho Ambiental y Ecología*, año 12, núm. 68, pp. 71-73.

ZUBIRI DE SALINAS, M. (2023). «Régimen jurídico de la movilidad sostenible». En Gutiérrez Sanz, M. R. y Zubiri de Salinas, M. (dirs.), *Sostenibilidad, movilidad y vulnerabilidad en el transporte: una visión jurídica*, Aranzadi: Cizur Menor, pp. 27-66.

Capítulo 14

Similarities and differences between the portuguese climate framework law and the eu climate law

Rui Tavares Lanceiro*

SUMARIO: I. INTRODUCTION. II. GLOBAL CONTEXT. III. EU CLIMATE LAW: AN OVERVIEW. IV. PORTUGUESE CLIMATE FRAMEWORK LAW: AN OVERVIEW. V. COMPARATIVE ANALYSIS. VI. ANTICIPATED IMPACTS AND CHALLENGES. VII. CONCLUSION.

I. INTRODUCTION

The urgency to address climate change has never been more critical. As global temperatures rise and extreme weather events become more frequent, the impacts of climate change are being felt globally.

Climate legislation, such as the European and Portuguese Climate Laws, plays a vital role in the global effort to address climate change. These laws provide a clear and legally binding framework for action, ensuring that governments, businesses, and individuals take the necessary steps to reduce emissions and build resilience. By setting ambitious targets and outlining specific measures, climate laws help to drive innovation, attract investment, and promote sustainable development.

This article aims to provide a comparative analysis of the European Climate Law and the Portuguese Climate Law, highlighting their

---

* Professor at Faculdade de Direito da Universidade de Lisboa. Researcher at the Lisbon Public Law Research Center.

objectives, key provisions, and the expected impact on reducing GHG emissions and enhancing resilience. It will also explore the broader global context, examining how these laws fit into the international effort to combat climate change and achieve the goals of the Paris Agreement.

In order to achieve that, the article begins by providing an overview of the background, objectives, and significance of the European and Portuguese Climate Laws. Second, it analyses the key provisions, targets, and mechanisms of the European Climate Law. Then, it examines the main features, goals, and measures of the Portuguese Climate Framework Law. After that, it explores the differences and similarities between both laws. Finally, it summarizes the findings and emphasizes the importance of sustained and coordinated climate action.

II. GLOBAL CONTEXT

The global climate crisis is one of the most pressing challenges of our time. There is a scientific consensus around the fact that human activities, particularly the burning of fossil fuels, deforestation, and industrial processes, are the primary drivers of unprecedented changes in the Earth's climate[1]. These activities increase the concentration of greenhouse gases (GHG) in the atmosphere, leading to global warming. Global temperatures have been rising steadily over the past century, with the last few decades seeing the most rapid increase. According to the Intergovernmental Panel on Climate Change (IPCC), the Earth's average temperature has already increased by approximately 1.1°C above pre-industrial

---

1 See the Sixth Assessment Report of the Intergovernmental Panel on Climate Change (IPCC) approved during the Panel's 58th Session held in Interlaken, Switzerland from 13–19 March 2023 (AR6 Synthesis Report: Climate Change 2023), p. 4.

levels[2]. This warming trend is expected to continue, with potentially catastrophic consequences if not addressed urgently

The frequency and severity of extreme weather events have increased significantly as a result of climate change. Heavy rainfall and flooding have caused widespread damage to infrastructure and homes, while prolonged droughts have threatened water supplies and food security in many regions. Heatwaves have become more common and intense, leading to health crises and increased mortality rates.

The journey to combat climate change has been long and complex. The United Nations Framework Convention on Climate Change (UNFCCC)[3], established in 1992, was the first global international treaty aimed at addressing climate change. The annual Conference of the Parties (COP) of the UNFCCC meetings provide a platform for countries to negotiate and review progress on climate action. However, the UNFCCC needs further development to ensure its' implementation, such as the Kyoto Protocol[4] in 1997 and the Paris Agreement[5] in 2015.

The Paris Agreement is a landmark international treaty. Its' primary goal is to limit global warming to well below 2°C above pre-industrial levels, with an aspirational target of 1.5°C. To achieve this, countries have committed to reducing their greenhouse gas emissions through nationally determined contributions (NDCs),

---

2 See AR6 Synthesis Report: Climate Change 2023), p. 42.

3 The United Nations Framework Convention on Climate Change (UNFCCC) was signed in 1992 by 154 states at the United Nations Conference on Environment and Development (UNCED), informally known as the Earth Summit, held in Rio de Janeiro. The treaty entered into force on 21 March 1994.

4 The Kyoto Protocol was adopted in Kyoto, Japan, on 11 December 1997 and entered into force on 16 February 2005.

5 The Paris Agreement was negotiated at the 2015 United Nations Climate Change Conference near Paris, France.

which are to be updated every five years with increasingly ambitious targets.

The Paris Agreement also emphasizes the importance of adaptation, recognizing that even with significant mitigation efforts, some level of climate change is inevitable. It calls for enhanced support for developing countries, including financial resources, technology transfer, and capacity-building, to help them adapt to the impacts of climate change.

Addressing the global climate crisis requires comprehensive and coordinated action across all levels of society. National and international policies must be complemented by local initiatives, private sector engagement, and civil society participation. The integration of climate considerations into all aspects of decision-making, from urban planning to economic development, is essential for achieving sustainable and resilient societies.

The European Union (EU) and its Member States are parties to the UNFCCC, the Kyoto Protocol and the Paris Agreement. More generally, the EU has been at the forefront of global climate action, consistently advocating for stronger environmental policies and sustainable development. The EU has put in place key laws and measures to achieve its climate and energy targets for 2030. The European Climate Law[6], which was adopted in 2021, is a critical component of the EU's strategy to achieve climate neutrality by 2050.

Portugal has also demonstrated strong commitment to combating climate change through the enactment of the Portuguese Climate Framework Law[7]. This law aligns with the EU's climate objectives, enforcing the Paris Agreement, and aims to provide

---

6 Regulation (EU) 2021/1119 of the European Parliament and of the Council of 30 June 2021 establishing the framework for achieving climate neutrality and amending Regulations (EC) No 401/2009 and (EU) 2018/1999 ('European Climate Law').

7 Law no. 98/2021, of 31 December 2021.

a comprehensive framework for reducing emissions, enhancing resilience, and ensuring a sustainable future for all citizens.

The global context of climate change highlights the interconnectedness of nations and the need for a collective response to this existential threat. While significant progress has been made through international agreements and national commitments, much more needs to be done to meet the goals of the Paris Agreement and ensure a livable future for all.

The Portuguese and EU Climate Laws are examples of how regional and national frameworks can contribute to global climate efforts. By aligning their policies with international goals and leveraging their unique strengths, Portugal and the EU can play a leading role in driving the global transition to a sustainable and resilient future.

III. EU CLIMATE LAW: AN OVERVIEW

The European Climate Law, Regulation (EU) 2021/1119, adopted in 2021, is a cornerstone of the EU ambitious climate policy framework.

This legislative act is a cornerstone of the efforts of the EU to uphold Paris Agreement. In December 2019, the European Council endorsed the objective of a climate-neutral EU by 2050 in line with the objectives of the Paris Agreement adopted under the UNFCCC. On 4 March 2020, the Commission adopted its proposal for a European Climate Law to reach the goal set out in the European Green Deal for Europe's economy and society to become climate-neutral by 2050. After a complex legislative procedure, the European Climate Law was finally adopted during the Portuguese Presidency of the Council of Ministers in the first semester of 2021, published in the Official Journal on 9 July 2021 and entered into force on 29 July 2021.

This law legally enshrines the EU's commitment to achieving climate neutrality by 2050 (Article 2), meaning that by mid-century, the EU aims to have a balance between GHG emissions and the absorption of these emissions through natural or technological means. Climate neutrality by 2050 means achieving net zero greenhouse gas emissions for the EU institutions and Member States as a whole, bounding them to take the necessary measures at EU and national level to meet this target, taking into account the importance of promoting fairness and solidarity among Member States, mainly by cutting emissions, investing in green technologies and protecting the natural environment. The law aims to ensure that all EU policies contribute to this goal and that all sectors of the economy and society play their part, in a socially fair and cost-efficient manner. This also provides predictability for investors and other economic actors and ensures that the transition to climate neutrality is irreversible. The Law also includes a commitment to negative emissions after 2050.

In order to ensure progress towards this long-term 2050 goal, the European Climate Law sets intermediate targets, based on a comprehensive impact assessment, with an ambitious binding target for 2030 of reducing net GHG emissions by at least 55% as compared to 1990 levels (Article 4), with clarity on the contribution of emission reductions and removals. By establishing a more ambitious EU 2030 target, the Law sets Europe on a responsible path to becoming climate-neutral by 2050. The Law also includes a process for setting a 2040 binding climate target (Article 4(3)), within six months of the first global stocktake under the Paris Agreement. The proposal is to be accompanied by a report containing the projected indicative EU GHG budget for 2030-2050.

Land can serve as both a carbon sink, absorbing CO2 from the atmosphere, and a carbon source, releasing CO2 through activities such as deforestation. Sustainable land management practices, including afforestation and protection of existing carbon stocks, have great potential for carbon sequestration. The European Climate Law recognizes the need to enhance the EU's carbon sink (Article 4(1) para 3) through a more ambitious revised Regulation on land use, land use change, and forestry (LULUCF)[8]. The Commission made a proposal for the amendment of the LULUCF Regulation in July 2021, it went through the legislative procedure and was published in April 2023, entering into force in May 2023[9].

It also creates a comprehensive governance framework to ensure accountability and transparency. This framework includes regular monitoring, reporting, and verification of progress towards the climate targets (Articles 6, 7, 8, and 9). This will allow the EU institutions or Member States to adjust their actions, if needed, based on existing systems such as the governance process for Member States' national energy and climate plans, regular reports by the European Environment Agency, and the latest scientific evidence on climate change and its impacts. Every two years, the European Commission conducts a comprehensive review of the EU's progress towards the climate targets. This review includes an assessment of the collective progress of Member States, the effectiveness of the policies and measures in place, and recommendations for further action (Article 6). The Commission is required to report to the European Parliament and the Council, within 6 months of each global stocktake under the Paris Agreement, on the progress the EU and Member States are making towards meeting the objectives of the regulation. In this way, progress will be reviewed every five years, in line with the global stocktake exercise under the Paris Agreement.

---

8 Regulation (EU) 2018/841 of the European Parliament and of the Council of 30 May 2018 on the inclusion of greenhouse gas emissions and removals from land use, land use change and forestry in the 2030 climate and energy framework, and amending Regulation (EU) No 525/2013 and Decision No 529/2013/EU.

9 Regulation (EU) 2023/839 of the European Parliament and of the Council of 19 April 2023 amending Regulation (EU) 2018/841 as regards the scope, simplifying the reporting and compliance rules, and setting out the targets of the Member States for 2030, and Regulation (EU) 2018/1999 as regards improvement in monitoring, reporting, tracking of progress and review

Member States are required to develop and implement national climate action plans. These plans outline the specific measures and policies each country will undertake to contribute to the EU's overall targets. The Commission will assess these plans to ensure they are sufficient and aligned with the EU's climate goals. To that end, Member States must prepare and submit to the Commission its long-term strategy with a 30-year perspective and consistent with the Union's climate-neutrality objective by 1 January 2029, and every 10 years after that, updating this every 5 years if necessary[10].

The Commission will regularly assess relevant national measures and issue recommendations to a Member State where it finds inconsistencies in ensuring the climate-neutrality objective or inadequate progress made towards enhancing adaptive capacity, strengthening resilience and reducing vulnerability to climate change (Article 7(2)-(3)).

The European Climate Law creates the European Scientific Advisory Board on Climate Change (Article 12)[11], an independent body tasked with providing the EU with scientific knowledge, expertise and advice relating to climate change. It consists of 15 independent senior scientific experts covering a broad range of relevant disciplines appointed in a personal capacity by the Management Board of the European Environment Agency for a term of 4 years following an open selection procedure. They are selected based on their scientific excellence, broad expertise and professional experience in the field of climate and environment science.

---

10 New Article 15(1) of the Regulation (EU) 2018/1999 of the European Parliament and of the Council of 11 December 2018 on the Governance of the Energy Union and Climate Action, as amended by Article 13 of the European Climate Law.

11 This provision amends Regulation (EC) No 401/2009 of the European Parliament and of the Council of 23 April 2009 on the European Environment Agency and the European Environment Information and Observation Network, adding Article 10a.

The Advisory Board evaluates policies and implementation, as well as gaps in those policies and implementation, identifying actions and opportunities to successfully achieve fast and cost-effective GHG emission reductions in Europe, and to ensure continuous progress in adapting to climate change. In doing so, it also considers, to the extent feasible, the contribution of these policies to other EU objectives stated in the European Climate Law, such as fairness and solidarity, the well-being of citizens, energy and food security and affordability, as well as environmental integrity. The Advisory Board delivers advice, recommendations and guidance to EU institutions and Member States, on a factual basis and robust analysis, taking into consideration the latest scientific findings of the Intergovernmental Panel on Climate Change (IPCC) reports and the best available and most recent scientific climate data, in particular with regard to information relevant to the EU

Under the European Climate Law, Member States are invited to set up climate advisory bodies to provide expert scientific advice to the relevant national authorities (Article 3(4)) and must establish a multilevel climate and energy dialogues, in which local authorities, civil society organisations, business community, investors and other relevant stakeholders and the general public are able actively to engage and discuss the achievement of the Union's climate-neutrality objective[12]. Also, the Commission is under a commitment to engage with sectors to prepare sector-specific roadmaps charting the path to climate neutrality in different areas of the economy (Article 10).

The Law also includes stronger provisions on adaptation to climate change (Article 5). EU institutions and Member States must enhance adaptive capacity, strengthen resilience, reduce vulnerability to climate change and ensure adaptation policies are

---

12 New Article 11 of the Regulation (EU) 2018/1999 of the European Parliament and of the Council of 11 December 2018 on the Governance of the Energy Union and Climate Action, as amended by Article 13 of the European Climate Law.

coherent, mutually supportive, provide benefits for sectoral policies, help integrate these measures into all policy areas and focus especially on the most vulnerable people and sectors. The Commission is tasked to adopt an EU adaptation strategy and guidelines, by 30 July 2022, setting out common principles and practices to identify, classify and manage climate risk when planning, developing, executing and monitoring projects and programmes. The Member States must adopt and implement national adaptation strategies and plans, taking into account particularly vulnerable sectors such as agriculture, water and food systems and food security, along with the need to promote nature-and ecosystem-based solutions.

The European Climate Law has far-reaching implications for EU policies and legislation. It requires the integration of climate considerations into all relevant policy areas, including energy, transport, industry, agriculture, and finance. This holistic approach ensures that climate action is mainstreamed across the EU's policy framework, promoting coherence and synergy.

The European Climate Law represents a comprehensive and ambitious approach to tackling climate change within the EU. By setting legally binding targets and integrating climate action across all policy areas, the law aims to ensure a coordinated and effective response to the climate crisis. The robust monitoring, reporting, and enforcement mechanisms established by the law are critical for maintaining accountability and transparency, ensuring that the EU and its Member States remain on track to meet their climate objectives. Through these efforts, the European Climate Law seeks to promote a sustainable, resilient, and climate-neutral future for the EU.

IV. PORTUGUESE CLIMATE FRAMEWORK LAW: AN OVERVIEW

The Portuguese Climate Framework Law, formally known as the *Lei de Bases do Clima* (Law No. 98/2021, of 31 December 2021), establishes the legal framework for Portugal's climate policy, aligning with the European Climate Law's objectives and commitments. It sets out national targets for GHG emissions reduction, adaptation measures, and principles for climate action across all sectors of the economy.

The Portuguese Climate Framework Law commits the country to achieving carbon neutrality by 2050 (Article 18(1) of the Portuguese Climate Framework Law). This commitment aligns with the EU's overall climate goals and the Paris Agreement's objectives. It further sets legally binding targets for GHG emissions reduction. By 2030, Portugal aims to reduce its GHG emissions by 55% compared to 2005 levels, not considering land use and forestry, in line with the European Union's goals (Article 19(2)). establishes interim targets of reducing emissions by at least 65% to 75% by 2040, and a reduction of at least 90% by 2050. Finally, it also establishes sector-specific emission reduction targets in areas such as energy, transportation, and waste. These sector-specific goals are crucial for addressing the diverse sources of emissions and ensuring a comprehensive approach to climate mitigation.

However, the Portuguese Law goes much further than that. It begins with the recognition of a state of climate emergency (Article 2) – although it makes it clear that this is different from the constitutionally established cases of declaration of state of siege or state of emergency. This declaration underscores the country's commitment to implementing robust climate policies and taking swift action to address climate challenges. However, without further elaborating on the consequences of the recognition of the state of climate emergency, this becomes a mere political declaration.

The Law also establishes a number of objectives of the Portuguese climate policy, such as to promote a rapid and socially balanced transition to a sustainable economy and a greenhouse gas-neutral society, to guarantee climate justice, ensuring the protection of communities most vulnerable to the climate crisis, respect for human rights, equality and collective rights over common goods, to ensure a sustainable and irreversible path towards reducing greenhouse gas emissions, to promote the use of renewable energy sources and the circular economy, improving energy and resource efficiency, to develop and strengthen existing sinks and other carbon sequestration services, to strengthen national resilience and capacity to adapt to climate change, and to promote climate security (Article 3).

The Law also establishes in Article 4 several "principles of climate policy" to be followed by the authorities. These principles include the principles of i) sustainable development, making use of natural and human resources in a balanced way, in consideration of the duties of solidarity and respect for future generations and the other species that cohabit the planet; ii) transversality, ensuring that climate change mitigation and adaptation are taken into account in other global and sectoral policies; iii) integration, considering the impacts of climate change on investments and economic activities, both public and private; iv) international cooperation, with a view to adding value to the development of practices and technologies and to global decarbonisation; v) information, imposing a culture of transparency and accountability; vi) participation, including citizens and environmental organizations in the planning, decision-making, and evaluation of public policies; vii) prevention and precaution, obviating or minimising adverse impacts on the climate, primarily at source, both in the face of immediate and concrete dangers and future and uncertain risks, and being able to establish, in the event of scientific uncertainty, that the burden of proof lies with the party claiming the absence of dangers or risks; and viii) liability, recovery and reparation, with each intervening agent having to answer for their actions and omissions, direct and indirect, being obliged to correct or recover the losses and damages they have caused, bearing the resulting costs and any compensation applicable to third parties.

One unique feature of the Portuguese Climate Framework Law is the recognition of citizens' rights to a balanced climate. Portugal follows a rights-based approach, following the fundamental right to live in a healthy and ecologically balanced environment, established in Article 66 of the Constitution of the Portuguese

Republic. For this effect, the Climate Framework Law recognizes, in its Article 5, the right to climate balance, "under constitutional and internationally established terms". The law establishes that this right consists of "the right to defend oneself against the impacts of climate change, as well as the power to demand that public and private entities fulfil the duties and obligations to which they are bound in climate matters". Other climate rights include the right of "everyone" to intervene and participate in administrative procedures relating to climate policy, namely under Article 9, as well as the right of judicial action for the defence of subjective rights and legally protected interests and for the exercise of the right of public action and *actio popularis,* the right to promote the prevention, cessation and repair of risks to the climate balance, and the right to request the immediate cessation of the activity causing threat or damage to the climate balance (Article 6). On the other hand, the law also establishes general duties in climate matters (Article 7), namely the duty to protect, preserve, respect and ensure the safeguarding of the climate balance, contributing to mitigating climate change, and the duty to contribute to safeguarding the climate balance, which is considered the result of "Climate citizenship". This legal framework emphasizes the role of citizens in climate governance.

The Portuguese Climate Framework Law also defines a comprehensive governance framework to ensure accountability and transparency in climate policy. This framework includes regular monitoring, reporting, and verification of progress towards the climate targets, creating new structures and requirements, including Regional Climate Action Plans (PRAC) and Municipal Climate Action Plans (Article 14), and a national carbon budget (Article 20) — which, in line with the other existing instruments, establish the need for national targets for shorter sub-periods, in this case every 5 years. The law requires annual reporting on progress in implementing climate action plans and achieving the set targets. These reports are submitted to the Parliament (*Assembleia da República*) and are made publicly available.

An independent advisory body, the Council for Climate Action (*Conselho para a Ação Climática*), is established to provide scientific advice and assessment on climate policies and measures. This council's recommendations guide the government's efforts to meet the climate targets (Article 11). If Portugal is found to be off track in meeting its targets, the law provides mechanisms for corrective action. The *Conselho para a Ação Climática* can issue recommendations for additional measures or adjustments to the national climate action plans.

In this area also, the Law creates new requirements and sets timetables for climate policy planning and evaluation instruments (Articles 20 and 26), including the development of five-year sectoral plans for mitigation (Article 22) and adaptation (Article 24), and a green industrial strategy (Article 68) aimed at supporting the industrial sector in the climate transition process. The law also emphasizes the role of innovation and technology in achieving climate targets. It promotes Additionally, it fosters research and development in clean technologies, energy efficiency, and renewable energy sources, while trying to ensure a just transition that supports workers and communities affected by the shift to a low-carbon economy. The Law emphasizes the importance of adaptation to climate change. It requires the development of national and regional adaptation strategies to enhance resilience and mitigate the impacts of climate change on ecosystems, infrastructure, and communities (Article 23). It also defines principles and standards for sectoral climate policy instruments, namely in the areas of energy, transport, materials and consumption, the agri-food chain and carbon sequestration (Articles 39-59).

The Portuguese Climate Framework Law finally defines new principles and standards for economic and financial instruments (Articles 28-33), with a particular focus on the government's budgetary process, green taxation and sustainable financing, promoting a just transition to a carbon-neutral economy. Because it recognizes the need for substantial investment to achieve the climate targets, the Law outlines funding mechanisms to support the transition to a carbon-neutral economy.

Despite the ambition and vision demonstrated by Portugal when passing the Portuguese Climate Framework Law, its implementation is lacking. None of the plans and strategies envisaged were approved so far, and the members of the *Conselho para a Ação Climática* are still to be chosen.

V. COMPARATIVE ANALYSIS

There are notable similarities between the Portuguese and EU Climate Laws. Both aim for carbon neutrality by 2050 and are committed to the goals of the Paris Agreement. They focus on key sectors such as energy and transportation to achieve their emission reduction targets.

Both laws establish advisory bodies to provide scientific advice on climate policies. The Portuguese Climate Law creates the Climate Action Council, while the EU Climate Law establishes the European Scientific Advisory Board on Climate Change. These bodies ensure that climate policies are informed by the latest scientific knowledge.

However, there are also differences. In terms of scope and approach, the Portuguese Climate Framework Law takes a national approach, that specifically addresses the needs and circumstances of Portugal. In contrast, the EU Climate Law provides a regional framework that applies to all EU member states, requiring a more uniform approach to climate action across diverse national contexts.

The baseline years for emission reduction targets for 2030 also differ between the two laws. The Portuguese Climate Law uses 2005 as the reference year, while the EU Climate Law uses 1990. This difference reflects the varying historical emission levels and economic conditions of the Member States

The Portuguese Climate Framework Law includes specific sectoral targets for emissions reduction, addressing key sectors such as energy, transportation, and waste management. The EU Climate Law, while also focusing on key sectors, emphasizes a more integrated approach across all policy areas. The Portuguese

Climate Law outlines various economic and financial instruments to support climate action, including green taxation and sustainable financing. The EU Climate Law similarly emphasizes the integration of climate considerations into financial and economic policies but focuses on ensuring consistency across the EU.

Finally, the Portuguese Climate Framework Law explicitly recognizes citizens' rights to climate balance, empowering individuals to demand compliance and request the cessation of harmful activities before the courts. This provision highlights the role of public participation in climate governance. The EU Climate Law, while emphasizing the importance of public involvement, does not include an equivalent provision.

VI. ANTICIPATED IMPACTS AND CHALLENGES

The primary objective of both climate laws is to reduce GHG emissions and mitigate the impacts of climate change. Achieving the targets of net-zero emissions by 2050 set by these laws will have significant environmental benefits. This reduction is crucial for limiting global warming to 1.5°C above pre-industrial levels, in line with the Paris Agreement.

Besides, climate action measures, such as reforestation and habitat restoration, will contribute to biodiversity conservation. Protecting natural ecosystems is essential for maintaining biodiversity and ensuring ecosystem services.

Finally, reducing reliance on fossil fuels will decrease air pollution, resulting in improved air quality and public health. This will reduce the incidence of respiratory and cardiovascular diseases related to air pollution.

Implementing the European Climate Law and the Portuguese Climate Framework Law is also expected to drive significant economic transformation. These laws mandate a shift towards a green economy, emphasizing renewable energy, energy efficiency, and sustainable practices. The transition to a low-carbon economy and renewable energy and energy efficiency measures is anticipated to spur innovation, attract investments in clean technologies, and create numerous jobs in sectors such as solar and wind energy, electric vehicles, energy-efficient construction, and green finance. These new jobs will contribute to economic growth and provide new opportunities for workers. will create new job opportunities in green industries. Investments in clean technologies and sustainable practices will drive innovation, enhancing the global competitiveness of the EU and its Member States and open new markets for green products and services.

The shift towards a green economy will also benefit regional development of rural or less developed areas of the different Member States. Areas with high potential for renewable energy generation, such as coastal and rural regions, will see increased economic activity and development.

Both climate laws also aim to ensure a just and inclusive transition, recognizing the need to address social impacts and promote social justice. Measures to improve energy efficiency and promote renewable energy will enhance energy access and affordability, particularly for vulnerable populations. This will reduce energy poverty and ensure that all citizens benefit from the transition. Both laws emphasize the importance of a just transition, ensuring that the benefits of climate action are distributed equitably. Support measures for workers in transitioning industries and investments in education and training will help mitigate social impacts and promote social equity.

Despite the anticipated benefits, the implementation of the European Climate Law and the Portuguese Climate Framework Law will face several challenges.

Ensuring policy coherence and integration across different sectors and levels of government is essential for effective climate action. This includes aligning climate policies with economic, social, and environmental policies and ensuring that all stakeholders are engaged in the process.

The transformation of the economy will require substantial investment in clean technologies, infrastructure, and adaptation measures. Rapid development and deployment of clean technologies are essential for achieving the climate targets. This includes advancing renewable energy technologies, energy storage solutions, and carbon capture and storage. Ensuring that these technologies are accessible and affordable is a critical challenge. The transition to a low-carbon economy will also require significant upgrades to infrastructure, including energy grids, transportation networks, and building systems. Developing this infrastructure in a timely and efficient manner is essential for meeting the climate targets.

Continued investment in research and innovation is crucial for developing new solutions to climate challenges. This includes support for scientific research, technological innovation, and collaborative efforts between the public and private sectors.

Besides, the transition to a low-carbon economy will impact traditional industries, particularly those reliant on fossil fuels, such as energy, transportation, and manufacturing. Ensuring a just transition for workers and communities affected by this restructuring will require targeted support measures, retraining programs, and social protection policies.

While the long-term benefits of the transition are clear, the short-term costs can be significant. Mobilizing the necessary financial resources will be one of the main challenges. Businesses and governments will need to manage these costs effectively to avoid economic disruption.

Another significant challenge is developing and implementing robust regulatory frameworks to support climate action is a significant challenge. This includes setting clear and enforceable standards, providing incentives for green investments, and ensuring compliance with climate targets. Besides, effective monitoring, reporting, and verification mechanisms are essential for tracking progress towards climate targets and ensuring accountability.

Developing these mechanisms and ensuring their implementation will require significant effort and coordination.

Finally, building public support and engagement for climate action is crucial for its success. This includes raising awareness about the importance of climate action, engaging citizens in the policy-making process, and ensuring that their rights and interests are protected. Ensuring a just and inclusive transition for workers of the affected sectors is also crucial to avoid backlashes from the public opinion and the general public.

VII. CONCLUSION

Both the Portuguese Climate Framework Law and the European Climate Law set ambitious targets for carbon neutrality by 2050 and emphasize the importance of aligning climate policies with economic, social, and environmental strategies. However, Portugal's law takes a more national approach, addressing specific needs and circumstances, while the EU's law provides a regional framework applicable across diverse national contexts. In summary, while Portugal and the EU share common goals in their climate legislation, their approaches to implementation differ.

The successful implementation of these laws will require substantial investment in clean technologies, infrastructure, and adaptation measures, alongside robust regulatory frameworks and public engagement. Ensuring a just transition for affected workers and communities, as well as securing the necessary financial resources, remains a significant challenge.

Ultimately, the alignment and effective execution of both the Portuguese and EU Climate Laws will be critical in achieving the broader objectives of the Paris Agreement and fostering a sustainable, resilient future for all.

The primary impacts and challenges revolve around the need for coordinated efforts and the benefits of sharing best practices to strengthen international commitments. Moving forward, it is essential to ensure effective coordination and collaboration between national and EU levels. Sharing best practices and learning from successful initiatives can enhance the overall effectiveness of climate policies. Additionally, continuous engagement with citizens and stakeholders is crucial for maintaining public support and participation in climate action.

This conclusion summarizes the key findings and highlights the importance of sustained and coordinated climate action as discussed.

Capítulo 15

Movilidad sostenible y fiscalidad: estado de la cuestión

ISMAEL JIMÉNEZ COMPAIRED*

SUMARIO: I. APROXIMACIÓN AL TEMA. II. FOMENTO DE LA MOVILIDAD PERSONAL MEDIANTE FÓRMULAS DIFERENTES DEL USO DEL VEHÍCULO PRIVADO AUTOPROPULSADO. 1. El transporte público de personas: tarificación bonificada y otros incentivos fiscales para fomentar su uso. 2. Apoyo fiscal al transporte de empresa. 3. Medios de movilidad personal no autopropulsados: tarificación de servicios públicos que organizan su uso y apoyo fiscal a la adquisición de estos vehículos. III. APOYO FISCAL A LA MODERNIZACIÓN Y DESCARBONIZACIÓN DEL SECTOR DE LA AUTOMOCIÓN. IV. INCENTIVOS Y DESINCENTIVOS A LA ADQUISICIÓN INDIVIDUAL DE VEHÍCULOS AUTOPROPULSADOS. 1. La fiscalidad de la propia adquisición del vehículo. 2. La fiscalidad de la renta empleada para su adquisición. 3. Medidas relacionadas con los puntos de recarga de baterías. 4. Sobre la cesión de vehículos de la titularidad del empleador. V. INCENTIVOS Y DESINCENTIVOS A LA TENENCIA Y USO DE VEHÍCULOS AUTOPROPULSADOS. 1. La imposición sobre la titularidad o disposición de los vehículos de tracción mecánica. 2. Imposición autonómica. 3. Usos de vehículos limpios gestionados desde las administraciones. VI. EL GRAVAMEN DE LA OCUPACIÓN DEL ESPACIO PÚBLICO PARA LA MOVILIDAD MEDIANTE EL VEHÍCULO PARTICULAR: EL ESPACIO URBANO. VII. BIBLIOGRAFÍA.

---

* Catedrático de Derecho Financiero y Tributario de la Universidad de Zaragoza. Esta publicación se inserta en el marco de los Proyectos de I+D+i PID2021-124296NB-I00 (financiado por MCIN/AEI/10.13039/501100011033/ y por FEDER 'Una manera de hacer Europa') y TED2021-130264B-I00 (financiado por MCIN/AEI/10.13039/501100011033/ y por Unión Europea NextGenerationEU/PRTR). Igualmente debe considerarse parte de las actividades que el Grupo AGUDEMA (Agua, Derecho y Medio Ambiente) desarrolla dentro del Instituto Universitario de Ciencias Ambientales de la Universidad de Zaragoza (IUCA).

I. APROXIMACIÓN AL TEMA

Define lo que sea la movilidad sostenible el Diccionario panhispánico del español jurídico por referencia al "desplazamiento o transporte de personas y cosas a través de medios de locomoción de bajo coste social, ambiental y energético". En una segunda acepción se habla de una "política o modelo de movilidad que fomenta el uso de medios de locomoción de bajo coste social, ambiental y energético".

Las acciones que se puedan implementar para alcanzar esos objetivos son muchas y variadas. Al igual que sucede con cualquier otro ámbito, los instrumentos de naturaleza económica pueden colaborar en la consecución de esos objetivos. Se puede imponer un pago coactivo por ello con la finalidad de corregir conductas que se consideran contrarias. En el título del trabajo me he referido a la fiscalidad, terreno típico y tópico que nos relaciona con la hacienda pública, pero que en el contexto actual no deja de quedarse algo corto y puede dejar fuera imposiciones unilaterales que supongan la exigencia de un pago, pero que ese pago no necesariamente tenga como destinataria una administración pública o teniéndolo no tenga como objetivo ni siquiera secundario el sostenimiento del gasto público. No obstante, prefiero conservar el término, por lo ilustrativo.

La ayuda económica directa es un potente mecanismo al servicio de la política; los pagos coactivos pueden incorporar de manera implícita esas ayudas, en forma de exención o bonificación en cualquier figura que sea propicia para albergar la referida ayuda. Los programas de ayudas públicas son, en general, un elemento imprescindible en el análisis global de las políticas públicas sobre la movilidad sostenible, pero de las únicas que puedo permitirme tratar son las encartadas en un instrumento cobratorio coactivo, en forma de exención, deducción o bonificación.

La documentación jurídica proveniente de las instituciones europeas es inagotable y su generación comenzó hace décadas. Vamos a obviar otros antecedentes y me limitaré a reflejar lo que previene el llamado Pacto Verde: hacer que el transporte sea sostenible para todos[1]. Nuestra transición hacia una movilidad más verde —dice— pretende ofrecer un transporte limpio, accesible y asequible incluso en las zonas más remotas. Para alcanzar los objetivos climáticos, exige situar al transporte en la senda de emisiones cero, reducir el 90 por ciento de sus emisiones de aquí a 2050 y hacer realidad la neutralidad climática[2].

El Pacto Verde también pretende impulsar la aviación sostenible y hacer que compense su huella climática y establecer nuevas normas para reducir las emisiones de los buques.

Sí me permito alguna retroacción en relación con los productos propiamente españoles. Entre nosotros fue probablemente la Ley 34/2007, de 15 de noviembre, de Calidad del Aire y Protección de la Atmósfera[3] el ineludible punto de partida. Su disposición adicional séptima (Ley de Movilidad Sostenible) imponía al gobierno la elaboración de una ley con este nombre, dándole unas directrices operativas. Al cabo del tiempo —en años convulsos— se aprobó la Ley 2/2011, de 4 de marzo, de Economía Sostenible. El título III llevaba por rúbrica "Sostenibilidad ambiental", dedicándose su capítulo III al transporte y la movilidad sostenible con una sección específica —la tercera— que se ocupaba de la movilidad sostenible[4].

---

1 Presentado por la Comisión Europea en diciembre de 2019 (COM/2019/640 final).

2 La Comisión Europea propone objetivos más ambiciosos para reducir las emisiones de CO_2 de los turismos y furgonetas nuevos, promoviendo el crecimiento del mercado de vehículos limpios, marcando determinados plazos. Pretende asimismo garantizar que los ciudadanos dispongan de la infraestructura necesaria para recargar estos vehículos limpios en trayectos cortos y largos. Advierte que a partir de 2026 el transporte por carretera estará cubierto por el comercio de derechos de emisión, lo que supondrá, entre otras cosas, poner precio a la contaminación.

3 BOE 16 noviembre 2007, núm. 275.

4 Se fijaban principios y objetivos; se definían los llamados planes de movilidad sostenible, del ámbito que fueran, y se condicionaba la con-

Las acciones normativas de ámbito nacional no dejan de detenerse. No pretendo exhaustividad en ningún grado, pero no se puede dejar de señalar la relevancia de la Ley 7/2021, de 20 de mayo, de cambio climático y transición energética[5]. El Título IV de esta disposición trata de lo que llama "movilidad sin emisiones y transporte", mandatando a todas las administraciones a adoptar medidas para alcanzar determinados objetivos. Asimismo, trata, entre otras cosas, de la instalación de puntos de recarga eléctrica[6].

El siguiente paso iba a ser —por fin— la promoción de una Ley de Movilidad Sostenible, tal y como preveía el Plan de Recuperación, Transformación y Resiliencia aprobado por la Comisión Europea. El proyecto presentado en la XIV legislatura caducaría, a la vista del adelanto electoral decidido en mayo de 2023. Ya en la XV legislatura, con fecha de 23 de febrero de 2024, se publica un proyecto de similar factura, que se encuentra ahora mismo en tramitación. No faltarán en este texto comentarios sobre lo que pretende este proyecto normativo y que se relaciona con lo que nos incumbe.

El reparto competencial en España, tanto en cuanto a lo material como a lo fiscal, es bien complejo. Al final, todas las administraciones públicas, de una u otra manera, se sienten comprometidos con estos objetivos, adoptan medidas y también adoptan medidas en el entorno de la fiscalidad[7].

---

cesión de cualquier ayuda o subvención estatal a las Administraciones autonómicas o locales destinadas al transporte público urbano o metropolitano a la disposición de dicho plan. También se articulaba el fomento del desarrollo de planes de transporte de empresas y, entre otras cosas, la modernización y uso eficiente de los medios de transporte.

5 BOE núm. 121, de 21 de mayo de 2021.

6 La disposición adicional séptima (fiscalidad verde), prevenía que en el plazo de seis meses desde la aprobación de esta ley, el Gobierno constituiría un grupo de personas expertas para evaluar una reforma fiscal que valorase la fiscalidad verde.

7 Las CCAA llevan décadas aprobando textos normativos referidos a la movilidad y/o al transporte. En los últimos años se han aprobado, ade-

Las pretensiones de este trabajo no van más allá que fijar el estado de la cuestión. Puede ser un pequeño mapa para acometer o dirigir investigaciones más ambiciosas.

Comenzaré trazando las implicaciones del sistema fiscal —en el sentido amplio al que antes me refería— como instrumento al servicio del fomento del transporte público y, en general, del uso de sistemas de movilidad diferentes del vehículo privado motorizado. A partir de ahí nos centraremos en ese vehículo privado autopropulsado, observando en qué medida se enderezan o pueden enderezar las conductas relacionadas con su adquisición, tenencia y uso con apoyo en el sistema fiscal. En un trabajo de más metraje, trataría de que la perspectiva de la movilidad sostenible fuera general, bien es cierto que la trascendencia de la movilidad en entornos urbanos —lo cotidiano— absorbe muchas energías en este tipo de acercamiento: las limitaciones del presente, harán que me centre mucho más en lo urbano.

Por lo demás, la variedad de soluciones y de ideas puestas en práctica no solo tienen que ver con las capacidades fiscales de cada nivel de gobierno. Si a ello añadimos las particularidades territoriales de todo tipo (forales, insulares...), resultará un entorno muy complejo.

Los objetivos están claros: sacar sobre todo del centro de las ciudades vehículos autopropulsados; más en concreto vehículos privados; y en última instancia, los vehículos menos limpios. Expondré de manera sistematizada un conjunto de acciones contenidas en los instrumentos económico-financieros y fiscales que persiguen esa idea —que sean eficaces o eficientes será tarea para un análisis más profundo—.

---

más, leyes que se denominan precisamente "de movilidad sostenible" (así es en las islas Baleares, en Asturias o en el País Vasco, —más que nada, por la coincidencia exacta, sin perjuicio de que haya muchas y mucho más—. Y no hay municipio que se precie sin su plan o su ordenanza de movilidad.

II. FOMENTO DE LA MOVILIDAD PERSONAL MEDIANTE FÓRMULAS DIFERENTES DEL USO DEL VEHÍCULO PRIVADO AUTOPROPULSADO

El empleo de fórmulas de movilidad diferentes del uso del vehículo privado autopropulsado podría considerarse la prioridad máxima en la promoción de acciones. Veamos en qué medida actúa o puede actuar la fiscalidad.

Hablemos del transporte colectivo, generalmente público, como alternativa al privado. Exploremos de qué forma se puede promover el transporte colectivo que denominaríamos de empresa. Para terminar este capítulo me referiré al fomento de medios de movilidad personal no autopropulsados.

1. El transporte público de personas: tarificación bonificada y otros incentivos fiscales para fomentar su uso

Entre las preocupaciones de la futura ley de movilidad sostenible está, desde luego, la transición de la oferta del sistema de transportes hacia modos, medios, servicios y pautas de movilidad más eficaces, energéticamente eficientes, seguros, accesibles, y con menos emisiones. Y añade: asequibles y equitativos[8].

Sin perjuicio de las acciones que se puedan adoptar en relación con el transporte colectivo fuera de las áreas urbanas o metropolitanas, lo cierto es que estos son los entornos más interesantes, puesto que determinan la cotidianidad de millones de usuarios.

No es infrecuente que el servicio se preste por las administraciones o por sus organismos autónomos. En el caso de que así fue-

---

[8] Además, se destaca la posibilidad de utilizar cualquier figura jurídica prevista en la normativa de contratos en aquellos servicios de transporte o de movilidad sostenidos con fondos públicos, así como la utilización de subvenciones o ayudas públicas. Asimismo, se reconoce la posibilidad de incluir la gestión integrada de servicios de movilidad o de infraestructuras vinculadas a los servicios.

ra, tratándose de un servicio o actividad de solicitud o prestación obligatoria (imprescindible para la vida privada o social de los ciudadanos, dice la normativa reguladora de la hacienda local) o monopolizado, las autoridades competentes deberían imponer una tasa y así sucede con alguna frecuencia[9]. Pero lo ordinario es instrumentar un sistema tarifario, en el que la intervención de las autoridades es un clásico, tal y como advierte el todavía vigente Real Decreto-ley 7/1996, de 7 de junio, sobre medidas urgentes de carácter fiscal y de fomento y liberalización de la actividad económica[10], en el anexo 2 (precios de ámbito autonómico, transporte urbano de viajeros, compañías ferroviarias de ámbito autonómico)[11].

El artículo 61 del Proyecto de ley de Movilidad Sostenible se refiere a los que llama límites cuantitativos de las subvenciones para la financiación de los costes operativos. Se indica que las subvenciones estatales para la financiación de los costes operativos del servicio de transporte público colectivo urbano de viajeros no podrán superar la cuarta parte de su importe total, según se establezca en las bases reguladoras ni podrán ser mayores que el déficit de explotación de los servicios subvencionados. Añade que al menos el 75 por ciento de los costes operativos del servicio público de transporte público colectivo urbano de viajeros, por lo tanto, habrá de sufragarse necesariamente con cargo a las tarifas abonadas por las personas usuarias, otros ingresos comerciales o a las aportaciones de otras administraciones. Los ingresos proce-

---

9 Caso, por ejemplo, y sin ninguna pretensión de exhaustividad, de Burgos, Ciudad Real, Palencia, En Aragón, Huesca, Jaca o Barbastro. También observamos algunos precios públicos, como es el caso de Antequera, Salamanca o Torrelavega, en medio del marasmo que suele suponer la fijación de la correcta naturaleza jurídica de la prestación.

10 BOE núm. 139, de 8 de junio de 1996.

11 El anexo 1 no deja de interesarnos: precios de ámbito nacional, transporte público regular de viajeros por carretera y con una redacción seguramente superada, tarifas de RENFE de transporte de viajeros de cercanías y regional.

dentes de las tarifas abonadas por las personas usuarias deberán cubrir como mínimo el 25 por ciento de los costes operativos. Este requisito se aplicará globalmente al conjunto de ingresos, pudiendo existir tarifas sociales por las que determinados grupos de personas usuarias abonan tarifas inferiores o servicios específicos en los que la cobertura por ingresos procedentes de tarifas resulte inferior a este 25 por ciento.[12]

El fomento del uso del transporte público a través de instrumentos económicos se produce fundamentalmente mediante el empleo de subvenciones o ayudas. De manera secundaria se pueden observar algunas desgravaciones en el IRPF, como la promovida por el Principado de Asturias, por gastos de transporte público para residentes en concejos en riesgo de despoblación[13].

2. *Apoyo fiscal al transporte de empresa*

El Proyecto de ley de Movilidad Sostenible insiste en la promoción de planes de movilidad sostenible al trabajo.

No son excesivas las disposiciones fiscales que se hayan formulado en apoyo de un transporte privado colectivo de empresa que evite el uso del vehículo privado por parte del empleado para acceder diariamente al puesto de trabajo, pero alguna medida podemos encontrar.

En la Ley del IRPF se regula la valoración de las rentas en especie, se declaran exentos una serie de rendimientos del trabajo en especie y, en particular, las cantidades satisfechas a las entidades

---

12 El proyecto de ley, además, pretende modificar la Ley de Ordenación de los Transportes Terrestres, en lo que se refiere precisamente a la gestión de los servicios públicos, lo que, al final, se relaciona con la tarificación.

13 El IRPF es un impuesto estatal, cedido parcialmente a las CCAA, y estas ostentan competencias normativas. El IRPF se regula mediante la Ley 35/2006, de 28 de noviembre (BOE núm. 285, de 29/11/2006). Para agilizar la redacción, evitaré citar la normativa autonómica.

encargadas de prestar el servicio público de transporte colectivo de viajeros con la finalidad de favorecer el desplazamiento de los empleados entre su lugar de residencia y el centro de trabajo, con el límite de 1.500 euros anuales para cada trabajador[14]. También tendrán la consideración de cantidades satisfechas a las entidades encargadas de prestar el citado servicio público, las fórmulas indirectas de pago que cumplan las condiciones que se establecen en el artículo 46 bis del Reglamento del impuesto[15].

Las disposiciones de los cuatro territorios forales son prácticamente coincidentes con la Ley estatal[16].

---

14 Artículo 43.3.e).

15 Real Decreto 439/2007, de 30 de marzo (BOE núm. 78, de 31/03/2007). A efectos de lo previsto en el artículo 42.3 e) de la Ley, tendrán la consideración de fórmulas indirectas de pago de cantidades a las entidades encargadas de prestar el servicio público de transporte colectivo de viajeros, la entrega a los trabajadores de tarjetas o cualquier otro medio electrónico de pago que cumplan los siguientes requisitos: 1.º Que puedan utilizarse exclusivamente como contraprestación por la adquisición de títulos de transporte que permitan la utilización del servicio público de transporte colectivo de viajeros. 2.º La cantidad que se pueda abonar con las mismas no podrá exceder de 136,36 euros mensuales por trabajador, con el límite de 1.500 euros anuales. 3.º Deberán estar numeradas, expedidas de forma nominativa y en ellas deberá figurar la empresa emisora. 4.º Serán intransmisibles. 5.º No podrá obtenerse, ni de la empresa ni de tercero, el reembolso de su importe. 6.º La empresa que entregue las tarjetas o el medio electrónico de pago deberá llevar y conservar relación de las entregados a cada uno de sus trabajadores, con expresión de número de documento y cuantía anual puesta a disposición del trabajador. En el supuesto de entrega de tarjetas o medios de pago electrónicos que no cumplan estos requisitos, existirá retribución en especie por la totalidad de las cuantías puestas a disposición del trabajador (no obstante, en caso de incumplimiento de los límites, únicamente existirá retribución en especie por el exceso).

16 La alavesa es en todo caso algo más original: de una parte, advierte que la no integración en la base imponible depende de que exista el compromiso en el respectivo convenio colectivo o acuerdo social; de otra, que tampoco se considerará retribución de trabajo en especie cuando el servicio de transporte de los empleados y empleadas se realice por la

La normativa de haciendas locales, en lo que concierne al que en general conocemos como IAE, recoge, además, una cierta bonificación que podrían establecer las ordenanzas, y que se predica de los sujetos pasivos que que tributen por cuota municipal y que establezcan un plan de transporte para sus trabajadores que tenga por objeto reducir el consumo de energía y las emisiones causadas por el desplazamiento al lugar del puesto de trabajo y fomentar el empleo de los medios de transporte más eficientes, como el transporte colectivo o el compartido[17].

3. *Medios de movilidad personal no autopropulsados: tarificación de servicios públicos que organizan su uso y apoyo fiscal a la adquisición de estos vehículos*

Por otra parte, no debe olvidarse que, en un sistema descarbonizado y eficiente, el papel de la bicicleta o ciclo se presenta como una opción de transporte absolutamente sostenible, cuya utilización, en general, redunda en la mejora de la salud de las personas y genera confianza, siempre que se establezcan condiciones y medidas que permitan su uso de forma segura.

Por estas razones, la disposición adicional octava del Proyecto de Ley de Movilidad Sostenible se centra en el impulso decidido a la movilidad activa y en concreto en el papel de la bicicleta o ciclo, en el sistema de transportes, a través de la creación de un Plan nacional de impulso al uso de la bicicleta, que fomente y coordine las diferentes políticas y acciones en torno a este modo de transporte considerando no solo su uso recreativo y deportivo,

---

parte empleadora con medios propios. Evitaré referencias normativas, para aliviar el espacio ocupado por el trabajo.

17 Artículo 88.2.c) del TRLHL, aprobado por el Real Decreto Legislativo 2/2004, de 5 de marzo, (BOE núm. 59, de 09/03/2004). En Rivas Nieto (2023) se analizan las actuaciones realizadas por los principales ayuntamientos. Véase también Gorospe Oviedo (2022). En los territorios forales, al menos en los vascos aparecen bonificaciones similares a las de la Ley estatal.

su importancia para el fomento del cicloturismo o sus beneficios para la salud, sino entendiéndolo como un elemento esencial de la movilidad cotidiana, y teniendo en cuenta su contribución a la cadena de valor y el consiguiente impulso al desarrollo empresarial del sector.

Las entidades locales se han involucrado en la gestión de servicios de bicicleta compartida. Como ya hemos advertido más arriba, la naturaleza concreta de estas prestaciones suele caer en el desorden; lo lógico, no considerándolo un servicio o actividad obligatorio ni monopolizado, sería que si son las propias entidades locales las que efectúan la gestión —o un organismo autónomo de su titularidad— exigiesen precios públicos. La ley de haciendas locales contiene suficientes resortes como para facilitar la implantación de precios políticos o subvencionados, aunque no se trate de una prestación coactiva. En el caso de que se gestione mediante empresas públicas o privadas se instrumentará el correspondiente instrumento tarifario, de nula base regulatoria[18].

Algunas CCAA, como La Rioja o la Comunidad Valenciana incentivan la adquisición de bicicletas de pedaleo no asistido en a través de deducciones en el IRPF.

III. APOYO FISCAL A LA MODERNIZACIÓN Y DESCARBONIZACIÓN DEL SECTOR DE LA AUTOMOCIÓN

El uso del transporte privado sigue y seguirá siendo importantísimo. A partir de este momento trataremos de fijar el panorama

[18] Real Decreto Legislativo 2/2004, de 5 de marzo, por el que se aprueba el texto refundido de la Ley Reguladora de las Haciendas Locales (BOE núm. 59, de 09/03/2004), en adelante TRLHL. Vemos precios públicos por servicios municipales de préstamo de bicicletas en ciudades como Almería, Antequera, Bilbao, Elche, Jaén, Palencia, Palma del Río o Salamanca. También se encuentran algunas tasas, caso de Getxo o Villanueva de la Serena.

de incentivos de naturaleza fiscal al uso, al menos, de vehículos que limiten sus emisiones y, del mismo modo, desincentivos a otros vehículos de uso privado.

Para que el parque de vehículos limpios o sin emisiones sea posible se necesita que los sujetos públicos se involucren, a través de un sinnúmero de acciones, muchas de ellas de naturaleza económica. Aparte de otras medidas, en el sistema fiscal hemos podido observar algunas medidas específicas tendentes a que el sector de la automoción desarrolle su actividad productiva en este sentido. Así, en la Ley del Impuesto sobre Sociedades[19] se dispuso la libertad de amortización en inversiones realizadas en la cadena de valor de movilidad eléctrica, sostenible o conectada[20]. Esta técnica permitió a las empresas imputar a la base imponible el gasto en la inversión, si así lo desean, de una sola vez. Los efectos de esta disposición son para las inversiones realizadas en los períodos impositivos que concluyan entre el 2 de abril de 2020 y el 30 de junio de 2021, por lo que su eficacia actual es limitada, pero nos sirve como referencia de lo que puede hacer el legislador[21].

Dice la disposición que las inversiones en elementos nuevos del inmovilizado material que impliquen la sensorización y monitorización de la cadena productiva, así como la implantación de sistemas de fabricación basados en plataformas modulares o que reduzcan el impacto ambiental, afectos al sector industrial de automoción, en las condiciones vistas, podían ser amortizados libremente en los períodos impositivos arriba señalados siempre que, durante los 24 meses siguientes a la fecha de inicio del período impositivo en que los elementos adquiridos entren en fun-

---

19 Ley 27/2014, de 27 de noviembre, del Impuesto sobre Sociedades (BOE núm. 288, de 28 de noviembre).

20 Disposición adicional decimosexta.

21 Esta medida se acogió al Marco nacional temporal relativo a las medidas de ayuda destinadas a respaldar la economía en el contexto del actual brote de COVID-19, tras diversas Decisiones de la Comisión Europea.

cionamiento, la plantilla media total de la entidad se mantenga respecto de la plantilla media del año 2019. Los inmuebles no podían acogerse a la libertad de amortización regulada en esta disposición. La cuantía de la inversión que podrá beneficiarse del régimen de libertad de amortización será como máximo de 500.000 euros[22].

IV. INCENTIVOS Y DESINCENTIVOS A LA ADQUISICIÓN INDIVIDUAL DE VEHÍCULOS AUTOPROPULSADOS

Vista la moderada y transitoria significación de las medidas expuestas en el apartado anterior, proseguimos la exposición haciendo referencia a cómo la fiscalidad puede incentivar la adquisición de vehículos sin emisiones, de manera directa o indirecta, penalizando por acción u omisión la adquisición de otro tipo de vehículos.

1. La fiscalidad de la propia adquisición del vehículo

Por resumir, diríamos que la primera adquisición de medios de transporte estaría sometida a dos impuestos complementarios que se aplican sobre el precio del vehículo: el impuesto general de ventas (el IVA, que recibe otras denominaciones en las Islas Canarias y en las plazas de Ceuta y Melilla) y un impuesto específico: el IEDMT. No hay particularidades en cuanto al IVA del vehículo eléctrico, cuyo adquirente soportará o satisfará un 21 por ciento de la contraprestación[23]. El gravamen de la adquisición se com-

---

22 En este caso no he sabido hallar medidas similares en los territorios forales.

23 No sucede lo mismo en Canarias, que para el mismo hecho imponible de IVA liquida el IGIC: se ha establecido un tipo de gravamen del 0% para las entregas de vehículos híbridos eléctricos, vehículos eléctricos, vehículos destinados al transporte público propulsados por gas licuado del petróleo, vehículos de pila de combustible y los ciclos, bicicletas, bicicletas con pedaleo asistido, patinetes y patinetes eléctricos. Sobre

plementa con los aranceles exigibles en el caso de que el vehículo provenga de terceros países. Esta no deja de ser una situación controvertida, a la vista de la posición adquirida en el mercado vehicular por los vehículos chinos sin emisiones y la intención no oculta de la Unión Europea de elevar los costes fiscales de estas entradas. Es un lugar común acusar la contradicción entre las políticas comunitarias tendentes a la consecución de una movilidad sin emisiones y el proteccionismo frente a la importación de vehículos chinos.

El IEDMT grava la primera matriculación de los vehículos automóviles y otras operaciones asimiladas a esta[24].

La imposición de este tributo se halla desligada de todo proceso armonizador europeo y no responde a ninguna exigencia comunitaria concreta, a diferencia de la mayor parte de los Impuestos llamados "especiales". El impuesto se exige en todo el territorio español, excepto en las plazas de Ceuta y Melilla. La Ley contiene asimismo una extensa enumeración de supuestos excluidos de tributación.

La cuantificación de este impuesto responde al esquema básico de aplicar el tipo de gravamen a la base imponible para hallar la cuota tributaria. Para determinar la base imponible, en el supuesto habitual de medios de transporte nuevos, la base imponible estará constituida por la contraprestación[25].

---

toda esta cuestión, merece la pena el trabajo de Rivas Nieto (2023), que detalla las características de esta tributación.

24 La misión primordial de su incorporación en 1992 fue la de compensar la reducción del gravamen del IVA sobre estos bienes. Debido al proceso de armonización del IVA se suprimieron los tipos incrementados del mismo existentes en España hasta el 31 de diciembre de 1992, al cual estaban sometidos los vehículos automóviles. Este tipo incrementado (28 por 100) desapareció dando paso a un tipo general entonces del 15 por 100. Surge, precisamente en aquel momento, este impuesto especial con un tipo general del 13 por 100.

25 Previéndose reducciones para vehículos de tipo familiar, con un número de plazas de ocupantes entre 6 y 9

En cuanto a los tipos de gravamen, las CCAA disponen de la competencia normativa para fijar este parámetro liquidatorio entre unas bandas de máximos y mínimos. A estos efectos, se distinguen entre los tipos a fijar por las CCAA peninsulares y Baleares de los que podrá fijar la Comunidad Canaria. En el caso en que una Comunidad Autónoma no haya ejercido su competencia normativa se aplicarán supletoriamente los tipos estatales, que son los siguientes:

Características del vehículo	**Tipo supletorio estatal**	
	CCAA península y Baleares	**Canarias**
Vehículos cuyas emisiones oficiales de CO2 no sean superiores a 120 g/km y vehículos provistos de un solo motor que no sea de combustión interna, con excepción en ambos casos de los quads y motocicletas de potencia inferior a 74 kw (100cv) cuyas emisiones oficiales de CO2 no sean superiores a 80 g/km (epígrafes 1.º y 6.º)	0%	0%
Vehículos cuyas emisiones oficiales de CO2 sean superiores a 120 g/km e inferiores a 160 g/km, con excepción de los quads y motocicletas de potencia inferior a 74 kw (100cv) cuyas emisiones oficiales de CO2 sean superiores a 80 g/km e inferiores a 100 g/km (epígrafes 2.º y 7.º)	4,75%	3,75%
Vehículos cuyas emisiones oficiales de CO2 sean superiores a 160 g/km e inferiores a 200 g/km, con excepción de los quads y motocicletas de potencia inferior a 74 kw (100cv) cuyas emisiones oficiales de CO2 sean superiores a 100 g/km e inferiores a 120 g/km (epígrafes 3.º y 8.º)	9,75%	8,75%
Entre otros, vehículos cuyas emisiones oficiales de CO2 sean superiores a 200 g/km; vehículos respecto de los que sea exigible la medición de sus emisiones, cuando no se acrediten; y, en general, los quads. Además, motocicletas con potencia superior a a 74 kw (100cv) o cuyas emisiones emisiones oficiales de CO2 sean superiores a 120 g/km o no estén acreditadas (epígrafes 4.º y 9.º)	14,75%	13,75%
Otros vehículos (epígrafe 5.º)	12%	11%

Algunas CCAA han modificado los tipos, que llegan a alcanzar en ciertos casos el 16 por ciento[26].

En cualquier caso, recalquemos que el vehículo eléctrico no se encuentra sometido de manera efectiva al IEDMT[27].

2. *La fiscalidad de la renta empleada para su adquisición*

Estudiamos a continuación una deducción establecida en el IRPF que tiene como objetivo el fomento de la adquisición de vehículos sin emisiones, introducida en el contexto de medidas que se fueron sucediendo tras la COVID y el impacto de la guerra de Ucrania[28].

---

26 Estos serían los tipos modificados actuales:

CCAA	Tipos modificados
Andalucía	Epígrafes 4 y 9 al 14,75% Epígrafe 5 al 12%
Asturias	Epígrafes 4 y 9 al 16%
Baleares	Epígrafe 4 al 16%
Cantabria	Epígrafes 3 al 9,75% Epígrafes 4 y 9 al 15% Epígrafe 5 al 12%
Cataluña	Epígrafes 4 y 9 al 16%
Extremadura	Epígrafes 2 y 7 al 4,75% Epígrafe 3 y 8 al 9,75% Epígrafe 5 al 12%
Murcia	Epígrafes 4 y 9 al 15,9%

En los territorios forales, sin embargo, se está aplicando una tarifa análoga a la que figura en la Ley estatal.

27 Para profundizar en el contenido de este tributo puede consultarse Calvo Vérgez (2021) o Ramos Prieto (2023).

28 El impacto generado por la COVID abrió paso al instrumento de recuperación *Next Generation EU*, que permitiría a España movilizar un volumen de inversión sin precedentes. El Plan de Recuperación, Transformación y Resiliencia de España tenía como uno de sus grandes obje-

La primera cuestión a señalar es que (i) la adquisición de vehículos sin emisiones se protege a través de un plan de ayudas públicas (MOVES) (y ii) que si bien algunas ayudas y subvenciones quedan excluidas de tributación, no es el caso de las que tienen como objeto el fomento de la adquisición de estos vehículos, al menos en territorio común[29].

Dicho lo cual, la disposición adicional quincuagésima octava (deducción por la adquisición de vehículos eléctricos "enchufables" y de pila de combustible y puntos de recarga) se añade a la Ley del IRPF, por el Real Decreto-ley núm. 5/2023, de 28 de junio[30]. Se trata de otra ayuda en sentido amplio, pero que su finalidad primaria podría limitarse a desgravar la ganancia patrimonial obtenida por la subvención. Veamos.

Sin perjuicio de que más abajo afinemos sus contenidos, son deducciones que se calculan aplicando un tipo sobre una base en la que lo relevante es el gasto incurrido por el contribuyente en la inversión protegida, con un máximo absoluto.

Pero resulta que algunas CCAA habían adoptado medidas con carácter previo. Véase el siguiente cuadro:

---

tivos la renovación del parque inmobiliario, tanto para alcanzar el objetivo a medio plazo de la neutralidad climática, como para impulsar a corto plazo el empleo y la actividad en este contexto de recuperación y crecimiento post pandemia. Este será el contexto inicial: el caso es que a la COVID le seguiría la catástrofe bélica en Ucrania, con incidencia en el precio de la energía, lo que determinó una sucesión de paquetes de medidas, dentro de los cuales hallamos también otras acciones fiscales impulsadas desde el Estado, como la que pasamos a comentar.

29 En Navarra, en general, las subvenciones públicas destinadas a la adquisición de vehículos automóviles se encuentran exentas. Álava, Bizkaia y Gipuzkoa a través de los Reglamentos del impuesto, incorporan un sinnúmero de exenciones sobre ayudas públicas.

30 BOE núm. 154, de 29/06/2023.

Comunidad Autónoma	Ejercicio de inicio de desgravaciones por inversiones en vehículos limpios
La Rioja	2018
Castilla y León	2019
Comunidad Valenciana	2021
Asturias	2022

La primera Comunidad Autónoma que incorpora una deducción por adquisición de vehículos eléctricos fue la Comunidad Autónoma de La Rioja para vehículos no afectos a actividades económicas.

Se trata de una deducción calculada en un 15 por ciento de las cantidades satisfechas en el período impositivo por la adquisición de vehículos eléctricos nuevos, siempre que cumplan una serie de requisitos y condiciones. La norma marca con precisión las tipologías beneficiarias[31]. El importe de adquisición del vehículo no puede superar los 50.000 euros. La deducción máxima es 300 euros (225 en el caso de las bicicletas de pedaleo asistido por motor eléctrico).

Un año después hará lo propio Castilla y León, sobre la misma tipología de vehículos.

Se trata de una deducción calculada en un 15 por ciento de las cantidades satisfechas en el período impositivo por la adquisición de vehículos eléctricos puros, con autonomía extendida o híbridos enchufables con autonomía en modo eléctrico de más de 40 km. El importe de adquisición del vehículo no puede superar los 40.000 euros. La deducción máxima es 4.000 euros.

En el año 2021 se sumará la Comunidad Valenciana.

---

31 Turismos M1, Furgonetas o camiones ligeros N1, Ciclomotores L1e, Triciclos L2e, Cuadriciclos ligeros L6e, Cuadriciclos pesados L7e, Motocicletas L3e y L5e y bicicletas de pedaleo asistido.

Se trata de una deducción calculada en un 10 por ciento de las cantidades destinadas por el contribuyente a la adquisición de vehículos nuevos, pero a diferencia de lo sucedido en La Rioja o Castilla y León, en la Comunidad Valenciana se centra la protección en bicicletas eléctricas, kits de electrificación de bicicletas urbanas o vehículos de movilidad personal (VMP). Además, se trata de una deducción aplicable de manera exclusiva a rentas bajas y medias, de manera que no podrán aplicable quienes superen un determinado importe de base liquidable. Y, en cualquier caso, el importe de la deducción viene afectado por una regla de ponderación, que la minora de manera continua conforme la base crece hasta el máximo permitido.

La base máxima de la deducción está constituida por el importe máximo subvencionable para cada tipología, incrementado en un 10 por ciento, del que se excluirá la parte de la adquisición financiada con subvenciones o ayudas públicas[32].

El Principado de Asturias, finalmente, aprobó una deducción por adquisición de vehículos eléctricos para los ejercicios 2022 y 2023, prorrogada al ejercicio 2024, también para vehículos no afectos a actividades económicas.

Se trata de una deducción calculada en un 15 por ciento de las cantidades satisfechas en el período impositivo por la adquisición de un vehículo eléctrico nuevo o kilómetro cero, siempre que se cumplan una serie de requisitos y condiciones. Cada contribuyente tendrá derecho a aplicar la deducción por un solo vehículo y ha de tratarse de la adquisición de un vehículo eléctrico nuevo

32

Tipología	Base máxima/euros (sin computar ayudas)
Bicicletas eléctricas.	1.540
Kits de electrificación de bicicletas urbanas	660
VMP	495

perteneciente a la categoría de "enchufables" y de pila de combustible [33]. La base de la deducción está constituida las cantidades satisfechas en el período impositivo por la adquisición de los citados vehículos minorada, en su caso, en el importe de las ayudas públicas percibidas por el contribuyente para la adquisición del vehículo. Bien es cierto, que la base máxima de esta deducción será de 50.000 euros por vehículo[34].

En fin, así estaba la protección fiscal del vehículo eléctrico a través del IRPF en el momento en se toma la decisión de fijar una desgravación generalizada para todo el territorio de régimen común.

A través del instrumento señalado, se introduce una deducción parecida en cierto modo a la establecida por la mayoría de las comunidades examinadas, que permitirá desgravar la renta invertida en la adquisición de vehículos eléctricos autopropulsados.

Se exige que el vehículo sea nuevo, disponiendo la ley la tipología de vehículos protegidos y el importe máximo del valor de adquisición[35]. El vehículo no puede estar afecto a una actividad económica. Se deducirá el 15 por ciento del valor de adquisición o del anticipo, si bien la base de la deducción no puede exceder

---

33 Turismos M1, Furgonetas o camiones ligeros N1, Cuadriciclos ligeros L6e, Cuadriciclos pesados L7e y Motocicletas L3e, L4e, L5e.

34 Con independencia de que se opte por la tributación individual o conjunta. Si el vehículo se adquiere por más de un contribuyente la base máxima de deducción será de 50.000 euros para el conjunto de los adquirentes, de forma que la base de deducción sobre un mismo vehículo no supere ese importe. Fuera de eso, no hay otras limitaciones. En aquellos supuestos en los que se abonen cantidades en más de un ejercicio, procederá la deducción en todos los ejercicios en que se abonen cantidades sin perjuicio del ejercicio de adquisición.

35 Turismos M1, Cuadriciclos ligeros L6e, Cuadriciclos pesados L7e y Motocicletas L3e, L4e, L5e. La Ley efectúa especificaciones, señalando algunas características que deben poseer estos vehículos. En cuanto al valor, se hace por remisión a la normativa reguladora de las subvenciones para este parque de vehículos (plan MOVES).

los 20.000 euros. La ley prevé descontar aquellas cuantías que, en su caso, hubieran sido subvencionadas a través de un programa de ayudas públicas.

Se trata de una deducción temporal, puesto que la compra del vehículo debe efectuarse antes de terminar el año natural 2024. Bien es cierto que se permite la deducción de las cantidades a cuenta para futuras adquisiciones, siempre y cuando el anticipo represente, al menos, el 25 por ciento del valor de adquisición (y condicionado a la adquisición y abono en unos plazos determinados).

Obsérvese cómo en algunos casos se superponen dos beneficios fiscales respecto de la misma inversión, el estatal y el autonómico —o el autonómico y el estatal, según como se mire—. cada hacienda corre con la cuenta de sus decisiones[36].

El caso es que hasta hace bien poco unas ignoraban a las otras, pero en los últimos meses los legisladores autonómicos están introduciendo reglas para que no se apliquen las deducciones autonómicas cuando se apliquen las estatales[37].

En efecto, cara a 2024 las CCAA se han propuesto hacer algunos cambios en este sentido: La Rioja ha previsto la incompatibi-

---

36 Como se sabe, la cuota líquida del IRPF resulta de la combinación entre la cuota estatal y la autonómica. La cuota líquida estatal es el resultado de disminuir la cuota íntegra estatal en la suma de la deducción por inversión en empresas (art. 68.1 de la Ley) y el 50 por ciento del importe total de las deducciones previstas en los apartados 2, 3, 4 y 5 del artículo 68 de la Ley. El importe de la deducción por vehículos limpios se resta de la cuota íntegra estatal después de las deducciones previstas en los apartados 1, 2, 3, 4 y 5 del artículo 68 de la Ley. La cuota líquida autonómica es el resultado de disminuir la cuota íntegra autonómica en la suma del 50 por ciento de una serie de deducciones reguladas por el Estado y el importe de las establecidas por la Comunidad Autónoma en ejercicio de sus competencias.

37 Sobre este asunto puede consultarse Cobos Gómez y Fernández de Buján y Arranz (2016) y el trabajo ya citado de Rivas Nieto (2023).

lidad de las deducciones autonómica y estatal por adquisición de vehículo eléctrico, indicando que la deducción autonómica no será de aplicación en tanto esté vigente la deducción prevista en la disposición adicional quincuagésima octava de la Ley estatal. En Castilla y León también ha habido reacción: se añade un apartado según el cual en el supuesto de que el contribuyente tuviera derecho a la deducción estatal de similar objeto, la cuantía de la misma minorará el importe máximo de deducción de 4.000 euros[38].

En relación con los contribuyentes del Impuesto sobre Sociedades, no hay propiamente una deducción parangonable, pero sí hay algunas acciones que al menos permiten la amortización acelerada o libre de los vehículos. La disposición adicional decimoctava de la Ley del Impuesto sobre Sociedades, en efecto, regulaba la amortización acelerada de estas inversiones[39]. Muy recientemente se ha sustituido la libertad acelerada por libre[40]. Recuérdese que estas medidas son aplicables a los empresarios personas físicas en el IRPF.

---

38 En los territorios forales no se produciría como es obvio esta duplicación. Ahora mismo, encontramos deducciones por inversión en vehículos eléctricos o híbridos enchufables en Navarra y en Álava, pero no en Gipuzkoa o Bizkaia.

39 Se trata de las inversiones que entren en funcionamiento en los períodos impositivos que se inicien en los años 2023, 2024 y 2025. Se preveía la aplicación de un coeficiente que resulte de multiplicar por 2 el coeficiente de amortización lineal máximo previsto en las tablas de amortización oficialmente aprobadas.

40 Real Decreto-ley 4/2024, de 26 de junio, por el que se prorrogan determinadas medidas para afrontar las consecuencias económicas y sociales derivadas de los conflictos en Ucrania y Oriente Próximo y se adoptan medidas urgentes en materia fiscal, energética y social (BOE núm. 155, de 27 de junio). Se da nueva redacción a la referida disposición adicional, para las inversiones que entren en funcionamiento en los años 2024 y 2025. Se ha añadido, además, una nueva disposición adicional quincuagésima novena que, reconociendo —de nuevo— la libertad de amortización, regula el cálculo de la eventual ganancia patrimonial obtenida por quienes transmitan estos vehículos.

En los territorios forales, Navarra establece una deducción de la cuota por inversión en vehículos eléctricos o híbridos enchufables[41].

3. Medidas relacionadas con los puntos de recarga de baterías

No cabe duda de que el problema más relevante con el que se encuentra el vehículo eléctrico es el de la recarga de las baterías. Aparte de la inversión pública o el fomento de la inversión privada en actividades enderezadas a la generación de infraestructuras de recarga, el titular de un vehículo eléctrico necesita un punto de recarga de batería particular.

Las autoridades se han tenido que involucrar en la puesta en funcionamiento de estos sistemas de recarga de carácter público, dado que no siempre la iniciativa privada alcanza. En ese sentido, no es infrecuente que entidades locales se hagan cargo de actividades de esta naturaleza, cuya contraprestación, de efectuarse directamente por el ente público o un organismo autónomo, tendería a ser un precio público, dado que no puede considerarse un servicio obligatorio, con la salvedad de que pudiera estar monopolizado de hecho[42].

---

41 Se trata de una deducción del 30 o del 5 por ciento, en función de que sean eléctricos o híbridos enchufables. De manera inespecífica incorpora una regla de no integración en la base imponible de las ayudas a los regímenes en favor del clima y del medio ambiente.

42 Precios públicos en municipios grandes, como Valencia, o pequeños, como en la localidad abulense de Piedralaves, En la medida en que la gestión se encomiende a una empresa pública o, mediante concesión, privada, la tasa se tendría que sustituir por una prestación patrimonial pública no tributaria: es el caso del Área Metropolitana de Barcelona, aunque me permito dudar de la corrección de esa decisión, pues no veo que en ese entorno lo que correspondiera, de prestarse directamente por la autoridad local, fuera una tasa. Es lo que hace el Ayuntamiento de Barcelona, que también tiene su propia red, estableciendo “precios privados”.

Volvamos a la recarga privada.

La normativa estatal ha optado igualmente por desgravar la renta empleada en esta inversión a través de una deducción en el IRPF, en principio, temporal. La instalación debe realizarse en un inmueble de propiedad del contribuyente, incluyéndose tanto instalaciones en aparcamientos de viviendas unifamiliares o de una sola propiedad como aparcamientos o estacionamientos colectivos en edificios o conjuntos inmobiliarios en régimen de propiedad horizontal en los que el contribuyente sea copropietario. La instalación deberá estar finalizada antes del 31 de diciembre de 2024.

La cantidad deducible se calculará aplicando el tipo del 15 por ciento sobre una base formada por las cantidades satisfechas, con el límite de 4.000 euros. De la base se descontarán las cuantías que hubieran sido subvencionadas a través de un programa de ayudas públicas.

Respecto de la aplicación de esta deducción, sirven los comentarios efectuados respecto a la deducción por la adquisición del vehículo[43].

En relación con los contribuyentes del Impuesto sobre Sociedades, respecto de las infraestructuras de recarga, se aplican los mismos esquemas de amortización acelerada o libre que vimos en cuanto a la adquisición de vehículos[44].

Las infraestructuras privadas de recarga son objeto de protección, además, en el ámbito de la fiscalidad local.

Lo primero que se observa es que la construcción o instalación del punto de recarga puede encontrarse sometida a la tasa por el otorgamiento de licencias de obras y urbanísticas y, lo que

---

43 En cuanto a los Territorios Forales, Navarra y Álava han introducido deducciones similares, incluso con bases de deducción más elevadas.

44 En el caso de Navarra resultan aplicables a los sistemas de recarga los mismos beneficios vistos en relación con la adquisición de vehículos.

suele ser más relevante, al ICIO. En la ley reguladora de las haciendas locales, artículo 103, observamos cómo las ordenanzas fiscales pueden regular una serie de bonificaciones sobre la cuota del impuesto. Entre otras, aparece una bonificación de hasta el 90 por ciento a favor de las construcciones, instalaciones u obras necesarias para la instalación de puntos de recarga para vehículos eléctricos. Son pues los ayuntamientos los que adoptan la decisión a través de sus plenos[45].

Se han impulsado medidas similares en cuanto al IBI y en cuanto al IAE. Prevé de una parte que las ordenanzas fiscales podrán regular una bonificación de hasta el 50 por ciento de la cuota íntegra del IBI a favor de los bienes inmuebles en los que se hayan instalado puntos de recarga para vehículos eléctricos. Y de otra, que puedan establecer una bonificación de hasta el 50 por ciento de la cuota correspondiente al IAE para los sujetos pasivos que tributen por cuota municipal y que hayan instalado puntos de recarga para vehículos eléctricos en los locales afectos a la actividad económica[46].

---

45 Esta bonificación fue incorporada al texto legal por el Real Decreto-ley 29/2021, de 21 de diciembre, por el que se adoptan medidas urgentes en el ámbito energético para el fomento de la movilidad eléctrica, el autoconsumo y el despliegue de energías renovables (BOE núm. 305, de 22/12/2021). En relación con los territorios forales no hemos visto previsiones similares en cuanto a Navarra y Álava y Bizkaia. Sí hay una previsión equivalente a la estatal en la normativa gipuzkoana.

46

Características del vehículo	Porcentaje de reducción	Valor máximo del vehículo que permite la reducción
No superen los 120 g/kmf	15%	Hasta 25.000 euros
Híbridos o propulsados por motores de combustión interna que puedan utilizar combustibles fósiles alternativos (GLP y Gas Natural)	20%	Hasta 35.000 euros

4. *Sobre la cesión de vehículos de la titularidad del empleador*

Una de las fórmulas frecuentes de retribución en especie a los empleados es la cesión de vehículos para su uso personal. Se trata de una prestación que, en el IRPF, tiene la consideración de rendimiento en especie para el cesionario y que cuenta con una fórmula singular de valoración, de manera que el contribuyente deberá considerar que dicho rendimiento es del 20 por ciento anual sobre el valor de mercado del vehículo. La ley prevé reducciones porcentuales en el caso de cesión de vehículos libres de emisiones. El porcentaje es diferente en función de las características del vehículo y se aplica siempre que el valor del vehículo, antes de impuestos, no supere un determinado importe[47].

V. INCENTIVOS Y DESINCENTIVOS A LA TENENCIA Y USO DE VEHÍCULOS AUTOPROPULSADOS

Supongamos que el vehículo ya se ha adquirido. Planteamos en este apartado cómo el sistema fiscal puede seguir actuando sobre los vehículos adquiridos e incluso en qué medida se pueden incentivar determinados usos sin necesidad de que hayan sido adquiridos. El adquirente conocerá ese tratamiento fiscal y podrá haber sido determinante a la hora de haber optado por la

---

Características del vehículo	Porcentaje de reducción	Valor máximo del vehículo que permite la reducción
Vehículo eléctrico de batería/Vehículo eléctrico de autonomía extendida (E-REV) /Vehículo híbrido enchufable (PHEV) con una autonomía mínima de 15 kilómetros	30%	Hasta 40.000 euros

Respecto de los Territorios Forales he podido encontrar reproducciones similares en Gipuzkoa. Respecto de toda la relación entre la hacienda local y el fomento de puntos de recarga, vid. Rivas Nieto (2023)

47 En los Territorios Forales no he localizado una medida de características y objetivos similares.

adquisición de uno u otro vehículo. No me voy a referir al gravamen de la energía para el transporte autopropulsado: es perfectamente conocido el llamado impuesto sobre hidrocarburos, con sus diversos componentes, y lo que suponen los impuestos sobre el precio final que paga el adquirente de combustible, principalmente gasolinas y gasóleos. No quiere decir que la electricidad no se encuentre sometida a tributación, pero el paquete fiscal que puede recaer sobre la recarga eléctrica de las baterías poco tiene que ver con el de los combustibles fósiles —aparte las posibilidades de autoconsumos, tan extendidas hoy en día—. Este elemento sería el catalizador natural de la adquisición de vehículos limpios, pero se cruza con otras desventajas vinculadas a su autonomía y mecanismos de recarga. Por ello, es el resto de las ayudas, incluidas las fiscales, las que pueden decantar la decisión, siempre que la realidad del usuario lo permita.

1. *La imposición sobre la titularidad o disposición de los vehículos de tracción mecánica*

El IVTM es un tributo directo, real, objetivo y periódico que grava la titularidad de los vehículos de esta naturaleza, aptos para circular por las vías públicas, cualquiera que sea su clase y categoría. Es una figura impositiva municipal de exacción obligatoria por los más de ocho mil ayuntamientos españoles. Se trata de un tributo de pobre factura, tosco y anticuado[48].

El hecho imponible viene definido por la titularidad de vehículos de tracción mecánica aptos para circular por las vías públicas. De acuerdo con la normativa sectorial, se trataría de vehículos autopropulsados (turismos, autobuses, camiones, etc.) y también

---

48 Sin perjuicio de lo que diremos en el apartado siguiente, está prevista la posibilidad de que fuera absorbido y normalizado por las CCAA, pero ninguna de ellas ha hecho uso de sus competencias, lo cual es del todo lógico, ya que esto supondría tener que compensar fuertemente a los Ayuntamientos.

de elementos accesorios a estos susceptibles de incrementar su utilidad o capacidad (por ejemplo, remolques). La titularidad se imputa a la persona o entidad a cuyo nombre consta el vehículo en el permiso de circulación.

La exacción del tributo corresponderá al ayuntamiento del domicilio que conste en el permiso de circulación del vehículo. El impuesto se exige anualmente, devengándose el primer día del período.

La regulación del hecho imponible se completa con el establecimiento de algunos supuestos de no sujeción y exención, que no contemplan el aspecto ambiental[49].

Para determinar la cuota del impuesto concurren tanto la voluntad estatal como la del ayuntamiento titular del tributo. El texto legal fija unas tarifas mínimas que pueden ser incrementadas por los ayuntamientos. En el caso de que no hagan uso de esta facultad, el tributo se exigirá de acuerdo con las mencionadas tarifas mínimas, que distinguen los vehículos en función de su clase: turismos; autobuses; camiones; tractores; remolques y semiremolques; y otros vehículos. En el siguiente cuadro figuran las tarifas mínimas de los turismos, en función de una peculiar unidad de valoración fiscal: el caballo fiscal[50].

---

49 Concierne a ciertos vehículos adscritos a la defensa o seguridad ciudadana; vehículos diplomáticos o de Organizaciones Internacionales; las ambulancias y demás vehículos directamente destinados a la asistencia sanitaria o al traslado de heridos o enfermos; los autobuses, microbuses y demás vehículos destinados o adscritos al servicio de transporte público urbano, siempre que tengan una capacidad que exceda de nueve plazas, incluida la del conductor; vehículos agrícolas y vehículos para personas discapacitadas.

50 La cuota mínima de los autobuses varía en función del número de plazas y la de los camiones en función de la carga útil.

Potencia del vehículo	Euros
De menos de 8 caballos fiscales	12,62
De 8 hasta 11,99 caballos fiscales	34,08
De 12 hasta 15,99 caballos fiscales	71,94
De 16 hasta 19,99 caballos fiscales	89,61
De 20 caballos fiscales en adelante	112,00

Los ayuntamientos podrán incrementar las cuotas mínimas aprobando coeficientes de hasta 2[51].

Los ayuntamientos pueden establecer también con carácter potestativo, a través de sus ordenanzas, una bonificación de hasta el 75 por ciento de la cuota, atendiendo a la clase de carburante que consuma el vehículo y a la incidencia de la combustión de ese carburante en el medio ambiente, así como en función de las características de los motores y su incidencia medioambiental[52]. Los ayuntamientos vienen siendo sensibles y es frecuente ver cómo las ordenanzas aplican la bonificación máxima para los vehículos eléctricos y, en su caso, a los dotados de alguna suerte de hibridación[53].

La normativa foral plantea soluciones similares, aunque con algunas variantes[54].

---

51 En las ordenanzas es frecuente que se fijen coeficientes de incremento diferentes para cada clase de vehículos, y aun dentro de la misma clase, para cada categoría.

52 Existen igualmente bonificaciones previstas para vehículos históricos y antiguos y otras de carácter técnico.

53 Ver. Ramos Prieto (2023).

54 La regulación alavesa es similar a la estatal. En los casos de Bizkaia y Gipuzkoa la bonificación puede alcanzar el 95 por ciento en el caso de vehículos eléctricos. En Navarra se podrán establecer bonificaciones de hasta el 50 por ciento para los 'vehículos ECO y de hasta el 100 por ciento para los 'vehículos 0 emisiones'.

2. *Imposición autonómica*

Las CCAA han adoptado algunas iniciativas relacionadas con el uso del vehículo autopropulsado. Fue el caso de Baleares, que promovió un impuesto sobre el alquiler de vehículos sin conductor, si bien no resistió el mínimo vaivén político. Años después Cataluña se lanzó a la aprobación del llamado impuesto sobre las emisiones de dióxido de carbono de los vehículos de tracción mecánica, cuyo objeto es gravar las emisiones de dióxido de carbono que producen estos vehículos y que inciden en el incremento de las emisiones de gases de efecto invernadero. Se trata también de un impuesto periódico, que se exige con carácter anual[55].

Los vehículos que no generan emisiones de dióxido de carbono, como es el caso de los vehículos eléctricos, no están sujetos al impuesto. Asimismo, hay un buen número de exenciones, en función de la finalidad de uso de los vehículos, y bonificaciones para vehículos históricos y clásicos.

Se trata de un tributo variable, cuya base imponible coincide con las emisiones oficiales de dióxido de carbono que constan en el certificado expedido por el fabricante o el importador del vehículo.

La tarifa es la siguiente, con un tipo específico marginal en euros/g CO_2/Km

55 Este tributo tiene carácter finalista y su rendimiento se destina tanto al Fondo Climático como al Fondo de Patrimonio Natural. Recae sobre el titular del vehículo.

<table>
<tr><th>Categoría</th><th>General[56]</th><th>Vehículos destinados al transporte de mercancías con una masa máxima admisible no superior o igual a 3,5 toneladas</th></tr>
<tr><td>Emisiones hasta 120 g/km</td><td>0</td><td rowspan="3">0</td></tr>
<tr><td>Más de 120 g/km y hasta 140 g/km</td><td>0,55</td></tr>
<tr><td>Más de 140 g/km y hasta 160 g/km</td><td>0,65</td></tr>
<tr><td>Más de 160 g/km y hasta 200 g/km</td><td>0,80</td><td rowspan="2">0,30</td></tr>
<tr><td>Más de 200 g/km</td><td>1,10</td></tr>
</table>

El Tribunal Constitucional se pronunció a favor de la constitucionalidad de este tributo. Se trató de la sentencia 87/2019, de 20 de junio[57].

La Comunidad Valenciana incorpora un impuesto similar (Impuesto sobre las emisiones de dióxido de carbono de los vehículos de tracción mecánica), con intención que aplicarlo a partir de 2025. El impuesto valenciano tiene una factura más sencilla en cuanto a los tipos, conformados, según categorías, al modo catalán. En el caso general, se aplica un tipo cero hasta 95 g/km y 3 euros sobre el resto; en el caso de vehículos destinados al transporte de mercancías el tipo cero se aplica hasta 140 g/km y a partir de esa cifra el tipo es de 2 euros[58].

---

[56] Vehículos de motor de como mínimo cuatro ruedas, diseñados y fabricados para el transporte de personas, de hasta un máximo de ocho asientos; Motocicletas de dos ruedas; Motocicletas de dos ruedas con sidecars; Triciclos de motor; Quadriciclos pesados.

[57] El impuesto catalán, y la sentencia del TC, han sido objeto de notables comentarios doctrinales. Puede consultarse Belda (2021), Calvo Vérgez (2020), Durá Alemañ (2020), Marcos Cardona (2023), o Tandazo Rodríguez y Herrera Molina (2020).

[58] Valga este ejemplo para entender cómo funcionan estos impuestos, con los que en general se está menos familiarizado: usando la normativa valenciana, supongamos una furgoneta que tributa por el tipo especial y tiene un nivel de emisiones de 211 gramos de CO2 por kilómetro. La cuota tributaria ascendería a 142 euros, resultado de aplicar el tipo marginal de 2 euros sobre el exceso de emisiones sobre el mínimo exento (211-140 = 71 g/km).

3. *Usos de vehículos limpios gestionados desde las administraciones*

Las vías urbanas se han llenado, asimismo, de vehículos autopropulsados compartidos y sin emisiones. Automóviles, pero también cuadriciclos y triciclos, motocicletas y bicicletas y lo que ahora se llaman vehículos de movilidad personal.

Este tipo de actividades que, por definición, ocupan el espacio público, son, con frecuencia objeto de la promoción e incluso gestión pública. Serían predicables las mismas palabras que dedicamos más arriba a la actividad de préstamo de bicicletas o de recarga de vehículos eléctricos[59].

VI. EL GRAVAMEN DE LA OCUPACIÓN DEL ESPACIO PÚBLICO PARA LA MOVILIDAD MEDIANTE EL VEHÍCULO PARTICULAR: EL ESPACIO URBANO

Ordenar o regular la movilidad mediante el vehículo privado exige la adopción de medidas que pueden o no tener contenido económico. El uso del espacio público por el tráfico rodado se ha venido a considerar un uso común general, pero tanto los problemas propiamente ambientales que genera, como la saturación o congestión de los espacios ocupados ha llevado a que las autoridades hayan adoptado diversas acciones, más o menos originales, que van desde las restricciones a técnicas de pago por uso. Estamos hablando de algo que va más allá de la recuperación del coste de la construcción de una infraestructura determinada (una autopista, un puente, un túnel) sobre los usuarios —típico y tópico— y pretende un uso adecuado y ambientalmente sostenible de los espacios. Como dije más arriba, me limitaré a una referencia básica relativa al espacio urbano.

El espacio urbano determina una enorme concentración de desplazamientos y genera células específicas de contaminación

---

59 No faltan las ordenanzas reguladoras de precios públicos por la utilización de sistemas públicos de préstamo de estos vehículos (sin ningún ánimo de exhaustividad, Castro Urdiales, Campoo de Enmedio u Onteniente, han establecido precios públicos).

en zonas relativamente reducidas. La peatonalización de espacios, los espacios limitados al tráfico son habituales dentro y fuera de nuestras fronteras. Ahora bien, entre nosotros resultan extraños determinados instrumentos económicos que sí se aplican en ciudades bien conocidas. El pago por el acceso a los centros urbanos parece un nuevo tema de moda; he de recordar que hace quince años pude explicar en un largo trabajo experiencias de todo tipo en capitales de medio mundo[60].

Lo cierto que entre nosotros las acciones fiscales más relevantes que se han dispuesto no van mucho más allá de las que se corresponden con la fiscalidad del estacionamiento vehicular en la vía pública.

Pagar por estacionar en la vía pública puede llegar a cumplir una función similar a la propia de las figuras que se exigen por acceder a una zona delimitada, más si cabe en función de los elementos que configuren y cuantifiquen a la exacción. Inicialmente, promoverían una rotación de los vehículos más óptima, reduciendo el tiempo destinado a la búsqueda de aparcamiento. Podría parecer que no es un instrumento contra la congestión del tráfico, sino al contrario. Pero si se endereza lo suficiente, se convierte en un elemento disuasorio de la circulación.

El artículo 20 del TRLHL dice que las entidades locales podrán establecer tasas por cualquier supuesto de utilización privativa o el aprovechamiento especial del dominio público local y, en particular se nombra el estacionamiento de vehículos de tracción mecánica en las vías de los municipios dentro de las zonas que a tal efecto se determinen y con las limitaciones que pudieran establecerse[61].

En el estado actual de nuestra normativa, ¿es posible avanzar hacia prestaciones por el acceso a los centros urbanos? A mi parecer las restricciones al uso de las infraestructuras viarias basadas en el empleo de instrumentos económicos vinculados a la congestión del tráfico son perfectamente viables.

---

60 Jiménez Compaired (2008).

61 Sobre esta tasa, vid. Calvo Vérgez (2021A).

Inicialmente podríamos pensar que la especie tributaria que mejor encaja con la pretensión de gravar por el acceso a los centros urbanos fuera la tasa por aprovechamiento especial del dominio público[62].

A mi modo de ver, la actual redacción de la LHL permite la implantación, no solo de tasas por estacionamiento en la vía pública, sino también de tasas por acceder a los centros urbanos. Ello es así en la idea de que tales ocupaciones del espacio demanial encajan en la definición genérica de tasa por utilización privativa o aprovechamiento especial del dominio público. Las especificaciones previstas en la Ley —es evidente que ahora no aparecen en el listado— lo son únicamente a título ejemplificativo y siempre cabrían tasas por otros usos.

Es defendible que estemos ante un aprovechamiento especial del dominio público, mediante una concepción ajustada a los tiempos de lo que sea aprovechamiento especial del dominio público. El uso que determina un aprovechamiento especial del dominio público —que es el que nos interesa— no impide el uso común, pero supone la concurrencia de circunstancias tales como la peligrosidad o intensidad del mismo, preferencia en casos de escasez, la obtención de una rentabilidad singular u otras semejantes que determinan un exceso de utilización sobre el uso que corresponde a todos o un menoscabo de este.

El caso es que el Proyecto de ley de Movilidad Sostenible plantea una aplicación práctica de la cuestión que estamos tratando. Es la disposición final segunda del proyecto la que pretende modificar el TRLHL.

---

62 Podría perfectamente construirse como un impuesto, cuyo hecho imponible fuera la congestión provocada por la presencia vehicular en las vías públicas. Esto es, un impuesto sobre la congestión. Claro que desde la perspectiva de su establecimiento tendría que tratarse de un impuesto estatal o autonómico. Es cierto que por las características del problema a resolver la definición más óptima de una figura de estas características sería la de un impuesto local. A tal fin, tendrían que ser modificadas las disposiciones reguladoras de la hacienda local (estatal o forales) para autorizar a los ayuntamientos u otras entidades locales (pienso en una entidad metropolitana) a establecerlo y exigirlo.

Esta disposición adiciona una letra v) al apartado 3 del artículo 20 —apartado que ejemplifica ocupaciones por las que se puede exigir tasas por utilización del dominio público—, con la siguiente redacción: «v) En las zonas de bajas emisiones, la circulación de vehículos que superen los límites o categorías máximas que se hayan establecido para circular por las mismas.»

No deja de ser una consagración legal de una tipología tributaria determinada. A mi modo de ver la propuesta es desafortunada por corta de miras. Y es que parece restringir la posibilidad de establecer a tasa a las zonas de bajas emisiones; y también, dentro de esa zona, a determinados vehículos: los "que superen los límites o categorías máximas que se hayan establecido para circular por las mismas". El caso es que la acción política de un determinado municipio podría llevar a impulsar medidas de esta naturaleza más allá del problema de la calidad del aire, que, en determinados espacios, puede estar garantizada. Y, sin embargo, plantearse una necesidad de regulación del tráfico vehicular.

Por lo demás, se proyecta modificar el apartado 1 del artículo 24 —cuantía de las tasas—. Resultaría una fórmula específica de cuantificación para esta tipología de tasas, que permitiría utilizar como valor de referencia de mercado —las claves del cálculo de la cuantía de estas tasas, en general— el coste que hubiera tenido que abonar ese vehículo si hubiera estacionado en un aparcamiento público en lugar de circular por la zona calificada de bajas emisiones[63].

Aparte de esto, con el texto actual se han desarrollado algunas interesantes iniciativas que pretenden gravar la circulación especialmente intensa que determinan ciertas actividades, como es la del reparto domiciliario de bienes adquiridos mediante comercio electrónico. Me refiero a la tasa que popularmente se ha denominado como la "tasa Amazon" (tasa por aprovechamiento especial

---

63 Hay interesantes comentarios doctrinales sobre este tema: cfr. Castillo López (2022), Gorospe Oviedo (2023), Rozas Valdés (2022), Sanz Gómez (2021), Sanz Gómez. (2022), Sanz Gómez (2022A), o Serrat Romaní (2022).

del dominio público derivado de la distribución a destinos finales indicados por los consumidores adquiridos por comercio electrónico) y que se está aplicando en ciertos municipios. Demuestra que no son necesarias muchas modificaciones para atreverse a adoptar iniciativas como esta: estoy persuadido de que se cumple con la definición del presupuesto de estas tasas —el aprovechamiento del dominio público es especial— y que ayuda a recomponer el concepto querido de ciudad, así como permite generar programas de apoyo al comercio tradicional[64]. Esta perspectiva estrictamente personal contrasta con las primeras decisiones judiciales adoptadas[65].

VII. BIBLIOGRAFÍA

BELDA, Ignasi (2021), "Consideraciones entorno a la (in)constitucionalidad del impuesto catalán sobre las emisiones de dióxido de carbono de los vehículos de tracción mecánica", Quincena Fiscal, núm. 17, pág. 111-120

CALVO VÉRGEZ, Juan (2020), "El impuesto catalán sobre emisiones de dióxido de carbono de los vehículos de tracción mecánica y su declaración de constitucionalidad", Documentos IEF, núm. 6

---

64 Sobre este tema puede consultarse el trabajo de Mories Jiménez (2023).

65 En dos sentencias del TSJ de Cataluña de fecha 19 de julio de 2024, se declara nula de pleno derecho la Ordenanza fiscal del Ayuntamiento de Barcelona que establece y regula esta tasa. El método de cuantificación de la tasa, basado en que la superficie ocupada es la de "los destinos finales indicados por los consumidores" no se ha considerado correcto. Se dice que no existe reserva de dominio, ni los destinatarios finales ocupan dominio público alguno, siendo solo aplicable a los bienes adquiridos por comercio electrónico. El Tribunal reconoce la obsolescencia de las normas vigentes, no adaptadas a la nueva economía digital, pero considera que bajo esta normativa no se puede imponer una tasa así; lo que podría proceder sería un impuesto que gravase los potenciales o previsibles rendimientos obtenidos por actividades distribuidoras de mercancías adquiridas por comercio electrónico (pero la decisión, en tal caso, no es municipal o no es solo municipal). Las sentencias contienen un voto particular. En el momento de cerrar este texto no tengo conocimiento acerca de la eventual presentación de un recurso de casación ni claridad sobre las decisiones que pueda adoptar el consistorio barcelonés sobre la ordenanza.

Calvo Vérgez, Juan (2021), "El nuevo sistema de emisiones de vehículos WLTP y su incidencia en el Impuesto Especial sobre Determinados Medios de Transporte", Quincena fiscal, núm. 7, pág. 19-31

Calvo Vérgez, Juan (2021A), "La tasa municipal por estacionamiento de vehículos. Principales cuestiones conflictivas", Revista de Estudios Locales Cunal, núm. 242, pág. 38-53

Castillo López, José Manuel (2022), "El "road pricing": Cuarenta y seis años más tarde", Tributos Locales, núm. 159, pág. 169-192.

Cobos Gómez, José María y Fernández de Buján y Arranz, Antonio (2016), "La (escasa) ambientalización del IRPF en la reforma fiscal: promoción de los vehículos energéticamente eficientes", Revista Aranzadi Doctrinal, núm. 3, pág. 39-58

Durá Alemañ, Carlos Javier (2020), "Decreto Ley 33/2020, de 30 de septiembre, de medidas urgentes en el ámbito del impuesto sobre las emisiones de dióxido de carbono de los vehículos de tracción mecánica y del impuesto sobre las estancias en establecimientos turísticos, y en el ámbito presupuestario y administrativo", Actualidad Jurídica Ambiental, núm. 106, pág. 139-141

Gorospe Oviedo, Juan Ignacio (2022), "Medidas fiscales para un modelo de transporte urbano sostenible: impuesto de circulación, transporte colaborativo y teletrabajo", Documentos IEF, núm. 8, pág. 274-287

Gorospe Oviedo, Juan Ignacio (2023), "El Anteproyecto de Ley de Movilidad Sostenible y la futura tasa de "circulación" ", Documentos – Instituto de Estudios Fiscales, núm. 3

Fernández Caballero, Zuley; Sánchez Huete, Miguel Ángel y Fernández Amor, José Antonio (2024), *Ayuntamientos, fiscalidad y transporte: la tributación de los vehículos de movilidad personal*, Bosch Editor, 2024

Jiménez Compaired, Ismael (2008), "Congestión del tráfico urbano y derecho al medio ambiente: acciones públicas e instrumentos económicos", en *El derecho a un medio ambiente adecuado*, Iustel, pág. 129-217

Marcos Cardona, Marta (2023), "El impuesto sobre las emisiones de dióxido de carbono (CO2) de los vehículos de tracción mecánica de Cataluña: ¿una oportunidad para plantear la unificación de la fiscalidad del automóvil? ", Documentos – Instituto de Estudios Fiscales, núm. 3

Mories Jiménez, María Teresa (2023), "Análisis de la nueva tasa por aprovechamiento especial del dominio público derivado de la distribución a destinos finales indicados por los consumidores de bienes adquiridos por comercio electrónico: la llamada "tasa amazon"", Tributos Locales, núm. 163, pág. 33-95

RAMOS PRIETO, Jesús (2023), "Reforma de los impuestos de matriculación y circulación: reflexiones a propósito del Libro Blanco sobre la reforma tributaria", Documentos – Instituto de Estudios Fiscales, núm. 3

RIVAS NIETO, Estela (2023), "Los beneficios fiscales y financieros a los vehículos eléctricos y a los puntos de recarga", Revista Catalana de Dret Ambiental, núm. 2

RODRÍGUEZ-BEREIJO LEÓN, María (2022), "El Impuesto sobre la emisión de óxidos de nitrógeno a la atmósfera producido por la aviación comercial en el marco de la fiscalidad autonómica medioambiental. Análisis de la STSJ de Cataluña de 26 de mayo de 2022", Nueva Fiscalidad, núm. 3, pág. 269-280

ROZAS VALDÉS, José Andrés (2022), "La reforma del marco legal de los peajes locales de gestión circulatoria", Tributos locales, núm. 155, pág. 137-161.

SÁNCHEZ SÁNCHEZ, Eva María (2023), "La innovación de los vehículos eléctricos desafía la amenaza de efectos ambientales y su fiscalidad", Quincena fiscal, núm. 1-2

SANZ GÓMEZ, Rafael J. (2021), "La movilidad urbana en la Ley de cambio climático y transición energética: las tasas locales como instrumento de organización", Documentos IEF, núm. 7

SANZ GÓMEZ, Rafael J. (2022), "La habilitación legal del anteproyecto de Ley de movilidad sostenible para la creación de peajes urbanos", en *La financiación de los servicios públicos en las áreas urbanas*, Aranzadi, pág. 197-213

SANZ GÓMEZ, Rafael J. (2022A), "Los peajes municipales de congestión en el marco legislativo vigente", Tributos locales, núm. 155, pág. 163-197

SASTRE SANZ, Sergio (2016), "La fiscalidad del vehículo eléctrico en España", Documentos IEF, núm. 28, pág. 1-42.

SASTRE SANZ, Sergio y PUIG VENTOSA, Ignasi (2017), "La fiscalidad del vehículo eléctrico en España", Crónica tributaria, núm. 162, pág. 137-175

SERRAT ROMANÍ, Marina (2022), "La tecnología como elemento clave de la eficacia de los peajes de congestión: Un estudio comparado", Tributos locales, núm. 155, pág. 199-229

TANDAZO RODRÍGUEZ, Ada y HERRERA MOLINA, Pedro Manuel (2020), "Constitucionalidad y comentario crítico del impuesto catalán sobre emisiones de dióxido de carbono de los vehículos de tracción mecánica (Análisis de la STC 87/2019, de 20 de junio, rec. núm. 5334/2017) ", CEF Contabilidad y tributación, núm. 442.

Capítulo 16

La actualización de la directiva sobre fiscalidad de la energía: contribución al cambio climático

LUCÍA MARÍA MOLINOS RUBIO*

I. CONSIDERACIONES INICIALES

Este trabajo consta de cuatro apartados: una breve introducción que tiene por objeto realizar una concreta precisión y ofrecer algunos datos que nos sirvan para contextualizar la situación de lo que vamos a observar; el segundo apartado que pasaré rápidamente, ya que la toma en consideración de la cuestión tiene su origen en instrumentos normativos que son analizados con detenimiento y profundidad en otros trabajos de esta obra colectiva;

---

* Profesora Permanente Laboral. Este trabajo se enmarca en las actividades del Grupo de Investigación AGUDEMA (Agua, Derecho y Medio Ambiente), perteneciente al IUCA (Instituto Universitario de Ciencia Ambientales) de la Universidad de Zaragoza, de los proyectos de I+D+i PID 2021 124296NB-I00 ("Retos jurídicos de la política hídrica en el marco de la economía circular y de la nueva legislación del cambio climático") y TED2021-130264B-I00("Iniciativas normativas para avanzar en la transición ecológica: análisis y valoración).

un tercer apartado en el que intento mostrar lo que se viene a proponer frente al estado actual de la fiscalidad de los productos energéticos y de la electricidad; para finalizar con preguntas que planteen si lo propuesto contribuirá, o podrá contribuir, al cambio climático, que puede que no tengan una respuesta, y queden a modo de reflexiones.

1. A modo de introducción

La primera precisión es hacer notar que la propuesta de Directiva, de 14 de julio de 2021, lleva como título Propuesta de Directiva del Consejo por la que se reestructura el régimen de imposición de los productos energéticos y de la electricidad. Así, no es la primera vez que se aborda la cuestión, ni siquiera la segunda, y como tal el resultado no es una compilación, codificación, ni sistematización del régimen/regímenes fiscales de productos energéticos y de la electricidad.

También se advierte que no se va a identificar a la electricidad como producto energético, curiosidad puesta ya de manifiesto con motivo de los comentarios realizados a la Directiva que ahora se revisa, o mejor como dice su título, se reestructura, y parece haberse entendido que la electricidad se corresponde más a la de un medio de transporte de esa energía[1].

2. Datos que contextualizan

El año pasado, 2023, por primera vez en la historia, la electricidad europea procedió más de la energía eólica que del gas fósil[2]. La electricidad fue producida en más del 25% de su total por la energía eólica y solar.

---

1 En este sentido CORNEJO PÉREZ, A (2004), p. 101.

2 Así se desprende del último informe anual del grupo de reflexión sobre energías limpias Ember, https://ember-climate.org/es/análisis/investigación/global-electricity-review-2023/.

Cierto que en Europa el consumo del carbón y gas descendieron, tomando en consideración las consecuencias que se derivan de los actuales enfrentamientos, pero ello no supone que en 2022 no aumentara el consumo mundial de carbón, motivado por la recuperación económica de los países dependientes del carbón y por el empleo de este combustible para generar electricidad, por lo que el carbón sigue empleándose intensivamente para generar la electricidad[3].

La economía española emitió 304,4 millones de toneladas de gases de efecto invernadero en 2022, un 3,1% más que en 2021. Estas emisiones han disminuido un 26,9% desde 2008. El 22,7% de las emisiones correspondieron a los hogares[4].

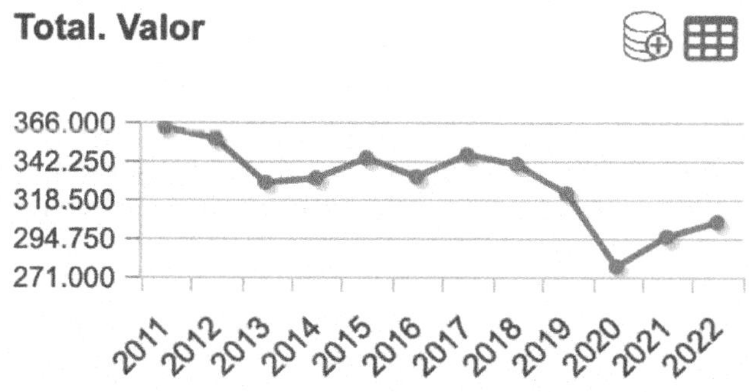

Cuadro 1: Instituto Nacional de Estadística

Pero ello no supone que la tendencia sea idéntica en todos los Estados Miembros (EEMM)[5]. El volumen conjunto fue de casi 2,4 gigatoneladas, así lo ha puesto de manifiesto Eurostat en un

---

3 https://es.euronews.com/green/2024/02/07/un-informe-revela-un-desplome-sin-precedentes-de-la-produccion-electrica-de-carbon-y-gas-e

4 https://www.ine.es/dyngs/INEbase/es/operacion.htm?c=Estadistica_C&cid=1254736176941&menu=ultiDatos&idp=1254735976603

5 https://www.eitb.eus/es/noticias/internacional/detalle/9230319/las-emisiones-de-co2-cayeron-en-2022-en-union-europea-mientras-que-subieron-en-estado-espanol/

comunicado, en el que ha recordado que las emisiones de CO2 derivadas del uso de la energía "contribuyen en gran medida al calentamiento global y representan alrededor del 75 % de todas las emisiones de gases de efecto invernadero provocadas por el ser humano en la UE".

Las emisiones vinculadas a los hidrocarburos cayeron en 17 de los 27 Estados miembros de la Unión Europea (UE), con Países Bajos a la cabeza (12,8 %), seguido de Luxemburgo (12 %), Bélgica (9,7 %) y Hungría (8,6 %).

En el siguiente cuadro podemos comprobar el resultado, en emisiones de CO2, de la quema de combustibles fósiles en 2022 en los países de la UE, la variación al alza o a la baja en relación con el año que le precede. Si bien, el cálculo se atribuye al país que quema los combustibles fósiles, por lo que si se utiliza gas para producir electricidad conduce a un aumento de los valores en el país que emplea el combustible para posteriormente exportar el resultado, la electricidad, mientras que las importaciones de electricidad no afectan.

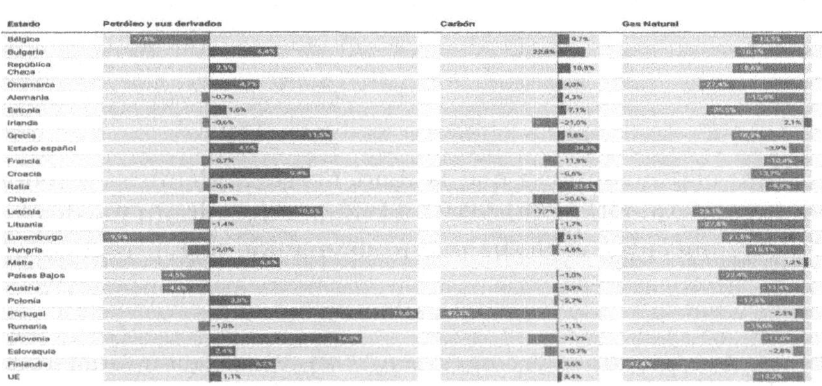

Conforme al Inventario Nacional de Emisiones a la Atmósfera, que realiza el Ministerio para la Transición Ecológica y el Reto Demográfico, en nuestro país, el peso del CO2 en las emisiones es mayor aún, y por sectores el principal emisor es el transporte, seguido de la industria y la generación de electricidad, que ha empezado a perder peso debido al crecimiento de las energías renovables en detrimento del uso del carbón. Por ello, es fundamental una mayor ambición y que la Ley de Cambio Climático y Energía y el PNIEC (Plan Nacional Integrado de Energía y Clima) incluya la reducción de al menos el 55% de las emisiones de CO2 en 2030 respecto a 1990.

Si tomáramos los datos de 2022, del Informe del Inventario Nacional de Emisiones a la atmósfera 1990-2022[6], los últimos publicados, comprobaríamos que representan un aumento del 2% respecto a las emisiones emitidas en 2021, incrementándose el sector del transporte al 30,7%, disminuyendo la industria, 18,4%, manteniéndose en agricultura, residuos, y ascendiendo la electricidad, 14,5%, manteniéndose el peso del CO2 en las emisiones, 79,8%. El aumento de emisiones en la producción eléctrica fue debido por el incremento de combustibles fósiles y disminución de producción de energía hidráulica.

Otras cifras que a las que deberemos acudir son las que reflejan el importe resultante de la recaudación de los impuestos que gravan los productos energéticos y la electricidad, y no solo de las figuras que tienen por objeto de gravamen a estos, si no también la aportación que se obtiene de los impuestos ambientales.

En términos relativos, la recaudación de los impuestos ambientales representa el 5,52% de la recaudación del total de impuestos de la UE-27 en 2021[7]. Asimismo, la presión fiscal ambiental, esto es, la ratio de recaudación por impuestos ambientales sobre el Producto Interior Bruto (PIB), asciende al 2,24%. Los impuestos ambientales como instrumento de política ambiental, en lugar de aumentar, han perdido importancia en la UE. La participación en la estructura tributaria total, el porcentaje de recaudación co-

---

6 https://www.miteco.gob.es/content/dam/miteco/es/calidad-y-evaluacion-ambiental/temas/sistema-espanol-de-inventario-sei-/es-nir-edicion-2024.pdf

7 https://data.europa.eu/data/datasets/nsnav8yoesmt84kovybphq?locale=es

rrespondiente a la fiscalidad verde sobre la recaudación total de impuestos de la UE-27 ha descendido desde el 6,74% en 1995 al 5,52% en 2021. En términos comparativos con la actividad económica, el porcentaje de la recaudación de los impuestos ambientales sobre el PIB también se ha visto reducida, desde el 2,63% de 1995 hasta el 2,24% en el último año de 2021. La recaudación por impuestos ambientales se ha quedado rezagada, ha evolucionado a un menor ritmo que lo ha hecho la actividad económica. Podemos decir que los impuestos ambientales han perdido importancia en la UE.

Aunque pudiera parecer que la fiscalidad ambiental está aumentando por la utilización creciente en la UE de la fiscalidad como instrumento de política ambiental, y a la vista de la creación de nuevas figuras impositivas, su importancia como ya hemos comentado no es relevante, sobre todo si lo comparamos con los principales objetos de imposición: las rentas del trabajo y el consumo.

Las figuras impositivas medioambientales más utilizadas, en función del objeto de gravamen, son las que gravan la energía, el transporte, la polución y los recursos naturales, siendo las dos primeras las categorías más relevantes en términos recaudatorios.

En España los impuestos de la energía que gravan los combustibles tienen un peso mayor dentro de los impuestos ambientales, el 61%, mientras que los otros impuestos sobre la energía y los del transporte generan menos recaudación en comparación con la media comunitaria. Los impuestos sobre hidrocarburos, que gravan en general el consumo de combustibles como gasolina, gasóleo, queroseno o gas natural …, los tipos impositivos de nuestro territorio se sitúan por debajo del tipo medio de la UE. En promedio, los tipos españoles sobre la gasolina y el gasóleo son un 15% y un 9%, respectivamente, más baratos que en la media comunitaria. La finalidad principal de los impuestos sobre hidrocarburos ha sido recaudatoria, si bien en algunos países se han ido introduciendo elementos en su configuración con el objetivo de discriminar los combustibles más contaminantes.

Se ha acusado de cierta pasividad al Estado, a quien de acuerdo con nuestra Constitución le corresponde el poder originario para establecer tributos, artículo 133.1, mientras que las Comunidades Autónoma (CCAA) de régimen común, conforme a la distribución del poder normativo previsto por la Ley Orgánica de Financiación de las Comunidades Autónomas, han establecido y regulado un número creciente de impuestos propios, que sin lugar a dudas, la gran mayoría, guardan evidente relación con el medioambiente. No nos detendremos en este trabajo en las competencias que poseen las Comunidades Autónomas, ni en los límites del poder tributario de las CCAA que quedan establecidos en nuestra Constitución Española, y conforme a las competencias reconocidas a las CCAA, y en ejercicio de las mismas, estas pueden establecer tributos propios, y es en el ámbito de protección medioambiental donde vienen a ejercer su potestad financiera.

Como puso de manifiesto el director del Servicio de Estudios del Consejo General de Economistas, Salvador Marín[8], "es un error de partida el comenzar este debate centrándolo en la cuestión de si en España se deberían pagar más o menos impuestos medioambientales, ya que estamos alineados a la media de la OCDE en cuanto a ingresos tributarios y a porcentaje del PIB; por tanto, en relación con los impuestos medioambientales y cualquier otro tipo de impuesto, la pregunta inicial que siempre deberíamos hacernos es `para qué y por qué´", dentro del necesario análisis de si se adecúan al principio de capacidad económica, concretándose en el principio de `quien contamina paga y quien preserva recibe´.

Para ser efectivos contra las causas del cambio climático se pueden diseñar diversas medidas que vengan a regular comportamientos concretos, pero también pueden emplearse incentivos fiscales y establecerse tributos medioambientales que consigan por la modificación de los costes de los productos energéticos, e

---

8 https://lefebvre.es/esg/environmental/el-cge-presenta-el-estudio-fiscalidad-ambiental-en-espana

incorporando el coste de las de las externalidades negativas que producen, desincentivar determinadas conductas perniciosas para el medio ambiente.

Hasta el momento, al haber diseñado los impuestos que gravan los productos energéticos y la electricidad con un diseño especialmente recaudatorio por consumo sin tener en cuenta el componente medioambiental, se ha procurado incentivar el cambio de conductas fomentando la instalación de elementos que favorezcan especialmente la eficiencia energética y que contribuyan a disminuir la emisión de gases contaminantes.

En nuestro territorio podemos identificar medidas tales como la aplicación de libertad de amortización en el Impuesto sobre Sociedades (IS) de las instalaciones que utilicen energías renovables[9], si bien la medida en si sería el diferimiento del impuesto, o deducciones por inversiones, que en el caso del Impuesto sobre Sociedades han desaparecido al considerar el legislador en el Preámbulo de la LIS, que *teniendo en cuenta que las exigencias en materia medioambiental son cada vez superiores, tornándose en ocasiones obligatorias, por lo que resultaba paradójico el mantenimiento de un incentivo de estas características. De nuevo, prevalece la neutralidad del Impuesto, resultando preferible que sean otros parámetros los tenidos en cuenta para realizar inversiones de esta naturaleza.*

---

9 Disposición Adicional 17ª Ley Impuesto sobre Sociedades, que viene a establecer la libre amortización en los períodos impositivos que se inicien o concluyan en 2023 y 2024, las inversiones realizadas en instalaciones destinas al autoconsumo de energía eléctrica que utilicen energía procedente de fuentes renovables de acuerdo con lo definido en el Real Decreto 244/2019, de 5 de abril; para uso térmico de consumo propio que utilicen energía procedente de fuentes renovables, que sustituyan instalaciones que utilicen energía procedente de fuentes no renovables fósiles y que sean puestas a disposición del contribuyente a partir de la entrada en vigor del Real Decreto-ley 18/2022, de 18 de octubre, debiendo cumplir unos determinados requisitos.

En el Impuesto sobre la Renta de las Personas Físicas (IRPF) se han incorporado medidas en materia de sostenibilidad, para incentivar la calificación energética de las viviendas, el uso de vehículos eléctricos e instalaciones de puntos de recarga de baterías para vehículos eléctricos[10]. La deducción puede desde el 20 al 60 por ciento de la inversión, dependiendo de la reducción del consumo de energía no renovables; la base de las deducciones previstas en la Disposición Adicional Quincuagésima de la LIRPF estará constituida por las cantidades satisfechas, siempre que quede constancia del pago, debiendo descontar las cuantías que, en su caso, hubieran sido subvencionadas a través de un programa de ayudas públicas o fueran a serlo en virtud de resolución definitiva de la concesión de tales ayudas.

No podemos dejar al margen los impuestos locales. Las corporaciones locales disponen de potestad para decidir si en la cuantificación de la deuda tributaria minoran la carga fiscal del contribuyente que adopte medidas que favorecen la consecución de objetivos marcados desde diferentes instancias, y en este caso los objetivos son obvios, favorecer la instalación de elementos de producción de energía que provenga de fuentes renovables, si bien para ello se estará a lo dispuesto desde la norma estatal[11].

---

[10] Conforme a la Disposición Adicional Quincuagésima de la Ley del Impuesto sobre la Renta de las Personas Físicas, se considerarán como cantidades satisfechas por las obras realizadas aquellas necesarias para su ejecución, incluyendo los honorarios profesionales, costes de redacción de proyectos técnicos, dirección de obras, coste de ejecución de obras o instalaciones, inversión en equipos y materiales y otros gastos necesarios para su desarrollo, así como la emisión de los correspondientes certificados de eficiencia energética. En todo caso, no se considerarán en dichas cantidades los costes relativos a la instalación o sustitución de equipos que utilicen combustibles de origen fósil.

[11] En este sentido, nos remitimos a lo ya manifestado en MOLINOS RUBIO, L.M. (2024), p.320 y ss.

II. TOMA EN CONSIDERACIÓN DE LA TRANSICIÓN ENERGÉTICA: ATENCIÓN ESPECIAL A LAS ACCIONES DE LA UNIÓN EUROPEA

El acuerdo adoptado en la vigésimo primera sesión de la Conferencia de las Partes de la Convención Marco de Naciones Unidas sobre el Cambio Climático, 30 noviembre a 12 diciembre de 2015, COP21, celebrada en Paris, establece un marco global de lucha contra el cambio climático desde 2020. Es el primer acuerdo mundial sobre cambio climático universal. El Acuerdo fue ratificado por la Unión Europea el 5 de octubre de 2016.

La Unión Europea mantiene una postura a la vanguardia de los esfuerzos para luchar contra el cambio climático, calificado como liderazgo; en los últimos años la Unión europea ha adoptado políticas para enfrentarse al cambio climático[12] y vincular cambio climático y transición energética a la fiscalidad es necesario y *más que oportuno*[13].

Previamente, en 2014, el Consejo de Europa adoptó el marco de actuación en materia de clima y energía hasta el año 2030; si bien la preocupación por el cambio climático surge con anterioridad, y la Comisión ya tomó conciencia por la utilización de instrumentos económicos, entre ellos los impuestos sobre productos energéticos, para esa lucha, desde el momento en el que se revisa la Directiva 92/82/CEE, del Consejo, de 19 de octubre de 1992, relativa a la aproximación de los tipos del impuesto especial sobre los hidrocarburos, que dio como resultado la Directiva 2003/96/CE del Consejo, de 27 de octubre, por la que se reestructura el régimen comunitario de imposición de los productos energéticos y de la electricidad, si bien podría haber sido más combativo el resultado[14].

---

12 GÓNZALEZ APARICIO, M (2024) p. 153.

13 En este sentido VILLAR EZCURRA, M (2022) p. 763

14 VILLAR EZCURRA, M (2023) op. ya citada, p. 765, hace referencia al inicio temporal del interés por el medio ambiente y el desarrollo sostenible.

El Reglamento 2018/1999 del PE y del Consejo, de 11 de diciembre, establece que cada estado miembro debe preparar un Plan Nacional Integrado de Energía y Clima, en el que se describe como cada Estado va a lograr sus objetivos en todas las dimensiones de la denominada Unión de la Energía, evaluados por la Comisión Europea, para comprobar si se alcanzan objetivos climáticos y energéticos.

Como ya hemos puesto de manifiesto, la Unión Europea es una de las grandes economías líderes en la lucha contra las emisiones de gases de efecto invernadero. En 2020, las emisiones de gases de efecto invernadero de la Unión se redujeron en un 31% con respecto a los niveles de 1990, lo que superó el objetivo de la Unión de reducir las emisiones en un 20 % para 2020.

Guiada por tratados internacionales, como el Protocolo de Kioto, la Unión adoptó numerosas políticas climáticas, entre otras el régimen de comercio de derechos de emisión. La Comisión presentó en 2019 el Pacto Verde Europeo y, desde entonces, se han acordado diferentes medidas destinadas a aumentar el objetivo de reducción de las emisiones de gases de efecto invernadero para 2030, fijando alcanzar hasta el 55%, y descarbonizar la economía de la Unión para 2050, en consonancia con el Acuerdo de París.

Otros trabajos presentados en esta obra colectiva se dedican en profundidad a presentar los instrumentos normativos que, desde el ámbito administrativo y europeo, dibujan el mapa que debemos atender desde el derecho tributario, así como los documentos que los complementan,

Durante el transcurso de este trabajo tendremos presente que la energía, siendo un recurso imprescindible para el día a día, y que su abastecimiento debe ser garantizado las fuentes tradicionales que han venido proporcionando la energía, los combustibles fósiles son los que han contribuido, durante tiempo y con intensidad, a provocar el principal problema en materia medio ambiental, el cambio climático.

Para sacar adelante el Pacto Verde Europeo, debemos reflexionar acerca de las políticas de suministro de energía limpia al conjunto de la economía, la industria, la producción y el consumo, las grandes infraestructuras, el transporte, la alimentación y la agricultura, la construcción, la fiscalidad y las prestaciones sociales.

III. LA REVISIÓN DE LA DIRECTIVA SOBRE LA FISCALIDAD DE LA ENERGÍA Y LA ELECTRICIDAD

No podemos dejar al margen en nuestra exposición que la propuesta de Directiva expresamente viene a reconocer que la finalidad principal es garantizar el buen funcionamiento del mercado interior, si bien desde el inicio del contexto de la propuesta se reconoce que la imposición de los productos energéticos y de la electricidad desempeñan un relevante papel en el ámbito de la política climática, y por supuesto energética. Se ha manifestado que la Directiva de 2003 no está en sintonía con la política climática y energética de la UE, y que en verdad tampoco garantiza el buen funcionamiento del mercado interior. Como ya hemos manifestado con anterioridad, la propuesta de revisión, refundición como se denomina en los documentos, se origina en el Pacto Verde Europeo, y forma parte de las medidas legislativas "Objetivo 55", como instrumento que participe en dar respuesta a los desafíos medioambientales, y lograr las reducciones de emisiones de gases efecto invernadero y reducción de la contaminación de la atmósfera.

1. Antecedentes: la Directiva 2003/96/CE

Denominamos antecedentes a la norma actualmente en vigor, son los antecedentes de la propuesta que se está elaborando.

La Directiva 2003/96/CE fue resultado de un largo periplo de negociación para armonizar la fiscalidad de los productos energéticos, que si bien tuvo una intención de reflejar la prevención por el medio ambiente, sin lugar a dudas pudo más la preocupación por la competitividad de las empresas.

Este trabajo no pretende realizar una comparativa del contenido de la Directiva en vigor y del contenido de la nueva propuesta, pero a la vista del análisis realizado por CORNEJO PÉREZ[15] la Directiva 2003 no consiguió establecer un impuesto sobre la energía armonizado como instrumento de la política de protección del medio ambiente, tan solo consiguió actualizar los tipos mínimos comunitarios a los que deberían someter los productos energéticos los Estados que pretendieran formar parte de la UE (sin tener en cuenta posibles periodos transitorios).

La protección medioambiental parece que ha quedado en manos de los Estados Miembros, o al menos así puede deducirse del fallo de la Sentencia del Tribunal de Justicia de la Unión Europea de 22 de junio de 2023, que reconoce la excepción a la exención prevista en el artículo 14, 1. a), que viene a disponer la exención de los productos energéticos y la electricidad utilizados para producir la electricidad y la electricidad utilizada para mantener la capacidad de producir electricidad, por motivos de política medioambiental[16]; la cuestión es si seguirá en manos de los Estados la efectiva protección medioambiental.

2. *Reestructucturación y propuestas normativas*

Sabemos que la propuesta de revisión se origina en el Pacto Verde Europeo, y forma parte de las medidas legislativas "Objetivo 55", como instrumento participe en dar respuesta a los desafíos medioambientales, y lograr las reducciones de emisiones de gases efecto invernadero y reducción de la contaminación de la atmósfera. La Comisión ha procedido a revisar la legislación vigente para alcanzar el nuevo y ambicioso objetivo, y es consciente que para ello será preciso que contribuyan todos los sectores económicos y ámbitos políticos.

---

15 CORNEJO PERÉREZ, A. (2004).

16 Sentencia comentada por PEDROSA LÓPEZ, C. (2023).

La revisión, en consonancia con el Pacto Verde Europeo, debería prestar especial atención a las cuestiones ambientales, consiguiendo garantizar la coherencia entre la fiscalidad de la energía y los objetivos climáticos, pues la fiscalidad influye de manera directa en la transición ecológica: precios, producción sostenible, consumo responsable, suprimiendo de los incentivos al consumo de combustibles fósiles, junto con otras medidas. La fiscalidad puede ser instrumento para incentivar las fuentes de energía limpias y renovables, y desincentivar el consumo de combustible contaminantes.

También se ha criticado que los tipos mínimos de imposición no han sido actualizados, lo que no ha contribuido al buen funcionamiento del mercado interior, pudiéndose identificar situaciones de falseamiento de la competencia en los sectores afectados, así como la inconcreción en la definición de los productos gravados, o los usos que quedaban fuera de aplicación de la Directiva.

En consecuencia, la propuesta de Directiva marca tres objetivos, que venimos a reproducir según se plasman en el documento:

— *Armonizar la imposición de los productos energéticos y de la electricidad con las políticas de la UE en materia de energía, medio ambiente y clima, favoreciendo los esfuerzos de la UE por reducir las emisiones.*

— *Proporcionar un marco que preserve y mejore el mercado interior de la UE actualizando el ámbito de aplicación y la estructura de los tipos impositivos, racionalizando el uso de las exenciones y las reducciones fiscales.*

— *Mantener la capacidad de generar ingresos para los presupuestos de los EEMM.*

La cuestión es si las propuestas que se realizan serán instrumentos eficaces para la obtención de los objetivos que se persiguen.

Dada la posible extensión de este trabajo, traeremos a continuación, las propuestas más innovadoras en la relación que se dibuja entre fiscalidad y contribución a la lucha contra el cambio climático.

La que puede ser considerar más destacable es la que dispone una imposición basada en contenido energético, eliminando incentivos, e introduciendo una clasificación en función del desempeño ambiental. Se concreta en tipos de gravamen euros/gigajulio, concretando la lista de productos energéticos y la definición que ha de aplicarse. La lista de productos competidores entre si deben recibir un trato fiscal unificado, las definiciones que se derivan de otros elementos normativos, véase la Directiva 2018/2001[17] o las que sean propuestas, permitirán el trato diferenciado por el contenido energético.

Estos tipos de gravamen, los tipos mínimos de imposición deben mantener el valor real en el momento de aplicarse, por ello deben indexarse, deben ajustarse anualmente, y la variación se realizará sobre la base de los precios al consumo armonizado a escala de la Unión[18].

Los niveles mínimos de imposición son diferenciados en tanto si los carburantes son empleados para los fines previstos en el artículo 7 de la propuesta, carburantes, o algo menores si el empleo del carburante se destina a los fines previstos en el apartado 2, del artículo 8 de la propuesta: labores agrarias, hortícolas, de acuicultura y silvicultura; motores estacionarios; plantas y maquinaria utilizadas en construcción, ingeniería civil y obras públicas; y vehículos destinados a ser utilizados fuera de la vía pública o que no han recibido autorización para ser utilizados principalmente

---

17 DIRECTIVA (UE) 2018/2001 DEL PARLAMENTO EUROPEO Y DEL CONSEJO de 11 de diciembre de 2018 relativa al fomento del uso de energía procedente de fuentes renovables.

18 Acúdase al apartado 2, del art. 5 de la propuesta

en la vía pública[19]. Para finalizar esta cuestión advertir que queda previsto un periodo transitorio de 10 años para alcanzar la imposición mínima de algunos de los productos energéticos.

La segunda de las novedades que se implementan en esta propuesta afecta a sectores que tradicionalmente en los que ha venido existiendo una exención total, tales como la aviación o calefacción de hogares no vulnerables.

---

[19] ANEXO I de la propuesta:

Cuadro A: Niveles mínimos de imposición aplicables a los carburantes utilizados para los fines del artículo 7 (en EUR/gigajulio)

	Inicio del período transitorio (1.1.2023)	Tipo final una vez concluido el período transitorio (1.1.2033), antes de la indexación
Gasolina	10,75	10,75
Gasóleo	10,75	10,75
Queroseno	10,75	10,75
Biocarburantes no sostenibles	10,75	10,75
Gas licuado de petróleo (GLP)	7,17	10,75
Gas natural	7,17	10,75
Biogás no sostenible	7,17	10,75
Combustibles no renovables de origen no biológico	7,17	10,75
Biocarburantes sostenibles obtenidos a partir de cultivos alimentarios y forrajeros	5,38	10,75
Biogás sostenible obtenido a partir de cultivos alimentarios y forrajeros	5,38	10,75
Biocarburantes sostenibles	5,38	5,38
Biogás sostenible	5,38	5,38
Combustibles de bajas emisiones de carbono	0,15	5,38
Combustibles renovables de origen no biológico	0,15	0,15
Biocarburantes y biogás sostenibles avanzados	0,15	0,15

Cuadro B: Niveles mínimos de imposición aplicables a los carburantes utilizados para los fines del artículo 8, apartado 2 (en EUR/gigajulio)

	Inicio del periodo transitorio (1.1.2023)	Tipo final una vez concluido el periodo transitorio (1.1.2033), antes de la indexación
Gasóleo	0,9	0,9

En relación con los hogares no vulnerables se ha puesto de manifiesto que la reforma será ligeramente progresiva, el impacto más acentuado lo soportarán los hogares de renta media, pues estos hogares son los que principalmente consumen combustibles para su transporte; si bien, los hogares más vulnerables, los de rentas más bajas, se verían favorecidos puesto que destinan mayor esfuerzo al consumo de la electricidad, y el precio de esta se contemplará como energía menos gravada[20]

Otra de las disposiciones más novedosas la encontramos en la reflexión por la que se reconoce que *la exención fiscal obligatoria en el ámbito de la aviación internacional y la navegación acuática es especialmente problemática, puesto que no es coherente ni con las políticas ni con los desafíos climáticos actuales.*

Sin perjuicio de posibles acuerdos internacionales en materia de aviación, los productos energéticos y la electricidad suministrados para la navegación aérea dentro de la UE deberán someterse a imposición, si bien quedan excepcionados los vuelos reservados al transporte de mercancías, al igual que los productos suministrados para la navegación acuática dentro de la UE, incluida la pesca, estableciéndose también un periodo transitorio de 10 años,

Fuelóleo pesado	0,9	0,9
Queroseno	0,9	0,9
Biocarburantes no sostenibles	0,9	0,9
Gas licuado de petróleo (GLP)	0,6	0,9
Gas natural	0,6	0,9
Biogás no sostenible	0,6	0,9
Combustibles no renovables de origen no biológico	0,6	0,9
Biocarburantes sostenibles obtenidos a partir de cultivos alimentarios y forrajeros	0,45	0,9
Biogás sostenible obtenido a partir de cultivos alimentarios y forrajeros	0,45	0,9
Biocarburantes sostenibles	0,45	0,45
Biogás sostenible	0,45	0,45
Combustibles de bajas emisiones de carbono	0,15	0,45
Combustibles renovables de origen no biológico	0,15	0,15
Biocarburantes y biogás sostenibles avanzados	0,15	0,15

20 ALONSO-EPELDE, E., RODRIGUEZ-ZÚÑIGA, A., GARCÍA-MUROS, X. y GONZÁLEZ-EGUINO, M. (2022), p. 97.

que partirá de 0 el primer año hasta alcanzar el nivel mínimo de imposición a su finalización[21], aplicables al uso de carburantes, mientras que los combustibles alternativos sostenibles, incluidos el biogás y los biocarburantes sostenibles, los combustibles de bajas emisiones de carbono, el biogás y los biocarburantes sostenibles avanzados, y los combustibles renovables de origen no biológico, y la electricidad estarían gravados con un tipo mínimo cero durante diez años. Por último, en algunos puertos, existe una alternativa más limpia a la producción de electricidad a bordo de los buques consistente en el uso de la electricidad en puerto (esto es, conexión a la red eléctrica terrestre). A fin de incentivar su desarrollo y su uso, podrá eximirse de imposición la electricidad en puerto suministrada a los buques que se encuentren atracados.

En el contexto de la propuesta se considera que los tipos mínimos aplicables a los combustibles para calefacción son demasiado bajos, y las exenciones y reducciones opcionales concedidas a hogares y usuarios profesionales por igual *acrecienta aún más las divergencias, de modo que los tipos impositivos efectivos de algunos Estados miembros son sensiblemente inferiores a los de otros.* Por ello, tal y como indica GONZÁLEZ APARICIO[22], *se propone el incremento progresivo de las tarifas mínimas aplicables sobre combustibles destinados a calefacción, durante un periodo de transición de diez años, si bien también se prevé la opción de que los Estados Miembros puedan conceder, para todos los hogares, reducciones no inferiores a los mínimos en el caso de combustibles para calefacción.* Sin olvidar el régimen especial para los considerados hogares vulnerables, que podrían estar exentos durante un periodo máximo de 10 años desde la entrada en vigor de la Directiva[23].

---

21 Véanse los artículos 14 y 15 de la propuesta.

22 GONZÁLEZ APARICIO, M. (2024), p. 172.

23 Véase el artículo 17, c) de la propuesta. Se entiende por hogar vulnerable a aquel que se encuentre por debajo del 60% de la media de la renta disponible equivalente a nivel nacional.

Se considera que la electricidad debe encontrarse siempre entre las fuentes de energía menos gravadas con vistas a fomentar su uso, sobre todo en el sector del transporte, y que se la clasifique junto con los demás carburantes y combustibles si su uso es para calefacción[24].

Los Estados eximirán de imposición, bajo control fiscal, los productos energéticos y la electricidad utilizados para producir la electricidad, y la electricidad utilizada para mantener la capacidad de producirla, si bien, por motivos de política medioambiental podrán someter a imposición estos productos energéticos y la electricidad sin necesidad de respetar los niveles mínimos de imposición previstos en la propuesta[25], y en consonancia con el fallo de la STJUE referida en líneas anteriores.

Como ha puesto de manifiesto GARCÍA DE PABLOS[26], la propuesta de Directiva intenta limitar las exenciones, y resalta la importancia del artículo 16 de la propuesta, que faculta a los Estados Miembros a establecer exenciones o reducciones en el nivel de imposición a:

— Los productos gravables utilizados bajo control fiscal en el ámbito de proyectos piloto para el desarrollo tecnológico de productos más respetuosos del medio ambiente o por lo que respecta a los combustibles obtenidos a partir de recursos naturales.

— La electricidad: de origen solar, eólico, undimotriz, mareomotriz o geotérmico; de origen hidráulico producida en instalaciones hidroeléctricas; generada a partir de biomasa o de productos elaborados a partir de biomasa; generada por metano emitido por minas de carbón abandonadas; generada por pilas de combustible.

---

24 Artículo 5, apartado 1, párrafo tercero de la propuesta.
ANEXO I

25 Artículo 13 de la propuesta.

26 GARCIA DE PABLOS, J.F (2023).

También hemos de destacar, de conformidad con los objetivos de la propuesta, que no debe hacerse distinción alguna entre el uso comercial y no comercial del gasóleo como carburante, ni entre el uso profesional y no profesional de los combustibles para calefacción y la electricidad.

Podríamos seguir recorriendo el contenido de la propuesta de Directiva, pero no es la finalidad que perseguimos. Si fuéramos precepto por precepto vendríamos a repetir de forma continuada que, la propuesta determina que deban aplicarse niveles mínimos de imposición, basados en el contenido energético y desempeño ambiental, pero tendríamos que advertir que los Estados Miembros van a disponer de libertad para fijar exenciones o reducciones en el nivel de imposición, tal y como hemos descrito hasta el momento.

Concretamente, el artículo 18 de la propuesta permite que los Estados Miembros apliquen reducciones impositiva a las empresas de elevado consumo energético, entendiéndose como tales, aquellas cuyas compras de productos energéticos y de electricidad representen al menos el 3% del valor de la producción o en la que el impuesto energético nacional devengado represente al menos el 0,5% del valor añadido, remitiéndose al artículo 19 de la propuesta para definir qué se debe entender por entidad empresarial. En el mismo precepto se contempla que se apliquen reducciones en el caso de celebrarse acuerdos son entidades empresariales o con asociaciones de esas entidades empresariales, o se apliquen regímenes de permisos negociables o medidas equivalentes, que conduzcan a alcanzar los objetivos de protección medioambiental o mejorar la eficiencia energética. Los permisos negociables han de ser distintos a los establecidos en el Directiva 2003/87/CE, en otros términos, diferentes a los derivados del comercio de derechos de emisión de gases de efecto invernadero.

Cierto es que los Estados Miembros deben informar a la Comisión de las exenciones y reducciones que vengan a disponer con base en los artículos 12 a 18, así como de la diferenciación de tipos y devoluciones de impuestos que pudieran constituir ayuda estatal.

La posibilidad de aplicar exenciones o reducciones del nivel de imposición debe estar justificada por razones concretas[27], en particular la eficiencia energética, la repercusión de la innovación y de los avances tecnológicos, los objetivos de protección medioambiental, la electricidad procedente de fuentes renovables, …

Como se habrá podido observar no se ha hecho referencia expresa a la imposición de la energía y de la electricidad proveniente de fuentes renovables, recordemos en este momento lo que pusimos de manifiesto al reflejar la STJUE de 22 de junio de 2023, “quedará en manos de los Estados”.

IV. REFLEXIONES FINALES

El compromiso político, el compromiso de la Unión Europea es consistente. La Unión Europea ha tomado el papel impulsor de la lucha contra el cambio climático, al menos así se muestra en las iniciativas que impulsa y medidas que adopta, parece existir una contundente conducta colectiva, pero como ya hemos advertido en otras ocasiones puede que quede lejos la conciencia individual, las que se ejecutan por los ciudadanos

Pero a su vez la Unión Europea no es ajena al complejo equilibrio de la balanza desarrollo económico/ protección medioambiental. Puede que esta sea una de las razones por las que se demora la aprobación del texto definitivo, que teniendo en cuenta los periodos transitorios que se establecen en sus disposiciones, nos iremos más allá del 2030 en la imposición que está prevista de forma definitiva. También puede que sea la justificación para dejar fuera de imposición al transporte aéreo de mercancías.

La necesidad de revisar la Directiva 2003/96/CE, de 27 de octubre, por la que se reestructura el régimen comunitario de imposición de los productos energéticos y de la electricidad, se origina porque se trata de una regulación desfasada y alejada de los prin-

---

27 Véase el artículo 31 de la propuesta de Directiva.

cipios y objetivos de la política europea en el cambio climático. Si bien, también sería preciso que otros actores internacionales diseñaran políticas fiscales que contribuyeran a la lucha contra el cambio climático, dejando en la adopción de las mismas en un segundo plano la competitividad económica y presidiendo las decisiones la sostenibilidad del planeta.

Da la impresión que la solución al cambio climático pasa por diseñar un modelo de producción y consumo de energía y de electricidad basado en la neutralidad de emisiones en carbono; para conseguir tal objetivo se precisa lograr ahorrar en el consumo, entendiendo como tal consumir menos, y fomentar la generación de energía con combustibles respetuosos al cambio climático, y mediante la producción por fuentes renovables. Todo ello sin olvidar la eficiencia energética, para la que es precisa la implicación de todos los sectores, productores y consumidores.

Desde la perspectiva de la lucha contra el cambio climático, los instrumentos de los que dispone el derecho financiero siguen representando un papel más tradicional que innovador, pues continúa manifestándose en las vertientes desde las que la protección al medio ambiente busca internalizar el coste que pueda causar el daño ambiental, sin olvidar el importante peso recaudatorio que tienen los impuestos sobre el consumo de productos energéticos.

Siempre debemos tomar en consideración el mandato que se confiere al legislador de someter a tributación a toda actividad que suponga manifestación de capacidad económica, manifestación que no solo quede medida por magnitudes monetarias sino también por la capacidad de no mantener actitudes respetuosas con el medio ambiente.

Las medidas que desde el derecho financiero pueden incentivar conductas comprometidas con el logro los objetivos que se persiguen con la lucha contra el cambio climático vienen a premiar temporalmente las decisiones que los sujetos adoptan buscando un beneficio fiscal, que no olvidemos puede haya sido con anterioridad incentivado con ayudas dirigidas a la adopción de las mismas. Confiemos en que la adaptación que deberá realizar el legislador español, una vez aprobada la reestructuración de la Directiva, prime no solo el fin fiscal, y que el diseño de los impuestos con contenido y elementos medioambientales tomen en serio la lucha contra el cambio climático.

V. BIBLIOGRAFÍA

ALONSO-EPELDE, Eva, RODRIGUEZ-ZÚÑIGA, Alejandro, GARCÍA-MUROS, Xaquín y GONZÁLEZ-EGUINO, Mikel (2022), "Impacto social y distributivo de la revisión de la Directiva sobre Fiscalidad Energética en España", Papeles de energía, núm. 19, diciembre 2022, pp. 71-97.

CORNEJO PÉREZ, Alberto (2004), "La nueva Directiva sobre fiscalidad de los productos energéticos", Crónica Tributaria, núm. 11/2004, pp. 99-120.

GARCIA DE PABLOS, José Félix (2023), "La fiscalidad de la energía en la Unión Europea", Revista Quincena fiscal, núm. 18, octubre 2023.

GONZÁLEZ APARICIO, Marta (2024), "La fiscalidad en las previsiones normativas de la Unión Europea en el *Fit for 55:* un especial análisis de la directiva de la fiscalidad de la energía", Nueva Fiscalidad, núm. 1, 2024, pp. 151-178.

https://data.europa.eu/data/datasets/nsnav8yoesmt84kovybphq?locale=es

https://ember-climate.org/es/análisis/investigación/global-electricity-review-2023/

https://es.euronews.com/green/2024/02/07/un-informe-revela-un-desplome-sin-precedentes-de-la-produccion-electrica-de-carbon-y-gas-e

https://lefebvre.es/esg/environmental/el-cge-presenta-el-estudio-fiscalidad-ambiental-en-espana

https://www.eitb.eus/es/noticias/internacional/detalle/9230319/las-emisiones-de-co2-cayeron-en-2022-en-union-europea-mientras-que-subieron-en-estado-espanol/

https://www.miteco.gob.es/content/dam/miteco/es/calidad-y-evaluacion-ambiental/temas/sistema-espanol-de-inventario-sei-/es-nir-edicion-2024.pdf

https://www.ine.es/dyngs/INEbase/es/operacion.htm?c=Estadistica_C&cid=1254736176941&menu=ultiDatos&idp=1254735976603

MOLINOS RUBIO, Lucía Mª, (2024), "Algunas cuestiones de la fiscalidad autonómica y local en las energías renovables: su relación con los ODS", en SETUÁIN MENDÍA, Beatriz (directora) y SALINAS ALCEGA, Sergio (codirector), *Perspectivas jurídicas sobre clima, agua y energía. Estudios en reconocimiento al magisterio del profesor Antonio Embid Irujo,* Las Rozas (Madrid), Aranzadi, pp. 303-328.

PEDROSA LÓPEZ, Carlos, "Excepción a la exención obligatoria de la imposici´sobre productos energéticos y de la electricidad: STJUE de 22 de junio de 2023, C833/21" Revista Técnica Tributaira, nº 142, julio-septiembre 2024, pp. 281-287.

VILLAR EZCURRA, Marta (2022), "Cambio climático y fiscalidad", en ALENZA GARCÍA, José Francisco y MELLADO RUIZ, Lorenzo (coordinadores) *Estudios sobre cambio climático y transición energética. Estudios conmemorativos del XXV aniversario del acceso a la cátedra del profesor Iñigo del Guayo Castiella,* Madrid, Marcial Pons, pp. 763-780.

Capítulo 17
El control comunitario de ayudas de estado ante la fiscalidad de la energía

Raquel Lacambra Orgillés*

SUMARIO: I. INTRODUCCIÓN. II. MARCO JURÍDICO DE LAS AYUDAS DE ESTADO. 1. El concepto de ayuda de estado. 1.1. Origen público de la medida. 1.2. Distorsión de la competencia e incidencia en intercambios comerciales. 1.3. La presencia de un beneficio económico. 1.4. La existencia de una ventaja selectiva. 2. Competencias en el control de las ayudas. 3. Compatibilidad de la ayuda en el mercado interior. III. AYUDA PÚBLICA EN EL SECTOR ENERGÉTICO. 1. Directrices en materia de clima, protección de medio ambiente y energía: un control más flexible. 2. Ayudas en el contexto de crisis: marco temporal. 3. Aumento de la exención por el objetivo ambiental. IV. LAS AYUDAS FISCALES EN MATERIA DE ENERGÍA. 1. Impuestos ambientales armonizados y no armonizados. 2. Control comunitario de ayudas e imposición sobre energía eléctrica en españa. V. REFLEXIÓN FINAL. VI. BIBLIOGRAFÍA.

---

* Profesora interina de Derecho Financiero y Tributario de la Universidad de Zaragoza. El presente trabajo debe entenderse como parte de las actuaciones del Grupo de Investigación AGUDEMA (Agua, Derecho y Medio Ambiente, Grupo de referencia competitivo S2117, BOA 81, IP Beatriz Setuáin Mendía). Asimismo, el estudio se enmarca en el Proyecto de Investigación «Retos jurídicos de la política hídrica en el marco de la economía circular y de la nueva legislación del cambio climático» (PHECCC), Proyecto de I+D+i PID2021-124296NB-I00, IP: Beatriz Setuáin Mendía (2022-2025) y en el Proyecto de investigación Transición Ecológica y Transición Digital TED2021-130264B-I00 «Iniciativas normativas para avanzar en la transición ecológica: análisis y valoración (INNATE)», IP: Sergio Salinas Alcega (2021-2024). Se desarrolla con financiación del Gobierno de Aragón en el seno del IUCA (Instituto Universitario de Ciencias Ambientales de la Universidad de Zaragoza).

I. INTRODUCCIÓN

Hace tiempo que, desde el ámbito comunitario, se trazó un vínculo inexorable entre energía y clima, no en vano la respuesta ante el cambio climático, basada en la neutralidad de emisiones de carbono, se ha configurado entorno a dos premisas fundamentales: la eficiencia energética y la electrificación de todos los sectores a partir del uso intensivo de la energía renovable. Evidentemente los costes de afrontar el cambio de modelo energético son cuantiosos. Y el apoyo público se ha convertido en una vía imprescindible para avanzar en la energía limpia, tanto en forma de financiación como a través de fórmulas de fomento, como son los incentivos fiscales.

Es cierto que el abanico de posibilidades auspiciadas desde Europa en el cometido no se restringe a esta participación de los fondos públicos, sino también a la promoción de la inversión privada o a la mención de otras vías financieras de colaboración financiera entre los EEMM[1]. Lo que sí que ha comenzado a cuestionarse en este contexto, optando por un control comunitario, son las ayudas procedentes de terceros países para apoyar todo tipo de sectores económicos, también de la energía, dentro de los EEMM. Estas ayudas externas no están prohibidas, pero pueden afectar negativamente al mercado interior, por lo que se ha regulado un procedimiento de supervisión a cargo de la Comisión, plasmado en el Reglamento (UE) 2022/2560 de 14 de diciembre de 2022, sobre subvenciones extranjeras que distorsionan el mercado interior[2].

Con todo, el instrumento financiero-tributario se torna en herramienta idónea para el proceso de transición por "su capacidad de trasladar la señal en los precios, así como promover cambios

---

1 Existe un instrumento específico que entró en vigor 7 de octubre de 2020, el Mecanismo para la Financiación de Energías Renovables, que se nutre, entre otros medios, de las aportaciones voluntarias de EEMM (Estados contribuyentes) y que sirve para conceder subvenciones a otros EEMM (Estados de acogida) para acometer este tipo de proyectos.

2 DOUE número 330, de 22 de diciembre de 2022.

de conducta en consonancia con las estrategias de descarbonización, economía circular y eficiencia energética"[3]. Pero ocurre que gravámenes, incentivos, subvenciones, compensaciones o sobrecostes son algunas de las medidas que pueden entorpecer la razón de ser de la UE que es la consecución de un mercado interior en el que debe imperar la libre competencia entre EEMM. Y es obvio que uno de los principales mecanismos previstos para garantizar una plena competencia en el seno comunitario es el régimen de ayudas de Estado.

Cierto que en estos tiempos se torna inevitable forzar el equilibrio en esta balanza, lo que se ha traducido en un incremento de supuestos excluidos como ayudas de Estado o declarados compatibles con el mercado interior en pro de los intereses climáticos[4]. Y es que la UE ha apostado por dotar de gran flexibilidad a los EEMM para la aplicación de las medias políticas, fiscales y económicas que puedan considerar pertinentes a fin de lograr los objetivos energéticos. Se ha rebajado sobremanera las restricciones legales de prohibición de ayudas públicas, constatando una indiscutible preeminencia de los fines medioambientales en el seno comunitario, aunque se confundan con otro viejo desafío (ahora convertido en cuestión de primera necesidad) como es la pretensión de eliminar toda dependencia energética de terceros países, conteniendo el precio de la energía eléctrica.

Es claro que la fiscalidad de la energía debe beber de la causa ecológica común que se cierne sobre todo el sector energético, pero con la mirada puesta en que las ayudas fiscales a la energía, sostenidas en la protección al medio ambiente, se hayan bajo la lupa de la prohibición de ayudas estatales, sin perjuicio de las excepciones que están directamente autorizadas por el Derecho derivado o por la previa comprobación de la Comisión europea. A tal fin si la tributación, y específicamente los incentivos fiscales,

---

3 VILLAR EZCURRA, M. (2021), p.p. 328 y s.s.

4 Otro de los motivos ha sido la situación económica perjudicada por los conflictos bélicos.

parecen ser propicios para coadyuvar en la transición energética, habrá que atender a las limitaciones que marcan las reglas de armonización comunitaria en la fiscalidad de la energía y al régimen de control de las ayudas de Estado.

II. MARCO JURÍDICO DE LAS AYUDAS DE ESTADO

La creación de un mercado común comunitario exigía imponer las cuatro libertades fundamentales (bienes, personas, servicios y capitales) que eliminasen toda barrera al comercio intracomunitario. Por ello, desde el Tratado de Roma[5] se constató la necesidad de fijar cortapisas a cualquier intento de políticas internas que pudiesen distorsionar la competencia dentro del sector empresarial.

Actualmente, el derecho originario recoge este régimen de ayudas en los artículos 107 a 109 del TFUE. La norma básica o general está prevista en el apartado primero del artículo 107 TFUE. A partir de esta prohibición general, se suceden en los siguientes apartados los supuestos tasados, o bien automáticamente exentos (se trata de ayudas de carácter social, para superar catástrofes o para favorecer la economía de regiones alemanas) o bien susceptibles de compatibilidad con el mercado común, por lo que deben ser objeto de evaluación comunitaria (ayudas para favorecer la economía de regiones, cumplir un interés común europeo, paliar una grave perturbación en la economía de un Estado miembro, entre otros).

1. El concepto de ayuda de estado

La calificación de ayuda de Estado en el sentido del artículo 107.1 TFUE implica la concurrencia simultánea de cuatro requisitos[6]: 1) que sea concedida por el Estado, se trate de una inter-

---

5 Aprobado el 25 de marzo de 1957.

6 MORENO GONZÁLEZ, S. (2016), pp. 153 y s.s.

vención pública o proceda fondos públicos; 2) que pueda falsear o amenace con falsear la competencia y pueda afectar a los intercambios comerciales entre los EEM; 3) que confiera una ventaja económica; 4) que sea una ventaja selectiva en el sentido de beneficiar a determinadas empresas o producciones[7].

La concurrencia de todos los requisitos referidos determina la existencia de una ayuda de Estado que, *a priori*, está prohibida, salvo que se trate de algún supuesto de compatibilidad permitido por el TFUE o bien por el Derecho derivado. La falta de notificación de una ayuda estatal nueva, en los términos descritos, la convierte en ilegal y si, además, es declarada incompatible obliga a los EEMM a recuperar la ayuda de sus beneficiarios.

La falta de concreción en la definición básica del art. 107.1 TFUE ha propiciado que la jurisprudencia comunitaria haya perfilado la interpretación del régimen de ayudas estatales al hilo de cuestiones prejudiciales en asuntos, entre otros, relacionados con el sector de la energía. Precisamente la Comisión en 2016 hizo un compendio de la doctrina asentada por el TJUE en torno a la calificación de ayuda de Estado. Así aprobó la Comunicación 2016/C 262/01 relativa al concepto de ayuda estatal[8]. Ha pasado ya un tiempo desde su aprobación y se han seguido sucediendo Sentencias comunitarias muy relevantes en la materia, aunque parte de sus considerandos sigan reproduciéndose en muchas de ellas.

1.1. Origen público de la medida

Lo primero que debe advertirse es que una medida puede calificarse de intervención del Estado o de ayuda otorgada «mediante fondos estatales» cuando concurran conjuntamente dos criterios: que la medida se conceda directa o indirectamente mediante dichos fondos y, por otra parte, que la medida sea imputable a un

---

7 STJUE 2 marzo 2021, Comisión/Italia y otros, C-425/19 P (ECLI:EU-:C:2021:154).

8 DOUE número 59, de 19 de julio de 2016.

Estado miembro[9]. En primer lugar, la atribución estatal supone analizar si las autoridades públicas intervinieron, de un modo u otro, en la adopción de esa medida[10]. Y, por supuesto, se dirá que este presupuesto se cumple cuando el sistema de apoyo se ha establecido por el Estado miembro en virtud de una norma de naturaleza legislativa o reglamentaria[11].

A los efectos de la prohibición del art. 107.1 TFUE, los fondos pueden consistir tanto en medios económicos que pertenezcan o no de modo permanente al patrimonio público y estén directamente bajo el control del Estado, como los que lo estén indirectamente porque se trata de ayudas gestionadas por organismos públicos o privados creados o designados por el Estado para este cometido[12].

Esta transferencia de fondos estatales puede revestir diversas formas, tales como subvenciones directas, préstamos, garantías, inversión directa en el capital de compañías y beneficios en especie[13]. No es necesario que haya una transferencia positiva de fondos[14], es suficiente con que el Estado no haya percibido los recursos. Y es que incluye también la renuncia a una recaudación que, de lo contrario, se habría obtenido por las autoridades públicas, ya sea por una aminoración de ingresos fiscales y de la seguri-

---

9 STJUE de 12 de enero de 2023, DOBELES HES, C-702/20 y C-17/21 (ECLI:EU:C:2023:1)

10 STJUE de 21 de octubre de 2020, Eco TLC, C-556/19, (ECLI:EU-:C:2020:844).

11 Pero teniendo en cuenta que no entra en la órbita del artículo 107.1 TFUE cuando estamos ante una actividad imputable al Estado dentro de sus funciones esenciales como Administración pública, es decir, lo que se denomina dentro del "ejercicio de la autoridad pública" o está relacionada con estas funciones por su naturaleza, su objeto o las normas a las que está sujeta.

12 STJUE de 15 de mayo de 2019, Achema y otros, C-706/17, (ECLI:EU-:C:2019:407).

13 Se entiende

14 FERREIRO SERRET (2023), pág. 146.

dad social generado por exenciones o reducciones en impuestos o cotizaciones, ya sea por la exoneración en el pago de multas u otras sanciones pecuniarias.

Por consiguiente, si este presupuesto implica que la concesión de la ayuda debe afectar a fondos públicos, ha de existir un vínculo suficientemente directo entre, por una parte, la ventaja conferida por la ayuda y, por otra, una disminución de estos fondos o un riesgo económico suficientemente concreto de cargas que los graven[15]. El Tribunal de Justicia declaró que no existía tal vínculo en el caso de medidas que obligan a las empresas privadas suministradoras de electricidad a adquirir a precios mínimos establecidos la electricidad procedente de fuentes de energía renovables[16]. Como tampoco habrá ayuda estatal si se impone a estas empresas privadas la obligación de adquirir ciertos productos como energía renovable con sus propios recursos financieros. En estos casos, no dejan de ser de transferencias directas realizadas entre empresas privadas.

Sin embargo, el Tribunal de Justicia ha declarado que supondría una intervención mediante fondos estatales, a los efectos del art. 107.1 TFUE, que esos precios o tasas pasen a través de una entidad pública o privada para canalizarlos a los beneficiarios. Ocurre si se obliga a una empresa distribuidora de electricidad autorizada a comprar electricidad producida a partir de fuentes de energía renovables a un precio superior al del mercado y los sobrecostes resultantes se financian mediante una exacción obligatoria soportada por los consumidores finales. De tal forma que estos fondos destinados a financiar los sobrecostes permanecen bajo control público y además tienen el destino que les marca la

---

[15] STJUE 28 marzo 2019, Alemania/Comisión, C-405/16 P, (ECLI:EU-:C:2019:268).

[16] STJUE 13 marzo 2001, PreussenElektra, C-379/98, (ECLI:EU-:C:2001:160).

norma[17]. Por lo que se considera que este suplemento de precio, impuesto por el Estado, a los compradores de electricidad se asemejan a una tasa que grava la electricidad y tienen su origen en fondos estatales[18].

Así las cosas, conforme al art. 107.1, se entiende que las ayudas proceden de fondos públicos si se financian mediante cotizaciones obligatorias impuestas por la legislación interna y se gestionan y distribuyen conforme a dicha normativa. Aunque hay que tener en cuenta que es irrelevante que el mecanismo de financiación no esté comprendido, en sentido estricto, en la categoría de las exacciones de carácter fiscal por el derecho nacional. Y ello, habida cuenta el derecho de la UE establece de forma autónoma sus propios conceptos jurídicos también en cuanto a la fiscalidad[19]. Efectivamente, en alguna ocasión el TJUE consideró que carece de incidencia que "las cantidades destinadas a compensar los sobrecostes no provengan de un suplemento específico de la tarifa de la electricidad y que el mecanismo de financiación considerado no pertenezca en sentido estricto a la categoría de impuesto, exacción fiscal o tasa parafiscal según el derecho nacional"[20].

También refiere la jurisprudencia comunitaria que el establecimiento de impuestos o gravámenes no entran en el ámbito de aplicación del régimen de ayudas estatales a menos que constituyan el modo de financiación de una medida de ayuda, de modo que formen parte integrante de dicha ayuda[21]. En resumen, las

---

17 STJUE 12 enero 2023, DOBELES HES, C-702/20 y C-17/21 (ECLI:EU-:C:2023:1).

18 STJUE 17 de julio de 2008, Essent Netwerk Noord y otros, C-206/06, (ECLI:EU:C:2008:413).

19 STJUE 16 septiembre 2021, FVE Holýšov I y otros, C-850/19 P, ECLI:EU-:C:2021:740.

20 Auto TJUE 22 de octubre 2014, Elcogás, S.A, asunto C-275/13, ECLI:EU-:C:2014:2314

21 STJUE 20 septiembre de 2018, Carrefour Hypermarchés, C-510/16, ECLI:EU:C:2018:751.

subvenciones financiadas mediante impuestos, tasas parafiscales o contribuciones obligatorias y gestionadas y asignadas con arreglo a las disposiciones jurídicas implican una transferencia de fondos estatales, aunque no estén administradas por las autoridades públicas. Por otra parte, la mera circunstancia de que las subvenciones estén financiadas en parte por contribuciones privadas facultativas no basta para descartar la presencia de fondos estatales, puesto que el factor relevante no es el origen de los fondos, sino el grado de intervención de la autoridad pública en la definición de la medida y sus modalidades de financiación[22].

1.2. Distorsión de la competencia e incidencia en intercambios comerciales

El beneficiario de la medida tiene que ser una empresa. Siendo irrelevante que sea una empresa pública o privada. La clave es la naturaleza de la actividad que realiza (debe ser económica). Como dice el TJUE debe ser "cualquier actividad consistente en ofrecer bienes o servicios en un determinado mercado"[23].

Ambas circunstancias (merma competencial y afectación al comercio entre EEMM) se evalúan de forma conjunta. Se trata de dos elementos distintos de una misma condición. Cuando una ayuda otorgada por un Estado miembro sirve para mejorar el posicionamiento de una empresa respecto a sus competidoras, se presume que falsea o que puede falsear la competencia. Sería el caso rumano[24] de la central termoeléctrica de Mintia y otra, en el que por Decreto del Gobierno se concede un acceso garantizado a las redes eléctricas de la electricidad producida por estas dos empresas rumanas. De tal forma que estas instalaciones tienen

---

22 Sentencia del Tribunal General 27 septiembre 2012, Francia y otros, asuntos T-139/09, T-243/09 y T-328/09, ECLI:EU:T:2012:496.

23 STJCE, 10 enero 2006, Ministerio dell´Economia e delle Finanze contra cassa di Riscarpio de Firenze SpA y otros, C-222/04 (ECLI:EU:c:2006:8).

24 STJUE 27 enero 2022, Comisión contra Rumanía, asunto C-54/22 P, ECLI:EU:C:2022:55

garantizado un funcionamiento permanente, que les permite ahorrar los costes que supondría tener que paralizar sus instalaciones y volver a reactivarlas. La consecuencia de este ahorro es que van vender electricidad a un precio menor en el mercado. Es claro que se estaba priorizando la utilización de recursos energéticos nacionales frente a sus competidores comunitarios. Esto tiene una primera reflexión fácil, aquellas medidas que no pueden tener efecto sobre la competencia entre empresas, porque se confieren a la generalidad, o porque sus destinatarios no son operadores económicos o son consumidores finales, no van a ser ayudas de Estado.

Es obvio que también excluyen cualquier afección a la competencia las medidas de apoyo estatal a empresas que operan en monopolio, en mercados que no están liberalizados. Ahora bien, para ser una medida legítima, el monopolio debe estar auspiciado no solo por la legislación nacional sino también por la comunitaria[25]. Pese a ello, cada vez es más difícil sostener el monopolio legal cuando estamos inmersos en una liberalización de prácticamente todos los sectores económicos, aunque algún resquicio permanezca. Con todo ello, hay que advertir que el TJUE considera que una ventaja concedida a determinadas empresas puede afectar a los intercambios intracomunitarios incluso antes de la completa liberalización del mercado. Esto significa que la calificación de una ventaja como ayuda de Estado no está sujeta al requisito de que el mercado haya sido previamente liberalizado en

---

25 Para que se excluya esta situación sería preciso como dice la doctrina que: a) el servicio esté sujeto a un monopolio legal, b) el monopolio legal se extienda tanto a la competencia en el mercado como a la competencia por el mercado (es decir, que se le adjudique el contrato de servicio), c) los servicios no compitan con otros servicios, y d) la financiación no pueda utilizarse para subvencionar de forma cruzada posibles actividades del beneficiario en otros mercados abiertos a la competencia109. Teniendo en cuenta estas estrictas condiciones, esta excepción no está siendo ampliamente reconocida.

su totalidad[26]. Y en términos de fiscalidad, tampoco va a provocar distorsiones aquellas medidas tributarias que no rebasen las fronteras, manteniendo sus efectos en el ámbito estrictamente interno o local.

1.3. La presencia de un beneficio económico

De conformidad a la jurisprudencia comunitaria este presupuesto implica para la empresa "una ventaja económica que no habría obtenido en condiciones normales de mercado"[27]. Este criterio de mercado utilizado por el Tribunal de Justicia, se completaba con el también invocado criterio del inversor privado, en tanto fuera una ventaja que la empresa no hubiera obtenido "de un inversor privado en las mismas condiciones en que se la había proporcionado la autoridad pública concedente"[28]. En los términos expresados supra, la intervención pública puede consistir en prestaciones positivas siempre que mejoren la situación financiera de la empresa. Y entre las mismas, se incluirían aquellas compensaciones que puedan recibir empresas a quien se les impone obligaciones de servicio público[29], cuando dichos pagos superen los costes ocasionados por su prestación o realización[30].

Ello entronca precisamente con lo dispuesto en la Directiva (UE) 2019/944, de 5 de junio de 2019 sobre normas comunes

---

26 STJUE 12 enero 2023, Dobeles Ges SIA y otro, C-702/20 y C-17/21, ECLI: EU:C:2023:1.

27 STJUE 11 julio 1996, *SFEI y otros,* C-39/94, ECLI:EU:C:1996:285.

28 VILLAR EZCURRA (2007), pág. 2060.

29 STUE 24 julio 2003, Altmark Trans y otro, C-280/00, ECLI:EU-:C:2003:415.

30 Sobre las ayudas públicas a empresas que prestan servicios de interés económico general se aplican unos umbrales exentos de control (ayudas de minimis) en virtud de lo dispuesto en el Reglamento (UE) 2023/2832 de la Comisión, de 13 de diciembre de 2023 (DOUE 15 de diciembre de 2023).

para el mercado interior de la electricidad[31], cuando refiere expresamente que se debe dotar a los EEMM de discrecionalidad para poder exigir a empresas de electricidad obligaciones de servicio público con el fin de lograr los objetivos de interés económico general. Aunque también advierte que las obligaciones de servicio público en forma de fijación de precios para el suministro de electricidad son intervenciones públicas que falsean la competencia, que derivan en incrementos de déficit tarifarios y que no contribuyen al ahorro energético (Considerando 22). Por lo tanto, si se utilizan este tipo de medidas deben ser temporales, a favor de beneficiados identificados y con la precaución de no vulnerar el principio de libre mercado. Lo que puede ocurrir cuando concurran situaciones de limitación del suministro eléctrico con unos precios inusualmente elevados o cuando el mercado adolezca de deficiencias que no puedan ser subsanadas por las autoridades reguladoras (Considerando 23). En cualquier caso, si las medidas adoptadas por los EEMM para cumplir las obligaciones de servicio público constituyen ayudas estatales conforme al art. 107.1 del TFUE, avisa la propia Directiva, que habrá de seguir los pasos del procedimiento de control por parte de la Comisión (Considerando 29).

Cuestiones aparte, no podemos dejar de señalar que también esta norma armonizadora rechaza por completo la intervención de los precios cuando suponen subvenciones cruzadas en las que categorías de clientes asumen los costes de las intervenciones que benefician a otros clientes. Ahora bien, admite que no tendrán la condición de subvención cruzada si estos costes son asumidos por suministradores u operadores de forma no discriminatoria (lo que legitimaría la financiación del bono social en el suministro eléctrico en nuestra política interna).

Una ventaja de carácter económico también se puede traducir en prestaciones negativas, donde se incluirían tanto los supuestos en los que el Estado miembro asume costes o cargas del sector

---

31 DOUE L 158/125, de 14 de junio de 2019

privado, como aquellas de naturaleza tributaria que suponen una menor recaudación fiscal. Pero también cuando hay una falta de adopción de medidas por parte de las autoridades públicas.

1.4. La existencia de una ventaja selectiva

Para estar ante una ayuda de Estado prohibida por el derecho de la UE debe ser una medida o ventaja que genere selectividad, es decir, "tengan como efecto beneficiar a determinadas empresas en comparación con otras que pertenecen a otros sectores o al mismo sector y se encuentran, a la vista del objetivo perseguido por dicho régimen, en una situación fáctica y jurídica comparable"[32]. No estarían sometidos a la prohibición si la medida afecta o se aplica sobre la totalidad de agentes económicos. Pero, como dice la doctrina, no es fácil distinguir cuando una medida es general y cuando es selectiva[33].

La Comisión europea goza de amplia discrecionalidad para aplicar este criterio, aunque recuerda una reciente Sentencia del TJUE, de 14 de diciembre de 2023[34] que debe estar motivada. El Tribunal anula una decisión de la Comisión de incoar un procedimiento de investigación formal por no expresar las razones preliminares sobre la posible ventaja selectiva, resolviendo los recursos de casación de varias compañías eléctricas. En 2007 se había establecido en España un mecanismo de retribución por capacidad destinado a promover la inversión en la producción de energía. Este mecanismo incluía un incentivo "medioambiental" que, bajo ciertas condiciones, beneficiaba a las centrales eléctricas de carbón que instalasen nuevos filtros para reducir emisiones de óxido de azufre por debajo de determinados niveles. Con ello, las cen-

---

32 STJUE 21 diciembre 2016, Comisión/Hansestadt Lübeck, C-524/14 P, ECLI:EU:C:2016:971, y STJUE 20 diciembre 2017, Comunidad Autónoma de Galicia, C-70/16 P, ECLI:EU:C:2017:1002.

33 MORENO GONZÁLEZ, S. (2016), pág. 154.

34 ECLI:EU:C:2023:989.

trales recibieron cuantiosas sumas, lo que propició que la Comisión iniciase el procedimiento de control de ayudas de Estado.

Una medida estatal puede analizarse bajo el prisma de su capacidad selectiva a nivel regional (se beneficia a empresas de ciertos territorios regionales). Ahora bien, se considera que no concurre selectividad regional si se fundamenta en el reparto de competencias entre los distintos órdenes territoriales dentro del Estado miembro. No existe este presupuesto "si todas las autoridades regionales o locales tienen la libertad de determinar el tipo impositivo aplicable en su territorio sin interferencia del gobierno central, o en caso de que una región concreta goce de suficiente autonomía institucional, procedimental, económica y financiera con respecto al gobierno central para determinar su propio régimen fiscal"[35]. Y este es el argumento que subyace en la Sentencia del TJUE de 7 de noviembre de 2019 [36] que declaró que el canon por la utilización de aguas continentales para la producción de energía eléctrica no se oponía al Derecho de la UE, entre otras cuestiones, por no vulnerar el régimen de ayudas. Entendió que no existía ventaja selectiva a pesar de que la tasa estatal recayese sobre productores que operasen en cuencas situadas en más de una CCAA y no en quienes lo hiciesen en una cuenca situada en una sola CCAA, por ser este último caso de competencia exclusivamente autonómica.

Se puede plantear la evaluación de la selectividad en términos materiales[37], y para ello se sigue lo que se denomina el test de derogación[38] que tiene tres fases: a) constatar el sistema de referencia o régimen común o normal que se está aplicando en el derecho interno; b) comprobar que la medida de apoyo público

---

35 STJUE 11 septiembre 2008, Unión General de Trabajadores de la Rioja, asuntos C-428/06 a C-434/06, ECLI:EU:C:2008:488.

36 ECLI:EU:C:2019:935.

37 STJUE, 8 septiembre de 2011, Paint Graphos y otros, asuntos acumulados C-78/08 a C-80/08, ECLI:EU:C:2011:550.

38 MORENO GONZÁLEZ, S. (2016), pág. 155.

supone excepción a dicho sistema de referencia; y c) concluir que no existe justificación a dicha excepción que derive de la naturaleza o la estructura general del sistema de referencia. Por lo tanto, debe tratarse de una medida excepcional dentro del marco de referencia, provocando un diferente trato entre empresas que se hallan ante situaciones comparables, lo cual tiene relación con otro principio "la prohibición de discriminar".

Lo que ocurre es que hay que analizar si dicha diferenciación está justificada con criterios objetivos y razonables y, por ende, que guarden relación con el fin perseguido por la medida y además si son proporcionales a este fin[39]. Ello nos lleva a invocar nuevamente la STJUE de 27 de enero de 2022, dado que en la misma se plantea una justificación a la discriminación positiva que reciben dos empresas termoeléctricas rumanas cual es la de garantizar la seguridad del suministro eléctrico en territorio nacional. El TJUE apela a la legitimidad de este objetivo[40], pero advierte que la medida pública adoptada no debe exceder de lo apropiado, idóneo y necesario para garantizar la seguridad del suministro. Pero lo determinante es que el Tribunal comunitario no resuelve la cuestión, sino que se remite a la decisión del órgano judicial remitente, quien debe verificar estas circunstancias. Esto nos lleva a dilucidar la cuestión competencial en el siguiente epígrafe.

2. *Competencias en el control de las ayudas*

La prohibición de las ayudas de Estado es una limitación al poder soberano que tienen los EEMM sobre su política económica y fiscal. Motivo por el cual, los propios Estados debieron dudar de su capacidad de autolimitación y prefirieron adoptar la normativa

---

39 LAMPREAVE MÁRQUEZ (2021), pág. 18

40 Refiere la Sentencia que "contar con un suministro seguro de electricidad es de vital importancia para el desarrollo de la sociedad europea, para la aplicación de una política sostenible sobre cambio climático y para el fomento de la competencia en el mercado interior".

en la que se confería el poder de decisión sobre el régimen de ayudas a la Comisión. La consecuencia es que este órgano comunitario es quien tiene la competencia para determinar la compatibilidad de una media de apoyo público con el mercado interior (pudiendo exigir los ajustes pertinentes para dicho resultado) o para requerir su eliminación por ser incompatible.

Los Tribunales comunitarios ejercerán el control sobre las decisiones adoptadas por la Comisión europea, a la par que facilitan los elementos de juicio o interpretaciones que requieren los órganos jurisdiccionales internos para constatar si el caso sub iudice reviste las circunstancias para calificarse de ayuda conforme a la norma europea. De tal forma que los Tribunales nacionales, si bien no son competentes para pronunciarse sobre la condición de ayuda estatal ni para declarar la compatibilidad de una medida pública con el régimen de ayudas de Estado, sí que deben examinar si la situación concreta, que estén enjuiciando, puede estar incursa en el ámbito de aplicación de esta regulación europea y, por lo tanto, exigir que se inicie por parte de las autoridades públicas el procedimiento de control previo a tenor del art. 108 del TFUE.

3. Compatibilidad de la ayuda en el mercado interior

Ya se ha explicado que el art. 107, en sus apartados 2 y 3, recoge supuestos excepcionales que, aun considerándose ayudas de Estado, se pueden calificar de compatibles con el mercado interior y, por lo tanto, exentas de control previo por la UE. En relación con ello, hay que mencionar que tanto el art. 108.4 como el art. 109 del TFUE habilita a la Comisión y al Consejo, respectivamente, para adoptar reglamentos en los que se establezcan categorías de ayudas públicas que quedan excluidas del procedimiento de notificación, evaluación y autorización por parte de la Comisión. En este sentido, cabe citar, entre otras, dos normas reglamentarias.

Por un lado, el Reglamento (UE) 2023/2831 de la Comisión, de 13 de diciembre de 2023, relativo a las ayudas de minimis[41], que excluye del control comunitario las ayudas que no superen determinadas cantidades. Al respecto, un Estado puede conceder a una empresa, que no pertenezca ni al sector primario ni se dedique a la exportación, una ayuda que no supere trescientos mil euros durante un período de tres años (art. 3). Así, estarían exentas de notificación si es a través de una subvención, préstamo, garantía, aportación de capital o medida de financiación de riesgo, pero no cuando se utilizan otros instrumentos como exenciones fiscales limitadas. En estos casos el órgano comunitario debe comprobar si la medida fiscal lleva asociado un límite para no superar la cuantía máxima (art. 4.8).

Por otro lado, cabe citar también al Reglamento (UE) nº 651/2014 de la Comisión, de 17 de junio de 2014, por el que se declaran determinadas categorías de ayudas compatibles con el mercado interior en aplicación de los artículos 107 y 108 del TFUE (en adelante, RGEC)[42]. En esta norma se declaran categorías específicas de ayudas estatales compatibles con el TFUE siempre que se cumplan las condiciones establecidas en el mismo[43]. Entre otras, se recogen ayudas a PYME, a investigación y desarrollo, a la protección del medio ambiente, al empleo y la formación. De tal forma que los EEMM no tienen obligación de comunicar previamente a la UE la aprobación de estas ayudas públicas, que podrán ser conferidas directamente, sin perjuicio de la informar posteriormente a la Comisión. Hay que señalar que el Reglamento establece umbrales

---

41 DOUE de 15 de diciembre de 2023.

42 DOUE número 187, de 26 de junio de 2014

43 "Las condiciones generales de aplicación del Reglamento se definen sobre la base de un conjunto de principios comunes que garantizan que las ayudas contribuyen a un objetivo de interés común, tienen un efecto incentivador claro, son apropiadas y proporcionadas, se conceden con plena transparencia y están sujetas a un mecanismo de control y a una evaluación periódica y no afectan a las condiciones de los intercambios comerciales de forma contraria al interés común" (Considerando 5 del RGEC).

cuantitativos a la hora de excluir toda notificación a la Comisión, por encima de los cuales ya no opera la exoneración de preaviso y evaluación (art. 4 del RGEC). Es lógico que no pueden obviarse los procesos de control previo por parte de la Comisión si estamos ante ayudas públicas cuantiosas que acrecientan sobremanera los impactos negativos sobre el mercado interior.

Y ya sabemos que uno de los casos tasados en el TFUE susceptible de ser compatible con el mercado interior es la protección del medio ambiente. El régimen de ayudas de Estado y, por lo tanto, las exigencias comunitarias para garantizar la libre competencia, se han supeditado a objetivos que en estos momentos se tornan más importantes como son los objetivos en materia climática, con la atenta mirada sobre el modelo de cambio energético. De ahí, el desarrollo de un todo marco habilitador que garantiza la compatibilidad de los apoyos públicos en esta materia con el mercado interior. Posteriormente se retomará la cuestión.

III. AYUDA PÚBLICA EN EL SECTOR ENERGÉTICO

En los últimos tiempos se han expandido en los EEMM las medidas de apoyo a la energía en el contexto de protección del medioambiente y, por ende, en la línea de los objetivos climáticos marcados por la UE y del proceso de electrificación de todos los sectores[44]. En este sentido, el Pacto Verde Europeo propone la eliminación de obstáculos comerciales al despegue de la energía renovable, anunciando la revisión de los criterios de evaluación de ayudas públicas, en materia de medio ambiente y energía, que sirvan al fin común de la transición energética eficiente[45]. Al albur de dichas propuestas se modificaron Directrices y Reglamento en

---

44 "Uno de los aspectos fundamentales de la regulación de las energías renovables desde la perspectiva europea es el régimen de medidas de apoyo" [GÁLLEGO CÓRCOLES (2021), p.p. 36].

45 Punto 2.2.2. relativo a la Ecologización de los presupuestos nacionales y emisión de las señales de precios correctas del Pacto Verde Europeo

torno a las ayudas públicas. Posteriormente, al amparo del Plan REPowerEU[46], se refuerza la necesidad de apoyo público, pero advirtiendo que las normas comunitarias sobre ayudas se aplican plenamente a las reformas e inversiones promovidas por los EEMM. Lo único que se dirá, en este caso, es que "la Comisión estudiará formas de facilitar el control de las ayudas estatales para las medidas del plan REPowerEU, limitando al mismo tiempo el falseamiento de la competencia"

1. Directrices en materia de clima, protección de medio ambiente y energía: un control más flexible

La Comisión lo tuvo claro desde hace años, las ayudas estatales que se encuadren en el ámbito de la energía, pero también de la protección del medio ambiente, tenían que ser objeto de pautas u orientaciones singulares a la hora de evaluar su compatibilidad con el mercado interior. Así, fue lanzando sucesivas directrices que le iban a servir en sus procesos de investigación y autorización. En 2012 comenzó con la modernización de las ayudas estatales[47], para pasar al período 2014-2020 con la aprobación de directrices aunando protección medioambiental y energía[48] y terminar con las Directrices más recientes sobre ayudas estatales en materia de clima, protección de medio ambiente y energía de 2022[49].

Estas últimas Directrices marcan las condiciones que actualmente estarían vigentes[50] para que la Comisión evalúe una ayuda

---

[Comunicación de la Comisión Europea de 11 de diciembre de 2019, COM (2019) 640 final].

46 Comunicación de la Comisión de fecha 18 de mayo de 2022 sobre el Plan REPowerEU (COM/2022/230 final).

47 Comunicación de la Comisión Europea de 8 de marzo de 2012, COM/2012/0209 final.

48 COM 2014/C 20001

49 DOUE número 80, de 18 de febrero de 2022

50 Cierto que estas Directrices estarían en el ámbito del llamado "soft law" y, por ende, carecen de valor normativo. Sin embargo, hay que referir

pública en el contexto de transición energética durante un período de diez años. A tal fin, se va exigir la concurrencia de una condición positiva: la ayuda debe facilitar el desarrollo de una actividad económica, que incentive los objetivos medioambientales. A la par que se analiza una condición negativa: la ayuda no debe afectar desfavorablemente al comercio en un grado contrario al interés común. En realidad, lo que se hace es una prueba de sopesamiento[51] al evaluar si los efectos negativos sobre la competencia y mercado interior son limitados y, por lo tanto, si el balance global es positivo. La compatibilidad de la medida se constata si sirve para introducir mejoras sustanciales que nunca podrían obtenerse con el devenir del mercado. Tales como corregir deficiencias del mercado que impiden lograr un nivel suficiente de protección ambiental o conseguir un mercado de energía eficiente.

2. Ayudas en el contexto de crisis: marco temporal

hay que tener en cuenta, que al margen del procedimiento común de evaluación de las ayudas en materia climática y de energía, pero directamente relacionadas con esta última, se dictaron medidas excepcionales por parte de la Comisión. Primero para afrontar la pandemia y después para superar los problemas que originó la invasión rusa. En este último caso la Comisión aprobó el 22 de marzo de 2022 el Marco Temporal de Crisis relativo a las medidas de ayuda estatal[52], que ha sido objeto de modificación (julio y octubre de 2022) y prórroga de forma sucesiva[53].

---

que el TJUE ha dejado claro que resultan vinculantes para la propia Comisión siempre que no vulneren el TFUE (STJUE 13 de junio 2002, Países Bajos/Comisión, asunto C-382/99, ECLI:EU:C:2002:363)

51 SALASSA BOIX, R. y SALAMANCA SAMUDIO, L. (2024), págs. 134 y s.s.

52 A tal fin se autorizan importes limitados de ayuda, apoyo a la liquidez en forma de garantías estatales y préstamos bonificados, ayudas para compensar los elevados precios de la energía, medidas destinadas a apoyar la reducción de la demanda de electricidad.

53 Se adoptaron también normas como el Reglamento (UE) 2022/1854 del Consejo, de 6 de octubre de 2022, relativo a una intervención

Con fecha de 9 de marzo de 2023 la Comisión dicta un nuevo Marco Temporal de Crisis de Transición, en este caso ya claramente para fomentar medidas de apoyo en sectores clave para la transición hacia una economía con cero emisiones netas, en consonancia con el Plan Industrial del Pacto Verde, que se han prorrogado hasta finales de 2025. No quiere decirse que todas las ayudas estatales previstas estén exentas. En el contenido del Marco se advierte que lo están si recaen en consumidores finales, siempre que no favorezcan indirectamente a sectores o empresas específicas.

3. Aumento de la exención por el objetivo ambiental

En virtud del Reglamento (UE) 2023/1315 de la Comisión de 23 de junio de 2023[54] se modifica el RGEC en aras de facilitar, agilizar y simplificar el apoyo a la transición energética y digital. La reforma supone aumentar o concretar aquellas categorías de ayudas que van quedar exentas de notificación por servir a la consecución de estos desafíos, sin perjuicio de los umbrales cuantitativos marcados en su art. 4. Precisamente las exenciones previstas en razón a estos fines tienen fecha de caducidad, cuando el propio Reglamento determina su vigencia hasta el 31 de diciembre de 2026 (art. 59 RGEC).

Así, en el RGEC se refuerza la exención de intervenciones públicas en el precio de la adquisición de energía por la PYME, ya se trate de ayudas en forma de imposición a los suministradores de electricidad, gas o calefacción de precios reducidos o en forma de pagos a estos últimos para compensar costes del suministro (art. 19 quater). Del mismo modo, se eximen toda una serie de ayudas de inversión a la protección del medio ambiente (art 36 a art. 49), entre ellas, al fomento de la energía renovable (art.

---

de emergencia para hacer frente a los elevados precios de la energía (DOUE núm. 261, de 7 de octubre de 2022).

[54] DOUE número 167, de 30 de junio de 2023.

41). Del mismo modo, se contemplan las llamadas "ayudas al funcionamiento"[55] para la promoción de electricidad procedente de fuentes renovables que quedarán exentas si se conceden a través de un procedimiento de licitación bajo criterios objetivos y transparentes en los que participen todos los productores de esta energía (art. 42).

El hecho de que una medida de ayuda estatal no cumpla los criterios del RGEC no significa que sea incompatible con las normas sobre ayudas estatales de la UE, sino únicamente que la medida debe notificarse, por supuesto antes de su ejecución, a la Comisión, que evaluará a continuación si la ayuda estatal puede aprobarse con arreglo a las Directrices referidas en el epígrafe anterior.

IV. LAS AYUDAS FISCALES EN MATERIA DE ENERGÍA

Actualmente cuando tratamos las ayudas fiscales en el ámbito energético, estas se asocian a un componente medioambiental. Lo que ocurre es que la Directiva 2003/96/CE[56] vigente en materia de imposición sobre productos energéticos y de la electricidad no está adaptada a los tiempos y carece de los engranajes o mecanismos necesarios para fomentar realmente los objetivos climáticos. Sin embargo, está Directiva nació precisamente para armonizar el mercado interior, creando unos tipos impositivos mínimos en todo el territorio comunitario sobre sobre los productos energéticos y de la electricidad e introdujo amplias exenciones o reducciones fiscales que se ponían a disposición de los EEMM para que ellos mismos decidiesen su aplicación. Y esto ha favorecido una utilización desigual del incentivo fiscal y no siempre con un perfil ambiental.

---

[55] La ayuda podrá consistir en una prima añadida al precio de mercado o en forma de contratos por diferencia (art. 42.5 RGEC).

[56] DOUE de 31 de octubre de 2003

Ahora bien, de la lectura de esta Directiva uno advierte que están muy presentes los incentivos fiscales en forma de exenciones o de reducciones que deben y pueden establecer los EEMM. Y muchos de estos incentivos están contemplados en la Directiva como ayudas de Estado en el marco de lo dispuesto en el art. 107 del TFUE. Esto necesariamente debe suponer que la Directiva tenga que completarse e interpretarse conforme al RGEC y a las Directrices de la Comisión.

Hay que partir de algo evidente y es que cuando un Estado aprueba algún tipo de incentivo o ayuda fiscal debe constatarse si se trata de un impuesto armonizado o no armonizado. Y en el primer caso qué margen de discrecionalidad tiene el Estado. Y es que no existirá ayuda de Estado si la medida está obligatoriamente impuesta por la regulación del impuesto armonizado. Sí que entrarían en juego las reglas del régimen de ayudas en impuestos armonizados que otorgan facultad de decisión al Estado o de impuestos no armonizados.

A nivel europeo, la fiscalidad en materia de energía se viene a contemplar como fiscalidad medioambiental, como se deduce de las últimas Directrices de la Comisión de 2022 y del propio RGEC. Y esto tiene sus consecuencias a la hora de considerar compatible con el mercado las exenciones y reducciones fiscales que puedan adoptarse en este ámbito.

1. Impuestos ambientales armonizados y no armonizados

Hay que referir que, dentro de las ayudas a la protección medioambiental, el RGEC contempla dos tipos de ayuda, a saber: las ayudas en forma de reducciones de impuestos con arreglo a la Directiva 2003/96/ CE (art. 44) [57] y las ayudas en forma de reduc-

---

[57] Como refiere Villar Ezcurra la jurisprudencia comunitaria ha venido considerando que si el tributo entra dentro de la aplicación de la Directiva 2003/96/UE se trata de un impuesto medioambiental a los efectos del RGEC [VILLAR EZCURRA (2023), pág. 158 y s.s.].

ciones de los impuestos medioambientales o las tasas parafiscales (art. 44 bis).

En el primer caso, los EEMM quedarán exentos del deber de notificación de estas ayudas[58], siempre que, además de alguna condición general (como los umbrales de notificación), se seleccionen los beneficiarios en función de criterios transparentes y objetivos y siempre que estos beneficiarios cumplan, al menos, con el nivel mínimo de imposición fijado en el anexo I de la Directiva. Lo que ocurre es que, respecto a este último presupuesto, se incluyen excepciones enmarcadas en el proceso de transición energética. Por ello, la salvedad en cuanto a la imposición mínima es refiere a ayudas a productos gravables utilizados en proyectos piloto para el desarrollo tecnológico de productos más respetuosos del medio ambiente o por lo que respecta a los combustibles obtenidos a partir de recursos renovables; así como en la promoción de la electricidad procedente de origen renovable (solar, eólico, hidráulico, por oleaje, entre otras).

En el otro caso referido, si los regímenes de ayudas son en forma de reducciones del resto de impuestos medioambientales o tasas parafiscales, la exención opera si supone un nivel de protección medioambiental más elevado para las empresas afectadas por estas figuras, y siempre que las mismas no puedan desarrollar su actividad económica sin esta reducción, entre otros condicionantes.

Dos consideraciones importantes respecto a estas exenciones previstas en el Reglamento. En primer lugar, confiere de forma autómata la condición de medioambiental a aquellos impuestos que entren dentro del ámbito de la referida Directiva de la fiscalidad de la energía. Es decir, todos los impuestos armonizados van a ser *per se* medioambientales, cuando precisamente la Directiva ca-

---

58 Los regímenes de ayudas pueden ser en forma de reducciones fiscales podrán basarse en una reducción del tipo impositivo aplicable, en el pago del importe de una compensación fija (devolución del impuesto) o en una combinación de ambos mecanismos.

rece de resortes sólidos en orden a una protección medioambiental en la línea de los objetivos climáticos abanderados por la UE. Lo cual es un contrasentido poco inteligible. Pero es que, además, la otra consideración no deja de ser también otra contradicción incoherente. Y es que se apuesta por una exención automática de reducciones fiscales en impuestos medioambientales, cuando precisamente este tipo de tributación permite generar comportamientos disuasorios con determinadas prácticas contaminantes, o incentivar prácticas más acordes con el medio ambiente o lanzar señales en los propios precios que no es capaz de asumir el mercado. Y es que un impuesto medioambiental permite cumplir con un principio comunitario, tan invocado, como es el principio de "quien contamina paga". Por lo tanto, apostar por excluir de la condición de ayuda de Estado a un beneficio fiscal que supone recaudar menos (es decir, gravar menos) a través de un impuesto medioambiental[59] contradice ampliamente los designios planteados en sede comunitaria.

En el caso de que la ayuda fiscal no pueda incluirse en el RGEC, deberá seguirse el procedimiento control previo ejercido por la Comisión, quien decidirá la cuestión conforme a las Directrices en materia de clima, protección de medio ambiente y energía de 2022. Y estas Directrices comparten el mismo planteamiento previsto de este Reglamento. Se distinguen las reducciones en impuestos ambientales armonizados, bajo el contexto de la Directiva 2003/96/CE, con la exigencia de una selección transparente y objetiva y el pago del mínimo impositivo. Pero anuncia una evaluación en profundidad sobre la necesidad y la proporcionalidad de la ayuda fiscal si se trata de impuestos ambientales no armonizados o en el caso de beneficiarios que no paguen el nivel mínimo impositivo, dando un conjunto de pautas para poder ejercer este examen (apartado 4.7.1.3 "Minimizar el falseamiento de la competencia y los intercambios").

---

59 SALASSA BOIX, R. y SALAMANCA SAMUDIO, L. (2024), pp. 120 y 121.

2. *Control comunitario de ayudas e imposición sobre energía eléctrica en España*

hay que decir que casi todos los impuestos españoles en materia de energía eléctrica han pasado el filtro comunitario (generalmente como consecuencia de cuestiones prejudiciales planteadas ante el TJUE), confirmándose su legalidad, también en cuanto al régimen de ayudas de Estado. Ha ocurrido en el caso del IVPEE, del canon a las hidroeléctricas, y de los impuestos en el ámbito de la energía nuclear. En definitiva, ocurre con los impuestos creados por la Ley 15/2012 de 27 de noviembre de medidas fiscales para la sostenibilidad energética[60], que se presentaron como medioambientales, pero que han demostrado ser puramente recaudatorios. Su finalidad es la obtención de ingresos, primero lo fue para poder sostener el déficit del sistema eléctrico y, tras la Ley del Cambio Climático[61], para financiar únicamente los costes del fomento de energía renovable[62].

Concretamente el IVPEE se cuestionó por diversos motivos, entre ellos, porque podría falsear la competencia del mercado interior al recaer solo en productores nacionales. El TJUE dio el visto bueno a la discriminación positiva y consideró que un impuesto no puede calificarse de ayuda estatal, salvo que sea el modo de financiar una ayuda, pero concluyó que: "en el presente asunto, de los autos de que dispone el Tribunal de Justicia no se desprende que los ingresos procedentes de la percepción del IVPEE constituyan el modo de financiación de una medida de ayuda estatal". Sin embargo, ya se ha dicho que la recaudación de este impuesto estaría afectada aun de forma indirecta (dado que se habla de una cantidad presupuestaria equivalente a la recaudación estimada) a financiar los regímenes retributivos específicos de la energía eléctrica renovable.

---

60 BOE número 312, 28 diciembre 2012.

61 Ley 7/2021, de 20 de mayo, de Cambio Climático y Transición Energética (BOE número 121, de 21 de mayo.

62 ORTIZ LACALLE (2016), pág. 48.

Es cierto que estos costes de energía renovable (los regímenes retributivos) fueron analizadas por la Comisión como ayudas de Estado, concluyendo su autorización por ser acordes a los objetivos medioambientales y ser conferidas a través de subastas públicas abiertas a todos los productores. Pero, también es cierto que se analizó la ayuda, pero no el mecanismo de financiación de esta ayuda (los impuestos creados por la Ley de Sostenibilidad energética 15/2012). Aunque seguramente tampoco serían cuestionados, ya fuere por ser gravámenes con cierta dosis de generalidad o por entender que no hay vínculo directo entre la recaudación y la prima a la energía renovable[63], ya fuere por la propia finalidad perseguida con la creación de estos impuestos (financiar el desmesurado déficit eléctrico).

V. REFLEXIÓN FINAL

La UE demanda una menor dependencia de la energía externa lo que refuerza sus planteamientos en torno a los objetivos climáticos y energéticos[64]. En este contexto, el mercado interior de la energía, exige una armonización también a nivel fiscal que no descuide los objetivos medioambientales. Sin embargo, no termina de aprobarse la nueva Directiva de fiscalidad energética, que tendría que ir acompasada con la normativa ya existente en materia de ayudas de Estado, fundamentalmente el RGEC y las Directrices de la Comisión.

Como refiere Villar Ezcurra[65] los avances contra el cambio climático necesitan de una nueva fiscalidad, aun como complemento a las regulaciones del mercado, apostando por un futuro legal en el que se supriman los beneficios fiscales en los impues-

---

63 MORENO GONZÁLEZ (2016), pp. 178 y 179.

64 Justo es referir que la afección climática ni es el único motivo, ni fue el primer detonante para comenzar a replantearse el modelo energético convencional [FERNÁNDEZ PÉREZ, A. (2023)].

65 VILLAR EZCURRA (2022), pág. 779.

tos ambientales, precisamente para respetar el principio "quien contamina paga" y, por ende, atribuir los costes de la transición energética por quienes están contribuyendo en mayor medida a generar el problema.

Por otro lado, la fiscalidad de la energía en nuestro derecho interno no es una fiscalidad ambiental. Las autoridades públicas han adoptado algunas medidas financieras-tributarios muchas veces destinadas a premiar a quienes se adaptan porque les interesa el beneficio fiscal, cuando es posible que precisamente esa adaptación previa haya estado incentivada en forma de ayuda pública[66]. En este contexto hay que recordar que la legislación sobre cambio climático anunció una reforma fiscal verde, que no termina de establecerse[67], en el que habrá de incluirse el objetivo energético, no en vano ya el Libro Blanco de la Reforma Tributaria advierte que: "la fiscalidad medioambiental debe contribuir, por tanto, a la electrificación, sin obviar las necesarias señales de eficiencia energética y la importancia de incorporar los daños ambientales que pueda producir la generación de electricidad.".

De momento, habrá que atenerse a las excepciones temporales o procedimientos de control más flexibles en torno a las ayudas fiscales que se puedan establecer en materia de energía bajo la consecución de los objetivos ambientales, como por otro lado, está sucediendo actualmente con las limitadas medidas fiscales que han ido introduciendo.

VI. BIBLIOGRAFÍA

FERNÁNDEZ PÉREZ, Ana (2023), *Derecho de la energía europeo y cambio climático,* Cizúr Menor, Aranzadi.

---

66 MOLINOS RUBIO (2024), pp. 325 y 326.

67 Como refiere la doctrina sólo se han introducido cambios menores y asistemáticos relativos a la fiscalidad medioambiental, siendo todavía su reforma un cometido pendiente [VILLAR EZCURRA, M. y LABANDEIRA VILLOT, X. (2022), pp. 145].

FERREIRO SERRET, Estela (2023), *Ayudas de Estado y Sistema Tributario,* Cizúr Menor, Aranzadi

GALLEGO CÓRCOLES, Isabel (2021), *Comunidades de energía y transición energética,* Cizúr Menor, Aranzadi

LAMPREAVE MÁRQUEZ, Patricia (2021), "Las ayudas de Estado fiscales, control supranacional de la regulación fiscal nacional y de las prácticas administrativas". Documentos de Trabajo 4/2021, Instituto de Estudios Fiscales, pp. 1-67.

MOLINOS RUBIO, Lucía, "Algunas cuestiones de la fiscalidad autonómica y local en las energías renovables: su relación con los ODS", en SETUÁIN MENDÍA, B. y SALINAS ALCEGA, S. (dir. y codir.), *Perspectivas jurídicas sobre clima, agua y energía. Estudios en reconocimiento al magisterio del profesor Antonio Embid Irujo,* Cizúr Menor, Aranzadi, pp. 303-330.

MORENO GONZÁLEZ, Saturnina (2016), "El impuesto sobre la electricidad y los impuestos regulados en la Ley 15/2012 desde la perspectiva de la prohibición general de ayudas de Estado" en GONZÁLEZ-CUÉLLAR SERRANO, María Luisa y otro (Dir.), *La fiscalidad del sector eléctrico,* Valencia, Tirant lo Blanch, pp. 149-191.

NIEJAHR, Nina y HOORELBEKE, Bram (2021), "El origen de las ayudas de estado: ¿competencia entre empresas o competencia entre Estados?, en Garrigues (autor) *Las ayudas de Estado en el ámbito tributario. Experiencia española y contexto tributario.* Madrid. Fundación Impuestos y Competitividad, pp. 29-68.

ORTIZ CALLE, Enrique (2016), "Extrafiscalidad y constitución en la imposición energético-ambiental", en GONZÁLEZ-CUÉLLAR SERRANO, María Luisa y otro (Dir.), *La fiscalidad del sector eléctrico,* Valencia, Tirant lo Blanch, pp. 85-116.

SALASSA BOIX, Rodolfo y SALAMANCA SAMUDIO, Laura (2024), "Las Ayudas de Estado a partir del pacto verde europeo: un nuevo impulso hacia la transición energética". Nueva Fiscalidad, número, pp. 109-149.

VILLAR EZCURRA, M. (2007): El Control de Ayudas de Estado y la Competencia Fiscal Desleal, en Cordón Ezquerro, T. (coord.), *Manual de Fiscalidad Internacional,* Vol. II, Instituto de Estudios Fiscales, Madrid.

VILLAR EZCURRA, Marta (2021), "Ayudas fiscales en el ámbito energético y medioambiental", en Garrigues (autor) *Las ayudas de Estado en el ámbito tributario. Experiencia española y contexto tributario.* Madrid. Fundación Impuestos y Competitividad, pp. 323-362.

VILLAR EZCURRA, Marta (2022), "Cambio climático y fiscalidad", en ALENZA GARCÍA, Francisco y otro (coord.) *Estudios sobre cambio climático y transición energética: Estudios conmemorativos del XXV aniversario del acceso a la cátedra del profesor Íñigo del Guayo Castiella,* Madrid, Marcial Pons, pp. 763-780.

VILLAR EZCURRA, Marta y LABANDEIRA VILLOT, Xavier (2022) "El papel de la fiscalidad medioambiental en el ámbito energético: reflexiones para España". Papeles de Economía Española número 174, pp. 143-251.

VILLAR EZCURRA, Marta (2023), *Fiscalidad, parafiscalidad y regulación económica en el sector eléctrico español,* Cizúr Menor, Aranzadi.

Capítulo 18

El cambio climático como un interés público global: efectos sobre el ius standi

DIDAC AMAT I PUIGSECH*

SUMARIO: I. EL CAMBIO CLIMÁTICO COMO INTERÉS PÚBLICO GLOBAL. 1. Los intereses públicos globales. 2. Tipos de intereses públicos globales. 3. Regular los intereses públicos globales. II. EL CAMBIO CLIMÁTICO COMO PREOCUPACIÓN COMÚN DE LA HUMANIDAD. 1. Los efectos de la preocupación común de la humanidad sobre el *ius standi* interestatal. 2. Los efectos de la preocupación común de la humanidad sobre el *locus standi* de otros actores (europeos). 3. Límites a los efectos del estatuto de preocupación común de la humanidad. III. CONCLUSIONES. IV. BIBLIOGRAFIA.

I. EL CAMBIO CLIMÁTICO COMO INTERÉS PÚBLICO GLOBAL

Cuando escribo estas líneas, en julio de 2024, la concentración atmosférica de CO_2 ya ha superado los 420 ppm y la temperatura global ha aumentado alrededor de 1.1°C respecto a la era preindustrial.[1] Si mantenemos el actual ritmo de emisiones, el aumento de 1.5°C, reconocido por el Acuerdo de París como el umbral seguro,[2] podría alcanzarse antes de finalizar la década.[3]

---

* Doctorando en Derecho Internacional Climático en la Universitat Pompeu Fabra.

1 Panel Intergubernamental de Expertos sobre el Cambio Climático (2023), P. 42

2 *Acuerdo de París* (2015) Art. 2

3 Panel Intergubernamental de Expertos sobre el Cambio Climático (2023), P. 82

Ante este escenario, no parece extraño que las primeras palabras de la Convención Marco de Naciones Unidas sobre el Cambio Climático (CMNUCC), se dediquen a definir el cambio climático y sus efectos adversos como una "preocupación común de la humanidad".[4] El Acuerdo de París[5] y reiteradas resoluciones de las Conferencias de las Partes[6] repiten esta misma calificación. Sin embargo, ¿cuáles son las consecuencias jurídicas de este estatuto jurídico? Para contestar a esta pregunta, primero debemos analizar en qué medida la calificación de "preocupación común de la humanidad" indica que estamos ante un interés público global. Resuelta esta cuestión, evaluaremos sus efectos legales.

1. Los intereses públicos globales

Como señalan Rodrigo y Casanovas, los intereses públicos globales no relatan verdades objetivas, sino más bien construcciones sociales, de carácter dinámico, que definen las inquietudes colectivas de la comunidad internacional.[7] Para diferenciarlos de otros intereses, podemos centrarnos en tres elementos.[8] En primer lugar, se fundamentan sobre una importante base comunitaria. A diferencia de los intereses de un Estado o incluso de un grupo de Estados, los intereses públicos globales emanan de una deliberación racional entre los distintos miembros de la comunidad internacional.[9] Fruto de dicha negociación, el resultado final no es un mero agregado de los intereses individuales de las partes sino

---

4 *Convención Marco de Naciones Unidas sobre Cambio* Climático (1992) Preámbulo.

5 *Acuerdo de París* (2015) Preámbulo

6 Véase, por ejemplo, COP27 (2022) Preámbulo o CMA5 (2023) Preámbulo

7 CASANOVAS I LA ROSA, Oriol y RODRIGO HERNÁNDEZ, Ángel (2024) P. 349

8 AMAT-I-PUIGSECH, Didac (2024) P. 139

9 CASANOVAS I LA ROSA, Oriol y RODRIGO HERNÁNDEZ, Ángel (2024) P. 349

una nueva posición, de carácter colectivo, que expresa el mínimo común denominador de la humanidad.

En segundo lugar, los sujetos que participan en dicho proceso de deliberación se han ampliado, tanto cuantitativa como cualitativamente, durante los últimos años. En 1997, Jessica Mathews ya apuntaba que la Conferencia de Río del 92 supuso un cambio de ciclo.[10] Desde entonces es habitual ver a numerosos actores no estatales participando de las conferencias climáticas o de las cumbres anuales del Fondo Monetario Internacional, contribuyendo así a dibujar los intereses colectivos.

Del mismo modo cabe remarcar el carácter dinámico de los actores que participan de estos procesos. Mientras un actor no estatal puede tener gran influencia en la definición de un interés global muy concreto, puede ser absolutamente irrelevante en relación a otro. Además, como apunta Samantha Besson, este dinamismo también explica que los intereses públicos globales no solo respondan a las necesidades de los actores actuales, sino que tienen un marcado carácter intergeneracional.[11]

Por último, los intereses públicos globales se caracterizan porque su protección tiene una fuerte dependencia de la acción colectiva.[12] Sin una mínima cooperación internacional, el parasitismo puede hacer imposible la preservación y consecución de estos intereses. Es precisamente esta dependencia la que sitúa al derecho internacional público en una posición privilegiada para proteger estos intereses.

2. *Tipos de intereses públicos globales*

Para analizar correctamente el potencial de la actividad regulatoria internacional, antes debemos comprender los distintos tipos

---

10 MATHEWS, Jessica (1997) P. 55

11 BESSON, Samantha (2018) P. 40

12 *Ibid.*, P. 40

de intereses públicos globales. En este sentido, una buena aproximación es la categorización propuesta por Massimo Iovane. De acuerdo con el autor, los intereses públicos globales emergen fundamentalmente de tres fuentes.[13] En primer lugar, su existencia puede derivar de la protección de recursos y espacios comunes globales (*global commons*) como la Antártida, la alta mar o la luna. En segundo lugar, el reconocimiento de intereses públicos globales también puede derivar de la provisión de bienes públicos globales (*global public goods*) tales como la lucha contra la desertificación, la protección de la biodiversidad o la estabilidad financiera global. Finalmente, el reconocimiento de valores fundamentales de la comunidad internacional como los derechos humanos, la prohibición del uso o la amenaza del uso de la fuerza internacional o la autodeterminación de los pueblos también son indicadores de la existencia de un interés público global.

En este sentido, es evidente que el cambio climático afecta a todas las categorías de intereses públicos globales. Por un lado, degrada numerosos espacios globales comunes. El Panel Intergubernamental de Expertos sobre el Cambio Climático ha alertado en reiteradas ocasiones de que el calentamiento global está desequilibrando las masas de hielo de la Antártida[14] y el Tribunal Internacional del Derecho del Mar ha sentenciado que el incremento de la temperatura altera gravemente las cadenas tróficas oceánicas y perjudica su biodiversidad.[15]

Del mismo modo, el calentamiento global tiene un claro impacto sobre la protección de numerosos valores fundamentales de la comunidad internacional. A modo de ejemplo, el Comité de Derechos Humanos de Naciones Unidas ya ha manifestado que el cambio climático afecta negativamente sobre el pleno disfrute de

---

13 IOVANE, Massimo *et al.*, (2021) P. 3

14 ATKINSON, Angus, *et al.* (2009), P. 227

15 *Advisory Opinion submitted by the Commission of Small Island States on Climate Change and International Law* (2024) N° 31, Tribunal Internacional sobre el Derecho del Mar, Par. 62

los derechos humanos.[16] De forma similar, el Consejo de Seguridad de Naciones Unidas alerta de "la posibilidad de que los efectos adversos del cambio climático puedan agravar a largo plazo determinadas amenazas para la paz y la seguridad internacionales ya existentes".[17]

Sin embargo, la categoría en la que el cambio climático encaja con mayor precisión es la de los bienes públicos globales. Basándonos en la definición de Paul Samuelson, podemos definirlos como bienes de carácter no exclusivo y no rival.[18] Además, como indica Thomas Cottier, esta categoría tiene una tercera característica indispensable. Deben ser bienes no rivales y no excluyentes con carácter universal. Así, es necesario que tengan acceso a dicho bien todos los pueblos y generaciones.[19]

3. Regular los intereses públicos globales

Como es evidente, la regulación de un elenco tan amplio de intereses públicos globales requiere de una pluralidad de instrumentos y estatutos jurídicos. De acuerdo con la figura 1, la única categoría que tiene un solo instrumento regulatorio a su disposición es la de los valores fundamentales. En este sentido, la Comisión de Derecho Internacional (CDI) ha confirmado que las normas *jus cogens* nacen precisamente para "reflejar y proteger los valores fundamentales de la comunidad internacional".[20]

Por el contrario, tanto en el caso de los bienes públicos globales como en el de los espacios comunes globales, la comunidad internacional dispone de un amplio margen de discrecionalidad para utilizar los estatutos jurídicos que se consideren

---

16 Consejo de Derechos Humanos de Naciones Unidas (2022) Par. 1

17 Consejo de Seguridad de Naciones Unidas (2011) P. 1

18 SAMUELSON, Paul Anthony (1954) P. 387

19 COTTIER, Thomas y AHMAD, Zaker (2021) P. 45

20 Comisión de Derecho Internacional (2022), Conclusión nº 2

más oportunos.[21] Así, mientras algunos espacios comunes como la zona internacional de los fondos marinos y oceánicos[22] o la luna[23] han sido declarados "Patrimonio Común de la Humanidad", en otros como la alta mar se utiliza el régimen de libertad de los mares[24] o simplemente se somete a un régimen de libertad regulatoria.

La situación es similar en relación a los bienes públicos globales. En la mayoría de casos, dichos bienes están sometidos a un régimen de libertad regulatoria o incluso de desregulación. De nuevo, la comunidad internacional dispone de un amplio margen de discrecionalidad para adoptar las decisiones regulatorias que considere más oportunas. Fruto de esta libertad, en algunas ocasiones, el legislador internacional opta por calificar algunas cuestiones especialmente relevantes de "preocupación común de la humanidad". Es el caso de la prevención de la desertificación,[25] la conservación de la biodiversidad,[26] la protección de los recursos fitogenéticos para la alimentación y la agricultura,[27] la exploración pacífica del espacio ultraterrestre[28] o, como ya hemos comentado, del cambio climático y sus consecuencias adversas.[29]

---

[21] AMAT-I-PUIGSECH, Didac (2024) P. 140

[22] *Convención de Naciones Unidas sobre el Derecho del Mar* (1982) Art. 136

[23] *Acuerdo que debe regir las actividades de los Estados en la Luna y otros cuerpos celestes* (1979) Art. 11

[24] *Convención de Naciones Unidas sobre el Derecho del Mar* (1982) Art. 87

[25] *Convención de Naciones Unidas para la Lucha Contra la Desertificación* (1994) Preámbulo

[26] *Convenio sobre la Diversidad Biológica* (1992) Preámbulo

[27] *Tratado Internacional sobre los recursos fitogenéticos para la alimentación y la agricultura* (2001) Preámbulo

[28] *Tratado sobre los principios que deben regir las actividades de los Estados en la exploración y utilización del espacio ultraterrestre, incluso la Luna y otros cuerpos celestes* (1967) Preámbulo

[29] *Convención Marco de Naciones Unidas sobre Cambio* Climático (1992) Preámbulo.

Figura 1. clasificación y regulación de los intereses públicos globales

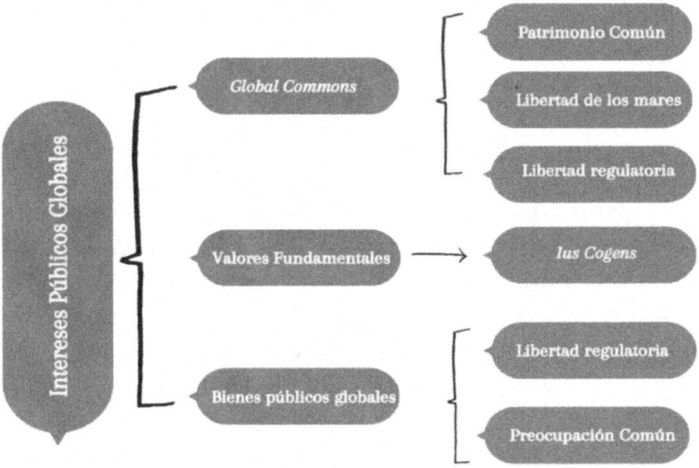

Fuente: elaborado por el autor.

II. EL CAMBIO CLIMÁTICO COMO PREOCUPACIÓN COMÚN DE LA HUMANIDAD

Habiendo determinado que la mitigación del cambio climático es un bien público global y que las partes han decidido otorgarle el estatuto de "preocupación común de la humanidad", cabe preguntarnos ahora cuáles son los efectos de dicha calificación jurídica. En este sentido, el silencio de la CIJ o la CDI han favorecido que la academia se encuentre todavía dividida sobre el verdadero significado de esta institución. Mientras algunas perspectivas más tradicionales lo definen como una figura retórica sin consecuencia jurídica alguna,[30] otros autores como Thomas Cottier[31]

---

30 Group of Legal Experts of the United Nations Environmental Program (1991) Para. 4

31 COTTIER, Thomas y AHMAD, Zaker (2021) P. 26

o Franz Biermann[32] han optado por posiciones más maximalistas, abogando por el reconocimiento de esta institución como un principio jurídico o por la existencia de un deber de intervenir en cuestiones reconocidas como preocupación común. A pesar de lo interesante de estas propuestas, a día de hoy todavía parecen fuentes de inspiración más cercanas a la *lege ferenda* que al derecho internacional contemporáneo.

En este contexto, mi tesis es más próxima a las propuestas moderadas de autores como Rodrigo,[33] Edith Brown Weiss[34] o Dinah Shelton.[35] Inspirados por estas perspectivas, considero que el estatuto de preocupación común de la humanidad conlleva cinco grandes consecuencias.[36] En primer lugar, dicha calificación impacta sobre la estructura de la obligación y amplía su *ius standi.* En segundo lugar, afecta al régimen de invocación de responsabilidad. En tercer lugar, afecta a la jerarquía normativa de las obligaciones. Del mismo modo, altera la determinación del estándar de las obligaciones de diligencia debida. Finalmente, también tiene un claro impacto sobre el deber de cooperación de los Estados. Para dar cumplimiento a las limitaciones formales de este trabajo, este capítulo se centra únicamente en la primera de estas consecuencias.

1. Los efectos de la preocupación común de la humanidad sobre el ius standi interestatal

Cuando clasificamos obligaciones en base a su estructura, una de las principales categorías es la de las obligaciones integrales. Introducidas por el relator especial Gerlad Fitzmaurize,[37] a día de

32 BIERMANN, Frank (1996) P. 431
33 RODRIGO HERNÁNDEZ, Ángel (2020) P. 71-72
34 BROWN WEISS, Edith (2014) P. 417
35 SHELTON, Dinah (2009) P. 85
36 AMAT-I-PUIGSECH, Didac (2024) P. 155
37 Comisión de Derecho Internacional (1957) Art. 19

hoy se considera que estas obligaciones tienen dos características primordiales. En primer lugar, se trata de obligaciones de carácter colectivo y que, en consecuencia, son debidas a un grupo de Estados (*erga omnes partes*) o incluso a la comunidad internacional en su conjunto (*erga omnes*).

De este modo, las obligaciones integrales disponen de un *ius standi* ampliado. A diferencia de las obligaciones bilaterales, donde solo puede invocar la responsabilidad el Estado especialmente afectado, en estos casos debemos tener en cuenta el carácter colectivo del beneficiario. Así, todos los Estados beneficiarios tendrán un interés legítimo en el cumplimiento de la obligación y, con independencia de su grado de afectación, estarán facultados para invocar la responsabilidad del infractor.[38]

En segundo lugar, estas obligaciones se diferencian de otras obligaciones colectivas porque no se pueden descomponer en haces de relaciones bilaterales recíprocas.[39] En la medida en la que protegen los intereses fundamentales de la comunidad internacional o de un grupo de miembros de la misma, el incumplimiento por parte de un Estado no faculta al resto de Estados a terminar el tratado ni tampoco a suspender la aplicación de la obligación en cuestión. Entre los ejemplos más típicos de esta categoría de obligaciones encontramos la prohibición de cometer tortura, las obligaciones de prevenir daños al Medio Ambiente o la obligación de preservar y sancionar el crimen de genocidio.

Llegados a este punto, el lector podría preguntarse qué tienen que ver estas obligaciones con la definición del cambio climático como preocupación común de la humanidad. En este sentido, la CIJ ha reconocido que las obligaciones integrales emanan precisamente del reconocimiento de un interés colectivo. Como la

---

38 CASANOVAS I LA ROSA, Oriol y RODRIGO HERNÁNDEZ, Ángel (2024) P. 62

39 CASANOVAS I LA ROSA, Oriol y RODRIGO HERNÁNDEZ, Ángel (2024) P. 62

corte indica en el caso *Questions relating to the obligation to prosecute or extradite*:

> "common interest implies that the obligations in question are owed by any State party to all the other States parties to the Convention. All the States parties 'have a legal interest' in the protection of the rights involved [...] each State party has an interest in compliance with them in any given case."[40]

Así, el reconocimiento de un interés colectivo modificará la estructura de las obligaciones que lo regulan. En este contexto, debemos formularnos obligatoriamente una pregunta: ¿hay una forma más rápida de identificar un interés colectivo que calificando directamente una cuestión como una "preocupación común de la humanidad"? Probablemente no. Por este motivo, consideramos que este estatuto jurídico actúa en realidad como un atajo de las partes, facilitando la identificación de intereses colectivos, modificando la estructura de las obligaciones que regulan dichos intereses y ampliando su *ius standi* a más Estados.

2. *Los efectos de la preocupación común de la humanidad sobre el locus standi de otros actores (europeos)*

Como hemos visto en el apartado anterior, la calificación de "preocupación común de la humanidad" impacta sobre el eje horizontal del *ius standi*, ampliando el número de Estado con un interés legítimo en el cumplimiento. En este segundo apartado nos centraremos en el eje vertical, relativo a la naturaleza de los actores con intereses legítimos.

Como ya se ha mencionado, una de las principales características de los intereses públicos globales es que en su definición participan actores que van mucho más allá del Estado. En el caso de aquellos intereses públicos globales que tienen la calificación de preocupación común de la humanidad, la voluntad del legislador

---

40 *Case concerning Questions relating to the obligation to prosecute or extradite (Belgium v. Senegal)* (2012), N° 144, Corte Internacional de Justícia, Par. 68

de huir de una visión estatocéntrica es todavía más evidente. Las cuestiones que disponen de este estatuto no solo preocupan a los Estados o a un actor en concreto, sino a la pluralidad de personas, grupos, pueblos y actores diversos que conforman la humanidad.

Siguiendo esta lógica, esta institución también ha sido utilizado recientemente en el plano regional europeo para justificar el *locus standi* de asociaciones privadas. Así, bajo determinadas circunstancias, el estatuto de preocupación común también actúa sobre el eje vertical de la legitimidad procesal, autorizando a actores no estatales a invocar responsabilidad internacional. Como el Tribunal Europeo de Derechos Humanos (TEDH) reivindica en el *caso Verein Klimaseniorinnen Schwiz y otros contra Suiza*:

> *"climate change has multiple causes and its adverse effects are not the concern of any one particular individual, or group of individuals, but are rather 'a common concern of humankind'. Moreover, in this context where intergenerational burden-sharing assumes particular importance, collective action through associations or other interest groups may be one of the only means through which the voice of those at a distinct representational disadvantage can be heard and through which they can seek to influence the relevant decision-making processes."*[41]

Así, la Corte considera que las asociaciones ambientales pueden ser formas de articular los intereses y demandas de la pluralidad de ciudadanos "preocupados" por la "preocupación común de la humanidad".

A pesar de ello, el TEDH recuerda que este estatuto no habilita a una *actio popularis* que no está prevista por la Convención.[42] Las asociaciones no pueden invocar responsabilidad para defender intereses colectivos en abstracto. Por contra, solo merecen *locus*

---

41 *Case of Verein KlimaSeniorinnen Schweiz and Others v. Switzerland* (2024), Application n° 53600/20, Tribunal Europeo de Derechos Humanos, Par. 489

42 *Ibid.*, Par. 501

standi en representación de aquellos ciudadanos cuyos derechos puedan verse afectados individualmente por el cambio climático.

A pesar del potencial de este razonamiento, a día de hoy, el TEDH solo ha reconocido este *locus standi* con relación a los derechos humanos vinculados al cambio climático. Sin embargo, nada impide que una argumentación análoga justifique el *locus standi* de asociaciones ante violaciones derechos humanos relacionados con otras preocupaciones comunes de la humanidad, ya sea la pérdida de biodiversidad, la desertificación u otras cuestiones.

En cualquier caso, es evidente que este segundo efecto de la "preocupación común de la humanidad" sobre el *ius standi* es altamente dependiente del marco procesal de cada tribunal. Por ahora, y a pesar de que pueda servir de inspiración para otros órganos internacionales y regionales, su marco se circunscribe al TEDH.

3. Límites a los efectos del estatuto de preocupación común de la humanidad

Llegados a este punto, es evidente que la emergencia de las consecuencias descritas anteriormente puede colisionar con el principio de soberanía. En el plano procesal, este principio se ha entendido tradicionalmente como el derecho del Estado a no ser juzgado sin su consentimiento, por lo que una ampliación del *ius standi* debe analizarse de forma detallada.

En este contexto, consideramos que las consecuencias descritas no emergen frente a cualquier obligación que esté vinculada o relacionada con el objeto que genera preocupación común. Reconociendo la importancia del principio de soberanía, debemos aplicar un criterio de carácter restrictivo. Así, inspirándonos en la doctrina sobre reservas de la Corte Internacional de Justicia[43]

---

43 *Reservations to the Convention on the Prevention and Punishment of the Crime of Genocide* (1951), N° 12, Corte Internacional de Justícia, P. 13

y de la Convención de Viena sobre el Derecho de los Tratados,[44] consideramos que la ampliación del *ius standi* solo se dará cuando la obligación en cuestión esté directamente relacionada con el objeto y propósito de la "preocupación común de la humanidad".[45] En consecuencia, será imprescindible analizar, detalladamente y caso por caso, la redacción utilizada por las partes.

En el supuesto que nos ocupa, por ejemplo, los distintos tratados que han utilizado este estatuto no siempre han descrito el objeto de preocupación en los mismos términos. Mientras el Acuerdo de París centra su preocupación en el cambio climático,[46] la CMNUCC se preocupa tanto por "los cambios del clima de la Tierra" como por "sus efectos adversos".[47]

Así, podemos distinguir dos grandes clases de obligaciones sobre las que se ampliará el *ius standi.* En primer lugar, las partes han descrito como preocupación "al cambio climático" en sentido general y abstracto. Podríamos decir, en consecuencia, que cualquier modificación antropogénica del clima terrestre es, por sí sola, motivo de preocupación. De este modo, todas aquellas obligaciones que pretendan evitar estos cambios, es decir, las obligaciones de mitigación, estarán directamente relacionadas con el objeto de preocupación y tendrán un *ius standi* ampliado.

En segundo lugar, las partes manifiestan preocupación por los efectos adversos del cambio climático. Así, las obligaciones de mitigación no serán las únicas relacionadas directamente con el objeto de preocupación. En la medida en que las obligaciones de adaptación pretendan limitar estos efectos adversos, también tendrán estructura integral y gozarán de *ius standi* ampliado.

---

44 *Convención de Viena sobre el Derecho de los Tratados* (1969) Art. 19

45 AMAT-I-PUIGSECH, Didac (2024) P. 156

46 *Acuerdo de París* (2015) Preámbulo

47 *Convención Marco de Naciones Unidas sobre Cambio* Climático (1992) Preámbulo.

III. CONCLUSIONES

Una de las principales características de la comunidad internacional contemporánea es la emergencia de múltiples intereses públicos globales. El reconocimiento de espacios comunes globales, la provisión de bienes públicos globales o la protección de valores fundamentales han tenido un claro impacto en el desarrollo internacional de las últimas décadas. Para hacer frente a dicho fenómeno, el derecho internacional público se ha abastecido de distintos instrumentos jurídicos, entre los que se encuentra el estatuto de "preocupación común de la humanidad".

En este contexto, este trabajo ha defendido que calificar el cambio climático como "preocupación común de la humanidad" no puede pasar desapercibido a los ojos de los operadores jurídicos. Por contra, hemos determinado que este estatuto impacta sobre la estructura de las obligaciones climáticas, ampliando el *ius standi* tanto en el eje horizontal como en el vertical.

Sin embargo, también hemos resuelto que estos impactos deben ser interpretados en el marco del principio de soberanía y que, en consecuencia, solo aquellas obligaciones directamente relacionadas con el objeto y finalidad de la preocupación común se beneficiarán de este cambio estructural. En el caso climático, afectará tanto a las obligaciones de mitigación como a las de adaptación.

IV. BIBLIOGRAFÍA

AMAT-I-PUIGSECH, Didac (2024) "Common Concern of Humankind and Its Legal Consequences for Climate Stability", Climate Law (vol. 14(2)), pp. 135-164

Panel Intergubernamental de Expertos sobre el Cambio Climático (2023) *Climate Change 2023: Synthesis Report*, Ginebra: IPCC.

ATKINSON, Angus, et al. (2009) "A re-appraisal of the total biomass and annual production of Antarctic krill' citado por Panel Intergubernamental de Expertos sobre el Cambio Climático (2018) *Global Warming of 1.5°C: An ipcc Special Report on the impacts of global warming of 1.5°C above pre-in-*

dustrial levels and related global greenhouse gas emission pathways, in the context of strengthening the global response to the threat of climate change, sustainable development, and efforts to eradicate poverty, Ginebra: IPCC.

BESSON, Samantha (2018) "Community Interests in International Law: Whose Interests Are They and How Should We Best Identify Them?" en BENVENISTI, Eyal y NOLTE, Georg (Dir.) *Community interests Across international Law*, Oxford: Oxford University Press, pp. 36-49

BIERMANN, Frank (1996) "Common Concern of Humankind: The Emergence of a New Concept of International Environmental Law", Archiv des Völkerrechts (vol. 34(4)), pp. 426-481

BROWN WEISS, Edith (2014) "Nature and the Law: The Global Commons and the Common Concern of Humankind", en SARATHI DASGUPTA, Partha, *et al.*, (Dir) *Sustainable Humanity, Sustainable Nature: Our Responsibility*, Ciudad del Vaticano: The Pontifical Academy of Sciences, pp. P. 1-16

CASANOVAS I LA ROSA, Oriol y RODRIGO HERNÁNDEZ, Ángel (2024) *Compendio de Derecho Internacional Público*, Madrid: Editorial Tecnos

COTTIER, Thomas y AHMAD, Zaker (2021) *The prospects of common concern on humankind in International Law*, Cambridge, Cambridge University Press

Group of Legal Experts of the United Nations Environmental Program (1991) *Report on the second meeting of the group of legal experts to examine the concept of the "Common Concern of Mankind" in relation to Global Environmental Issues.* Nairobi: UNEP

IOVANE, Massimo *et al.*, (2021) *The Protection of General Interests in Contemporary International Law*, Oxford, Oxford University Press.

MATHEWS, Jessica (1997), "Power Shift", Foreign Affairs (vol. 76(1)) pp. 50-66

RODRIGO HERNÁNDEZ, Ángel (2020) "Más allá del Derecho Internacional: El derecho internacional público" en MÉNDEZ, Ricardo (Dir.) *Derecho internacional: Colección Pensamiento Jurídico Contemporáneo*, Ciudad de México: Universidad Nacional Autónoma de México.

SAMUELSON, Paul Anthony (1954) "Pure Theory of Public Expenditure", The Review of Economics and Statistics (vol. 36(4)), pp. 387-389

SHELTON, Dinah (2009), "Common Concern of Humanity", Environmental Policy and Law (Vol. 39(2)), pp. 83-86

Normativa y jurisprudencia citada

— *Acuerdo de París*, 12 de diciembre de 2015

— *Acuerdo que debe regir las actividades de los Estados en la Luna y otros cuerpos celestes,* 18 de diciembre de 1979

— *Advisory Opinion submitted by the Commission of Small Island States on Climate Change and International Law* (2024) N° 31, Tribunal Internacional sobre el Derecho del Mar.

— *Case concerning Questions relating to the obligation to prosecute or extradite (Belgium v. Senegal)* (2012), N° 144, Corte Internacional de Justícia.

— *Case of Verein KlimaSeniorinnen Schweiz and Others v. Switzerland* (2024), Application nº 53600/20, Tribunal Europeo de Derechos Humanos

— CMA5 (2023) *Decision 1/CMA.5: Outcome of the first global stocktake,* FCCC/PA/CMA/2023/16/Add.1, Bonn: UNFCCC secretariat

— Comisión de Derecho Internacional (1957) *Document A/CN.4/107: Second report by G. G. Fitzmaurice, Special Rapporteur,* Ginebra: Comisión de Derecho Internacional

— Comisión de Derecho Internacional (2001) *Responsibility of States for Internationally Wrongful Acts,* Ginebra: Comisión de Derecho Internacional

— Comisión de Derecho Internacional (2022) *UN Doc. A/77/10: Draft Conclusions on identification and legal consequences of peremptory norms of general international law (jus cogens), with commentaries,* Ginebra: Comisión de Derecho Internacional

— Consejo de Derechos Humanos de Naciones Unidas (2022) *Resolution 50/9: Human rights and climate change,* A/HRC/RES/50/9, Nueva York: Naciones Unidas

— Consejo de Seguridad de Naciones Unidas (2011), *Statement S/PRST/2011/15*,* Nueva York: Naciones Unidas

— *Convención de Naciones Unidas para la Lucha Contra la Desertificación,* 17 de junio de 1994

— *Convención de Naciones Unidas sobre el Derecho del Mar,* 10 de diciembre de 1982

— *Convención de Viena sobre el Derecho de los Tratados,* 23 de mayo de 1969

— *Convención Marco de Naciones Unidas sobre Cambio Climático,* 9 de mayo de 1992

— *Convenio sobre la Diversidad Biológica,* 22 de mayo de 1992

— COP27 (2022) *Decision 1/CP.27: Sharm el-Sheikh Implementation Pla,* fccc/cp/2022/10/Add.1, Bonn: UNFCCC secretariat

— *Reservations to the Convention on the Prevention and Punishment of the Crime of Genocide* (1951), N° 12, Corte Internacional de Justícia.

— *Tratado Internacional sobre los recursos fitogenéticos para la alimentación y la agricultura,* 3 de noviembre de 2001
— *Tratado sobre los principios que deben regir las actividades de los Estados en la exploración y utilización del espacio ultraterrestre, incluso la Luna y otros cuerpos celestes,* 27 de enero de 1967.

Capítulo 19

La litigación climática y sus límites: estado de la cuestión

XAVIER FARRÉ FABREGAT*

SUMARIO: I. INTRODUCCIÓN. II. LA LITIGACIÓN CLIMÁTICA Y EL DERECHO INTERNACIONAL DEL MEDIOAMBIENTE. 1. La litigación climática. 2. El derecho internacional del medio ambiente. III. MANIFESTACIÓN DE LOS LÍMITES EN LOS CASOS CLIMÁTICOS. IV. CONCLUSIONES. V. BIBLIOGRAFÍA.

I. INTRODUCCIÓN

La litigación climática se ha convertido en una práctica jurídica cada vez más empleada para influir en la gestión del impacto que las actividades de los seres humanos tienen o van a tener sobre el clima. El análisis de los resultados de dichas sentencias climáticas es indisociable del rol y potencial conferidos a la litigación. Asimismo, en tanto en cuanto los argumentos jurídicos presentados en, y por, un tribunal se construyen, en mayor o menor medida, en relación al derecho (internacional) del medioambiente, es necesaria una previa identificación e interpretación de los límites que este régimen contiene. Estos límites aparecen en la litigación climática, ya sea en las sentencias beneficiosas a nivel climático cómo en las de signo contrario. Con el fin de describir cómo estos límites se manifiestan en los casos climáticos y calibrar el potencial de la litigación, esta comunicación primero conceptualiza la litigación climática y explica los dos límites del derecho medioam-

---

* Investigador predoctoral en la Universitat Pompeu Fabra de Barcelona, en el Grupo de Investigación en Derecho Internacional Público y Relaciones Internacionales.

biental a nivel internacional que obstruyen una acción climática más ambiciosa y holística: la separación del régimen legal de las inversiones del medioambiental y la diferenciación Norte-Sur Global que sigue existiendo dentro de éste último. Posteriormente se expone cómo la práctica de la litigación hace aflorar estos límites, explicando la forma concreta que adoptan.

II. LA LITIGACIÓN CLIMÁTICA Y EL DERECHO INTERNACIONAL DEL MEDIOAMBIENTE

1. La litigación climática

La litigación climática es un fenómeno creciente que influye, de forma buscada o de manera inconsciente, en la gobernanza del cambio climático. Concretamente, este tipo de litigación tiene un impacto regulatorio en la medida en que moldea el desarrollo, por una parte, del comportamiento agregado de distintos sujetos, y, por otra parte, de las políticas relacionadas con la mitigación y la adaptación[1]. Teniendo en cuenta la promoción del involucramiento de la ciudadanía y la sociedad civil en la gestión del medioambiente mediante tratados de derechos de acceso[2], en los que el acceso a la justicia —y por ende la litigación— es el derecho más movilizado y dominante culturalmente[3], este despliegue litigioso es comprensible. Ahora bien, la orientación de dicho impacto puede variar en función de cómo se concibe la litigación.

La litigación, en el contexto legal de los derechos de acceso, puede ser entendida como un ejercicio de corrección de asime-

---

1 PEEL, Jacqueline y OSOFSKY, Hari M. (2015), pp. 32-35.

2 Convenio sobre el Acceso a la Información, la Participación del Público en la Toma de Decisiones y el Acceso a la Justicia en Materia de Medio Ambiente, adoptado el 25 de junio de 1998 en Aarhus (Dinamarca) *y* Acuerdo Regional sobre el Acceso a la Información, la Participación Pública y el Acceso a la Justicia en Asuntos Ambientales en América Latina y el Caribe, adoptado el 4 de marzo de 2018 en Escazú (Costa Rica).

3 ABBOT, Carolyn y LEE, Maria (2024), pp. 93 y 103.

trías en el comportamiento (e intercambio de información) del sector privado en su gestión y afectación del medio ambiente sin cuestionar las estructuras de mercado subyacentes que permiten dicha conducta[4]. En caso de que la litigación pretenda ir más allá de este perfeccionamiento, puede intentar generar un efecto catalizador, con un espíritu más ecológico, con el objetivo de transformar leyes existentes —o crear nuevas normas— de alcance sistémico[5]. En este sentido, la litigación busca rellenar lagunas de contenido del derecho (internacional) del cambio climático. Ahora bien, también existe litigación de un carácter más defensivo, no alineada con los objetivos climáticos, que intenta bloquear la aplicación de leyes y políticas que buscan reducir la emisión de gases de efecto invernadero, principalmente por motivos financieros e ideológicos[6].

Los estudios cuantitativos parecen mostrar que en la última década la litigación climática se ha utilizado, y se está utilizando, ampliamente. Si bien la base de datos del *Sabin Center* ha identificado la existencia de unos 2666 casos climáticos a nivel mundial entre 1986 y el mayo del 2024, un 70% de estos —es decir, 1860— se han iniciado a partir de 2015[7]. La cantidad de casos no es *per se* un indicador del intento de regulación vía litigación, pues un litigio, o unos pocos, con carácter catalizador puede tener un impacto legal que afecte a diversos sectores económicos y reorganice la jerarquía entre normas existentes. Con todo, la ola de los litigios climáticos iniciada en 2015 evidencia la relevancia adquirida por

---

4 GUPTA, Aarti y MASON, Michael (2014), p. 8 y 10.

5 BOOKMAN, Sam (2023), p. 602-603.

6 SETZER, Joana y HIGHAM, Catherine (2022), p. 7. En este tipo de casos no se incluyen aquellos que pueden oponerse a una acción climática debido a que esta no tiene en cuenta el coste y la carga estructuralmente diferenciada que supone para los derechos humanos de un conjunto de ciudadanos, sobre todo a corto plazo. Estos son los casos de *transición justa* [*véase* SETZER, Joana y HIGHAM, Catherine (2024), p. 43].

7 SETZER, Joana y HIGHAM, Catherine (2024), p. 10.

los tribunales para contestar la ordenación legal climática, albergando un intento, en mayor o menor medida consciente, de afectar el comportamiento de distintos actores, así como las políticas climáticas realizados por los Estados.

El potencial regulatorio de esta ola de casos, la dirección del cuál variará en función del tipo de litigio realizado, es proyectado con un aura de optimismo, a veces comedida pero otras veces más desenfrenada. A este respecto, aunque ciertamente hay victorias judiciales que tienen un peso muy notable en la acción climática, esta comunicación considera que la litigación es la segunda mejor opción para hacer frente al cambio climático, siendo los acuerdos ambientales multilaterales —siempre que sean completos, con obligaciones precisas y establezcan mecanismos de cumplimiento— la primera mejor opción[8]. Pese a que esta perspectiva pueda rebajar las expectativas depositadas sobre la litigación climática[9], no está reñida con una percepción positiva acerca de su potencial ni debe, por consiguiente, confundirse con un escepticismo sobre su necesidad[10]. Asimismo, y cómo segunda mejor opción, la

---

8 RAJAMANI, Lavanya (2021).

9 Sobre todo por la urgencia procedente del breve intervalo de tiempo del que se dispone para evitar un cambio climático extremadamente perjudicial y del lento proceso que se le presupone a la obtención de victorias judiciales que puedan extenderse por multitud de jurisdicciones. En este sentido, un acuerdo ambiental multilateral con las características ya mencionadas podría, idealmente, ser operacionalizable más rápidamente que la estrategia litigiosa.

10 Por ejemplo, entre los éxitos que incluyen una opción cambio estructural encontramos el de *Milieudefensie v. Royal Dutch Shell* (Mayo 26, 2021). En este caso, el Tribunal del Distrito de la Haya cuantifica las emisiones que realiza una empresa transnacional y se le obliga a reducir sus emisiones no únicamente dentro de su grupo, sino también en relación a las emisiones relacionadas con el consumo del paquete energético que ofrece a usuarios y otras empresas. En este sentido, el derecho internacional del cambio climático, mediante la Convención Marco y el Acuerdo de París, y con un endurecimiento de los Principios Rectores sobre las Empresas y los Derechos Humanos de las Naciones Unidas,

noción de éxito en los litigios climáticos es una cuestión compleja debido a la multiplicidad de resultados, de contextos y de estrategias de movilización social en las que la litigación se insiere[11].

A pesar de que la profundidad de este éxito puede variar en función de cómo se conciba y, por ende, se lleve a cabo la propia litigación climática —trazando, así pues, una suerte de *límites endógenos*—, el principal obstáculo se encuentra en los límites presentes en el derecho internacional del medioambiente y con los que de alguna forma se relaciona la litigación —ya sea para erosionarlos o mantenerlos.

2. *El derecho internacional del medio ambiente*

La identificación de los límites del derecho internacional del medioambiente depende de la aproximación al derecho internacional que uno tome[12]. Partiendo desde una perspectiva crítica, se identifican dos límites: el aislamiento del derecho internacional del medioambiente dentro del derecho internacional —es decir, respecto a otros regímenes legales— y la incompleta arquitectura interna del derecho internacional del medioambiente.

En relación al primer límite, en el derecho internacional predominante, construido en mayor medida des de y para fomentar un liberalismo internacionalista, las cuestiones medioambientales

---

permite abrir la posibilidad de erosionar un límite crónico en el derecho internacional: la falta de deberes de determinados actores no transnacionales.

11 DE VÍLCHEZ, Pau (2022), pp. 361-362.

12 Des del realismo legal no se encontrarán exactamente los mismos límites que des del formalismo clásico o desde un enfoque del tercer mundo —ampliamente conocido cómo TWAIL, sus siglas en inglés. Además, la identificación de una estructuración legal concreta o del contenido de una norma cómo un límite puede ser compartida, pero la interpretación del efecto legal, su validez en base a otras normas o principios de derecho, y su deseabilidad pueden variar en función de la aproximación tomada.

—y también las sociales— se encuentran separadas de los regímenes legales del comercio, la seguridad, las inversiones y el uso de la fuerza[13]. Esto implica que una visión estática del derecho internacional del medioambiente presente poco margen de maniobra para atacar las causas que producen un cambio climático peligroso, necesitando permear otros regímenes para ser más eficaz.

En esta fragmentación destaca el régimen de las inversiones, en el que, ante la falta de obligaciones claras y explícitas para los inversionistas, los tribunales de arbitraje "tienden a tratar los acuerdos internacionales de inversión como un régimen autónomo [*self-contained*] que prevalece sobre otros regímenes regulatorios"[14]. En este sentido, el sometimiento simultáneo de un Estado al régimen del medioambiente y al de las inversiones puede generar un dilema para los gobiernos en la medida en que puede existir una incompatibilidad en el cumplimiento de los dos que puede forzar a escoger uno por encima el otro, con la práctica habitual de los árbitros como factor clave a la hora de tomar una decisión[15]. Conviene matizar que esto no implica que el régimen de las inversiones sea inevitablemente contrario a las medidas climáticas, pero su configuración actual no ha sido eficaz —incluso en los arbitrajes en los que la acusación utiliza argumentos de protección medioambiental en relación a los beneficios asociados

---

13 ORFORD, Anne (2020), pp. 3 y 46. Si bien en la primera página de la cita se refiere más a la visión y acción de los abogados, o académicos, especializados en cada régimen legal, en la segunda página de la cita parece referirse más al régimen cómo tal que a la acción de sus respectivos abogados. En este sentido, la presente aclaración es realizada para explicar que Orford no clarifica si esta separación es fruto de la práctica legal, que termina creando dichos regímenes, o si bien esta práctica simplemente opera dentro de los límites ya establecidos en los acuerdos que constituyen los regímenes.

14 Informe del Grupo de Trabajo sobre la cuestión de los derechos humanos y las empresas transnacionales y otras empresas, (2021), párrafo 17.

15 Informe del Experto Independiente sobre las consecuencias de la deuda externa y las obligaciones financieras internacionales conexas de los Estados (2017), párrafo 8.

a la promoción de energías renovables por parte de los gobiernos (y que, por lo tanto, podrían considerarse de una orientación mínimamente beneficiosa en términos ecológicos)— para que los Estados implementen medidas que promuevan la transición energética sino para que paguen una compensación a los inversores[16].

En relación al segundo límite, y siguiendo con una perspectiva crítica, el derecho internacional del medioambiente, des del poco margen de maniobra que adolece, posee desajustes internos estructurales que disminuyen su impacto beneficioso para el medioambiente –cómo por ejemplo la centralidad adquirida por una visión del desarrollo sostenible marcadamente inclinada hacía su vertiente económica[17]. Entre éstas destaca la incapacidad del derecho internacional del medioambiente de incorporar los problemas ambientales que tienen un impacto inmediato y negativamente diferenciado sobre el Sud Global[18]. Esta especie de fragmentación interna es meridianamente clara en la infraestructura legal de *pérdidas y daños* dentro del derecho internacional del cambio climático; más allá de las cuestiones legalmente ignoradas relativas a la responsabilidad y formas de compensación con las que el pilar de pérdidas y daños constantemente se asocia, el Sur Global, siguiendo el artículo 8 del Acuerdo de París, no lo consi-

---

16 PERRONE, Nicolás (2024), párrafos 133-135.

17 KOTZÉ, Louis J., DU TOIT, Louis y FRENCH, Duncan (2021), pp. 191-192. Estos autores hablan de una *complicidad estructural* del derecho internacional del medioambiente ante esta situación.

18 ATAPATTU, Sumudu y GONZALEZ, Carmen G. (2015), p. 10. Esta incapacidad descansa, entre otros motivos, en la imposibilidad de reconocer el derecho al medioambiente sano [*véase* KOTZÉ, Louis J., DU TOIT, Louis y FRENCH, Duncan (2021), p. 193 *y* ATAPATTU, Sumudu y GONZALEZ, Carmen G. (2017), p. 236]. Aunque la adopción de la resolución 76/300 por parte de la Asamblea General de las Naciones Unidas parecería desmentir esta visión y trazar un camino cualitativamente distinto al derecho internacional del medioambiente, la influencia a nivel de contenido y de operacionalización del Sud Global corre el riesgo de diluirse cuando este se globaliza como un derecho nuevo [*véase* GODWIN DZAH, Godwin Eli (2023), pp. 4-5].

dera parte de la infraestructura de la adaptación, tal y como sí lo entiende gran parte del Norte Global y cómo aparece en el *Paris Rulebook*[19].

Aunque la COP 28 consiguió formalmente crear un fondo de pérdidas y daños, que tuvo su origen en la propuesta del G77 y China en la 56ª sesión del Órgano Subsidiario de Asesoramiento Científico y Tecnológico (OSACT) de la Convención Marco de las Naciones Unidas sobre el Cambio Climático (CMNUCC) unos meses previos a la COP 27 —y que la propia COP impulsó con un Comité Transicional que hiciera recomendaciones sobre su operacionalización—[20], todavía no existe una definición formal de pérdidas y daños, la contribución al fondo es voluntaria[21] y el rol de administrador fiduciario del Banco Mundial no ha sido muy bienvenido por muchos países del Sur Global[22]. Su indetermina-

---

19 TOUSSAINT, Patrick (2020), p. 18. Tal y cómo apunta Toussaint, véase cómo el párrafo 115 de la Decisión 18/CMA.1 incluye la información relativa a evitar y minimizar las pérdidas y daños dentro de la información relativa al artículo 7 del Acuerdo de París, es decir, dentro de la adaptación.

20 TOUSSAINT, Patrick (2024), pp. 138-139.

21 *Véase* el párrafo 12 de la Decisión 1/CP.28 (Documento de las Naciones Unidas FCCC/CP/2023/11/Add.1) en el que se "*[i]nstan también* a las Partes que son países desarrollados a que sigan prestando apoyo y *alientan* a las demás Partes a que presten o sigan prestando apoyo, con carácter voluntario, a las actividades para hacer frente a las pérdidas y los daños" (énfasis propio del texto original).

22 SHUMWAY, Emma (diciembre 20, 2023).
Aunque la distinción entre Norte y Sur Global presenta desafíos analíticos importantes, sobre todo el riesgo de homogenizar Estados con características distintas dentro de cada categoría, en cierta forma, en el derecho internacional del medioambiente estas tienen su dimensión legal tal y como lo demuestra, entre otros ejemplos, la operacionalización del principio de responsabilidades comunes pero diferenciadas — ya presente en la CMNUCC — que supuso el Protocolo de Kyoto [véase WEWERINKE-SINGH, Margaretha (2019), p. 49]. La COP 27, en la que se acuerda crear el fondo de pérdidas y daños, sigue esta línea y también diferencia entre países del Sud Global cuando decide "estable-

ción conceptual, así como el poco volumen recaudatorio que este fondo —a día de hoy— posee en base a su carácter voluntario dificultan una operacionalización que se acople a las necesidades de los países más vulnerables.

III. MANIFESTACIÓN DE LOS LÍMITES EN LOS CASOS CLIMÁTICOS

Los dos límites del derecho internacional del medioambiente explicados en la sección anterior se manifiestan de una forma más o menos concreta en la litigación climática. Esta sección pretende señalar, primero, qué efecto tiene el límite del régimen de las inversiones empleado desde una litigación que obstruye la acción climática y, segundo, cómo la praxis actual de la litigación del Sud Global corre el riesgo de seguir reproduciendo límites dentro del derecho del cambio climático.

En relación a la primera manifestación de los límites, cómo ya se ha apuntado anteriormente, existe una litigación no-alineada con los objetivos climáticos[23]. De los 230 nuevos casos climáticos

---

cer nuevos arreglos de financiación para prestar asistencia a los países en desarrollo *que son particularmente vulnerables* a los efectos adversos del cambio climático" [véase el párrafo 2 de la Decisión 1/CP.27 (Documento de las Naciones Unidas FCCC/CP/2022/10/Add.1); énfasis añadido por el autor].

Asimismo, a pesar de las diferencias económicas y de intereses dentro del Sud Global en relación a la gestión del cambio climático, en muchas de las negociaciones ambientales se presentan conscientemente cómo una unidad diferenciada que históricamente ha sido excluida de la creación de normas internacionales [*véase* NAJAM, Adil (2020), pp. 247-254].

23 Hasta el 2018, en el 35% de los casos acumulados a nivel internacional, sin contar los Estados Unidos, los demandantes eran corporaciones que querían parar proyectos y leyes climáticas [*véase* NACHMANY, Michal y SETZER, Joana (2018), p. 5].

registrados en 2023, un 21% son de este tipo[24]. Destaca la industria de los combustibles fósiles y su uso de la Solución de Controversias entre Inversionistas y Estados (SCIE), ganando el 72% de los demandas en la fase de examen del fondo de la cuestión y consiguiendo unos 77.000 millones de dólares en concepto de indemnizaciones[25]. Teniendo en cuenta la falta de información acerca de la totalidad de casos existentes —sobre todo en relación a aquellos que ocurren fuera del Centro Internacional de Arreglo de Diferencias relativas a Inversiones (CIADI) y de la Comisión de las Naciones Unidas para el Derecho Mercantil Internacional (CNUDMI)— y de las indemnizaciones a pagar, estos casos también provocan un efecto disuasorio que empuja a los Estados a diseñar las medidas climáticas gubernamentales con el fin de evitar disputas con inversores[26].

La autonomía conferida al derecho internacional de las inversiones afecta cómo se concibe y aplica el derecho internacional del medioambiente. El antiguo relator especial de las Naciones Unidas sobre derechos humanos y medio ambiente, David Boyd, considera que los SCIE, en los últimos años, han invertido un principio tan ampliamente aceptado en el derecho internacional del medioambiente cómo el de *quien contamina paga,* pues son los contaminadores los que están cobrando[27]. Además, incluso en los casos en los que los Estados adoptan medidas suaves relaciona-

---

24 SETZER, Joana y HIGHAM, Catherine (2024), p. 40. Cabe matizar que este 21% también incluye casos de "transición justa" mencionados en la nota a pie de página 6.

25 Relator Especial de derechos humanos y medioambiente (2023), párrafo 5. Para poner esta cifra en perspectiva, en la COP 15 de 2009 los países desarrollados se comprometieron a movilizar conjuntamente y de forma anual 100.000 millones de dólares hacia los países en vía de desarrollo en materia de mitigación para el año 2020.

26 TIENHAARA, Kyla (2018), p. 233. Este fenómeno se conoce cómo *internalización del enfriamiento regulatorio.*

27 Relator Especial de derechos humanos y medioambiente (2023), párrafo 41.

das con la limitación de la producción de petróleo, los tribunales de arbitraje pueden considerar que estas son resultados políticos, fruto de una participación y un compromiso cívico, que no deben mezclarse con políticas medioambientales sensatas —mostrándose, los árbitros, inicialmente sensibles a las preocupaciones climáticas— que sí que podrían influir en limitar la producción. Siguiendo esta lógica, debido a este componente político y no-técnico del proceso a través del cual se toman las medidas gubernamentales, éstas no pueden escrudiñar si una evaluación de impacto ambiental se ha realizado correctamente ni utilizarse en el proceso de decidir el desenlace de una concesión de producción[28]. En este sentido, el principio de precaución sólo opera hasta que se realiza la evaluación de impacto ambiental, imposibilitando que sirva para examinar en qué requisitos legales se ha sustentado y cómo estos han influenciado el resultado final.

El límite que supone la separación del régimen legal del medioambiente del de las inversiones es invocado y reproducido a través de la litigación de las industrias de los combustibles fósiles, afectando la aplicación de principios básicos del derecho internacional del medioambiente y promoviendo una visión concreta del derecho de las inversiones que ignora que este es parte del derecho internacional público y que, por lo tanto, debe tener en cuenta obligaciones entre las partes más allá de las que aparecen en los tratados de inversión[29].

En relación a la segunda manifestación, cabe matizar que la litigación anti-acción climática no es la única que puede reproducir límites puesto que la de signo contrario corre el peligro de

---

28 ARCURI, Alessandra, TIENHAARA, Kyla y PELLEGRINI, Lorenzo (2024), pp. 199 y 205-206. Estos autores analizan los casos *Rockhopper v. Italia* y *Lone Pine v. Canadá.*

29 Experto Independiente sobre las consecuencias de la deuda externa y las obligaciones financieras internacionales conexas de los Estados (2017), párrafo 22.

enquistar problemas estructurales que afectan a los países del Sur Global[30]. Esto sucede principalmente por tres motivos.

Primero, la litigación climática se centra principalmente en la mitigación y en mucho menor medida en la adaptación. El tercer pilar de la acción climática, las pérdidas y daños, es muy minoritario y, siendo generosos, se encuentra en sus comienzos[31]. Una posible explicación de esta escasez de casos de pérdidas y daños se puede encontrar en el mínimo desarrollo, así como en la indeterminación conceptual, que ha padecido en las sucesivas negociaciones climáticas. No obstante, si la litigación se concibe como un ejercicio para rellenar lagunas del derecho —en este caso sobre el contenido de este pilar de la acción climática—, parece que el advenimiento y la importancia que se avistaba a la litigación de pérdidas y daños en el año 2020[32] sigue sin terminar de materializarse. Esto implica que la litigación climática, a día de hoy, no pueda ofrecer recursos a los ciudadanos de los Estados, o a los propios Estados en tanto que sujetos de derecho internacional, que menos han contribuido históricamente al cambio climático y que más van a sufrir sus consecuencias.

En el Sud Global la litigación climática no tiende a utilizar argumentos jurídicos basados en una falta de ambición de la legislación climática nacional en materia de mitigación, sino que se basa más en los derechos humanos y constitucionales[33]. Si bien esto podría indicar un distanciamiento de la centralidad que ocupa la

---

30 Si bien esta distinción Norte-Surte también es presente en la aplicación del régimen de las inversiones [*véase* Relator Especial de derechos humanos y medioambiente (2023), párrafos 17 y 20], también es cierto que esto es más matizable teniendo en cuenta cómo estos arbitrajes también afectan a países como Italia, Canadá o España, entre otros.

31 TIGRE, Maria Antonia y WEWERINKE-SINGH, Margaretha (2023), p. 2.

32 WEWERINKE-SINGH, Margaretha y SALILI, Diana H. (2020), p. 688.

33 LIN, Jolene y PEEL, Jacqueline (2024), p. 63. Concretamente, estas dos autoras concluyen que un 62'5% de los 128 casos del Sud Global giran alrededor de derechos humanos y constitucionales, combinándolos —no siempre— con leyes medioambientales.

mitigación en la litigación, cabe recordar que de los 160 litigios climáticos a nivel mundial que se basan en derechos humanos, sólo un 15% —24 casos— de estos contienen argumentos relacionadas con pérdidas y daños[34]. Así pues, la litigación de pérdidas y daños sigue siendo escasa.

En relación al segundo motivo, sólo el 8% de todos los casos climáticos tiene lugar en el Sud Global[35]. Por una parte, e independientemente del tipo de litigación, esta infrarrepresentación judicial es problemática ya que existe un consenso en que estos Estados van a ser los más afectados por los efectos del cambio climático. Pero, por otra parte, parece que la tendencia de los casos en el Sud va a ir en aumento, sobretodo en ciertos Estados[36]. Obviamente esto en sí mismo no es problemático, al contrario. Ahora bien, en los casos en los que los ciudadanos acusan a los Estados del Sud Global de falta de acción climática —ya sea mediante argumentación basada en derechos humanos o desmarcándose de este patrón general mediante el cuestionamiento de la ambi-

RODRÍGUEZ-GARAVITO [César (2022), p. 12] ha identificado 148 casos basados en este argumentario en todo el mundo entre los años 2015 y 2021, de los cuáles alrededor de 38'3% tienen lugar en el Sud Global y un 9'4% en tribunales regionales e internacionales. La interpretación de estas cifras puede variar con un mayor desgrane de los países que componen la categoría *Europa*.

34 WEWERINKE-SINGH, Margaretha (2023), p. 542. Eso sí, la gran mayoría de estos 24 casos tienen lugar en tribunales domésticos del Sud Global o en tribunales internacionales con demandas iniciadas por países del Sud Global. Cabe matizar, a modo metodológico, que en su artículo la autora no explica cuál fue la última vez que accedió a la base de datos del *Sabin Center*, hecho que dificulta la comparación con los datos ofrecidos por LIN y PEEL —que sí matizan que la última vez que accedieron a dicha base de datos fue en julio del 2023. Ahora bien, estas dos autoras también advierten que utilizan casos que no se encuentran en esta base de datos.

35 SETZER, Joana y HIGHAM, Catherine (2024), p. 13.

36 SETZER, Joana y HIGHAM, Catherine (2024), p. 14.

ción de las leyes climáticas nacionales[37]—, si las obligaciones de cooperación no se extienden, los remedios adjudicados por los tribunales —sean reparaciones o medidas correctivas de adaptación— pueden ser cuestionables en términos de justicia climática ya que los Estados del Sud Global van a terminar pagando más de lo que les correspondería en relación a su contribución histórica en materia de emisiones[38].

El tercer motivo radica en la dificultad que tienen los ciudadanos del Sud Global para llevar a cabo litigación en los países de origen de las empresas transnacionales, del Norte Global, creando una suerte de extraterritorialidad parcial. Por un lado, los tribunales del Norte Global pueden reconocer la extraterritorialidad de las emisiones de estas empresas, ordenándoles una reducción de sus emisiones fuera del Estado dónde tiene lugar el juicio. Pero, por otro lado, esta extraterritorialidad no permite que los ciudadanos de otros Estados del Sud Global participen en las demandas ya que los tribunales se limitan a analizar cómo las emisiones afectan los intereses de los ciudadanos del país de origen de la empresa. Esto es lo que sucede en un caso tan progresista cómo *Milieudefensie v. Shell*, en el que se concluye que los ciudadanos del mundo no pueden ser parte de la demanda en cuestión[39]. Ahora bien, sí que es cierto que hay dos casos, que

---

37 LIN, Jolene y PEEL, Jacqueline (2024), pp. 61-62. Por ejemplo, el caso *Maria Khan y Otros v. Pakistán*.

38 AUZ, Juan (2022). AUZ argumenta que para sufragar el coste de estos remedios, así como de futuras medidas de mitigación, el Sud Global puede verse empujado a continuar con un modelo extractivista. En esta dirección puede interpretarse el posicionamiento de Brasil y Guyana en relación a la exploración de nuevos yacimientos de petróleo [*véase* NETOO, Andrei (julio 8, 2024)].

39 La demanda que da origen al caso es de naturaleza colectiva, buscando proteger intereses públicos. El Tribunal del Distrito de la Haya sólo admite la demanda de las organizaciones no-gubernamentales (ONGs) que quieren defender los ciudadanos holandeses ya que considera que hay un interés similar entre estos ciudadanos que permite juntarlos (*legal bundle*). El Tribunal considera que este no es el caso para los ciuda-

por motivos de espacio no pueden ser desarrollados, en los que parece que esto puede revertirse: *Luciano Lliuya v. RWE AG* (en Alemania) y *Asamania y otros v. Holcim* (en Suiza).

IV. CONCLUSIONES

Los límites que esta comunicación ha identificado no son exclusivos de una litigación no alineada con los objetivos climáticos. Pese a que el efecto que produce la separación del régimen legal de las inversiones del medioambiental constituye un límite nocivo a la vez que fácilmente reconocible, la litigación que persigue fomentar una mejor acción climática puede reproducir, sin ser este su objetivo, límites internos en el derecho internacional del cambio climático que reproduzcan las diferencias entre el Norte y el Sur Global. Esta comunicación, con la mención de distintos posibles ejemplos de progreso, considera que es compatible hablar de éxito en los litigios climáticos en un contexto de límites que restringe el alcance de estos éxitos. Ante la receptividad mostrada por un número no menospreciable de tribunales para avanzar en la gobernanza climática, entender bien cómo se manifiestan estos límites es clave.

---

danos del mundo, ya que al no presentarse de forma diferenciada, no puede proceder a juntarlos. Por este motivo no admite la demanda de la ONG ActionAid, que, tal y cómo explica el Tribunal, al operar en países en vía desarrollo —sobre todo en África— no promociona suficientemente los intereses de los ciudadanos holandeses [*véase* Vereniging Milieudefensie y otros v. Royal Dutch Shell (Mayo 26, 2021), párrafos 4.2.1-4.2.6]. Cabe precisar que autores cómo GOLIA y HOFF hacen una lectura positiva al respecto ya que, según ellos, si los ciudadanos un país concreto se juntaran, podrían emprender una demanda colectiva que permitiera al tribunal agruparlos para que su petición defendiera un interés común [*véase* GOLIA, Angelo Jr, y HOFF, Anneloes (Junio 25, 2021)].

V. BIBLIOGRAFÍA

PEEL, Jacqueline y Osofsky, Hari M. (2015), *Climate Change Litigation: Regulatory Pathways to Cleaner Energy*, Cambridge, Cambridge University Press.

ABBOT, Carolyn y LEE, Maria (2024), "NGOs Shaping Public Participation Through Law: The Aarhus Convention and Legal Mobilisation", Journal of International Environmental Law", 36(1), pp. 85-106.

GUPTA, Aarti y MASON, Michael (2014), "A Transparency Turn in Global Environmental Governance", en GUPTA, Aarti y MASON, Michael (Dir.), Transparency in Global Environmental Governance: Critical Perspectives, Cambridge, MIT Press, pp. 3-38.

BOOKMAN, Sam (2023), "Catalytic Climate Litigation: Rights and Statutes", Oxford Journal of Legal Studies", 43(3), pp. 598–628.

SETZER, Joana y HIGHAM, Catherine (2022), "Global Trends in Climate Change Litigation: 2022 Snapshot", London: Grantham Research Institute on Climate Change and the Environment and Centre for Climate Change Economics and Policy, London School of Economics and Political Science.

SETZER, Joanna y HIGHAM, Catherine (2024), "Global Trends in Climate Change Litigation: 2024 Snapshot", London: Grantham Research Institute on Climate Change and the Environment, London School of Economics and Political Science.

RAJAMANI, Lavanya (2021), "Climate Litigation: The Second-Best Option for Governing Climate Change", British Institute of International and Comparative Law, International Virtual Summit: Our Future in the Balance. The role of Courts and Tribunals. Filmado online el Junio 7, 2021 (consultado en Julio 16, 2024 en https://www.youtube.com/watch?v=riS-6baHuWrc).

DE VÍLCHEZ, Pau (2022), "Panorama de Litigios Climáticos en el Mundo", Anuario de la Facultad de Derecho de la Universidad Autónoma de Madrid, 26, pp. 349-381.

ORFORD, Anne (2020), "International Law and the Social Question", Fifth Annual T.M.C Asser Lecture, pp. 1-50.

Informe del Grupo de Trabajo sobre la cuestión de los derechos humanos y las empresas transnacionales y otras empresas (Julio 27, 2021), "Acuerdos internacionales de inversión compatibles con los derechos humanos", Documento Naciones Unidas A/76/238.

Informe del Experto Independiente sobre las consecuencias de la deuda externa y las obligaciones financieras internacionales conexas de los Estados (Julio 17, 2017), "Consecuencias de la deuda externa y las obligaciones financieras internacionales conexas de los Estados para el pleno goce de todos los derechos humanos, sobre todo los derechos económicos, sociales y culturales", Documento Naciones Unidas A/72/153.

PERRONE, Nicolás (2024), "International Investment Agreements and Climate Change: What is the Role that International Investment Agreements Play in the Transition to a Green Economy?", APEC Investment Experts' Group.

KOTZÉ, Louis J., DU TOIT, Louis y FRENCH, Duncan (2021), "Friend or foe? International environmental law and its structural complicity in the Anthropocene's climate injustices", Oñati Socio-Legal Series, 11(1), pp. 180–206.

ATAPATTU, Sumudu y GONZALEZ, Carmen G. (2015), "The North–South Divide in International Environmental Law: Framing the Issues", en ALAM, Shawkat, ATAPATTU, Sumudu, GONZALEZ, Carmen G., y RAZZAQUE, Jona (Dir.), *International Environmental Law and the Global South*, Cambridge, Cambridge University Press, pp. 1-10.

ATAPATTU, Sumudu y GONZALEZ, Carmen G. (2017), "International Environmental Law, Environmental Justice, and the Global South", Transnational Law & Contemporary Problems, 26, pp. 229-242.

GODWIN DZAH, Godwin Eli (2023), "Marginalising Africa: The 'New' Human Right to a Clean, Healthy and Sustainable Environment in International Law", TWAIL-Reflections, 52.

TOUSSAINT, Patrick (2020) "Loss and damage and climate litigation: The case for greater interlinkage", RECIEL, 30, pp. 16-33.

TOUSSAINT, Patrick (2024) "Loss and Damage, Climate Victims, and International Climate Law: Looking Back, Looking Forward", Transnational Environmental Law 13(1), pp. 134-159.

SHUMWAY, Emma (diciembre 20, 2023) "Observations from COP28 on the Loss and Damage Fund", Climate Law. A Sabin Center Blog. Accesible en https://blogs.law.columbia.edu/climatechange/2023/12/20/observations-from-cop28-on-the-loss-and-damage-fund/ [consultado en 8 julio, 2024].

WEWERINKE-SINGH, Margaretha (2019), *State Responsibility, Climate Change and Human Rights Under International Law*, Oxford, Hart Publishing.

NAJAM, Adil (2020) "The View From the South: Developing Countries in Global Environmental Politics," en AXELROD, Regina S., VanDeveer, Stacy D., y Downie, David Leonard (dir.), *The global environment: institutions, law, and policy*, Washington, QC Press, pp. 245-268.

NACHMANY, Michal y SETZER, Joana (2018), "Global trends in climate change legislation and litigation: 2018 snapshot" London: Grantham Research Institute on Climate Change and the Environment and Centre for Climate Change Economics and Policy, London School of Economics and Political Science.

Informe del Relator Especial de Derechos Humanos y Medioambiente (Julio 13, 2023), "Pagar a los contaminadores: las catastróficas consecuencias de la solución de controversias entre inversionistas y Estados para la acción climática y ambiental y los derechos humanos", Documento Naciones Unidas A/78/68.

TIENHAARA, Kyla (2018) "Regulatory Chill in a Warming World: The Threat to Climate Policy Posed by Investor-State Dispute Settlement", Transnational Environmental Law, 7(2), pp. 229-250.

ARCURI, Alessandra, TIENHAARA, Kyla y PELLEGRINI, Lorenzo (2024), "Investment law v. supply-side climate policies: insights from Rockhopper v. Italy and Lone Pine v. Canada", International Environmental Agreements: Politics, Law and Economics, 24, pp. 193–216.

TIGRE, Maria Antonia y WEWERINKE-SINGH, Margaretha (2023), "Beyond the North–South divide: Litigation's role in resolving climate change loss and damage claims", RECIEL, 32(3), pp. 1-14.

WEWERINKE-SINGH, Margaretha y SALILI, Diana H. (2020), "Between negotiations and litigation: Vanuatu's perspective on loss and damage from climate change", Climate Policy, 20(2), pp. 681-692.

LIN, Jolene y PEEL, Jacqueline (2024), *Litigating Climate Change in the Global South,* Oxford, Oxford Edición Online, Oxford Academic.

RODRÍGUEZ-GARAVITO, César (2022), "Litigating the Climate Emergency: The Global Rise of Human Rights–Based Litigation for Climate Action", en RODRÍGUEZ-GARAVITO, César (dir.), *Litigating the Climate Emergency: How Human Rights, Courts, and Legal Mobilization Can Bolster Climate Action,* Cambridge University Press, pp. 9-83.

WEWERINKE-SINGH, Margaretha (2023), "The Rising Tide of Rights: Addressing Climate Loss and Damage through Rights-Based Litigation", Transnational Environmental Law, 12(3), pp. 537-556.

AUZ, Juan (2022), "Two Reputed Allies: Reconciling Climate Justice and Litigation in the Global South", en RODRÍGUEZ-GARAVITO, César (dir.), *Litigating the Climate Emergency: How Human Rights, Courts, and Legal Mobilization Can Bolster Climate Action,* Cambridge University Press, pp. 145-156.

NETOO, Andrei (2024), "'Will you stop exploring yours?': Latin America forges ahead on new oil frontier", The Guardian. Accesible en https://www.theguardian.com/global-development/article/2024/jul/08/will-you-stop-exploring-yours-latin-america-forges-ahead-on-new-oil-frontier [consultado en julio 8, 2024].

GOLIA, Angelo Jr, y HOFF, Anneloes (2021), "Reducing is Caring. The Dutch climate case against Shell", Völkerrechtsblog. Accesible en https://voelkerrechtsblog.org/reducing-is-caring/ [consultado en julio 13, 2024].

Vereniging Milieudefensie y otros v. Royal Dutch Shell (2021), Tribunal de Distrito de la Haya, ECLI:NL:RBDHA:2021:5339 [traducción oficial en inglés realizada publicada en la página web oficial de la sentencia].

Capítulo 20

Las compensaciones voluntarias de carbono, ¿un olvido del legislador comunitario?: Los casos de España y Portugal

MARIO MARTÍN GARCÍA*

SUMARIO: I. DE LA COMPENSACIÓN DE EMISIONES A LOS MERCADOS VOLUNTARIOS. II. ¿QUÉ SON LOS MERCADOS DE CARBONO?. III. DIFERENTES MODELOS REGULATORIOS. IV. ENCAJE NORMATIVO DE LOS MERCADOS VOLUNTARIOS DE CARBONO. V. PRINCIPALES DIFERENCIAS CON EL MODELO PORTUGUÉS. VI. CONCLUSIONES. VII. BIBLIOGRAFÍA.

I. DE LA COMPENSACIÓN DE EMISIONES A LOS MERCADOS VOLUNTARIOS.

Es de sobra conocido que el mercado de derechos de emisión constituye el instrumento central de la política comunitaria frente al Cambio Climático[1]. No obstante, no basta por sí solo como instrumento de tutela ambiental. No cubre todos los sectores productivos existentes en la Unión[2] ni abarca todas las emisiones

---

* Investigador en Derecho Administrativo en la Universidad de Valladolid.

1 *Vid.* SANZ RUBIALES, Íñigo (2014), pp. 31.

2 Así, quedan fuera los denominados "sectores difusos", representativos de ciertos sectores menos intensivos en el uso de la energía (aun a pesar de que también la consumen) como el transporte, el sector residencial, comercial e institucional, el sector agrícola y ganadero o la gestión de residuos, entre otros; *vid.* https://www.miteco.gob.es/es/cambio-climatico/temas/mitigacion-politicas-y-medidas/definicion-difusos.html (visitado por última vez el 22/07/2024).

deseables dentro de los sectores que sí deberían estar incluidos en el mismo. Por esta razón, la UE ha dejado en manos de los Estados miembros la elección de técnicas jurídico-públicas más convenientes para luchar contra el cambio climático en aquellos ámbitos no afectados por el mercado[3].

Dentro de ese marco, surge la posibilidad de contrarrestar aquellas emisiones cuya producción no se puede evitar. Entre los instrumentos ambientales por los que han apostado los distintos estados encontramos la compensación de emisiones. Dicha actividad se refiere al secuestro de Gases Efecto Invernadero (GEI) que ya han sido emitidos a la atmósfera, mediante el recurso a procesos de absorción biológicos o al uso de tecnologías de remoción directa del carbono de la atmósfera.

El punto de partida para explicar el funcionamiento de la compensación debe ser la iniciativa de determinados sujetos que, individualmente y sin ningún tipo de obligación jurídica previa, deciden poner en marcha proyectos que permiten captar GEI de la atmósfera[4]. Dichas absorciones son calculadas por entidades verificadoras que emiten certificados acreditativos de la absorción efectivamente realizada con el fin de controlar dicha actividad. Por otro lado, existen otros individuos interesados en neutralizar de alguna forma sus emisiones pero que no se encuentran en disposición de comprometerse con la puesta en marcha de un proyecto de absorción. Estos sujetos podrán adquirir los certificados a cambio del pago de un precio. Nos situamos ya en el plano de la bilateralidad: hay una compraventa de certificados de absorción que permite a los adquirentes manifestar de forma pública su compromiso con la lucha frente al Cambio Climático.

A diferencia de lo que ha sucedido con la reducción de emisiones, en el ámbito de la compensación se ha optado por técnicas regulatorias mucho más flexibles. En este sentido, se ha apostado

---

3 *Cfr.* SANZ RUBIALES, Íñigo (2020), pp. 67.

4 *Cfr.* DELGADO FRANCO, Concepción (2021), pp. 886.

por potenciar instrumentos que puedan servir para orientar a la sociedad civil a asumir objetivos de compensación de forma voluntaria, cobrando especial importancia los mercados voluntarios de carbono (MVC). Estos mercados constituyen foros multilaterales de negociación en los que entran en contacto los promotores de proyectos de compensación que ponen a la venta las certificaciones de absorción por ellos generadas bajo el nombre de "créditos de carbono", y los sujetos adquirentes antes aludidos, que no están obligados a compensar pero que buscan reducir los niveles de GEI presentes en la atmósfera y equivalentes a todas o parte de las emisiones por ellos producidas, y ello sin necesidad de tener que articular un proyecto.

II. ¿QUÉ SON LOS MERCADOS DE CARBONO?

Para poder comprender la figura de los mercados voluntarios debemos explicar, de forma previa, qué son los mercados de carbono, categoría general en la que se insertan. Pueden ser definidos como instrumentos al servicio de la reducción de emisiones basados en un comercio de estas entre Estados o actores del sector privado[5]. Los "créditos de carbono" generados —títulos negociados en los mercados representativos de disminuciones de GEI— pueden ser objeto de dos tipos de transacciones, las basadas en derechos o permisos (*allowance-based transactions*) y las basadas en proyectos (*project-based* transactions)[6]. Además, pueden ser clasificados como *mercados obligatorios*, si su creación o posterior desarrollo organizativo se ha venido produciendo en el ámbito de marcos normativos nacionales o internacionales, sirviendo instrumentalmente como medio para el cumplimiento de obligaciones (de reducir) impuestas por el poder público; o como *mercados voluntarios*, si por el contrario han surgido en el ámbito privado,

---

5 *Cfr.* LUCATELLO, Simone (2012), pp. 109.

6 *Cfr.* BAYON, Ricardo, HAWN, Amanda y HAMILTON, Katherine (2009), pp. 5.

fruto de la iniciativa de sujetos que *motu proprio* buscan reducir sus emisiones, sin que haya mediado obligación alguna impuesta por el poder público[7].

En los mercados basados en derechos opera el denominado *cap and trade regime*, consistente en que una autoridad reguladora fije un límite global de emisiones obligatorio (*cap*), expidiendo un número de permisos (o derechos) de emisión equivalente a dicha cifra[8]. Se divide la masa global emisible en cuotas[9] que posteriormente se reparten entre los operadores, debiendo estos respaldar sus emisiones con permisos. De esta forma, aquellos operadores que reduzcan sus niveles de emisión por debajo del umbral máximo podrán vender sus permisos excedentes a aquellos otros que hayan superado sus objetivos máximos de emisión[10]. No es esta clase de mercados la que ahora nos interesa, aunque, como se puede comprobar, constituye el modelo elegido por el legislador comunitario a la hora de configurar el mercado de emisiones.

Por su parte, en los mercados cuyas transacciones se encuentran basadas en proyectos los créditos surgen a partir de las reducciones de GEI generadas por proyectos concretos de compensación de carbono[11] (aunque también pueden provenir de reducciones de emisiones personales o corporativas[12]). Hasta el momento, no existen mercados obligatorios que acojan esta estructura transaccional. Los mecanismos cuyas operaciones se basan en proyectos han surgido como mercados voluntarios, sin la previa existencia de una autoridad que expida los títulos objeto de comercio o de

---

7 *Cfr.* SANZ RUBIALES, Íñigo (2014), pp. 65.

8 *Id.*; también ROSEMBUJ GONZÁLEZ-CAPITEL, Flavia (2005), pp. 108: "se establece un límite (*cap*) total a las emisiones que define el número total de títulos susceptibles de ser asignados".

9 *Cfr.* SANZ RUBIALES, Íñigo (2014), pp. 42: con relación al mercado europeo de emisiones.

10 *Cfr.* BAYON, Ricardo, HAWN, Amanda y HAMILTON, Katherine (2009), *Loc. Cit.*

11 *Id.*

12 *Cfr.* SANZ RUBIALES, Íñigo (2011), pp. 442.

obligación jurídico-pública alguna que fundamente el recurso a estos. Los créditos son adquiridos por sujetos que voluntariamente desean contrarrestar aquellas de sus emisiones que no pueden o no quieren evitar, buscando principalmente mejorar su imagen comercial.

III. DIFERENTES MODELOS REGULATORIOS.

En este contexto, el modelo regulatorio español se centra en la compensación de emisiones. El punto de partida lo encontramos en el art. 90 de la Ley de Economía Sostenible (LES)[13], precepto que carece de una definición legal de la compensación y que no agota su régimen jurídico; se limita a proclamar una serie de actuaciones mediante los que las "empresas y personas físicas" podrán compensar sus emisiones (apartado 1)[14].

El art. 90 LES fija las reglas generales que han de guiar el régimen jurídico compensatorio. Así, atribuye al Ministerio de Medio Ambiente, y Medio Rural y Marino[15], la competencia para establecer los criterios de compensación, verificación y las obligaciones de mantenimiento e información asociadas, así como las inversiones que se considerarán a efectos de compensación (apartado 2). Además, excluye la compensación del régimen de comercio de emisiones comunitario (apartado 3).

A pesar de no referirse expresamente a los Mercados Voluntarios de Carbono (MVC), podemos entender la LES —aprobada en 2011— como una regulación primigenia de estas estructuras

---

13 Ley 2/2011, de 4 de marzo, de Economía Sostenible.

14 Entre ellas, se citan expresamente las "inversiones en incremento y mantenimiento de masas forestales" o los "programas agrarios de reducción de CO2". No obstante, se abre la posibilidad de que queden englobadas dentro de la categoría otros programas establecidos por la Administración General del Estado con la colaboración de las Comunidades Autónomas.

15 Actual Ministerio para la Transición Ecológica y el Reto Demográfico.

de mercado[16]. No sólo resulta que el art. 90 se encuentra dedicado a la compensación de emisiones, elemento de comercio principal (aunque no exclusivo) de los MVC; además, la norma ha determinado la creación de dos instrumentos a su servicio: el Fondo de Carbono para una Economía Sostenible (FES-CO2) y el Registro de Huella de Carbono, Compensación y Proyectos de Absorción de Dióxido de Carbono (RHC).

La creación del primero de ellos, el FES-CO2, tuvo lugar con la aprobación de la propia Ley (art. 91 LES). Se trata de un fondo carente de personalidad jurídica cuyo objeto, entre otras cuestiones, es generar actividad económica baja en carbono (art. 91.1 LES). Como el propio título del art. 91 indica, el FES-CO2 fue constituido para la "compra de créditos de carbono". Así lo confirma el art. 91.2.d) LES, que prevé la adquisición de créditos, con carácter general, como una de las actividades a las que debe dedicarse el fondo. Si bien dicho precepto presta especial énfasis en la compra de créditos generados en el marco de los instrumentos de la Convención Marco de las Naciones Unidas sobre el Cambio Climático, no establece ningún tipo de limitación por razón de su origen, admitiendo (y por ende fomentando) la compra de los créditos comerciados en el ámbito de los MVC.

No obstante, el elemento central sobre el que se asienta el modelo compensatorio español es el segundo de los instrumentos aludidos: el Registro de Huella de Carbono, Compensación y Proyectos de Absorción de Dióxido de Carbono (RHC). A diferencia del FES-CO2, este instrumento no se encuentra contemplado en la LES; en su lugar, fue creado a nivel reglamentario en virtud del RD 163/2014[17], con el mismo objetivo de reducción de emisiones que las medidas previstas en la propia Ley de Economía Soste-

16 *Vid.* SANZ RUBIALES, Íñigo (2011), pp. 440-441.

17 Real Decreto 163/2014, de 14 de marzo, por el que se crea el registro de huella de carbono, compensación y proyectos de absorción de dióxido de carbono.

nible[18], y se encuentra pendiente de una reforma derivada de la aprobación de la Ley 7/2021, de 20 de mayo, de Cambio Climático y Transición Energética[19], actualmente en fase de proyecto, que entrará en vigor próximamente.

El RHC constituye un registro administrativo de carácter público (art. 2) dependiente del Ministerio para la Transición Ecológica y el Reto Demográfico[20], mediante el que se pretende facilitar y fomentar el cálculo de la huella de carbono[21], su reducción y compensación mediante absorciones de CO2 (preámbulo). Funciona de tal forma que aquellos sujetos que desarrollen una actividad económica y sean generadores de GEI, podrán inscribir de forma gratuita su huella de organización[22] (así como los compromisos de reducción de emisiones) en el RHC (en la sección a, *ex* art. 6). A su vez, también pueden registrarse (en la sección b del registro) las absorciones de CO2 generadas en territorio nacional por proyectos de actividades relacionadas con el uso de la tierra, cambio de uso de la tierra y con la selvicultura, que supongan un aumento del carbono almacenado (art. 7)[23]. Por último y poniendo en relación ambos elementos, podrán inscribirse (en la sección c) las compensaciones de la huella inscrita (en la sección a) provenien-

---

18 Así lo reconoce expresamente el preámbulo de la norma, donde además se recoge que el RHC contribuirá a "incentivar acciones para la mejora de las absorciones por los sumideros de carbono".

19 *Vid.* https://anque.es/2024/07/18/modificaciones-del-r-d-1632014-y-sus-nuevas-obligaciones/ (visitado por última vez el 25/07/2024).

20 La norma sigue refiriéndose al antiguo Ministerio de Agricultura, Alimentación y Medio Ambiente.

21 Totalidad de gases de efecto invernadero provenientes por efecto directo o indirecto de la actividad de una organización (art. 2.a del RD 163/2014).

22 Y, tras la reforma, la huella de carbono relativa a eventos.

23 Una vez sea modificado el Real Decreto, se admitirá también la inscripción de las absorciones relacionadas con el carbono azul, concepto relacionado con los flujos y almacenes de carbono que se dan en ecosistemas marinos, susceptibles de ser gestionados y, como consecuencia de procesos biológicos.

tes de los proyectos de absorción registrados (en la sección b) o de proyectos de reducción de emisiones realizadas por un tercero y reconocidas por el Ministerio.

Claramente, el registro constituye una estructura de respaldo de los MVC. Por un lado, el Estado procede a reconocer las compensaciones que efectivamente generan los proyectos, otorgando seguridad a los créditos de carbono que se emitan. Por otro, la inscripción de la huella de carbono sirve para fijar la línea base de emisión de los sujetos adquirentes de créditos. Por último, el registro recoge qué absorciones han sido usadas para compensar emisiones, de modo que no puedan volver a ser utilizadas de nuevo. En definitiva, otorga certidumbre a los procesos que componen el funcionamiento de los MVC, fomentando la entrada de nuevos operadores al aumentar la fiabilidad del mercado.

Como alternativa próxima a la parca regulación española, encontramos el modelo regulatorio portugués. El pasado 5 de enero de 2024 se publicó en Portugal el Decreto-Lei Nº 4/2024, de 5 de enero, que instituye el mercado voluntario de carbono y establece las reglas para su funcionamiento. A diferencia del legislador español, el Gobierno luso sí ha entrado a regular de forma expresa los mercados voluntarios mediante esta norma con rango de ley[24], creando un MVC específico para Portugal.

El fin principal de este mercado es establecer el marco para las acciones de compensación de emisiones y las contribuciones financieras a favor de la acción climática que deseen realizar los in-

---

[24] En Portugal el Gobierno tiene atribuida competencia legislativa originaria, pudiendo emitir los denominados decretos leyes sin interferencia ni necesidad de presupuesto habilitante; se trata de normas con rango de ley que de acuerdo con el art. 198 de la Constitución lusa (1976) el Gobierno puede dictar, incidiendo en cualquier materia no reservada exclusivamente a la Asamblea de la República (órgano legislativo), con el mismo rango jerárquico que las normas aprobadas por el parlamento, en un régimen de concurrencia, como órgano colegislador; *cfr.* MORENO GONZÁLEZ, Gabriel (2022), pp. 155-156.

dividuos u organizaciones públicas y privadas, en el ámbito de sus objetivos y compromisos de mitigación de emisiones o estrategias de acción climática (art. 2.1). Ello, según lo dispuesto en el propio Decreto, se ha de realizar a través de la emisión y consecuente transacción y cancelación de créditos de carbono certificados, así como del hecho de registrar los proyectos y créditos correspondientes en una plataforma pública que permita su seguimiento.

El Decreto-Lei Nº 4/2024 contempla un listado de principios por los que ha de regirse el mercado, entre los que destacan la credibilidad, la eficacia (relacionado con evitar las fugas de carbono fuera de los límites del proyecto) o la transparencia, entre otros (art. 3). También se encarga de definir los elementos básicos del MVC (art. 4). El legislador luso ha regulado los componentes que han de configurar el mercado (art. 5) y las metodologías que habrán de ser tenidas en cuenta a efectos de reconocer los proyectos de carbono y los créditos generados (art. 9). Se dedica un capítulo completo (Capítulo III) a regular el funcionamiento del mercado voluntario, previendo, entre otros elementos, un régimen específico para los créditos de carbono, o, de un modo similar al modelo español, la existencia de una plataforma de registro de proyectos y créditos de carbono. Por último, se ha diseñado un régimen específico, de cara a afrontar la reversión de emisiones (capítulo IV)[25] e, incluso, un régimen de inspección ("Fiscalização") y sancionador (Capítulo V).

IV. ENCAJE NORMATIVO DE LOS MERCADOS VOLUNTARIOS DE CARBONO.

Hemos explicado que los MVC se desarrollan principalmente a través de mecanismos basados en la existencia de proyectos, que

25 Entendida como la situación en que el beneficio neto de un determinado proyecto es negativo para un periodo de seguimiento determinado, teniendo en cuenta el escenario de referencia, las posibles fugas de carbono y el secuestro de carbono proyectado (art. 4.o del Decreto-Lei).

permiten compensar emisiones de GEI presentes en la atmósfera, generándose así créditos (representativos de dichas remociones), que serán a su vez adquiridos por otros individuos que, sin estar obligados a ello, buscan contrarrestar aquella parte de sus emisiones que no pueden o no quieren evitar. Sin embargo, ello nos lleva a preguntarnos, ¿cuál es el encaje concreto de los MVC en la estructura normativa articulada a nivel nacional?

Cualquier persona física o jurídica que sea titular de proyectos de compensación podrá inscribirlos en la sección b) del Registro de Huella de Carbono «Sección de proyectos de absorción de dióxido de carbono» (art. 3.1.b del RD 163/2014)[26]. Tendrán cabida las absorciones que se hayan generado en territorio nacional (art. 7.1 del RD 163/2014) reconducibles a una de las tres categorías del denominado sector LULUCF[27]. Además, para que las absorciones puedan acceder al registro deberán de seguir las metodologías y reglas de cálculo que se imponen en el art. 7.3 del RD 163/2014. La inscripción tendrá una validez de 5 años (art. 7.4).

Por su parte, aquellas personas jurídicas y trabajadores autónomos que desarrollen una actividad económica y sean generadores de GEI (con actividad en territorio nacional), que compensen (voluntariamente) o deseen compensar sus emisiones, podrán solicitar la inscripción de su huella de carbono (en adelante, de organización o de eventos) y compromisos de reducción de emisiones en la sección a) del RHC «Sección de huella de carbono y de compromisos de reducción de emisiones de gases de efecto invernadero» (art. 3.1.a del RD 163/2014). La verificación de la huella de carbono, o de los compromisos de reducción se deja en manos de ciertas enti-

---

[26] Una vez sea reformado el decreto, la inscripción determinará la imposibilidad de adscribir los proyectos de absorción a otras iniciativas de cesión de CO2, con excepción de aquellas articuladas a nivel autonómico.

[27] "actividades relacionadas con el uso de la tierra, cambio de uso de la tierra y la selvicultura que supongan un aumento del carbono almacenado".

dades acreditadas[28], que deberán emitir un certificado de verificación; documento que acompañará a la solicitud de inscripción en los supuestos previstos por el art. 9.4.a).2º del RD 163/2014.

En el marco de los MVC, una vez puestos en marcha los proyectos de compensación y toda vez que los sujetos generadores de GEI buscan compensar sus emisiones, los créditos de carbono cumplen una función traslativa de la titularidad de los certificados acreditativos de las absorciones generadas por los proyectos, permitiendo de esta forma contrarrestar emisiones a cambio del pago de un precio. Pues bien, el RD 163/2014 omite toda referencia a esta clase de títulos, limitándose a prever una sección del RHC (la Sección c), referida a la compensación de huella de carbono (art. 8). En ella se van a inscribir las compensaciones de las huellas de carbono inscritas en la sección a), con las absorciones generadas por los proyectos inscritos en la sección b). Por lo tanto, aun a pesar de que el RHC no recogerá la cantidad de créditos de carbono transados en las operaciones de compraventa referidas a esta clase de títulos, éstas tendrán acceso al registro mediante la inscripción de las compensaciones finales a las que darán lugar. De todos modos, los créditos no son del todo desconocidos para el legislador español que, como hemos tenido ocasión de comprobar, articuló el Fondo de Carbono para una Economía Sostenible (FES-CO2), dedicado a la compra de esta clase de títulos (art. 91 LES).

Por último, la sección c) no se circunscribe a la inscripción de compensaciones provenientes de proyectos de absorción; también está prevista la posibilidad de que acoja las remociones provenientes de proyectos de reducción de emisiones realizadas por un tercero y reconocidas por el Ministerio (art. 8.1 del RD 163/2014).

---

28 Entidades acreditadas para la ISO 14064, ISO 14069: 2013, ISO 14067, GHG Protocol, PAS 2050 o similar, así como entidades operacionales designadas (EOD) o entidades independientes acreditadas (AIE) por Naciones Unidas en el marco de los mecanismos de flexibilidad del Protocolo de Kioto, aunque se admite la posibilidad de que puedan ser reconocidas otras entidades a estos efectos (art. 6.4 del RD 163/2014).

No obstante, no hay que perder de vista que las compensaciones se encuentran excluidas del régimen de comercio de derechos de emisión (arts. 90.3 LES Y 8.2 DEL RD 163/2014).

Los efectos de la inscripción en el registro serán eminentemente publicitarios, pues la Oficina Española de Cambio Climático dará publicidad de la información relevante contenida en el registro a través de la página web del Ministerio (art. 4.1), poniendo así en relación a oferentes y demandantes. Además, se permitirá la utilización de un sello de titularidad ministerial que acredite la inscripción en el registro de la huella de carbono, de los compromisos de reducción de emisiones y de las compensaciones realizadas (art. 3.2 del RD 163/2014).

V. PRINCIPALES DIFERENCIAS CON EL MODELO PORTUGUÉS

Una vez que nos encontramos en disposición de comprender el encaje de los MVC con el modelo regulatorio español, resulta conveniente explicar algunas de las diferencias más importantes que presentan respecto de su interacción con el modelo portugués.

Como se puede comprobar, el modelo español configura un sistema en cuyas categorías existe la posibilidad de incardinar los elementos configuradores del mercado, pero que no se refiere a éste de forma expresa. En su lugar, el legislador portugués ha creado un mecanismo específicamente diseñado para acoger y regular las operaciones específicas de los MVC.

Ambos modelos presentan similitudes, como el hecho de que en Portugal también se deberán registrar los proyectos de absorción en una Plataforma de registro de proyectos y créditos de carbono[29]. Además, en el modelo luso también se excluyen las com-

29 Plataforma electrónica que incluye información sobre proyectos de carbono, créditos emitidos, agentes del mercado, transacciones y estado de los créditos (art. 18.1 del Decreto-Lei aprobado en Portugal).

pensaciones derivadas de los créditos de carbono del régimen de comercio de derechos de emisión (art. 19.3 del Decreto-Lei Nº 4/2024 portugués) y se cumple con la función publicitaria, poniendo a disposición del público información y documentación sobre las actividades realizadas en el ámbito del MVC[30] (art. 18.8). No obstante, también existen importantes diferencias, como el hecho de que los portugueses sí hayan articulado un régimen de inspección (art. 24 del Decreto) y su correlativo régimen sancionador[31].

Una peculiaridad del modelo portugués es el hecho de que someten las absorciones generadas por los proyectos a un sistema de verificación triple. Al igual que en el caso español, imponen una validación inicial de los proyectos por parte de un verificador independiente, debidamente cualificado. Una vez puestos en marcha estarán sujetos a un proceso de verificación periódica (art. 15 del Decreto-Lei portugués), siendo también evaluados por un verificador independiente (art. 12). Por último, podrán someter a los proyectos de carbono a controles aleatorios durante su ejecución, conforme al régimen de inspección previsto en el art. 24 del Decreto.

En Portugal, si los promotores cumplen los requisitos exigidos, los proyectos serán aptos para generar créditos de carbono representativos de las reducciones de emisiones o del carbono secuestrado por el propio proyecto (cada crédito es representativo

30 Aunque el modelo portugués no contempla ninguna medida similar al sello de titularidad ministerial español (art. 3.2 del RD 163/2014).

31 Lo cual, en lo referido al régimen sancionador, resulta razonable, pues en el supuesto de que se articulara un régimen completamente independiente en virtud de una norma de carácter reglamentario (como es el RD 163/2014), sin mediar disposición legal alguna que diseñara las líneas generales relativas a las infracciones y sanciones, vulneraría el principio de reserva de ley que rige en el ámbito sancionador (art. 25.1 CE), así como las exigencias relativas a los principios de legalidad y tipicidad derivados del mismo (arts. 25 y 27 de la Ley 40/2015, de 1 de octubre, de Régimen Jurídico del Sector Público, respectivamente).

de una tonelada de CO2 conforme al art. 11.2). A diferencia de lo que sucedía en el caso del RD 163/2014 español, el Decreto-Lei Nº 4/2024 portugués sí que regula los créditos de carbono, sometiéndolos a un régimen jurídico específico[32]. Determina que estos títulos son negociables y que deberán ser inscritos en la plataforma de registro (art. 11.4), les reconoce una validez por tiempo indefinido (art. 11.5) —para el caso de no ser cancelados— y exige que lleven asociado un número de serie único que permita su trazabilidad (art. 11.7)[33].

La emisión de los créditos se llevará a cabo a través de la plataforma de registro (art. 18.5 del Decreto-Lei portugués), resultando obligatorio el registro de los agentes de mercado y de los proyectos de carbono (art. 18.4) para el reconocimiento, y la transacción de los títulos (además de para su emisión). Todo lo anterior contrasta con el contexto regulatorio español en el que —como ha quedado expuesto— los créditos quedan excluidos del Registro de Huella de Carbono y apenas existen menciones normativas referidas a esta clase de títulos.

---

32 Previendo su uso para dos fines principales: compensar emisiones de GEI o para lo que se denomina como "contribución a la acción climática" (art. 19.1 del Decreto-Lei 4/2024), referida a la adquisición y posterior cancelación automática de una determinada cantidad de créditos sin que exista un objetivo de compensación de emisiones (art. 4.e).

33 De hecho, el Gobierno portugués ha configurado tres clases de créditos, diferenciando entre los créditos verificados (CCV), emitidos durante la implementación del proyecto, después de que se realice cada etapa de verificación periódica (art. 17.1); los créditos de carbono futuros (CCF), emitidos antes de una reducción efectiva de las emisiones de GEI o del secuestro de carbono generados por el proyecto, en base a una estimación validada por el verificador independiente (art. 4.h) y los créditos de carbono +, que son aquellos que, junto al secuestro de carbono, incorporan beneficios adicionales en términos de biodiversidad y de capital natural (art. 4.g).

VI. CONCLUSIONES

Ante la falta de voluntad comunitaria por regular las compensaciones voluntarias de emisiones, el legislador español ha articulado un régimen normativo que incide en los mercados voluntarios de carbono de forma indirecta. Regula las compensaciones en un sentido general diseñando instrumentos aplicables a los MVC sin referirse a ellos de forma expresa. En cambio, los portugueses han adoptado un modelo específicamente orientado a instituir un mercado voluntario de carbono, regulando expresamente su funcionamiento de forma exhaustiva y pormenorizada.

El elemento central del modelo compensatorio español es el Registro de Huella de Carbono, Compensaciones y Absorciones de Dióxido de Carbono; solo se mencionan los créditos de carbono con relación al FES-CO2, mientras que el Decreto-Lei portugués establece un régimen jurídico específico para esta clase de títulos.

Por último, pese a que ambos modelos anudan efectos publicitarios a la inscripción registral de las compensaciones, el modelo portugués resulta menos efectivo pues no contempla ninguna medida similar al sello de titularidad ministerial español.

VII. BIBLIOGRAFÍA

BAYON, Ricardo, HAWN, Amanda y HAMILTON, Katherine (2009), *Voluntary Carbon Markets An International Business Guide to What they Are and How They Work*, Londres, Earthscan.

DELGADO FRANCO, Concepción (2021), "Mercado voluntario de derechos de emisión de gases efecto invernadero", en PÉREZ CALLE, Ricardo Diego (*coord.*), TRINCADO AZNAR, Estrella (*coord.*) y GALLEGO ABAROA, Elena (*coord.*), *Economía, empresa y justicia. Nuevos retos para el futuro*, Madrid, Dykinson, pp. 881-905.

LUCATELLO, Simone (2012), "Los mercados voluntarios de carbono en Norteamérica y su gobernanza: ¿qué reglas aplican para el comercio internacional de emisiones en la región?", *Norteamérica*, núm. especial (Vol. 7), pp. 107-128.

MORENO GONZÁLEZ, Gabriel (2022), *Cómo se gobiernan los portugueses. Historia constitucional y sistema político de Portugal,* Granada, Comares.

ROSEMBUJ GONZÁLEZ-CAPITEL, Flavia (2005), *El precio del aire: análisis jurídico del mercado de derechos de emisión,* Barcelona, El Fisco.

SANZ RUBIALES, Íñigo (2011), "Reducción de emisiones", en BELLO PAREDES, Santiago A. (*Dir.*) *Comentarios a la Ley de Economía Sostenible,* Las Rozas (Madrid), La Ley, pp. 431-456.

SANZ RUBIALES, Íñigo (2014), "Naturaleza y Objetivos del Mercado de Emisiones", en SANZ RUBIALES, Íñigo (*coord.*), *Cambio climático y Unión Europea: Presente y futuro del mercado europeo de emisiones,* Valencia, Tirant lo Blanch, pp. 31-59.

SANZ RUBIALES, Íñigo (2020), "Una aproximación al mercado de derechos de emisión a través de los conflictos judiciales", *Actualidad Jurídica Ambiental* 102/2, pp. 60-84.

Capítulo 21

Impacto material de la inteligencia artificial desde la perspectiva de la lucha contra el cambio climático con especial atención a los recursos hídricos

Elena Cisneros Cabrerizo*

I. INRODUCCIÓN: INTELIGENCIA ARTIFICIAL Y DIGITALIZACIÓN

La inteligencia artificial (IA), una herramienta que en los últimos años se ha convertido en motivo recurrente de estudio y con-

---

* Personal Investigador en Formación en el Área de Derecho Internacional Público y Relaciones Internacionales de la Universidad de Zaragoza, gracias a la financiación y el apoyo de la Fundación Ramón Areces. Este estudio se enmarca en el proyecto de I+D+i PID2021-124296NB-I00 financiado por MCIN/AEI/10.13039/501100011033 y por FEDER "Una manera de hacer Europa" y en el proyecto de I+D+i TED2021-130264B-I00, financiado por MCIN/AEI/10.13039/501100011033/ y por la Unión Europea NextGenerationEU/PRTR. Asimismo, debe entenderse como parte de las actuaciones que el Grupo de Investigación AGUDEMA (Agua, Derecho y Medio Ambiente, Grupo de referencia competitivo S2117 R, BOA 81, de 27 de marzo de 2018), desarrolla con financiación del Gobierno de Aragón en el seno del IUCA (Instituto Universitario de Ciencias Ambientales).

troversia, es clave en el proceso de digitalización de nuestras sociedades y su importancia, así como su uso, no paran de crecer. El fenómeno de la inteligencia artificial no es un caso aislado, sino el resultado de los últimos veinte años en los que el desarrollo tecnológico ha sido continuo. La popularización de la inteligencia artificial, por su momento de aparición, se ha enmarcado en una fase concreta de esta aceleración de la digitalización, que, desde marzo de 2020, ha resultado en un aumento de entre un 40-80% del uso de las nuevas tecnologías a nivel mundial[1]. Este proceso plantea nuevos paradigmas sociales y jurídicos, entre los que se incluye un impacto ambiental que no para de crecer, y nos obliga a hacer una reflexión en clave climática sobre su desarrollo.

De la misma manera que la esfera digital requiere de una normativa específica, el desarrollo de los sistemas de inteligencia artificial crea una nueva serie de desafíos jurídicos que es necesario abordar de forma pormenorizada, en un contexto jurídico en el que no existen precedentes normativos directos.

La Unión Europea se ha posicionado de manera firme en este ámbito —tal y como se refleja en su estrategia digital en la última década[2]— pero dentro de estas tecnologías la inteligencia artificial se presenta como una herramienta diferenciada, que ofrece la posibilidad de fomentar el avance científico y transformar numerosos sectores productivos[3] y que por ello requiere de regulación que sea específica a todas estas características que ofrece.

---

1 DE, R. *et al.* (2020) pp 2-5.

2 Estado de la Unión, 16 de septiembre de 2020 Estado de la Unión. https://state-of-the-union.ec.europa.eu/state-union-2020_es Comunicación de la Comisión al Parlamento Europeo, al Consejo, al Comité Económico y Social y al Comité de las Regiones, Configurar el futuro digital de Europa, 19 de febrero de 2020 https://eur-lex.europa.eu/legal-content/ES/TXT/HTML/?uri=CELEX:52020DC0067

3 World Bank Group, Digital Development, Harnessing artificial intelligence for development in the post-coivd-19 era: A review of National AI Strategies and Policies, May 2021 https://thedocs.worldbank.org/en/doc/2e658ef2144a05f30e254221ccaf7a42-0200022021/

Las notas que definen la inteligencia artificial —su capacidad de analizar un gran volumen de datos y obtener resultados precisos a partir de ellos— hacen que entre los sectores clave de su implantación encontremos la planificación ambiental. La inclusión de la IA puede facilitar la consecución de los grandes objetivos climáticos de este siglo, pero es necesario que su implementación lleve aparejado un esfuerzo legislativo que haga referencia de manera concreta a los efectos de su uso sobre el medioambiente.

La estrategia digital de la Unión Europea y su posición de legislador vanguardista a nivel mundial en el sector se ha visto muy reforzada por la elaboración del Reglamento de Inteligencia Artificial (RIA)[4], el primer instrumento normativo completo que intenta dar respuesta de manera cohesiva a los principales problemas de esta tecnología.

II. MÁS ALLÁ DE LA NUBE: AGUA, ENERGÍA Y SERVIDORES

El artículo 1 del RIA establece la definición de sistemas de IA como: *Un sistema basado en una máquina que está diseñado para funcionar con distintos niveles de autonomía y que puede mostrar capacidad de adaptación tras el despliegue, y que, para objetivos explícitos o implícitos, infiere de la información de entrada que recibe la manera de generar resultados de salida, como predicciones, contenidos, recomendaciones o decisiones, que pueden influir en entornos físicos o virtuales.*

A partir de esta definición, se puede entender que el elemento fundamental que vertebra los sistemas de IA es material: en todo momento estamos haciendo referencia —y regulando— máqui-

---

[4] Reglamento (UE) 2024/1689 del Parlamento Europeo y del Consejo, de 13 de junio de 2024, por el que se establecen normas armonizadas en materia de inteligencia artificial y por el que se modifican los Reglamentos (CE) nº 300/2008, (UE) nº 167/2013, (UE) nº 168/2013, (UE) (DO L 2024/1689, de 12 de julio de 2024).

nas. Estas máquinas están dotadas de características que las hacen inusuales, su nivel de autonomía y capacidad de desarrollo de resultados, pero su proceso de funcionamiento se da en todo momento en el contexto físico.

El desarrollo del sector tecnológico lleva aparejado un cierto grado de opacidad. En parte esta opacidad viene dada por el nivel técnico del funcionamiento de estos sistemas que exige conocimientos especializados para poder seguirlo, sin embargo, la terminología empleada para referirse a estos procesos puede ampliar esta brecha de entendimiento o acceso. El concepto de la Nube es un ejemplo de cómo el lenguaje aumenta esta brecha del entendimiento, el elegir una palabra que evoca algo indeterminado e intangible cuando, la realidad a la que hacemos referencia, son procesos técnicos[5] que permiten el almacenamiento de información en este espacio digital. Pese a estas denominaciones, que aluden a la abstracción, la IA son máquinas cuyo funcionamiento es posible gracias a datos, algoritmos y servidores[6]. Es el conjunto de estos elementos lo que permite su desarrollo y su empleo, por lo que la IA es, esencialmente, una realidad mecánica que se encuentra anclada en espacios físicos concretos con los que interactúa y sobre los que tiene un enorme impacto.

El *Global Partnership on AI Report*[7] señalaba en su Informe de 2021 acerca del impacto de la IA sobre el medio ambiente que este puede localizarse en tres áreas: en primer lugar, los efectos derivados el propio esfuerzo computacional; en segundo lugar, el impacto de la IA en el desarrollo de industrias con un alto volu-

---

5 CRAWFORD, KATE (2021) p. 31.

6 CSET. (2023, 7 junio). *The AI Triad and What It Means for National Security Strategy* | Center for Security and Emerging Technology. Center For Security And Emerging Technology. https://cset.georgetown.edu/publication/the-ai-triad-and-what-it-means-for-national-security-strategy/

7 *Climate Change and AI Recommendations for Government Action,* Global Partnership on AI Report In collaboration with Climate Change AI and the Centre for AI & Climate https://gpai.ai/projects/responsible-ai/environment/climate-change-and-ai.pdf.

men de emisiones de gases de efecto invernadero y finalmente los efectos ambientales derivados de su impacto en la sociedad. En este caso el foco va a estar sobre el impacto ambiental que deriva del esfuerzo computacional, ya que, al tratarse de un impacto genérico, presente en todos los sistemas de IA, es el tipo de efecto que podría haber tenido un encaje más inmediato dentro de las previsiones del RIA.

El consumo de recursos que lleva aparejado el desarrollo de la IA es una cuestión cuya importancia crece conforme esta tecnología se populariza y se difunde. Actualmente se calcula que el 1% de la energía global va destinada al mantenimiento de centros de datos, viéndose esta cifra aumentada en un 6% desde el año 2010[8]. El mantenimiento de estos centros de datos no está circunscrito exclusivamente a la IA, sin embargo, con el aumento del uso la IA la actividad de estos se incrementa enormemente, lo que contribuye a un modelo de desarrollo digital extremadamente contaminante. Estos centros, al ser la base del funcionamiento de numerosas aplicaciones digitales deben estar operativos en todo momento y, por ello, consumen un enorme volumen de agua. Las dos principales finalidades por las cuales se consume agua son: como herramienta de control de la temperatura de los servidores y como mecanismo de obtención de energía[9].

Para los mecanismos de enfriamiento y control de la temperatura en los centros de datos se establecen torres de enfriamiento que incluyen dos circuitos de agua, uno abierto y otro cerrado. El circuito cerrado el agua opera entre el enfriador y la sala de servidores de manera continua, por lo que el consumo de agua es muy reducido, al limitarse a transferir el calor desde la sala de servidores hacia los mecanismos de enfriamiento. El circuito abierto

---

8 MASANET, Eric, SHEHABI, Arman, LEI, Nuoa, SMITH, Sarah and KOOMEY, Jonathan (2020) pp. 985.

9 SHAOLEI Ren, *How much water does AI consume? The public deserves to know,* OECD AI Policy Observatory https://oecd.ai/en/wonk/how-much-water-does-ai-consume.

opera extrayendo el calor de la torre a través de un proceso de evaporación, por el que se pierde agua y en el cual es necesario renovar el agua empleada cada varios usos para evitar la concentración de minerales en el agua[10].

El impacto que tiene este proceso sobre el medio ambiente se refleja en el volumen de consumo de agua que reportan los centros: *Google* utilizó en el año 2023 un total de 6.1 billones de "gallons"[11] que equivaldrían a unos 2.773.115 litros de agua —un 17% más que en el año 2022-[12]. En el caso de *Microsoft* el consumo de agua del año 2023 se sitúa en 7,844 megalitros[13], es decir un total de 7.844.000.000 litros anuales. Las cifras presentadas por *Google* en este informe, sin embargo, son parciales, ya que únicamente reflejan el consumo directo de agua por los centros de datos, excluyendo el agua necesaria para generar la electricidad utilizada[14].

El consumo de agua y la emisión de CO_2 es uno de los principales problemas que presentan estas tecnologías: en el año 2023 el Informe de la Universidad de Standford acerca de la IA señalaba su impacto medioambiental como alto, calculándose que para el entrenamiento del modelo *BLOOM* se emitió 25 veces más gases de efecto invernadero que en un viaje de ida de San Francisco a Nueva York[15], siendo este modelo el menos contaminante de los estudiados. El modelo más contaminante del Informe, el modelo

---

10 LI Pengei, YANG Jianyi, ISLAM A. Mohammad, SHAOLEI, Ren, Making AI Less «Thirsty»: Uncovering and Addressing the Secret Water Footprint of AI Models pp 4-5.

11 Medida de capacidad para líquidos, usada en Gran Bretaña que equivale a algo más de 4,546 l, y en América del Norte, donde equivale a 3,785 l. Definición de la RAE https://dle.rae.es/gal%C3%B3n.

12 *Google environmental Report 2024* https://www.gstatic.com/gumdrop/sustainability/google-2024-environmental-report.pdf.

13 *Microsoft 2024 Environmental Sustainability Report*, Data Fact Sheet https://query.prod.cms.rt.microsoft.com/cms/api/am/binary/RW1lmju.

14 MYTTON, David, (2021) p. 3.

15 LUCCIONI, Alexandra Sasaha, VIGUIER, Sylvain, y LIGOZAT, Anne-Laure. (2022) p. 3.

GPT-3 emite un volumen de 380 toneladas de CO_2 [16]. En su estudio del año 2024 estos indicadores se amplían a nuevas empresas que se han incorporado el *machine learning*[17] a sus sistemas. El modelo *Llama* de *Meta* cuyas emisiones se sitúan en 291.2 toneladas de gases de efecto invernadero lo que sigue representando un impacto menor frente a las 502 toneladas emitidas durante el entrenamiento de GPT-3[18]. Otro ejemplo de este impacto se encuentra en los modelos de procesamiento del lenguaje natural[19] —una de las funcionalidades más demandadas de la IA— cuyo desarrollo presenta una enorme asignación de recursos (en cálculos optimistas supera en 50 veces la huella de carbono emitida por una persona anualmente[20]). Este consumo de energía y este volumen de emisiones de gases de efecto invernadero son ejemplos del impacto que presenta sobre el medio ambiente.

III. ESTRÉS HÍDRICO, ENERGÍAS RENOVABLES Y FALTA DE TRANSPARENCIA

El consumo de recursos por parte del sector digital plantea un horizonte incierto para el desarrollo sostenible de la Unión Europea. El empleo de centros de datos es indispensable para el desarrollo tecnológico —una de las grandes prioridades en la le-

---

16 *AI Index Report 2023 – Artificial Intelligence Index.* (s. f.). https://aiindex.stanford.edu/ai-index-report-2023/.

17 Herramienta de la IA que se emplea para entrenar modelos y les permite detectar patrones y desarrollar resultados de ellos sin haber sido programados específicamente para ello, Amazon, agosto 2024 https://aws.amazon.com/es/what-is/machine-learning/.

18 *AI Index Report 2024 – Artificial Intelligence Index.* (s. f.). https://aiindex.stanford.edu/report/.

19 Tecnología de *machine learning* centrada en el entendimiento y réplica del lenguaje humano, Amazon, agosto 2024.

20 STRUBELL, Emma; GANESH, Ananya; MCCALLUM, Andrew (2020) pp. 13695.

gislatura 2019-2024[21]— pero es necesario hacer una reflexión de cómo la implementación de estas herramientas puede llevarse a cabo de manera sostenible y alineada con las estratégicas climáticas de la Unión. La regulación de estos espacios digitales, de los centros de datos, así como de los instrumentos que los necesitan como parte de su funcionamiento —como es la IA— está llevándose a cabo sin incluir el impacto que tienen en el medio ambiente, sin llegar a poder entender plenamente dicho impacto.

La falta de estudio sobre el impacto medioambiental es una cuestión que viene determinada por la falta de información accesible y pública acerca del funcionamiento de estos centros. Algunos de los grandes gigantes tecnológicos, tales como *Google* o *Microsoft* están empezando a compartir en sus informes medioambientales el uso que hacen del agua o la energía a lo largo de un año en sus centros. Pese a esta incipiente tendencia, que facilita el estudio, sigue habiendo empresas líderes en el sector que no comparten estos datos de manera precisa[22]. Dentro del grupo de empresas que elaboran estos informes cabe señalar que el desglose del uso de agua es muy incompleto —o inexistente— lo que dificulta poder llevar a cabo un análisis de las necesidades de estos servicios que pueda proponer métodos de mejora de la eficiencia.

Aunque el consumo de energía, de agua y el volumen de emisión de los centros de datos es una preocupación creciente, el impacto de estos centros puede modularse a través de diferentes mecanismos que analicen precisamente las necesidades del centro y las características del espacio en el que se va a localizar. Un

---

21 *Report 2030 Digital Decade, Report in the State of the State of the Digital Decade 2024*, Communication, European Commission https://digital-strategy.ec.europa.eu/en/policies/2024-state-digital-decade-package.

22 *Amazon* elabora un informe anual de sostenibilidad; en el documento correspondiente al año 2023 aparecen recogidas las políticas de sostenibilidad energéticas e hídricas de la empresa, así como gráficos comparados de la efectividad en el uso del agua, sin embargo, no aparecen las cifras absolutas de consumo ni un desglose de estas.

ejemplo de la modulación de este impacto en lo relativo al estrés hídrico que pueden generar viene dado por su localización.

El consumo de agua, así como las técnicas para mejorar la eficiencia, varían considerablemente dependiendo de la región en la que se establezcan y sus concretas condiciones. *Google* ha llevado a cabo estrategias de innovación enfocadas en la localización de estos centros para mitigar su impacto. El centro de datos de *Google* en Hamina (Finlandia) fue abierto en el año 2011 y emplea agua marina del Golfo de Finlandia como mecanismo de refrigeración, lo que reduce significativamente su consumo energético[23]. La importancia de realizar un análisis de impacto ambiental previo a la construcción de estos centros se muestra como una herramienta esencial para poder ofrecer una mejora en su eficiencia y, simultáneamente, para mitigar el enorme impacto de una infraestructura digital imprescindible.

Un paso fundamental para poder alcanzar una regulación plena en este sector es conseguir un mayor grado de transparencia que permita realizar estudios comparativos del consumo de recursos, que permitan establecer unas regulaciones que fomenten la eficiencia y se alineen con los objetivos generales de la Unión Europa. La creciente implantación de la IA, tal como advierte CRUZ ÁNGELES: "exige la integración de derechos e intereses colectivos en un marco jurídico que, hasta ahora, se ha centrado en regular las interacciones entre entidades claramente definidas"[24].

IV. PROPUESTA NORMATIVA DE LA UNIÓN EUROPEA: DEFINICIONES Y LIMITACIONES

La Unión Europea ha establecido en el RIA un sistema de regulación de la IA centrado en que, según el nivel de riesgo que se

---

23 *Google*, agosto 2024 https://www.google.com/intl/es-419/about/datacenters/locations/hamina/.

24 CRUZ ÁNGELES, Jonatán (2024) p. 262.

asocie a un sistema, éste deberá cumplir con una serie de requisitos y obligaciones que garanticen su adecuación a los estándares fijados por la norma. La delimitación de este sistema se despliega a partir del artículo 6 con relación al Anexo III donde se caracterizan los sistemas de alto riesgo: aquellos que empleen la biometría, que afecten a infraestructuras críticas, relativos a la educación y formación profesional, al empleo, a servicios privados y públicos esenciales, a las garantías del cumplimiento del Derecho, cuestiones migratorias y Administración de Justicia y procesos democráticos.

La clasificación de los sistemas se desarrolla a partir de esta enumeración de sistemas, sujetos al estándar más alto de requisitos y obligaciones que se ven reducidos para todos los demás sistemas al considerarse que, como presentan un nivel de riesgo menor, pueden operar sin requerir un control tan elevado. Este sistema de regulación ha centrado el riesgo más alto en sectores muy concretos y a ciertas aplicaciones de los sistemas, en los que no se recoge como un indicador que aumente el riesgo el impacto que el desarrollo y uso del sistema tiene el medio ambiente. En el Anexo III —donde se recogen los sistemas englobados en este nivel de control más alto— se señala la protección especial de infraestructuras críticas como ámbito en el que, en caso de emplearse sistemas de IA, estos estarán sometidos al nivel de control más alto. Dentro de las infraestructuras se encuentra el suministro de agua, por lo que, a través de esta nota, podría extraerse un cierto nivel de protección centrada en aspectos ambientales y climáticos, pero esta posible aplicación sería muy limitada, circunscrita al ámbito de las infraestructuras hídricas y no implicaría un mayor compromiso con la dimensión medioambiental de la IA.

En el articulado del texto se establecen los requisitos para los sistemas de alto riesgo como una completa red de obligaciones cuya finalidad es que, en su funcionamiento, estos sistemas no pongan en riesgo los derechos relativos a aquellos ámbitos que han sido dotados de una protección especial por este Anexo III. Uno de los requisitos que se plantea para la utilización de sistemas de alto riesgo y que ofrece una herramienta de supervisión muy relevante es la evaluación de impacto relativa a los derechos fundamentales (artículo 27). Como parte de esta evaluación, los proveedores quedan sujetos a una serie de obligaciones, entre ellas, la obligación de presentar una descripción de las categorías de personas físicas y colectivos que puedan verse afectados por la utilización del sistema en su contexto específico (apartado c) y una descripción de los riesgos de perjuicio específicos que puedan afectar a estos (apartado d). Además, será necesario que se adjunte la descripción de una serie de medidas de supervisión del sistema, así como aquellas medidas a adoptar en caso de que los riesgos se materialicen.

El mecanismo de evaluación solo opera para los sistemas de alto riesgo y se circunscribe únicamente a cuestiones de derechos fundamentales lo que resulta una oportunidad perdida, ya que un mecanismo similar que hiciese referencia al impacto ambiental de estos sistemas podría haber sido una vía de introducir la preocupación medioambiental en la norma, aunque limitándola —al menos en un primer momento— a los ámbitos concretos establecidos en el Anexo III[25].

Pese a la mención a las infraestructuras hídricas de este Anexo, la referencia más clara al medio ambiente en el texto aparece ligada al concepto de incidente grave de un sistema (en el que se encuentran incluidos daños graves al medio ambiente, artículo 3.49) que posibilita el cese del uso de un sistema por este motivo. Este mecanismo, pese a reflejar un cierto nivel de preocupación

---

25 En el artículo 112 del Reglamento se reconoce la previsión de revisar la lista del anexo III así como las prácticas prohibidas una vez al año una vez entre en vigor el Reglamento. Este mecanismo resulta interesante como vía para poder incluir cuestiones que no se perfilaron en su momento, al no haber sido previstas por el legislador europeo, o haber ido perdiendo peso en el proceso de negociaciones. A través de esta vía sería posible incidir más en las limitaciones de impacto ambiental de los sistemas, incluyendo estas consideraciones como motivo para evaluar un sistema como de alto riesgo.

por el impacto medioambiental se establece como última *ratio* —en caso de un daño grave— por lo que no trata los problemas ligados al consumo de recursos que se plantean con el funcionamiento normal del sistema.

En relación con el uso habitual de los sistemas, el mecanismo de consideración medioambiental más relevante se encuentra en el artículo 53, relativo a las obligaciones de los proveedores de modelos de IA de uso general. De acuerdo con el Anexo XI, entre los requisitos de documentación a los que están sometidos estos sistemas, se incluye la obligación de documentar los recursos computacionales empleados para entrenar al modelo, así como el consumo de energía conocido o estimado. Esta obligación se presenta como la consideración climática con mayor relevancia de la norma, pero su impacto se ve muy limitado, al ser una obligación de documentación y no de presentación. La recopilación de estos datos, que permitirían llevar a cabo una evaluación para analizar el impacto energético y climático del desarrollo de los sistemas, está sometida a la previa solicitud por parte de las autoridades europeas. Los códigos de conducta (artículo 95) prevén *la evaluación y reducción al mínimo de las repercusiones de los sistemas de IA en la sostenibilidad medioambiental... desde el punto de vista energético y las técnicas para diseñar, entrenar y utilizar la IA de manera eficiente*, pero relegan su aplicación a la voluntariedad.

Pese a estas menciones, la ausencia de un tratamiento diferenciado del impacto climático aparejado al uso y desarrollo de los sistemas de IA resulta llamativa. A lo largo del preámbulo del Reglamento es habitual que aparezcan mencionados de manera conjunta la protección del medio ambiente, la democracia y el Estado de Derecho como elementos fundamentales a salvaguardar por la norma. La puesta en valor de la protección medioambiental, sin embargo, no obtiene un reflejo en el articulado, que se limita a hacer estas menciones respecto a obligaciones ambientales sin situarlas como un elemento central del texto, pese a que parece haber una clara intención de que estos sistemas sean utilizados como herramientas de protección medioambiental.

Este objetivo no es una aportación novedosa del RIA. Las ambiciones del legislador europeo de crear un paralelismo entre los procesos de transición digital y ecológica han aparecido como un motivo recurrente en numerosos documentos en los últimos años[26]. En el propio texto del Reglamento, en estas cláusulas, la importancia que se da a la protección del medio ambiente es continúa, sin embargo, esta vocación de protección medioambiental no se refleja en uno de los aspectos fundamentales: abordar el enorme impacto que el empleo de estas tecnologías supone para el medio ambiente.

V. CONCLUSIONES

El impacto medioambiental que está teniendo el rápido desarrollo digital de la última década es todavía una cuestión incierta. A través de la información disponible todo parece indicar que, a la hora de regular las nuevas tecnologías y la IA, es necesario poner un mayor énfasis en su impacto sobre el medio ambiente. La publicidad de los datos respecto a las huellas de carbono e hídrica es un primer paso para incluir la dimensión ambiental en la regulación digital, sin embargo, las obligaciones de transparencia requieren un mayor compromiso legislativo, ya que éste se ha visto muy mermado en el articulado del RIA.

El RIA, a través de la evaluación de derechos fundamentales, podría incluir consideraciones medioambientales. ya que Naciones Unidas ha reconocido el derecho a un medio ambiente sano como

---

26 Por ejemplo, estas previsiones pueden encontrarse en la *Comunicación de la Comisión al Parlamento Europeo y al Consejo; Informe de prospectiva estratégica 2022 Hermanamiento de las transiciones ecológica y digital en el nuevo contexto geopolítico* https://eur-lex.europa.eu/legal-content/ES/TXT/PDF/?uri=CELEX:52022DC0289 o en el documento de la Comisión Europea, Dirección General de Redes de Comunicación, Contenido y Tecnologías, *Directrices éticas para una IA fiable,* Oficina de Publicaciones, 2019, https://data.europa.eu/doi/10.2759/14078.

un derecho humano y en la CDFUE se consagra la protección al medio ambiente como un derecho (artículo 37), sin embargo, estas previsiones podrían tener un encaje más acercado al concepto de *daño ambiental grave* que al impacto del uso habitual da los sistemas.

La tendencia existente en el sector, de publicar informes anuales que incluyen datos ambientales no es una herramienta suficiente, y, sin embargo, se ha visto reforzada en la previsión respecto a los códigos de conducta voluntarios, que reconocen la utilidad de las evaluaciones ambientales, pero no llegan a establecerlo como una obligación para el uso de los sistemas.

En este sentido, las consideraciones del RIA en su Anexo XI respecto a la obligación de contar con documentación técnica relativa —entre otras materias— al consumo de energía y recursos utilizados se presentan como una herramienta de gran utilidad para desarrollar este ámbito. La obligación que se recoge en el artículo 53 respecto a la documentación técnica se refiere únicamente a elaborar y mantener actualizada dicha información para poder facilitarla en caso de que sea solicitada por la Oficina de IA o las autoridades nacionales competentes. El hecho de que se prevea la elaboración de esta documentación es un avance, al obligar a los proveedores a considerar estos efectos medioambientales, pero que su presentación esté sujeta a solicitud previa a la Oficina de IA limita considerablemente la posibilidad de realizar un seguimiento continuado del impacto medioambiental de la implantación de los sistemas.

Si se pretende emplear la IA como vía de realización de los objetivos del Pacto Verde Europeo es necesario, previamente, llevar a cabo un estudio sobre su impacto ambiental y, a partir de éste, desarrollar una estrategia que mitigue sus efectos. Con las herramientas jurídicas disponibles el RIA abre la puerta a que la Oficina de IA —previa solicitud a los proveedores y dentro de los límites de la propiedad intelectual e industrial— elabore informes periódicos donde refleje el impacto de estos sistemas y su evolución con el tiempo y que sirva de base para posteriores estudios de impacto ambiental.

Estas evaluaciones se presentan también como otro de los elementos clave —ausente en el RIA— pero que, tal y como se ha visto, puede ayudar a mitigar los efectos de estas tecnologías—. Pese a estos primeros avances en el campo de la sostenibilidad digital es necesario que la Unión Europea incorpore el establecimiento de un marco normativo que enfatice la dimensión medioambiental del sector y que consiga el verdadero desarrollo paralelo de la transición ecológica y de digital, insostenible de otro modo.

VI. BIBLIOGRAFÍA

CRAWFORD, Kate (2021), *The Atlas of AI*, New Haven, Yale University Press.

CRUZ ÁNGELES, Jonatán (2024), "Inteligencia artificial y seguridad hídrica: desafíos y oportunidades para el derecho de la Unión Europea", Anuario Español de Derecho internacional (vol 40), pp. 241-299.

DE, Rahul, PANDEY, Neena and PAL, Abhipsa (2020), "Impact of digital surge during Covid-19 pandemic: A viewpoint on research and practice", *International Journal of Information Management* (vol 55), pp. 1-5.

DEPOORTER, Victor, ORÓ, Eduard, SALOM, Jaume (2015), "The location as an energy efficiency and renewable energy supply measure for data centres in Europe", Applied Energy (vol 140), pp. 338-349.

HACKER, Philipp (2024), "Sustainable AI regulation" *Common Market Law Review*, 2024, (vol. 61, no 2) pp. 345–386.

KARIMI, Leila., YACUEL, Leeann., JOHNSON, Joseph Degraft *et al* (2022), "Water-energy tradeoffs in data centers: A case study in hot-arid climates", *Resources Conservation and Recycling*, (vol 181), pp. 106-194.

KORONEN, Carolina, ÅHMAN, Max, NILSSON, Lars (2019), "Data centres in future European energy systems—energy efficiency, integration and policy", *Energy Efficiency* (vol 13.1), pp, 129–144.

LI, Pengfei, YANG, Jiangy et al (2023), "Making AI Less "Thirsty": Uncovering and Addressing the Secret Water Footprint of AI Models" *arXiv preprint arXiv:2304.03271.*

LUCCIONI, Alexandra Sasaha, VIGUIER, Sylvain, & LIGOZAT, Anne-Laure. (2022) "Estimating the Carbon Footprint of BLOOM, a 176B Parameter Language Model" *Journal of Machine Learning Research*, (vol. 24, no 253), p. 1-15.

MASANET, Eric, SHEHABI, Arman, LEI, Nuoa, SMITH, Sarah and KOOMEY, Jonathan (2020), "Recalibrating global data center energy-use estimates", *Science*, 367, pp. 984-986.

MYTTON, David (2021), "Data centre water consumption", *Npj Clean Water*, (vol 4.1), pp. 1-6.

NOVELLI, Claudio, CASOLARI, Federico *et al* (2023), "Taking AI risks seriously: a new assessment model for the AI Act", *AI & Society* pp. 1-5.

OBRINGER, Renee., RACHUNOK, Benjamin., MAIA-SILVA, Debora *et al* (2021), "The overlooked environmental footprint of increasing Internet use", *Resources Conservation and Recycling*, (vol 167), pp. 1-4.

PAGALLO, Ugo, SCIOLLA, Jacopo Ciani, DURANTE, Massimo (2022), "The environmental challenges of AI in EU law: lessons learned from the Artificial Intelligence Act (AIA) with its drawbacks", *Transforming Government People Process and Policy*, (vol 16.3), pp. 359-376.

ROLNICK, David, DONTI, Priya, KOCHANSKI, Kelly *et al* (2022), "Tackling Climate Change with Machine Learning", *ACM Computing Surveys*, (vol 55.2), pp. 1-96.

STRUBELL, Emma; GANESH, Ananya; MCCALLUM, Andrew (2020) "Energy and policy considerations for modern deep learning research". *Proceedings of the AAAI conference on artificial intelligence.* (vol. 34.09) p. 13693-13696.

WU, Carole-Jean, RAGHAVENDRA Ramya, GUPTA Udit, ACUN Bilge, ARDALANI Newsha, MAENG, Kiwan, CHANG Gloria, AGA Fiona, HUANG Jinshi, BAI Charles, GSCHWIND Michael, GUPTA Anurag, OTT Myle, MELNIKOV Anastasia, CANDIDO Salvatore, BROOKS David, CHAUHAN Geeta, LEE Benjamin, LEE Hsien-Hsin, AKYILDIZ Bugra, BALANDAT Maximilian, SPISAK Joe, JAIN Ravi, RABBAT Mike, HAZELWOOD Kim. (2022) "Sustainable AI: Environmental implications, challenges and opportunities", *Proceedings of Machine Learning and Systems*, (vol. 4), p. 795-813.

Inteligencia jurídica
en expansión

Trabajamos para **mejorar el día a día** del **operador jurídico**

Adéntrese en el universo de **soluciones jurídicas**

atencionalcliente@tirantonline.com

prime.tirant.com/es/